코칭 심리 측정의 이해와 활용

한국코칭학회
The Korea Coaching Association

2005년에 설립된 한국코칭학회는 더 나은 삶을 향한 변화와 조직의 고성과를 목표로 코칭학의 이론과 연구를 위해 설립된 비영리 기관이다. 전국의 코칭 관련 학자와 현장의 전문 코치, 코칭 기관, 코칭 문화를 만들어가는 조직으로 구성되어 있으며, 매년 학술대회를 개최하고 코칭 연구 학술지(등재지)를 발간한다.

ASSOCIATION FOR COACHING

2002년에 설립된 코칭협회(Association for Coaching, AC)는 전 세계 코칭 전문가들을 발전시키려는 목표를 가진 독립적인 비영리 기관으로 40여 개국의 전문 코치, 코칭 트레이너, 코칭 서비스 제공자, 코칭 문화를 만들어가는 조직으로 구성되어 있다.
www.associationforcoaching.com은 코칭의 탁월함과 윤리를 촉진한다.

코칭심리측정의
이해와 활용

조너선 패스모어 엮음
도미향 · 김혜연 · 김응자 · 정미현 · 서복선 · 황현호 · 김지연 옮김
한국코칭학회

PSYCHOMETRICS
IN COACHING
USING PSYCHOLOGICAL AND
PSYCHOMETRIC TOOLS FOR DEVELOPMENT

search

COACHING

북허브

| 옮긴이의 글 |

우리나라에 코칭이 도입되어 비즈니스 코칭과 라이프 코칭 등으로 적용된 지도 어언 20여 년이 다 되어간다. 코칭이 처음 도입된 2000년대 초는 코칭의 개념조차 생소하던 때라 코칭을 알리고 현장에서 적용하고 그 이론을 창출하기에 바빴다.

이제 우리나라에도 코칭이 어느 정도 자리를 잡아서 사람들에게 알려지고 대표적인 역할을 하는 기관들도 생겨났다. 한국코칭학회, 국제코치연맹(ICF) 코리아챕터, 한국코치협회 등이 코칭의 이론 및 학문적 정립, 코칭 전파와 산업 전반에 걸친 발전에 기여하고 있다. 그리고 남서울대학교 대학원 코칭학과를 비롯해 일부 대학에서는 전문화된 코치를 양성하기 위해 코칭 관련 학과를 개설했다.

이러한 가운데 많은 코치가 필요로 하는 것 중 하나는 코칭 역량을 강화하는 데 사용할 수 있는 코칭 심리 진단 도구이다. 이에 전문 코치와 코칭을 공부하는 사람들, 심리 측정에 관심이 있는 사람들을 위해 이 책의 출간을 기획하게 되었다. 초판이 높은 판매율을 기록하고 수상도 하여 우수성은 이미 입증된 바이다.

국제적으로 지명도 있는 코칭협회(Association for Coaching)가 펴낸 이 책은 증거를 바탕으로 다양한 심리 측정 도구를 다루고 있다. 코칭 심리 측정의 기본 지침서로서 1부는 심리 측정에 관한 기초적인 내용으로 구성되어 있고, 2부에서는 심리 측정의 활용을 위한 도구를 다루었다. 코칭 심리 측정의 이해를 돕는 내용과 더불어 실제적인 측정 도구를 매우 상세하게 설명하고 있어 코칭을 공부하고 코치의 역할을 수행하는 독자에게 유용할 것이다. 이 책을 통해 코칭 심리 측정의 기본과 코칭 심리 측정 도구의 이론 및 실제 코칭 상황에서 응용 가능한 코칭 도구를 깊이 이해함으로써 좀 더 체계화된 코칭을 하기 바란다.

이 책은 코칭 분야의 전문가들이 나누어 번역했다. 1·3·4장은 도미향, 2·10·11장은 서복선, 5·18·19·20장은 황현호, 6·9·14장은 정미현, 7·12·13장은 김혜연,

8·21·22장은 김응자, 15·16·17장은 김지연이 맡았다. 이 책을 번역하면서 번역진은 용어와 문맥을 통일하기 위해 수차례 만남을 가졌다. 그러나 모든 일이 그렇듯 완벽을 장담하기는 어렵다. 부족한 부분이 발견된다면 독자의 의견을 반영하여 다음 개정 때 수정할 것이다.

이 책의 출간 과정에 물질적, 심리적 후원을 아끼지 않은 한국코칭학회에 감사의 말씀을 전한다. 그리고 많은 시간과 노력을 들여 헌신적으로 번역해준 번역진의 노고에 찬사를 보낸다. 또한 이 책을 처음 소개하면서 출간을 권고하신 한국코칭학회 초대 회장 이소희 교수님, 오랜 시간 기다려주고 편집에 심혈을 기울인 북허브의 박찬후 대표님과 편집부원, 여러 차례 교정을 도와준 남서울대학교 코칭학과 대학원생에게도 감사드린다.

이 책을 읽은 독자가 코칭 심리 측정을 더 잘 이해하고 좀 더 고객 중심적인 멋진 코치로 거듭나기를 기대한다.

국제코치연맹 코리아챕터 회장
전 한국코칭학회 회장
역자 대표 도미향

| 출간을 반기며 |

코칭은 이제 성숙 단계에 접어들었다. 코칭협회 등 전문 기관의 노력으로 코칭의 기준이 높아졌고, 코치를 직업으로 삼은 이들은 코칭 이론과 실제에 관한 자신의 역량과 지식을 입증해야 하는 시대가 되었다. 하지만 자격과 경험을 갖추는 것만으로 충분하지는 않다. 코치의 높은 전문성을 유지하기 위해서는 지속적인 전문성 개발(continuous professional development, CPD)과 감독이 중요하기 때문이다.

최근 기업 등에서 코칭 서비스를 요청할 때 '내 코칭은 환상적이다' 라는 식의 과장된 마케팅에 혹하기보다는 코치의 접근 방식이 직원들을 어떻게 도울 수 있는지, 그 효과성을 입증할 자료가 있는지와 같은 예리한 질문을 하고 있다. HR 전문가들이 기업 코칭에 심리 측정 도구를 사용하는 코치를 고용하면서 이는 더욱 두드러지는 추세이다.

심리 측정 검사가 비교적 새로운 콘셉트로 인식되고 있지만, 스피어먼(Spearman, 1904) 같은 학자들은 이미 한 세기 전에 인간 기능의 일부 측면을 객관적으로 측정하는 방법을 논했다. 그러나 심리 측정 도구의 사용이 심리학, 교육학, HR, 그리고 코칭 분야에서 실제로 사용되기 시작한 것은 불과 40여 년 전이다.

코치와 현장 전문가는 코칭 환경에서 사용하는 심리 측정 검사를 뒷받침하는 심리학을 이해함으로써 코칭 수준을 높이는 올바른 도구로 사용할 수 있어야 한다. 이는 고객의 행동과 기호를 논의하는 기회가 된다. 코치가 도구를 적절히 사용하여 피드백을 준다면 고객은 자기이해와 통찰을 제고할 수 있으며, 이는 고객의 자기개발로 이어지는 촉매제가 될 것이다.

코치가 심리 측정 검사의 사용과 적용에 대해 충분한 훈련을 받지 못했거나 제대로 된 지식을 가지고 있지 않다면 심리 측정 검사가 부적절하게 사용될 수 있다. 심리 검사를 이용하는 사람들은 역량에 대한 책임, 절차와 기법, 고객 복지라는 핵심 분야에서 이미 확립된 행동 규약(code of practice)을 따라야 한다(BPS, 2011a). 다행히도 검사

공급자 대다수는 근무 환경에 적용하기 위해 자신의 도구를 사용하려 하거나 구매하려는 현장 전문가가 이미 역량을 갖추고 있음을 증명하거나 향후 훈련을 받을 것으로 기대하고 있다. 코치와 그 외 현장 전문가는 영국심리학회(BPS)의 검사 사용 인증을 받음으로써 심리 측정 검사 사용 역량을 갖추고 있음을 입증할 수 있다(BPS, 2011b).

이 책은 관련 상을 수상한 직업 심리학자(occupational psychologist)인 조너선 패스모어(Jonathan Passmore) 박사가 편집한 2판이다. 놀랄 일은 아니지만 초판의 매출이 상당히 좋았다. 2판에는 5개 장(章)을 추가하고 코칭에 사용할 수 있는 상당수 핵심 검사의 개요까지 구체적으로 다루었다. 심리 측정 검사 사용에 익숙지 않은 코치를 위해 '타당도', '신뢰도' 등 기본적이지만 중요한 개념도 제시했다. 경험이 풍부한 현장 전문가라면 이 책을 지속적인 전문성 개발 자료로 유용하게 사용할 수 있을 것이다. 요약하면, 이 책에서는 검사를 성공적으로 이용하려면 기술과 과학이 함께 필요하다는 점을 강조하고 있다. 코치가 피드백을 제공하는 방식과 기술, 심리 측정학적 검사를 뒷받침하는 심도 깊은 연구와 심리학적 이론은 과학이 될 것이다. 모두 필수불가결한 요소이다.

영국 런던시티대학교 코칭심리학과 학과장
코칭협회 전 명예회장
스티븐 파머(Stephen Palmer)

 2000년대 초에 코칭이 우리나라에 처음 도입된 후 지금까지 큰 발전을 이루어왔다. 많은 기업이 외부 코치를 활용하여 임직원을 대상으로 코칭을 시행하여 효과를 보고 있으며 최근에는 자체적으로 사내 코치를 양성하는 기업도 늘고 있다. 또한 코칭을 가르치는 대학이 생겨나고 석사, 박사 과정을 개설한 대학원도 있다. 이러한 시점에 코칭 심리 측정 도구의 이론과 코칭 현장에서의 응용을 다룬 책이 출간되어 매우 기쁘게 생각한다.

 2005년 설립된 한국코칭학회는 코칭의 학문적 발전과 코칭 문화 확산 등을 위해 코칭 관련 교수와 연구자, 현장의 전문 코치가 다양한 코칭 분야와 코칭의 실천적 증거를 연구하고 이를 발표할 수 있도록 그 터전을 마련했다. 매년 학술대회를 통해 코칭학의 체계를 정립하고 학문적 기초를 다지며, 이러한 연구 성과를 학술지 〈코칭 연구〉로 출간하고 있다. 현재 한국코칭학회는 연간 6회 학술지를 발행하며, 이는 한국연구재단의 '등재 학술지'로 선정되어 많은 학자가 인용하고 코칭의 학문화에 기여하고 있다. 그 결과 한국코치협회로부터 '우수 코칭 문화 확산상'을 수상하기도 했다.

 한국코칭학회는 그동안 《코칭학개론》, 《성격과 코칭의 이해》, 《아이의 마음을 사로잡는 성공적인 부모 코칭》을 출간했으며 앞으로도 코치에게 도움이 되는 책을 내놓으려고 한다. 이 책이 나오기까지 번역을 총괄한 전임 회장 도미향 고문에게 고마움을 전한다. 이 책은 코칭 현장에서 활동하고 있는 코치와 학계 코칭 전문가가 보다 체계적·과학적인 코칭을 하는 데 큰 도움이 될 것이다.

한국코칭학회 회장
현대상선 대표이사 사장 배재훈

| 추천하는 글 II |

　우리나라의 코칭 발전은 눈부시다. 한국코치협회에서 배출한 인증 코치만 해도 7,000명에 달해 인증 코치 만 명 시대를 곧 눈앞에 두고 있다. 한국코치협회는 100개 대학에 코칭학과 개설을 지원한다는 비전을 세우고 그동안 노력해왔는데, 지금은 많은 대학에 코칭 관련 학과가 개설되었고 대학원에 코칭 관련 석사 과정은 물론 코칭학 박사 과정도 세계 최초로 개설되었다. 또한 기업은 최고의 인간 개발 도구와 리더십으로 코칭을 본격적으로 도입하고 군대, 종교 기관, 교육 기관, 비영리 단체 할 것 없이 리더십이 필요한 기관이나 단체는 코칭의 필요성을 느끼고 코칭을 배우려 한다.

　특히 미래의 환경은 급변하고 불확실하며, 복잡하고 모호한 4차 산업혁명 시대를 맞이하여 인간을 존재로 보고 잠재 역량을 깨우며 탁월성을 발휘하도록 도와주는 코칭은 더욱 그 빛을 발할 것이다. 베이비부머 세대의 은퇴와 맞물려 우수한 인력이 코칭 시장에 진입하고 있으며 교사, 사회복지사, 상담사, 컨설턴트 등 기존의 전문가 집단도 코칭을 배우려 한다.

　이런 시점에 한국코칭학회에서 코칭 심리 측정과 관련된 번역서를 출간한다니 반가운 소식이 아닐 수 없다. 기존의 코칭 교육과 실행 도구만으로는 갈급함을 느끼고 있던 현장에서 활동하고 있는 전문 코치에게는 가뭄의 단비가 될 것이다. 이미 검증되고 탄탄한 학문적 배경을 가진 심리학을 기반으로 고객을 코칭할 때 유용하게 활용할 수 있는 심리 측정 도구를 소개하는 이 책은 실전에서 코칭을 수행하는 코치에게 정말 유용한 도구가 될 것이다.

(사)한국코치협회 회장 강용수

| 펴낸이의 글 |

《코칭 심리 측정의 이해와 활용(Psychometrics in Coaching)》이 2판을 출간하게 된 것은 전 세계적으로 수요가 많았음을 증명한다. 이는 코칭협회의 성장에 도움이 되었을 뿐 아니라 코칭이 새롭게 부상하는 자기개발, HR 분야로 발전하는 바탕이 되었다.

우리는 이 시리즈를 통해 증거 기반의, 실질적인 부분에 초점을 맞춘 자료를 통해 코치가 코칭 능력을 발전시킬 수 있도록 돕고자 했다. 이 시리즈에 포함된 다른 책들과 마찬가지로 이 책 역시 저명한 전문가들이 현장의 코치를 염두에 두고 저술했다. 우리는 이 책이 코치에게 유용하고 쉽게 접근할 수 있는 정보의 출처가 되기를 바란다.

초판을 보강하여 2판에서는 심리 측정을 좀 더 상세하게 다루었다. 이유는 현재 이 책이 동 시리즈의 다른 책들과 함께 영국, 미국 등 전 세계의 대학과 전문 코칭 과정에서 핵심 교재로 사용되고 있기 때문이다. 한 예로 필자는 최근 이 책을 교재로 쓰고 있는 한 영국 경영대 학생들을 상대로 웹캐스트를 진행한 바 있다.

초판과 마찬가지로 2부에서는 심리 측정 질문지와 OPQ, Wave, MBTI 등 코칭에서 사용하는 질문지에 초점을 맞추었다. 2판에서는 질문지를 1~2개만 추가했지만, 우리 네트워크에 속한 코치들이 정기적으로 사용하고 있는 50개의 질문지 또는 고객과 코치에게 유용한 도구가 될 10개의 질문지 추가를 고려하기도 했다.

필자는 코치가 심리 측정을 통해 자신의 행동, 기호, 스타일을 반추할 수 있으며, 이를 통해 자각(self-awareness)을 심화함으로써 자신의 스타일을 수정하거나 발전시킬 수 있을 것으로 믿는다. 심리 측정은 장점이 많지만 특히 코치에게 유용한 통찰을 줄 수 있고 고객의 발전을 위해 좀 더 폭넓은 대화가 가능하게 한다. 또한 피드백이나 통찰을 제공하며, 기존의 존재 방식을 인식하고 새로운 존재 방식을 계획하는 데 유용한 정보가 될 것이다.

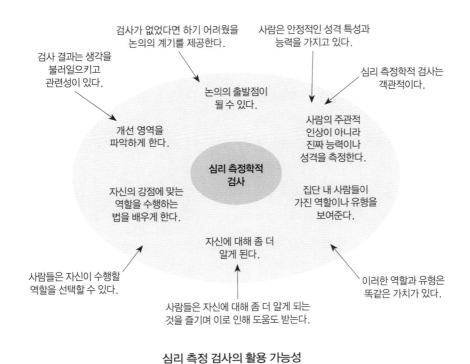

검사가 없었다면 하기 어려웠을
논의의 계기를 제공한다.

사람은 안정적인 성격 특성과
능력을 가지고 있다.

검사 결과는 생각을
불러일으키고
관련성이 있다.

심리 측정학적 검사는
객관적이다.

논의의 출발점이
될 수 있다.

개선 영역을
파악하게 한다.

사람의 주관적
인상이 아니라
진짜 능력이나
성격을 측정한다.

심리 측정학적
검사

자신의 강점에 맞는
역할을 수행하는
법을 배우게 한다.

집단 내 사람들이
가진 역할이나 유형을
보여준다.

자신에 대해 좀 더
알게 된다.

사람들은 자신이 수행할
역할을 선택할 수 있다.

이러한 역할과 유형은
똑같은 가치가 있다.

사람들은 자신에 대해 좀 더 알게 되는
것을 즐기며 이로 인해 도움도 받는다.

심리 측정 검사의 활용 가능성

이 책을 펴내는 목적은 두 가지이다. 첫째, 심리 측정의 전반, 특히 코치가 선호하는 도구를 통해 코칭 기술을 개선하는 데 이바지하는 것, 둘째, 다양하게 쓸 수 있는 도구에 대한 코치의 이해를 제고하는 것이다.

이 책은 2개의 부로 나뉜다. 1부는 심리 측정의 사용 환경을 설명하는 장으로 구성되어 있고 2부에서는 각각의 도구를 살펴본다. 각 장은 다음과 같이 네 부분으로 이루어져 있다.

- 질문지 배경의 이론 및 연구
- 질문지의 개요
- 코치의 자각 심화를 위한 질문지 사용
- 고객을 대상으로 한 도구로서의 질문지 사용

이렇게 공통된 체계를 통해 독자는 이 책의 정보를 좀 더 쉽게 이해할 수 있을 것이다. 또한 조직에서 발달을 위한 심리 측정을 사용하는 독자, 자기개발과 코칭, 심리학에 관심이 있는 학생, 인간 행동을 알고자 하는 독자에게도 도움이 될 것이다.

시리즈에 속한 다른 책들과 마찬가지로 이 책의 출간에 기여한 모든 사람은 직업으로서의 코칭을 발전시키겠다는 열정으로 시간과 노력을 무료로 제공했다. 뿐만 아니라 이 책의 모든 저작료는 코칭협회로 간다. 초안부터 원고 단계까지 6개월여 만에 진행될 수 있도록 애써준 모든 분에게 감사드린다. 배정된 쪽수에 맞추기 위해 재작업과 수정을 요청한 것에 대해 집필자들에게 사과드린다. 우리의 계획은 복잡한 주제에 대한 지침뿐 아니라 각 장도 일정 부분 일관성을 갖추는 것이었다.

이 책이 독자에게 즐거움과 자극을 주고 각자의 코칭 능력을 발전시키는 데 도움이 되기를 바란다.

저자 대표 조너선 패스모어(Jonathan Passmore)

| 들어가는 글 |

《코칭 심리 측정의 이해와 활용》 2판을 펴내게 되어 기쁘다. 이 책은 《Excellence in Coaching》을 포함한 간행물 시리즈에 속한다.

조너선 패스모어를 비롯해, 코칭협회를 위해 아무런 대가 없이 귀한 시간과 노력을 해준 많은 분께 다시 한 번 감사드린다.

전면적으로 개정한 이번 판에는 새로운 5개 장을 추가했으며, 17개 심리 측정 방법과 함께 연구 및 이론에 좀 더 초점을 맞추고 있다.

코칭협회의 정신과 협회에서 포용하는 다양성을 모두 반영한 이 책이 많은 도움이 되기를 바란다. 우리의 의도는 코칭에 관한 학문적 접근과 더불어 코칭 분야에서 심리 측정의 역할이 커지고 있는 지금 좀 더 현장에 적용할 만한 실천적인 방법과 이론을 제공하는 것이다.

코칭협회 회장, 공동 창립자
캐서린 툴파(Katherine Tulpa)

차례

Part 1 코칭 심리 측정의 기초

Part 1
코칭 심리 측정의 기초

PSYCHOMETRICS
IN COACHING

USING PSYCHOLOGICAL AND
PSYCHOMETRIC TOOLS
FOR DEVELOPMENT

Chapter 01

코칭 심리 측정의 이해

Elizabeth Allworth · Jonathan Passmore

코치는 매우 다양한 심리 검사 도구를 가지고 있다. 코치는 이 도구를 이용하여 고객이 새로운 커리어와 인생의 목표를 파악하는 데 필요한 자각을 하고 직장에서의 성과를 강화하도록 돕는다. 급성장 중인 심리 검사 산업은 수많은 지표를 만들어 냈으며, 코치는 이를 이용하여 고객이 직장 일, 개인 삶과 관련하여 자신의 행동, 기호, 능력을 더욱 잘 이해할 수 있도록 하고 있다. 성격 검사, 적성 검사, 질문지 평가 검사, 흥미 검사, 리더십 검사, 동기 욕구 검사 등은 현재 글로벌 시장에 나와 있는 검사 중 일부이다. 이러한 심리 검사 중 상당수는 코칭에 긍정적으로 기여했으며 검사의 신뢰도와 타당도를 확인하기 위해 철저한 검증까지 거쳤다. 그러나 도구의 신뢰도와 타당도, 수행된 연구의 수준 간에 상당한 차이가 존재한다.

이 장의 목적은 코칭 심리 측정의 배경 정보를 제공함으로써 코치가 의도하는 상황에 적합하고 기술적으로 건실한 검사를 선택하도록 돕는 것이다. 첫째, 코치가 사용할 수 있는 다양한 종류의 검사, 그리고 이것이 무엇을 측정하는지, 코칭 맥락에서 검사가 수행하는 역할이 무엇인지 설명한다. 둘째, 검사의 신뢰도와 타당도를 담보하는 데 요구되는 기준 및 검사의 심리 측정학적 특성을 기술한다. 셋째, 평가에 대한 프로파일 및 기준 중심의 접근 방식을 비교하고 코치가 고객의 능력과 지식, 성격 특성뿐 아니라 생활 환경의 요구와 보상도 고려할 필요가 있음을 설명한다. 넷째, 코치와 고객을 위한 심리 검사의 장점을 분석하고 심리 검사의 윤리적 지침과 모범 사례를 제시한다.

1. 심리 측정의 개념

심리 검사는 하나 또는 여러 심리학적 속성이 표준화된 측정 지표이다. 코칭에서 가장 일반적인 관심사인 개인의 특성은 성격(예: 양심, 신뢰성, 사교성), 직업적 관심(예: 공동 작업 선호, 예술 활동 선호), 가치(예: 이타주의, 환경 보호), 동기부여적 욕구(예: 돈, 지위, 자율성 등 사람을 움직이는 원동력), 인지적 능력(예: 수리력, 언어적 문제 해결 능력) 등이다. 각 특성을 측정하는 검사의 종류를 간략히 살펴보고자.

1) 성격 검사

현재 시중에는 수많은 성격 검사 질문지가 나와 있으며 저마다 개인의 행동과 기호의 좁고 넓은 영역을 측정한다. 여기서는 업무 관련 코칭에 사용할 수 있는 네 가지 성격 측정 지표, 즉 다면적 측정 지표(multidimensional measure), 빅 파이브 성격 요인 지표, 성격 유형 지표, 역량 기반 툴에 대해 알아본다.

성격의 다면적 측정 지표는 성취 동기, 사교성, 자기통제, 융통성, 공감 능력 등 광범위한 성격 특성 또는 특징을 평가한다. 성격 검사 결과를 통해 한 사람의 성격 특성을 일반적인 인구 집단이나 관리자 집단 등 '규준' 집단의 특성과 비교할 수 있다. 성격의 다면적 측정 지표를 성과의 전조 지표로 활용하려면 고객이 직장에서나 개인 삶에서 필요로 하거나 필요로 할 특성을 측정할 수 있도록 검사를 신중하게 결정해야 한다. 예컨대 어떤 역할을 수행하는 데 대인 신뢰와 성취 동기가 요구된다면 성격 검사는 이러한 특성을 가능한 한 실제와 가깝게 측정할 수 있어야 한다.

성격의 다면적 측정 지표는 특히 고객이 다양한 상황에서 자신이 선호하는 사고방식과 행동방식을 인식할 수 있도록 관계를 코칭하는 데 도움이 된다. 일정 유형의 근무 환경이나 상황에 잘 적응하는 사람도 있고 그렇지 못한 사람도 있는 이유를 설명하는 데 이러한 종류의 평가가 도움이 될 수 있다. 또한 어떤 상황이나 업무가 특히 많은 스트레스를 주는 이유를 설명하는 데 도움이 되기도 한다.

성격의 5요인 모델 측정 지표는 모든 성격 특성이 흔히 '빅 파이브'라고 알려진 5개의 핵심적 전반적 속성(broadband attribute)으로 표현된다는 전제를 바탕으로 하고 있다(Goldberg, 1990). 다섯 가지 요인은 성실성(conscientiousness), 외향성(extroversion), 우호성(agreeableness), 개방성(openness to experience), 신경증성(neuroticism)이다(〈표 1.1〉 참고).

이 다섯 가지 요인 중 일부는 일반화할 만하다는 것을 입증한 연구가 상당수 있지만

〈표 1.1〉 성격의 5요인 모델

5요인	설명
성실성	신중함, 신뢰성이 있음, 근면함, 체계적, 시간 개념이 철저함, 정돈됨, 야망이 큼
외향성	사교적, 즐거움 추구, 상냥함, 친절함, 말하기를 좋아함, 사람 중심
우호성	예의 바름, 이타적, 공감을 잘함, 타인을 잘 신뢰함, 관대함, 순종적, 용서를 잘함, 융통성이 있음
개방성	독창적, 상상력 풍부, 창의적, 관심사가 광범위함, 호기심이 많음, 과감함, 관습에 얽매이지 않음, 독립적, 다양성 추구
신경증성 (정서적 안정성)	걱정이 많음, 감정적, 예민함, 변덕이 심함, 불안함, 자기연민, 심약함(감정적 안정성, 침착함, 느긋함, 차분함, 안정됨, 대담함)

출처: McCrae & Costa(1987).

이러한 요인의 측정값만으로는 코칭에 실제로 적용하기에 부족할 수도 있다. 5요인 이론을 바탕으로 한 적절한 측정 지표를 선택하는 데 단면 척도(facet scale) 또는 하위 척도를 제공하는 자료를 이용한다면 다섯 가지 요인을 좀 더 잘 이해하고 이를 통해 고객의 성격에 대한 세부 정보 확보와 분석이 가능해질 것이다. 외향성의 단면 척도 또는 하위 척도의 예로는 상냥함, 사교적, 강한 자기주장 등이 있다. 자기주장이 강하지 않으면서 상냥하고 사교적일 수도 있으며, 그 반대의 경우도 가능하다. 이러한 측면을 이해하는 것은 단순히 외향적 측면의 결과만 아는 것보다 고객의 입장에서 더 유익할 것이다.

성격 유형 측정값은 개인의 성격 특성을 유형화하고 구체적인 행동적 성향을 규정하며 태도와 성향의 차이를 알게 해준다. 성격의 다면적 지표가 여러 가지 특성 중 개인의 성격 특성을 프로파일링하는 데 사용되는 반면, 성격 유형 측정값은 사람의 기호를 나타내는 속성 집단에 따라 프로파일링한다. 이러한 종류의 성격 측정 지표는 개인의 특성을 좀 더 간결하게 설명해주는 경우가 많기 때문에 코치들이 즐겨 사용하고 있다.

앞에서 논의한 종류의 성격 검사 외에도 코치는 리더십 스타일, 팀 중심, 판매 중심, 정서지능 등 행동의 특정 측면을 측정하기 위한 특수 목적 검사를 다양하게 끌어낼 수 있을 것이다. 그 예로 정서지능을 측정하는 정서지능 검사(MSCEIT), 정신력 강도를 평가하는 멘탈터프니스검사(MTQ48), 리더십 역량을 측정하는 변혁적리더십검사(TLQ)가 있다. 개인의 특성에 대한 이러한 지표는 구체적인 맥락에서 가치가 있다. 예를 들어 리더십 유형 지표는 타인을 이끌고 관리하기 위해 자신이 선호하는 방식을 잘 이해하고자 하는 고객에게 중요할 것이다. 또한 팀 중심성 지표는 고객이 근무 환경에서 기여하려는 방식에 대한 통찰을 제공할 것이다.

2) 직업 흥미

직업적 관심의 평가는 고용 분야 및 개인에게 매력적인 통찰을 제공함으로써 코칭 맥락에서 유용할 수 있다. 직업적 관심의 평가에서는 사람들에게 직장뿐 아니라 학교,

대학, 여가 등 삶의 다른 영역에서 무엇을 즐기는지 묻는다.

　일반적으로 직업적 관심 이론은 일자리와 직업을 사람들과 함께 일하는 경우, 자료를 가지고 일하는 경우, 사물과 함께 일하는 경우로 분류한다(Fine, 1955). 직업적 기호는 성격 유형과도 밀접하게 관련되어 있다(Holland, 1997). 다시 말해 예술가는 자신을 창의적이고 표현력이 좋으며 독립적이라고 묘사하는 반면, 회계사는 자신을 안정적이고 꼼꼼하며 신뢰할 만한 사람으로 설명할 수 있을 것이다. 흥미 검사(interest inventories)는 한 개인을 다양한 직업 및 업무 분야에 걸쳐 비교하기 때문에 전직을 고려하는 고객에게 특히 유용하다. 고객이 이전에는 고려하지 않은 직업 영역도 생각해 보게 할 수 있다.

3) 동기부여 욕구와 가치 검사

　동기부여 욕구와 가치 검사는 특히 동기부여 평가 도구를 기반으로 하는 동기부여 이론의 규모를 감안하면 평가 측면이 가장 제대로 정의되지 않은 부문일 것이다. 동기부여 욕구와 가치를 평가하는 대부분의 질문지와 도구는 네 영역, 즉 동기부여의 원천, 보상받고자 하는 방식, 대상으로부터 최상의 결과를 끌어내는 관리 스타일, 대상자가 선호하는 근무 환경 중 하나 또는 몇 개의 조합에 초점을 맞추고 있다.

　동기부여 욕구와 가치 평가는 현재 수행하는 역할이나 근무 환경에 만족하지 못하는 이들, 자신에게 특히 중요한 환경과 강화 요인을 명확히 알고자 하는 이들에게 도움이 될 수 있다. 또한 대안이 되는 직업 선택을 고려하고 있는 고객에게도 유용할 것이다. 이 경우 고객은 자신의 욕구와 가치가 어느 정도 만족되냐는 측면에서 각 선택을 평가함으로써 결정을 내리는 데 도움을 받을 수 있다.

4) 인지 능력 검사

　인지 능력 검사는 수리력, 언어 능력, 개념적 문제 해결 능력 등 지적 기능을 평가한다. 업무 관련 코칭에서 인지 능력 검사는 개인의 업무 성과가 학습 능력, 문제 해결 및 의사결정 능력과 어느 정도 관련되어 있는지 판단할 수 있는 잠재력을 제공한다. 예컨대 관리자, 전문가 역할을 수행할 때 지성 또는 자신감 부족의 원인은 자신의 역할 중 좀 더 복잡한 개념적 문제 해결 측면을 관리하기 어렵기 때문일 수도 있다. 또한 인지 능력 검사는 더 높은 자리로 진급하고 효과적으로 성과를 내는 데 필요한 구체적인 지식과 기술을 신속히 습득하도록 잠재력을 일깨우는 지침이 될 수도 있다.

인지 능력 검사는 아마도 코칭 맥락에서 가장 활용되지 못하는 평가 형태일 것이다. 인지 능력 검사는 전반적인 업무 성과를 미리 알려주는 최고의 전조 지표 중 하나이지만(Schmidt & Hunter, 1998; Hunter & Hunter, 1984), 인지 기능은 동기부여 욕구나 성격의 행동적 표현(behavioural manifestation) 같은 개인적 특성보다 변화가 어렵다. 부족한 적성을 보완하기 위해 고객과 함께 채택할 수 있는 전략이 있기는 하지만(예: 결정을 내리기 전에 좀 더 시간을 두고 자료를 검토하는 것, 동료나 전문가와 복잡한 사안을 함께 검토하는 것, 자신이 계산한 결과가 정확한지 확인하는 것 등), 인지 능력 검사 결과에 피드백을 제공할 때는 상당한 주의와 지침이 필요하다.

2. 심리 측정의 특성

구조화된 면담, 행동 관찰, 체크리스트, 질문지 등 코치가 고객과 사용할 수 있는 여타 유형의 평가와 심리 검사를 구분짓는 것은 심리 검사의 표준화된 관리 및 점수화이다. 좋은 심리 검사는 세 가지 조건을 만족시켜야 한다. 첫째, 관심의 대상인 특성을 정확히 측정해야 한다. 둘째, 검사 사용자가 관심의 대상인 특성을 더 많이 가지고 있는 사람과 덜 가지고 있는 사람을 구분할 수 있도록 도와야 한다. 셋째, 업무 성과, 교육의 성공 등 관심의 대상인 결과를 잘 예측할 수 있게 해야 한다.

체계적이고 유효하며 신뢰할 만한 심리 검사는 종합적이고 과학적으로 철저한 개발 과정을 거친 것이다. 개발 관련 정보는《Standards for Educational and Psychological Testing》을 참고하기 바란다. 발행자는 인증된 검사의 기술적 매뉴얼을 내놓으며, 이 매뉴얼은 검사가 관심의 대상인 특성을 신뢰성 있게 평가하는 정도(신뢰도)와 시험 결과를 비교할 수 있는 기준 자료를 제시한다. 일부 검사 개발자는 해당 검사와 같은 특성을 측정하는 다른 검사와 비교하여 해당 검사가 어떠한지(구성 타당도), 검사가 목표로 하는 결과를 얼마나 효과적으로 예측하는지(준거 타당도)를 보여줄 수 있다. 신뢰도와 타당도에 관한 정의는 〈표 1.2〉에 요약되어 있다.

1) 신뢰도

절대적으로 완벽한 심리적 지표는 없다. 심리적 특성을 측정할 때는 불가피하게 오차가 항상 존재한다. 검사 개발자의 목표는 검사의 신뢰성을 극대화함으로써 검사가 언제 시행되건 결과가 고르게 나타나도록 하는 것이다(검사-재검사 신뢰도). 뿐만 아니라 특정 성격을 측정하는 데 사용된 문항은 서로 일관적이고 예측 가능하게 관련되어 있어야 한다(내적 일관도). '신뢰성'은 상관계수로 표현된다. 신뢰성 있는 검사일수록 상관계수는 1.0에 가까워진다. 머피와 데이비드쇼퍼(Murphy & Davidshofer, 1998)는 신뢰도 값이 0.80을 넘으면 좋지만 0.70 미만일 경우 적용이 제한적이며 신중하게 해석해야 한다고 보았다.

'검사-재검사 신뢰도'는 시간이 흘러도 검사 결과에 안정성이 있음을 의미한다. 즉 오늘 실시한 검사의 결과는 동일한 사람이 내일, 다음 주, 또는 훨씬 나중에 실시해도 비슷해야 한다는 것이다. 이는 정상적인 성장 및 발달, 교육, 노화, 질병, 장애 등의 결과에 따라 해당 특성의 실질적인 변화가 예상되지 않음을 가정한다. 또한 처음 실시한 검사의 결과와 나중에 실시한 검사의 결과는 연계하여 산출한다.

'내적 일관도'는 검사 항목이 서로 관련된 정도로, 추론에 의해 동일한 성격 특성을 측정하는 정도를 의미한다. 예컨대 외향성 지표는 10개 문항으로 구성되어 있으며 각 문항은 사교성, 사회적 자기신뢰, 자기주장 등의 특정 속성을 포함하고 있다. 외향성

〈표 1.2〉 검사의 심리 측정학적 특성의 정의

심리 측정학적 특성		정의
신뢰도		검사 결과의 안정성과 일관성
	검사–재검사 신뢰도	반복된 검사에 나타나는 검사 결과의 안정성
	내적 일관도	동일 특성을 측정하는 검사 항목의 상호 연관 정도
구성 타당도		평가하고자 하는 특성을 정확히 평가한 정도
	수렴 타당도	검사 점수가 대안적 검사의 점수 또는 동일 특성의 측정값과 관련된 정도
	판별 타당도	검사 점수가 대안적 검사의 점수 또는 서로 다른 특성의 측정값과 관련이 없는 정도
준거 타당도		검사 점수와 독립적인 결과 측정값(예: 업무 성과, 업무 만족도, 근무 기간 등) 간의 관계
	예측 타당도	검사 점수와 차후 수집된 성과 측정값 간의 상관관계
	공인 타당도	검사 점수와 동일 시기에 수집된 성과 측정값 간의 상관관계
	부가적 타당도	추가적인 검사가 평가 프로세스에 포함되었을 때 검사 및 결과 측정값 간의 상관관계 강화
규준 집단 및 표준 데이터		검사의 개발과 검증에 참가했고, 검사 결과로 평균 점수 분포를 제공함으로써 향후 검사 응시자들의 비교 기준이 된 이들로 구성된 표본

지표가 내적 일관성을 충분히 가지고 있다면 10개 항목 모두 상관관계가 있을 것이다. 즉 외향성을 측정하는 일부 항목에서 높은 점수를 받은 사람은 다른 항목에서도 높은 점수를 받을 확률이 높으며 그 반대의 관계도 성립된다.

검사 점수에 차이가 발생하는 원인은 여러 가지이다. 첫째, 피로, 집중력 저하, 동기부여 약화 등 검사 당시 응시자와 관련된 요인이다. 둘째, 응시자에게 들쭉날쭉하고 불완전한 지시를 내리는 등 검사 관리자와 관련된 요인이다. 셋째, 소음이나 어두운 조명 등 검사 환경에 관련된 요인 등이다.

2) 구성 타당도

구성 타당도(construct validity)는 평가하려는 특성을 지표로 삼아 정확히 평가하는 정도를 의미한다. 구성 타당도를 검사할 때는 2개의 문항이 등장한다. 첫째, 검사 점수는 동일 특성을 측정하는 다른 검사 점수와 어느 정도 상관관계가 있는가(수렴 타당도), 둘째, 검사 점수는 다른 특성을 측정하는 검사 점수와 어느 정도 관련성이 없는가(판별 타당도)이다. 즉 구성 타당도가 충분한 검사는 다른 구조의 지표와 비교했을 때 동일 특성이나 구조에 대한 대안적 지표와 높은 상관관계를 보인다(Thompson & Daniel, 1996; Campbell & Fiske, 1959).

3) 준거 타당도

심리 검사가 커리어 코칭에 유용하려면 해당 특성이나 구조에 대한 신뢰성과 유효한 지표가 필요할 뿐 아니라 해당 결과나 기준과 일정한 관계를 내포하고 있어야 한다. 심리 검사 점수와 결과 간의 관계를 준거 타당도(criterion-related validity)라고 한다. 코칭 맥락에서 결과나 기준은 업무 또는 삶의 만족도 증진, 승진 또는 삶의 질 향상일 수 있다. 준거 타당도는 사람들의 검사 점수와 결과 지표 점수 간의 상관관계에 따라 달라진다. 이후 시점의 결과 자료를 수집할 때 검사 점수와 결과 지표의 상관관계를 참고하여 해당 검사의 예측 타당도(predictive validity)를 확인한다. 공인 타당도(concurrent validity)는 같은 시점에 수집한 검사와 결과 지표 간의 상관관계를 의미한다. 부가적 타당도(incremental validity)는 평가 과정에 추가 검사가 포함되었을 때 검사와 결과 지표 간에 상관관계가 증가한 것을 의미한다. 예를 들어 업무 성과는 인지 능력 지표가 성실성 지표와 결합할 때 잘 예측될 수 있으며, 실질적인 가치를 더하려면 추가적인 검사를 포함함으로써 해당 기준과의 상관관계가 커져야 한다.

준거 타당도는 검사 점수와 기준 간 관계의 강도와 방향(+ 또는 −)을 보여주는 상관계수로 표현된다. 준거 타당도는 상관계수가 0.35보다 크면 매우 도움이 된다고 간주한다. 0.20~0.35는 유용한 정도, 0.11 미만은 유용하지 않은 것으로 본다(Murphy & Davidshofer, 1998).

4) 표준 데이터

심리 측정 검사를 다른 형태의 평가와 구분짓는 특성 중 하나는 검사 사용자가 개인의 검사 결과를 관련 표본 또는 규준 집단에 속한 다른 이들의 결과와 비교할 수 있는 능력이다. 규준 집단은 검사의 개발과 검증에 참여한 이들로 구성된 표본으로, 이들의 검사 결과로 표준 점수 분포를 제공하여 향후 검사 응시자들을 비교하는 기준이 된다. 규준 또는 비교 집단은 '근로 중인 성인'처럼 일반적일 수도 있고 '특정 국가의 공대 졸업생'처럼 구체적일 수도 있다.

잘 개발된 검사는 표준 데이터를 제공하고 규준 집단의 구성 내용을 명확히 제시한다. 규준 집단은 검사 사용자가 안정성을 신뢰할 수 있을 만큼의 크기여야 한다. 이상적인 표본의 크기는 검사에 속한 항목 수, 사용된 표본 추출 방법(무작위 또는 대표성을 가진 표본), 표본이 추출된 인구의 규모, 검사 개발 방법 등 수많은 요인에 따라 다르다. 일반적으로 검사 사용자는 참가자가 100명 미만인 규준 집단에 대해서는 신중해야 하며, 이상적으로는 수백 명으로 구성된 표본을 찾아보는 것이 좋다.

3. 코칭 심리 측정의 접근 방식

심리 측정은 두 가지 방식으로 사용될 수 있다. 첫째, 한 개인의 특성을 측정하는 것(프로파일링 접근 방식), 둘째, 특정한 결과를 예측하는 것(준거 지향적 접근 방식)이다. 두 접근 방식은 의뢰 이유에 따라 서로 다른 맥락에서 적용된다.

1) 프로파일링 접근 방식

심리 검사에 대한 프로파일링 접근 방식에서는 개인의 능력, 관심, 성격 유형 등 고객의 특성을 관련 규준 집단과 비교하여 인식하고 이해하는 데 중점을 둔다. 이때 의뢰 이유는 '고객의 리더십 기술은 다른 관리자들과 비교하여 어떠한가?' 또는 '고객이 관심을 가지고 있는 직종은 무엇인가?' 등일 것이다.

심리 검사는 여러 분야에 통찰을 제공할 수 있다. 첫째, 심리 검사에 대한 프로파일링 접근 방식을 통해 고객의 상대적 강점과 개발할 분야를 파악할 수 있다. 예컨대 검사 결과를 통해 고객이 언어 능력보다 수리력이 발달되어 있으며 반복적이고 절차적인 일보다는 창의적인 업무 활동을 선호한다는 사실을 알 수 있다. 여기서는 개인이 가진 여러 특성을 서로 비교하며 상대적 능력, 기호, 성격 특성, 또는 동기부여 요구를 강조한다.

둘째, 프로파일링 접근 방식은 한 개인의 성격 특성이 특정 기준 집단에 속하는 사람들과 비교하여 어떠한지에 대한 통찰을 제공할 수 있다. 예컨대 검사 결과를 통해 고객이 다른 관리자들보다 계산 능력이 뛰어나고 외향적이며 활력이 넘치지만 체계적이거나 과제 중심적인 부분은 부족하다는 것을 알 수 있다. 이렇게 사람들 간의 차이는 범위로 표현될 수도 있고(평균 이상, 평균, 평균 이하 등) 표준화된 점수로 표현될 수도 있다(점수가 더 높거나 낮은 인구 비율을 보여주는 백분위 순위 등).

프로파일링 접근 방식은 고객의 성장 욕구와 미래의 성격, 경력, 목표를 명확히 하거나 단순히 고객의 사고방식과 행동방식을 이해하는 데 큰 도움이 될 수 있다. 프로파일링 접근 방식은 새로운 방향을 모색하고 있거나 자신의 삶 또는 경력에 영향을 미치는 특정 사안을 해결하려는 사람들에게 가장 많이 적용되고 있다.

2) 준거 지향적 접근 방식

많은 코치, 특히 고객의 고용주가 위탁하는 업무 관련 코칭에 종사하는 코치는 각 고객의 프로파일은 물론이고 업무와 조직 관련 맥락도 고려해야만 한다. 이는 한 개인의 경력과 관련된 발전 잠재력을 평가하는 것이 목적일 수도 있고, 현재의 역할에 적절한지, 또는 현재나 미래의 역할에 필요한 역량을 확보하기 위해 어떤 개발 욕구를 가지고 있는지 평가하는 것이 목적일 수도 있다. 이러한 경우 한 개인의 평가 프로파일을 비교할 기준이 존재한다. 기준은 대개 어떤 업무의 특정 측면에서 실질적 또는 잠재적인 성과, 교육이나 업무 만족도, 잠재력과 관련된 것이다.

사람−업무 및 사람−조직의 조화는 준거 지향적 접근 방식의 기본이다. 즉 코치는 고객의 프로파일을 만드는 데 관심이 있을 뿐 아니라 고객의 프로파일이 특정 맥락과 얼마나 관련성 또는 적합성이 있는지 이해하고자 한다. 준거 지향적 접근 방식을 취하는 코치는 대상의 지식과 기술, 특성에 대한 요구의 측면에서 업무를 분석하는 기술을 구축해야 하며, 고객의 현재 업무 또는 미래의 업무와 관련된 자료를 수집해야 한다. 이러한 자료는 업무 설명서, 해당 업무를 잘 아는 사람들과의 업무 분석 면담, 또는 구조화된 업무 분석 질문지를 통해 수집할 수 있다. 업무 분석 기법의 개요는 브러와 스미스(Brough & Smith, 2003)를 참고하기 바란다.

코칭 관계에서 업무 성과가 관심 기준이라면 업무 성과를 가장 잘 예측하는 검사를 선택해야 한다. 그러나 적절한 검사를 선택하려면 코치가 성과 영역을 정의할 수 있어야 한다. 이를 분석할 때 지침으로 삼을 수 있는 모델이 몇 가지 있다. 예를 들어 캠벨(Campbell, 1990)은 업무별 과제 성과, 비업무별 과제 성과를 포함하여 성과의 다양한 측면을 밝히려고 노력했다. 그래서 얼굴을 보고 소통하는 대면과 말을 통한 음성 커뮤니케이션의 효과를 입증했으며 개인의 절제력, 감독/리더십, 경영/관리 등 방법의 차이에 따른 효과를 보여주기도 했다. 보먼과 모토위들로(Borman & Motowidlo, 1993)는 이어 성과 영역을 2개로, 즉 과제 성과(업무의 핵심적인 기술적 활동)와 맥락상 성과(경영진이 중시하는 유익하고 건설적이며 협력적인 행동)로 좁혔다. 좀 더 최근에는 연구자들이 성과 영역의 모델을 확장하여 변화하는 근무 환경에 적응하는 성과 요건도 고려할 수 있도록 했다(Griffin & Hesketh, 2003; Pulakos et al., 2000; Allworth & Hesketh, 1999). 업무 성과 모델에 관해 좀 더 알고 싶다면 바이스웨스바란과 원스

(Viswesvaran & Ones, 2000)를 참고하기 바란다.

평가에 준거 지향적 접근 방식을 적용할 경우 코치는 사람–조직 또는 사람–환경 적합성 모델을 사용할 수 있다. 예를 들어 미네소타 업무 적응 이론(Minnesota Theory of Work Adjustment, TWA)(Dawis & Lofquist, 1984)에서는 사람과 근무 환경이 서로 영향을 미친다고 설명한다. 즉 근무 환경은 사람들의 근무 형태 등에 영향을 미치고, 사람들은 조직의 성과 달성에 영향을 미친다. 또한 근무 환경에서는 특정 과제가 수행되고, 개인이 기술을 동원하여 업무를 수행하도록 요구하며, 그 대가로 개인은 조직에서 그에 상응하는 보상을 받고 자신의 요구와 관심, 가치를 충족해줄 것을 요구한다. 개인과 조직 모두 서로의 요건을 충족하기 위해 적응한다. 조직 적응의 결과는 근무 기간으로 나타난다. 다시 말해 개인이 자신의 역할에 대한 조직의 보상에 만족하고 조직이 그의 업무 성과를 만족스럽게 여겼을 때 오랜 근무 기간이라는 결과로 이어진다.

4. 코칭 심리 측정의 장점

코칭 관계에서 검사가 유용하게 사용되는 것은 여러 가지 이유 때문이다. 검사 결과는 한 개인에게 유효하고 신뢰할 만하며 효율적인 프로파일을 제공함으로써 코치가 고객의 능력과 기호를 파악하는 데 도움을 줄 뿐 아니라 고객의 잠재력에 대한 일종의 지표를 제공한다. 코치와 고객이 심리 측정에서 얻을 수 있는 구체적인 장점을 살펴보자.

1) 업무 성과 및 업무 관련 결과의 효과적 예측

검사의 일부 지표는 업무와 교육의 성과를 예측할 수 있도록 해주기 때문에 코칭 관계에 가치를 더할 수 있다. 예를 들어 인지 능력 검사는 업무 성과(Schmidt & Hunter, 1998; Hunter & Hunter, 1984), 성취한 업무 수준(Schmidt & Hunter, 2004), 경력에 따른 성공(Judge et al., 1999)의 좋은 전조 지표라는 강력한 증거가 꾸준히 나오고 있다. 낮은 수준의 반복적인 역할보다는 복잡한 역할을 수행하는 경우의 성과 예측에 좀 더 효과적이기는 하지만(Ackerman, 1992; Hunter & Hunter, 1984), 인지 능력은 모든 업무와 환경에서 좋은 전조 지표가 된다.

성격의 5요인 중 성실성과 신경증성 역시 대부분의 일자리에서 좋은 성과를 예측할 수 있게 하는 요인이다(Barrick et al., 2001; Barrick & Mount, 1991). 상관관계가 이 두 요인만큼 강하지는 않지만 개방성(호기심 많고 탐구하기 좋아함)도 훈련의 성공을 예측할 수 있는 요인이며, 우호성(사람들과 잘 지냄)과 외향성은 팀 환경, 영업, 관리 등 해당 속성이 요구되는 역할에서만 좋은 성과를 예측하게 하는 요인이다.

일반적으로 성격 검사는 측정 대상의 특성이 해당 업무에서 요구되는 것인 경우 업무 성과를 효과적으로 예측할 수 있다(Ones et al., 2007; Robertson & Kinder, 1993). 예를 들어 설득력은 사무직이나 회계직보다는 영업직, 관리직에서 성과를 낼 것으로 예측할 수 있으며, 사무직이나 회계직은 꼼꼼함이 더 중요할 것이다. 개념상 관련 있는 성격 요인으로도 리더십(Judge et al., 2002)과 팀워크(Morgeson et al., 2005)를 예측할 수 있다. 더들리 등(Dudley et al., 2006)은 성실성의 일부 측면(의존성 또는 성취감)이 특정 직업의 업무 성과를 예측하는 데 훨씬 더 효과적일 수 있음을 보여주는 증거를 제시했다.

선택에 관한 연구에 따르면 가치와 욕구, 직업적 관심 평가로 반드시 업무 성과를 예측할 수 있는 것은 아니지만(Schmidt & Hunter, 1998), 대안적 직업 선택을 모색하기 위해 이직이나 전직 과정에 있는 이들에게 도움이 되는 유용한 도구이다. 헨센(Hensen, 1994)은 직업적 선택을 예측하는 데 60~75%의 정확성을 보여준 수많은 연구를 보고했다.

2) 개인의 스타일, 선호, 능력에 대한 이해도 향상

표준 데이터는 고객이 자신의 상대적 강점과 선호(또는 발전시킬 영역)를 자각할 수 있게 해준다. 하지만 평가 결과가 주어지면 고객의 인생이라는 맥락에서 해석하는 코치의 역량이 필요하다. 예를 들어 고객이 상당수의 또래보다 덜 외향적이고 야심도 적으며 예술 활동에 관심이 덜하다는 사실은 고객의 만족도나 성과, 삶과 관련이 있을 수도 있고 없을 수도 있다. 관련성도 크고 개발 및 직업 계획에서 중요한 것은 그 사실을 알고 있다는 점이 긍정적으로든 부정적으로든 고객의 삶에 미치는 영향이다.

3) 탐색할 만한 새로운 분야

고객은 평가 결과를 확인한 후, 평가가 없었다면 고려하지 않았을 가능성을 탐색하기도 한다. 마스티에(Mastie, 1994)는 경력 검사의 맥락에서 이루어지는 심리 측정 검사는 고객에게 힘을 싣는 데 사용된다고 언급했다. 검사를 통해 수집된 정보는 가능한 옵션을 탐색하도록 알려주는 데 사용된다. 경력의 가능성을 고려할 때 고객은 자신이 경험한 사항과 노출 수준에만 한정해서 생각하게 된다.

4) 피드백, 목표 설정, 변화 계획을 위한 플랫폼

심리 검사는 코치에게 피드백, 상담, 발달 계획을 수행하는 데 효과적인 기준을 제공한다. 심리 검사는 면담, 행동 관찰, 관리자 및 고용주로부터의 정보 등 코칭 관계에 기여할 수 있는 여타 형태의 평가에 대한 대안으로 인식되어서는 안 된다. 오히려 심리 검사 결과는 코칭 관계 향상 계획과 고객 입장에서는 경력 계획이나 발달에 활용될 수 있다. 또한 심리 검사 결과는 고객의 변화를 이루는 데 원천이 되는 강점과 변화의 초점이 될 수 있는 발전 분야를 드러내줄 수 있다.

5) 모니터링과 평가

허(Herr, 1994)는 코칭 또는 직업 상담 시 심리 측정 검사가 한 개인의 발전 및 경력 개입의 효과성 모니터링이라는 장점도 가지고 있다고 보았다. 예를 들어 고객은 기회, 자신의 능력과 관심, 동기부여 욕구 또는 가치를 재평가함으로써 자신의 발전을 확인하기 위해 심리 검사를 사용할 수 있다. 코치는 심리 검사를 활용하여 코칭 프로그램의 책무를 평가하고 확인할 수 있다.

5. 코칭 심리 측정의 윤리

사실 심리 측정을 위해 제대로 개발되어 활용하기 용이하고 검사 결과를 정당화하는 데 필요한 기술적 능력도 보여주는 좋은 검사를 찾기란 검사 사용자에게 쉽지 않은 과제이다. 이렇게 찾은 검사를 적절하고 윤리적인 방식으로 사용하는 것 역시 중요하다. 검사 사용자는 검사가 실시되는 지역의 개인 정보 보호 및 각 지역의 의무 관련 사항도 잘 알고 있어야 한다. 행동 규약의 적용을 받지 않는 코치는 국제검사위원회(International Test Commission, ITC)의《Guidelines for Test Use》(2000)를 참고하기 바란다. 이는 현지 검사 표준 개발에 사용할 수 있는 기본 틀을 제공한다. 이 절에서는 심리 검사의 윤리적 이행과 모범 사례의 바탕이 되는 일부 원칙을 살펴보자. 〈표 1.3〉은 요약된 체크리스트이다.

1) 증거 기반 검사

심리 검사 사용자는 철저하고 과학적인 연구 프로그램을 통해 개발된 검사와 충분한 연구가 뒷받침되지 않고 측정된 특성의 개념화가 잘되지 않은 검사를 구분할 수 있어야 한다. 사실 바람직한 것은 검사가 적절한 이론과 연계되고, 그렇지 않다 하더라도 최소한 결과와 실증적 또는 통계적 관계가 있음을 입증할 수 있는 것이다. 다시 말해 증거가 뒷받침되어야 한다.

〈표 1.3〉 윤리적이고 모범 사례적인 심리 검사를 위한 체크리스트

평가 목표 정의 • 미래 직업 선택권 모색 • 낮은 업무 만족도, 스트레스, 낮은 업무 성과의 이유 설명 • 목표로 하는 일자리를 얻기 위한 자기개발 욕구 파악
평가의 목표에 가장 부합하는 종류의 검사 판단 • 선호하는 행동 방식에 대한 이해 제고를 위해 성격 프로파일 작성 • 직업 및 직업상 선호 사항을 모색하기 위한 직업적 관심 평가 • 고객의 성과를 견인하는 요소를 파악하기 위한 동기부여 평가 • 고객에게 가장 적합한 종류의 환경을 판단하기 위한 가치 평가 • 성장 또는 교육 잠재력을 판단하기 위한 인지 능력 검사
목표에 가장 부합하는 검사 선택 • 각 검사가 제대로 연구된 모델이나 이론에 기반하는지 확인 • 신뢰도와 타당도 확인 • 고객의 인구학적 특징에 부합하는 표준 데이터인지, 표본 크기가 적당한지 확인
자신이 경쟁력을 가지고 있고 이행 및 해석 훈련을 받은 검사만 선택
검사가 이행되는 맥락을 잘 이해할 수 있도록 관련성 있는 부차적 정보(업무 기술서, 역량 데이터, 고객의 이력서 등) 수집
피드백과 평가서를 받는 사람이 누구인지 고려하고 고객의 동의 확보
고객이 평가의 목적과 결과의 이용에 관해 이해하고 있는지 확인
표준화된 평가 실시를 위한 적절한 조치 이행
고객의 검사지 작성 능력에 영향을 미칠 수 있는 요인(예: 장애, 질병, 언어) 고려
자신의 윤리적, 직업적 책임과 심리 검사지를 작성하는 고객의 권리 및 책임 숙지

2) 신중한 검사 선택

검사 사용자는 의뢰 문제에 따라 개인이 찾고자 하는 바가 달라지는 것에 대해 명확히 해둘 필요가 있다. 만약 의뢰 문제가 '어떤 종류의 직업이 내게 가장 적합할까?'라면 검사는 고객의 욕구, 관심, 가치, 능력을 프로파일링함으로써 고객이 질문에 대답할 수 있도록 돕는 결과를 내놓아야 한다. 또한 의뢰 문제가 '현 직업상의 목표를 달성

하고자 할 때 나의 발전 욕구는 무엇일까?'라면 다른 종류의 검사를 고려할 수 있을 것이다. 이때 코치는 고객의 직업상 목표와 포부를 잘 이해하고 검사를 잘 재단하여 목표 대비 고객의 능력을 평가할 수 있어야 한다.

3) 적절한 검사 사용

좋은 검사는 기술적 특성이 문서화되어 있고 검사 개발 방법의 개요를 설명한 매뉴얼을 갖추고 있다. 검사 개발자가 자신의 지적 재산을 보호하려 할 수도 있겠지만 검사의 구성 방법, 신뢰도, 검사 척도의 타당도, 규준 표본의 인구학적 구성, 이행 및 해석 가이드라인에 관한 세부 사항을 투명하게 제공해야 한다. 검사 사용자는 검사 결과를 바탕으로 한 주장이 심리 측정학적 특징을 바탕으로 정당화될 수 있도록 신중을 기해야 한다.

4) 검사 사용자의 역량

대부분의 심리 검사 발행인과 대표는 사용자가 그 도구를 이행, 해석할 수 있음을 인증받도록 요구하고 있다. 일부 검사의 경우, 검사 사용자의 직업적 자격 요건, 즉 심리학이나 교육학 분야의 전문가일 때 자동적으로 인증이 될 수도 있다. 심리 측정이나 심리학 분야의 전문적 배경이 없는 검사 사용자라면 자신이 지닌 능력의 한계를 인식하여 적절하고 전문적인 방식으로 검사를 이용할 수 있도록 관련 교육 및 훈련을 받아야 한다. 검사는 표준화된 조건에서 실시하고 검사 결과를 정확하게 해석하고 보고해야 한다.

5) 고객의 권리 존중

심리 측정 검사를 실시하기에 앞서 검사 사용자는 고객의 권리와 책임, 검사의 목적과 성격, 비밀 유지 조항의 한계를 고객에게 알리고 이해를 바탕으로 한 동의를 받아야 한다. 검사 사용자는 검사 과정에서 피해나 고통을 유발하지 않도록 하고, 검사 개발 당시의 고객과 성별, 문화적 배경, 언어, 학력, 인종, 신체적 능력, 연령 등이 다른 고객에게도 검사의 공정성이 유지되도록 해야 한다.

요약

 좋은 심리 검사를 적절히 사용한다면 고객이 자기탐구와 이해를 통해 인식을 제고할 수 있도록 돕는 코치에게 유용한 도구가 될 것이다. 그러므로 검사 사용자 역할을 가정할 때 코치는 검사의 이론적, 심리 측정학적 배경을 잘 알고 검사의 선택을 이끌어줄 수 있는 포괄적인 모델을 사용해야 한다. 검사 사용자가 접할 수 있는 검사의 수가 무궁무진하고 코칭 맥락에서의 가치와 신뢰성, 타당성 등이 서로 차이가 크기 때문에 코치는 적절한 훈련을 받고 정보를 숙지해야 하며, 자신이 사용하는 검사의 능력과 한계를 인지하고 있어야 한다. 또한 검사 사용자는 코칭을 할 때 검사의 사용에 영향을 미치는 윤리적인 문제를 파악하고 최고의 검사 사용 기준만을 적용해야 한다. 검사 사용자의 법적, 윤리적 요건과 검사 대상자의 권리가 국가마다 다르므로 검사 사용자는 해당 지역의 요건에 따라 검사를 실시할 책임이 있다. 심리 검사를 적절하지 않게 또는 숙련되지 않은 상태에서 부적절하게 적용할 경우 개인에게 손해를 끼칠 수도 있다. 그러나 요구되는 지식과 인증을 갖춘 상태에서 현명하게 윤리적으로 사용한다면 고객과 코치가 얻는 이득이 클 것이다.

Chapter 02

코칭 심리 측정 도구의 설계

Nollaig Heffernan

이 장에서는 질문지 설계 방법을 중점적으로 살펴보려 한다. 질문지 설계는 일반적으로 심리학 전문가의 역할이지만 피드백 및 코칭 관계자에게 질문지 설계의 개요를 소개하는 것은 두 가지 이유에서 중요하다고 생각한다. 첫째, 질문지 구성 방법을 이해한 코치는 검사를 보다 명확하게 선택할 수 있다. 좋은 검사를 찾기가 힘들 뿐만 아니라 시중에 나와 있는 검사의 양도 방대하기 때문에 고객에게 적합한 질문지를 선택하는 것이 매우 중요하다. 둘째, 영국심리학회(British Psychological Society, BPS)의 자격증과 같은 공인 심리 측정 자격증을 취득하는 사람이 늘고 있기 때문에 이 장과 3장은 심리 측정 검사의 관리 및 사용 자격 요건을 갖추고자 하는 사람들을 돕는 것이 목적이다.

호건(Hogan, 2003)은 심리 측정 검사 구성을 6단계, 즉 설계 목적, 예비 설계, 문항 구성, 문항 분석, 표준화, 출판으로 구분해서 설명했다. 이 장에서는 이러한 6단계를 중심으로 심리 측정 검사 사용자에게 요구되는 영국심리학회의 주요 자격 조건을 파악하여 궁극적으로 질문지 설계 방법을 도출할 것이다.

1. 설계 목적

심리 진단학적으로 탄탄한 질문지를 발전시키는 것은 시간과 노력이 필요한 작업이며, 철저한 사전 조사 역시 성공적인 질문지 구성에 핵심적인 요소이다. 조사 단계에서 코치는 시중에 나와 있는 검사 중에서 자신이 원하는 바에 맞는 측정 방법을 찾기도 한다. 심리 측정 검사 구성이 책임감을 요하는 작업임을 고려할 때, 이러한 대안을 찾게 되더라도 철저한 검증이 앞서야 한다. 이 단계에서는 심리 측정의 상업적 실행 가능성도 주의해야 한다. 질문지 사용이 제한적이라면 해당 질문지의 개발이 무의미할 수도 있기 때문이다.

질문지 개발이 가치가 있다고 판단되었을 때 질문지 개발 과정의 첫 번째 단계는 검사 목적을 정의하는 것이다. 기관의 설명서와 동일한 심리 측정의 목적을 명시하고 진단하려는 내용과 대상을 분명하게 밝혀야 한다. 검사 사용자를 위한 가이드에 이러한 내용을 포함해야 하며 질문지 마케팅 과정에서 소제목으로 활용할 수도 있다. 멘탈터프니스검사48(MTQ48) 질문지의 경우 사용자 가이드에 다음과 같이 '멘탈 터프니스(mental toughness)'를 측정하는 목적을 기술했다.

> 멘탈터프니스검사48(MTQ48)은 개인이 근무 환경에서 얼마나 압박감을 잘 견딜 수 있는지를 빠르고 정확하게 평가하기 위해 설계되었다. 멘탈터프니스검사48 질문지는 도전, 통제, 책무, 자신감을 측정한다. (p. 6)

코치는 직업적으로 많은 심리 측정 질문지를 사용한다. 질문지는 학술 기관에서 발전시킨 것도 상당히 많으며, 이 경우 보다 심층적인 연구가 가능하다. 이와 같은 연구는 검사지를 만들려는 목적으로 특수하게 수행되었을 수도 있고, 특정 분야에서 요구하는 측정 방식을 연구한 결과로 검사가 구성되기도 한다.

검사를 상업적으로 사용하는 기업에서는 학생이나 대학에 연구를 맡기는 경우도 많으며, 일부 대학은 연구를 전문으로 하는 상업 단체나 기업과 연계되어 있기도 하다. 이러한 종류의 연구는 해당 분야의 전문적인 지식을 전반적으로 이해해야 하기 때문에 시간이 많이 걸리기는 하지만, 검사가 전문성을 갖춤으로써 평판 확립과 검사의 목적을 정의하는 데 도움이 된다.

2. 예비 설계

검사 목적을 정의했다면 다음 단계로 질문지의 실행 계획을 짜는 데 시간을 투자해야 한다. 이는 워낙 기본적인 것이지만 그렇기 때문에 오히려 이 단계를 간과하고 서둘러 질문과 문항을 발전시키는 단계로 넘어가는 오류를 범하는 경우가 많다. 하지만 예비 설계는 질문지를 성공적으로 만드는 데 가장 중요한 단계이다. 사람들이 적극적으로 설문 검사에 참여하지 않거나 무성의하게 답변하는 경우 심리 측정의 결과에 영향을 줄 수 있다.

시장을 겨냥한 여느 제품 개발과 마찬가지로 최종 사용자의 요구 사항을 포괄적으로 파악할 필요가 있다(Kirakowski, 1988). 질문지를 완료하는 과정에서 최종 사용자와 상호 작용하는 것은 질문지가 측정하고자 하는 응답을 얻는 데 결정적이다. 응답자가 검사를 완료한 뒤 그 결과를 통해 고객에게 어떤 피드백을 제공할 수 있을지 고려하는 것도 필수적이다.

예비 질문지 설계 단계에서 필수적으로 고려해야 할 사항은 다음과 같다.

1) 검사 시간과 문항 수

검사를 완료하기까지 걸리는 예상 시간을 항상 신중하게 고려해야 한다. 소요 시간이 짧으면 사용자가 이용하기 편하지만 긴 시간이 소요되는 질문지는 더 많은 정보를 제공할 수 있다.

2) 향후 분석에 유용한 추가 데이터 수정

검사 내용을 제외한 정보를 수집할 수 있다면 검사에 참여한 응답자에 대해 더 많은 부분을 유추(추론적 통계)할 수 있다. 추가로 얻을 수 있는 데이터는 일반적으로 나이, 성별, 국적 등이 포함된 응답자의 신상 정보이다. 현재 소속된 직업군(제조업, 건설업 등)이나 역할(재무, 마케팅 등)처럼 보다 차별화된 정보는 검사 결과를 직업별로 나누는 데 도움이 된다. 얼마나 오랫동안 직장을 다녔는지 또는 경영자나 지도자 역할을 얼마나 했는지 파악하는 것도 응답자의 직장 경험을 측정하는 데 유효할 수 있다 (Fiedler & Chemers, 1984). 이러한 데이터는 뒤에서 논의할 부차적인 연구 단계에서 검토하는 것이 일반적이다.

추론적 통계 자료 사용에 관한 자세한 내용은 브레이스 등(Brace et al., 2009)의 연구 자료를 참고하기 바란다.

3) 적절한 고객 선정

적절한 사람들이 검사에 참여하는 것은 여러 가지 이유에서 매우 중요하다.

- 부적절한 응답자의 자료는 기준 집단이 검사 목표 대상의 대표 집단이 될 수 없다는 것을 의미한다.
- 심리 측정 질문지 사용에는 언제나 윤리적인 문제가 발생하고 부적절한 집단의 자료는 부정

적인 결과를 초래할 수 있다.
- 검사 개발자의 전문성이 의심받아 그다음의 작업이 어려워질 수 있다.
- 사용할 수 없는 데이터의 수집은 시간과 비용의 낭비이다.

목표 집단을 제대로 선정해야 한다. 예를 들어 온라인상의 관계 파악을 목적으로 하는 질문지의 경우 양로원보다 소셜 네트워크 사이트에서 참가자를 찾는 것이 더욱 적절하다. 그럼에도 불구하고 부적절한 응답자가 검사에 참여했다면 내부의 메커니즘을 통해 통계 자료 분석 단계까지 해당 정보가 도달하지 못하도록 막는 것이 중요하다. 특정한 질문을 포함해서 온라인의 경우 더 이상 다음 단계로 넘어가지 못하도록 하거나 출력물의 경우 질문지가 유효하지 않음을 나타내면 부적절한 응답자를 걸러낼 수 있다. 예를 들면 애완동물을 키우는 남성의 성향을 분석하기 위해 고안한 질문지에서 '여성'을 선택한 응답자는 더 이상 질문지에 응답할 수 없도록 하는 것이다.

목표 집단의 사람들이 질문지가 자신과 관련이 없다고 판단하면 검사에 참여하지 않을 확률이 높기 때문에 안면 타당성 또한 필수적인 요소이다. 코치가 고객에게 적합한 검사를 선정하고, 가능한 상황이라면 고객에게 검사에 참여해야 하는 이유를 설명함으로써 안면 타당성을 높일 수 있다.

4) 질문지 설계 과정에서 발생할 수 있는 문제

동등한 기회의 문제가 발생할 수 있다. 이는 검사의 접근성이라고 정의할 수도 있겠다. 예를 들어 시각 장애인의 참여가 가능한지 생각해볼 필요가 있다. 만약 시각 장애인의 참여가 불가능하다면 활자를 키우거나 점자로 된 검사를 개발해야 할지 고려해야 한다. 다른 언어권의 사람들이 참여할 수 있도록 만들어야 할지도 고려해볼 수 있다. 이와 같은 모든 경우에 동등성이 확립되어야 한다. 그리고 새로운 버전의 질문지를 생성해야 한다면 그 질문지가 원래의 질문지와 등가를 이루는지, 같은 개념을 측정하는지도 따져봐야 한다. 이러한 문제는 대개 문항 분석 이후에 더욱 철저히 검증할 수 있으며 검사 사용자 자격 조건에서도 필수적인 부분이다.

5) 온라인상에서 또는 출력물로 검사를 진행할 때의 장단점

검사 대상에 따라 장단점이 달라진다. 대상자가 컴퓨터를 잘 다루는지, 그렇지 않은지로 구분할 수 있다. 온라인상에서는 다량의 정보가 오고 가기 때문에 질문지를 출력물로만 진행하는 경우 펜보다 마우스가 편한 사람들이 제외될 가능성이 있다. 게다가 질문지가 최신 버전이 아니거나 응답자 집단과 연관이 없어서 안면 타당성이 부족할 수도 있기 때문에 질문지 자체에 악영향을 미치기도 한다. 온라인상의 질문지는 모든 응답자가 동일하고 표준화된 지침을 받을 수 있으며 청각 장애인도 참여가 가능하다는 것이 장점이다.

6) 검사의 유형

검사 개발 및 평가 센터는 일반적으로 응답자들을 각기 다른 여러 질문 검사에 참여시킨다. 이렇게 하면 응답자들의 개별적 특성을 더욱 세세하게 파악할 수 있다. 하지만 집행 시간과 비용으로 인해 질문지의 길이가 제한적일 수 있다는 점을 고려해야 한다. 검사 문항 간의 목적이 충돌하는 것이나 불필요한 중복을 막기 위해 검사 문항 간의 적합성도 고려해야 한다. 집단으로 검사를 진행하는 경우 응답자 모집에 비용 절감의 이점이 있으며 기준 집단 설정에 용이함이 있다.

개별로 이루어지는 단일 검사라면 질문지 자체의 비용과 소위 '거리' 비용이 포함된 집행 비용을 가장 중요하게 고려해야 할 것이다. 집단으로 조사하는 것보다 비용 소모가 크기 때문이다. 기준 집단에 대한 고민도 해야 한다. 지수가 내준적(ipsative)*이지 않을 때 개인을 어떤 기준과 비교할 것인가?

---

* 개인 간의 비교를 통한 검사가 아니라 피검자 내에서 지수를 측정하여 비교하는 방식

7) 질문지 배포

  질문지 개발 가능성이 불확실한 상태에서는 최근까지도 질문지를 출력물로 배포하고 직접 데이터를 수집하는 것이 보편적이었다. 그러나 비용이 크게 절감되는 온라인 질문지 덕분에 지금은 모든 검사 진행 과정이 온라인상에서 이루어지는 경우가 더 많다. 특히 검사 전문 기관의 경우 온라인 검사 사용이 보편적이다. 온라인 검사는 비용이 저렴하기 때문에 출력물 질문지가 점차 줄어들어 그에 따라 전반적인 검사 집행 비용도 감소하고 있다.

8) 보고서 작성

  최근에는 보고서가 대부분 전산화되어 있다. 응답자의 응답을 통계적으로 분석하여 결과를 도출하고 컴퓨터 프로그램을 사용자가 편하게 볼 수 있도록 문서나 도식화된 표로 변환하여 제공한다. 초기 시범 단계에서는 보고서를 간단하게 작성하는 경우가 많다. 더욱 정교한 결과를 도출하려면 비용이 많이 들기 때문에 검사 개발자는 상당한 비용을 투자하기 전에 검사를 상업적으로 발전시킬 가치가 있는지 판단해야 한다.

9) 검사 점수 보고 방식

  검사 점수 보고 방식은 보고서의 최종 사용자에 따라 구분할 수 있다.

- 최종 사용자가 기업인 경우 직원의 개별 프로파일이나 개괄적 프로파일에 관한 보고서를 원할 수도 있다.
- 코치가 고객에게 피드백을 할 때 사용할 목적이라면 질문지에 코칭과 관련한 질문이나 탐구 자료가 포함될 수도 있다.
- 보고서를 개발에 사용할 경우 그에 따라 제시된 질문의 추가적인 논의를 위해 특정 부분을 강조할 수도 있다.

- 검사가 선발 과정의 기준(예: 기업의 채용 목적)을 만드는 데 사용된다면 고객에게는 세분화된 보고서보다 표준화된 지수만 제공하면 된다.

10) 자료 보관

영국심리학회는 질문지를 통해 수집한 자료의 보관 및 저장과 관련하여 엄격한 지침을 제공한다. 응답자의 개인적인 정보와 같이 민감한 자료가 포함되어 있다는 점 때문에 영국심리학회는 모든 자료를 영국 자료 보호법(1998)에 따라 보관하도록 하고 있다. 온라인 데이터는 보통 보안 서버에 보관하고 인쇄물의 경우 자물쇠를 채워 보관하거나 적합한 절차에 따라 파기해야 한다. 이는 영국심리학회의 검사 사용자 자격 조건에서 매우 중요한 부분이다.

예비 질문지 설계에 관한 더 자세한 내용은 오펜하임(Oppenheim, 2001)을 참고하기 바란다.

3. 문항 구성

질문지의 목적 정의와 설계가 완성되었다면 응답자의 생각을 측정할 수 있는 문항을 만들어야 한다. 일반적으로 분야별 전문가가 질문지에 포함될 문항을 생성한다. 심리 측정 검사 구성에서 분야별 전문가는 심리학자, 통계학자, 상담 전문가, 코치, 검사 주제에 관한 충분한 지식이 있는 사람이라면 누구든 가능하다.

문항 생성 및 구성은 단순히 주제와 관련한 언급을 하거나 질문을 작성하는 것이 아니다. 해당 주제에 대한 질문 방법(제시문)과 응답 방식 결과 계산법도 매우 중요하다. 그리고 문항별 특성에 따라 선택형 문항(제한된 선택지 제공)으로 구성할지 서답형 문항(자유 응답)으로 구성할지도 고려해야 한다. 이 단계에서 채점 방식의 문제도 해결해야 한다.

제시문은 검사의 사용 용도에 따라 달라지는데 질문 형식(능력 검사), 문제 해결(성취도 검사), 평가서(태도 검사), 빈칸 채우기(성격 검사), 사진 묘사(투사 검사, 예: 로르샤흐 잉크 얼룩 검사) 등으로 나눌 수 있다. 제시문은 응답자에게 선택형 혹은 서답형으로 응답 형식을 제시한다. 문항별 응답 형식을 정하면 그에 따라 채점 방식이 달라질 수 있으므로 채점 방법도 정해야 한다.

1) 선택형 응답 방식

다항 선택형 또는 강제 선택형이라고도 부르는 선택형 응답 방식은 응답자에게 3~5개의 선택지를 주고 고르게 한다. 거짓과 참을 선택하라는 문항처럼 선택지가 최소 2개이기 때문에 얼마나 많은 오답지(적합하지 않은 선택지)를 제시하느냐의 문제에 의견 차이가 있다. 일부는 되도록 많은 선택지를 제공해야 한다는 입장이다(Haladyna et al., 2002).

리커트 척도(Likert, 1961)는 선택형 응답 방식 중에서 가장 널리 사용되는 것으로 대개 1~5의 범위를 제시한다. 예를 들어 5는 '항상 그렇다', 1은 '절대 그렇지 않다'를 나타낸다. 범위는 10 이상도 가능하다.

핼러다이너와 다우닝(Haladyna & Downing, 1989)은 선택형 응답 문항을 작성하는 방법에 대해 상세한 가이드라인을 설명하고 주관적인 의견이 반영된 응답, 복잡한 표현, 부적절한 보기 등을 피하는 방법을 제시했다.

2) 서답형 응답 방식

에세이, 빈칸 채우기, 포트폴리오, 인트레이 검사(in-tray exercise)*, 투사 검사는 모

---

* 가상의 직장에서 특정한 역할을 맡았다고 가정하고 과제를 수행하는 프로그램

두 서답형 응답 방식에 속하는 검사 유형이다. 자유 응답 문항이기 때문에 응답자는 정답을 선택하는 것이 아니라 만들어나가야 한다. 대개 응답자가 재량에 따라 답을 기술하지만 시간제한이 있는 경우가 많다. 세 가지 논문형 질문에 답하는 데 90분의 시간제한을 두는 것을 예로 들 수 있다.

3) 문항 채점

성취도 검사나 능력 검사에서는 선택형 문항을 정답(1점) 또는 오답(0점)으로 채점하고 전체적인 검사 결과(원점수)는 이 점수의 총합을 나타낸다. 다른 선택지에도 점수가 적용되어 채점 방식이 달라질 수도 있다.

성격이나 태도 검사 유형에는 정답과 오답이 없기 때문에 각 응답에 점수를 매기는 것은 응답의 방향성(긍정적 또는 부정적)을 보여주기 위함이다. 리커트 척도 유형의 채점 방식을 예로 들자면, 주어진 질문과 관련한 응답자의 입장이 범위 안에서 숫자로 나타난다(예: 5=절대 동의하지 않음).

서답형 문항을 채점하는 방식은 보다 덜 명확하다. 응답자에게 특정 방식으로 답하도록 강요하지 않고 채점할 수 있는 기준 정답이 있는 것도 아니기 때문이다. 따라서 서답형 문항의 채점은 채점자의 주관적인 판단에 달렸다. 어느 정도 일관성 있는 채점(평가자 간의 신뢰도)을 위해 채점 체계를 사용하기도 한다. 총체적 채점은 전체적인 검사 결과를 채점하는 방식이며, 분석적 채점은 질문지를 부분별로 나누어 채점하는 방식이다. 점수제는 대부분의 교육계에서 사용하고 있는 체계로 가장 널리 알려진 채점 방식이며, 채점을 위해 응답 내용에 특정한 점수가 포함되어야 한다. 최근 컴퓨터 프로그램의 발전으로 정교한 인간의 판단력 알고리즘('자동 채점'이라고도 함)을 사용하여 서답형 문항을 채점할 수 있게 되었다.

4) 거짓 반응

코치는 주로 태도 검사를 하기 때문에 응답자가 응답을 왜곡할 가능성도 고려해야 한다. 응답자가 긍정적이든 부정적이든 자신이 인식되고자 하는 방향으로 꾸며서 응답하는 것을 거짓 반응이라 한다. 문항의 방향성에 균형을 맞추는 방법으로 거짓 반응을 줄일 수 있다. 먼저 문항이 긍정적인 또는 부정적인 톤을 띠고 있는지 살펴봐야 한다. 같은 개념이라도 다른 방향으로 대답 가능한 문항을 사용함으로써 방향성에 균형을 맞출 수 있다.

예를 들어 깨끗한 치아가 개인 위생과 관련이 있다는 사실을 보여주기 위한 검사의 경우 첫 번째 문항에는 '진실'이라고 대답한 피검사자가 두 번째 문항에는 '거짓'이라고 응답할 것이라 기대할 수 있다.

문항	진실	거짓
나는 잠들기 전에 항상 양치질을 한다.	√	
나는 개인 위생에 관심이 없다.		√

두 문항은 톤과 단어 선택에 차이가 있지만 점수는 동일하게 채점될 것이다. 따라서 방향성에 균형을 맞추는 것은 응답자가 일관성 있으면서도 차별적으로 문항에 응답하도록 하기 위한 특성이다. 이를 통해 문항을 제대로 읽지 않고 검사를 서둘러 완료하기 위해 체크 표시만 하는 것을 막을 수 있다.

'사회적 바람직성(social desirability)'을 진단하는 문항을 포함하는 것도 왜곡된 응답을 줄일 수 있는 방법이다. 응답자가 잠재적 고용주나 사회에서 기대하는 바에 맞추기 위해 특정한 방향으로 대답해야 할 의무감을 느끼게 하는 문항을 포함하는 것이다. '나는 업무의 모든 부분이 마음에 든다', '나는 어떤 상황에서도 집중할 수 있다', '나는 스트레스를 받지 않는다', '나는 절대 거짓말하지 않는다', '나는 아주 작은 물건도 훔친 적이 없다' 등의 문항이 이에 해당한다. 모든 문장이나 일부 문장에 '진실'이라고 답한 응답자는 특정한 이미지를 투사하기 위해 거짓으로 응답했을 가능성이 높다. 사회적 바람직성 점수가 높은 응답자는 피드백 과정에서 더 심층적인 관찰 대상이 될 수 있다.

문항 및 질문 준비에 관한 더 자세한 내용은 헬러다이너(Haladyna, 2004)를 참고하기 바란다.

4. 문항 분석

문항과 그 속성에 대한 합의가 이루어졌다면 검사 대상 집단의 대표 표본에 의해 작성된 질문지가 필요하다. 문항 분석 단계는 검사가 충분히 검사 목적에 부합하는지 검증하는 단계이다.

검사 단계에서 완료된 질문지를 충분히 확보하기란 어렵다. 넌낼리(Nunnally, 1978)는 유효한 결과를 얻기 위해 한 문항당 최소 10명이 참여할 것을 권장한다. 따라서 50개 문항으로 이루어진 질문지의 경우 최소 500명이 필요하다. 검사 단계는 대개 자발적으로 이루어지기 때문에 참여 의사가 있는 사람을 그만큼 많이 확보하는 것은 어려운 일이다. 질문지 작성을 완료하고 다시 돌려줄 사람의 비율 또한 예측이 쉽지 않다.

이 문제를 어느 정도 해결할 수 있는 유용한 방안은 바로 '스노볼 기법'(Oppenheim, 2001)이다. 이는 검사에 참여한 사람들에게 소정의 인센티브를 제공하여 주변 지인들도 검사에 참여하도록 요청시키는 방법이다. 예를 들면 회원으로 구성된 단체에서 회원들에게 질문지를 배포하는 것이다. 스포츠와 관련된 단체가 연구 참여에 초청받는 경우도 많다. 피드백 및 추후 연구에 참여하는 기회 제공, 결과 공개, 상품 증정 또는 소정의 보상금 지급과 같은 방법을 통해 검사 참여를 장려할 수 있다.

수집한 데이터 분석을 위해 SPSS와 같은 정교한 컴퓨터 통계 프로그램을 사용하면 빠르고 정확하면서도 효과적이다(Brace et al., 2009). 검사가 출력물로 이루어진 경우 데이터를 컴퓨터에 직접 입력해야 한다. 인력이 필요하다는 점에서 비용도 많이 들고,

출력물에서 컴퓨터로 옮겨진 데이터에 의존하기 때문에 오차가 발생하기도 한다. 경우에 따라서는 통계 순환과 같은 추가적인 통계 분석을 통해 문항 수를 줄여 통계적으로 견고하고 사용자에게 편리한 질문지를 만들 수도 있다.

통계 분석 결과 질문지의 구성 요소가 개념적으로 불분명하다는 사실이 드러난다면, 다시 말해 개별 구성 요소가 측정을 요하는 전체적인 구성/개념에 기여하는 바가 통계적으로 불분명하다면(주 구성 요소 분석) 검사 문항을 다시 작성해야 할 수도 있다. 문항 간의 차별성 부족과 중복은 잘못 설계된 심리 측정 검사에서 발생하는 공통된 문제점이다(Yukl, 1999). 검사 문항을 변경했다면 질문지가 새것 또는 다른 것으로 간주되므로 데이터를 다시 수집할 수 있도록 검사를 재시행하여 새 문항을 사용한 질문지로 문항 분석을 해야 한다. 이 과정이 여러 차례 반복될 수도 있지만, 검사 목적을 명확히 정의하고 질문지 설계를 적절히 수행했으며 엄격하게 문항 준비를 마친 경우에는 이 과정을 피할 수 있다.

문항 분석에 관해 더 자세히 알고 싶다면 클라인(Kline, 1996)을 참고하기 바란다.

5. 표준화

문항 분석을 완료했다면 질문지를 표준화 또는 규준화해야 한다. 표준화 또는 규준화는 검사의 원점수(합산한 정답의 점수, 특정 방향에 따른 점수 등)를 좀 더 의미 있는 것, 즉 규준 점수로 변환하는 것을 말한다. 규준 점수 또는 표준 점수는 T 점수, 구간 척도 점수, 스텐스(stens)와 같이 여러 유형으로 나뉜다. 이 점수의 계산 및 사용법을 자세히 알고 싶다면 영국심리학회의《Test User: Occupational, Ability》(이전의 레벨 A)를 참고하기 바란다. 규준 점수는 기준 집단을 바탕으로 측정된 점수로, 기준 집단은 검사를 완료한 사람들을 위한 비교 집단이다.

내준적 점수는 원점수를 변형한 또 다른 형태이며 주로 성격과 관심 측정 검사에서 사용된다. 내준적 점수는 규준 참조로도 사용이 가능하지만(Hogan, 2003) 주로 개인 참조나 자기 참조로 사용된다. 내준적 점수는 한 검사에서 하나 이상의 문항이 있는 경우 하나의 문항을 선택함으로써 다른 문항의 점수가 상대적으로 감소할 때 생성된다. 예를 들어 응답자가 (a)나 (b) 중에서 하나를 선택해야 하는 문항이 있는 경우 (a)를 선택함으로써 내준적 점수가 발생한다. 선택한 문항의 점수가 높아지면 (b)의 점수는 동일하거나 상대적으로 낮아지기 때문이다.

더욱 의미 있는 데이터를 얻기 위해 표준화된 점수는 특수한 컴퓨터 문서 패키지를 통해 서술 보고서로 변환된다. 보고서의 내용은 최종 사용자에 따라 달라지기도 하며 피드백 단계에서 사용될 수 있다.

부차적 연구는 표준화 단계와 동시에 또는 따로 이루어진다. 예를 들어 예비 질문지 설계 단계에서 고려했던 신상 정보는 표준화된 데이터를 분석하는 데 사용할 수 있다. 이는 하위 집단 규준을 생성하는 데 사용되거나 예상치 못한 결과를 도출하여 나이, 성별, 또는 직업에 따라 발생하는 차이점 등 더욱 심층적인 조사가 필요할 수도 있다.

신뢰도 검사 또한 표준화 과정 중에 이루어진다. 이 단계에서는 검사의 내부적인 일관성을 검증하는 것이 일반적이다. 내부적 일관성은 표준화 데이터만 사용할 뿐, 표본 집단이나 하위 집단을 재검사해야 하는 '검사-재검사 신뢰도'*와 같은 새로운 데이터를 필요로 하지 않기 때문이다. 이 단계에서는 검사의 유효성도 입증할 수 있다. 하지만 예측 타당성까지 확립하는 과정은 상당한 시간이 걸리기도 한다.

심리 진단 검사는 '생생한' 문서로 시행되어야 하기 때문에 지속적인 업데이트가 필요하다. 질문지에서 최초로 설정했던 목적의 사용 용도가 변한다면, 예를 들어 교육 기관에서 직장으로 변한다거나 스포츠에서 학교로 변하는 경우 새로운 표준화 프로그램을 통해 새로운 기준 집단이 생성되어야 한다. 또한 검사에서는 시간도 중요한 요소이다. 시간이 너무 오래 지나면 관련성이 떨어지고 결국 쓸모없는 검사가 될 수도 있다. 정기적으로 검토하지 않는 경우도 마찬가지이다.

---

* 동일한 검사를 다른 두 시기에 실시하여 그간에 얻어진 상관계수

검사 표준화에 대한 심층적인 설명은 펠프스(Phelps, 2005)를 참고하기 바란다.

6. 출판

검사 구성의 마지막 단계는 출판 준비이다. 검사 항목이 표준화되면 정해진 내용과 순서 그대로 출판을 하게 된다. 질문지가 상업적 목적으로 개발된 경우에는 이 단계에서 레이아웃과 디자인에 많은 시간과 비용이 들어간다. 비상업적 목적으로 개발된 질문지에 더 많은 돈을 투자해야 하는 경우는 거의 없다. 그러한 검사지는 일반적으로 저자의 요청에 따라 이해 당사자에게 온라인으로 전송되거나 인터넷을 통해 무료로 이용할 수 있다.

출판물에 따라 자료가 상이할 수 있지만 제대로 구성된 질문지는 항상 기술적인 매뉴얼이 존재한다. 기술 매뉴얼은 매우 포괄적이기는 하지만 검사의 이론적 근거와 구성, 질문지의 유효성과 신뢰도 점수, 데이터 표준화 방식, 관리 지침 및 결론 해석이 최소한으로 포함되어야 한다. 그러나 많은 기술 매뉴얼은 이보다 더 세부적인 정보, 즉 진단 주제에 대한 자세한 배경 설명, 각 단계별 데이터 분석 자료, 질문지를 통한 연구 결과, 예기치 못한 발견 및 그것이 암시하는 피드백을 위한 결과의 심층적인 설명과 해석 등을 요구한다. 질문지의 유용성에 대한 그래프, 차트, 표, 일화적 증거 등을 포함하는 것도 일반적이다.

앞에서 논의한 바와 같이 심리 측정 검사는 '생생한' 문서를 바탕으로 이루어져야 하고 지속적인 검토를 거치기 때문에 그 결과는 질문지의 보충 자료 개정판에 포함된다. 결과적으로 출판물을 위한 자료 준비는 끊임없이 진행되는 과정이다.

포괄적인 기술 매뉴얼의 예시는 바트럼(Bartram, 2000)을 참고하기 바란다.

이 장에서는 심리 측정 질문지를 작성하는 방법을 살펴보았다. 자신이 측정하려는 주제에 적합한 심리 측정 질문지가 아직 나와 있지 않다면 시간이 많이 걸리더라도 심리 측정 질문지를 스스로 만들어보는 일은 단순한 창작 이상의 보람을 얻는 의미 있는 과정이 될 것이다. 진단하고자 하는 것을 정확히 측정할 수 있다는 이점도 있다.

호건(Hogan, 2003)은 질문지 구성의 6단계 외에 모범적인 사례의 가이드라인을 제시했는데 전반적으로 다음과 같은 부분을 다룬다.

- 개념화의 중요성
- 주제 분야에 대한 심층적인 사전 연구
- 전체 시간 중 준비 과정에 많은 시간 할당
- 문항을 단순하게 유지
- 기술 매뉴얼 완성
- 모든 과정에 많은 시간 할애

이 가이드라인은 앞에서 논의한 6단계를 잘 수행하면 모두 달성할 수 있다. 검사 목적을 정확하게 설정하는 데 시간을 투자하고, 설계 단계부터 신중하게 생각하고 계획하며, 정확한 문항 준비 및 분석, 엄격한 표준화 과정을 거쳐 최종 자료까지 완료한다면 견고한 심리 측정 진단지를 만들 수 있을 것이다.

Chapter 03

코칭 심리 측정 도구의 활용을 위한 코치 교육

Angelina Bennet

심리 검사는 윤리적으로 요구되는 지식과 자격 요건을 갖춘 상태에서 사용될 때 유용하다. 평판이 좋은 심리 측정 검사 기관 또는 업체는 인가된 인증 교육을 수료한 사람에게만 검사지를 제공한다. 이 장에서는 첫째, 검사지 제공자가 인증을 필요로 하는 이유와 이것이 어떻게 고객에게 이익이 되는지를 설명한다. 둘째, 인증 과정에 대한 여러 가지 경로를 설명하고 인증 과정에서 기대할 수 있는 것과 인증에 대한 정보를 제공한다. 셋째, 심리 검사의 사용을 개선하고 잠재적 적용 범위를 확대하기 위해 이용 가능한 인증 후속 과정 선택에 대해 몇 가지 제안을 하려고 한다.

이 장은 심리 검사 자격 과정에 참여하려고 하는 코치나 코칭 작업에 심리 검사를 실시할 수 있는 자격을 취득하고자 하는 코치에게 특히 유용할 것이다. 또한 이들이 과정에 대해 기대하는 것을 다루고, 과정 내용에 특정 주제가 왜 포함되는지, 그리고 실제로 심리 검사를 사용하는 맥락에서 어떻게 자격을 취득할 수 있는지 이해하는 데 도움이 될 것이다. 또한 심리 측정 도구를 사용할 수 있는 자격 취득 실습 및 교육 등에 관한 여러 가지 방법을 설명하고, 코치가 활용 가능한 심리 측정 도구 사용자 역량 훈련과 활용 훈련, 자격 연계 및 자격 유지 방법 등도 살펴볼 것이다.

1. 심리 측정 도구 사용자 훈련의 필요성

심리 검사가 부정확하게 해석 및 적용되거나 잘못된 맥락에서 검사가 사용될 때, 또는 표준 이하의 검사가 적용될 때 검사 과정은 무가치해질 뿐만 아니라 해를 끼칠 수도 있다. 불공정한 고용 관행에 관한 이야기가 자주 뉴스에 오르내리는데 이는 종종 심리 측정 검사의 오용과 관련이 있기도 하다. 심리 측정 인증 과정은 예비 사용자에게 검사 및 설문지 사용에 최대한의 효과를 제공하고, 검사 대상자가 공정하게 윤리적으로 대우받을 수 있도록 그들이 필요로 하는 지식과 기술을 제공하는 것을 목적으로 한다. 그 과정의 주요 목적은 다음과 같다.

- 심리 측정 검사와 설문지로 도출된 결과물에 대해 정확한 해석을 하기 위해 예비 사용자를 훈련한다.
- 예비 사용자가 검사를 정확하게 적용하도록 돕고, 그들이 의도된 목적(타당도)을 위해 정확한 검사와 평가를 적용할 때 어떻게 적용하는지 확신할 수 있게 한다.
- 예비 사용자에게 그 검사가 지원하는 기술적 통계를 해석할 때 필요한 기술과 검사 목적에 부합되는지 평가할 수 있는 기술을 제공한다.
- 검사가 표준화되어 있고 신뢰도가 있음을 이해시킨다.
- 검사가 법적 타당성 아래 사용되고 있음을 확신시키고 검사의 윤리적 사용을 촉진한다.

다음 절에서는 심리 측정 인증 교육에 대한 다양한 선택 사항을 요약하고, 그 과정이 무엇을 포함하고자 하는지, 과정 내용의 목표가 무엇인지 좀 더 구체적으로 살펴보자.

2. 심리 측정 도구 사용자 훈련 과정

심리 측정 검사에는 인증을 위한 세계적 수준의 표준이 없다. 대부분의 국가는 자체 표준 및 운영 체제를 가지고 있을 것이다. 이러한 운영 체제는 보통 국가 심리학협회(예: 호주심리학회, 미국심리학협회, 영국심리학회, 캐나다심리학협회, 뉴질랜드심리학회 등)이지만 때로는 다른 전문 기관(예: 남아프리카의 건강전문협의회)이 표준 체제를 감독하기도 한다. 지역의 검사지 발행사는 자신의 도구를 사용하기 위한 자격 요건과 자격증을 취득할 수 있는 경로에 대해 조언하고 있다. 일반적으로 명망 있는 검사지 발행사는 질적으로 승인된 프로그램을 운영할 수 있는 자격을 가지고 있다.

국제검사위원회(International Test Commission, ITC), 국가 심리학협회 연합, 검사 위원회, 출판사와 그 외 기구는 1978년에 형성되었다. 이러한 기구는 효과적인 검사와 평가 정책의 홍보에 주력하며 적절한 개발 및 평가, 교육적이고 심리적인 도구의 사용에 전념하고 있다(ITC 웹사이트). 비록 국제적인 인증 표준은 아직 확립되지 않았지만 검사의 우수 사례를 촉진하기 위한 노력으로 《International Guidelines for Test Use》(2000)가 편찬되었다.

영국에서는 영국심리학회가 심리 검사를 할 수 있는 자격을 규정하고 있다. 영국심리학회는 직업 분야의 경우 두 단계 수준, 즉 '검사 사용자: 직업적, 능력'(이전의 레벨 A)과 '검사 사용자: 직업적, 성격'(이전의 레벨 B)으로 규정하고 있다. 직업적, 능력 프로그램은 개인에게 능력 검사를 사용할 수 있는 자격을 준다(예: 언어·수리·공간 추론 검사, Raven's Progressive Matrices, 기계적 추론 능력 검사 등). 직업적, 성격 프로그램은 개인이 특정 프로그램(NEO-PI, 16PF, OPQ 등)에 포함된 성격 도구를 사용할 수 있도록 자격을 부여할 뿐만 아니라, 부가적인 성격 도구를 사용할 수 있는 단기 프로그램을 이수할 수 있도록 한다. 그리고 직업적, 능력 프로그램은 직업적, 성격 프로그램을 이수하기 위한 기술적 기반을 갖추는 것으로, 직업적, 성격 프로그램을 진행하기 위한 전제 조건이 된다.

영국심리학회 자체에서는 자격 훈련을 제공하지 않지만, 훈련 프로그램에 포함될 필요가 있는 능력을 설정하고 각 능력의 달성 정도를 평가하는 방법을 정한다. 모든 심리 측정 자격 훈련 제공자는 영국심리학회가 요구하는 표준을 일관되게 충족하는지 지속적으로 인증 및 검증을 받아야 한다. 자격 인증 후 검사 사용자는 영국심리학회 측에 검사 사용 자격을 등록해야 한다.

자격 과정 레벨 A와 B는 유럽심리학회(European Federation of Psychologists' Association, EFPA)의 기준에 부합하는 영국 검사 자격 기준을 갖추기 위해 2011년에 만들어졌다. 유럽 35개 회원국이 속한 유럽심리학회에는 유럽 전역의 심리 측정 자격 인증 과정이 있다. 직업적, 능력 및 성격 자격을 모두 취득한 사람에게는 영국심리학회 측에 유럽 검사 사용 자격 인증을 신청할 수 있는 법적 자격이 주어진다.

영국심리학회와 유럽심리학회 모델에 기반한 몇몇 검사지 발행사는 일주일 안에 이수할 수 있는, '검사 사용자: 직업적, 능력 및 성격' 자격을 결합한 검사 훈련 프로그램을 제공하기도 한다. 이것은 신속하게 자격을 얻어야 하거나 훈련을 위해 많은 시간을 할애할 수 없는 사람에게 유용하다. 단점은 일주일 안에 많은 것을 해야 한다는 것, 심리 측정을 사용하는 훈련이나 실습을 습득할 시간이 거의 없다는 것이다. 또 다른 검사지 발행사는 최근 '검사 사용자: 직업적, 능력 및 성격' 자격 과정을 이러닝(e-learning)으로 제공하기 시작했다. 이는 예비 사용자가 자신의 사정에 따라 어느 정도 프로그램을 따라갈 수 있고 장소가 필요 없다는 것이 장점이다. 단점은 훈련을 마치기 위해 스스로 동기부여를 아주 잘해야 하고 대면(face-to-face) 훈련이 없다는 것, 서로 다른 영역의 참가자들이 배우는 과정에서 나올 수 있는 실제 사례의 부족과 그 과정에 참여한 사람들과의 교류 기회를 잃어버린다는 것이다.

위에서 설명한 인증 과정 유형 이외에도 많은 검사지 발행사가 도구 자격 과정을 제공하고 있다. 이러한 과정은 일반적으로 며칠 동안 지속되고 관련된 이론 적용뿐만 아니라 심리 측정 문제에 대한 기술적, 통계적 정보도 다룬다. 이러한 과정은 일을 하면서 사전에 특정 평가 도구 하나가 필요하다는 것을 알았을 때 선택하기에 좋다. 그러나 검사 도구를 여러 개 가지고 싶다면 검사 사용자로 돌아가면 된다. 직업적 경로는 원하는 도구를 추가할 수 있는 융통성을 제공한다.

일부 국가에서는 형식적 인증 프로그램이 심리 측정 검사의 접근 권한을 얻는 사전 필수 요건이 아니다. 검사지 발행사는 심리학자나 상담자, 교사, 인사 담당 전문가와 같은 전문 자격을 갖춘 개인에게도 기꺼이 검사지를 제공한다. 예를 들면 미국의 CPP 는 석사나 박사 수준의 교육을 받은 특정 전문가에게 성격 도구를 제공하고 있다. 호주의 ACER은 등록된 심리학자에게만 특정 도구를 제공하며, 자신의 전문 자격증이 심리 측정 검사 사용 훈련을 받은 증명으로 뒷받침될 경우 교육이나 HR과 같은 분야의 전문 자격증을 소지한 개인에게도 검사지를 제공하고 있다. 코칭 자격증이 공식적으로 인정됨에 따라 코치가 향후 심리 측정 검사에 좀 더 쉽게 접근할 수 있을 것으로 보인다.

다음 절에서는 영국심리학회와 유럽심리학회의 표준을 사례로 사용하여 다양한 심리 측정 자격 훈련 프로그램의 세부 내용을 자세하게 설명하겠다.

3. 심리 측정 도구 사용자 역량 훈련

능력 검사 사용 자격의 경우 일반적으로 인증 요건을 충족하기 위해 완료해야 하는 과정 전후 과제를 하는 데 약 3일이 소요된다. 이 과정을 시작하기 위한 필수 이수 조건은 없다. 심리학 자격증이나 입사 경험, 개발 경력이 필요하지 않다.

과정 전 과제는 통합 과정의 한 부분으로 제공되며 주로 웹이나 이러닝을 통해 접근할 수 있다. 일을 하면서 훈련 과정에 참여할 시간을 내기가 어렵기 때문에 많은 검사 제공자는 프로그램을 이수하는 데 필요한 대면 훈련 기간을 줄일 수 있는 이러한 형식을 과정 전 과제 안에 포함하고 있다(예전에는 5일짜리 능력 검사 과정이 흔했다). 과정 전 과제의 목적은 예비 사용자가 검사와 관련된 일부 개념과 검사 관리에 익숙해지도록 하는 것이다. 대부분의 사전 과정 패키지에는 검사 관리 중에 부딪힐 수도 있는 일반적인 문제 중 일부를 설명하는 짧은 동영상이 포함되며 심리 측정 검사의 역사와 배경도 다룬다. 흔히 과정 전 과제는 간단한 평가나 과제 수료를 증명하는 시험으로 끝난다.

이 과정에서 대면 교육은 보통 3일짜리 프로그램이다. 능력 검사 인증의 주된 목표는 일관성 있게 검사를 사용하고 해석하는 것이다. 거의 모든 능력 검사가 상대적이기 때문인데, 이는 검사를 통해 얻은 점수가 평균인지, 평균 이하인지, 평균 이상인지, 그리고 정확히 평균에서 얼마나 떨어져 있는지를 평가하기 위해 거대한 비교 집단인 표준 집단의 점수와 비교하여 해석된다는 것을 의미한다. 따라서 서로 다른 검사 환경에서 점수를 비교할 수 있으려면 검사를 사용하는 모든 사람의 관리, 점수화, 해석하는 방법에 일관성이 있어야 한다. 또한 검사 사용자는 자신이 검사를 적절히 사용하고 있는지 확인하고, 수집된 점수를 적절한 표준 집단의 점수와 비교할 수 있도록 기획된 모집단을 확인할 필요가 있다.

능력 검사를 사용할 때 운영은 고도로 구조화되어 있다. 일련의 문서화된 지침서를 제공하고, 검사를 받는 모든 사람이 동일한 지침서를 받았는지 확인하기 위해 일일이 구두로 확인한다. 교육 과정 동안 훈련 참가자가 검사를 관리하고 표준화된 형식에 익숙해지는 기회를 가질 수 있도록 실습 세션이 설정된다. 훈련생은 프로그램 진행 중 이전에 검사를 받았던 사람, 지침에 이의를 제기하는 사람, 검사 과정에 부적응하는 사람 등과 같이 일반적인 상황에서 벗어난 경우에 대처하는 방법에 대해 토론하는 시간을 갖기도 한다. 능력 검사를 포함한 많은 검사가 지금은 온라인으로 진행되고 있음에도 온라인 운영과 동반하여 다루어질 전달 사항을 알기 위해 운영 과정을 제대로 이해할 필요가 있다. 덧붙여 요즘에는 많은 기관이 채용을 위한 검사를 온라인으로 사용하고 있지만 개인적으로 채용하는 사람들은 여전히 종이와 연필로 하는 검사 방법을 사용하기도 한다.

훈련의 중요한 주제는 검사의 신뢰도이다. 신뢰도는 검사의 일관성, 정확성과 관련이 있으며, 훈련생은 검사의 상관계수가 .7 이상일 때 좋은 표준 신뢰도라는 말을 들을 수 있을 것이다. 100% 신뢰할 수 있는 검사는 없다. 신뢰도에 영향을 미치는 잘못된 진행, 해석이 노출된 검사, 검사 대상자의 태도와 조건 등 오류의 원인은 다양하다. 그러므로 검사 대상자가 검사에서 얻은 점수는 검사 대상자의 진정한 능력이 실제로 어디에 있는지를 대략적으로 보여주는 결과이다. 이러한 개념(참 점수 = 관찰 점수 + 오차 점수)은 '고전 검사 이론'으로 알려져 있다. 간단히 말해서 핵심은 검사의 신뢰도가 높을수록 오류가 적다는 것이다. 그러므로 검사 대상자가 얻은 검사 점수가 그의 실제 역량을 보다 정확하게 나타내는지 확인해볼 필요가 있다. 이러한 이유로 사용을 고려하고 있는 검사의 신뢰성 확인이 무엇보다도 중요하다. 만약 검사를 신뢰할 수 없다면 대체 검사를 사용하는 것이 좋다. 그렇지 않으면 결과의 정확성에 확신을 가질 수 없다.

검사가 측정하고자 하는 것을 실제로 정확하게 측정하는지를 나타내는 타당도 또한 인증 훈련 중에 광범위하게 탐구된다. 타당도와 관련하여 다루어지는 주제는 진행 중인 검사와 또 다른 평가 방법을 사용하여 해당 직무에서 중요하게 고려해야 할 역량이나 자질을 부합시키는 것이다. 그리고 진행 중인 검사가 고용 관련 법 및 윤리적 지침에 따라 이루어지고 있는지, 또한 검사가 효율적으로 과도하지 않게 사용되는지 확인하는 것이다. 적절한 검사를 선택할 때 타당도는 신뢰도만큼 중요하다.

검사 점수의 해석은 대부분의 사람들이 훈련 전에 생각했던 것보다 더 복잡하다. 그래서 심리 검사는 첫 번째, 두 번째 단계로 이루어져 있다. 첫 번째 단계는 심리 측정 검사에서 표준 점수를 기준으로 사용하는 것이다. 사람들이 검사를 마친 뒤 나오는 결과 점수를 '원점수'라고 한다. 이것만으로는 개인이 얼마나 검사를 잘 수행했는지 알수가 없다. 이 점수는 피험자가 답한 문항에 부여된 배점을 단순히 합산한 점수를 말한다. 원점수는 의미 있는 해석을 할 수 있는 기준점이 없기 때문에 그 자체로 의미 있는 해석을 할 수 있는 정보를 주지 못한다. 이러한 정보는 표준 집단의 점수와 비교했을 때만 알 수 있다. 따라서 훈련의 일부는 표준 집단이 견고하고 비교 가능한지 평가하는 방법에 중점을 둔다. 100개 이하의 사례 준거 집단은 반복적으로 더 많은 견본 추출 오류를 범할 수 있고 비교적 신뢰도가 떨어지는 비교 통계를 제공할 수도 있기 때문에 권장하지 않는다. 덧붙여 일반적 인구 규범이나 특정(역할, 작업 수준, 성별 등)

규범을 사용할 때의 장단점을 훈련의 일부로 탐구하고 논의한다. 그리고 기존 준거 자료의 규범과 비교하여 피검자의 점수는 어떤 차이가 있는지를 나타낼 수도 있다. 하지만 각 검사의 문항 수가 다르고, 평균 점수가 다르며, 다른 표준 집단과 비교될 때, 그 다른 검사들의 원점수를 교차하여 비교할 방법이 없다. 그래서 검사 점수를 해석하는 두 번째 단계는 모든 검사에 동일한 채점 척도가 적용되도록 표준화를 하는 것이다. 이는 검사 사용자가 여러 검사를 비교할 수 있고, 하나의 간단한 숫자를 통해 검사 점수가 표준 집단에서의 상대적 위치를 설명할 수 있게 해주는 '언어'를 제공한다. 마지막으로 검사의 신뢰도와 관련하여 검사 점수 안에 내재되어 있는 오차를 고려해야 한다. 이 마지막 사항은 아주 구체적인 내용이라 다 이해하지 못해도 된다. 다만 핵심 내용에는 약간의 오차가 존재하기 때문에 서로 다른 검사 간의 작은 차이나 같은 검사 안에서의 개인 간 차이가 존재할 수도 있음을 이해해야 한다.

능력 검사 교육에 일반적으로 포함되는 또 다른 주제는 보고서 작성, 검사 구성, 윤리적 및 합법적 검사 사용에 관한 것이다. 흔히 실시한 검사와 관련된 과정을 완료하고 보고서를 작성하려면 몇 가지 마무리 작업이 필요하다. 전반적으로 능력 검사 교육 프로그램은 검사 사용자가 적합한 검사를 선택하는 기술과 지식을 갖추고, 검사를 정확하게 적용하며, 검사의 기술적 특성을 고려하여 결과를 해석할 수 있도록 하는 것이다. 공인된 검사 사용자는 일반적으로 시장에서 능력 검사지를 구매할 수 있다.

앞에서 언급했듯이 영국에서는 '검사 사용자: 직업적, 능력'의 경우 '검사 사용자: 직업적, 성격' 인증이 필수 요건이다. 심리 측정의 모든 원칙(신뢰도, 타당도, 규범, 표준 점수 등)이 능력 프로그램에서 자세히 다루어지고, 그다음 그것이 성격 프로그램에 적용되기 때문이다. 따라서 성격 훈련에 입문하는 사람들은 사전에 이러한 개념을 잘 알고 있어야 한다.

4. 심리 측정 도구 활용 훈련

영국심리학회와 유럽심리학회의 기준에 따르면 능력 훈련을 한 번이라도 이수한 사람이면 성격 훈련에 참가할 자격이 있다. 이는 국가마다 다를 수 있으므로 검사지 발행사에 현지 검사 요건을 문의해야 한다. 성격 평가 인증 과정은 포함된 성격 관련 도구 수와 그 도구가 지닌 배경 이론의 복잡성에 따라 훈련 과정의 기간이 다양하다. 훈련 기간은 일반적으로 3~6일이고 형질 기반의 성격 도구가 포함된다. 일부 검사지 발행사는 일주일에 이 두 가지 측면을 다 다루는 능력 및 성격 인증 과정이 혼합된 과정을 제공한다.

형질 기반 도구는 그 규모에 따라 성격의 특성 범위를 측정한다. 이 이론에 따르면 현재 존재하는 각 형질의 양에 따라 개인마다 다른 형질의 조합으로 구성된 것이 성격이다. 인기 있는 형질 도구는 16PF®, Hogan Personality Inventory & Hogan Development Survey(HPI & HDS), California Personality Inventory(CPI®), Saville Consulting Wave®, NEO PI, OPQ® 등이다(이러한 도구의 대부분을 이 책에서 다룬다). 코치들이 사용하는 가장 인기 있는 성격 도구인 MBTI는(McDowall & Smewing, 2009) 유형 측정 도구이고 영국심리학회와 유럽심리학회의 인가를 받은 검사 사용자만 이용 가능한, 직업과 성격 과정을 동시에 훈련하는 특성 도구로 주목받을 만한 가치가 있다. 그러므로 유럽에서 인증을 위한 MBTI 자격을 얻으려면 현재 이용할 수 있는 과정은 16PF와 MBTI이다.

일반적 '검사 사용자: 직업적, 성격' 과정은 검사 사용자에게 특정 성격 도구를 사용할 수 있도록 자격을 부여하고, 추가 성격 도구 사용 인증을 받기 위한 전환 과정의 기초를 제공한다. 영국심리학회와 유럽심리학회 인증 '검사 사용자: 직업적, 성격' 과정에는 모든 과정의 표준이 되는 몇 가지 주제가 있다. 이는 성격의 본질에 대한 탐색과 성격에 관한 다른 사고방식에 대한 간략한 고찰, 성격 평가와 관련한 타당도 정보를 해석하는 방법 등을 알아보는 것이다. 각 과정이 다루는 성격 도구에 따라 내용이 조금씩 다를 수도 있다. 따라서 인증 과정을 고려하고 있다면 실제로 사용하고 싶은 성격 도구 유형을 결정하고 그것이 포함된 과정을 찾아보아야 한다.

심리 측정 도구 활용 훈련의 목적은 다음과 같다.

- 훈련생에게 다양한 주요 성격 이론에 대한 정보를 제공한다.
- 모든 성격 도구에는 한계가 있다는 인식을 가지고 성격 도구의 특정 측면만을 다룬다.
- 과정 중에 있는 특정 성격 도구의 근거 이론에 대한 정보를 제공한다.
- 훈련생이 성격 질문지 결과를 정확하게 해석하고, 형질의 상호 작용에 특별히 주의를 기울이며, 이론적 근거를 뒷받침할 수 있도록 한다.
- 평가에 대한 피드백을 제공하는 방법을 훈련하고, 피드백을 하는 기회를 제공하며, 피드백 과정에 대한 부가적인 개별 지침을 제공한다.
- 훈련생에게 성격 평가의 윤리적 사용에 대한 인식을 주지시킨다.
- 다양한 상황에서 성격 평가를 적절하게 적용하는 방법에 대한 지침을 제공한다.
- 성격 평가 보고서 작성 방법을 설명한다.
- 훈련생에게 질문지의 심리학적 특성(신뢰도, 타당도)에 대한 이해를 주지시킨다.

훈련 프로그램을 완료하는 데에는 후속 과정이 뒤따른다. 여기에는 전형적으로 성격 질문지를 관리하고 여러 사람에게 피드백을 하며 결과 보고서를 작성하는 것이 포함된다.

5. 심리 측정 자격 연계 과정

개인이 성격 평가의 인증을 받은 적이 있다면 다른 성격 도구를 사용할 수 있는 자격을 얻는 전환 과정에 참여할 수 있다. 일반적인 전환 과정은 반나절이나 3일 정도로 성격 평가의 초기 훈련보다 훨씬 짧다. 이 과정에는 성격 본질에 대한 어느 정도의 사전 지식을 가지고 적절한 피드백을 제공하는 방법과 함께 성격 질문지의 심리 측정적 속성도 포함된다. 그러므로 검사지 발행사는 성격 도구 문제에 익숙한 훈련생에게만 집중하는 경향이 있다. 일부 검사지 발행사는 자신의 도구를 인증된 성격 평가자가 사용하도록 무료로 전환 과정을 제공하기도 한다.

대인관계행동성향(FIRO-B®)이나 감성지수(EQ-i)와 같이 코치에게 유용한 일부 평가 도구는 형질 도구가 아니기 때문에 '검사 사용자: 직업적, 성격' 훈련 검사 사용자에게는 맞지 않을 수도 있다. 그러나 평가 도구는 '검사 사용자: 직업적, 능력 및 성격' 훈련이 필수 요건인 검사 사용자의 전환 과정으로 또는 단일 평가 자격 과정(다음 절 참조)으로 접근할 수도 있다. 따라서 다양한 도구의 인증을 받고 싶다면 전환 과정 선택에 이어 '검사 사용자: 직업적, 능력 및 성격' 인증 경로를 선택하는 검사 사용자를 따르는 것이 가장 좋다.

6. 심리 측정 단일 자격 취득 과정

대부분의 검사지 발행사는 한 가지 도구만으로 개인에게 자격을 주는 훈련 과정을 제공하기도 한다. 이러한 유형의 훈련은 대개 필수 요건이 없기 때문에 능력 및 성격 인증 경로를 거칠 필요가 없는 사람에게는 더 빠른 경로가 된다. 이 과정에는 실제 도구에 초점을 맞추기 전에 훈련생에게 심리 측정에 관한 기본 지식을 고취하기 위해 심리 측정 속성, 표준 점수, 신뢰성 및 타당도에 대한 훈련을 포함하는 경향이 있기 때문에 며칠이 걸린다. 어떤 도구의 경우 '검사 사용자: 직업적, 성격' 과정의 일부로 포함하기 위한 기준을 충족하지 못하기 때문에 검사 사용자에게는 훈련을 위한 선택 사항일 뿐이고, '검사 사용자: 직업적, 능력 및 성격' 인증 경로의 검사 사용자에게도 자격을 위한 사전 요구 사항이 아닐 수도 있다.

이러한 과정은 일반적으로 다른 자격을 얻기 위해 전환되거나 연계될 수 없다. 즉 단일 평가 과정을 통해 인증된 개인에게 다른 도구의 전환 과정에 대한 접근 권한이 부여될 가능성이 거의 희박하다. 그러므로 이러한 과정은 실제 심리 측정 현장에서 한두 가지 성격 도구를 사용하는 데 관심이 있는 사람들에게 가장 적합하다. 그러나 상황이 바뀌고 고객의 요청으로 도구를 추가하려 한다면 다른 단일 평가 과정을 따르거나 '검사 사용자: 직업적, 능력 및 성격' 경로를 처음부터 다시 시작해야 한다.

7. 심리 측정 자격 취득 방법

다음 단계는 자신에게 필요한 심리 측정 자격 취득 훈련 방법을 결정하는 데 도움이 될 것이다.

■ **1단계: 훈련받고 싶은 도구를 결정하라.**
어떤 검사 도구가 코칭에 가장 유용한지 고려하라.

- 고객이 자주 찾는 검사 도구는 무엇인가?
- 어떤 검사 도구를 개인적으로 신뢰하는가?
- 앞으로 어떤 유형의 고객을 유치하고 싶은가? 결과적으로 나중에 어떤 검사 도구를 사용하고 있을까?

다른 검사 도구에 관한 정보는 영국심리학회의 심리 검사 사이트(www.psychtesting.org.uk)에서 얻을 수 있다.

■ **2단계: 발행사에 문의하여 결정하라.**
검사 도구를 사용하기 위한 훈련에 대해 알아보려면 검사지 발행사에 문의해본다.

■ 3단계: 사용 계획을 고려하여 결정하라.

만약 현장에서 한두 가지 도구만 필요하다면 단일 평가 인증 경로를 고려하면 된다. 도구 모음을 얻고 싶다면 '검사 사용자: 직업적, 능력 및 성격' 과정이나 전환 과정에 해당되는 과정을 고려해볼 수 있다. 이는 자신의 일에 능력 검사를 사용할 계획이 있을 때 취하는 것이 좋다.

■ 4단계: 취득하고 싶은 도구에 대한 교육 과정인지 확인하라.

현장에서 사용할 가능성이 있는 도구에 관한 훈련 과정에 참여하는 것이 좋다. 자격을 얻고자 하는 도구를 다루는지, 그리고 단일 검사 자격 과정에 들어갈지, 여러 가지 검사를 다 사용할 수 있는 과정에 들어갈지 검토해보는 것이 좋다.

8. 심리 측정 자격 유지

일단 선택한 도구로 인증을 받으면 실습을 할 수 있는 다양한 방법이 있다. 도구 사용은 가능한 한 많은 경험을 쌓는 것이 더 많은 전문 기술을 습득할 수 있는 좋은 방법이고, 어쩌다 도구를 사용하지 않아 무뎌졌다면 도움이 될 보수 과정을 찾아본다. 심리 측정에 적용할 수 있는 전문성이나 심리 측정을 위한 잠재 응용 범위를 확장할 수 있는 후속 워크숍이 그것이다. 이러한 과정은 검사지 발행사가 자체적으로 실시하거나 그 분야의 다른 전문가가 제공할 수도 있다. 일부 도구의 경우 참여 가능한 지원 단체가 있다. 여기에는 토론 포럼, 다른 사용자를 만나고 도구에 대한 지식을 얻기 위한 워크숍 또는 회의가 포함된다.

LinkedIn과 같은 사이트에는 대부분의 도구에 대한 사용자 그룹이 있어 도구에 대한 질문을 하거나 다른 전문가로부터 적용 아이디어를 얻기에 좋다. 다만 이런 경우 전문가로만 이루어진 토론 포럼이 아니므로 그들의 조언을 취사 선택할 수 있는 통찰력이 있어야 한다.

요약

이 장에서는 심리 측정 검사나 평가를 사용하기 위해 인증을 받을 수 있는 경로를 개략적으로 설명했다. 영국심리학회와 유럽심리학회의 훈련 표준을 살펴보았으나 검사자 자국의 심리 측정 인증 표준을 아는 것이 중요하다. 인증 훈련 과정에 대해 사전에 확인해야 할 사항은 다음과 같다. 검사 도구 훈련이 인가된 인증 훈련 과정인가? 도구 사용에 관한 전문 자격을 취득할 수 있는가? 심리 측정 검사에 접근하는 데 어떤 제약이 있는가? 무엇보다도 자신이 원하는 심리 측정에 대해 알아보는 가장 좋은 방법은 해당 국가의 검사지 발행사에 문의하는 것이다. 만약 선행 조건이나 훈련 없이 심리 측정 검사를 사용할 수 있다면 자신이 사용하는 검사가 적절한지, 윤리적으로 사용된다는 것을 보장할 수 있는지 생각해보아야 할 것이다.

Chapter 04

코칭 심리 측정 도구의
효과와 활용

Mark Batey · Anna Walker · David Hughes

이 장에서는 자기개발에 심리 측정을 사용하는 것에 대한 실증적인 연구 결과를 간략하게 살펴보겠다. 이 장의 목적은 코치가 심리 측정의 사용법과 그 가능성의 배경이 되는 과학적 이론을 이해하고 고객을 상대로 사용하는 방법을 알도록 하는 것이며, 이를 위해 심리 측정을 사용한 최상의 사례를 소개할 것이다.

이 장에서는 심리 측정 도구가 지닌 타당성에 대해 평가하는 것이 아니라 심리 측정 도구를 코치의 자기개발을 촉진하기 위한 도구로 다루고 있다. 근무 환경에서 심리 측정 도구가 지닌 범용적 타당성에 관한 연구는 이미 많이 이루어졌으나(Cooper, 2010), 심리 측정 도구가 자기개발에 미치는 영향에 관한 연구가 아직 많지 않기 때문에 이 장은 유용한 자료가 될 것이다.

1. 코칭 심리 측정 도구의 필요성

코칭과 자기개발의 주 목적은 개인과 조직이 다방면(리더십, 협동성, 계획성, 결단력, 스트레스 관리, 자신감, 의사소통, 창의력 등)에 걸쳐 성과와 역량이 향상되도록 돕는 것이다. 코칭과 자기개발을 위해 심리 측정 도구를 사용하는 이유는 '개인 심리학'과 깊은 연관이 있다.

개인 심리학은 심리학의 중요한 영역 중 하나로, 사람들마다 차이가 있는데 왜 그런 차이가 나타나는지 연구하는 학문이다. 사람들은 많은 공통 특성을 공유하지만, 동시에 자신만의 심리를 구성하는 지식, 기능, 능력, 특성 등의 독특한 구성을 지니고 있다. 많은 상황에서 이 능력과 행동 방식, 태도의 독특한 구성은 우리가 무엇을 하고, 어떻게 하며, 그리고 그것이 얼마나 성공적일지에 결정적인 역할을 한다.

심리 측정 도구는 사람들이 지닌 심리적 차이의 차원을 객관적으로 측정하는 데 사용된다. 이 책의 다른 장에서도 볼 수 있듯이 능력, 기술, 성격, 동기, 가치관, 관심 등의 여러 면을 측정하는 다양한 심리 측정 도구가 있다.

사람들은 코칭이나 자기개발 교육 등에 의해 심리 구성에 영향을 받고, 변화된 심리 상태는 심리 측정 도구 등을 활용하여 확인할 수 있다. 예를 들어 창의성을 코칭한다면 창의성 훈련을 받기 전과 후에 고객이 지닌 창의성의 수준이나 방식을 측정할 수 있을 것이다. 심리 측정은 코칭의 성공에 영향을 미치는 고객의 솔직함, 성실성, 동기 등의 부수적 요인을 측정하는 데에도 사용될 수 있다. 따라서 심리 측정 도구는 코치와 고객이 코칭의 어느 단계에서든, 예를 들어 코칭 전, 코칭 중, 코칭 후 고객의 심리 구성에 대한 심층적 이해를 돕는 데 가치가 있다.

실제로 심리 측정 도구는 통찰을 제공한다. 이 통찰이자 진단은 코치가 자기개발에 필요한 것이 무엇인지 파악할 수 있게 하고, 궁극적으로 개발에 대한 적법한 개입을 선택할 수 있게 한다. 이렇게 얻는 정보는 코칭이 성공하거나 실패했을 때 그 원인과 과정을 이해할 수 있게 해준다.

중요한 점은, 심리 측정 도구가 도움을 줄 수 있다는 사실은 분명하지만 그것을 통해 얻은 정보가 대화를 위한 초석이 되어야지, 코칭과 자기개발의 최종 종착지가 되어서는 안 된다는 것이다. 진단은 코치와 고객 양쪽이 심리 측정 도구를 기준점으로 삼아 상호 작용하는 과정이다. 개인의 성격과 선호에 대한 심리 측정 결과는 정해진 틀 안에 개인을 제한하여 정의하는 용도로 사용되어서는 안 된다.

코칭과 자기개발에 심리 측정을 사용하는 데에는 이 밖에도 더 많은 혜택이 있다. 심리 측정 평가는 행동을 이해하고 설명하는 것의 기틀을 만든다. 또한 코칭 대화에 철저함과 실증적 요소를 부여할 수도 있다. 심리 측정 도구는 코칭이나 자기개발 개입의 효과를 평가하는 데 사용되기도 한다. 자기개발 활동 이전과 이후 심리 측정 도구에 의한 측정 결과로 코칭이나 개발 프로그램의 효과를 평가할 수 있다.

2. 코칭 심리 측정 도구 활용의 효과

심리 측정 문헌에 대한 심층적인 검토 끝에 내린 결론은 심리 측정이 자기개발에 도움이 된다는 확증적인 증거가 없다는 것이다. 이는 예상치 못한 결과라 심각한 문제라고 여길 수도 있지만 코칭 종사자로서는 연구에 참여하고 발견한 것을 공유할 기회이기도 하다. 앞으로는 대중적 기반의 심리 측정이 자기개발에 도움이 된다는 '확증적인 증거'를 알 수 있는 연구가 필요하다. 아무튼 심리 측정 자체가 효과가 있다는 사실은 분명하다(Cooper, 2010). 또한 우리는 코칭이 효과가 있다는 사실도 분명히 알고 있다(Grant et al., 2010). 그러나 이 또한 현재 심리 측정에 의한 피드백을 통해 자기개발을 하는 데 코칭이 도움을 주는가에 대한 실증적인 증거가 거의 없다. 따라서 심리 측정과 코칭의 효과에 관한 연구도 앞으로 필요하다.

검증된 심리 측정 도구는 심리적 특성(예: 지능, 성격, 동기, 창의성, 가치관 등)을 객관적으로 측정하는 데 매우 효과적이다. 이렇게 얻는 정보는 행동과 '실제 세상'에서의 성취(예: 교육 성취, 건강, 환경에 따른 행동, 업무 성과 등)를 이해하고 예측하는 데 사용할 수 있다. 심리 측정과 중요한 업무 성과의 상관관계에 대한 연구는 약 100년에 걸쳐 이루어졌다. 다음 절에서는 이러한 성취와 심리 측정 간의 관계를 간략히 살펴보겠다.

3. 코칭 심리 측정과 인지 능력

인지 능력은 추론, 계획, 문제 해결, 추상적 사고, 복잡한 개념 이해, 경험을 통한 빠른 학습 등을 아우르는 일반적인 정신적 능력이라고 포괄적으로 정의할 수 있다. 인지 능력은 다양한 방법으로 측정할 수 있는데, 심리 측정 검사를 사용하는 것이 가장 일반적인 방법이다. 측정한 인지 능력이 업무 성과를 예측한다는 연구 결과가 있다. 예를 들어 대규모 메타 분석에 따르면 심리 측정으로 평가된 일반적인 정신적 능력으로 다양한 역할에서의 업무 성과를 예측할 수 있다(Schmidt & Hunter, 2004). 이 연구에 따르면 인지 능력은 모든 직업의 업무 성과를 예측하며, 정신적 소모가 큰 직업과 가장 깊은 연관이 있었다.

일반 지능과 더불어 언어 추론, 수학적 사고, 공간 지각 능력 등 많은 특수 인지 능력이 있다. 이러한 다양한 인지 능력 역시 심리 측정을 통해 정확하게 측정할 수 있다. 일반 지능에 비해 특수 인지 능력과 업무 수행에 대한 연구는 활발하지 못한 것이 사실이나 특수 인지 능력도 업무 성과를 예측한다는 증거가 있다(Cooper, 2010). 예를 들면 파일럿이나 건축 설계사는 일반인보다 뛰어난 공간 지각력을 지니고 있을 것이라고 추측할 수 있다.

인지 능력과 업무 성과에 대한 심리 측정은 쿡(Cook, 2009)을 참고하기 바란다.

4. 코칭 심리 측정과 성격

성격은 개인의 사고, 감정, 행동의 특징적 패턴이며, 일반적으로 심리 측정을 통해 측정할 수 있다. 연구에 기초한 성격의 여러 모델을 토대로 많은 심리 측정 도구가 개발되었다. 가장 활발한 연구가 이루어진 모델은 빅 파이브 성격 요인 혹은 성격의 5요인 모델(Big Five, Five Factor Model)로, 빅 파이브 성격 요인의 특성은 신경증성, 외향성, 개방성, 우호성, 성실성으로 분류된다. 성격 심리 측정은 근무 환경에서 다양한 측면에 사용되는데 선택과 평가에서의 빈도가 가장 높다. 한편 성격 심리 측정은 코칭과 자기개발에도 사용될 수 있다. 능력 검사와 마찬가지로 성격 측정은 업무 성과를 예측하는 행동 유형을 객관적으로 평가해주므로 조직에서 많이 사용한다. 신입사원 채용 시 무엇을 할 수 있고(인지 능력) 능력을 어떻게 사용하는가(성격)를 평가함으로써 적절한 후보를 선택할 수 있다. 인지 능력과 성격 측정은 평범한 비구조적 채용 면접보다 업무 수행 예측력이 여섯 배 높다.

성격 검사는 대체적으로 타당성과 신뢰성이 높다(Cooper, 2010). 성격 심리 측정에 의한 성공적 업무 성과의 예측 효과 역시 많은 연구를 통해 입증되고 있다. 예를 들어 배릭과 마운트(Barrick & Mount, 1991)는 117개의 선행 연구를 사용하여 엄격한 메타 분석을 한 결과 성격이 업무 성과의 중요한 예측 요인이라는 연구 결과를 도출했다. 또한 살가두(Salgado, 1997)는 3개의 메타 분석 선행 연구를 고찰하여 성실성과 우호성이 다양한 직업군에 걸쳐서 업무 수행력의 예측 요인임을 확인했다. 이러한 연구는 직업마다 업무 수행에 다른 성격 특성이 연관된다는 것을 보여준다. 외향성은 대인 접촉이 많은 업무와, 낮은 신경증성은 압박감이 심한 업무와, 성실성은 관리 업무와 연관되는 경향을 보인다.

성격에 대한 심도 있는 논의는 매슈스 등(Matthews, 2003)을 참고하기 바란다.

5. 코칭 심리 측정과 업무 성과 예측

심리 측정은 광범위하게 사용되고 있다. 조직 내에서 가장 빈번한 심리 측정 대상을 꼽자면 능력과 성격이다. 능력, 성격과 전반적인 업무 성과 간의 관련성과 더불어 지능과 성격 역시 근무 환경의 다양한 행동에 영향을 미친다. 오늘날의 복잡한 근무 환경에서는 단순히 직원의 생산성과 생산직 성과에만 초점을 두는 것이 바람직하지 않다. 직업의 절대다수는 직업 간의 경계가 좁고 더 철저히 구분된 역할과 책임을 지닌 산업직이 아니다. 흔히 조직과 구성원은 팀워크와 전략적 결단, 심층적 협상, 고객 상담 등의 복합적인 업무를 담당해야 한다. 또한 조직은 구성원을 유지하고 최대의 잠재력을 이끌어내며 높은 수준의 직장 내 인간관계, 직원의 복지, 만족도를 유지하면서도 변화에 적응하고 혁신을 추구할 수 있어야 한다. 현대의 기업 환경은 다면적이면서 복합적이다. 직원의 심리 상태, 즉 심리의 측정은 오늘날 직장의 모든 측면에서 누가 이 복합적인 상황에 잘 적응할 것인지 예측하고, 상황을 헤쳐나갈 수 있도록 직원을 훈련한다는 점에서 매우 중요하다.

성격 측정은 업무 만족도와도 연관이 있다. 저지 등(Judge et al., 2002)은 포괄적인 메타 분석에서 심리 측정으로 분석한 성격(5요인)과 업무 만족도의 상관관계를 조사했다. 이들은 업무 만족도와 직접적으로 연관 있는 세 가지 특성, 즉 낮은 신경증성, 성실성, 외향성을 판별해냈다.

또한 성격 측정은 재직 기간, 업무 성실성, 결근율, 야근율, 조직 소속감, 조직 헌신성과 관계가 있는 것으로 나타났다(Erdheim et al., 2006). 그리고 리더십, 정서지능, 회복 탄력성, 창의성 등과 같은 좀 더 특수한 분야를 측정하는 전문화된 심리 측정 도구가 새롭게 개발되고 있다.

리더십을 이해하고 발전시켜 갈고닦는 것은 코칭과 자기개발 개입의 주목적으로 간주되는 경우가 많다. 심리 측정은 현장에서의 리더십을 예측하고 무엇이 훌륭한 지도자를 만들어내는지 이해하는 데 탁월한 도움을 줄 수 있다. 예를 들어 보노와 저지

(Bono & Judge, 2004)가 시행한 메타 분석에 따르면 혁신적 리더십은 외향성을 통해 가장 정확하고 일관되게 예측된다. 또한 정서지능을 측정하는 연구는 정서지능이 리더십 방식 및 성과와 연관이 있음을 보여준다(Mayer et al., 2008).

심리 측정은 다양한 중요 업무 결과를 이해하고 예측하는 데 사용될 수 있음이 분명하다. 따라서 업무 결과를 초점으로 하는 자기개발 프로그램의 경우, 개인차와 핵심적 요인에 대한 객관적 심리 측정 평가가 도움이 될 것이라고 결론 지을 수 있다.

6. 코칭 심리 측정과 훈련 성과 예측

심리 측정 도구는 직장 내에서의 행동과 결과를 예측하는 것 말고도 직원 훈련에 사용할 수 있다. 심리 측정으로 직원의 훈련 성공 여부를 예측할 수 있을까?

많은 연구는 인지 능력과 성격이 훈련의 성과를 예측하는 데 사용될 수 있음을 반복적으로 입증해왔다(Cooper, 2010; Driskell et al., 1994). 콜퀴 등(Colquitt et al., 2000)은 어떠한 개인 특성이 훈련의 성공과 연관되고 또 훈련의 성공을 예측할 수 있는지 알기 위해 메타 분석을 시행했다. 그들은 '성실성', '낮은 신경증성', '자기효능감', '인지 능력'이 훈련의 성공을 예측할 수 있는 요인임을 발견했다. 인지 능력의 효과를 고려하더라도 성격과 동기 요인이 훈련의 성공을 예측하는 데 분명한 역할을 한다는 것이 중요하다. 즉 인지 능력이 훈련의 성공에 영향을 미치지만 성격 요인 또한 훈련의 성공에 영향을 미친다.

이 연구는 인지 능력이 높은 훈련생은 빠르게 정보를 흡수하고 배울 수 있는 반면, 신경증성이 높은 훈련생은 강의실에서 학습 동기가 낮고 배운 기술을 사용하는 데 자신감이 떨어진다는 결과를 드러냈다. 그래서 인지 능력과 성격 특성은 훈련을 촉진하거나 방해할 수도 있다는 것이다.

7. 코칭 심리 측정과 자기개발

　이 장은 코칭과 자기개발에 심리 측정을 사용하는 것에 대한 연구를 고찰하면서 시작했다. 아직까지는 심리 측정을 사용하는 자기개발 개입이 그렇지 않은 개발 프로그램보다 효과적이라는 확증적 증거를 제시한 연구를 발견하지 못했다. 그러나 능력과 성격의 심리 측정이 리더십, 업무 능률, 훈련 성공과 같은 다양한 업무 상황에서의 성과와 관계가 있다는 것은 알 수 있었다.

　이상적인 연구 증거를 찾지는 못했지만, 심리 측정의 유용성을 고려하여 자기개발에 심리 측정을 사용하는 가장 효과적인 방법에 대해 몇 가지 제안을 하고자 한다. 이 방법은 개발 준비 단계, 개발 단계, 개발 종료 단계로 나뉜다.

1) 1단계: 개발 준비 단계

(1) 심리 측정 정책 수립

　조직에 심리 측정을 사용하는 것에 대한 일련의 방침을 숙고할 것을 알려준다. 방침에 포함할 것은 사용하는 심리 측정 도구의 목록, 코치에게 필요한 자격, 자료 관리, 점수 평가, 해석, 자료의 비밀 보장, 피드백 등이다.

(2) 목표 수립

　코칭 개입을 시작하기 전에 면밀한 분석을 통해 목표를 수립할 것을 권한다. 목표는 고객을 고용한 기업의 목표일 수도 있고, 고객 개인이나 고객의 팀의 목표일 수도 있다.

(3) 고객의 이해

　고객의 필요와 성향, 목표를 고려하여 가장 적합한 심리 측정법과 개발 상담을 제시할 전문가를 선별한다. 심리 측정이나 코칭을 경험한 적이 있는지, 자기개발의 준비가 되어 있는지 등과 현재의 역할이나 책임도 고려해야 할 요인이다.

(4) 심리 측정 도구 선별

자기개발에 가장 적합한 심리 측정을 선별할 때는 다음을 고려해야 한다. 첫째, 심리 측정은 안정성과 타당성이 있고 합리적이어야 한다. 둘째, 관리하기 쉬워야 하며 지출을 고려해야 한다. 셋째, 심리 측정 검사에 대해 고객이 보일 수 있는 반응을 고려한다.

(5) 전문가 선별

자기개발 지침을 준비하고 시행할 전문가를 선별할 때 전문가가 코칭과 사용할 심리 측정 도구에 능숙한지 확인해야 한다. 고객의 필요와 전문가의 기술 수준이 최적으로 부합되는지 고려해야 한다. 인터넷에서 자기평가서를 통해 즉시 피드백 보고를 받을 수 있지만 이는 심리 측정의 효과적인 사용이라 할 수 없다. 대부분의 심리 측정 도구는 훈련받은 전문가의 감독하에 사용 및 해석되며, 이후 전문가의 피드백이 이루어져야 한다. 개인이 스스로 복잡한 심리 도구를 해석하거나 훈련받지 않은 비전문가에게 해석받는 것은 현명하지 않다. 심리 측정 결과를 잘못 해석하는 것은 흔한 일이며, 이는 자칫 고객에게 상처가 되거나 잘못된 안내로 피해를 입힐 수 있다.

(6) 준비

심리 측정을 이용한 자기개발 활동에 개인이나 팀을 참여시키기 전에 준비해야 할 것이 많다. 예를 들면 선택한 도구에 대한 정보를 어떻게 제공하고 도구를 어떻게 사용할 것인지, 누가 결과를 채점하고 피드백을 제공할 것인지, 수집된 정보가 어디에 어떻게 사용되고 정보의 비밀 보장은 어디까지 이루어질 것인지, 질문이나 불만 호소는 어떻게 할 것인지 등이다. 게다가 계획을 세우고 준비를 하는 데에도 몇 회에 걸쳐 개발을 진행할 것인지, 피드백과 해석을 위한 만남의 시간과 장소의 정보 등을 충분히 고려해야 한다. 준비의 최우선 목적은 무엇이 이루어지고 있고 왜 이루어지는지 고객을 이해시키는 것이다. 이는 과정에서 겪을지도 모르는 불안을 해소하고 심리 측정의 전문성을 유지시킨다.

2) 2단계: 개발 단계

(1) 소개

자기개발을 목적으로 심리 측정을 사용할 때 사전에 충분히 설명을 해야 한다. 사용될 심리 측정 도구와 목적에 따라 소개가 달라진다. 보통 고객과 코치로서의 목적과 목표를 분명히 설정한 후 사용할 도구를 소개하고 코칭 진행 과정을 설명한다.

(2) 결과 제시

심리 측정 도구를 사용하면서 습득한 결과를 어떻게 공유해야 하는지에 대한 규정은 존재하지 않는다. 가장 중요하게 고려해야 하는 것은 코치가 선택한 방식이다. 코치가 전문적이고 배려하며 감정 이입을 주로 할 수도 있고, 객관적이고 도전적인 코치일 수도 있다. 이에 따라 결과를 공유하는 방식이 달라진다. 어떤 전문가는 기입하지 않은 결과지를 주고 고객이 직접 기입하게 하고, 어떤 전문가는 아무 꾸밈 없이 결과를 그대로 보여주기도 하며, 또 어떤 전문가는 언어적 피드백을 통해 설명하는 것을 선호하고 고객에게 도구의 일차적 정보를 그대로 보여주는 것을 꺼려 한다. 중요한 점은 피드백을 받을 대상자에게 가장 편안한 것을 골라야 한다는 것이다. 대부분의 고객은 결과를 한꺼번에 전달받기보다 결과에 대한 예상을 질문받은 뒤 하나씩 전달받는 것에 더 긍정적인 반응을 보인다.

(3) 피드백 구성

피드백 시간의 길이와 그 구성에 관한 직접적인 지침도 없다. 어떤 고객은 규정된 과정대로 시작부터 끝까지 완전히 계획된 절차로 피드백을 전달받는 것에 더 긍정적인 반응을 보인다. 그러나 더 자유로운 구성을 선호하는 고객도 있다. 따라서 상황에 맞게 선택하는 것이 중요하다. 흔히 피드백 시간에는 논의하는 요인(예: 외향성)에 대해 충분히 설명한 뒤, 고객에게 어디에 위치하는지 묻고 실제 결과를 제시하며 그것이 의미하는 바와 앞으로의 자기개발에 대한 영향 등을 의논한다.

(4) 맥락

심리 측정 도구를 통해 얻은 결과를 이해하고 해석할 때 상황에 맞추는 것이 매우 중요하다. 많은 심리 측정 도구의 결과는 심리학적 용어로 가득하고 고객의 일상과 접점이 없는 편이기 때문에 고객이 일상에서 마주할 난관 등과 연관지어 맥락에 맞게 결과를 설명하는 것이 좋다. 이는 고객이 피드백을 받아들이고 강점과 자기개발이 필요한 부분을 파악하는 것을 돕는다.

(5) 개별 판별

심리 측정 도구는 통찰의 기회를 제공한다. 이 통찰은 더 성장시킬 수 있는 강점이나 해결해야 할 문제점 등 수정과 변화가 이루어질 수 있는 면모를 판별하는 데 사용해야 한다.

(6) 행동 계획

변화가 필요한 부분이 판별되었다면 고객의 욕구를 어떻게 해결할 것인지에 대한 명확한 행동 계획을 세울 것을 권장한다.

(7) 보고

코칭을 마친 뒤에 코치는 고객에게 지금까지 논의한 핵심 논점과 계획한 행동을 총체적으로 보고해야 한다. 어떤 경우에는 고용한 조직이나 후원인에게도 보고할 필요가 있을 것이다. 이 보고는 준비 단계에서 전달한 비밀 보장을 위배해서는 안 된다.

3) 3단계: 개발 종료 단계

(1) 사후 관리

코칭이 끝나고 시간이 흐른 뒤 고객에게 여러 가지 궁금한 점이 생길 수 있다. 의문이나 걱정되는 점이 있을 때 무엇을 해야 할지 고객에게 미리 알려주는 것이 중요하다.

(2) 성과 응원

코칭 행동 계획이 수립되었을 때 고객이 계획을 따름으로써 성과가 있는지 꾸준히 확인하고 응원할 것을 권장한다.

(3) 평가

코칭이 끝나고 시간이 흐른 뒤 코칭의 성과를 평가하는 것은 일반적인 관행이다. 코칭 후 자기개발 시간이 어떤 영향을 미쳤으며 사용된 심리 측정 도구가 연관이 있었는지, 어떻게 도움이 되었는지 등을 확인해야 한다. 평가 단계를 수행해야만 코치는 스스로 더 발전하고 기술을 연마할 수 있다. 실용적인 측면에서 평가는 사적인 사후 평가 대화, 객관적 성과(판매 실적 등)나 주관적 성과(관리자 평가) 자료 전달 등 다양한 방법을 통해 이루어질 수 있다.

이러한 지침은 말 그대로 지침일 뿐이니 맹목적으로 따를 것이 아니라 코칭에 사용되는 심리 측정의 효과에 도움이 되도록 사용해야 할 것이다. 고객은 한 사람이라는 것을 잊지 않아야 한다. 고객이 지닌 독특한 개인차와 심리 구성에 따라 각 지침의 효과와 중요성이 달라진다.

위의 지침은 추후 연구의 단초로 사용될 수도 있다. 우리는 코칭과 자기개발에 사용될 수 있는 심리 측정의 일부분을 제시했다. 지침의 많은 부분은 연구 소재이므로 앞으로 더 많이 연구되기를 희망한다.

요약

　이 장에서는 코칭과 심리 측정에 대한 연구가 이루어지지 않는 실정 및 능력과 성격 검사 등 심리 측정의 핵심적 연구를 살펴보았다. 또한 코칭과 피드백에서의 심리 측정 사용 지침을 제시했다.

Chapter 05

코칭 피드백

Almuth McDowall

    '아주 좋은 피드백이야'라는 말은 아마도 가장 남용되고 오해를 받는 표현일 것이다. 피드백은 일상생활에서 접할 수 있는 단어이고, 그렇기 때문에 전문적인 개념으로는 간단하게 정립되어 있다는 오해를 야기할 수 있다. 그러나 피드백의 개념은 생각보다 복잡하다. 심리 연구자들은 피드백이 무엇인지, 어떻게 실시해야 하는지, 그 효과는 무엇인지 오랜 시간 고민했으며, 그 결과 여러 가지 관점에서 수행한 피드백 과정에 대한 수많은 연구가 쏟아져 나왔다.

    약 15년 전 두 연구자는 600여 건의 연구 결과를 검토하여 피드백과 업무 능률 간의 상관관계가 크지 않다는 결론에 도달했다. 달리 말하자면 피드백은 우리가 직관적으로 생각하는 것만큼의 효과가 없다는 의미이다. 연구 결과에 따르면 1/3에 달하는 관측치는 피드백 이후 오히려 업무 능률이 감소하여 상황이 악화된 것으로 드러났다 (Kluger & DeNisi, 1996).

이 두 연구자는 이렇게 상대적으로 낮은 효과의 원인이 무엇인지 조사하기 위해 데이터를 더 정밀하게 분석하여 향후 실무와 연구 과정에서 활용할 수 있는 모델을 개발했다. 그들은 피드백 내용, 피드백 시행자, 피드백을 받은 시점, 피드백을 받는 태도 등 피드백 과정에서 여러 가지 방법으로 영향을 미칠 수 있는 수많은 요소가 있다는 점을 강조했다. 이렇게 해서 얻은 중요한 결론 중 하나는 우리가 바람직한 체계와 실제 효과적인 체계를 종종 혼동할 수 있다는 것이다. 다시 말해 사람들이 피드백을 원하는 것과 피드백대로 실천에 옮기는 것은 전혀 다른 문제라는 것이다.

그러므로 이 장은 피드백의 전달에 관련된 목적과 목표에 대해 고민하는 것으로 시작한다. 그런 다음 피드백 시행자(피드백 과정이 시작된 사람이나 주체, '발송자'라고도 함), 내용, 수신자를 참조하여 연구 결과를 재검토하고 다면 평가를 별도로 살펴보겠다. 이러한 방법을 통해 현존하는 연구 결과가 무엇을 의미하는지에 대한 실용적인 토의를 이끌어낼 수 있을 것이다. 끝으로 계량적 시험 및 평가 자료에 근거한 피드백 결과를 참조함으로써 최적의 피드백 방법에 대해 알아볼 것이다. 필자의 목표는 피드백 과정에 익숙지 않을 수도 있는 독자(예: 영국심리학회 인증이나 그에 준하는 자격을 막 받은 신입 코치)에게 도움을 주기 위함이며, 경험이 있는 독자에게는 최적의 실무 수행을 위해 기존 연구를 집대성한 지침을 주는 것이다.

1. 코칭 피드백의 배경

피드백의 정의에 모두가 동의하는 명쾌한 정답은 없다. 본질적으로 기초적인 피드백 과정은 정보를 하나의 주체에서 다른 주체로 전달하는 것이라고 할 수 있다. 누군가는 이러한 정보 처리 과정에서의 본질이 학습이라고 주장하겠지만 말이다. 실생활에서는 피드백이 다양하게 활용되고 있으며 여러 가지 목표가 있을 수 있다. 그래서 일반적으로 피드백 활동의 목적은 단순한 정보의 전달부터 업무나 각종 능률(일반적으로 수학 능력)의 평가, 혹은 능률 부진이나 기능 이상의 후속 조치를 목표로 한 기획적 활용까지 다양하다.

피드백 활동은 형식적으로(사전 계획 및 공식적 처리 계통을 거쳐) 시행될 수도 있고 비형식적으로(즉석) 시행될 수도 있다. 형식적 활용의 좋은 예로는 근무 평정 체계나 개발/평가 센터, 코칭 또는 다면 평가 제도가 있다(McDowall & Mabey, 2008).

이 책의 다른 부분에서도 언급했듯이 코칭은 전 세계적으로 성장 중인 활동이며, 코칭 자체는 여러 가지 피드백 기반 활동에 의지하고 있다. 코칭은 보통 비용을 지불하는 고객(코치가 계약적 책임을 짐)을 통해 시작되지만 궁극적으로는 고객과 일대일 관계를 토대로 하고, 피드백 활동은 고객과의 관계 역동에서 필수적인 부분이라고 할 수 있다(더 자세한 내용은 McDowall & Millward, 2010 참고). 예를 들면 코칭에서는 심리 측정과 평가 도구를 활용하는 일이 흔하고, 그중에서도 성격에 대한 질문지는 가장 널리 쓰이는 평가 도구이다(Smewing & McDowall, 2010; McDowall & Smewing, 2009). 피드백을 활용하는 근거는 대상자의 선천적인 선호 체계에 대해 전문적인 피드백 제공자와 상세한 토의를 거치면서 직원으로 하여금 자신의 강점과 약점에 대한 통찰력을 강화할 수 있다는 것이다. 이 과정을 통해 직장에서의 행동을 보다 집중적으로 조정할 수 있고, 결과적으로 대상자의 개인적, 전문적 성장을 이끌어낼 수 있다.

이러한 개념은 실무 코칭에서의 피드백 활용에 어떻게 적용될 수 있을까? 다른 분야와 마찬가지로 코칭에서도 의식적, 형식적으로(예: 다면 평가 도구, 다른 심리 측정 도구의 활용) 피드백을 활용하기도 하고, 고객과의 대화를 통해 비구조적이고 비형식적인 방법으로 활용하기도 한다. 이와 더불어 근무 평정 자료에 대해 논의하는 것과 같이 코칭 과정에서 외부의 피드백을 받아야 할 때도 있다. 예를 들어 최근 근무 평정 결과를 진단한 직원의 발달상 요구 사항을 처리하는 데 도움을 주기 위해 코치가 불려갔을 때, 최근의 심리 측정 프로파일을 활용하여 그 직원의 강점과 약점을 더 잘 이해할 수도 있다. 피드백 자료의 출처가 다양하다면 코치에게 도움이 된다. 특히 업무 관련 행동에 대한 보다 구체적인 정보가 필요하거나, 고객이 특정 정보 출처의 정확성에 문제를 제기할 가능성이 높을 때 더욱 그렇다. 개인 성격 프로파일을 보고 "이건 제가 아닙니다"라고 무시해버린다면 어떻게 할 것인가? 실체가 있는 피드백 보고서는, 특히 구체적인 예시를 수록하고 있다면 더 설득력 있게 보일 것이다. 코치가 어떤 도구를 사용하건, 어떻게 하면 피드백 과정을 보다 효과적으로 수행할 수 있을지 고민하는 것은 언제나 큰 가치가 있다. 코치는 피드백 과정이 징벌적이고 매우 형식적인 형태부터 발달적이고 비형식적인 형태까지 수많은 형태가 있다는 것을 주지하고, 고객이 과거에 경험했던 피드백 과정이 긍정적이지 않았을 수도 있음을 명심해야 한다.

이제 피드백 과정을 구성하는 요소를 자세히 알아보기 위해 기본적인 실천 모델을 살펴볼 것이다. 이 요소는 코칭 실무에서 기본적인 지침으로 활용되고 있는 것이다.

2. 코칭 피드백 과정

앞에서 살펴보았듯이 피드백을 통해 다른 사람의 행동을 바꿀 수 있다는 가정은 여러 가지 기초적인 조직적, 교육적 및 대인 업무 처리 과정을 뒷받침하는 근거가 된다. 피드백이라는 용어는 커뮤니케이션 이론에서 유래한 것으로, '제공자' 혹은 '발신자'가 '메시지', 즉 정보를 '수신자'에게 제공하는 것을 말한다. 피드백이 발생하여 메시지가 전달되기 위해서는 다음 가정이 참이어야 한다.

- 제공자(발신자)가 의사소통 과정을 시작한다.
- 전달되어야 하는 메시지가 있다.
- 이 메시지는 제공자와 수신자가 모두 이해하고 서로 논의한다.

코칭에서는 대부분의 피드백 활동이 직접적 의사소통으로 이루어진다. 그 방법으로는 직접 대면하거나 스카이프, 전화를 활용하는 것 등이 있지만 서면이나 전자 문서를 통해 실시할 수도 있다. 이러한 기본적 과정을 〈그림 5.1〉에 나타냈다.

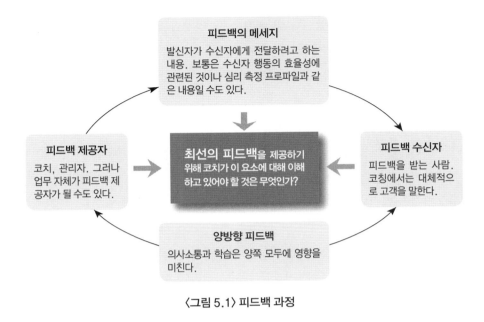

〈그림 5.1〉 피드백 과정

1) 피드백 제공자

　피드백 제공자는 피드백 메시지를 생산해서 보낸다. 이는 수신자와의 합의에 의한 것일 수도 단독적인 행동일 수도 있다. 일반적으로 실무에서 피드백 제공자는 코치, 관리자나 동료일 것이다. 피드백에는 보통 세 가지 유형이 있는데, '과정 중심'(이 업무를 좀 다른 방식으로 처리할 수 있는가?) 피드백, '내용 중심' 피드백, 심리 측정 결과를 논의하는 등의 '자료 중심' 피드백이 그것이다(McDowall & Millward, 2010). 또한 우리는 어떤 행동을 함으로써 직접적인 피드백을 받을 수도 있다. 예를 들어 어떤 업무를 처리하는 데 어려움을 겪고 있을 때 얻을 수 있는 피드백은 '이 업무는 어렵다'이며 실망감이나 분노의 감정을 느낄 수도 있을 것이다. 그러나 쉬운 일을 하고 있을 때의 메시지는 '이 업무는 쉽다'이며 만족감과 기쁨의 감정을 느끼게 될 것이다.

　피드백은 다수의 제공자로부터 발생하기도 한다. 흔한 사례는 관리자가 부하 직원들로부터 피드백을 받는 '상향식' 피드백이나 '동료 평가' 등이다. 동료 평가는 동일한 직급의 사람들끼리 피드백을 주고받는 것으로, 업무나 교육적 상황에서 점차 각광받고 있는 도구이다. 다수의 제공자에게 피드백을 받는 것은 여러 발신자가 전혀 다른 메시지를 전하거나, 본질적으로는 같은 이야기를 다른 방법으로 표현할 수도 있기 때문에 복잡성을 더한다.

효과의 측면에서 제공자들이 보내는 메시지가 서로 다를 수도 있는 이유는 여러 가지이다. 예를 들어 믿음직한 사람이 주는 피드백은 더 큰 효과를 거둘 가능성이 높다(더 자세한 내용은 Kluger & DeNisi, 1996 참고). 각종 연구 결과는 보통 권위적인 위치에 있다고 여겨지는 사람의 메시지가 더 큰 효과를 거둔다는 사실을 밝혔다. 대표적인 예로는 유명한 밀그램 실험(1963)이나 죄수와 간수 역할 실험을 실시한 짐바르도의 관찰 등이 있다(Haney et al., 1973). 물론 피드백 메시지가 어느 정도로 개인적, 건설적인 방법으로 전달되느냐와 같은 다른 요소도 존재하지만 선행 연구에서 이러한 요소에 대한 언급은 찾아보기 어렵다.

피드백의 내용과 그 출처는 관련이 있다. 제조 회사의 직원을 조사한 실무적 연구에서는 관리자의 부정적인 피드백이 낮은 업무 능률과 관계가 있었지만 긍정적인 피드백은 상대적으로 높은 업무 능력과 관련된다는 것을 밝혀냈다(Becker & Klimoski, 1989). 한편 동료에게 받는 피드백은 전혀 효과가 없었다. 이는 다면 평가 과정에서의 동료 피드백이 거의 효과가 없었다는 최근의 연구 결과와 일치한다(Bailey & Fletcher, 2002). 그럼에도 불구하고 동료 평가는 조직에서뿐만 아니라 문하생과 학생들이 서로를 평가하거나 코칭하는 문화가 정착되어가는 교육계에서 점차 그 입지가 확대되고 있다. 이 연구 결과에서 얻을 수 있는 중요한 교훈은, 신뢰성이 있는 피드백 제공자나 권위적인 위치에 있는 제공자는 효과를 거둘 가능성이 높지만 동료로부터 받는 피드백의 경우 논란이 있다는 것이다.

2) 피드백의 메시지

메시지는 발신자가 수신자에게 전달하는 정보를 말한다(예: 피드백의 내용). 코칭의 맥락에서 메시지는 심리 측정 결과나 코칭 세션이 어떤 식으로 흘러가고 있는지에 대한 피드백 등 특정한 내용이 될 수 있다. 교육적 맥락에서 메시지는 일반적으로 개인 교습이나 단체 교습 중 강사의 지도와 같은 '형성적 피드백'이나 시험 또는 수행 평가 성적과 같은 '총괄적 피드백'이 될 수 있다. 그러나 코칭 관계에서 피드백의 메시지는 코치가 고객에게 전달하는 모든 정보를 뜻하기도 한다. 이는 비용을 지불하는 클라이언트 같은 제삼자와 공유될 수도 있고 그렇지 않을 수도 있으며, 따라서 형식성, 구조, 내용과 같은 측면에서 다양한 형태로 나타날 수 있다.

또한 피드백은 양방향이며 상호적이라는 내재적 특성을 지니고 있다. 〈그림 5.1〉에서 볼 수 있듯이 상호성의 개념은 심리학 문헌에서 충분하게 인정받지 못하는 경향이 있다. 피드백 전달 과정에서 양방향 모두가 영향을 받을 수 있다. 예를 들어 관리자가 부하 직원을 어려운 상황에 빠뜨리는 결정을 내려야 하는 상황이라면 그 또한 결정을 내리는 데 어려움을 겪게 될 것이다. 그리고 상호 피드백을 통해 상호적인 학습 작용이 뒤따르는데, 심리 측정 도구를 통한 피드백을 실시할 경우 코치는 그 도구의 구성, 효과 및 한계점에 대해 고도의 지식을 쌓을 수 있을 것이다.

피드백의 메시지는 코칭 세션에서 코치가 전달하는 의견이나 탕비실에서 관리자와 부하 직원이 나누는 짧은 대화와 같이 비형식적이고 비구조적일 수도 있다. 전반적으로 피드백의 형식보다는 그 내용이 더 중요한 것으로 드러났는데, 판데어폴 등(Van der Pol et al., 2007)은 교육적 맥락에서 보다 구체적인 방안을 제시할 경우 온라인 동료 평가 방법이 보다 효과적일 수 있다는 것을 알아냈다. 피드백 개입에 대한 초기의 연구에서는 피드백의 내용, 특히 '사인'—긍정적인 피드백을 제공하는가, 부정적인 피드백을 제공하는가—의 중요성을 강조했다. 사람들은 긍정적인 피드백을 더 잘 기억하고(Snyder & Cowles, 1979) 이는 동기부여의 원천(Deci, 1972)이 되는 반면, 부정적인 피드백은 조직에 대한 충성심 약화(Pearce & Porter, 1986)뿐만 아니라 직원 평가에서의 능률 향상과 밀접하게 관련된 것으로 드러났다(Fletcher & Williams, 1996). 그러므로 단순하게 모든 사람이 칭찬에 더 긍정적인 반응을 보일 것이라고 할 수는 없다. 개개인이 서로 다른 반응을 보일 수 있다는 점을 고려해야 한다. 그러나 사람들이 자신을 가능한 한 긍정적으로 바라보려는 경향이 있다는 증거가 존재한다(Anseel & Lievens, 2006). 그렇다면 전반적으로 모든 사람은 자신에 대해 좋은 이야기를 듣는 것을 선호할 것이다. 피드백 개입 이론(Kluger & DeNisi, 1996)은 피드백이 사람보다는 업무에 초점을 맞출 때, 그리고 너무 상세하지 않고 적정한 수준의 정보를 제공할 때 더 효과적일 가능성이 높다는 입장을 견지한다.

요약하면, 모든 사람은 행동의 변화를 위해 비판적인 반응을 필요로 할 때 긍정적인 피드백을 선호하며, 피드백은 구체적이지만 지나치게 상세하지 않고 대상자 자신보다는 대상자의 행동에 집중할 때 더 효과적이다.

3) 피드백 수신자

코칭 관계에서 제일의 피드백 수신자는 바로 고객이다. 그러나 앞서 언급했듯이 어떤 피드백이라도 비용을 지불하는 클라이언트와 공유될 수 있는데, 이는 피드백의 메시지가 수신자에 맞춰 교정되어야 한다는 것을 의미한다. 일반적으로 피드백은 주관적으로 해석되기 때문에(Ilgen et al., 1979) 같은 메시지라도 사람에 따라 전혀 다른 의미를 전달하여 다른 결과를 야기할 수 있다.

피드백이 어떤 식으로 받아들여지느냐는 여러 가지 요인, 특히 수신자의 능력, 수신자가 피드백을 신뢰하는 정도, 수신자의 자존감, 목표, 성격 등에 따라 달라진다. 아직 충분한 연구 결과가 축적되지는 않았지만 기분 변화, 이메일이나 휴대전화로 인한 집중력 저하, 심지어 식습관 같은 상황적 요소 또한 다른 분야에서는 이미 그 중요성을 인지한 상태이다. 예를 들어 영양 상태나 수분 보충 상태와 같은 요소가 업무 능력과 회복에 중요한 요소라는 것은 스포츠 코치들이 인식하고 있다(예: Kovacs et al., 2010). 학습 능률과 영양 상태의 관계는 최근 영국에서 주목받았으며, 영국 정부는 효과적인 학습과 건강한 식습관의 연계를 강화하려는 노력을 지속적으로 펼쳤다(Sorhaindo & Feinstein, 2006). 댄지거 등(Danziger et al., 2011)은 재판의 판결이 식사 시간 같은 외부 요인의 영향을 받는다는 사실을 발견했다. 이를테면 법관이 조금씩 먹는 시간을 가지면 사건에 대해 보다 신중하고 오랜 고민을 하는 기회를 얻는다는 것이다. 이러한 연구 결과는 우리의 결정과 우리가 생각하는 방법이 많은 요소의 영향을 받으며, 그중 몇몇은 우리가 통제할 수 없다는 점을 강조한다. 실무 피드백 과정 중에는 이러한 요소를 주의하는 것이 중요하다.

지속적으로 업무 능률을 향상하는 것(성취 욕구)이 중요하다고 믿는 사람은 많은 피드백이 있을 때 성과가 더 높아지는 경향이 있다(Steers, 1975). 자존감 또한 중요한 요소인데, 자존감이 높은 사람은 어떤 피드백을 받건 긍정적인 자기상을 가지고 있기 때문에(Shrauger & Rosenberg, 1970) 자존감이 낮은 사람보다 긍정적인 피드백을 받으면 성과가 더욱 높아지며, 부정적인 피드백을 받아도 덜 낙담한다.

목표 설정 이론은 이러한 관측치를 설명하는 데 도움이 될 수 있을 것이다. 목표 설정 이론에서 피드백은 단순히 데이터일 뿐이며, 개인이 자신의 목표에 더 많은 관심을 쏟으려는 동기가 있어야만 효과가 있다고 주장한다. 구체적이고 어려운 목표의 설정은 최적의 능률 향상을 견인하는 것으로 나타났다(Locke & Latham, 1990). 이것은 이해하기 쉽고 동기부여적 발상을 제공한다. 이런 차이에 관계없이 피드백이 장기적으로 효과적이려면 명확하고 개인적인 목표와 연결될 필요가 있다. 많은 연구는 목표가 구체적이고 현실적이라면 목표 설정이 효과적이라고 보고한다(Locke & Latham, 1990). 목표의 구체성이 무엇인지, 목표의 구체성과 피드백 과정이 어떤 식으로 상호작용하는지를 〈표 5.1〉에 정리했다.

이를 통한 시사점은, 피드백은 명확하게 설명되고 미래 지향적인 목표와 결부되어야 한다는 것이다. 이로써 각 개인은 피드백이 자신과 관련이 있다고 받아들이게 되며 그에 따라 지속적인 영향을 받을 수 있다. 피드백의 내용이 긍정적이거나 부정적인 것과는 큰 관계가 없다. 또한 개인이 실제적으로 변화를 성취할 수 있다는 믿음인 '자기 효능감'이 매우 중요하며, 이는 피드백 관련 목표의 달성과 밀접하게 연관된다(Renn & Fedor, 2001).

마지막으로 수신자가 피드백이나 피드백 과정 자체에 긍정적인 태도를 견지하는 것도 매우 중요한 요소이다. 만약 긍정적인 태도를 보인다면 어떤 피드백이든 그 결과에

<表 5.1> 코칭의 목표와 피드백

코칭 피드백	코칭 과정 중 목표 설정	
	구체적 목표	일반적 목표
구체적	고객이 피드백과 향후 학습 과정에서의 영향을 쉽게 이해한다. 예: 당신은 판매 목표를 향상하기 위해 텔레마케팅에 집중할 필요가 있습니다. 당신은 xxx에서 팀 브리핑에 참석하고 xx를 따라 하는 방법으로 개선할 수 있도록 노력할 것이고, 연말에 얼마나 개선되었는지 측정해보겠습니다.	어떤 목표든 후속 평가를 실시하기가 어렵다. 예: 당신의 다면 평가 보고서에 따르면 팀 회의에서의 효과적인 참여는 우리가 개선 노력을 쏟아볼 수 있는 영역일 것 같습니다.
일반적	수신자는 피드백을 자신의 '인지 영역' 안에서 해석하고 행동 변화를 발생시킬 가능성이 낮다. 예: 당신은 영업 업무 효율을 높일 필요가 있으며 올해 12월까지 상향된 목표를 달성해야 합니다.	고객이 해석하고 적용하기에는 피드백이 너무 난해하다. 예: 동료들은 당신이 잘못하고 있다고 생각합니다. 개선할 필요가 있습니다.

출처: Ilgen et al., 1979

따라 행동하게 하는 동기가 될 것이다(Atwater & Brett, 2005).

이 시점에서 요약하자면, 피드백의 핵심 목적 중 하나는 사람들의 변화 동기를 북돋는 것이며, 이에 실패하면 피드백은 지속적인 영향을 주지 못한다는 것을 명심해야 한다.

3. 다면 평가 피드백

아마도 피드백의 효과에 대한 가장 포괄적인 논거는 다원 복수 평가자(multi-source-multi-rater, MSMR) 또는 다면 평가 피드백에 관한 연구에서 비롯될 것이다. 이 유형의 피드백은 관리자, 부하, 동료, 내외부의 고객 등 여러 출처에서 수집한 평가 지표를 상호 협의를 거친 업무 기반 능력 평가 기준과 대인관계 측면에서 계획적으로 비교하는 과정을 수반한다. 다면 평가 도구는 심리 측정 도구처럼 시장에서 구매할 수도 있고, 조직의 능력 평가 기준에 부합하게 도구를 개발할 수도 있다. 보고서는 거의 PC나 웹 기반 시스템에서 작성되며, 여러 측면에서 평가한 다수의 지표를 보여주는 도표와 구조화된 내러티브, 자유롭게 남겨진 의견 등이 포함될 수도 있다.

다면 평가는 일반적으로 자기 평가를 포함하고, 다른 평가자가 활용하는 것과 똑같은 양식을 사용하는 자기 평가 과정으로 시작하는 경우가 일반적이다. 훈련된 전문가가 주도해야 하는 피드백 세션의 목적은 자기 평가와 타자 평가 사이에 어떤 간극이 있는지 알아보고 그 간극에서 유용한 정보를 알아내기 위함이다. 평가자들의 피드백 간 불일치성을 통해 보다 효과적으로 평가 대상자를 이해할 수 있는 것이다(Fletcher & Baldry, 1999). 다면 평가의 효용성에 대해서는 의견이 대립하지만 최소한 다음과 같은 요소가 포함되어야 한다.

- 직장에서의 행동에 대한 포괄적이고 타당한 척도를 제공한다.
- 불일치한 피드백을 통해 대상자를 변화시키고 관련 있는 후속 자기개발 활동에 참여하도록 자극을 준다.
- 각 평가자의 가치 있고 유일한 피드백 정보를 제공한다.

그렇다면 현실에서 이러한 세 가지 조건이 항상 충족될 수 있는지 알아보자. 일단 다면 평가 시스템을 활용하는 것은 전통적인 일대일 평가 방식을 대체하는 간단한 해결책이 아니라는 사실을 유의해야 한다. 여러 평가자가 제공하는 피드백은 한 사람이 제공하는 피드백만큼 편향될 수도 있는데, 특히 연봉 인상이나 승진과 같은 중요한 결정이 피드백 결과에 달려 있다면 더욱 그렇다(Fletcher & Baldry, 1999). 다면 평가에서 활용하는 측정 또한 다른 심리 측정 도구처럼 신중하게 검토한 뒤 시험 평가까지 거쳐야 일반적인 신뢰성을 담보하고 측정 목적에 맞는 데이터를 획득할 수 있다(Fletcher et al., 1998).

그럼에도 불구하고 다면 평가 체계는 다양한 피드백 제공자가 내놓은 피드백을 피드백 대상자 자신의 자기 평가 결과와 비교할 수 있도록 해주는 소중한 기회가 된다. 연구 결과에 따르면 자기인식 수준이 높을수록, 즉 자신의 강점과 약점을 잘 파악하고 있는 사람일수록 그렇지 않은 사람보다 능률이 높다는 것이 드러났다(예: Yammarino & Atwater, 1993; Bass & Yammarino, 1991). 따라서 다면 평가 피드백의 착안점은 사람들의 자기인식 수준을 끌어올리는 데 있다. 그러나 전술했듯이 여러 피드백 제공자의 피드백이 모두 같은 영향을 미치는 것은 아니다. 일반적으로 상관에게 받는 피드백은 가장 큰 영향을 미치는 반면(Gregura et al., 2003; Bailey & Fletcher, 2002) 동료 평가는 시간이 지날수록 더 쉽게 변하는 경향이 있기 때문에 활용성 측면에서 제한적일 수 있다(Bailey & Fletcher, 2002).

브렛과 애트워터는 2001년 논문에서 피드백 과정의 부정적인 평가가, 피드백이 부정확하며 유용하지 못하다는 믿음과 관련이 있다는 연구 결과를 밝혔다. 이들은 다면 평가 과정에서 자기 평가와 타인 평가의 불일치와 피드백에 대한 반응, 피드백의 정확성에 대한 인식, 피드백의 유용성에 대한 인식, 피드백 수용자의 발달 요구에 대한 수용성 등의 관계성을 철저하게 검증했다. 피드백의 유용성이 낮다고 인식한 실험군은 피드백 주관자가 발달 중심적이지 않다고 분류한 경우가 많았다. 이러한 연구 결과는 다면 평가의 부정적인 피드백이나 불일치하는 평가 결과가 긍정적인 변화를 야기한다는 일반적인 믿음에 의문을 던진다.

다면 평가 도구를 활용하여 지속적으로 영향을 미칠 수 있을까? 초기의 연구(Hazucha et al., 1993)는 자기인식 수준이 다면 평가의 참여도를 높여줌으로써 경력의 발전과 관련된다는 사실을 밝혀냈다. 상관이 자신의 발전에 노력을 쏟고 있다고 인식하는 사람들은 자기개발 활동에 더 많이 참여하려고 하는 경향이 있었다. 이러한 지원 활동뿐만 아니라 사후 평가, 자기개발 계획(personal development plan, PDP) 등 여러 가지 도구를 활용하여 직원이 학습한 사항을 업무에 잘 적용하도록 하는 후속 조치 또한 매우 중요하다(Wimer & Nowack, 1998).

전반적으로 피드백을 받은 사람들 사이에서 다면 평가와 후속 활동 간의 연계성이 크지는 않았다(Maurer et al., 2002). 전통적인 평가 과정이든 다면 평가든 피드백과 능률 향상의 관계는 무시해도 될 수준이었다(Smither et al., 2005). 이렇게 피드백 과정이 비효율적인 것처럼 보이는 이유로, 앞서 언급했듯이 사람들마다 피드백에 반응하는 방법이 다르다는 것을 들 수 있다. 긍정적인 자기인식이 매우 중요하며, 사람들은 자신에게 변화할 수 있는 힘이 있다고 믿어야 한다(Atwater & Brett, 2005; Maurer et al., 2002). 피드백 과정에 긍정적인 태도로 임하는 것도 중요한데(Atwater & Brett, 2005), 부정적인 태도를 지닌 사람은 자신의 행동을 전격적으로 변화시키는 데 망설이는 경향이 있기 때문이다. 그러므로 다면 평가 과정 전반에 대해 적절한 소통을 지속적으로 유지하고 적절한 후속 조치를 실시하는 것이 중요하다. 이러한 제반 조건이 갖추어진 이후라면 관리자는 다른 접근법보다 월등한 다면 평가 도구의 철저함에 놀라게 될 것이며(Mabey, 2001), 특히 도식적, 수치적 정보가 풍부하다는 점을 높이 사게 될 것이다(Atwater & Brett, 2006).

피드백 과정의 후속으로 여러 지원 활동과 함께 경영자 코칭을 실시하면 피드백의 효율성이 더 커진다. 능률 평가가 개선됨에 따라 구체적인 목표를 더 많이 설정하고 실천하기 때문이다(Smither et al., 2003). 이러한 결과는 일반 조직뿐만 아니라 교육계에서도 나타나는 것으로 드러났으며(Marsh & Roche, 1997), 따라서 코칭이 피드백과 어우러지는 경우 행동의 변화를 끌어내는 데 도움을 줄 수 있는 반면 직장에서의 협동적인 환경을 저해할 가능성도 있다.

일반적 업무 평가와 다면 평가 도구에서 모두 문제시되는 것은 '다른 사람을 평가하는 데 최적의 위치에 있는 사람은 누구인가'이다. 일선 관리자든 고급 관리자든 피드백 대상자가 매일 무슨 업무를 처리하는지 잘 모르는 경우도 있다. 한 연구 결과에서는 개인의 자기 평가가 행동 변화를 가장 잘 예측할 수 있는 요소로 나타났으며(Bailey & Austin, 2006), 이는 다른 평가자의 피드백만큼이나 자기 평가 결과에도 주목해야 한다는 것을 암시한다.

결론적으로 다면 평가 도구는 여러 피드백 제공자의 관점을 비교해볼 수 있는 기회를 제공하지만, 효과적으로 활용하기 위해서는 사람들이 적극적으로 피드백 과정에 참여하는 것은 물론 자기 평가 결과 또한 매우 중요하다는 것을 인식해야 하고, 불일치하거나 부정적인 피드백을 신중하게 다루어야 한다는 점이 중요하다.

4. 코칭 피드백의 원칙

지금까지의 논의를 정리하면, 코칭의 맥락에서 피드백을 실시하는 데 연구 결과에 따라 가장 적합한 메시지는 다음과 같은 특성이 있다.

- 피드백 제공자를 신뢰할 수 있어야 한다. 피드백 제공자마다 미치는 영향의 수준이 다르다.
- 사람들은 칭찬을 주고받는 것을 좋아하지만 부정적인 피드백은 불편하게 여기는 경향이 있다. 부정적인 피드백은 유용하지 않다고 간주할 것이기 때문에 수용자에게 영향을 줄 가능성도 적다.
- 피드백이 구체적이고 목표와 연계되었을 때 효용성이 더 크다.
- 사람들마다 피드백에 대해 다르게 반응하기 때문에 어떤 식으로 전달할지 고민해야 한다.
- 피드백 자체는 하나의 데이터일 뿐이므로 지속적인 영향을 미치기 위해서는 목표와 연계하여 수용자가 이해할 수 있게 전달해야 한다.
- 피드백을 수용하여 실천할 수 있는 동기를 부여해야 한다.

기본적으로 행동을 변화시키고자 할 때 피드백에만 의존해서는 안 된다. 피드백 과정은 학습 내용을 실무(또는 교육 환경)에 적용할 수 있도록 알기 쉬운 양방향 처리 과정과 연계하여 진행할 필요가 있다. 이 과정에서 유용한 목표의 설정이 중요하다.

누가 피드백을 제공하느냐도 당연히 영향을 미친다. 여러 제공자가 특히 효과적인 자기진단 결과를 상쇄할 수 있는 추가적인 정보를 제공할 경우 좋은 효과를 일으키는 데 활용할 수 있지만 모든 평가가 정확한 것인지 재차 확인할 필요가 있다. 신뢰가 가장 큰 피드백 제공자가 가장 큰 효과를 낼 가능성이 높다. 특히 업무 기반 코치는, 첫째, 고객이 피드백을 실질적인 행동으로 구체화할 수 있도록 지속적인 확인 작업을 실시하며, 둘째, 학습한 내용을 실무에 적용할 수 있는 지원적 환경이 조성되도록 하는 것이 중요하다.

피드백 수용자의 반응은 피드백이 전반적으로 긍정적인지 부정적인지, 스스로 평가하는 자신의 변화 가능성, 자신의 잠재 능력, 피드백의 유용성에 대한 자신의 인식 등에 따라 달라질 수 있다. 그리고 학습에 대한 진지한 관심과 양방향의 강화 과정이 필요하다. 그렇다면 코치는 어떤 식으로 그러한 환경을 조성할 수 있을까? 피드백을 전달하기 전에 이러한 잠재적 개성을 모두 평가하는 것은 비현실적일지도 모른다. 그러나 이러한 요소가 영향을 미친다는 것을 인식함으로써, 특히 피드백 과정이 원하는 결과를 도출하지 못할 때 추가적인 조사를 할 수 있어야 한다.

목표를 설정할 때는 학습한 내용이 여러 상황에 적용될 수 있도록 고객과 코치 모두가 평가 및 후속 조치를 실행해야 한다. 이러한 목표는 고객이 실천하고자 하는 동기를 유지할 수 있도록 협상을 통해 합의된 것이어야 하며, 지나치게 강제적으로 적용하면 안 된다.

고객이 정말 변화할 수 있다고 코치가 믿는 것 또한 중요하다. '개인적 특징이 고정되어 있다'고 생각하는 코치와 관리자는 다른 사람들을 변화시킬 가능성이 낮다(Heslin et al., 2005). 코치는 이러한 연구 결과를 반영하여 실무에 적용할 필요가 있으며, 관리자로 하여금 변화에 대한 긍정적인 관점을 가지도록 유도하여 보다 도움이 되는 '코칭 스타일'을 채용할 수 있도록 해야 한다.

일반적으로 사람들은 비판적인 피드백을 제공하는 것을 좋아하지 않는다(Bond & Anderson, 1987; Tesser & Rosen, 1975). 이것은 코칭 실무에 두 가지 함의가 있다. 첫째, 코치는 비판적 정보를 전달하는 데 거리낌이 없어야 한다. 둘째, 고객이 관리자의 비판을 꺼리는 경향성 때문에 잠재적으로 비생산적일 수 있는 행동을 인지하지 못할 수 있다는 것을 염두에 두어야 한다.

그렇다면 피드백을 제공하는 데 효과적이면서도 간단한 모델을 찾을 수는 없을까? 주요한 모델은 '샌드위치' 모델로, 처음에 좋은 소식을 전하고 그다음 비판을 전달한 뒤 긍정적인 뉘앙스로 마무리를 짓는 방식이다. 그러나 실무에서는 언제나 적용 가능하거나 효과가 있는 모델이라고 할 수 없다. 일단 부정적인 정보만 가지고 있는 상황을 들 수 있다. 다면 평가 과정을 거쳐서 전반적으로 낮은 점수와 비판적인 의견만 담긴 결과지를 받은 경우가 그 예이다. 또한 이 방법은 실무에서 진부한 것으로 굳어졌기 때문에 직원이 '이제는 나쁜 소식이 나올 차례군' 하고 예상할 수 있다는 것이 문제이다. 게다가 피드백 과정에서는 자기 평가가 중요한데 자기 평가 부분을 자유자재로 활용하기 어렵다는 문제점이 있다.

심리학 연구 결과를 통해 우리는 최선의 피드백 방법에 대해 더 깊이 생각할 수 있게 되었다. 모든 사람은 성공이 자기 자신과 연관되고, 통제 가능한 요인 때문에 이룰 수 있었다고 생각하는 경향이 있다. 반면 실패는 외부적이며 통제할 수 없는 요소 때문이라고 생각한다(Jones & Nisbett, 1972). 또한 모든 사람은 자기 자신을 타인보다 더 긍정적으로 인식하는 경향이 있다. 이러한 긍정적인 환상은 우리의 자존감과 동기부여에 긍정적인 영향을 준다(Taylor et al., 2003). 따라서 비판을 구체적인 사례로 뒷받침하는 것에 대해 신중하게 접근할 필요가 있으며, 그 사람 자체가 아닌 그의 특정한 행동 때문으로 보이게 하는 데에도 주의를 기울여야 한다. 부연하자면, "당신 동료 두 명이 지속적으로 당신의 말을 끊는다고 얘기했는데, 당신은 팀 회의에서 다른 사람들의 말을 경청하는 것 같지 않군요"라는 표현이 "당신은 방해물 같군요"라는 표현보다 더 도움이 된다.

다시 한 번 강조하자면, 학술적 연구에서 전반적으로 무시하는 경향이 있는 분야로 피드백 제공자의 스타일이 있다. 좋은 관계와 대인 소통은 피드백 과정에서 필수불가결한 요소라고 할 수 있으며, 모든 피드백 제공자는 피드백 과정 중 자신만의 개인적 접근법을 활용할 것이다. 그런데 대부분의 사람은 비판하는 것에 불편함을 느끼기 때문에 어떤 사람은 핵심을 피하고 겉돌기만 하고, 또 어떤 사람은 돌직구를 날려서 냉정하다는 인상을 풍기기도 한다. 자기만의 피드백 스타일을 인식하고 그 스타일이 작용하는 메커니즘을 철저하게 연구하는 것도 중요한 요소라고 할 수 있다. 그러므로 피드백 접근법에 대한 정기적인 피드백은 코칭 슈퍼비전, 동료 평가, 실무 능력 향상을 위한 본질적인 과정이다.

그리고 피드백 메시지를 이해하려고 할 때 전반적인 밑그림을 다 그리기도 전에 성급하게 결론을 내린다는 위험성도 인지하고 있어야 한다(Argyris, 1982). 같은 데이터 집합이라고 해도 다른 방식으로 해석될 수 있으며, 자신의 해석이 가장 적합하고 현실적인 해석 방법이 되도록 노력을 기울일 필요가 있다. 예를 들어 고객에게 '당신의 한 발 앞서는 스타일 덕분에 모든 논점을 다 꿰뚫는 경향이 있어 우리 팀 회의에서 기여할 부분이 많을 것 같다'(대인 행동에 초점을 맞춰 다면 평가 도구를 사용한 뒤 피드백 결

〈표 5.2〉 코치를 위한 피드백의 유효성

좋은 피드백의 원칙	시사점
복잡성의 이해	코치는 적절한 때 반성적 연습, 전문성 개발 등을 실시하여 최고의 업무 능력을 배양한다.
신뢰성과 적합성	코치는 심리 측정 소견의 검증 가능성 등 코칭에 활용되는 모든 정보를 재차 확인한다.
효과적인 의사소통과 대인관계	코치(와 고객)은 효과적인 의사소통이 이루어지고 돈독한 관계를 형성하고 있는지 확인하기 위해 적극적인 경청, 정보의 재확인과 같은 적극적인 행동을 해야 한다.
신용	코칭 관계에서의 계약이 얼마나 잘 이루어졌는지에 달려 있다.
윤리성	심리 측정 검사 결과에 대한 피드백을 제공하고 자동화된 결과지를 적절한 부분에서만 활용하는 것은 코치의 전문적 책임이다.
유용성 및 후속 조치	모든 피드백은 명확하고 구체적인 목표와 연계되고 행동 계획으로 뒷받침되어야 한다.
심리적 주인 의식	고객은 코칭의 결과를 받아들일 수 있는 상태여야 하며, 피드백의 결과를 실천으로 옮길 수 있는 동기부여와 능력을 갖추고 있어야 한다. 코치는 고객이 변화할 수 있다는 믿음을 가져야 한다.
잠재적 결과에 대한 인식	부정적인 피드백은 (특히 예상하지 못했을 때) 피해를 야기할 수 있고, '강력한 메시지'가 필요한 상황이 발생할 수도 있다.
응용 가능성과 유연성	'프리사이즈' 피드백이란 없다. 피드백은 맥락이나 상황에 따라 달라져야 한다.

과를 받은 서술적 의견)라는 정보를 전달하려 한다고 가정해보자. 이 의견은 여러 가지로 설명할 수 있다. 고객이 회의에 들어갈 때마다 모든 중요한 정보를 짚고 넘어가도록 함으로써 매우 건설적인 논의를 이끈다는 해석이 있을 수도 있고, 일관성이 떨어지고 지루한 사람이라는 해석이 있을 수도 있다. 다른 사람이 볼 때는 고객이 회의에서 지나치게 앞서 나가 효율적인 의사 처리 과정을 방해한다는 해석도 충분히 있을 수 있다. 이 경우 전반적인 밑그림을 그리기 위해서는 추가적인 근거를 수집한 뒤 고객의 자기 평가 결과와 비교 분석하는 과정이 필요하다.

5. 코칭 피드백의 전제

영국심리학회 심리학시험센터나 유럽심리학회, 국제검사위원회가 발표하는 것과 같은 현행 직업 기준 가이드라인은 어떤 심리 측정 검사 결과라도 피드백과 함께 제시하는 것이 최선이라는 관점을 대변하고 있다. 심리 검사에 대한 피드백은 2003년부터 자료 보호법에 따라 모든 개인 정보에 대한 접근 권한을 부여한 영국에서처럼 법적인 요구 사항일 수도 있다. 따라서 심리 검사 과정과 코칭 실무에서 피드백을 같이 전달하는 것은 직업 윤리에 부합하는 부분이라고 볼 수 있으며, 기본적으로 피드백 과정을 거칠 필요가 있다고 할 수 있다. 컴퓨터로 생성된 결과지의 내용은 지나치게 구체적일 수 있고 일반적, 원론적일('바넘 효과'를 통해 원론적인 언급을 개인적인 언급으로 받아들일 수 있음) 수도 있는 만큼 피드백은 철저하게 서면으로만 전달하기보다는 어느 정도 개인적 접촉을 하는 것이 좋다.

고객이나 피검자에게 표준적인 결과지의 표준화된 점수를 수치적으로 보여주는 것은 확실히 현명하지 못한 행동이다. 수치적인 점수는 잘못 해석될 가능성이 매우 높아 피해를 초래할 수 있기 때문이다. 대부분의 심리 검사 발행사는 이러한 수치 정보를 생략할 수 있는 결과지 형식을 함께 제공하는 것으로 이 문제에 대응하고 있다. 그러므로 코치가 검사 결과 자체에만 지나치게 의존하지 말아야 하며, 검사 결과의 가치가 실질적인 피드백 논의에 따라 달라질 수 있다는 점을 명심해야 한다. 예를 들면 많은 사람은 살아오면서 발전시킨 자연적 선호 체계에 따라 보상적 전략을 발달시켰을 수도 있다(Smewing & McDowall, 2010 참고).

모든 피드백 도구가 품질과 적합성 측면에서 동일한 것은 아니다. 코치 등 피드백을 활용하는 사람이라면 누구든 사용된 도구가 신뢰할 수 있고 적합한지 재차 확인할 필요가 있다. 필자가 본 도구 중 일부는 검증 절차가 없거나 부실했음에도 실무에서 활용되고 있었다. 이러한 도구를 통해 얻은 피드백은, 특히 그 내용이 부정적인 피드백은 잘되어 봤자 오해를 불러일으킬 것이며, 최악의 경우에는 심각한 피해를 야기할 수도 있다.

본(Bourne, 2008)은 피드백이, 첫째, 기술적으로 정확해야 하고, 둘째, 좋은 관계를 통해 형성되어야 하며, 셋째, 관계자가 책임을 져야 하고, 넷째, 유용한 행동 변화를 이끌 수 있어야 한다고 주장했다. 이는 참고하고 준수할 만한 좋은 원칙이며, 필자는 여기에 다음과 같은 요건을 추가한다. "피드백은 유연하게 응용 가능해야 하고, 개인의 요구에 맞추어 설계되어야 한다." 이 원칙과 관련해서 나타날 수 있는 실무적 문제라면 컴퓨터로 생성된 결과지는 곧이곧대로 받아들일 것이 아니라 언제나 논의를 거칠 필요가 있다는 것이다. 또한 수요자가 필요로 하는 정도의 구체성을 확보하고 '그만두어야 할 때를 아는 것' 또한 피드백이 갖추어야 할 관념이다. 피드백은 때때로 수용자가 받아들이기에 힘들 수도 있다. 너무 많은 피드백 정보를 한꺼번에 제공하면 전혀 효과가 없을 가능성이 높다. 숙달된 코치는 성격 프로파일과 같은 데이터로부터 당사자가 어떤 식으로 반응할지 가늠할 수 있는 경우가 많은데, 이런 식으로 피드백 세션에 대한 '가설'을 세워본다면 준비하는 데 도움이 될 것이다.

끝으로 누가 피드백에 참여할 것인지, 누가 정보에 접근 권한을 가질 것인지 고려해야 한다. 예를 들어 비용을 지불하는 클라이언트가 고객의 성격 프로파일을 알고 싶어 할 수도 있다. 그러므로 누가, 어떤 정보에, 언제 접근할 수 있는지 코칭 관계를 정립할 때 명확하게 합의해놓아야 한다. 그렇지 못하면 비밀성과 신뢰, 상호 관계의 균열로 이어질 수 있다.

지금까지 검토한 연구 결과에서 얻은 전반적인 결론은 피드백 모델에는 프리사이즈가 없다는 것이었다. 모든 사람에게 모든 상황에서 적합한 일반적인 모델이 존재하지 않기 때문이다. 피드백은 현명하게 활용하면 코칭에 효과적인 도구가 될 수 있다. 심리 측정 검사 도구를 사용하는 경우에는 결과를 설명하고 검증하는 것이 적절한 심리 검사의 한 부분이라고 할 수 있기 때문에 피드백은 '있으면 좋은 것'이 아니라 필수 요소이다.

우리는 피드백의 결과가 사람이나 상황에 따라 달라질 수 있고 대상자를 칭찬하느냐, 비판하느냐에 따라서도 달라진다는 것을 알고 있어야 한다. 따라서 특정한 상황에서 피드백을 제공하는 방법을 채용할 때는 유연한 접근법을 활용하고, 정기적인 훈련과 자기개발, 자신의 피드백 스타일에 대한 반성을 통해 이러한 기술을 발전시켜야 한다. 피드백은 상호적인 과정으로 효율적인 학습을 조성할 수 있으며 그 학습에는 코치 자신의 발전도 포함될 것이다.

Part 2

코칭 심리 측정의 활용

PSYCHOMETRICS
IN COACHING

USING PSYCHOLOGICAL AND
PSYCHOMETRIC TOOLS
FOR DEVELOPMENT

Chapter 06

MBTI 성격 유형 코칭

Sally Carr · Bernard Cooke · Leanne Harris · Betsy Kendall

코치가 사용하는 많은 심리 측정 도구 중 마이어스와 브리그스(Myers-Briggs) 성격유형검사(MBTI®)는 가장 인기 있는 척도 중 하나이다. 이 척도는 긍정적이고 비위협적인 언어로 사람의 성격을 기술하는 모델이며, 고객이 자신의 강점을 알고 자신과 다른 성격 유형의 가치를 이해할 수 있게 한다. 그러므로 이 척도는 다양성과 차이점을 건설적인 방식으로 사용할 수 있는 유익을 동반한다. 이 척도는 융 학파의 이론을 바탕으로 하며, 인간은 성장과 완전성에 대한 근원적 욕구를 가지고 있다고 가정한다. 이 점은 MBTI와 코칭의 주요 목표가 일치하는 부분이다.

MBTI는 다양하게 사용할 수 있는 코칭 도구로 정서지능(Pearman, 2002), 의사소통(Dunning, 2003), 갈등(Killen & Murphy, 2003), 의사결정(Hirsh et al., 2003), 리더십(Richmond, 2008), 팀 개발(Hirsh et al., 2003), 변화(Barger & Kirby, 2004), 스트레스에 대한 반응(Quenk, 2000), 경력 개발(Hammer, 2002)과 같은 주제를 논의하는 데 도움이

될 수 있다. 부가적으로 이 모델은 중년기의 복잡한 문제나 스트레스에 대한 잘못된 반응을 고찰할 때 강력한 이론적 토대가 된다.

이 장에서는 유형 이론(type theory)의 핵심 내용을 정리하고 MBTI 도구 사용의 실용성을 알아보려 한다. 그리고 코칭에서 이 모델이 어떻게 사용될 수 있는지 두 가지 차원에서 살펴본다. 첫째, 코치가 스스로를 더 잘 이해하고 자기 자신의 능력을 향상하게 하기, 둘째, 고객이 자신의 행동 양식과 코칭 목적을 잘 이해하는 데 도움 주기가 그것이다.

1. 이론에 대한 기본 가정

MBTI는 카를 구스타프 융(Carl Gustav Jung)의 심리 유형 이론을 바탕으로 캐서린 브리그스(Katharine Briggs)와 딸 이저벨 브리그스 마이어스(Isabel Briggs Myers)가 만든 성격유형검사 도구이다. 융(1923)의 심리 유형 이론은 세 쌍의 상반된 심리적 요소, 즉 외향적이거나 내향적인 '태도'와 두 쌍의 정신적인 '기능'(감각과 직관을 의미하는 인식의 기능과 사고, 느낌을 의미하는 판단의 기능)으로 설명했다. 융의 이론에 의하면 우리는 각 쌍의 두 요소 중 하나를 타고난 성향으로 가지고 있으며 의식 안에서 점점 발달시킨다. 각 쌍의 또 다른 반대 요소는 덜 의식하고 자아의 통제를 덜 받는다.

마이어스는 이 성향을 선천적 선호 유형이라고 일컬었다 — 각 쌍에서 타고난 성향을 훨씬 더 자연스럽게 통제하고 사용한다. 우리는 각 쌍의 다른 측면의 기술을 발달시킬 수 있지만, 자기에게 적합한 선호 유형보다는 훨씬 더 많은 노력을 필요로 할 것이다. 요약하면 '우리는 2개를 다 가지고 있고 2개를 다 사용하지만 한 가지를 더 선호한다.'

마이어스는 MBTI 틀에 네 쌍의 상반된 요소를 포함했다. 즉 융이 제시한 세 가지 쌍에다 네 번째로 융의 저서에 암시되었다고 생각한 판단과 인식의 쌍을 추가했다. 이 네 가지 차원은《Introduction to Type》(Myers & Kirby, 2000)과《Gifts Differing》(Myers, 1980) 등의 많은 책에서 깊이 논의되었고 여기서는 간략하게 살펴볼 것이다.

1) 선호 유형 요약

- **외향형/내향형**(extroversion/introversion, E/I): 이는 에너지를 어떻게 얻는지와 관련이 있다. 외향적 태도를 보일 때는 초점이 사람과 사물, 행동 등 바깥 세계를 향하고, 내향적 태도를 보일 때는 관심이 개인적 성찰의 내적 세계로 향한다. 다른 특성도 있지만, 외향적인 사람은 이야기를 통해 문제를 발견하고 해결하며 행동으로 옮김으로써 에너지를 얻는 경향이 있고, 내향적인 사람은 행동을 취하기 전에 조용히 생각함으로써 에너지를 얻는다.
- **감각형/직관형**(sensing/intuition, S/N): I가 내향성을 나타내기 때문에 intuition의 두 번째 철자인 N으로 나타낸다. 이는 어떻게 정보를 얻는지와 관련이 있다. 감각을 사용할 때는 오감을 통해 경험된 사실의 구체적인 것에 주의하는 경향이 있고, 직관을 사용할 때는 큰 그림이 제시하는 패턴과 가능성을 통해 정보를 얻는다.
- **사고형/감정형**(thinking/feeling, T/F): 이는 어떻게 정보를 평가하고 결정을 내리는지와 관련이 있다. 사고형은 평가와 결정을 할 때 비개인적인(객관적인) 논리를 사용하고, 감정형은 평가와 결정을 할 때 개개인의 가치를 평가 기준으로 사용한다.
- **판단형/인식형**(judging/perceiving, J/P): 이는 우리가 외부 세계에 어떻게 접근하는지와 관련이 있다. 판단형은 세상에 접근할 때 결정과 마지막 결과를 강조한다. 반면에 인식형은 아이디어나 사건에 반응하는 방식에 대해 개방적이다.

우리는 매일 각 쌍의 두 가지를 모두 사용하지만, 선호 유형은 보다 자연스럽고, 활력적이고, 개발하기 위해 너무 열심히 애쓰지 않아도 되는 기본 양식이다.

유형 이론은 특별한 조건이 없는 한 우리가 자신의 선호 유형에 따라 행동하고 각 유형의 특성을 보이는 경향이 있다고 제안한다. 예나 지금이나 환경은 사람들이 환경에 순응하도록 요구한다. 유형 이론은 이러한 요구가 사람의 유형을 변화시키지는 않지만 행동에는 영향을 미친다고 가정한다. 예를 들어 지각형인 사람은 자발적이고 자연스러운 흐름에 따르는 경향이 있지만, 계획과 구조가 강조된 환경에서 일한다면 조직적이고 계획적인 삶을 위해 별도의 노력을 해야 한다. 사람들은 자신의 유형은 잘 알고 있지만 타인의 유형은 잘 알지 못하므로 자신의 유형에 따라 타인을 이해하고 행동한다.

2) MBTI 틀에 대한 보편적인 오해

MBTI 이론은 종종 다음과 같은 비판을 받는다. 첫째, MBTI 이론은 우리를 선입견에 사로잡히게 하여 규정 짓고 제한한다. 둘째, MBTI 이론은 환경의 영향과 성격도 학습된다는 점을 무시한다. 하지만 이러한 비판은 모두 오해에서 비롯되었다.

첫째, MBTI 도구에 16개 유형이 있듯이 사람의 유형이 16개만 있다고 생각할 수도 있다. 하지만 사실 이 도구에서 사용되는 선호 유형의 개념은 제한적이지 않다. 선호와 비선호, 두 측면이 모두 개발된다고 가정하고, 개인이 자신의 유형을 표현하는 방식이 인생을 통해 발달하고 변화한다는 것을 인정한다. 그리고 유형 이론에서 논의되지 않은 성격의 다른 양상이 있다. 예를 들어 지능, 신경증성, 자신감 등의 측면은 같은 MBTI 유형이라도 많은 개인적 차이를 인정할 수밖에 없다. MBTI 코드는 성격에 대한 규정이라기보다는 패턴이다.

둘째, 유형 이론은 선호 유형을 타고난 것으로 보기 때문에 유형 이론이 환경을 부정하거나 학습의 영향력도 인정하지 않는다고 믿는 사람들이 있다. 하지만 앞에서 살펴보았듯이 유형 이론은 표현되는 유형의 형성에 환경과 학습이 아주 중요한 역할을 한다고 가정한다.

3) 잘 사용되지 않은 MBTI 이론의 영역

많은 MBTI 실무자는 고객을 대할 때 각각의 선호 유형 차원만 고려하는 것으로 국한하고 있다. 이것도 물론 가치 있는 일이다. 하지만 경험에 의하면 다음과 같은 유형 이론의 두 가지 측면을 활용하면 유형 이론의 적용이 훨씬 효과적일 것이다. 첫째, 개인의 유형별 요소 간 역동적 상호 작용(유형 역동성), 둘째, 개인의 일생 동안 유형이 발달한다는 사실이다.

유형의 역동성은, 예를 들어 INTJ 같은 한 개인의 유형에서 유형 전체는 I, N, T, J라는 네 부분의 총합보다 더 크다는 것을 말한다. 이 전체 유형은 통합된 느낌인 하나의 큰 그림을 만들어내는데, 이 그림은 S, N, T, F 같은 기능을 발달의 구조로 구성하고, 어떤 기능이 외부 세계나 내적 세계에 사용되는지를 보여줌으로써 만들어진다. 예를 들어 INTJ의 경우 지배적으로 나타나는 우성 기능은 내향적 직관인데 직관은 가장 발달되고 의식적인 기능이다. 이 기능은 성격의 가장 핵심으로 사용되고 본질적으로 가장 관심 있는 일에서 나타날 것이다. INTJ에서 그다음으로 발달한 기능(보조자)은 외향적 사고이다. 세 번째 기능(제삼자)은 감정이고, 마지막으로 가장 열등한 기능은 발달되지 않고 지각되지 못해 아킬레스건이 될 수 있는 약점이다. INTJ의 경우에는 이 약점이 외향적 감각이다. 이러한 역동적 측면을 이해하면 고객의 경험과 인식에 대한 중요한 통찰력을 얻을 수 있다. 예를 들어 유형의 역동성을 이해하면 INTJ 유형의 고객이 다음과 같은 의문점을 이해하는 데 도움이 될 것이다. '나는 아이디어를 계속 생각해내고 내적 세계에서 이 생각을 연결하여(지배적 내향성 직관) 동기가 부여되는데 왜 동료들은 주로 논리성과 결단성(보조 외향적 사고)에 대해 평을 하지?' 유형의 역동성에 대한 8개 기능은 마이어스와 커비(Myers & Kirby, 2000), 하츨러 등(Hartzler, 2005)을 참고하기 바란다.

유형 발달은 살아가면서 의식과 무의식 과정이 균형을 이룬 변화와 관련이 있고, 삶의 여러 단계에서 보이는 유형의 표현 방식에도 영향을 준다. 유형 이론의 이러한 측면은 중년기의 문제에 직면한 성숙한 사람들과의 코칭 작업에서 특별히 중요하다.

이 장에서 이러한 복잡한 영역을 모두 설명할 수는 없으며,《Introduction to Type: Dynamics and Development》(Myers & Kirby, 2000)와 같은 책에 자세히 설명되어 있다. 121쪽의 '유형 발달의 역할'에서 코칭에 적용되는 유용한 예를 확인할 수 있다.

4) 유형 이론의 핵심 가정 요약

- 유형 이론은 정반대의 심리적인 선호 영역과 관련이 있다.
- 누구나 양쪽 선호 영역이 모두 작동할 수 있고, 타고난 선호 영역을 사용하면 일반적으로 더 큰 관심을 가지게 되고 활력이 생긴다.

- 비선호 영역을 사용하고 개발하려면 더 많은 노력이 필요하다.
- 가정과 직업 환경에서의 압력은 선호 영역의 발달과 표현에 영향을 미치고 때로는 타고난 선호 유형을 감추게 만든다.
- 선호 영역은 본질적으로 동등한 가치가 있다.
- 자신의 유형에 대해 가장 잘 판단할 수 있는 사람은 자기 자신이다.
- 선호 영역은 역동적으로 상호 작용하며 유형의 전체는 부분의 총합보다 크다.
- 개인은 성장과 발달, 완전성을 향한 선천적 욕구가 있다. 유형의 표현은 일생 동안 변화하고 발달한다.
- 성장 과정을 위해서는 선천적 선호 유형을 잃어버리지 않는 것과 더불어 자각과 의식의 증진, 모든 선호 유형을 적절하게 사용하기 위한 접근성과 편안함의 수용이 필요하다.

2. MBTI 성격 유형과 검사

구조화된 심리 평가를 사용하지 않고서도 자기 평가를 통해 유형 이론을 사용할 수 있다. 하지만 고객이 자기이해를 위한 출발점에서 표준화된 척도를 사용하는 것은 도움이 된다. 유형별 접근에서 가장 많이 연구되고 검증된 도구는 MBTI이다. 이 도구는 개인의 발달을 위해 세계에서 가장 많이 사용하는 성격 검사이다. MBTI의 첫 번째 척도는 1962년에 출판되어 현재까지 폭넓은 연구를 기반으로 정기적으로 보완되었으며, 지금은 25개 이상의 언어로 사용되고 있다. MBTI를 사용하려는 코치는 이 도구를 구매하여 사용하기 전에 자격 요건을 성공적으로 완수해야 한다.

MBTI 평가에는 두 가지 핵심 요소가 있다. 첫째, 개인은 88개의 설문 항목을 온라인이나 설문지로 완성한다. 설문 조사를 치르는 데에는 보통 20~30분이 소요된다. 채점은 온라인상에서 쉽게 할 수 있다. 여러 분야에 이 도구를 적용한 예시가 있는데, 예를 들면 의사소통, 의사결정, 스트레스 관리와 같은 분야이다.

둘째, MBTI 실행가인 코치는 개인에게 16개의 유형 중 어떤 것이 가장 잘 맞는지 확인시켜주는 일을 한다. 종종 코치는 고객에게 진단된 유형을 보기 전에 선호 유형을 살펴보고 스스로 자신의 유형을 평가하도록 요청하기도 한다. 이 과정은 MBTI 도구가 확정적인 검사가 아니라 사람들의 자기이해에 도움을 주는 검사로 보아야 한다는 마이어스의 주장을 반영한다. '최적 유형(best-fit type)'은 자기 평가 유형과 진단 유형 중에서 개인에게 맞다고 보는 유형이다. 대다수의 사례에서 최적 유형은 진단 유형과 동일하지만 네 글자 중 한 개 이상이 다른 경우도 적지 않다. 이렇게 다르게 나타나는 경우에는 개인이 어떤 특정한 행동을 할 때 압박을 받는 환경에 처하기도 한다. 자신의 선천적 선호 요소가 외적인 요인으로 인해 다르게 행동하도록 만드는 것이다. 한 개인에게 최적 유형을 설정하는 데에는 시간이 필요하지만 결정적으로 중요한 과정이다. 이 모델이 의미 있고 유용하려면, 또한 고객이 MBTI를 이미 사용해보았다고 말한다면, 이 모델을 제대로 이해하고 있는지 재검토하고, 고객이 최적 유형을 결정할 만한 적절한 기회를 가졌는지 확인해보는 것이 현명하다.

유형 검증 과정은 코칭의 필수적인 부분이며 코치와 고객 모두에게 더 잘 이해할 수 있는 수단을 제공할 것이다. 코치는 이러한 검증 과정 기간에 종종 강력한 경험을 한다. 특히 고객과 다른 유형의 코치는 설문을 통해 고객에게 자연스럽게 접근하는 방법이 무엇인지 인지하고 검증할 수 있다. 코치는 자신의 최적 유형을 만났을 때 활력이 넘치고 동기부여를 느끼게 된다.

3. MBTI 성격 유형과 코치

1) 라포 형성과 목표 설정

고객의 관점을 이해하고 그 가치를 아는 코치는 고객과 라포 형성을 더 잘하는 경향이 있다(Bayne, 2005 참고). MBTI 틀은 모든 유형을 건설적이면서도 평가하지 않는 방법으로 묘사하기 때문에 코치에게 매우 유용하다. 고객의 학습 과정에서 고객의 관점을 '틀린' 것으로 판단하는 코치의 태도는 고객에게 어떠한 제안을 하더라도 역효과를 가져온다. 또한 코치가 진정으로 표현하는 것은 극히 중요하다. 특히 코치가 코칭 과정에서 '자아 사용(use of self)'을 포함한 기술을 사용한다면 더욱 그렇다. 예를 들어 코칭 과정에서 고객의 말과 행동에 대해 코치가 느끼는 기분을 이야기할 때는 유의해야 한다.

자신의 MBTI 선호 유형을 제대로 인식하고, 이것이 자신의 코칭 스타일에서 어떻게 표현될 수 있고 어떤 편견이 생길 수 있는지를 아는 코치는 자신과 다른 유형의 고객과의 쓸모없는 갈등을 최소화할 수 있고, 비슷한 유형의 고객과는 쓸모없는 담합을 하지 않는다. 이러한 사항을 자세히 살펴보기 전에 코치는 어떤 MBTI 유형이 많은지 알아보자.

〈표 6.1〉에서 보듯이 패스모어 등(Passmore et al., 2006)의 연구에서는 가장 흔한 코치의 유형이 ENFP(19%)로 나타났다. 이러한 연구 결과는 OPP Ltd의 자료와 일치하는데, MBTI 척도 사용 자격 취득 과정을 수강하는 사람들 중에서도 가장 많은 유형은 ENFP였다. 직관형(N)과 감정형(F)은 상담 분야에 종사하는 전문가들에서도 종종 발견된다. 하지만 이는 영국의 모집단에서 발견된 MBTI 유형의 분포와는 매우 다르다

〈표 6.1〉 코치의 MBTI 유형 분포

ISTJ	ISFJ	INFJ	INTJ
0.9%	0.9%	7%	11%
ISTP	ISFP	INFP	INTP
1.3%	0.9%	11.4%	9.2%
ESTP	ESFP	ENFP	ENTP
0.4%	1.8%	18.9%	9.6%
ESTJ	ESFJ	ENFJ	ENTJ
5.7%	3.9%	9.2%	7.9%

출처: Passmore et al.(2006)의 승인을 받아 인용함   (n = 228)

ISTJ	ISFJ	INFJ	INTJ
13.7%	12.7%	1.7%	1.4%
ISTP	ISFP	INFP	INTP
6.4%	6.1%	3.2%	2.4%
ESTP	ESFP	ENFP	ENTP
5.8%	8.7%	3.2%	2.8%
ESTJ	ESFJ	ENFJ	ENTJ
10.4%	12.6%	2.8%	2.9%

출처: CPP Inc.의 특별 허가로 Elizabeth Kendall의 《MBTI European Manual Supplement》에서 발췌하여 인용함　　　(n = 1634)

(〈표 6.2〉 참고).

　이러한 코치 분포 유형은 관리자와 임원의 분포에서 발견되는 전형적 분포와 매우 다르며, 모집단에서 4개의 TJ 유형, 즉 ISTJ, ESTJ, ISFJ, ESFJ가 압도적으로 많다. 코치는 종종 자신과 다른 유형의 고객과 함께 일해야 한다는 것과 이를 통해 도전과 이득이 따른다는 사실을 알아야 한다.

　물론 모든 코치가 N, F 유형은 아니며 16개 모든 유형이 나타난다. 코치가 사용하는 기법에는 자신의 선호 유형이 어느 정도 반영된다. 예를 들어 베인(Bayne, 2004)은 감정형(F)이 코칭에서 상담 모델을 선택하는 경향이 있는 반면 사고형(T)이 인지 모델 사용을 더 좋아한다는 것을 발견했다.

　코치의 선호 유형은 일의 목적을 어떻게 보는가에도 영향을 미친다. 예를 들어 ESTJ나 ENTJ 유형 코치(세상을 사고 과정을 통해 접근하고 논리를 통해 질서를 추구하는 사람)는 고객에게 도전을 주어 문제를 해결해가는 코치의 역할을 강조하여 조직의 요구를 충족하고자 한다. 한편 ENFJ나 ESFJ 유형 코치(세상을 감정을 통해 접근하고 가치와의 조화를 추구하는 사람)는 조직의 요구를 덜 강조하는 대신 개인의 발달 욕구가 충족되는 것을 지지하는 경향이 있다.

2) 코칭 스타일과 기법

자신의 선호 유형에 따라 코치는 수집하는 정보가 다르고 고객에게 하는 행동도 다르다. 예를 들어 감각형(S) 코치는 유형의 자료 수집과 실제적인 행동을 하는 것을 선호하는가 하면, 직관형(N) 코치는 개념과 은유, 추상적 수준에서의 가능성 탐색을 선호한다. 두 접근 모두 장점이 있지만, 만약 한 가지만 사용된다면 그 또한 비효과적이다. 효과적인 코치는 끊임없이 고객의 욕구를 재점검하고, 현재의 접근 방식이 고객의 욕구를 충족하는지, 아니면 다른 스타일로 조정해야 하는지 계속 스스로 질문을 던진다. 코치는 선호 유형이 다르면 학습 스타일도 다르고 코칭 과정에서 다른 기법을 사용한다(Hirsh & Kise, 2000).

고객의 유형을 알면 코치가 고객에게 가장 적절한 스타일을 선택하는 데 도움이 될 것이다(〈표 6.3〉 참고). 예를 들어 내향형(I) 고객은 자신에게 정말 중요한 것이 무엇인지에 대해 이야기하기 전에 시간이 필요할 것이다. 그리고 그들은 아마 독서, 세션과 세션 사이의 시간적인 여유를 중요하게 생각할 것이다. 외향형(E) 고객은 세션에서 이야기하는 시간을 더 중요하게 생각하고, 바로 활동에 옮기고 새로운 방법의 활동을 시도하는 것을 즐겨 할 것이다.

감각형(S) 고객은 미래의 상황(결과의 틀)을 고려하기 전에 현재 처한 상황과 그 상황의 이슈(흔히 '문제의 틀'로 언급됨)에 집중하기를 원할 가능성이 높다. 많은 코칭 접근 (예: GROW 모델)에서는 현재의 상황을 보기 전에 미래 목표에 대한 결과의 틀을 가지고 시작하거나 혹은 미래의 목표에 초점을 두고 시작할 것을 제안한다. 이러한 접근 방식은 감각형(S) 고객에게는 맞춤형으로 조절해야 한다. 직관형(I) 고객은 반대로 상상과 은유를 사용하는 접근법을 즐길 뿐 아니라 미래에 초점을 맞추는 데 더 열정적인 경향이 있다. 이 유형의 고객에게는 그들의 상황과 현실을 보다 구체적으로 점검하고 나서 미래의 꿈을 향한 구체적인 단계를 계획하도록 지지하고 격려할 필요가 있다.

사고형(T) 고객은 코칭 과정과 기법에 대해 알고 싶어 하고, 코치가 어떤 특정한 경로로 접근해 가는지 이해하는 것을 해볼 만한 과정으로 느낀다. 이 유형의 고객은 종

〈표 6.3〉 주요 선호 유형과 코칭 스타일

유형 성향	초점	코칭 스타일
ESTJ/ENTJ (외향적 사고형)	코칭을 개인과 사업의 효율성에 영향을 미치는 흥미로운 도전과 기회로 본다.	• 코칭의 문제 해결 측면을 즐김 • 판단을 표현할 때 확신에 참 • 도전과 토론 사용 선호
ESFJ/ENFJ (외향적 감정형)	코칭을 다른 사람이 필요로 하고 원하는 것을 얻을 수 있도록 도와주는 조력의 기회로 본다.	• 따뜻하고 배려 깊음, 고객을 위해 힘씀 • 명확한 것과 공유된 가치를 바탕으로 일함 • 거리감을 느끼는 상태를 견디기 힘들어 함, 고객과 친구가 될 수 있음
ISTP/INTP (내향적 사고형)	코칭을 흥미로운 문제 해결의 기회로 본다.	• 분석적이고 예리한 접근 • 침묵이 편안함, 일시 정지를 사용하여 고객이 생각하고 말하도록 격려 • 비판적이고 쌀쌀맞게 보일 수 있음
ISFP/INFP (내향적 감정형)	코칭을 고객이 자신의 가치와 일치된 삶을 살 수 있도록 지지하는 기회로 본다.	• 모든 상호 작용에서 진실하고 인간적인 사람으로 대하기를 원함 • 논리적인 분석 유형의 고객에게는 독특한 접근으로 보일 수 있음 • 자신의 감정을 기준으로 고객의 상태를 보는 경향이 있음
ENFP/ENTP (외향적 직관형)	코칭을 새로운 아이디어와 가능성을 만들어낼 수 있는 기회로 본다.	• 우발적이고 유연하며 융통성 있는 스타일 • 옆길로 새거나 목적을 벗어나는 것처럼 인식될 수 있음 • 미래 가능성에 대해 낙관적이고 긍정적
ESTP/ESFP (외향적 감각형)	코칭을 다른 사람의 삶에 영향을 끼칠 기회로 본다.	• 매력적이고 재미있고 활력이 있음 • 지금 여기에서 무엇이 통할 것인가에 맞춘 실용적인 초점 • 사실적, 현실적
INFJ/INTJ (내향적 직관형)	코칭을 사물을 이해하고 의미 있게 만들 기회로 본다.	• 사색적이고 진지하며 통찰력이 있음 • 긴 미래만 보는 몽상가처럼 행동하기도 함 • 상징성을 사건과 연관시킴
ISTJ/ISFJ (내향적 감각형)	코칭을 다른 사람에게 실질적 도움을 주기 위해 축적된 경험을 사용할 기회로 본다.	• 신뢰할 수 있고 꾸준함 • 증명된 접근법 사용 • 조직적이고 철저함

종 인지행동적 접근을 즐기는 반면 자신의 감정을 탐구하고 드러내는 것을 불편해한다. 감정형(F) 고객은 변화가 관계성에 주는 영향에 더 많은 관심을 갖고, 코치에게 좀 더 따뜻하고 공감적인 접근을 바란다. 판단형(J) 고객은 구조화되고 목표 지향적인 접근법을 선호한다. 이들은 어떤 특정한 결정을 내리기 전에 여러 옵션을 탐색할 수 있는 시간을 갖고 싶어 할 가능성이 많다. 인식형(P) 고객은 보다 자유롭고 자발적인 스타일을 선호하고, 모든 옵션을 열어두는 것보다 행동을 위한 선택을 하라고 권면할 필요가 있다.

코치는 고객과 함계하는 상황에서 도전과 지지 사이의 균형감을 제공할 필요가 있다. 그러나 이는 까다로운 일이다. 고객에게 무엇이 적절한지 판단해야 할 때 코치는 움직이는 표적을 조준해야 하기 때문이다. 때때로 고객은 도전받거나 매우 힘든 상황에 직면할 필요가 있다. 일부 감정형(F) 코치는 이것을 무감각하게 여긴다. 반대로 더 지지하는 접근이 필요한 경우도 있는데, 사고형(T) 코치는 이를 좀 불편하게 여길 수도 있다. 코치는 자신이 편하게 느끼는 영역에 대해 이해함으로써 고객과의 상호 작용을 이끌어내는데 더 의식적인 적응을 할 수 있다.

슈퍼비전(supervision)은 안전하고 효과적인 코칭을 위한 중요한 필수 요소이다. 이 과정을 통해 코치는 자신의 필요와 반응을 살펴보는 동시에 고객의 욕구보다 자신의 욕구에 더 큰 반응을 보이지 않도록 막을 수 있다. 도전과 지지의 균형을 알맞게 맞추는 것은 이러한 세션의 중요한 주제가 될 수 있다. 예를 들면 어떤 감정형(F) 코치가 자신과 동일한 선호 유형의 고객과 '지나치게 아늑한 대화'를 가진 세션 후 자책을 했다. 슈퍼비전 과정을 통해 이 코치가 깨달은 바는, 그 경험이 '코치와 고객의 담합'으로 표현될 수 있겠지만 고객과 더 결합되고 라포를 형성하는 데 유용한 도구로 사용되었다는 것이다. 그 경험은 이 코치에게 든든한 기초를 제공하여 더 도전적인 스타일과 유형으로 탄력적 접근의 근거를 제공한다. 반대로 어떤 사고형(T) 코치는 감정 선호 유형의 고객과 너무 대결 국면을 취한 것은 아닌지 염려했다. 슈퍼비전을 통해 이 코치는 고객이 세션을 따라오는 것을 어떻게 느끼고 있는지 점검하고 고객의 안녕에 대한 관심을 표현해야 했다고 동의했다. 또한 이 코치는 고객이 잘 사용하지 않는 대안의 렌즈를 통해 주제를 새로운 시각으로 바라볼 수 있도록 격려함으로써 고객의 인식을 넓혀주었다는 것도 깨달았다.

3) 코치와 고객의 조합

사람들은 MBTI 틀 안에서 어떤 유형의 코치와 고객 조합이 성공적인지 질문하곤 한다. 유형이 유사하면 코치가 고객에게 맞추기가 더 쉬울 수 있고, 고객과 다른 유형의 코치는 또 다른 신선한 관점을 제공할 수 있다. 증거가 그리 많지는 않지만, 코치와 고객이 다른 유형일 때 코칭이 더 효과적이라고 제안하는 증거가 있다(예: Scoular & Linley, 2006).

또한 코치와 유형이 비슷한 고객과의 조합이 효과적일 수 없다는 것을 확대 해석하는 것은 잘못이다. 그렇게 믿으면 코치와 고객 간의 성공적인 관계를 위한 수많은 다른 변수를 무시하는 것이다. 하지만 코치와 고객이 유사한 유형일 때 둘 다 놓치는 사각지대가 있는지 확인할 필요가 분명히 있다. 여기서는 S, N, T, F 등 네 가지 유형과 태도/성향(E/I, J/P)을 체계적으로 사용하는 문제 해결 모델이 유용할 것이다. 이 모델의 다른 버전은《Introduction to Type and Decision Making》(Hirsh et al., 2003)을 포함한 다양한 출판물에서 찾을 수 있다.

4. MBTI 성격 유형과 고객

1) 고객의 선천적 유형 인정하기

유형을 이해함으로써 얻는 가장 중요한 이익 중의 하나는, 고객이 자신의 스타일을 직장의 요구에 자연스럽게 적용하도록 보다 의식적인 선택을 할 수 있게 되는 것이다. 고객은 직장에서의 행동 방식을 담고 있는 역할과 조직 문화 내에서 일하고 있다. 특히 일반적인 기업과 경영 문화가 선호하는 유형은 외향형(E), 사고형(T), 판단형(J)이다. 이러한 조직 문화의 요구는 종종 명시적이지 않지만, 사람들은 조직이 기대하고 '옳다'고 여기는 행동에 대한 메시지를 받게 된다.

유형에 대한 인식이 없다면 서로 유형이 다른 대다수 코치와 고객은 조직 문화의 기대치에 그냥 순응해야 한다고 믿어버릴지도 모른다. 그러나 고객이 선천적 유형을 억압당하거나 자신의 자연스러운 스타일이 '잘못된' 것이라는 암묵적 메시지에 무의식적으로 동의한다면 최선을 이루어내지 못할 가능성이 많다. 고객이 유형을 배우면 자신에 대해 그리고 자신의 자연스러운 스타일에 대해 기분 좋은 느낌을 갖고 자신의 강점을 최대한 활용하게 된다. 또한 스스로 인정받고 타인에게 효과적인 영향을 끼치기 위해서는 자신의 스타일을 조정할 필요가 있음을 깨닫게 된다.

예를 들면 어떤 내향형(I) 고객이 회의에서 말이 없다고 비난을 받았다. 만약 코치가 단순히 목소리를 더 내보라고 격려했다면 그 고객은 최선의 성과를 낼 수 없었을 것이다. 대신 코치는 고객이 자신의 생각을 명확히 정리해서 표현할 수 있는 조건을 깨달을 수 있도록 도와주었다. 그러자 고객은 나중에 회의가 진행되는 방식에 몇 가지 간단한 변화를 부탁했다. 회의 주제를 미리 생각할 시간 확보, 회의 중 조용히 생각할 시간, 회의 중 순서대로 반응을 보이는 방식 등의 변화가 생긴 후 고객은 더 많은 공헌을 하게 되었고, 모든 사람이 외향성과 내향성 태도의 균형을 사용하여 질적으로 더 나은 반응을 함으로써 전체 팀에 도움이 되었다.

이와 마찬가지로 감정 선호 유형의 고객이 논의 주제에 대해 '너무 감정적'이라는 피드백을 받았다. 코칭하는 동안 고객은 자신이 몸담고 있는 조직이 자신에게 의견 표현을 많이 할 것을 요구하고 있음을 깨달았다. 또한 자신의 이미지에 꼬리표가 달리고 자신의 의견이 묵살되는 것을 피하기 위해서는 의견을 표현하는 스타일을 수정해야 한다는 것을 깨달았다. MBTI 틀의 이해를 통해 고객은 자기가 왜 동료들과 다른 시각을 가졌는지, 자기에게는 명확하게 보이는 요소를 동료들은 왜 무시했는지 이해하게 되었다. 그럼으로써 고객은 소외감과 좌절감을 덜 느끼게 되었고, 결과적으로 그동안 동료들과 멀어지게 했던 분노 없이 자기 의견을 더 확실하고 자신 있게 표현할 수 있게 되었다.

2) 고객의 자기 인식과 타인 인식을 향상하기 위해 MBTI 사용하기

앞에서는 조직 문화의 요구 내에서 고객이 타고난 강점을 사용하는 경우를 살펴보았다. 지배적인 문화에 맞는 선호 유형의 고객이라면 논점이 약간 다를 수도 있다. 그들의 선호 유형이 표출되는 것은 그 조직 문화에 의해 더 강화되기 때문이고, 그들은 자신의 강점을 과하게 사용하여 한 측면만 과장되고 고정되기 때문이다. 이러한 고객은 유형에 대한 인식을 통해 세상에서 작동되는 중요하고 가치 있는 또 다른 방식에 대한 통찰력을 얻을 수 있다.

예를 들면 ESTJ 유형인 고객이 명료하고 사무적인 조직 분위기에 항상 잘 맞았다. 초반에 그의 스타일은 성과를 내는 측면에서 아주 잘 통하여 그것이 성공의 공식이라고 여겼다. 하지만 경력이 늘어남에 따라 다른 사람과 소통해야 한다는 것을 점점 느끼게 되었다. 고객이 무뚝뚝하고 다가가기 어려워 사람들이 멀리하기 때문이었다. 〈표 6.4〉는 이런 유형의 사람들에게 제안하는 코칭을 보여준다. MBTI 틀을 통해 고객은 타인의 감정에 관심을 갖는 것의 본질적인 가치, 그리고 다른 사람들을 거쳐 업무 성과를 얻을 수 있었다는 것을 깨달았다.

많은 상황에서, 예를 들면 타인에게 영향력을 미치거나 설득하는 데 선호 유형과 비선호 유형을 둘 다 사용하는 것이 중요하다(Brock, 1994). 대부분의 사례에서 고객은 동료들의 MBTI 유형을 잘 알지 못한다. 그러나 MBTI 모델을 사용하여 그들이 사용할 수 있는 영향 전술(influence tactic)의 범위를 확장할 수 있다. 또한 MBTI 모델은 어떤 상황의 현실과 사실을 고려할 때(감각), 미래의 가능성과 결과를 상상할 때(직관), 어떤 결정의 장점과 단점을 논리적으로 측정할 때(사고), 다른 사람에게 미치는 영향을 인지하고 고려할 때(감정) 문제 해결에 가장 효과적인 방법이다. 유형을 이해함으로써 사람들은 어떤 상황에서도 발휘할 수 있는 자신의 강점을 인식할 수 있을 뿐 아니

<표 6.4> ESTJ 유형을 위한 코칭 제안

다음과 같은 발달 욕구가 있다면	다음과 같은 제안 사항을 실행해보라
너무 목표에 집중하여 다른 사람에게 미치는 영향을 간과함	만약 당신의 계획안에 사람들의 필요가 고려되어 있다면 사람들과 더 열심히 일을 해낸다는 것을 기억하라. 다른 사람의 공헌을 인정하고 보상하라.
다른 사람에 대한 기대가 너무 완고하여 세세한 사항을 잊음	주고받는 것을 연습하라. 다른 사람에게 신경을 쓰고 마음을 여는 작은 방법을 시작하라.
다른 사람은 허용할 만한 예외를 허락하지 않음	왜 다른 사람이 예외를 허용하는지 생각해보라. 그런 다음 기준을 바꾸어야 하는지 결정하라.
아무도 나의 성공에 대해 논쟁할 수 없다고 생각함	당신은 삶의 다른 영역에서도 성공적인가? 단호함을 줄였으면 더 큰 성공을 거둘 수 있지 않나 생각해보라.
필요한 모든 정보를 모으기 전에 결정함	행동으로 옮기기 전에 문제 정의, 브레인스토밍, 아이디어를 도출하는 기술을 배우고 사용하라.

출처: CPP Inc.의 특별 허가로 Sandra Krebs Hirsh와 Jane AG Kise의 《Introduction to Type® and Coaching》에서 발췌하여 인용함

라 무엇이 약점이고 사각지대인지 볼 수 있게 된다.

약점을 극복하기 위해 다른 사람에게 도움을 구해야 하는 경우도 흔히 있다. 유형에 대한 학습 과정의 초기에 모든 유형을 숙달하고 모든 영역에서 동등한 역량을 발달시켜야 한다고 믿는 고객이 많다. 그러나 코치의 과제는 반대의 관점에서 개방적 태도를 격려하는 것이다. 비선호 측면을 숙달시키기 위해 노력하는 대신 비선호 측면과 관계된 것에 대해 질문함으로써, 그리고 듣고 반응함으로써 고객이 호기심을 갖도록 격려하는 것이 도움이 된다. 코칭에서 유용한 전략 중 하나는 고객에게 함께 일하는 사람들을 떠올려본 뒤 자신의 시각과 다른 보완적인 기술을 제공할 만한 동료를 찾게 하는 것이다.

만약 고객이 다른 사람들의 기술과 선호 유형을 사용하도록 의식적으로 노력한다면 업무나 팀 모두에게 유익할 것이다. 사람들이 자신의 기술에 관심을 갖고 자신의 견해를 이해하는 사람과 일한다면, 게다가 그런 사람이 조직의 상사라면 이는 아주 큰 동기부여가 될 것이다. 어떤 고객에게 가장 가치 있다고 판명된 사람들을 살펴보면 전에는 어렵게 느끼거나 안중에도 없던 사람들이다. 어떤 고객에게는 코치의 도움이 필요하지만, 그 고객이 누군가를 잘못 판단했을 때는 자신이 항상 정답을 갖고 있지는 않

다는 것을 스스로 인정해야 하는 불편함을 잘 처리하도록 지지하는 일도 필요하다.

예를 들어 감각 선호 유형의 고객이 엉뚱한 사람이라고 여겼던 어떤 동료와 불편한 관계에 있었다. MBTI 틀의 도움을 받아 고객은 그 동료를 잠재적 자원으로 여길 수 있게 되었고, 실제적이고 현실적인 접근법에 균형을 갖게 되었다. 그럼에도 불구하고 고객은 그 동료에게 도움을 청하는 것을 불편하게 생각했다. 토론과 역할극 활동을 통해 고객은 자신이 초라하게 보일지도 모른다는 두려움에서 비롯된 정서적 저항을 가졌음을 깨닫게 되었다. 이 약점을 의식하자마자 고객은 그 정서적 저항을 극복하고 보다 생산적인 관계가 되었다.

3) 유형 발달의 역할

앞에서 언급했듯이 유형은 성격 차이의 고정된 모델이 아니라 오랫동안 발달한 역동적 시스템의 맥락에서 관찰된 선호 유형이다. 한 개인이 자신의 선호 유형을 개발하는 데 갖는 자신감과 효율성은, 이러한 선호 유형의 표현을 환경이 얼마나 지지하는지에 달려 있다. 또한 유형 발달의 강조는 시간에 따라 다르다. 인생의 초기(아동기, 청소년기, 청년기에는 자연스럽게 나타나는 개인의 강점에 초점을 맞추는 것이 중요하다. 성숙함에 따라 유연성의 개발이 더 중요해지고, 양쪽 선호 유형을 균형 있게 사용하는 것과 제3의(tertiary) 기능, 열등(inferior) 기능에 대한 편안함을 발달시키는 것도 중요하다(Myers & Kirby, 2000 참고).

같은 유형의 사람들이라도 인생의 다른 경험과 다른 유형 발달의 단계로 인해 각기 다른 필요와 목표를 가지고 코칭을 받게 될 것이다. 이러한 유형 발달의 논점을 이해함으로써 코치는 고객에게 가장 필요한 것이 무엇인지 명확히 구별하는 데 도움을 얻는다. 일터에서 타고난 유형의 표현을 지지받지 못한 고객이 자연스러운 스타일로 편하게 일하도록 코칭이 중요한 역할을 할 수 있다는 것을 앞에서 살펴보았다. 또한 자신의 자연스러운 스타일을 지지하는 환경에서 일하는 고객은 한쪽으로 치우쳐서 균형감을 발달시켜야 할 필요가 있다는 것도 살펴보았다.

성숙이 진행되는 동안(40대 이후) 개인에게는 더 많은 균형을 요구하는 일들이 나타난다. 이는 융이 말한 '중년기'이다. 균형을 요구하는 것은 성격의 본질적인 역동성으로, 유연성은 외부가 아닌 내부 세계이다. 이 단계에 이르면 전문화의 필요가 줄어들고 통합의 단계에 이른다(Myers & Kirby, 2000 참고). 선천적 선호 유형의 발달로 에너지가 소진되기 시작하고 개인적으로 덜 발달되고 덜 의식적인 성격 유형으로 에너지가 이동한다. 이는 고무줄의 신축성에 비유할 수 있다. 즉 한 방향으로 늘어날 때 그 반대 방향으로 돌아가려는 힘이 더 커지는 식이다.

이 단계에서 고객은 현재의 생활 방식과 관련된 의미와 방향을 상실하는 경험을 하기도 하고 진로의 방향을 바꾸고 싶을 수도 있다. 평상시의 자기 정체성에 반감을 느낄 때 고객은 이와 반대되는, 불편하고 위협적이며 낯선 존재 방식에 끌릴 수도 있다. 이때 혼란을 겪기도 하는데, 유형에 대한 이해를 통해 고객은 그러한 경험을 이해할 수 있을 뿐 아니라 원래 가지고 있던 전문성의 강점을 잃지 않고 새로운 길과 통합하는 방법을 찾는 데 효과적인 도움을 받을 수 있다(Fitzgerald, 2002 참고).

요약

이 장 전반에 걸쳐 강조했듯이 MBTI 성격유형검사는 코치와 고객 모두의 발달과 성장을 위한 도구이다. 우리는 MBTI 모델의 통찰력을 사용하여 쉽게 다가오는 영역과 한층 노력해야 할 영역을 알 수 있다. 자기 인식을 증가시키기 위한 틀로서의 MBTI 모델은 우리가 일에 접근하는 방법에 대해 보다 의식 있는 선택을 할 수 있게 한다. 우리는 '핑계가 아니라 자신을 이해하고 용서하기 위해 이 유형을 사용할 수 있다'는 것을 기억하면서 자기 자신과 다른 사람들의 성장을 돕기 위해 MBTI 성격유형검사를 사용할 수 있다.

Chapter 07

팀 관리 시스템 코칭

Dick McCann

효과적인 코칭은 집중적이고 변혁적인 학습 과정이다. 학습자의 욕구에 부응하기 위해 코치는 고객에 대한 깊은 수준의 통찰력, 인식과 이해를 갖추어야 한다. 이와 더불어 코치는 개인 및 조직의 고객을 위해 지속적인 도움을 줄 수 있어야 한다. 그러기 위해 코치는 다양한 기술을 습득해야 한다.

이 장에서는 코치의 기술 향상을 위해 팀 관리 시스템(Team Management Systems, TMS)에서 개발한 다양한 도구를 개인과 팀 코칭 과정에 활용하는 방법을 소개한다.*
이러한 틀의 기초는 직장 행동 피라미드(workplace behavior pyramid), 즉 직장 행동의 세 가지 측정치인 선호도, 위험 요인, 가치에 대해 개인적 피드백을 주는 것이다. 이 정보는 개인과 팀 발달을 위한 근본적인 출발점, 즉 '나는 누구인가?'라는 질문에 대한

---

* 특별한 언급이 없는 한 이 장의 저작권은 TMS 회사나 저자에게 있다.

심층적인 답을 알려준다. 이는 '나에게 기대하는 것은 무엇인가?'라는 질문으로 측정하고, 그것을 통해 고객의 성장을 위한 개인 학습 실행 계획을 개발하는 것이다.

1. 팀 관리 시스템 코칭의 이해

코칭 모델과 관련된 역량 기준은 매우 많다. 기술 중 중요한 예로는 국제코치연맹(www.coachfederation.org)이 제시한 '11가지 코칭 역량'이 있는데, 이는 다음과 같이 4개의 항목으로 구분된다.

- 첫 번째는 '기초 형성'으로, 윤리적 지침 및 전문적 표준의 충족과 코칭 합의라는 두 가지 역량으로 구성되어 있다.
- 두 번째는 '상호 관계 형성'으로, 고객과의 신뢰 및 친밀감 형성, 코칭 프레즌스(coaching presence)를 말한다.
- 세 번째는 '효율적인 의사소통'으로, 적극적 경청, 강력한 질문, 직접적 의사소통이라는 세 가지 역량을 포함한다.
- 네 번째는 '촉진적 학습과 결과'를 위한 것으로, 자각, 행동 설계, 계획 및 목표 설정, 진행 및 후원 책임이라는 네 가지 기술에 대한 것이다.

팀 관리 시스템에는 이 네 항목이 모두 포함된다. 팀 관리 시스템 프로파일을 통해 얻은 자기 인식은 전 과정에서 고객과 코치 모두에게 중요하다. 예를 들어 고객과의 신뢰 및 친근감 형성의 관점에서 코치는 코치 자신의 접근 방식이 코칭 관계에 미치는 영향력뿐 아니라 고객의 접근 방법과 학습 스타일을 이해하고 존중할 필요가 있다.

한편 팀 관리 시스템의 활용이 가장 뚜렷하게 나타나는 것은 마지막 항목인 '촉진적 학습과 결과'이다. 가장 일반적으로 팀 관리 시스템 코칭이 도구로 활용되는 것이 이 영역이며, '자각'과 '행동 설계'의 역량 기준으로 대화가 이루어질 수 있게 언어와 데이터를 제공한다. 명백하고 실질적인 역량 기준을 통해 코치와 고객은 함께 현재의 장애 요인을 분석·평가하고, 새로운 미래를 향한 최고의 방법을 결정하는 과정을 진행할 수 있다. 또한 팀 관리 시스템은 세 번째 역량 기준인 '효과적인 의사소통'에서 코치와 고객 간의 필수적인 라포 형성 발달뿐 아니라 고객과 고객이 속한 팀 간의 의사소통을 개선할 수 있는 최상의 방식을 제시하는 중요한 역할을 한다.

이러한 세 가지 개인 팀 관리 시스템 피드백 프로파일은 리더십 코칭과 팀 코칭 모두를 위한 기초를 제공한다. 이 도구는 직장 내 행동과 개인의 효과성에 영향을 미치는 수많은 상호 관련 요인을 밝힌다. 그럼으로써 고객은 개인, 팀, 조직 발달의 측면에서 자신이 어떤 사람인지 정직하게 볼 수 있다.

전문 코칭에서 팀 관리 시스템만의 장점은 직무 과정에서 분명하게 나타난다. 심리 측정의 본질은 유지하면서 심리적 배경이 없는 사람도 용어만으로 쉽게 이해할 수 있는 모델이 개발됨으로써 코칭 역량의 의미가 더 쉽게 효과적으로 전달된다.

2. 직장 행동 피라미드

리더와 그 팀이 직면하는 가장 큰 어려움은 사람들의 행동 배경을 이해하는 것이다. 팀 관리 시스템 모델은 〈그림 7.1〉에 제시된 선호도, 위험 요인, 가치로 구성된 직장 행동 피라미드를 이용하여 사람들의 행동을 설명한다. 이 세 가지 요인에 의한 개인의 팀 관리 시스템 피드백 프로파일은 리더십 코칭과 팀 코칭에 모두 사용될 수 있다. 이 도구는 직장 행동과 개인의 효율성에 영향을 미치는 여러 상호 관련 요인을 보여준다. 이는 고객이 정말로 어떤 사람인지 이해하게 해줌으로써 개인, 팀, 조직의 성장을 위한 제언을 해줄 수 있다.

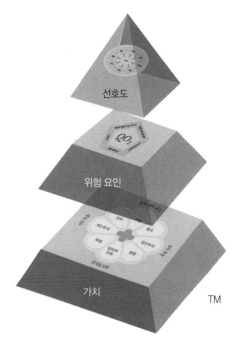

〈그림 7.1〉 직장 행동 피라미드

1) 가치

직장 행동 피라미드의 기초는 가치이다. 가치는 직장에서 사람들의 행동 방향을 이끄는 기본적인 개념이나 신념이다. 가치는 의사결정을 이끌어내며, 사람들의 신념을 지키게 하는 에너지의 원동력이다. 어떤 일이 발생했을 때 사람들은 상황 그 자체를 넘어 가치로 인해 행동과 일어난 일에 대한 어떤 관점을 갖게 된다. 가치가 맞지 않기 때문에 흔히 갈등이 생기고 환멸을 느끼기도 한다. 사람들은 좋아하지 않는 일도 기꺼이 할 수 있는 반면, 가치가 위협받는 일은 타협하지 않으려는 경향이 있다.

가치는 인간의 심리 깊은 곳에 있는 개념으로 의식 수준에서는 쉽게 인식되지 않으므로 타인의 가치를 알기가 어렵다. 가치가 위협을 받으면 의식이 작용하며 공격으로부터 자신을 보호하고 지키기 위해 적절한 행동을 하게 된다.

직무 가치는 직무 가치 윈도(window on work values)로 측정할 수 있다(McCann, 2002a). 직무 가치 윈도는 〈그림 7.2〉와 같이 여덟 가지 '가치 유형' 집단을 유럽 성당의 장미창 모양으로 묘사한 모델이다. 이 모델은 구조적 타당성을 잘 갖추고 있는데, 서로 가까이 있는 가치 유형은 관련이 있지만 반대편에 있는 것과는 관련이 없다.

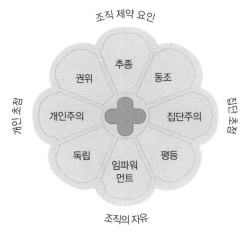

조직 제약 요인

추종

권위　　동조

개인주의　　집단주의

독립　　평등

임파워
먼트

공동 초점

집단 초점

조직의 자유

〈그림 7.2〉 직무 가치 윈도

2) 위험 요인

직장 행동 피라미드의 중간층은 사람들이 위험 요인에 접근하는 방식을 나타낸다. 이것과 관련된 행동은 인간 심리의 중간 수준에서 작동한다. 이러한 행동은 가치처럼 밑부분에 있는 것이 아니어서 어느 정도는 직무 환경과 동료의 태도 등에 의해 영향을 받을 수 있다.

인생을 살다 보면 기회를 만나기도 하지만 장애물에 부딪히기도 한다. 이는 프로젝트가 계획대로 진행되는 것과 무관하다. 사람들이 위험 요인의 프로파일을 어떻게 결정하는지는 '기회'나 '장애 요인' 중 어떤 것을 인식하느냐와는 다른 문제이다. 장애 요인을 새로운 방향으로 나아갈 수 있는 기회로 여기는 사람이 있는 반면, 포기할 수 있는 변명거리로 삼는 사람도 있다. 어떤 사람들에게는 장애 요인이 걸림돌이지만 어떤 사람들에게는 미래를 향한 디딤돌이다.

위험 요인에 대한 사람들의 접근 방식은 5점 척도—낙관주의, 목표를 향해 가는 (MTG) 에너지, 다양한 선택 경로 찾기, 시간에 초점 두기, 잘못 찾아내기—로 측정할 수 있다. 이는 〈그림 7.3〉에 위험 지향성 모델로 제시했다. 이 척도는 기회 점수와 장애 요인 점수로 나타내며 그 비율을 $QO_2^{\circledR}$ 라고 한다(McCann, 2002a).

〈그림 7.3〉 위험 지향성 모델

3) 선호도

선호도는 인간관계, 사고, 감정, 행동의 일정한 패턴에서의 개인차이다. 이는 정신적이고 심적인 과정이 자유롭게 이루어지는 조건을 결정한다. 또한 사람들의 행동을 결정하지만, 선호도를 빼고 일한다면 적응할 수 있는 경우가 많다. 선호도는 그냥 좋아서 하는 것에 대한 또 다른 명칭일 뿐이다. 직장에서의 선호도는 직장 외부에서의 선호도와 달라서 직무 선호도와 직무 이외 선호도를 구별해야 한다.

선호도는 분명하기 때문에 "그는 좀 과묵해, 그렇지 않아?" 혹은 "그녀는 계속 떠들어"와 같은 타인의 말에서 가장 먼저 알아차릴 수 있다. 어떤 사람들은 사물에 대해 속으로 생각하기를 선호하는 반면, 자신의 생각을 명료화하기 위해 밖으로 말을 해버리는 사람들도 있다. 선호도는 타인에게 쉽게 관찰되며 보통 첫인상을 좌우한다.

선호도대로 일한다면 심적 에너지가 자유롭게 흐를 수 있는 조건이 설정된다. 외향적인 사람은 조직 내외에서 사람들과 상호 작용이 많은 직무를 좋아한다. 그러나 내향적인 사람은 최소한의 미팅과 간섭 없이 자기 스타일대로 일할 수 있는 조건을 좋아한다. 저항이 있으면 전기 에너지가 열을 내는 것처럼, 선호도에 맞지 않는 영역으로 심적 에너지가 흘러야만 긴장과 스트레스가 생기게 된다. 이는 에너지의 낭비와 궁극적으로는 낮은 성과, 생산성 감소를 초래하고 심지어 건강까지 해친다.

선호도(표면)와 가치(기초)의 주요 차이는, 선호도는 기질과 연결되고 가치는 목표와 연결되어 있다는 것이다. 선호도는 발생 빈도와 강도의 차이가 있는 반면 가치는 행동의 원칙을 정하는 지침의 중요도가 다르다. 사람들은 의미 있는 준거 집단에 비추어 가치가 바람직하다고 믿는 반면, 선호도의 경우 선호도에 비추어 긍정적인지 부정적인지를 고려한다. 사람들은 자신의 행동을 선호도나 가치를 근거로 설명하지만, 자신의 선택이나 행동이 가치 있고 합법이라고 정당화할 때는 가치를 언급한다.

3. 직무 특성

직무 선호도 개념을 이해하기 위해 우선 오늘날 조직의 직무 특성을 이해할 필요가 있다. 수년 전 찰스 마저리슨(Charles Margerison)과 나는 성공적인 팀에서 수행되는 직무 특성을 연구했다. 그 연구는 직무 성과에 차이를 가져오는 팀 구성원의 활동에 대해 분석적으로 접근하는 것이었다. 〈표 7.1〉과 같이 자료를 여덟 가지 직무 기능으로 나누고, 〈그림 7.4〉와 같이 직무 수레바퀴 유형(types of work wheel)으로 나타냈다.

팀 관리 연구가 실시한 많은 표본 자료에 대한 확인적 요인 분석 결과(McCann &

〈표 7.1〉 직무 기능의 유형

1. 홍보	정보 수집과 보고	5. 조직화	일이 가능하도록 만드는 방법 설정과 실행
2. 혁신	아이디어 창출과 실험	6. 생산	결정과 결과 산출
3. 촉진	기회 탐색과 창출	7. 감독	시스템 작동 통제와 감독
4. 개발	새로운 접근 가능성 평가와 개발	8. 유지	표준 및 과정 유지와 안전 감독

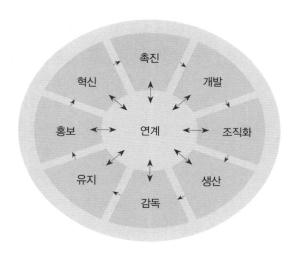

〈그림 7.4〉 마저리슨-매캔의 직무 수레바퀴 유형

Mead, 2010)에 따르면 대부분의 직업에서 중요한 직무 기능은 여덟 가지 직무 기능을 결합하여 네 가지 주요 요인으로 나타낼 수 있다. 혁신·촉진·개발은 요인 1에, 조직화는 요인 2에, 생산·감독은 요인 3에, 유지·홍보는 요인 4에 포함된다.

　수레바퀴의 중심부(〈그림 7.7〉 참고)는 연계로, 이는 다른 사람들과의 직무 통합과 협동의 과정을 의미한다. 연계는 수행 내용과 관계없이 모든 직무 과업에 적용될 필요가 있다. 예를 들어 팀 내에서 감독을 해야 하는 사람들은 '경찰 심문자'로 불리지 않기 위해 연계적인 방식을 취해야 한다. 조직화를 해야 하는 사람들은 연계적 방식으로 일을 수행함으로써 '너무 강압적'으로 보이는 것을 피할 수 있다.

직무 수레바퀴 유형 이론은 직업마다 중요한 기능이 다르며, 이러한 기능을 수행하는 사람들은 고도의 기술과 역량을 갖추고 있어야 한다는 것을 전제로 한다. 예를 들어 재무와 회계직 587명을 대상으로 한 직업 분석 결과에 따르면 최고의 직무 기능이 조직화, 생산, 감독으로 나타났다. 한편 디자인 및 R&D 직업을 가진 310명을 대상으로 한 연구 결과에서는 중요한 직무 기능이 홍보, 혁신, 개발로 나타났다(McCann & Mead, 2010).

우리는 촉진, 조직화, 감독, 홍보 등 다양한 직무 기능에 종사하는 사람들과 이야기를 나누면서 자신의 일을 정말 즐기는 사람들은 공통적인 행동 특징을 보인다는 것을 알게 되었다. 예를 들어 '촉진' 담당자가 공통적으로 더 개방적이라면 '감독' 담당자는 더 조용하고 세부 사항에 초점을 둔다. 또한 '혁신' 담당자는 확실히 창의적이고 '생산' 담당자는 훨씬 실제적이다. 따라서 우리는 '직무 수레바퀴 유형'과 직무 선호도의 관계를 분석하게 되었다.

우리는 사람들이 직무에 접근하는 방식의 차이를 설명할 수 있는 네 가지 측정치를 가정했다. 이 측정치를 〈그림 7.5〉 RIDO 척도[관계성(relationships), 정보(information), 의사결정(decisions), 조직화(organization)]에 제시했다.

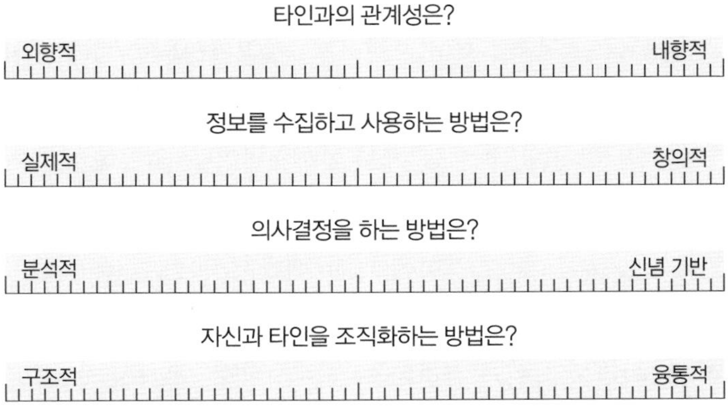

〈그림 7.5〉 RIDO 척도

4. 5요인 이론

지난 20년간 성격의 구조와 개념에 대한 성격 심리학자들의 견해가 모아지고 있다. 연구자들이 일반적으로 동의하는 것은 성격 특성에 대한 의미 있는 분류법으로 다섯 가지 중심 요인이 있다는 것이다. 배릭과 마운트(Barrick & Mount, 1991)는 다양한 접근법을 잘 정리했다.

보편적으로 인정되는 첫 번째 요인은 외향성/내향성이다. 외향성은 흔히 사회적, 사교적, 자기주장적, 말을 잘함, 활동적 특성을 내포한다.

일반적으로 인정되는 두 번째 요인은 정서적 안정성, 안정성, 정서성 혹은 신경증성(Noller et al., 1987; McCrae & Costa, 1985; Smith, 1967; Norman, 1963)이라고 불리는 것이다. 이는 불안, 적대성, 우울, 자기 양심, 충동, 취약성과 같은 특징의 점수가 높고 평온, 침착, 정서적 안정의 점수가 낮다.

세 번째 요인은 일반적으로 기분 좋음, 호감이 느껴짐과 같은 것으로 설명된다(McCrae & Costa, 1985; Smith, 1967; Norman, 1963). 이 차원과 관련된 특징은 예의 바름, 융통성, 신뢰, 인품, 협동, 용서, 자비로움, 관용 등이다.

네 번째 요인은 흔히 양심 또는 도덕을 말하며(Noller et al, 1987; McCrae & Costa, 1985; Norman, 1963), 이를 준수성이나 의존성, 성취하려는 의지라고 일컫는 연구자도 있다. 명칭이 조금 다른 것과 마찬가지로 이 차원의 내용에 대해서는 의견이 엇갈리고 신중함, 철저함, 책임감, 조직적, 계획 지향적과 같은 특징이 포함된다.

마지막 요인은 설명하기가 가장 어렵다. 이것은 보통 지능 또는 지성(Peabody & Goldberg, 1989; Borgatta, 1964), 경험에 대한 개방성(McCrae & Costa, 1985), 문화(Hakel, 1974; Norman, 1963)로 설명되었으며, 디그먼(Digman, 1990)은 이 모든 것의 총합이라고 했다. 이러한 차원과 관련된 특징은 상상력, 문화적, 호기심, 독창적, 개방적, 지성, 예술적 감각성이다.

가장 일반적인 5요인 모델은 NEO 성격 항목일 것이다(McCrae & Costa, 1997). 여기서 다섯 가지 요인은 외향성, 신경증성, 기분 좋음, 양심, 경험에 대한 개방성으로 정의된다. 이 모델은 단일의 성격 이론에 기초하지 않으며, 심리 측정에 대한 빅데이터를 설명해주는 독립 변수의 분석에 따른 것이다. 또 다른 대중적인 측정치인 MBTI®는 네 가지 요인에 대한 것으로, 둘 다 웨이브(Wave)와 MBTI에 대한 장에서 자세히 다룰 것이다.*

직무 선호도에 대한 다섯 가지 요인은 다음과 같다.

- 첫 번째 요인은 명확히 직무 선호도의 측정치이고 사람들이 다른 사람과 어떻게 관계를 맺는가를 말한다.
- 두 번째 요인(신경증성)은 명확한 직무 선호도는 아니지만 위험 지향성이 평가되는 직장 피라미드의 중간층에 통합된다.
- 세 번째 요인은 의사결정에 영향을 주는 성격 특성으로, 분석적 신념 직무 선호도 척도에 활용했다.
- 네 번째 요인은 광범위한 영역의 내용이지만 사람들이 정보를 다루는 방식 ― 즉 현실에 적용할 수 있는 '실제적인' 자료라기보다는 아이디어, 이론과 개념(큰 그림) 찾기 ― 을 측정함으로써 직무 선호도와 관련된 측면을 구체화했다.
- 다섯 번째 요인은 명확히 조직 선호도이고 구조적·융통적(structured-flexible)의 직무 선호도 척도와 동일하다.

5. 팀 관리 수레바퀴

본 연구의 주요한 의의는 직무 특성 모델과 네 가지 직무 선호도 측정치를 결합하여 팀 관리 수레바퀴를 만들었다는 것이다. 외향적 관계와 창의적 정보 수집 선호도를 가진 사람들은 대부분 직무 수레바퀴 유형에서 촉진으로 분류된다. 내향적 관계와 실제

---

* 마이어스-브리그스 성격 유형과 MBTI는 Consulting Psychologists Press Inc.의 소유로 등록되어 있다. Oxford Psychologists Press Ltd.는 영국에서 독점권을 가지고 있다.

적 정보 수집 경향이 있는 사람들은 주로 감독 직무를 선호한다. 분석적 의사결정과 구조적 방식으로 일하기를 선호하는 사람들은 조직화 직무에 편견을 보이는 반면, 의사결정에 신념을 가지고 있으며 자신과 다른 사람들을 조직화하는 방식에 대해 더 유연한 사람들은 홍보적 직무를 즐긴다. 이러한 경향은 《TMS Research Manual》(McCann & Mead, 2010)에 잘 설명되어 있다.

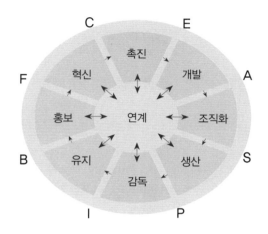

〈그림 7.6〉 직무 수레바퀴 유형에 직무 선호도 표시하기

〈그림 7.7〉 마저리슨-매캔 팀 관리 수레바퀴

<표 7.2> 역할 선호도와 특징

역할 선호도	특징
리포터-홍보자	팀에서 가능한 한 많은 정보를 주고받음으로써 리포트 기능을 즐긴다.
창조자-혁신자	아이디어 창출과 사고 전환을 좋아한다.
탐색자-촉진자	기회 탐색, 아이디어와 개념의 촉진에 초점을 두는 경향이 있다.
평가자-개발자	아이디어 분석과 실행 방법 계획을 선호한다.
선두자-조직자	일을 먼저 실행하는 것을 즐긴다.
종결자-생산자	체계적으로 일하고 결과를 내는 것을 좋아한다.
통제자-감독자	세부 사항이 중요한 과정을 통제하는 것을 좋아한다.
옹호자-유지자	표준 옹호 및 유지와 같이 원칙을 먼저 고려하는 것을 좋아한다.

RIDO 척도와 직무 기능을 결합한 모델(〈그림 7.6〉 참고)은 〈그림 7.7〉(Margerison & McCann, 1995)의 팀 관리 수레바퀴를 시각적으로 단순화했다. '사람들의 특징'은 직무 기능의 정의와 결합되었기 때문에 '역할 선호도'를 설명하기 위해 이중 단어를 사용했다. 〈표 7.2〉에 이를 간단히 정리했다.

각 역할 선호도는 사람들이 선호하는 직무 기능에 접근하는 방식에 따라 2개의 하위 그룹으로 나눌 수 있다. 예를 들어 창조자-혁신자는 아이디어를 검토할 때 자신의 분석적 의사결정 선호도를 이용하여 조용하게 직무를 수행할 것이다. 다른 사람으로부터 혹은 대화를 통해 많은 아이디어를 수집하고, 자신의 생각과 달리 가능성이 있는지를 평가하는 사람들도 있다. 이 모델은 중심 역할과 부수적 역할 간의 상호 영향에 미묘한 차이가 있어 세부적으로 208개 영역으로 구분할 수 있다.

팀 관리 수레바퀴에서는 팀 관리 프로파일 질문지에 대한 응답에 따라 한 사람의 중심 역할과 부수적 역할 선호도를 표시할 수 있다. 응답 결과지 피드백 리포트—팀 관리 프로파일(TMP)—를 기초로 고객과 나머지 팀원 간 관계의 틀 속에서 '나는 누구인가?'라는 고객의 직무 선호도를 논의하는 코칭 세션을 진행한다.

1) 팀 관리 프로파일 질문지

팀 관리 프로파일 질문지(team management profile questionnaire, TMPQ)에는 외향적-내향적, 실제적-창의적, 분석적-관념적, 구조적-융통적을 측정하는 100개 이상의 대조 질문 문항이 담겨 있다. 이러한 질문 문항의 대부분은 경영 워크숍 토론 시간에 참여한 관리자가 언급하거나 플립차트(flipchart)에 쓴 것이다. 그 밖에 선행 연구와 경험 등을 바탕으로 항목을 잘 반영한다고 생각되는 문항을 첨가했다. 그러므로 질문지의 문항은 관리자의 행동과 인지 유형에 대한 광범위한 질문으로서 직무 선호도상의 차이를 가장 합리적으로 설명해줄 수 있다. 원래 질문 문항은 초기 단계에 여덟 번째나 아홉 번째 수정된 것이었는데, 전문가의 판단과 예비 조사 등을 기초로 삭제하거나 첨가한 것이었다. 그 결과 네 항목에 대해 각각 15개의 문항으로 축소되었고, 이 60개 문항이 팀 관리 프로파일 질문지로 개발되었다. 그 후 검증을 통해 상업적 질문지 버전이 나오게 되었다(Margerison & McCann, 1984-2005).

다양한 언어로 질문지를 만들고 수많은 조사 대상자 표본을 통해 결과를 분석했다. 현재 TMPQ는 유럽, 아시아, 북미, 남미 등 16개국 언어 버전이 나와 있다. 예를 들어 275명의 영국인 표본 연구 결과(McCann & Mead, 2010)에 따르면 크론바흐 α (Cronbach alpha) 값은 모두 0.8 이상, 테스트-재테스트 상관계수는 0.76 이상, 상관계수값(피어슨)은 모두 0.32(절댓값) 이하로 나타났다. 위험 요인과 개인의 직무 가치에 대한 접근 방식을 측정하는 질문지(McCann, 2000, 2002b)를 개발할 때에도 이와 유사한 연구 과정을 거쳤다.

2) 코치와 팀 관리 시스템 사용

우리는 무수히 많은 사람과 사물이 있는 '실제 세상'에 살고 있다. 그러나 사람들은 그 실제 세상에 대한 사실이 아니라 인식과 경험을 통해 자신만의 모델을 창조한다. 이러한 모델을 통해 세상에 대한 사람들의 상호 작용에 가치를 매기고 평가한다.

팀 관리 수레바퀴를 조사하면 이러한 차이점을 찾아낼 수 있다. 수레바퀴의 반대편에 있는 사람들은 자신의 직무에 다르게 접근할 것이다. 위험 요인의 경우, 어떤 사람의 세상에 대한 모델은 하나의 '기회'이지만 '장애 요인'이라는 모델을 가지고 있는 사람도 있다. 가치의 경우 8개 영역의 모델에서 수많은 유형을 찾을 수 있다.

팀 관리 수레바퀴의 다양한 분야 사람들이 상호 작용한다면, 서로 다른 세상의 수많은 모델이 상호 작용하는 것과 마찬가지이므로 갈등이 야기될 소지가 많다. 양극에 있는 사람들이라면 일이 잘못되고 한마디 말로 토론이나 대화가 끝날 가능성이 크다.

이는 코치와 고객 간의 상호 작용에서 특히 중요하다. 이 상호 작용은 둘 간의 피드백 회로가 라포 형성이 되든가 혹은 불안정하고 비효과적인 결과를 초래하는 것과 같은 일종의 인공 두뇌 과정이다. 인공 두뇌 이론에 따르면 가장 큰 적응성을 가지고 있는 회로상의 요소가 그 역동성을 통제한다. 역량 있는 코치는 이것을 잘 알고 코치와 고객 간의 '회로'에 역동성이 있도록 코칭 과정을 계획할 것이다. 팀 관리 시스템 용어로 말하자면 이것은 페이싱(pacing)의 개념—세상에 대한 모델을 일시적으로 변화시켜 타인의 것과 매칭하는 기술—이다. 이러한 매칭은 타인이 속한 세상을 이해하고 인정하는 것이다.

예를 들어 종결자-생산자의 역할 선호도를 가진 고객을 생각해보자. 각 팀 관리 프로파일에는 그 사람이 다른 사람과의 상호 작용을 좋아한다는 것을 보여주는 연계에 대한 항목이 있다. 고객의 프로파일(종결자-생산자)에는 코치가 고객과 할 수 있는 최상의 상호 작용 방법에 대한 지침이 담겨 있다. 코치는 다음과 같이 하는 것이 좋다.

- 이론적인 것보다 실제적인 해결책을 제안한다.
- 충분히 생각할 시간을 준다.
- 고객의 요점을 마무리 짓고, 특히 고객이 모호하지 않게 뜻을 전달하려고 한다면 중단시키지 않는 것이 좋다.
- 고객이 말하고 있는 것을 이해하지 못하면 분명한 의미를 묻는다.
- 주장을 할 때는 사실에 입각한다.
- 시간을 지체하고 소모하기보다는 바로 실행할 것과 결과에 초점을 둔다.

- 고객과는 '그냥'보다는 약속을 해서 만나는 것이 좋다.
- 정시에 미팅을 한다.
- 어젠다를 고수한다.
- 논의한 세부 사항을 화이트보드에 기록하여 요점과 세부 사항의 핵심을 고객이 인식하도록 돕는다.
- 필요하다면 고객이 '큰 그림'을 볼 수 있도록 돕는다.
- 코치의 의견보다는 대화의 내용을 간결하고 실제적으로 요약해준다.
- 고객의 의사결정이 필요할 경우 긴 리스트보다는 한두 가지 선택 사항을 준다.

이는 코치가 최상의 방식으로 고객과 상호 작용하는 방법을 계획하는 데 도움을 준다. 강한 창조자-혁신자 선호도를 가지고 있는 코치는 고객의 이슈를 알아가고 탐색할 때 세밀하게 살펴보지 않고 세부 사항에 초점을 두지 않는다. 그러나 다소 모호하고 '큰 그림'에 치중하는 창조자-혁신자 선호도의 코치가 위와 같은 방법을 알게 되면 더 구조화된, 실행과 결과를 지향하는 코칭 계획을 세우는 데 도움이 된다.

코치의 프로파일에는 고객이 코치로부터 최상의 것을 얻을 수 있는 매우 유용한 충고가 포함되어 있다. 코칭 세션 초기에 코치는 팀 관리 시스템을 이용하여 사람마다 직무 선호도가 다르다는 것을 보여줄 수 있다. 프로파일 결과를 고객과 공유함으로써 코치는 개방되고 정직한 상호 작용을 위한 상황을 만들 수 있다.

다른 팀 관리 시스템 검사는 이와 유사한 정보를 준다. 예를 들어 기회-장애 요인(QO_2®) 프로파일은 높은 QO_2®를 가진 고객과 코칭을 할 때 유용한 정보를 제공한다. 이러한 상황에서 '해야 할 것'과 '해서는 안 될 것'을 〈표 7.3〉에 정리했다.

직무 가치는 코치와 고객의 관계에 영향을 줄 수 있다. 직무 가치 윈도는 이것을 잘 보여준다. 개인주의, 권위와 추종에 큰 가치를 두고 있는 고객은 임파워먼트와 평등을 가지고 있는 코치와의 관계가 특히 어려울 수도 있다.

해야 할 것	해서는 안 될 것
• 처음에는 지지하듯 경청하기 • 동의할 수 없더라도 고객의 생각에 대해 순수하게 긍정적으로 수용하기 • 고객이 제안한 것의 어려움을 설명하기 전에 좋은 측면에 초점 두기 • 실행에 필요한 변화를 고객이 설명하도록 격려하고 그다음에 올 수 있는 장애 요인 지적하기 • 고객의 생각이 비현실적인 것에 대비하지만 좋은 생각의 '핵심' 찾기	• 고객의 생각대로 되지 않을 것이라고 말하지 않기, 스스로 알아차리도록 돕기 • 과거에 머무르지 않기 • 고객을 개인적으로 비난하지 않기 • 부정적이거나 열중하지 않는 것을 나타내지 않기

3) 고객과 팀 관리 시스템 이용하기

팀 관리 시스템의 전체 코칭 도구는 개인과 리더십 코칭, 팀 코칭 및 조직 발달과 관련된 총 여덟 가지 프로파일을 포함하고 있다. 모든 프로파일은 고객의 학습을 촉진하는 데 매우 중요한 것으로 나타난 그림 모델과 연결되어 있다.

팀 관리 시스템 검사를 사용하면서 진행되는 과정은 매우 다양하겠지만 첫 시작은 명백한 목표와 결과를 확립하는 것이다. 이는 코치, 고객, 조직 내 고객의 삼자 논의를 거쳐야 한다. 이런 방식에서 나중에 ROI(return on investment) 평가(최근 HR 부서에서 결정적으로 중요하게 여기는 것)가 이루어질 수 있다.

4) 개인과 리더십 코칭

여기서는 다음 여덟 가지 질문을 바탕으로 하는 틀을 사용한다.

① 나에게 기대하는 것은 무엇인가?
② 나는 누구인가?
③ 나는 현재 어디에 있는가?

④ 나는 어디로 가고 있는가?

⑤ 어떻게 거기에 도달할 수 있는가?

⑥ 나에게 필요한 도움은 무엇인가?

⑦ 나는 얼마나 효율적인가?

⑧ 내가 얻은 인식은 무엇인가?

①~③번 질문은 팀 관리 시스템 검사에서 개인과 리더십 개발에 특별한 역할을 하게 된다.

직무 기초 모델에 관한 논의를 거쳐 처음 제시된 직무 수레바퀴 유형은 고객의 업무 내용에 대한 직무 기능의 포괄적인 설명과 관련이 있다. 이는 고객이 직업상 수행할 모든 직무 기능을 설명하지만 성공을 위해서는 보통 2~3개의 기능만 중요할 것이다. 이러한 논의는 결정적인 성공 요인을 정하는 데 초점을 두게 된다.

그다음 질문은 고객의 상관이 결정적인 성공 요인에 대해 유사한 관점을 가지고 있는지에 대한 것이다. 그래서 고객은 미래의 성공이 기본적으로 자신의 성공 요인과 조직 내 이해관계자의 관점이 서로 일치하는 것에 달려 있음을 깨닫기 시작한다. 그것이 확실하지 않다면 코치는 직무 프로파일 유형이 관리되어야 한다는 것을 제시한다. 이것은 고객의 상관과 다른 이해관계자의 관점을 비교하는 다중 평가 프로파일이다.

이 과정은 '나는 누구인가?'라는 질문으로 옮겨 갈 수 있고, 이는 보통 팀 관리 프로파일을 사용하는 직무 선호도 피드백으로 시작된다. 이 프로파일은 4,000개의 단어로 직무 선호도, 리더십 강점, 대인관계 기술, 의사결정, 팀 형성, 연계 활동에 관한 질문을 한다. 이 단계에서 코치는 자신의 팀 관리 프로파일을 고객과 공유하여 더 밀접한 라포를 형성할 수 있다. 대개 고객이 리포트를 이해할 시간을 가진 후 다음 만남에서 논의를 계속한다.

이 만남에서 고객은 리포트의 내용 중 동의하는 부분의 의견을 개진하거나 자신의 직무 상황과 관련된 이야기를 나눈다. 동의하지 않는 부분에 대해서도 논의하고 나중에 코칭 과정에서 다시 이야기를 나눌 수 있다. 팀 관리 프로파일은 긍정적 관점에서 고객의 역할 선호도의 장점을 강조하고 직무 수레바퀴 유형의 주요 기능과의 관련성을 서술한다.

　다음 질문인 '나는 현재 어디에 있는가?' 는 팀 관리 프로파일과 직무 수레바퀴 유형을 합친 것이다. 〈그림 7.8〉은 합치는 과정의 한 예를 보여준다. 팀 관리 프로파일에서 나타난 메리 존슨의 직무 선호도는 오른쪽 수레바퀴에, 자신의 직업에서 결정적 기능이라고 평가한 것은 왼쪽 수레바퀴에 제시했다. 그리고 〈그림 7.9〉에 대조 자료로 요약했다.

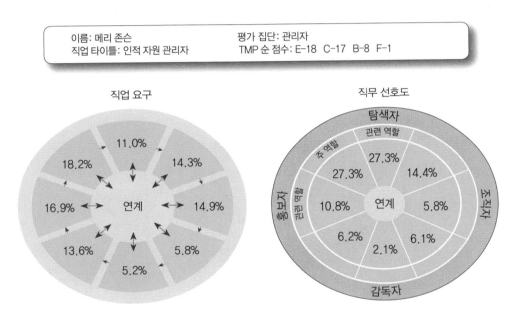

이름: 메리 존슨　　　　　　　　평가 집단: 관리자
직업 타이틀: 인적 자원 관리자　　TMP 순 점수: E-18 C-17 B-8 F-1

〈그림 7.8〉 직업 요구와 직무 선호도의 대조 예

　〈그림 7.9〉는 메리가 자신의 직업에서 개발 기능은 좋아하지만 조직화는 덜 하고 촉진은 더 하기를 선호한다는 것을 보여준다. 만일 메리의 상관이 직무 중 결정적인 측면을 평가하라고 질문한다면 메리의 관점과 상관의 관점을 비교할 수 있을 것이다. 이 자료는 '나는 누구인가?'라는 질문과 '나에게 기대하는 것은 무엇인가?'라는 질문이 어떻게 관련되는지 논의할 때 사용한다.

　팀 관리 프로파일과 직무 프로파일 유형에 의한 자료는 '나는 현재 어디에 있는가?'

의 그림을 그리는 데 도움을 준다. 기회-장애 요인(QO_2®) 프로파일과 가치 프로파일을 이용할 때도 이와 유사한 과정을 거칠 수 있다. 여기서 코치는 고객이 미래, 즉 '나는 어디로 가고 있는가?'로 이동하도록 도울 수 있다.

이때 코치는 미래에 고객이 하기를 원하는 것, 즉 더 큰 성공과 만족을 가져올 것에 대해 이야기하기도 한다. 프로파일 정보는 코치가 팀 관리 시스템 모델에서 현재와 미래 간의 간격을 좁힐 수 있도록 쉽게 논의하게 해준다. 고객이 종결자–생산자 역할에 강한 선호도를 가지고 있고 촉진과 개발 분야로 직무를 옮기고 싶어 한다면 코치는 그러한 이동에 도움이 되는 자기개발 영역 부분을 알려줄 수 있다.

예를 들어 주로 촉진 직무 기능에 초점을 둔 직업은 타인과의 상호 작용과 공유를 통

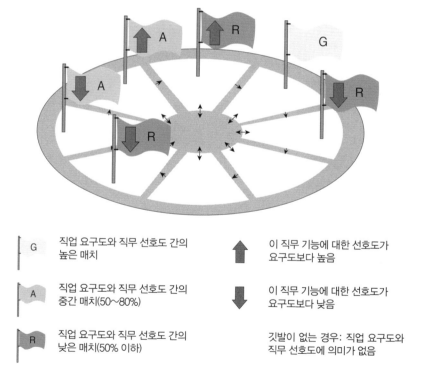

G	직업 요구도와 직무 선호도 간의 높은 매치	↑	이 직무 기능에 대한 선호도가 요구도보다 높음
A	직업 요구도와 직무 선호도 간의 중간 매치(50~80%)	↓	이 직무 기능에 대한 선호도가 요구도보다 낮음
R	직업 요구도와 직무 선호도 간의 낮은 매치(50% 이하)		깃발이 없는 경우: 직업 요구도와 직무 선호도에 의미가 없음

〈그림 7.9〉 직업 요구와 직무 선호도의 깃발 매치 예

해 일을 진행할 수 있어야 한다. 새로운 아이디어를 탐색하고 질문을 하면서 네트워크를 형성하는 것이 중요하다. 촉진을 강하게 지향하는 직업은 조직 내부인 및 외부인 모두와의 상당한 접촉을 요구한다. 촉진 직업은 대부분 높은 '의사소통' 요소를 포함하고 있으며, 동시에 몇 개의 상이한 활동에 참가할 수 있어야 한다. 그러므로 고객은 '다중 업무'도 버거워하지 않고 사람들과 즐길 수 있어야 한다.

이제 코칭 과정은 '어떻게 거기에 도달할 수 있는가?'라는 질문으로 이동한다. 이 대화는 고객이 동의된 목표에 도달할 수 있게 하는 자원으로 이끈다. 이때 코치가 할 수 있는 유용한 질문은 다음과 같다.

- 가장 최근에 유용한 것을 배운 때는 언제인가?
- 그것을 할 때 어떤 자원이 도움이 되었는가?
- 어떤 학습 방법을 좋아하는가?
- 다른 사람이 하는 것을 보고 배울 때 무엇을 가장 잘 배우는가?
- 스스로 먼저 생각한 후 그것을 해보기를 좋아하는가?
- 세부 사항을 잘 알아야 되는가? 아니면 개념만 알아도 되는가?
- 최적의 학습을 방해하는 것은 무엇인가?
- 목표 성취의 탐색 과정에서 특별한 장애 요인이 되는 것은 무엇인가?
- 이러한 장애 요인을 해결해나가는 데 자신감을 가지고 있는가?
- 도와줄 멘토가 필요한가?
- 새로운 정보와 아이디어에 개방적인가?
- 자신의 목표를 달성할 정도로 충분히 조직적인가?
- 자신의 진행 과정을 평가할 때 분석적인가, 직관적인가?
- 진행 과정의 평가에 도움을 주고, 정규적으로 자신의 상관이나 중요 책임자에게 보고할 수 있는 ROI 측정치가 있는가?

나머지 질문인 '나에게 필요한 도움은 무엇인가?', '나는 얼마나 효율적인가?', '내가 얻은 인식은 무엇인가?'는 흔히 개인의 학습 실행 계획(personal learning action plan, PLAP)에 포함된다. 이때 고객의 이슈는 다음과 같다.

- 내가 배우고 싶은 것은 무엇인가?
- 나에게 필요한 자원은 무엇인가?
- 나를 도와줄 사람은 누구인가?
- 내가 올바른 방향으로 가고 있는지 어떻게 알 수 있는가?

6. 팀 코칭

최근 실행 코칭 과정에서 전체 팀(리더만이 아니라)을 대상으로 할 때 성과가 크다고 알려지면서 팀 코칭 영역이 급증하고 있다. 처음에는 현재 팀 성과를 측정하면서 시작하는 것이 좋다. 이를 위해 사용하는 팀 성과 프로파일은 아홉 가지 요인의 직무 수레바퀴 유형을 기준으로 전체 팀 성원, 상관과 주요 책임자 모두의 팀 성과 인식을 측정하는 도구이다. 이는 현재 팀의 내부에 존재할 수도 있는 '집단 생각'을 보여준다.

직무 수레바퀴 유형을 기초로 한 우선순위 체크리스트부터 시작하면 매우 좋은데, 팀 코치가 앞으로의 논의를 위해 제안할 수 있는 체크리스트는 다음과 같다.

- 현재 충분하지 않아서 앞으로 팀에 더 필요한 정보는 무엇인가?
- 일을 할 때 최상의 방식은 무엇인가?
- 영향력을 미쳐야 할 필요가 있는 주요 책임자는 누구인가?
- 책임자가 원하는 상품과 서비스를 개발하고 있는가?
- 우리는 충분히 조직되어 있는가?
- 상품과 서비스는 산출과 성과를 기준으로 명확하게 정의되었는가?
- 더 철저하게 확인할 필요가 있는 세부 사항은 무엇인가?
- 지켜야 할 표준을 유지하고 있는가?
- 서로 충분히 상호 작용하는가?
- 개발해야 할 외부 관계망은 무엇인가?

이와 더불어 팀 구성원은 팀 관리 프로파일을 완성하여 각 개인의 결정적인 직무 기능과 비교한다. 팀 지도 그리기 과정은 직무 기능 성과와 전체 직무 선호도를 바탕으로 팀 균형의 정도를 보여줄 수 있다. 많은 팀이 역할 선호도의 관점에서 균형을 이루지 못하며, 이는 흔히 몇몇 직무 기능의 분산을 초래한다. 다음 페이지의 팀 코칭 사례는 몇 가지 원칙의 중요성을 보여준다.

이 사례 연구는 실행과 빠른 의사결정을 선호하는 불균형적 팀의 구성원이라도 혁신과 평가에 시간을 들이면 팀이 높은 성과를 낼 수 있음을 보여준다.

또한 상호 작용은 팀 코칭 과정에서 중요한 부분이다. '의사소통'이 직무 선호도, 즉 다른 편에 있는 개인의 가치와 위험 요인에 대한 접근을 반영하는 역동적 과정이라는 것을 깨닫지 못하는 사람이 많다. 페이싱의 개념은 팀 코칭의 중요한 부분이며, 이 영역에서 팀 관리 프로파일 리포트의 공유와 비교는 실행 계획의 개발을 도와준다.

요약

팀 관리 시스템 코칭 접근 방법은 코치와 고객에게 개인 및 팀과 조직에서의 직무 행동을 이해할 수 있는 틀을 제공하는 피드백 도구이다. 여섯 가지 시각적 모델을 기초로 한 여덟 가지 프로파일 리포트는 고객과 조직의 바람직한 목표를 다룰 수 있는 다양한 방법을 제시하므로 매우 유용하다. 개인과 팀 행동은 주로 위험 요인에 대한 접근과 개인적 가치에 대한 접근인 직무 선호도의 영향을 받는다. 팀 관리 시스템은 이러한 특징을 측정할 수 있는 검증된 도구이다. 고객이 자신과 다른 사람들의 행동 방식에 대한 이유를 이해하고 나면 유익한 미래를 가져올 수 있는 방법을 더 쉽게 모색할 수 있다.

팀 관리 시스템 코칭 과정에 대한 자세한 정보는 매캔(McCann, 2009)에서 얻을 수 있다.

실행 포화 팀(action-packed team)

대기업의 책임자들이 의사결정 과정과 관련된 문제로 도움을 요청했다. 이 회사는 최근 급성장한 가족 기업으로 효율적인 프로젝트 관리자로 명성을 얻은 5명의 책임자를 고용했다. 시간과 예산에 제한이 없는 고용 계약이었다. 그 결과 경쟁자들보다 성격이 더 급한 데도 불구하고 많은 계약을 할 수 있었다.

문제 상황

2년 후 문제가 생기기 시작했다. 그들은 안정적으로 계약을 시행했지만 비용과 직무가 예상보다 증가했다. 그래서 계약 실적이 더 떨어지기 전에 이 문제를 개선하기로 했다.

5명의 책임자는 팀 관리 프로파일 질문지에 답을 하고 그 결과를 매달 미팅에서 받았다. 팀 관리 시스템 개념을 도입하고 팀 관리 프로파일을 받자 문제의 원인이 분명해졌다. 5명의 책임자 모두 추진자−조직자 선호도를 가지고 있었다. 그들은 직무 수레바퀴 유형의 조직 분야에 강점을 가지고 있어 프로젝트 관리 기술을 인정받을 수 있었다. 반면 수레바퀴의 홍보 분야는 필요한 만큼의 관심을 주지 못했다.

정보 수집은 의사결정 과정에서 중요한 부분이지만 책임자 중 이 영역의 선호도를 가진 사람이 없었기 때문에 문제가 발생했다. 모든 책임자가 조직화에 강한 선호도를 가지고 있어 더 많은 정보를 수집하기보다는 바로 실행하는 것을 선호했다.

코치는 직무 수레바퀴 유형을 가지고 다양한 직무 기능이 팀 성공에 중요한 이유를 간단히 설명한 후 책임자들에게 팀 관리 시스템 프로파일 리포트를 주었다. 직무의 이슈이고 강점에 초점을 두었기 때문에 모든 책임자가 잘 받아들였다. 팀 코칭에서는 모델의 타당성에서 비롯된 타당성이 필수적이며, 코치는 그것을 바탕으로 해결책을 모색할 수 있다.

책임자들은 팀의 불균형을 인식한 후 변화 방법을 고려했다. 코치는 신중하게 토론을 촉진하며 적절한 시점에 가능한 제안을 했다. 모든 책임자가 홍보와 혁신 분야를 간과한 것에 동의한 후 낮은 우선순위에 대해 고려했다. 그런 활동에 대한 낮은 선호도가 원인이었다는 것을 깨닫고 나서 간격을 좁히기 위한 변화를 시도했다. 그들은 색깔별 미팅 아이디어를 선호했다.

- **초록색 미팅:** 그들은 먼저 홍보와 혁신 직무 기능에 초점을 두는 '초록색' 미팅을 갖기로 했다. 이 미팅에서 그들은 어떤 정보가 필요하고, 그것을 누가 어디에서 수집할 것인지를 결정했다. 정보를 수집하고 나면 항상 하던 식이 아닌 다른 일 처리 방식을 찾았다.
- **노란색 미팅:** 여기서는 '노란색' 미팅(촉진)에 집중했다. 책임자들은 자신들의 아이디어를 촉진할 수 있는 소비자, 새로운 관점과 접촉하면서 새로운 서비스의 반응을 살펴보았다. 고객의 피드백은 계획에 통합되었고 프로젝트는 개발 단계로 넘어가게 되었다.
- **빨간색 미팅:** 물론 그들은 '빨간색' 미팅(조직화)을 가장 즐거워하면서 프로젝트를 계획하고 사람들과 자원을 조직하며 아이디어를 실행에 옮겼다. 제품화하기는 초점 두기의 다음 분야이고 이것 역시 그들이 선호하는 영역이었다. 프로젝트를 제품화하는 것은 그들의 강점 중 하나였고 모두 결과물의 산출을 즐겼다.
- **파란색 미팅:** '파란색' 미팅(감독과 유지)은 그들의 선호도 영역이 아니었지만, 프로젝트를 다시 보고 모든 것이 계획대로인지 살펴보는 것의 가치를 깨달았다. 이것은 그들이 해왔던 과정에 대한 평가와 함께 자신들의 높은 표준이 유지되는가를 확인해볼 수 있는 시간이었다.

책임자들이 여덟 가지 직무 유형을 항상 확인하고 미팅을 통해 새로운 분야에서 시간을 소비하는 습관을 갖게 되는 데에는 몇 개월이 걸렸다. 그 회사는 다시 높은 수준의 효율성과 합리성의 명성을 얻었을 뿐 아니라 항상 혁신적이라는 명성까지 얻었다.

Chapter 08

직업 성격 코칭

Eugene Burke

이 장에서는 코칭과 역량 개발 차원에서 직업성격검사를 활용할 수 있도록 잠재력 역량의 한 지표인 직업성격검사(Occupational Personality Questionnaire, OPQ32)의 구조와 사용을 살펴보려 한다. 독자는 직업성격검사가 보여주는 데이터의 유효성과 직업성격검사의 몇 가지 버전 및 그 구조와 척도에 대한 정보를 얻을 수 있을 것이다. 이 장에서는 실패 가능성이 있는 요인과 역할 부적합에 대한 잠재적 요인뿐 아니라 강점과 역량 개발 요구에 대한 강력한 진단 결과를 제시하기 위해 행동 역량(behavioural competency) 측정 도구를 가진 직업성격검사를 사용하는 데 하나의 통합적인 틀을 제공하는 SHL*의 유니버설 역량 프레임워크(Universal Competency Framework, UCF)를 개괄적으로 소개한다. 그리고 정서지능을 비롯해 리더십, 팀 차원에서의 문제 해결,

---

* SHL(Scandinavian Health Ltd)은 글로벌 HR 컨설팅 기업으로, 2007년 리더십 개발 분야에서 오랜 역사와 명성을 자랑하는 Grid International과 파트너십을 맺고 리더십 프로그램을 국내에 도입했다.

학습 유형과 역량을 상세하게 다룬 몇몇 보고서의 내용을 소개한다.

1. 직업 성격 코칭의 이해

이 글을 쓰는 시점에 성격의 5요인 모델은 개인의 성격에 대한 하나의 이론적인 구조를 지배하고 있는 반면, 직업성격검사는 직업 세계나 근무 환경에서의 직무 수행과 연관된 연구와 실천 지침에서 볼 수 있는 성격 차원의 다양한 사항을 다루기 위해 구체적으로 고안되었다. 직업성격검사는 매우 명확한 결과를 제공하는 도구이며, 개인의 성격에 대한 하나의 명확한 시각이나 결정론적인 시각을 제시하지는 않는다. 그러나 직업성격검사의 기반이 되는 유형 모델은 현재와 미래의 행동이 개인의 성격과 업무 집단에 의해 영향을 받는다고 밝혔다. 요약하자면 직업성격검사는 오늘날 개인과 집단을 코칭하고 그들의 역량을 개발하기 위한 실제적인 틀을 제공하는 데 사용될 수 있다. 또한 한 사람의 성격 차원에서의 업무와 연관된 직접적인 시각을 제공하기도 한다.

이 장에서는 코칭 또는 역량 개발을 위한 개입 행동에 있어서 하나의 특정한 모델을 사용하지 않았다. 다만 이 장의 후반부에서 언급한 직업성격검사에 대한 보고서에서 볼 수 있는 다양한 응용 영역의 유형은 클라인(Klein, 1989)이 설명한 것과 동일한 모델에 맞춰져 있다. 즉 개인의 성격에 대한 측정값은 무엇이 개인 또는 팀 차원에서의 행동을 일으키는지 이해하는 데 사용될 수 있으며, 이러한 행동의 기저에 놓여 있는 선택 사항과 의도에 영향을 미치는 요인을 직관적으로 이해하게 해준다.

직업성격검사가 어떻게 개별적인 행동에 대한 이해를 높일 수 있는지에 대해 이 장에서 제시한 명제는 행동에 대한 내면의 동기(distal)와 직접적인 동기(proximal)에 대한 측정값을 구별한 칸퍼(Kanfer, 1990), 행동 변화와 역량 개발을 위한 잠재력의 이해 측면에서 내면의 동기에 대한 측정값을 사용하는 것이 중요하다는 자카로(Zaccaro, 2007)의 주장을 따른 것이다. 칸퍼는 목표 선택에 영향을 미치는 요인의 측정값으로, 내면의 동기에 대한 측정값과 설정한 미래를 위한 노력을 구분한다. 칸퍼는 직접적인 동기에 대한 측정값을, 한 과업에 실제로 참여하는 동안 그 행동의 촉발과 실행을 통제하는 메커니즘으로 정의한다. 직업성격검사 결과서는 개인이 가진 성향이 주어진 조직적인 상황 또는 특정 역할 상황 안에서 개인의 학습과 현재 또는 미래의 바람직한 행동을 보여주는 것에 어떻게 또 얼마만큼 영향을 미칠 가능성이 있는지 다양한 시각으로 정보를 제공한다.

2. 직업성격검사

직업성격검사는 언제든지 사용 가능하며, 다양한 직무 수준을 넘어 공공 및 민간 조직에서 현재 업무를 수행하고 있는 사람과 예비 직장인의 직무 선택, 역량 개발, 승진 및 직무 이동 측면 등에서 광범위하게 활용된다. 직업성격검사는 23년이 넘는 역사를 가지고 있으며, 그 설계를 위한 기초로 SHL의 유니버설 역량 프레임워크에 대한 광범위한 보고서를 포함하여 지속적인 연구 개발 프로그램을 통해 개발 및 지원되고 있다.

개정된 직업성격검사 매뉴얼은 2006년부터 사용되고 있다. 이 매뉴얼은 광범위한 기술 정보와 사용자 정보를 제공하며, 이와 함께 어떻게 직업성격검사가 성격의 5요인 구성 요소를 측정하는지, 그리고 직업성격검사와 유니버설 역량 프레임워크의 가장 높은 수준인 8요인 사이의 관계를 보여주는 2개의 기술적 보충 자료를 담고 있다. 매뉴얼을 무료로 다운로드할 수 있는 링크는 이 장의 끝부분에 제시했다.

직업성격검사 모델은 업무를 수행하는 데 사람들이 선호하는 행동 유형 또는 전형적인 행동 유형에 대한 32개의 차원 또는 척도를 묘사하며 개인의 성격에 대한 일반적인 직업성격검사 모델을 따른다. 직업성격검사 모델은 개인의 성격을 세 영역, 즉 대인관계(relationships with People), 사고방식(thinking styles), 감정과 정서(feelings and emotions)로 구분한다. 이러한 세 영역은 에너지의 원천과 연관된 원기 왕성함

(vigorous), 성취감 및 경쟁(achieving and competitive)과 같은 척도로 구성된 또 다른 활력(dynamism) 영역에 의해 결합된다.

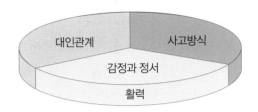

〈그림 8.1〉 직업성격검사 모델의 영역

직업성격검사의 연구 개발은 이 도구의 개발 시점부터 세계 여러 나라의 도움으로 이루어졌기 때문에 그 검사 설문지를 여러 국가에서 다양한 언어로 사용할 수 있게 했다. 또한 직업성격검사가 서로 다른 인종과 성별의 사람들에게 사용하기에 적절하다는 것을 보장하는 측면도 강조되었다.

1) 직업성격검사의 버전

이용 가능한 직업성격검사는 두 가지 버전으로 만들어졌다. 표준적인 직업성격검사(n)와 자신을 가장 잘 표현하는 문항, 그렇지 않은 문항을 골라서 표기해야 하는 자기의존적인 강제 선택(ipsative) 유형의 직업성격검사(i)가 그것이다. 특히 자기의존적인 강제 선택 버전인 직업성격검사(i)는 응답자가 네 가지 진술문을 읽고 자신과 '가장 닮았다'고 생각하는 문항과 '가장 닮지 않았다'고 생각하는 문항을 선택하게 했다. 답변을 완료해야 할 네 가지 항목에 대해 104개의 블록, 총 416개의 진술문으로 구성되어 있다. 다음은 한 블록의 예이다.

• 나는 사람들을 돕는 것을 좋아한다.
• 나는 경쟁적인 활동을 즐긴다.

- 나는 무엇인가를 긍정적으로 바라본다.
- 나는 절차를 따르는 것을 좋아한다.

주요한 32개 검사 영역의 신뢰도는 응답자가 설문 문항을 보고 좀 더 가질 것 같은, 또는 좀 더 가지지 않을 것 같은 어떤 특성을 선택할지에 대해 일관성 있게 응답하는가를 측정하는 것이다. 응답자가 무성의하게 답변을 작성하는 상황이라면 매우 낮은 일치도 점수가 나올 것이며, 따라서 그 결과를 해석하는 데 잠재적인 문제가 발생할 수 있다. 자기의존적인 강제 선택 버전은 네 가지 선택 유형 중 사회적으로 바람직한 행동을 하는 것을 어렵게 만드는 상황을 파악하는 데 유용하다.

직업성격검사의 표준 버전인 직업성격검사(n)는 응답자에게 각 항목과 문항에 대해 1~5점 리커트 척도로 평가할 것을 요구한다(1점: 강한 부정, 2점: 부정, 3점: 불확실, 4점: 동의, 5점: 강한 동의). 설문지는 230개의 진술문으로 구성되어 있으며, 항목당 평균 7개의 문항이다. 다음은 진술문의 예이다.

- 나는 낯선 사람들과 이야기하는 것을 즐긴다.
- 나는 일을 깔끔히 처리하는 편이다.

주요한 32개 영역에 더하여 표준 버전인 직업성격검사(n)의 설문지는 사회적으로 바람직한 답을 묻는 항목을 포함하고 있다. 사회적으로 바람직한 답을 묻는 항목은 응답자가 사회적으로 바람직한 답변을 하는지 그 정도를 파악하여 응답자가 그 설문지에 '허위로' 응답하는지에 대한 지표를 제공한다.

2) 직업성격검사의 검사 영역

직업성격검사에 포함된 32개 영역을 요약하여 〈표 8.1〉에 제시했다.

<표 8.1> 직업성격검사 영역

검사 영역		낮은 점수	높은 점수
대인관계	설득 지향성	타인의 견해를 바꾸기 위해 자신의 생각을 강요하지 않고, 판매나 영업 활동을 선호하지 않으며, 협상 상황에서 불편해함	판매나 영업 활동을 즐기고, 협상 상황에서도 편안함을 느끼며, 타인의 생각이 바뀌도록 설득하는 것을 좋아함
	통솔 지향성	타인이 책임을 맡아주는 것을 좋아하고, 타인에게 일을 지시하는 것과 리더 역할을 맡는 것을 싫어함	책임을 지거나 사람들을 이끄는 것과 타인에게 일을 지시하거나 관리하는 것을 좋아함
	직설적 표현	타인을 비판하는 것을 꺼리고, 자신의 견해를 잘 표현하지 않으며, 자신의 의견을 개진할 준비가 되어 있지 않음	자신의 의견을 자유롭게 표현하고, 반대 의견도 분명히 드러내며, 다른 의견에 도전하거나 비판할 준비가 되어 있음
	독립성	다수의 의견을 수용하고, 합의된 의견을 따를 준비가 되어 있음	자신만의 접근 방식을 따르는 것을 선호하고, 다수의 결정에 별로 개의치 않음
	외향성	집단 내에서 조용하고 과묵하며, 주목을 끄는 것을 싫어함	집단 내에서 활기가 넘치고 말하기를 좋아하며 주목받는 것을 즐김
	친교성	사람들과 떨어져 혼자 있는 시간을 편안하게 여기고, 개인적인 시간을 중시하며, 사람들을 그리워하지 않음	타인과 함께하는 것을 즐기고, 주변에 사람이 있는 것을 좋아하며, 동료들과 함께 있고 싶어 함
	사회적 자신감	사적인 자리나 상황을 더 편하게 느끼고, 처음 만나는 자리에서 당황하고 어색해함	처음 만나는 사람과도 편하게 어울리고, 공적인 자리도 편하게 느낌
	겸양심	자신의 장점과 성과를 드러내고 개인적인 성공에 대해 이야기함	자신의 성과를 이야기하는 것을 별로 좋아하지 않고, 개인적인 성공을 잘 이야기하지 않음
	민주성	타인과 상의하지 않고 의사결정을 내릴 준비가 되어 있으며, 혼자 결정을 내리는 것을 더 선호함	폭넓게 자문을 구하고, 의사결정에 여러 사람을 참여시키며, 혼자서 결정을 내리는 것을 선호하지 않음
	배려성	타인에게 동정적이거나 지지를 잘 보이지 않고, 타인의 개인적인 문제에 대해 무관심함	타인에게 동정적이고 배려심이 있으며, 협조적이고 지지적이며, 타인의 문제에 관심을 가짐

검사 영역		낮은 점수	높은 점수
사고방식	자료 지향성	사실이나 숫자보다 의견이나 감정을 다루는 것을 선호하고, 통계를 이용하는 것을 꺼림	숫자 다루기를 좋아하고, 통계 정보 분석을 즐기며, 사실과 숫자에 근거하여 의사결정을 내림
	평가 지향성	잠재적인 한계점을 찾는 데 집중하지 않고, 정보를 비판적으로 분석하는 것을 선호하지 않으며, 실수나 오류를 거의 찾지 않음	비판적인 관점으로 정보를 평가하고, 잠재적인 한계점이나 오류를 찾는 데 집중함
	행동 분석 지향성	타인의 행동 동기나 이유를 궁금해하지 않고, 사람들을 별로 분석하지 않음	타인의 행동과 동기를 이해하려고 노력하며, 사람들을 분석하는 것을 즐김
	보수 지향성	업무 방식에 변화를 적용하고, 새로운 접근법을 선호하며, 관습에 얽매이지 않음	잘 확립되고 검증된 기존의 방식과 좀 더 관습적인 접근법을 선호함
	개념 지향성	이론적인 이슈보다 실용적인 것을 다루는 것을 좋아하고, 추상적인 개념을 다루는 것을 좋아하지 않음	이론에 관심이 많고 추상적인 개념에 대해 토론하기를 좋아함
	혁신 지향성	아이디어를 도출하는 것보다 기존의 것을 발전시키는 것을 선호하며, 창의적이고 발명적인 활동은 덜 선호함	새로운 아이디어를 산출하고 독창적인 해결안을 창의적으로 생각해내는 활동을 즐김
	변화 지향성	일상적이고 반복적인 업무를 선호하고 다양성을 추구하지 않음	다양성과 새로운 일을 시도하는 것과 일상에 변화를 주는 것을 좋아하고, 반복적인 일에 지루함을 느낌
	적응성	여러 상황에서 일관성 있게 행동하고, 만나는 사람에 따라 행동을 별로 바꾸지 않음	상황에 적합하게 행동을 바꾸거나 조절하고, 만나는 사람에 따라 접근 방식을 달리함
	계획 지향성	장기적인 이슈보다 현재의 일에 초점을 두고, 전략적인 관점을 잘 취하지 않음	장기적인 관점을 취하고 미래를 위한 목표를 세우며, 전략적인 관점을 취하는 것을 선호함
	세부 지향성	세부적인 것에 신경 쓰는 것을 좋아하지 않고, 조직적이고 체계적인 성향이 낮으며, 세세한 것이 관여된 과업을 싫어함	상세한 것에 집중하고, 조직적이고 체계적인 성향이 높으며, 세부적인 면에 신경을 씀
	완결 지향성	마감 시간을 유동적인 것으로 인식하고, 일을 다 끝내지 않은 채 자리를 뜨려고 함	업무를 완수하는 것에 초점을 맞추고, 일이 끝날 때까지 끈기 있게 지속함
	규칙 준수	규칙이나 절차에 얽매이지 않고, 규칙을 따르지 않기도 하며, 관료적인 것을 싫어함	규칙이나 절차를 따르고 명확한 가이드라인을 선호하며, 규칙을 잘 어기지 않음

검사 영역		낮은 점수	높은 점수
감정과정서	정서 이완	긴장을 잘 느끼고 정서를 이완시키기 어려워하며, 업무가 끝난 후에도 긴장을 풀기 힘듦	정서를 쉽게 이완시키고 긴장을 잘 느끼지 않으며, 일반적으로 침착하고 안정되어 있음
	상황 불안	중요한 일을 앞두고 안정되어 있으며, 중요한 행사도 별로 걱정하지 않음	중요한 행사 전에 긴장을 하고 일이 잘못 될까 봐 걱정함
	강직성	민감하고 비판에 쉽게 상처를 받으며, 부당한 비판이나 모욕에 대해 화를 냄	화를 잘 내지 않고, 타인의 비난을 무시할 수 있으며, 개인적인 비판에 민감하지 않음
	낙천성	미래의 일을 걱정하며, 일이 잘못될 것이라 예상하고 상황의 부정적인 측면에 초점을 맞춤	일이 잘될 것이라 생각하고 상황의 긍정적인 측면을 바라보며, 미래에 대해 긍정적인 견해를 가짐
	대인 신뢰	타인의 의도에 경계심을 가지고, 타인을 믿기 어려워하며, 사람들에게 놀림감이 되는 것을 싫어함	타인을 신뢰하며, 타인의 말을 믿을 만하고 정직하다고 생각하여 잘 믿는 편임
	감정 통제	감정이 솔직하고 개방적인 편이어서 감정을 숨기기 힘들고 그대로 드러냄	다른 사람에게 자신의 감정을 드러내지 않고 기분을 거의 표현하지 않음
	활동성	일정하고 꾸준한 속도로 일하는 것을 좋아하고 과도한 업무 요구를 싫어함	활동성이 강한 편이라 바쁘게 지내는 것을 좋아하고, 많은 일을 처리하는 것을 즐김
	경쟁 지향성	사람들과의 경쟁을 싫어하고, 참여하는 것을 이기는 것보다 중요하다고 느낌	이기려는 욕구가 있고, 경쟁적인 활동을 즐기며, 지는 것을 싫어함
	성취 지향성	경력 개발을 별로 중요하게 생각하지 않으며, 높고 도전적인 목표보다는 달성 가능한 것을 추구함	야심차고 경력 향상에 관심이 많으며, 높은 수준의 도전적인 목표와 결과를 지향함
	결단성	의사결정 시 신중하고, 결론을 내리는 데 시간이 걸림	신속하게 결정을 내리고, 결론에 빠르게 도달하며, 신중함보다 신속함에 무게를 둠

3) 직업성격검사의 기준

검사 사용자는 자신이 활용하는 데 준거가 되는 기준 집단을 광범위하게 선택할 수 있다. 2006년에 작성된 매뉴얼은 직업성격검사(n)와 직업성격검사(i)에 대해 86개 영역의 기준 집단을 제시했다. 가장 큰 기준 집단의 샘플은 17,368명이고 가장 작은 기준 집단의 샘플은 273명이다.

4) 직업성격검사의 신뢰도

직업성격검사 결과 점수의 정확도는 소수의 개별적 척도의 신뢰도는 0.7에 근접하지만 전체적인 신뢰도는 0.75~0.80이었다. 직업성격검사(n) 척도에 대해 초기 검사 이후 한 달 안에 수행된 중간 재검사 신뢰도(median retest reliablities)는 0.79였다.

5) 직업성격검사의 타당도

직업성격검사는 여러 나라의 다양한 근무 환경에 있는 8,000명이 넘는 사람들의 직무에 관한 업무 행동을 예측하는 데 활용되었다. 이 대규모 데이터베이스를 통해 직업성격검사의 타당도를 검증했으며, 직업성격검사의 타당도는 0.40~0.50으로 나타났다. 이는 성격의 5요인 구성에서 보고된 타당도와 일치하거나 그것을 뛰어넘는 수준이다.

6) 직업성격검사의 사용 자격

직업성격검사에서의 모범 사례와 직업성격검사를 사용할 수 있는 권한 및 자격은 검사지 사용 자격이 없는 사람을 훈련하거나, 다른 성격 검사 도구를 사용해본 경험이 있거나, 자격을 갖춘 사람을 위한 일반적인 훈련이나 강의에 의해 관리된다. 해당 자격 요건을 갖추는 데 필요한 사항에 대한 정보는 해당 지역의 관할 SHL 사무소에서 얻을 수 있다.

7) 직업성격검사의 사용

직업성격검사의 관리 및 점수 측정은 그 도구가 제공될 수 있는 여러 가지 상황에 의해 촉진된다. 직업성격검사(n)는 종이와 연필을 사용하는 전통적인 지필 측정 유형뿐 아니라 직업성격검사의 두 가지 버전 모두 인터넷으로 관리할 수 있다. 인터넷 관리와 종이, 연필을 사용하는 지필 측정 관리에 대해 대규모 샘플을 가지고 수행한 비교 연구는 두 경우의 평가 점수가 동일하다고 밝혔다. 측정과 평가를 위한 설계가 미리 정해지면 자동 채점이 가능한 인터넷을 통한 평가 관리를 하는 것이 직업성격검사(i)를 활용하는 최적의 방법이다. 실제 평가 보고서뿐 아니라 직업성격검사의 버전, 언어, 표준 집단을 선택할 수 있도록 사전에 웹에서 관리하게 되어 있기 때문에 개인 또는 팀과 함께 코칭과 역량 개발을 준비하는 과정에서 상당한 시간을 절약할 수 있다.

3. 직업성격검사와 코치

17세기의 프랑스 시인 라 퐁텐(La Fontaine)의 말을 인용하면, 모든 사람은 세 가지 유형의 속성—스스로 어떤 유형의 사람이라고 생각하는 것, 다른 이들이 그 사람을 어떤 유형의 사람이라고 생각하는 것, 그 사람이 실제로 어떤 유형의 사람인지—을 가지고 있다. 직업성격검사의 주요 목적과 폭넓은 활용은 사람들이 자신의 성격을 이해하고, 일터에서 자신의 행동에 중요한 영향을 미치는 것이 무엇인지 이해하도록 돕는 것이다. 직업성격검사는 코치가 스스로를 이해할 수 있도록 도우며, 코칭에서의 접근 방법을 반성하고 그것이 어떻게 향상될 수 있는지에 대한 무형의 가치를 제공한다. 〈표 8.1〉은 한 장의 프로파일에 제공되는 점수로 직업성격검사에 의해 다루어지는 성격 척도에 대한 하나의 그래프를 제공한다. 이러한 척도를 고려하면서 어떻게 직업성격검사를 활용하여 코칭하고 고객에게 접근하는지 그 방법에 통찰력을 제공하면서 코치를 도울 수 있는 방법을 제시했다. 그리고 다양한 역량을 개발하는 데 강력한 통찰력을 제공하기 위해 직업성격검사의 모든 척도를 이용한 검사 결과로부터 얻어낸 결과 보고서에 대해 설명했다.

1) 코칭을 통한 조정이나 중재를 고안하고 구성하기

직업성격검사는 성격의 5요인 모델 안에서의 성실성 측면이라는 구조와 연관된 규칙 준수에 대한 요구, 계획성, 사소한 것까지 주의를 기울임, 성실성을 대표하는 네 가지 사고 유형 척도로 구성되었다. 이러한 척도에 대한 평가 점수는 해당 구조에 대한 코치의 요구와 해당 구조에 대한 고객의 요구를 고려하여 코치를 도울 수 있다. 네 가지 척도에 대해 자신이 선호하는 유형을 알게 되면 코치는 고객의 요구를 더 세심하게 헤아림으로써 성공적인 코칭 관계를 개발하는 데 도움을 주면서 고객에게 적응이 필요한 특정 영역을 식별할 수 있다. 예를 들어 어떤 고객이 좀 더 구조화되고 상세화된 접근 방법으로 이득을 얻을 수 있는 반면 그를 상대하는 코치가 덜 구조화된 코칭 접근 방법을 선호한다면, 직업성격검사를 활용함으로써 코치가 자신의 자연스러운 선호 행동을 관리하는 전략을 개발하고 고객이 제시하는 요구에 적응하는 것을 도울 수 있다.

2) 이해와 통찰을 얻기 위한 코치의 접근 방법

사고방식 척도, 즉 자료 지향성, 평가 지향성, 행동 분석 지향성, 개념 지향성, 혁신 지향성은 코치가 우선순위를 식별하고 당면한 문제를 해결하는 데 접근 방법에 대한 중요한 정보를 제공한다. 데이터 중심의 접근 방법에 익숙한 사람은 자료 지향성(사실에 입각한 의사결정 기반)과 평가 지향성(비판적으로 정보를 평가)에서 높은 점수를 얻을 것이며, 낮은 점수는 의사결정에 대해 좀 더 직관적이고 본능적인 접근 방법을 가지고 있음을 나타낸다. 다시 말해 자신이 선호하는 유형을 파악하는 것은 일반적인 접근 방법에 주의를 기울일 필요가 있는 영역에서 코칭하는 데 도움을 줄 수 있다(예를 들어 코칭을 통한 성공적인 조정이나 중재라는 결과를 얻기 위해 실질적인 정보를 수집하여 평가하는 데 좀 더 시간을 들이는 일이 종종 발생하는가?).

다른 사람들의 견해를 살펴보기 위한 사고방식 척도 세 가지, 즉 행동 분석 지향성(사람들을 생각하게 만드는 것이 무엇인지에 대한 관심), 개념 지향성(아이디어와 이론의 세계에 대한 관심), 혁신 지향성(창의성과 새로운 아이디어)은 직관력 및 재능과 연관된 직업성격검사의 연구에서 발견되었다. 하지만 개념 지향성 척도에서 높은 점수를 얻은 코치라도 개념 지향성 척도에서 낮은 점수를 받은 고객과 일할 때는 이론적인 시각이 아니라 실질적인 시각으로 바라보고 이러한 측면을 종합적으로 고려할 필요가 있다.

3) 고객과 공감하고 관여하기

대인관계 척도 중 겸양심, 민주성, 배려성은 공감과 다른 사람들의 일에 관여하는 감각을 발달 및 유지하는 것과 관련이 있다. 경청과 관련된 겸양심(자신의 성취에 관해 이야기하기 싫어함)과 민주성(폭넓게 상담하는 것)의 경우, 이 척도에서 낮은 점수를 받은 사람은 정보 '수용자'라기보다는 정보 '전달자'와 더 많이 닮았다고 보아야 한다. 배려성(다른 사람의 문제에 개입하는 것) 척도 또한 코치에게 잠재적 문제 영역에 대한 정보를 제공한다. 배려성에서 매우 높은 점수를 받은 경우 어떻게 고객의 문제에 개입하는지 그 방법을 신중하게 고려할 필요가 있다.

외향성(집단 내에서 활발함), 친교성(동료들과 함께 즐김), 사회적 자신감(사람들과 잘 어울려 지냄) 척도 점수는 내담자나 고객을 만날 때의 첫인상과 코치가 여러 가지 사회적 상황을 어떻게 파악하고 적응하는지에 관한 정보를 제공한다. 이러한 사실이 위에 언급된 세 가지 척도에서 높은 점수를 얻어야만 훌륭한 코치라는 의미는 아니다. 앞서 말했듯이 직업성격검사 점수의 높고 낮음에 대한 정보는 코치가 좀 더 노력을 쏟고 개발할 필요가 있는 영역에 대한 잠재적인 통찰력을 제공한다.

4) 정서를 관리하고 의사소통하기

정서는 인간관계에서 매우 강력한 역할을 한다. 직업성격검사의 감정과 정서 영역에 있는 네 가지 척도는 직접적으로 정서에 대해 이야기하고 있다. 좀 더 구체적인 척도는 정서 이완(일반적으로 조용하고 문제를 일으키지 않음)과 상황 불안(중요한 사건을 앞두고 흥분을 느낌)이다. 정서 이완은 하나의 특질(한 사람이 만들게 되는 내면적 측면)이고 상황 불안은 하나의 상태 척도(특정 상황과 자극에 대한 반응)이다. 정서 이완에서 낮은 점수를 받고 상황 불안에서 높은 점수를 받은 사람은 정서적인 상황에 좀 더 반응적이 될 수 있다. 즉 정서적으로 고조되거나 침울한 상황과 마주할 때 좀 더 강하게 반응한다. 정서 이완이 높고 상황 불안이 낮은 사람은 좀 더 '느긋한' 삶의 접근 방식을 가졌다고 볼 수 있다. 코칭 상황에서 이는 무관심한 태도로 해석될 수 있으며, 다른 사람들의 시선을 인식하면서 스스로 정서적인 이미지를 이해하는 것이 중요하다는 것을 강조하는 것이다.

낙천성과 감정 통제 또한 정서에 관한 의사소통과 연관된 유용한 정보를 제공한다. 정서지능과 리더십에 대한 연구에서는 다른 사람들에 대한 지각 및 상호 작용에서 긍정적인 정서가 매우 중요하다고 강조한다. 직업성격검사와 정서지능 측정치에 대한 연구는 높은 낙천성(일이 잘될 것이라는 기대감) 점수와 낮은 감정 통제(개방적으로 자신의 느낌을 표현함) 점수는 정서지능, 다른 사람들의 일에 관여하는 측면에서 긍정적인 지각과 상관관계가 있다는 것을 보여준다.

5) 직업성격검사로 코치 지원하기

직업성격검사에 대한 최근의 연구 개발 시도는 앞서 언급했듯이 척도를 통해 몇 가지 통찰을 얻어냈다. 그리고 그 정보를 코칭 상황에 접목하여 일터에서 이용 가능하고 업무 역량과 관련성이 있도록 만드는 데 초점을 둔다. 이러한 연구 보고서는 제공된 가이드가 직업성격검사와 업무 행동 사이에서 경험적으로 지지되는 연관성에 기반을 두고 있다는 것을 보장하기 위해 직업성격검사에 대한 타당성 연구를 활용하고 있다. 이러한 종류의 보고서는 이어서 간략히 설명할 〈직업성격검사를 활용하여 학습 최대화하기〉와 〈직업성격검사의 정서지능 보고서〉로, 이는 SHL에서 다운로드하여 이용할 수 있다.

6) 직업성격검사를 활용하여 학습 최대화하기

이 보고서는 학습에서 선호되는 유형(Kolb, 1984; Honey & Mumford, 1982)을 인간 행동 및 조직화 학습 모델(McGill & Beaty, 1995; Argyris et al., 1985; Argyris & Schön, 1978)로 통합하여 두 가지 모델로 분류하고 있다.

첫 번째 부분에서는 사람들이 어떤 식으로 학습에 참여하는 것을 선호하는지, 그리고 두 차원에서 피드백을 제공하는 것에 대해 다룬다. 첫 번째 차원은 분석 대 직관이다. 분석적인 사람들은 학습 활동에서 추론을 사용하는 분석적인 접근 방법을 취하는 것을 매우 선호하며, 좀 더 이성적이고 객관적인 견해로부터 학습 기회에 접근한다. 또한 직관적인 사람들은 학습에 참여할 때 자신의 직관을 중시하는 경향을 보이며, 학습 과정에서 지각이 학습 활동에 대해 어떻게 느끼는가와 동시에 다른 사람들이 참여하는 것에 의해 영향을 받는 직관적인 접근 방법을 더 선호한다. 두 번째 차원은 직접 경험 대 관찰이다. 직접 경험하는 접근 방법을 취하는 사람들은 직접 행동을 하는 것과 학습에 참여하는 접근 방법을 선호한다. 이들은 행동을 함으로써 무엇인가를 발견한다. 이러한 유형은 행동으로 얻는 결과를 통해 외부 세계에서 배울 기회를 갖는다. 즉 외부 세계에 참여하여 일을 하면서 경험으로부터 얻는 행동을 내재화하고 기억한다. 관찰에 강한 사람은 학습 활동이나 경험에 참여하기 이전에 다른 이들을 관찰하고 경청하는 기회를 좀 더 추구한다. 이러한 선호를 가진 사람은 내부 중심적 방식을 통해 배우는 경향이 있다. 즉 직접 참여하기 전에 그 행동에 참여하는 것이 무엇인지 이해하려 한다.

두 번째 부분인 '학습 최대화하기'는 일터에서 발생하는 도전 과제를 극복하는 기술을 습득하고 발달시킨다. 대부분의 학습 경험이 업무 상황에서 발생한다는 단순한 사실을 반영하도록 설계되었던 네 가지 학습 능력에 대한 피드백을 제공한다. 그 능력이 경험적인 학습을 통해 어떻게 잘 갖춰지는지를 탐색한다. 각 능력은 여기서 제안된 발달

당신이 선호하는 학습 접근법: 직업성격검사에서 당신이 대답한 것을 바탕으로 다음에 제시한 그래프는 당신이 가지고 있는 학습 선호도를 요약해서 보여준다.

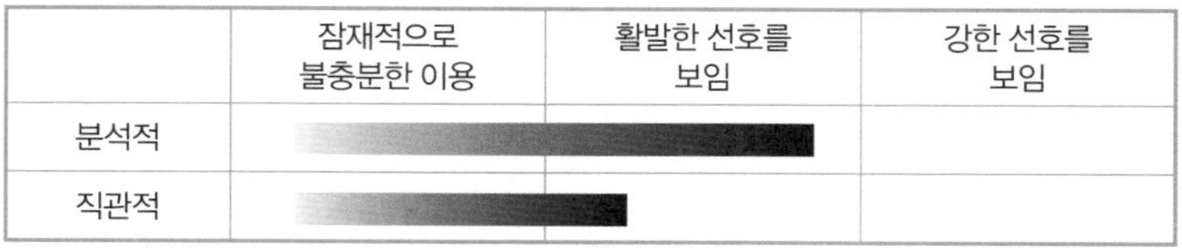

	잠재적으로 불충분한 이용	활발한 선호를 보임	강한 선호를 보임
분석적			
직관적			

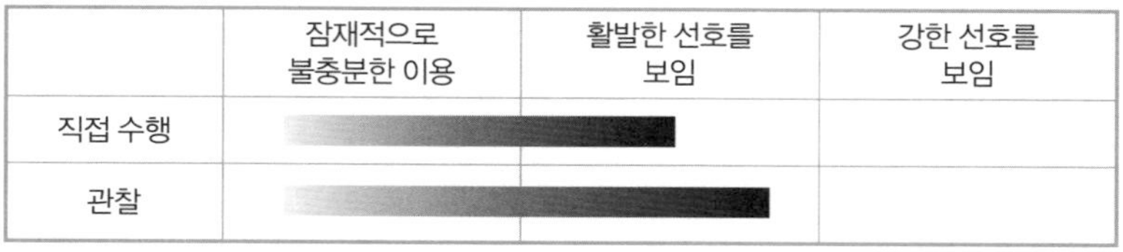

	잠재적으로 불충분한 이용	활발한 선호를 보임	강한 선호를 보임
직접 수행			
관찰			

분석적/직관적 ▶ 위에 제시된 응답 결과는 당신이 학습을 수행할 때 취하는 접근 방법의 특징 중 강하게 나타나는 것은 아니지만 학습 과정을 통해 성취하기를 원하는 목표를 심사숙고하는 데 도움을 줄 수 있으며, 스스로 세운 학습 목표에 도달했는지 못했는지 어떻게 알아볼 수 있을지 시간을 들여 생각해보는 유형이다. 자신이 수행하는 학습은 스스로 느끼고 감지하는 것을 통해서라기보다는 분석하고 생각하는 것을 좀 더 많이 사용한다. 또한 어떻게 학습 과정에 다른 사람들을 참여시킬 수 있고 다른 사람들로부터 다양한 피드백을 받을 수 있는지는 자신의 역량 개발 계획을 세울 때 고려해야 할 요소가 될 수도 있다.

직접 수행/관찰 ▶ 응답 결과 학습하는 데 무엇인가를 직접 수행하는 접근 방법을 선호하는데, 특히 하나의 학습 경험으로부터 긍정적인 결과를 기대할 때 그렇다. 그럼에도 불구하고 좀 더 신중한 접근 방법을 선호할 때, 그리고 직접 학습 활동에 참여하기 전에 다른 사람들을 관찰하고 경청하는 것을 더 선호할 때도 있다.

〈그림 8.2〉 학습을 최대화할 수 있는 결과의 예 1

자신의 학습 잠재력을 최대화하기 위해 자신의 견해를 바꾸게 되거나 새로운 것을 배울 기회를 제공하는 다양한 기회를 식별하는 것이 중요하다.

■■■ 창의적인 해결책을 떠올릴 기회를 환영하는 경향이 있으므로 자신의 학습과 역량 개발 요구에 부합하는 방법에 대해 스스로 아이디어나 대안을 많이 만들어내고자 한다.

■ 관습적인 접근 방법을 좀 더 편안하게 느껴서 정규적인 학습 및 역량 개발 프로그램 등 외부에서 발생하는 학습 기회를 잘 인식하지 못하는 편이다.

■ 새로우면서 다양한 학습 기회의 변화나 실험에 친숙하지 않은 편이다.

학습을 위한 기회 잡기 더 발달되어야 하는 영역

학습을 위한 기회를 잡는 것은 위험을 감수하고 때로 실수를 저지르는 것을 포함한다. 이는 학습에서 중요한데, 모험을 시도하고 무엇이 잘 작동하지 않는지 이해하는 것뿐만 아니라 성공으로 이끄는 것이 무엇인지에 대해 매우 귀중한 직관을 얻을 수 있기 때문이다.

■■ 다른 사람들의 의사결정 사항을 일부는 받아들이고 일부는 거부하면서 절충하는 경향이 있어서 때로 개인의 역량 개발을 위한 자신의 의제를 설정하고 그것을 위해 행동한다.

■ 무엇이든지 현실적으로 바라보는 것을 선호하므로 자신의 개인적인 역량 개발 측면에서 쉽게 성취 가능한 목표를 설정하는 경향이 있다.

학습 계획하기 더 발달되어야 하는 영역

학습 활동으로부터 많은 것을 얻기 위해 역량 개발 과정 중에 자신이 어떻게 그리고 언제 주요 목표를 성취할지 설정하면서 계획된 접근 방법을 취하는 것이 중요하다.

■ 어떤 일이 발생해야만 그 일을 다루는 경향이 있어서 개인적인 역량 개발을 위한 마감 시한과 일정 계획을 설정하는 데 신경을 덜 쓴다.

■ 세세한 부분까지 몰입하지 못하는 경향이 있어서 어떻게 학습과 발달 목표를 성취할 수 있는지 상세한 것까지 보지 못하게 된다.

■■■ 마감 시한 안에 일을 끝내는 것을 추구하므로 학습 계획 또는 개인적인 역량 개발 프로그램을 하나 정해 놓으면 꾸준히 지속하는 경향이 있다.

피드백을 통해 학습하기 강점 영역

성취에 대한 피드백을 받는 것은 개인적으로 효율적인 학습을 추구하는 데, 그리고 학습과 발달을 위해 더 나은 기회를 식별하는 데 가장 강력한 방법 중 하나이다.

■■ 비판에 대해 민감해지는 것과 둔감해지는 것 사이에 적절한 균형을 맞추려는 경향이 있어서 피드백을 비판적인 시각으로 바라보기보다는 그것이 담고 있는 정보의 가치로 판단한다.

■■■ 어떤 상황에 맞추기 위해 당신의 행동을 수정하는 경향이 있어서 다른 사람들로부터 받은 피드백의 결과로 학습과 역량 개발에 관한 자신의 접근 방법을 수정한다.

■ 잠재적으로 약점인 영역 ■■ 잠재적으로 개발해야 할 영역 ■■■ 잠재적으로 강점인 가진 영역

〈그림 8.3〉 학습을 최대화할 수 있는 결과의 예 2

정보에 따라 잠재적인 강점의 특정한 영역(초록색), 발달 범위(회색), 발달 영역(빨간색)으로 나뉜다. 여기서 서술된 네 가지 능력은, 학습을 위한 기회 찾기는 어떻게 개인이 학습 기회를 더 활발히 잘 식별하고 자신의 장점을 찾는 데 창조적이 되는지, 학습을 위한 기회 잡기는 어떻게 개인이 무엇인가를 시도해보고 도전을 받아들이며 심지어 위험 요소가 있더라도 시도하고 도전하는 것에 좀 더 개방적인지, 학습 계획하기는 개인이 학습을 계획하고 구조화하는 데 좀 더 주도적이고 적극적인 접근 방법을 취하는지, 아니면 그렇지 않은지, 피드백을 통해 학습하기는 개인이 다른 이들로부터 얼마만큼의 피드백을 추구하게 만드는지 등이다.

360도 다면 평가 검사에 익숙한 독자는 360도 다면 평가에서 피드백을 준비하고 고객과 대화를 시작하기 전에 발달적인 행동에 대한 선택 사항을 고려할 때 이 보고서의 잠재적 가치를 깨달을 것이다. 코칭의 관점에서 이 보고서에 의해 제공된, 학습을 위한 기회 만들기, 학습을 위한 기회 제공하기, 학습을 관리하고 안내하며 피드백 주기에 대한 정보는 코치가 스스로를 돌아볼 때 이러한 능력으로부터 어떤 결과를 만들 수 있는지 고려하는 데 활용될 수 있다.

7) 직업성격검사의 정서지능 보고서

직업성격검사의 감정과 정서 영역과 관련된 척도 몇 가지는 이미 살펴보았다. 이러한 척도와 직업성격검사의 다른 영역 척도는 직업성격검사의 정서지능 보고서와 결합되어왔다. 직업성격검사와 정서지능의 강력한 연관관계는 정서지능검사(Bar-On EQ) 측정값과 샐러베이, 메이어(Salovey & Mayer, 1990)의 모델에 의해 검증되었지만, 이 보고서는 골먼(Goleman, 1998, 2000)의 정서지능 모델이 나온 이후에 다시 검토되었다. 직업성격검사에서 사용된 모델을 〈그림 8.4〉에 제시했다.

〈그림 8.5〉는 코치가 자신의 정서적인 세계를 어떻게 이해하고 관리할 수 있는지를 알 수 있는 직업성격검사 정서지능의 예이다.

정서지능 보고서의 첫 번째 부분은 코치의 내적인 세계를 언급하지만 두 번째 부

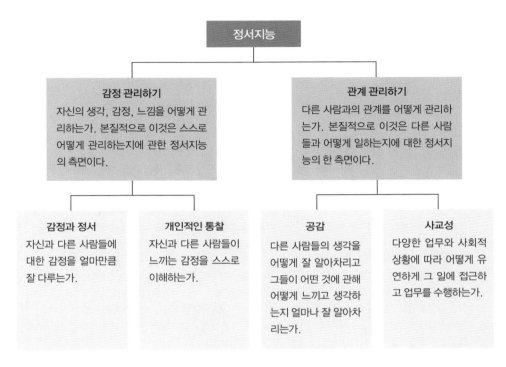

정서지능

감정 관리하기	관계 관리하기
자신의 생각, 감정, 느낌을 어떻게 관리하는가. 본질적으로 이것은 스스로 어떻게 관리하는지에 관한 정서지능의 측면이다.	다른 사람과의 관계를 어떻게 관리하는가. 본질적으로 이것은 다른 사람들과 어떻게 일하는지에 대한 정서지능의 한 측면이다.

감정과 정서	개인적인 통찰	공감	사교성
자신과 다른 사람들에 대한 감정을 얼마만큼 잘 다루는가.	자신과 다른 사람들이 느끼는 감정을 스스로 이해하는가.	다른 사람들의 생각을 어떻게 잘 알아차리고 그들이 어떤 것에 관해 어떻게 느끼고 생각하는지 얼마나 잘 알아차리는가.	다양한 업무와 사회적 상황에 따라 어떻게 유연하게 그 일에 접근하고 업무를 수행하는가.

〈그림 8.4〉 직업성격검사의 정서지능 모델

분은 코치가 어떻게 다른 사람들과 관계를 맺는지에 대해 언급한다. 〈그림 8.6〉은 정서지능 보고서에서 얻을 수 있는 정보의 예를 보여준다.

우리는 코칭 기술을 향상하기 위해 초점을 맞출 수 있는 잠재적인 영역을 식별하는 것뿐만 아니라 코치의 행동에 영향을 미치는 요인에 대한 이해를 도모하기 위해 직업성격검사에서 얻을 수 있는 정보를 검토해보았다. 이 지식은 코치가 고객의 직업성격검사 점수를 해석할 때 고객의 프로파일과 자신의 프로파일에서 차이점을 살펴보고, 코칭을 통한 조정이나 중재의 성공률을 높이기 위해 (또는 실제로 전혀 개입하지 않을 수도 있음) 자신의 행동에서 상대방에게 적응할 필요가 있을지도 모르는 영역을 고려하는 데 잠재적으로 매우 유용하다. 코치의 입장에서 이 두 보고서는 고객에 대한 정보를 제공하며, 이는 코칭을 통한 조정이나 중재를 준비하는 데 도움이 되므로 유용하

감정 관리하기			
역량	잠재적으로 개발 필요	개발 영역	잠재적인 강점
감정과 정서			
개인적인 통찰			

감정과 정서　　당신의 점수는 당신이 스스로 정서를 긍정적으로 전달하는 능력을 가지고 있는 반면, 당신이 그렇게 하는 것을 어려워할 때도 있다는 것과 자신의 감정을 다른 사람들과 공유하는 방법 측면에서 좀 더 긍정적인 영향력을 보여줄 때가 있다는 것을 나타낸다.

● 어떤 일을 진전시키는 데 어려움에 처했을 때, 잘 모르는 상황이 어떻게 판명될지 우려할 때, 또는 다른 사람들과의 관계에서 어떤 문제를 겪을 때, 당신은 어떻게 감정을 표현하는가? 불안한 정서가 안정될 수 있도록 시간과 공간을 확보하고, 어떻게 그리고 언제 자신의 느낌이나 감정을 다른 사람들과 공유하는 것이 긍정적인 영향을 미칠 수 있는지 숙고하는가?

● 당신은 자신의 감정을 다른 사람들에게 어떻게 표현하는가? 만일 감정을 공개적으로 표현하기를 좋아한다면, 당신이 자신을 정서적으로 표현하는 방법이 다른 사람들에게 어떤 영향을 미치는지 어떻게 인식하는가? 만일 감정을 공유하는 데 좀 더 조심스러워한다면, 당신은 다른 사람들과의 관계를 강화할 수 있는 정서와 느낌의 건설적인 공유 방법을 고려하고, 또한 다른 사람들의 생각과 느낌을 함께 공유하기 위해 다른 사람들에게 감정을 표현해달라고 요청할 수 있는 좋은 기회를 고려하는가?

개인적인 통찰　　당신이 어떤 일에 헌신할 때 그것을 통해 개인적인 변화를 일으킬 수 있는 능력을 가지고 있더라도, 당신의 점수는 헌신적 노력을 유지하는 방법과 개인적인 발전을 추구할 때 경험할 수 있는 좌절을 다루는 방법을 함께 고민할 필요가 있다는 것을 나타낸다.

● 당신은 어떤 행동의 결과에 대해 심사숙고하기 전에 즉각적으로 행동하는 경향이 있다는 것을 알아챘는가? 최근에 어떤 행동을 하기 전에 곰곰이 생각하는 것이 좀 더 긍정적인 결과를 이끌어내거나, 또는 이슈를 해결하면서 생긴 격앙된 감정을 더 잘 관리한 적이 있는가? 이러한 상황을 다시 한 번 생각해보고, 행동하기 전에 이슈를 곰곰이 따져본 뒤 자신의 느낌을 즉각적으로 반영하는 것이 좋은지, 앞서 고민했던 것이 어떻게 당신을 도와줄 수 있었는지, 이러한 직관을 향후에 어떻게 적용할 수 있을지 생각해보라.

● 당신은 수행하는 일이 어렵거나 좌절감을 계속 줄 때 앞으로의 행동에 동기를 계속 부여하거나 헌신하는 데 어려움을 느끼는가? 개인적인 목표를 스스로 부여할 때 결과적으로 달성하기 어려운 목표를 회피한 경험이 있는가? 당신은 어떻게 변화에 적응하는가? 당신은 변화라는 것을 동기가 부여되는 일 또는 동기가 부여되지 않는 일로 보는가? 왜 그런가? 당신이 알고 있는 사람들 중에 스스로 정한 목표를 반드시 달성하는 것처럼 보이는 사람, 어떤 어려움도 극복할 수 있고 변화에 쉽게 적응하는 것처럼 보이는 사람이 있는가? 그들과 이러한 이슈에 대해 논의해보았는가? 그러한 논의를 통해 당신이 얻은 직관이나 통찰은 무엇인가?

〈그림 8.5〉 감정 관리하기와 직업성격검사 정서지능의 결과 예

다. 이제 역량 개발 영역을 식별하는 데 사용할 수 있는 몇 가지 직업성격검사 보고서를 살펴보자.

관계 관리하기			
역량	잠재적으로 개발 필요	개발 영역	잠재적인 강점
공감			
사교성			

공감　　당신의 점수는 다른 사람들의 견해와 느낌에 좀 더 직접적인 관심을 표명하여 다른 사람들에게 긍정적인 영향력을 강화하는 때가 있다는 것을 나타낸다.

● 다른 사람들에게 생각이나 느낌, 의견을 표현하라고 격려할 때, 그리고 그러한 생각과 느낌을 끝까지 경청하기 위해 시간을 낼 때, 어떤 상황을 해결하기 위해 도움을 주었을 때, 또는 당신 자신의 시각과 제안을 버리고 더 큰 것을 수용하고자 했을 때를 고려해보라. 다른 사람들의 의견을 활발히 경청하고 그들에게 집단 토론에 기여할 기회를 주는 것은 팀의 구성원으로서 또는 한 집단의 리더로서 당신이 가진 긍정적인 시각을 잘 활용할 수 있는 좋은 기회이다.
● 개인적인 통찰 항목 아래의 점수를 참조하라. 그 점수가 낮다면 다른 사람들에게 당신의 진짜 영향력이 잘 보이지 않는다는 뜻이며, 따라서 하나의 잠재적인 약점을 제시하고 있는 것이다. 만일 다른 사람들이 생각과 느낌을 당신과 공유할 수 있는 여건이 조성되지 않고 그것을 장려받지 못한다면 당신은 자신의 강점과 함께 자기개발의 중요한 영역에서 피드백을 받을 기회를 놓칠 수도 있을 것이다.

사교성　　당신은 다른 사람들과 가까이하기 쉽고 붙임성 있는 사람인 반면, 이 점수는 새로운 사람들과 집단에 적응하는 데 어느 정도 시간이 필요하다는 것을 알려줄 수도 있다.

● 새로운 사람과 만날 때 또는 구성원이 많은 집단에 참여할 때 당신이 느끼는 불편함의 정도는 감정과 정서 항목 점수로 알 수 있다(이 점수가 낮을수록 더 불편함을 느끼는 것이다). 만일 감정과 정서 항목 점수가 낮다면 당신의 불안을 관리하는 방법, 상황에 적응하기 위해 자신에게 시간을 주는 방법, 표면적으로 좀 더 긍정적인 정서를 표현하는 방법 등 감정과 정서 항목 아래에 주어진 여러 가지 조언을 따르라.
● 다른 사람들에게 편안함을 느끼는 경우와 그렇지 못한 경우를 비교해보라. 편안함이 덜했던 상황과 편안했던 상황에서 받은 느낌과 생각을 스스로 대입해볼 수 있는가? 편안함을 덜 느끼는 상황에서 당신 자신에게 편안해지기 위한 시간을, 그리고 함께하는 사람들에게 적응할 시간을, 또는 그들이 당신에게 적응할 시간을 주는가?

〈그림 8.6〉 관계 관리하기와 직업성격검사 정서지능의 결과 예

4. 직업성격검사와 고객

코칭을 통한 조정이나 중재 과정에서 코치에게 도움이 되는 보고서를 살펴보기 전에 코칭 과정에서 직업성격검사를 사용할 때 발생할 수도 있는 몇 가지 기본적인 이슈를 알아보자.

1) 코칭 과정에서 직업성격검사를 사용하는 시점

코칭 과정에서 직업성격검사를 사용하는 데 규정된 사항은 없지만, 코치가 쉽게 코칭 과정에 들어가도록 코칭 임무 시작 바로 직전에 사용하는 것이 좋다. 이는 역량 개발 계획 및 역량 개발을 위한 다양한 행동을 부여하기 위해 서로 토의할 수 있는 영역뿐만 아니라 첫 번째 코칭 만남에서 고객에게 접근하는 시작점이 된다.

2) 직업성격검사의 소개 및 도입

직업성격검사를 요청받은 이유, 직업성격검사가 무엇을 측정하고 그 정보가 어떻게 사용되는지에 대한 고객의 이해는 중요하다. 이는 직업성격검사를 통해 산출된 점수를 사용하는 것을 고객이 긍정적으로 받아들이고 직업성격검사를 통해 얻은 정보가 유효하다는 것을 보장하기 때문이다. 앞서 언급했듯이 직업성격검사는 직업 세계를 위해 특별히 개발된 도구 중 하나이다. 직업성격검사의 측정값은 개인이 가진 성격의 기능에 대한 임상적인 측정값과 명백하게 구분된다. 직업성격검사의 측정값은 오답이나 정답이 없으며, 일터에서 고객 자신과 그 행동에 대한 이해를 향상하고 사람들을 돕기 위해 고객의 선호도와 성향에 관한 정보를 제공한다. 그러므로 고객에게 제공되는 정보는 어떤 판단을 내리는 데 사용되는 것이 아니다.

직업성격검사에서 산출된 점수의 기밀성은 코칭 시작 시점에 제기될 필요가 있는 이슈이다. 코치와 고객에게 점수가 제한적으로 공개되는지, 또는 점수를 고객의 상사 또는 그 회사의 인적 자원(HR) 부서 사람들이 공유하는지와 같은 질문에 대한 적절한 답변은 직업성격검사를 수행하기 전에 확인할 필요가 있다.

3) 유니버설 역량 프레임워크, 직업성격검사, 그리고 고객과 함께하기

직업성격검사는 32개의 개별적인 척도와 그 척도를 바탕으로 산출된 다양한 혼합 점수를 통해 풍부한 정보를 제공한다. 이 정보를 제대로 전달하고 잠재적 강점 또는 개발 영역을 파악하면서 직업성격검사 결과의 사용을 촉진해야 한다. 직업성격검사의 척도는 리더십이나 팀워크를 발휘하는 영역에 대한 보고서를 작성할 때 다양하게 활용되기 때문이다. 이는 동기와 능력을 비롯해 개별 역량의 유형 안에서 볼 수 있는 행위를 성격과 직접적으로 연결하는 역량 프레임워크인 유니버설 역량 프레임워크(UCF)의 개발과 광범위한 직업성격검사 타당성 검증 프로그램을 통해 가능하게 되었다.

유니버설 역량 프레임워크는 로밍거(Lominger) 모델(Lombardo & Eichinger, 2004)과 같이 고객과 다른 일반적인 모델을 하나의 통합 구조로 합치는 것뿐만 아니라, 몇 년간의 연구를 통해 SHL과 비 SHL 역량 모델의 통합을 이루었다. 이 연구에서 살펴볼 수 있는 고유한 특징은 역량 모델에서 제시되고 관찰된 행동, 성격, 능력, 동기의 측정값 사이 관계를 조사했다는 것이다(Bartram, 2005; Bartram & Brown, 2005). 유니버설 역량 프레임워크는 8요인으로 알려진 8개의 요인을 가진 세 단계의 상세한 설명으로 구성되었으며, 8요인 중 특정한 요인과 연결된 각 차원을 가진 20개의 차원, 특정한 유니버설 역량 프레임워크 차원과 연결된 112개의 특정한 행동으로 기술된다. 〈표 8.2〉에 8요인을 정리했으며, 이는 개인의 성격과 연결된 이러한 것이 5요인(Wiggins & Trapnell, 1997) 및 동기와 인지 능력에 의해 어떻게 기술되는지를 보여준다.

유니버설 역량 프레임워크의 행동 측정의 관점에서 역량을 분석하는 데 사용할 수 있는 몇몇 분석 도구가 있다. 이러한 도구는 현존하는 역량 모델을 유니버설 역량 프레임워크 안으로 매핑할 수 있으며, 유니버설 역량 프레임워크를 통해 직업성격검사

<표 8.2> SHL의 유니버설 역량 프레임워크에서 도출된 8요인

요인	설명	5요인, 동기, 능력과의 관계
통솔하기, 의사결정하기	통제하고 리더십을 연습한다. 행동을 촉발하고 방향을 제시하며 책임을 진다.	권력과 통제의 욕구, 외향성
지원하기, 협력하기	다른 사람들을 지원하고 존경을 보이며 사회적 상황에서 그들을 긍정적으로 여긴다. 사람들을 최우선으로 생각하며 개인과 팀, 고객 및 직원들과 효율적으로 일한다. 조직의 미비점을 보완하는 명확한 개인적 가치를 가지고 지속적으로 행동한다.	친화성
상호 작용하기, 제안하기	효과적으로 의사소통하고 네트워킹한다. 다른 사람들을 성공적으로 설득하고 영향을 미친다. 자신감 있고 편안한 태도로 다른 사람들과 관계를 이어간다.	외향성, 일반 정신 능력
분석하기, 해석하기	명확하고 분석적인 사고의 증거를 보여준다. 복잡한 문제와 이슈의 중심에 바로 도달한다. 자신의 전문성을 효과적으로 적용한다. 새로운 기술을 빨리 습득한다. 글로써 의사소통을 잘한다.	경험에 대한 개방성, 일반 정신 능력
창조하기, 개념화하기	새로운 아이디어와 경험에 개방적인 환경과 상황에서 일을 잘한다. 학습 기회를 추구한다. 혁신 정신과 창조성을 가지고 상황과 문제를 다룬다. 폭넓고 전략적으로 생각한다. 조직적인 변화를 지원하고 추동한다.	경험에 대한 개방성, 일반 정신 능력
조직화하기, 실행하기	미리 계획하며 체계적이고 조직화된 방법으로 일한다. 지시와 절차를 따른다. 고객 만족에 초점을 맞추고 합의된 표준에 부합하는 질 좋은 서비스 또는 제품을 제공한다.	성실성, 일반 정신 능력
적응하기, 대처하기	변화에 잘 적응하고 반응한다. 압력을 효과적으로 관리하고 실패에 효과적으로 대처한다.	정서적 안정성
기업 경영하기, 성과 내기	결과에 초점을 맞추고 개인적인 업무 목표를 성취한다. 업무가 결과와 밀접히 관련이 있을 때와 개인적인 노력의 영향력이 분명할 때 최상으로 일한다. 비즈니스와 상업 및 재정에 대한 이해를 보여준다. 자기개발과 직무 발전의 기회를 추구한다.	성취 욕구, 부정적 친화성

로도 매핑할 수 있다. 직업성격검사의 지표에 더하여 360도 다면 평가는 사용자에게 평가 및 분석 모델을 선택하도록 제시함으로써 유니버설 역량 프레임워크를 사용한 새로운 안이 나올 수 있다. 유니버설 역량 프레임워크는 직장과 역량 개발 센터에서 중요한 사람들과의 인터뷰를 고안하는 데 사용할 수도 있다. 평가의 유형은 모두(직업 성격검사를 통해 나오는 역량 잠재력과 360도 다면 평가, 인터뷰, 역량 개발 센터를 통해 나오는 실제 역량) 실제 역량과 잠재적 역량을 결합한 매우 강력한 분석 결과를 제공하는 데 사용될 수 있다. 〈그림 8.3〉은 역량 개발 프로그램을 위한 미팅이나 논의 이전에 세밀하게 나타낼 수 있는 몇 개의 가설을 통해 이러한 결합이 제공하는 분석 프 레임워크에 대한 요약 정보의 예이다. 이 매핑에 대한 해석은 그 역량이 현재 담당한 역할에 중요한지, 미래에 담당할 역할에 중요한지, 그리고 코칭과 역량 개발이 직업 승계와 승진에 직접적으로 적용되는지에 달려 있다. 유니버설 역량 프레임워크는 한 조직 안에서 각 계층과 기능을 초월한 또는 한 개인이나 팀에 대해 역량을 매핑하는 데 사용할 수 있다.

코칭을 통해 조정이나 중재를 만들어가는 것은 중요하다. 발달 목표를 수립하고 이 러한 목표를 달성하는 데 필요한 여러 가지 선택 사항 제작에 활용 가능한 2개의 보고 서를 소개한다.

4) 직업성격검사의 리더십 보고서

관리와 리더십은 거래적인 유형과 변혁적인 유형 사이에서 폭넓게 인지된 차이점이 있다. 관리가 시스템을 효과적, 효율적으로 움직이고 유지하도록 만드는 것에 관한 것이 라면, 리더십은 시스템을 만들고 개발하며 그 방향을 변화시키는 것에 관한 것이라 는 개념 역시 SHL 리더십 모델(SHL Leadership Model) 안에서 제기된다(Burns, 1978). 이처럼 관리와 리더십은 개념적으로는 구별되지만 둘 다 항상 필수적이며 실전에서는 상호 의존적이다.

SHL 리더십 모델은 어떤 조직 안에서든 리더십 효율성 측면에서 다음과 같은 네 가지 기능을 다룬다.

- **비전 개발하기:** 리더는 사실을 정확하게 분석하여 변화가 필요한 곳에 그 타당성을 확립하고 설정할 필요가 있다. 또한 확신에 찬 호소력 있는 미래 비전을 개발하기 위해 하나의 미션을 확립하고 그 비전을 달성할 수 있는 전략을 세워야 한다.
- **목표 공유하기:** 기업의 리더는 자신이 만든 비전에 대해 의사소통할 필요가 있으며, 목적과 목표를 설정하고, 조직의 전략적인 방향을 구체화하기 위한 의사결정을 수행한다. 전략을 제시할 때는 내부와 외부의 이해 당사자들과 상호 작용하여 폭넓게 수용되어야 한다.
- **지원 얻기:** 리더는 신뢰와 지지를 얻기 위해 다른 사람들의 지원이 필요하다. 따라서 리더는 다른 사람들의 관심사를 인식한 뒤 변화 의제를 가지고 그들과 화합해야 한다.
- **성공 전달하기:** 전략의 효과적인 실행은 경영상의 효율성과 상업적인 통찰력을 요구한다. 비전의 경제적인 실행 가능성은 경영상의 효율성과 조직의 성장을 위해 경쟁에서 이김으로써 보장된다.

보고서의 핵심은 앞서 설명한 8요인이며, 〈표 8.3〉에서 볼 수 있듯이 이는 네 가지 리더십 기능 위에 매핑되었던 것이다.

〈표 8.3〉 SHL 리더십 모델

리더십 기능	관리 초점(거래적)	리더십 초점(변혁적)
비전 개발하기	분석하기, 해석하기	창조하기, 개념화하기
목표 공유하기	상호 작용하기, 제안하기	통솔하기, 의사결정하기
지원 얻기	지원하기, 협력하기	적응하기, 대처하기
성공 전달하기	조직화하기, 실행하기	기업 경영하기, 성과 내기

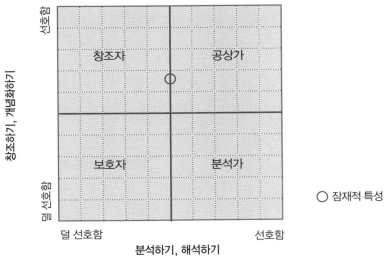

〈그림 8.7〉 '비전 개발하기' 도해의 예

창조하기, 개념화하기

선호함

덜 선호함

| 창조자 | 공상가 |
| 보호자 | 분석가 |

덜 선호함   선호함

분석하기, 해석하기

○ 잠재적 특성

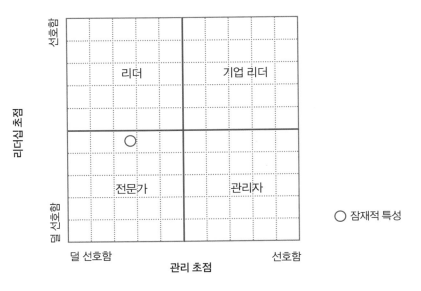

〈그림 8.8〉 리더십 잠재력에 대한 도해의 예

리더십 초점

선호함

덜 선호함

| 리더 | 기업 리더 |
| 전문가 | 관리자 |

덜 선호함   선호함

관리 초점

○ 잠재적 특성

이 보고서는 각각의 리더십 기능에 거래적인 축과 변혁적인 축의 선을 그을 때 그 개인의 특성이 한 점으로 놓이는 곳에서 하나의 분할점을 제공한다. 예를 들어 〈그림 8.7〉은 온라인 직업성격검사(i)를 통해 리더십 개발 프로그램에 참여한 개인의 결과이다. '비전 개발하기'라는 리더십 기능을 해당 점수로 표시하기 위해 분석하기, 해석하기(거래적)와 창조하기, 개념화하기(변혁적)라는 좌표를 그렸다. 2행 2열의 각 영역은 리더십 기능을 수행할 것 같은 행동으로 특징화된 한 유형, 그리고 나머지는 전체적인 리더와 관리자로 구분되어 있다. 이 예에서는 개인이 창조자와 공상가 사이에 놓여 있다. 2행 2열로 된 그림이 총 5개인데, 각각의 리더십 기능에 대한 것이 4개이고 하나는 리더와 관리자의 잠재력에 대한 전반적인 요약을 나타낸 것이다(〈그림 8.8〉 참고).

〈표 8.4〉는 보고서의 이용 가능한 설명을 요약한 예이다. 여기서 개인은 리더십 개발 프로그램에 참여할 것을 고려하고 있는 중이다.

이 보고서는 코치가 리더십에 관해 고객과 함께 활용할 수 있으며, 역량 개발 요구를 식별하고 그것에 부합하기 위해 상대적으로 초반 단계에 리더십 그래프를 통해 활용될 수 있다. 보고서는 고객의 리더십 스타일에 대해 고객이 어떻게 인지하고 있는지에 대한 대화를 진행할 때 참고 자료로 사용할 수 있으며, 고객의 미래의 리더십 역할에 대한 기대를 탐색하는 데 사용할 수 있다. 만약 코치가 조직 안에서 하나의 코호트(cohort) 또는 리더십의 한 계층을 다룬다면 코칭과 연관된 모든 사람에 대한 보고서 검토는 고객과 토론할 때 나오는 요구와 주제의 공통 영역을 식별하는 데 도움을 줄 것이다. 개별 업무 집단의 특성을 살펴보기 위해 데이터를 다시 모으는 작업은 중요하다. 직업성격검사를 통해 팀 구성을 위한 업무 환경에서 어떻게 사용할 수 있는지, 또는 한 팀의 각 구성원뿐 아니라 팀과 팀 간 역량 개발 요구를 어떻게 제기할 수 있는지 살펴보는 데 도움을 준다. 직업성격검사가 이러한 과제를 해결하는 데 어떤 도움을 줄 수 있는지 알아보기 위해 직업성격검사에서 나온 팀 영향력 보고서를 검토해보자.

<表 8.4> 직업성격검사의 리더십 보고서 설명 요약의 예

관리 초점 vs. 리더십 초점	
리더/ 전문가	효과적인 리더는 혁신 감각, 추진력, 개인적 회복력, 기업가로서의 능력을 결합하여 조직을 변혁하는 일을 한다. 그러나 리더가 효과적인 관리와 연관된 거래적인 측면을 간과한다면 노력의 효과가 떨어질 수 있다.
비전 개발하기	
창조자/ 공상가	창조자와 공상가 유형이 혼합된 사람은 새로운 아이디어와 경험 및 개방적인 환경과 상황에서 일을 잘 수행한다. 이들은 전형적으로 혁신 감각과 창의성을 가지고 상황과 문제를 다루며, 조직적인 변화를 지원하고 움직인다. 이러한 사람들은 문제를 해결할 때 유연한 접근 방법을 채택하며, 실제적인 경험에서 얻는 교훈과 함께 논리적이고 분석적인 접근 방법에 균형을 맞춘다. 변화를 위한 열정 속에서 현 상황에 대한 긍정적인 측면을 간과하는 경향이 있을 수도 있다.
목표 공유하기	
의사결정자/ 지지자	의사결정자와 지지자 유형이 혼합된 사람은 대부분 집단에 대한 통제권을 가지라거나 좀 더 지시적인 유형을 연습하라고 요구할 때 편안해한다. 일반적으로 이들은 독립적으로 일하는 것을 선호하고, 반드시 그렇게 해야 할 때만 다른 사람에게 개입하며, 결단력과 개인적인 통제권을 발휘하는 것을 선호한다. 이들은 다소 사적이고 사회적으로 조심스러운 경향과 함께 개인적인 생각과 숙고를 위한 시간을 소중하게 여기는 경향이 있다. 결과적으로 외부와의 네트워크를 위한 기회와 비즈니스를 만들 기회를 잃어버릴 수도 있다.
지원 얻기	
모험가	모험가는 변화에 대한 도전에 잘 반응하고 새로운 접근 방법을 시험해보면서 가능한 결과에 관해 과도하게 걱정하지 않는다. 이들은 자신의 업무에서 실용적인 과업과 연관된 측면에 초점을 맞추며, 개인적인 이슈와 다른 사람들의 관심사에 참여하는 것을 불편하게 느낀다. 이들이 가진 개인적인 자신감은 다른 사람들에게 안정감과 보호감을 줄 수 있지만, 변화에 적응할 때는 다른 사람들이 경험한 개인적인 도전을 과소평가하는 경향이 있으며, 의도치 않게 다른 사람들에게 상처를 주거나 그들에게 폭넓게 수용되지 못할 수도 있다.
성공 전달하기	
시행자/ 이상주의자	시행자와 이상주의자 유형이 혼합된 사람은 상업적인 고려 사항에 의해 또는 개인적인 인식이나 성취 욕구에 의해 앞으로 나아간다. 결과적으로 이들은 잠재적인 상업적 기회를 인식하거나 활용하는 데 실패할 수도 있다. 이들은 가까이에 있는 과업에 지속적으로 초점을 맞춘다. 그리고 갑자기 발생하는 위급 상황에 임시 대응하는 것과 미리 계획되고 구조화된 접근 방법을 적용하는 것 사이에 업무의 균형을 맞추면서 만족을 얻는다.

5) 직업성격검사의 팀 영향력 보고서

직업성격검사의 팀 영향력 보고서는 업무 집단과 팀에 적용되는 입력-처리-결과 (input-process-output) 모델에 바탕을 두고 있으며 다양한 문헌의 검토 결과와 SHL 의 컨설팅 경험에서 식별된 8개의 주요 팀 프로세스에 초점을 맞춘다(Forsyth, 1999; Swezey & Salas, 1992; McGrath, 1991, 1984; Goodman, 1986; Gladstein, 1984; Janis, 1982). 〈표 8.5〉에서 보듯이 8개의 팀 프로세스는 효과적인 팀 구성을 위한 네 가지 주요한 기능을 중심으로 조직화되어 있다.

〈표 8.5〉 직업성격검사 팀 영향 보고서의 기능, 영향, 행동

팀 기능	팀 영향	해당 팀에 영향을 미치는 중요한 행동
형성	탐색 가능성	새로운 아이디어, 접근 방식, 통찰력을 요구하며 작업 또는 프로젝트 전반에 걸친 또는 그와 관련된 광범위한 문제를 고려한다.
	평가 옵션	추가 정보와 문제 이해를 위한 조사 및 이용 가능한 정보를 합리적으로 판단한다. 아이디어를 신속하게 평가하여 타당성을 결정한다.
관리	환경 방향	다른 사람에게 명확한 방향을 제시하고 동기와 권한을 부여한다. 성과 수준에 따라 팀원에게 업무를 맡기며 팀원의 성과 수준에 따라 팀 활동을 관리한다.
	헌신 행동	위험이 내재하는 경우도 있기 때문에 신속히 결정을 내린다. 자신의 행동과 사람들에 대해 책임을 지며 자신의 지시에 활동의 시작과 촉진이 이루어지도록 행동한다.
자원	네트워크 활용	모든 수준에서 직원들과 강력한 관계를 맺고 조직 안팎에서 효과적인 네트워크를 구축한다. 팀 외부의 자원을 활용하는 방법을 파악한다.
	응집력 유지	팀의 요구에 개인적인 접근을 적용하여 팀 정신에 긍정적으로 공헌한다. 적극적으로 듣고 소통하며 다른 사람들을 지지하고 배려한다.
전달	초점 고정	체계적이고 계통적이며 질서 정연한 방식으로 작업한다. 절차와 방침, 일정을 준수하고 적절한 시기에 고품질의 결과를 추구한다.
	압박감 저항	어려운 상황에서도 감정을 통제한다. 새로운 요구에 대비하여 접근 방식을 변경할 수 있도록 탄력적, 낙관적으로 활동하고 압박감에 영향을 받지 않는다.

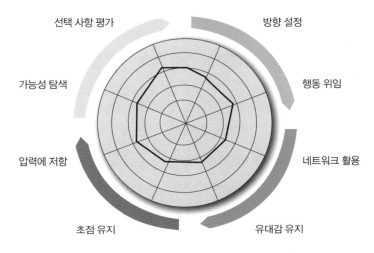

팀 영향력	팀의 강점 평가	관련된 팀 기능
가능성 탐색	적절한 행동	창조하기
선택 사항 평가	강점	
방향 설정	적절한 행동	관리하기
행동 위임	적절한 행동	
네트워크 활용	적절한 행동	자원 수배하기
유대감 유지	적절한 행동	
초점 유지	적절한 행동	전달하기
압력에 저항	적절한 행동	

〈그림 8.9〉 직업성격검사의 팀 영향력 보고서에서 얻은 정보의 예(팀의 시각)

이러한 결과는 기술 및 비즈니스 프로세스에 대한 중대한 변화의 시기에 새로운 제품 개발에 참여한 기술 팀의 사례를 묘사한 〈그림 8.9〉에서 볼 수 있다(이 보고서는 팀 코칭을 위한 개입에 앞서 기술 팀이 변화를 잘 견디도록 무엇을 갖춰야 하는지를 평가하기 위해 팀 리더가 의뢰했다). 팀의 영향력은 그것이 팀의 강점인지(초록색), 개발 대상 영역인지(노란색), 잠재적으로 개발이 필요한 영역인지(빨간색)에 따라 분류된다. 팀에 대한 전체적인 프로파일은 팀에게 개발 요구되는 것보다는 팀 구성원들에게

'네트워크 활용' 영향력을 위한 역량 개발 팁

바람직한 행동: 모든 직급에서 직원들과 강력한 인간관계를 확립하라. 조직 안팎에서 효과적인 네트워크를 구축하라. 그 팀 바깥에서 자원을 활용하는 방법을 알아보라.

팀에 활용하기 위해 팀 리더에게 제시되는 기법

- 조직 내부, 다른 조직 사람들과 접촉하는 것에 대해 그 팀에게 중요성을 설명하고 강조하라.
- 팀 구성원들에게 자신이 가진 네트워크를 통해 팀에 이득이 될 수 있도록 유용한 경험을 가진 아이디어와 사람을 찾도록 요구하라.
- 조직 안에서 팀의 수행 업적을 증가시킬 수 있는 방법을 식별하라. 다른 사람들이 그 팀에 대해 호기심을 가지게 하라. 이 호기심으로 유용한 네트워크를 만드는 데 이용하도록 그 팀을 지원하라.
- 전문적인 조직에 참여하도록 팀 구성원을 격려하고 그들이 네트워킹을 팀에 제공하는 것에 대가를 주어라.

그 팀 리더를 위한 코칭 활동

- 조직 내부, 다른 조직 사람들과 접촉하는 것에 대한 중요성을 설명하고 강조하라.
- 서로 협력하기 위해 조직 안에서 서로 잘 연결되어 있는 팀에 접근하는 것을 고려하라. 그들의 네트워크를 확장하고 그 팀의 연결망을 당신 팀이 활용할 수 있는 기회를 잡아라.
- 전문적인 조직이 만든 네트워킹 집단에 참여하라.
- 조직의 경영진에게 당신이 맡은 팀이 성공적이라는 것을 제시할 수 있는 기회를 찾아라.

개별적으로 피드백을 제공하는 분위기를 조성하는 데 사용되기도 한다.

이러한 팀 영향력 보고서는 제기된 행동이 과업 중심인지, 사람 중심인지에 따라 구분할 수 있는 역량 개발 팁을 제공한다. 아래 표에는 '네트워크 활용'의 영향력 아래 팀을 위한 역량 개발 팁을 몇 가지 제시했다. 자세히 살펴보면 팀의 영향력 아래에 있는 적절한 행동을 제시하는 데 도움을 주기 위해 팀 리더를 위한 몇 가지 팁도 같이 제시되어 있다.

요약

이 장에서는 직업성격검사를 소개하고 개인과 팀 및 업무 집단의 코칭과 개발에 어떻게 사용될 수 있는지 살펴보았다. 유니버설 역량 프레임워크에 기반을 두고 직업성격검사를 활용한 다양한 보고서가 존재하고, 이러한 보고서는 고객에게 성격 척도로부터 얻은 점수를 역량 잠재력 점수로 쉽게 바꿀 수 있도록 만들었으며, 리더십과 팀 기능에 대해 효과적인 역량 개발에서 잠재 요인에 대한 정보를 쉽게 수집하게 해주었다. 이렇게 상황에 맞춤화된 보고서는 행동상의 변화에 대한 잠재적인 장애물을 구분하고 개인과 팀, 조직의 잠재적인 실패 요인을 구분하는 것뿐만 아니라 행동에 영향을 미치는 요인에 대한 좀 더 깊은 이해를 얻기 위해, 그리고 코칭 과정에서 대화와 역량 개발 계획 수립을 위한 시작 시점을 파악하기 위해 학습과 정서지능에 대한 좀 더 일반적인 보고서와 함께 사용될 수 있다.

또한 직업성격검사는 강력하고 심도 깊은 진단을 제공하는 행동에 대한 360도 다면 평가 도구, 능력 검사 도구, 동기 측정 도구 등의 평가 도구와 함께 사용할 수 있다. 한편 코치에게 잠재적인 가치를 제공하기 위해 직업성격검사로부터 얻을 수 있는 보고서도 있다[예: 유니버설 역량 보고서(Universal Competency Report, UCR)]. 직업성격검사는 다중 언어적이고 다양한 지리적 환경에 속한 사람들에게 널리 적용할 수 있다. http://www.shl.com/SHL/en-int/Products에서 기술적인 매뉴얼과 보충 자료를 무료로 내려받을 수 있으며, 직업성격검사의 제품을 활용하는 사람들에 대한 정보를 얻을 수 있는 해당 지역 SHL 사무소 정보는 SHL 홈페이지(http://www.shl.com)에서 제공한다.

Chapter 09

동기부여 코칭

Dave Bartram · Alexander Fradera · Helen Marsh

코칭 과정에서는 동기의 패턴을 이해하는 것이 중요하다. 이 장에서는 동기의 개념, 이론, 검사 등에 대해 살펴보고 검사의 적용이 고객의 자기인식과 학습 행동 변화에 어떤 영향을 미치는지 알아본다.

1. 동기부여의 이해

동기는 성공적인 일 뒤에 숨겨진 추진력이다. 동기는 얼마나 많은 에너지가 얼마나 오랫동안 업무 수행에 집중될지, 그리고 어떤 상황에서 그 에너지가 유지될 수 있는지를 결정한다. 동기는 일반적으로 다음과 같이 정의된다.

- 행동에 동력을 제공하는 것
- 행동의 방향을 결정하는 것
- 행동을 유지하고 지속(혹은 중단)하는 것

따라서 경영진의 변함없는 도전은 피고용인에게 동기를 부여하여 수동적인 수용에서 벗어나 능동적으로 개인과 조직의 목표를 추구하도록 하는 것이다. 사람들의 성과를 전망하고 그들의 발전을 돕고자 애쓸 때 단지 그들의 능력(그들이 할 수 있는 것), 흥미(그들을 자극하는 것), 개성(그들의 행동 선호 방식)을 아는 것만으로는 충분하지 않다. 동기(행동을 유발하는 원동력), 즉 행동의 '이유'는 방정식의 핵심 부분이고, 사람들의 동기를 사정할 수 있는 능력도 매우 중요하다.

1) 이론적 시각

이 장에서는 특별히 직장에서의 동기를 이해하는 것과 관련이 있는 심리 이론에 초점을 둔다. 폭넓게 말하자면 이 이론은 욕구 이론, 욕구 및 강화 이론, 인지 이론 등 세 가지 주요 범주로 구분할 수 있다.

2) 욕구 이론

영향력 있는 많은 이론가는 개인 안에 행동을 활기차게 이끌어가는 내적 상태나 욕구의 존재를 단정한다. 헨리 머레이(Murray, 1938)의 연구에서는 주요 욕구 20개의 목록을 밝히고 이를 분류하는 정교한 시스템을 제시했다. 그의 연구는 자율성, 존중, 공격성, 지배력, 권력, 성취, 소속감 등의 심리적 욕구를 확인했다. 특별히 마지막 3개는 광범위한 연구 주제가 되었다.

매슬로(Maslow, 1954; 1970)는 다섯 계층의 욕구를 제안했다. 이는 배고픔, 목마름 해소 등과 같은 가장 기본적인 신체적 욕구부터 안전에 대한 욕구, 소속 및 사랑에 대한 욕구, 자존감의 욕구, 그리고 최상위 단계인 자아실현(즉 개인 잠재력의 완전한 실현)의 욕구에 이른다. 더 높은 단계의 욕구를 채우려면 낮은 수준의 욕구가 반드시 채워져야 한다. 경험적 근거가 부족하기는 하지만(Cherrington, 1991; McCormick & Ilgen, 1987; Wahba & Bridwell, 1976) 매슬로의 이론은 서술적 모델로 인기를 끌었고 조직 발달 프로그램의 기본 토대로 종종 사용되어왔다.

앨더퍼(Alderfer, 1969; 1972)는 일련의 연구를 통해 매슬로의 욕구 등급 5단계를 3개의 범주로 나누었다.

- **존재의 욕구:** 생존에 필요한 생리적 요인과 물질
- **관계의 욕구:** 모든 사회 지향적 욕구
- **성장의 욕구:** 개인의 잠재력 개발과 관련

헤르츠베르크(Herzberg, 1966)는 자아실현과 관련된 욕구와 고통을 피하기 위해 파생된 욕구의 차이를 구별했다. 전자는 직장에서 명확한 사건에 의해 발생되는 성취, 책임, 승진과 같은 욕구로 '동기 요인(motivator)'이라 불린다. 후자는 직무 환경과 관련이 있는 '위생(hygiene)' 요인으로 긍정적 만족보다는 고통 감소와 더 연관이 있다. 이 두 가지 변수의 독립성은 연구로 완전히 입증되지는 않았지만 조직 심리학에 주요한 영향을 미쳐 업무 개발 프로그램을 위한 촉진제로 작용하고 '내재적 동기'에 대한 관심을 유발한다.

내재적 동기는 데시(Deci & Ryan, 1985; Deci, 1972)에 의해 알려졌는데, 그에 따르면 내재적 동기는 역량과 자기결정에 대한 욕구가 '최적의 도전(optimal challenge)'을 추구하고 정복하고자 하는 지속적인 과정의 기반이 된다. 이 최적의 도전은 개인의 능력을 확대하고 궁극적으로 최대의 효과를 이끌어내는 상황을 의미한다. 높은 수준의 내재적 동기는 '과제 관여(task involvement)'에서 비롯된다. 즉 외적 보상보다는 과제 자체에 대한 흥미로 야기된다. 이 이론에 의하면 개인별 또는 내재적으로 동기부여되는 정도는 차이가 많이 난다.

선천적 욕구의 개념과 대조되는 것으로, 맥클렐랜드와 동료들(McClelland, 1987)은

욕구가 경험에 의해 학습되거나 획득되고 사람들에게 특정한 목표를 추구하도록 동기부여한다고 주장한다. 다음은 가장 주목받는 세 가지 연구 주제이다.

- **성취 욕구**: 우월성 기준으로 경쟁을 향한 행동을 하려는 욕구
- **소속 욕구**: 타인과 따뜻한 관계를 맺고 유지하려는 욕구
- **권력 욕구**: 타인을 통제하고, 타인의 행동에 영향을 미치며, 타인에 대해 책임을 지려는 욕구

3) 욕구 및 강화 이론

강화 이론은 과거에 보상과 처벌을 어떻게 받았는지에 따라 행동이 통제된다고 가정한다. 엄격히 말하면 이 이론은 동기 이론이라고 간주할 수 없다. 활력 요인(energizing factor)을 무시하기 때문이다. 하지만 이 이론은 어떻게 행동이 형성되는지 분석할 수 있는 수단을 제공한다. 행동에 대한 설명이 간단한 만큼 강화 기법은 바람직한 행동을 도출해내는 가장 효과적인 방법이 될 수 있다. 강화 기법은 행동에 대한 설명처럼 지나치게 단순화된 것으로 여겨진다. 커(Kerr, 1975)는 논문 〈B를 희망하면서 A에 대해 보상하는 어리석음에 대해(On the folly of rewarding A, while hoping for B)〉에서 보상 구조가 조직의 목표에 반하여 작동될 수 있는 방식에 대해 논의했다. 이러한 예로 장기적 사고가 필요할 때 단기간의 판매 증가에 대해 보상하는 것을 들 수 있다.

4) 인지 이론

인지 이론은 직장에서의 중요한 동기부여가 자동적인 것이 아니라 마음먹기에 달려 있다고 주장한다. 결과적으로 이 이론은 생각, 신념, 가치와 같은 의미의 요소에 초점을 두고, 이러한 요소가 직장에서 사람들의 결정과 동기부여에 어떻게 영향을 주는지를 설명한다.

애덤스(Adams, 1965; 1963)가 발표한 공정성 이론은 직무에 있어서 사람들이 '투입(input)'과 '산출(outcome)'을 비교하고 판단하는 것에 초점을 맞춘다. '투입'은 개

인이 어떤 상황에 제공하는 자신의 자격, 경험, 노력 등을 포함한 모든 것을 의미하고, '산출'은 급여나 직무에서 비롯되는 지위나 이익 가치 같은 혜택을 포함한다. 애덤스에 의하면 개인은 자신의 우선순위를 사용하여 투입과 산출의 전체적인 가치와 두 가치의 비율을 도출해낸다. 이 이론에 따르면 개인은 자신의 투입-산출 비율과 다른 사람의 비율이나 자기가 속한 집단의 투입-산출 비율을 비교한다. 두 비율이 동일하면 '공정성(equity)'이라 하고, 두 비율이 동일하지 않으면 '불공정성(inequity)'이라 한다. 불공정하다고 지각되면 그 비율의 요소를 변화시키려고 노력하는데, 예를 들어 노력의 양을 변화시킬 수 있다. 이러한 방식은 행동을 위한 동기부여의 근원이 된다.

기대(원가, 수단)* 이론은 1930년대로 거슬러 올라간 심리학적 이론에 그 뿌리를 두고 있다(Lewin, 1938; Tolman, 1932). 이 이론은 브룸(Vroom, 1964)이 처음으로 직무 동기와 관련하여 다듬은 것이다. 기대 이론은 미래의 강화물에 대한 기대감이 사람들로 하여금 최대한 이롭다고 판단되는 행동을 하게끔 하는 주요한 동기 유발의 자극제라고 주장한다. 브룸의 용어로 말하자면, 사람들이 선택하는 행동과 노력의 정도는 다음과 같은 요소의 복합 함수이다.

- 어떤 특정한 결과의 가능성에 관한 '기대'
- 어떤 특정한 활동이 어떤 특정한 산출을 이끌어내는 '수단'이 될 것이라는 신념
- 그 결과가 어떤 개인에게 느껴지는 '유의성'과 매력

5) 경영 접근법

경영에 관한 연구는 항상 조직원의 동기부여를 핵심 열쇠로 여겨왔으나 주로 심리학적인 틀 외의 접근법을 사용하는 경향이 있었다. 전통적 경영 모델은 외부 통제와 금

---

* 기대 이론(expectancy theory): 구성원의 동기부여 강도를 성과에 대한 기대와 성과 외 유의성으로 설명하는 이론으로 동기 유발을 위한 동기 요인의 상호 작용에 관심을 둔다. 브룸에 의하면 동기부여는 유의성(valence), 수단(instrumentality), 기대(expectancy)의 영향을 받는다.

전적인 인센티브를 강조했다. 인간관계 모델은 직원들은 일을 하면서 사회적 욕구 충족에 관심을 가지는데 서로 존중하고 인정해주는 관계가 동기부여의 주요 수단이라고 본다. 이후의 연구(Drucker, 1954)도 개인의 목표 성취에 대한 의지(예: 과제를 잘 완성하기)가 동기라는 것을 확인했다. 이러한 논조는 '목표 설정 이론'으로 진화하여 최근의 연구는 가장 효과적인 목표(예: 모호한 것보다는 특정한 목표, 간단한 것보다는 도전적인 목표)를 찾기 위해 노력한다.

1960년대와 1970년대에 인적 자원 접근법이 개발되어 사람들은 복잡하게 서로 연관된 요인에 의해 동기부여가 된다는 사실, 직원들마다 목표도 다르고 제공할 수 있는 역량도 다양하다는 사실을 인식하게 되었다. 이러한 관점은 피고용인을 경영진이 유효 적절히 활용할 수 있는 역량과 재능으로 바라본다. 이 시기에 등장한 맥그레거(McGregor, 1960)의 'Y 이론'은 피고용인을 게으르고 책임을 회피하는 시각으로 보는 'X 이론'과 정반대로 피고용인을 책임지는 열정과 미개발된 창의성을 가진 원천으로 본다.

2. 동기부여검사

욕구, 가치, 신념, 기대, 추진력, 습관 등 영역을 불문하고 개인적 차이의 중요성은 앞서 언급한 모든 동기 심리 이론과 현대의 경영(인적 자원) 접근법에 모두 명시되어 있거나 내포되어 있다.

동기부여검사 개발의 목표는 동기 패턴이나 역량 측면에서 보이는 개인 간 차이점의 본성을 체계적으로 평가하는 수단을 제공하는 것이다. 요약하자면 동기부여검사는 직장에서 개인의 행동에 활력을 주거나 유지하는 요인에 대한 개인 간의 차이를 평가하는 것이다.

동기부여검사의 목적은 개인이 업무에 임할 때의 에너지를 평가하고, 개인의 동기를 증가시키거나 감소시키는 상황을 파악하는 것이다. 이 도구를 통해 얻는 정보는 직무에 대한 동기부여와 잠재적 산출물을 극대화하는 데 도움을 준다. 동기부여검사 M5 버전은 경영자, 전문직, 관리직이나 이와 동등한 수준의 직원이 사용할 수 있는 표준 척도로서, 직업성격검사나 그 외 성격 검사에서 얻은 정보를 보완하기 위해 사용할 때 가장 유용하다.

동기부여검사는 직무 요구, 경영 스타일, 기업 문화, 가치 등의 요소와 개인의 동기를 비교하는 큰 그림을 보여주는 동시에 개인이 어떤 위치에서 어떻게 행동할지 예측할 수 있게 한다. 관리자 입장에서는 직원들을 이해하고 그들의 동기부여를 도울 수 있는 가치 있는 결과를 얻게 될 것이다. 개발 센터에서는 정확한 직무-직원 매칭을 위해 동기부여검사를 사용할 수 있다. 코칭 상황에서는 동기부여검사를 통해 어떤 사람이 직무를 왜 잘 수행하는지 또는 왜 잘 수행하지 못하는지 알 수 있고, 직무 관계를 분석하는 데 도움이 되기도 한다. 조직의 입장에서는 어떤 부서 또는 조직 전체의 동기부여검사 정보를 통해 직원들의 사기와 성과를 보는 통찰력을 얻을 수 있다. 이러한 결과 검토는 특히 기업 문화에 변화를 주기 전이나 그 변화의 영향력을 평가할 때 유용할 것이다.

1) 동기부여검사의 구조

〈표 9.1〉에서 보듯이 동기부여검사의 18개 척도는 4개 영역으로 구분된다. 에너지(energy)와 역동성(dynamism) 요인은 관련된 직원들의 에너지와 동력의 주요 원천을 나타내고, 어떤 사람이 직무 상황에서 이 에너지를 얼마나 사용할 것인지에 대한 정보를 제공한다.

에너지, 역동성 척도와 달리 그 외 범주의 척도는 동기를 부여하거나 동기를 상실시키는 특정한 요소에 더 초점을 두는 경향이 있다. 시너지(synergy) 범주의 척도는 직무 환경에서 느끼는 편안함, 환경과의 조화감과 관련이 있다. 이 요인들은 종종 과제 자체에 대해 비본질적인 것이지만 기업 문화에서는 본질적인 것으로 도덕적 기준 준수,

〈표 9.1〉 동기부여검사의 차원

차원	설명	추진력 및 성공 관련 요소
에너지와 역동성		
활동 수준	압박감 속에 일하고 다양한 요구와 빡빡한 일정에 대처해야 하는 상황에서 동기부여가 되는 정도	끊임없이 일함, 다중 과제 상황
성취	도전 목표가 주어지고 자신의 능력이 확장된 것을 깨달음으로써 동기부여가 되는 정도	도전 받기, 전진, 목표 달성
경쟁	경쟁적 환경에서 업무의 영향에 의해 동기부여가 되는 정도	최고가 되기, 타인과 비교하기
실패에 대한 두려움	실패와 비판, 타인에 의한 부정적 평가 및 이로 인한 자존감 상실을 피하고 싶은 욕구에 의해 동기부여가 되는 정도	기대에 미치지 못함, 실패 예상
권한	권한을 행사하고, 책임을 지고, 협상하고, 타인에게 영향을 미칠 수 있는 기회에 의해 동기부여가 되는 정도	권한 가지기, 책임지기
몰입	정상적인 노동 시간을 넘어 책임을 요구하는 일에 의해 동기부여가 되는 정도	과중한 업무 요구 즐기기, 장시간 근무 허용
상업적 견해	상업적으로 혹은 이익에 초점을 맞추는 정도	이익에 영향을 미치는 노력, 상업적인 초점
시너지		
소속감	직장에서 다른 사람과 상호 작용하는 기회에 의해 동기부여가 되는 정도	함께 일하기 좋은 사람들, 사회적 접촉
인정	자신의 성취에 대한 칭찬과 다른 외적인 인정에 의해 동기부여가 되는 정도	인정, 칭찬
개인적 원칙	이상을 지키고 높은 도덕적 성품 기준에 도달하려는 욕구의 정도	윤리적이기, 품격과 평판
편함과 안전	즐거운 근무 조건, 고용 안정 등과 같은 상황적 요인에 의해 동기부여가 되는 정도	일하기 좋은 장소, 고용 안정
개인적 성장	더 훈련받고 발전하며 새로운 기술을 습득할 수 있는 기회에 의해 동기부여가 되는 정도	개인의 발전, 학습 기회

차원	설명	추진력 및 성공 관련 요소
본질(내재적 본질)		
관심	다양성, 관심과 자극을 제공하는 직무에 의해 동기부여가 되는 정도	다양성, 관심, 자극
융통성	유동적 작업 환경과 직무 수행을 위해 명확히 정의된 구조나 절차의 부재에 동기부여가 되는 정도	유동성, 모호함과 변화 용인
자율성	자신이 보는 대로 직무의 체계를 정리할 수 있는 여지가 주어지는 것에 의해 동기부여가 되는 정도	독립적이기, 권한 이양
비본질(외재적 본질)		
물질적 보상	금전적 보상에 의해 동기부여가 되는 정도	금전적 보상
승진	충분한 승진 전망에 의해 동기부여가 되는 정도	승진, 경력에 초점
지위	지위, 신분, 계급과 이에 대한 적절한 존경에 의해 동기부여가 되는 정도	존경, 명성

팀워크 강조, 다른 사람과의 상호 협조적인 관계 등을 예로 들 수 있다. 이러한 내재적 척도는 직원들이 본질적으로 만족할 만한 직무 및 과제의 속성(예: 다양성과 관심 가치)과 관련이 있다. 네 번째 범주의 척도는 과제 자체의 필수 요소는 아니지만 수행을 잘 해낸 결과로 얻을 수 있는 물질적 이득 같은 외형적 보상과 관련이 있다.

3. 동기부여검사와 코치

　코치 자신의 동기 프로파일을 탐색해보는 것의 이익은 두 가지이다. 첫째, 코치가 고객과 함께 이 도구를 사용하기 전 설문 조사에 익숙해질 기회를 준다. 둘째, 자기성찰의 기회를 주는데, 코치 자신에게 동기를 부여하거나 상실하게 하는 요인에 대한 개인적 자각을 할 수 있고, 이러한 요인이 코칭에 어떤 영향을 줄 것인지 알 수 있는 기회도 된다.

원칙적으로는 훈련된 동기부여검사 사용자는 자신의 프로파일을 스스로 관리하고 채점하고 평가할 수 있다. 하지만 훈련된 다른 사람에게서 피드백을 받는 것은 강력한 효과가 있다. 즉 미래의 고객이 코치의 피드백을 받는 것을 코치가 직접 경험해보는 것이다. 훈련된 다른 사람의 피드백이 어떤 효과가 있는지에 대한 과학적 증거는 없지만, 현장에서는 잘 훈련된 사람의 피드백이 자기성찰에 상당한 가치를 더할 수 있다는 것을 폭넓게 받아들이고 있다. 자기 평가자는 더 객관적인 시각을 가지게 되고, 도구 해석의 전문가라 할지라도 그냥 넘어갈 수 있는 해석과 가정을 다시 돌아보게 된다.

1) 동기부여검사 사용 알리기

동기부여검사에서 피드백을 받는 것은 이 도구를 더 잘 이해하고 익숙하게 됨으로써 코치에게 유익하다. 프로파일 탐색을 통해 4개의 영역과 18개 차원의 구조를 이해하는 수준, 기술 언어 사용, 색상 해석(강점과 동기부여 요소의 방향), 스텐(sten) 위치(규준 집단과 비교) 등의 수준을 향상한다. 정보의 활용은 개인 프로파일의 이해와 같은 의미 있는 문맥상에서 소개될 때 보다 쉬워진다.

스스로 질문해보는 것도 동기부여검사의 경험적 시각을 제공한다. 직장에서 동기부여에 관한 정보를 전달받는 것을 어떻게 느끼는가? 기술 언어는 어떤 반응을 이끌어낼 수 있는가? 이러한 정보를 받아들이는 더 적절한 방법이 있는가? 개인마다 반응하는 방식과 선호하는 것이 다 다를 것이다. 그럼에도 불구하고 검사 도구에 대한 개인적 경험은 코치가 동기부여검사를 소개할 때 고객과 공감하는 데 도움이 될 것이다.

2) 코칭 접근 방식 알리기

자기인식을 높이면 코치 역할의 성과가 커질 것이다. 이러한 목적에서 동기부여검사는 매우 효과적인 도구이다. 자신의 동기 프로파일을 탐색해봄으로써 한 발자국 물러나 자기를 돌아볼 기회를 얻고, 왜 코치를 하는지, 추구하는 개인적인 만족감은 무엇인지, 어떤 코칭 상황이 가장 큰 보상과 도전을 주는지 등을 인지하게 된다. 예를 들면 다른 사람을 도와주는 기회에 대해 나는 얼마나 동기부여가 되는가? 어떤 개인적 원칙과 도덕적 기준이 작용하는가? 그리고 이러한 원칙이 나에게 동기부여되는 혹은 내가 추구하기에 가장 알맞은 코칭 계약 유형에 얼마나 영향을 주는가? 코치로서 전문적인 개발을 지속해나갈 수 있도록 가장 크게 동기부여하는 포맷은 무엇인가?

또한 동기부여검사는 코치가 더 세세한 코칭 시나리오를 준비하도록 돕는다. 코치로서 우리는 스스로 질문할 수 있다.

내가 지닌 프로파일의 어떤 특정한 영역이 코치와 고객 모두를 위한 코칭 경험에 영향을 미칠 것인가? 나의 프로파일은 코칭 스타일에 어떻게 도움이 되거나 방해가 되는가? 고객의 견해를 이해하기가 더 쉽거나 어렵다는 것을 발견했을 때는 언제인가? 동기부여 요소 중에 어떤 것이 옳고 그른지에 대해 내가 판단을 내리거나 절대적인 의견을 가지고 있을 때는 언제인가? 동기 원천에 대해 논의할 때 내 프로파일의 어떤 측면에서 고객과 담합할 위험이 있는가?

이러한 자기성찰의 과정은 코치의 역할에 대한 인식을 제고시키고, 코칭 관계의 역동성에 대한 효과를 높이며, 우리의 시각과 논점을 내려놓고 고객에게 더 초점을 맞추게 한다. 이를 더 잘 나타내기 위해 몇 가지 차원에 대해 좀 더 자세히 살펴보자.

■ 융통성

만약 자신이 구조를 선호하고 애매모호한 것이 동기를 상실시키는 유형이라면 유동적 환경에 의해 동기부여되는 유형인 고객의 필요에 어떻게 대처할 수 있을까? 또한 자신이 느슨한 방식으로 일하고 유동적인 작업 환경에서 더 활기차다면 구조를 필요로하는 고객과의 관계를 명확히 보여주기 위해 어떤 조치를 취해야 할지 생각해보아야한다.

■ 소속감

다른 사람을 돕거나 상호 작용하는 기회에 의해 동기부여되는 정도는 코치의 업무에 적합한 수준을 나타낼 것이다. 소속감도 조화로운 팀워크(공동 작업)에 의해 동기부여되는 측면을 나타낸다. 만약 소속감이 강력한 원동력이라면 비판적인 피드백을 부드럽게 받아들이거나 발전 문제에 맞서는 것을 회피하는 경향이 때때로 나타나는가? 이러한 인식이 증가하면 코치는 보다 객관적인 모습을 띠게 되어 고객에게 필요한 경우 지지와 도전을 제공할 수 있다.

■ 권력

영향력과 권위의 실행에 의해 동기부여된다면 이는 코칭 환경에서 어떻게 나타날까? 통제하려는 충동으로 인해 고객의 어젠다가 아니고 코치의 어젠다로 이끈 적이 있는가? 코치는 코칭 환경에서 강력한 경계 구역을 세우고 이를 '안전한 지역'으로 지정할 수 있다. 이 지역 내에서 관계에 의해 필요할 때만 전문성 측면에서 통제와 권위를 최소한으로 사용해야 한다.

■ 성취 욕구와 실패에 대한 두려움

만약 성공에 대한 그리고 어려운 도전의 극복에 대한 강한 열망이 있다면, 또한 예상되는 실패가 자극제가 된다면 그것은 코칭 접근법에 어떻게 드러날까? 만약 실패에 대한 두려움으로 동기부여된다면 코치는 코칭 세션 작업을 종료하는 것이 최선이라는 증거가 있을지라도 그것을 극도로 꺼리게 된다. 코치는 규칙적으로 코칭 세션의 과정을 되돌아보고, 프로세스를 지속하는 것이 고객에게 항상 최선의 이익이 아닐 수도 있다는 가능성을 열어두어야 한다.

요약하면, 동기부여검사를 통한 자기성찰 과정은 코치가 일련의 중요한 문제에 대해 스스로 물어볼 수 있는 개인별 맞춤 과정이다. 이러한 모든 질문은 코칭 관계 이전이나 코칭을 하는 동안 코치가 동기부여검사를 통해 사용할 수 있을 것이다.

4. 동기부여검사와 고객

　동기부여검사의 가장 적절한 적용은 성과 코칭이든, 업무 코칭이든, 변화를 위한 코칭 관계이든 각 코칭 상황의 독특한 요구에 달려 있다. 특징적인 동기부여검사는 솔직한 자기진단으로 사용되고, 코칭 과정에서의 피드백은 후반부보다는 초기에 주어진다. 동기부여를 객관적으로 측정하기 어렵기 때문에 고객에게 동기부여검사는 유용한 틀이나 용어를 제공할 수 있으며, 이러한 방식은 토론을 위한 도약대로 사용되기도 한다.

　초기 진단 도구로서의 추가적인 이득은 조직 내 임원들의 기대를 충족하는 즉각적인 통찰력과 영향을 얻을 수 있다는 것이다. 동기부여검사 같은 심리 측정 도구는 탄탄하고 과학적인 접근 방식을 제공하며, 코칭 관계의 신뢰감을 확립하는 데 효과적인 방법이다. 하지만 고객이 코칭 과정 전반에 걸친 보다 높은 수준의 신뢰감을 우선적으로 구축할 필요가 있을 때는 동기부여검사나 다른 심리 측정을 사용하는 것을 미뤄야 하는 경우도 있을 것이다.

　동기부여검사를 탐구하는 일은 프로파일과 독립적으로, 고객과 함께 논의할 많은 논점을 불러일으키는 촉매제로 작용할 수 있다. 어떤 경우에는 프로파일로 돌아갈 필요가 전혀 없지만, 또 어떤 경우에는 동기부여검사를 기준점으로 사용하여 코칭 관계의 과정 전반에 걸쳐 프로파일과 이 도구의 세부 차원으로 돌아가는 것이 더 유익할 수도 있다. 이 도구에 사용되는 차원에 대한 고객의 이해는 시간이 지남에 따라 더욱 정교해져서 초기에는 접근할 수 없었던 유연한 통찰과 관점을 가질 수 있다. 게다가 고객은 코칭 과정에서 의미 있는 변화와 생활 사건을 경험하고 자신의 동기부여 프로파일을 점검하거나 설문지를 다시 작성해볼 수도 있다.

5. 동기부여검사 결과 프로파일

동기부여검사를 효율적으로 사용하는 방식은 융통성이 매우 크고, 코치는 자신과 고객의 욕구에 가장 적절한 방식을 선택한다. 준비 과정 중에 다음과 같은 문제를 다룰 단서가 될 만한 고객의 프로파일을 살펴보는 것이 유용하다. 고객의 일반적인 동기 수준은 어느 정도인가?(고객의 프로파일을 검토하여 에너지와 역동성 분야의 여러 요소 살펴보기) 개인의 성장과 발전을 위한 기회로 고객은 얼마나 많이 동기부여되는가? 상황을 통제한다는 느낌이 고객에게 얼마나 중요한가? 명확한 구조와 과정에 의해 또는 유동적인 환경에 의해 어느 정도 동기부여되는가?

프로파일을 소개하기 전에 코치는 동기부여 문제에 대한 개방적이고 일반적인 질문을 고객에게 할 수도 있다. 고객은 현재 자신의 역할에 동기부여하는 핵심 요소가 무엇이라고 생각하는가? 업무의 어떤 측면이 의욕을 꺾는가? 직장에서 언제 가장 동기부여되는가? 그 이유가 무엇인가? 직장에서 언제 가장 의욕이 꺾인다고 느끼는가? 고객에게 프로파일을 소개할 때 4개 영역과 18개 차원에 대한 개요를 제공하고, 동기부여되었을 때(초록색)와 동기가 꺾일 때(파란색) 색깔이 어떻게 나타나는지 알려주는 것이 좋다.

에너지와 역동성의 역할은 동기의 전반적인 수준을 이해하는 데 유용한 시작점이 될 수 있고, 그 후에 핵심 동기 유발 요인과 의욕 상실 요인으로 두드러지게 나타나는 세부 차원을 탐색할 수 있다. 논의를 촉진하는 데에는 다음과 같은 몇 가지 질문이 도움이 된다. 고객의 핵심 원동력에 대한 그림은 얼마나 정확한가? 이러한 욕구가 고객의 현재 상황/역할에서 어느 정도 충족되고 있는가? 경영 방식이 고객의 동기적 욕구와 얼마나 잘 맞는가? 고객의 동기부여 프로파일은 기업 문화 및 가치와 얼마나 잘 맞는가? 어떤 특정한 동기 유발 요인이 없거나 어떤 의욕 상실 요인이 존재할 때 어떤 일이 벌어지는가? 고객은 어떤 대처 방식을 가지고 있거나 고려하고 있는가? 고객은 대처할 수 있는가? 고객은 어떤 행동을 취하고 싶어 하는가?

6. 동기부여검사 결과 프로파일 해석

　동기부여검사 프로파일을 해석할 때 주의를 기울일 가치가 있는 여러 가지 일반적인 패턴이 있다. 극단적인 프로파일을 가진 고객, 즉 매우 높거나 낮은 차원이 혼합되어 있는 고객은 아마도 최선의 업무 수행을 위해 아주 특별한 작업 환경이 필요할 수도 있다. 반대로 분야 전체에 걸쳐 점수가 비슷한 것은 흥미로운 경우이다. 즉 균일하게 높은 점수는 사회적으로 바람직한 모범에 대한 정도의 열망을 암시하고, 일정한 중간 정도의 점수는 기업과의 관여성에 약간 조심스럽거나 비자발적임을 의미한다. 그리고 일정하게 낮은 점수는 고객이 현재 직장에서 동기가 상실된 상태라는 것을 나타낼 수도 있다. 이 모든 경우에 코치는 더 많은 정보를 찾아낼 수 있다. 무엇이 고객의 활기를 북돋는가? 무엇이 고객을 더 혹은 덜 동기부여되게 하는가? 이러한 패턴의 범위 밖에 있는 다른 유형의 프로파일이 고객이 직무 환경과 잘 맞지 않는다는 것을 나타낼 때는 여러 가지 질문이 제기될 수 있다.

　동기부여검사 척도에 쓰이는 여러 차원과 해석을 〈표 9.1〉에 요약·정리했다. 다음은 차원에 대한 상세한 설명이다.

■ 성취, 경쟁

　이 두 차원은 아주 다른 동기부여를 보여준다. 성취는 내적 목표와 기준점에 뿌리를 두고 있고, 변화하는 환경과 상관없이 요구되는 어떤 기준과 관계가 있다. 한편 경쟁은 직무 환경 내외의 외부적인 기준점에 대비해서 측정되고, 결과적으로 변화에 매우 민감하다.

■ 몰입, 활동 수준

　활동 수준은 일이 바쁠 때 요구되는 일반적인 에너지 수준을 나타내는 반면, 몰입은 개인이 자신의 역할에 전념할 준비가 된 정도를 의미한다. 두 가지 모두 긴 시간의 업무로 이어질 수 있다. 활동 수준은 습관성을 나타내고 몰입은 어떤 역할에 대한 태도를 반영한다. 몰입도가 큰 사람은 서두르는 것을 좋아하지 않고 결과물을 얻기 위해 많은 시간을 투자한다. 이것은 개인의 의사결정 방식과 관계가 있을 수 있는데, 이는 결정을 얼마나 빨리 내리고 결론에 얼마나 빨리 도달하는지를 나타낸다.

■ 실패에 대한 두려움

실패에 대한 두려움은 성취 욕구를 의미한다. 일반적으로 성취는 직업적 성공에 초점을 두며 이를 기꺼이 인정하고 보상하려 하는 반면, 실패에 의해 동기부여되는 사람은 성공을 무시하거나 축소할 가능성이 있다. 실패에 대한 두려움과 자존감 유지의 관계성을 감안하면 이 차원을 탐색할 때 코칭 실천가의 전문 영역과 기술에 적합한지 조심스럽게 접근해야 한다.

■ 개인적 원칙

프로파일을 보면 개인적 원칙을 유지하는 것이 고객에게 중요한지 아닌지를 알 수 있다. 만약 중요하다면 이러한 원칙은 흥미로울 것이다. 도덕성이나 품성 등에 유연한 관점을 가진 고객은 강도 높은 규범 준수를 요구하는 작업 환경에서 일한다면 저항에 부딪히게 될 것이다. 한편 일련의 표준을 유지하겠다고 각오한 사람이 이와 반대되는 환경에서 일한다면 동기가 줄어들 것이다. 보편적으로 이러한 원칙은 종교와 문화적 신념을 포함하기도 한다.

■ 물질적 보상, 승진, 지위

물질적 보상, 승진, 지위는 서로 관련이 많기는 하지만 각각 따로 살펴보는 것도 유용하다. 지위는 무엇보다 계급과 관련이 있고, 물질적 보상은 금전적 이익에 관한 것이며, 승진은 정의 및 공평함과 관련이 있다. 승진과 공정한 대우에 관심을 가진 고객은 승진을 하거나 급여가 인상될 때보다 많은 역할이나 책임이 주어질 때 더 동기부여가 될 것이다.

7. 동기부여검사 결과의 활용

동기부여검사는 개인, 팀, 조직의 모든 차원에 적용할 수 있다. 조직은 데이터의 총합을 검토하여 조직 전체의 동기부여 수준과 출처의 경향성을 알아볼 수도 있고, 기업 변화의 영향을 평가하는 방법으로 이러한 통찰력에 의지할 수도 있다. 이 절의 나머지 부분은 개인으로서의 고객과 팀장으로서의 고객에 초점을 맞추고 있다.

동기부여검사는 고객에게 리더십 통로의 다양한 수준에서 흥미로운 통찰을 제공할 것이다(Charan et al., 2000). 개인이 자신을 관리할 때 또는 다른 사람들과 사업 분야를 관리할 때 개인의 동기부여 요소가 자신의 역할에 대한 기대치와 얼마나 잘 맞춰져 있는가? 대개의 경우 한 개인을 온전히 이해하기 위해 동기부여검사 도구를 다른 심리 측정 도구와 함께 사용해왔다. 특히 직업성격검사(OPQ)와 같은 성격 검사는 선호 유형에 대한 자료와 동기부여 반응에 대한 척도를 보완하기 위해 사용되었다. 성격과 동기는 둘 다 개인의 잠재력을 측정하는 것으로 보인다(능력, 관심, 가치도 관련성이 있다).

잠재력의 측정이 강력한 힘을 발휘할 때는 평가/발달 센터의 역량 기반 성과 데이터나 다면 평가 자료를 뒷받침하거나 의미를 부여할 때이다. 만약 어떤 사람이 '팀 구축 능력'의 역량을 잘 실행할 수 있고, 그의 선호 유형과 동기가 이 영역과 잘 맞아떨어진다면 그의 원천적인 강점 영역일 것이다. 만약 그가 '상업적 의사 결정' 분야를 잘 수행하지 못한다면 그의 근원적인 선호 유형과 동기부여 프로파일에서 어떤 설명을 찾을 수 있겠는가? 다시 말해 어떤 사람이 특정한 활동을 할 때 활력이 넘치고 선천적으로 그 활동을 좋아할 수 있는 성격 유형이지만 아직 그런 심리적 특성이 개발되지 않았기 때문일 것이다.

어떤 요소는 단순히 알려지는 것만으로도 작업 조건의 향상이라는 결과를 만들어낼 수 있다. 만약 어떤 고객이 인정받는 것이 자신에게 가장 중요한 동기 요인이라는 사실을 그동안 밝힌 적이 전혀 없다면, 이러한 사실을 동료, 상사와 공유함으로써 업무 만족도와 수행 능력이 향상되는 결과를 가져올 수 있다. 또 다른 어떤 요소는 고객이 그 동기 요소를 인식함으로써 그러한 동기 요인이 없는 환경에 합당한 대처 전략을 생각해내게 한다.

목표 중심 코칭에서는 확인된 목표 및 차후의 발전 행동 계획에 대한 개인의 의지와 헌신의 수준을 평가하는 것이 중요하다. 목표가 성취되는 때는 개인이 그 목표를 성취하는 것에 대한 열의가 있을 때, 즉 목표에 대한 동기가 높을 때이다. 만약 어떤 사람이 목표 달성을 하지 못한다면 코치는 그의 동기 프로파일을 다시 확인하고 동기를 유발할 수 있는 핵심 동기 요인을 찾아내는 것이 유용할 것이다. 예를 들어 목표는 사업 감각을 향상하는 것인데 이윤이나 재정을 지나치게 강조하여 의욕이 저하되는 고객이 있다면 목표를 개인의 성장(어떤 기술이나 전문 지식을 얻을 수 있는가)을 위한 기회로 재설정하거나, 목표에 도달하는 것을 동료(상사의 인정을 받을 수 있는 출처)와 어떻게 의사소통할 수 있는지에 초점을 맞출 수도 있다.

동기부여검사에 대한 탐구는 팀장 역할을 하는 고객을 도울 때 강력하게 작용하기도 한다. 이 도구를 사용함으로써 관리자는 여러 가지 사항을 이해할 수 있다. 자기 팀원들이 어떻게 동기부여되는지도 알게 되며, 동기부여 요소가 매우 다양하고 모든 팀원이 같은 방법으로 동기부여되지 않는다는 것도 이해할 수 있다. 또한 부하 직원들이 자신과 다른 동기부여 요인을 가지고 있다는 것도 깨닫게 된다. 만약 과거에 팀원들을 동기부여하기 위한 시도가 지속적으로 실패하거나 역효과를 초래했다면 다른 접근 방법이 필요하지 않겠는가? 관리자는 자기 팀의 동기 프로파일을 이해함으로써 팀을 동기부여할 수 있는 정도에 있어 조직 주도의 영향력을 보다 정확히 평가할 수 있다.

아마도 가장 강력한 동기부여검사의 적용은 팀 내에서 일어나는 갈등 상황을 관리자가 이해하고 설명할 수 있게 하는 경우일 것이다. 갈등은 여러 가지 차이로 인해 발생하는데, 예를 들어 화목한 팀워크에 대한 욕구의 차이, 자율성에 대한 욕구의 차이, 애매모호함을 견뎌내는 정도의 차이에서 비롯될 수 있다. 성격 프로파일은 팀원들의 업무 유형 차이를 설명하는 반면, 동기부여검사는 업무 유형에서의 갈등 때문에 발생하는 활력 상실을 설명하는 데 도움이 된다. 팀장인 고객과 팀원들이 팀 발전의 촉진을 위해 함께 참가하는 것이 적절할 것이다. 이를 위해 개별적인 피드백 이후 단합 모임을 하여 각각의 팀원이 자신의 동기 프로파일을 나누고 공유하며, 어떻게 하면 팀이 잘 작동할 수 있는지, 각자 어떻게 달리 행동해야 하는지 등을 토의할 수도 있다.

요약

이 장에서는 코치와 고객이 자신의 동기부여 패턴을 더 잘 이해하기 위한 도구로서 동기부여검사가 코칭 과정을 지지하는 데 어떻게 사용될 수 있는지를 설명했다. 결과적으로 코치는 고객의 행동을 생산적 영역으로 어떻게 이끌어낼 수 있는가를 더 잘 이해할 수 있다. 심리 검사는 객관적인 방법으로 빠르고도 풍부한 정보를 얻을 수 있는 비용 대비 측면에서 매우 효율적인 방법을 제공한다. 그리고 이 정보는 자신의 동기부여 패턴이 다른 사람과 어떻게 다른지 이해하도록 돕는 내재된 기준점을 보여준다.

Chapter 10

직무 역량 코칭

Rainer Kurz · Rab MacIver · Peter Saville

성격 검사는 지난 수년 동안 코칭 과정을 개선하는 데 중요한 부분을 담당해왔다. 이제 부적절하고 당황스러운 성격 검사의 시대는 끝났다. 오늘날에는 코치와 고객에게 통찰력을 제공하는 직무 관련 질문지가 코칭 과정에서 유용한 역할을 담당할 수 있다. 성격 검사의 기술이 향상되고 있으며 컴퓨터를 활용한 높은 수준의 전문가적 해석을 탑재하여 설계된 새로운 측정 도구가 개발되었다. 이러한 발전 뒤에는 '타당성'이라는 중요한 이슈가 있다. 이제 성격 검사와 직무 성과 간의 강력한 연계성을 보여줄 수 있다. 덕분에 성과 향상과 동기부여에 중요하게 작용하는 성격의 일부분에 보다 정밀하게 집중할 수 있게 되었다. 이 장의 전반부에서는 직무역량검사(Saville Consulting Wave®, SCW)를 간략히 소개하고 최근 코칭 분야 발전의 이론적 토대, 측정 도구의 고유한 특성을 다룬다. 후반부에서는 코치와 고객이 직무역량검사를 실제로 어떻게 이용할지 살펴보고, 코치가 활용할 수 있는 '프로페셔널 스타일'의 질문지를 통해 어느 정도 깊은 수준의 분석이 가능한지 설명한다.

1. 직무역량검사의 이해

직무역량검사 개발의 처음 목표는 개인, 조직 및 직무 변수의 평가를 위한 통합된 도구 모음을 만들기 위해 지난 세기의 자기보고식 설문지 평가 실무를 바탕으로 최신의 기술 진보를 활용하여 혁신을 이루는 것이었다.

1) 군집, 섹션, 차원, 측면의 계층 구조

직무역량검사는 계층적인 구조로 필요에 따라 배치되는 네 가지 세부 수준을 제공한다. 〈그림 10.1〉에서 꼭대기에 위치한 4개 군집은 직무 성과를 뒷받침하는 핵심 특성에 관한 개괄적인 내용을 담고 있다. 각 군집은 3개 섹션으로 구성되어 있으며 각 섹션은 심리 진단 검사 경험이 있는 사용자가 기대하는 세부 수준에서 진단하는 3개 차원으로 구성된다. 그리고 각 차원은 해당 차원을 공통적으로 정의하는 3개 측면으로 나뉜다. 이러한 측면은 의미의 정확성을 유지하면서도 넓은 진단 범위를 제공한다.

직무역량검사의 구조는 세 가지 관점에서 동시적으로 개발되었다(MacIver et al., 2006). 귀납적 이론 구성은 연역적인 4개 군집 모델로 이어졌고, 연역적인 '상향식' 모델링을 통해 처음에는 214개의 고유한 스타일 측면을 만들었으며, 논리적으로 도출된 직무 기준 44개(군집당 11개)에 대한 검증을 통해 108개 측면을 선정하는 기초 내용이 제공되어 최종 모델이 완성되었다. 직무역량검사는 다음의 변수 모음에 적용된다.

- 조직 변수는 격차 분석을 가능하게 하는 '우선적인 실제 문화(preferred and actual culture)' 설문 조사와 개인-직무 적합성의 효과를 포착할 수 있는 '조직 풍토' 설문 조사로 측정한다.

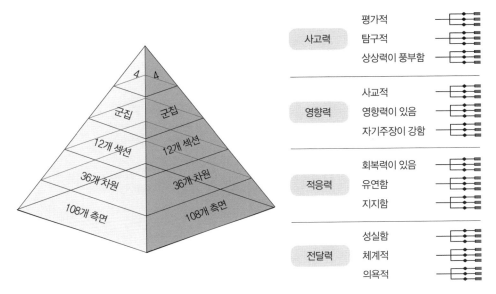

〈그림 10.1〉 군집, 섹션, 차원, 측면의 계층 구조

- 직무-역할 평가와 직무-성과 다면 평가 목록을 통해 360도 이해관계자 관점을 모아서 직무 요구 조건 및 직무 성과 평가에 관한 개략적인 내용을 정리할 수 있다.
- 개인 특성은 '프로페셔널 스타일' 질문지 모음과 간소화된 '포커스 스타일' 평가로 측정한다.

2) 웨이브 휠

사고력, 영향력, 적응력, 전달력 군집은 직장에서의 성과와 관련된 주요한 행동 측면을 모두 설명하기 위해 설계되었다. 군집과 섹션은 성격의 5요인 모델과 8개 핵심 역량 모델의 전 세계적인 연구를 토대로 구축되었고, 〈그림 10.2〉에서 보듯이 군집과 섹션은 웨이브 휠(wave wheel)의 기본 구조로 투명하게 매핑되었다.

원형으로 배치된 웨이브 휠에서 가까이 위치한 섹션 간 상관관계는 크고 반대편에 위치한 섹션과는 상관관계가 낮다. 원형의 상반부는 비교적 관찰이 어려운 특성을 나타내고, 하반부는 비교적 관찰이 쉬운 특성을 나타낸다. 왼쪽의 섹션은 넓게는 보호적

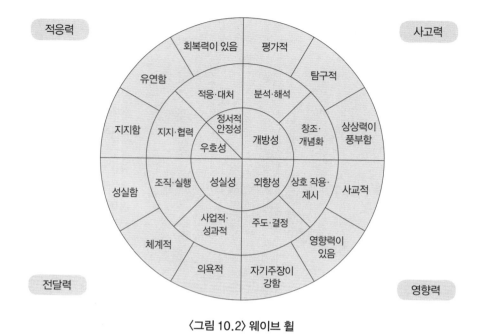

適応力 (적응력)
사고력
전달력
영향력

회복력이 있음 평가적
유연함 적응·대처 탐구적
지지함 지지·협력 정서적 안정성 분석·해석 상상력이 풍부함
조직·실행 우호성 개방성 창조·개념화
성실함 성실성 외향성 상호 작용·제시 사교적
사업적·성과적 주도·결정 영향력이 있음
체계적 의욕적 자기주장이 강함

〈그림 10.2〉 웨이브 휠

행동을 다루고, '탐구적'부터 '의욕적'에 해당하는 오른쪽 섹션은 능동적 행동을 다룬다. 이러한 원형 배열은 근접한 섹션은 물론 반대편의 섹션을 탐색하는 데 도움이 된다.

3) 성격의 5요인

성격의 5요인은 광범위한 특성 요인, 즉 경험에 대한 개방성, 성실성, 외향성, 우호성, 신경증성으로 구성되어 있다. 배릭과 마운트(Barrick & Mount, 1991)는 이러한 광범위한 특성 요인의 연구 기반을 마련했으며, 연구의 기원은 노먼(Norman, 1963)으로 거슬러 올라간다. 현재 성격의 5요인으로 알려진 것과 사실상 동일한 구조인 모델들을 수년 동안 제각기 다른 이름으로 부르며 사용해왔다. 신경증성은 긍정 심리학이 대두됨에 따라 정서적 안정성 혹은 자신감으로 명명되었고, 우호성과 경험에 대한 개방성은 정반대 특성인 독립성과 관습성으로 측정되기도 했다. NEO-PI-R 질문지(Costa

& McCrae, 1992)는 성격의 5요인에서 가장 일반적으로 사용된 측정 기준을 활용한 검사이다.

4) 8개 핵심 역량

커즈와 바트럼(Kurz & Bartram, 2002)의 연구는 새로운 세 가지 카테고리 지능, 권력 욕구, 성취 욕구를 추가함으로써 성격의 5요인 모델을 확장하여, 성격 그 자체보다는 직무 성과의 개인별 차이점을 설명하기 위해 설계된 8개 핵심 역량을 선정했다. 이들은 직장에서 이루는 성과의 중요성과 관련된 역량에 대해 '원하는 결과나 성과를 성취하는 데 중요한 역할을 하는 일련의 행동'이라고 정의했다.

8개 핵심 역량의 기원은 로버트슨과 킨더(Robertson & Kinder, 1993)의 메타 분석 연구이며, 이 연구에서 제각각 다양하게 존재하는 성과를 분류하는 기준을 만들었다. 덕분에 니필드(Nyfield, 1995)가 주도한 국제 검증 연구와 같은 대규모 검증 작업을 가능하게 하는 역량 목록이 다양하게 개발되었다. 이 데이터베이스를 바탕으로 커즈(Kurz, 1999)는 표준화된 심리적 예측 척도와 역량 기준을 연계하는 전문가 시스템 방정식을 개발하면서 해석적 보고를 강화하고 성격 및 능력 예측 척도를 통한 역량 예측에서의 높은 타당성을 지속적으로 보여주었다. 이와 동일한 연역적 방정식은 한국과 일본의 샘플에서도 교차 검증되어 다양한 문화권에 적용되는 견고한 타당성을 입증했다 (Gotoh, 1999).

5) 12 웨이브 섹션

직무역량검사의 섹션은 성격의 5요인과 8개 핵심 역량 모델에 투명하게 매핑되어 있으면서도 사람과 직무 사이의 진정한 복잡성을 반영하는 넓고 상세한 범위를 제공한다. '포커스 스타일' 질문지에서는 각 섹션이 3개 측면을 통해 측정되는 한편, '프로페셔널 스타일' 섹션은 3개 측면으로 구성된 3개 차원을 특징으로 한다. 커즈(Kurz,

2006)는 NEO와 '프로페셔널 스타일' 섹션 간의 상관에 관한 크레빈(Crebbin, 2005)의 예측을 적용하여 모든 성격의 5요인과 평균 0.5의 상관이 있음을 밝혔다.

6) 4 웨이브 군집

웨이브 군집에는 다양한 이론과 평가 접근법이 혼합되어 있다.

디그먼(Digman, 1997)은 성격의 5요인의 고차원 요인 구조를 조사하여 자신이 '알파'로 명명한 고차원 요인은 우호성과 성실성(정서적 안정성 관련 요인)으로 구성되고, '베타'로 명명한 요인은 외향성과 경험에 대한 개방성으로 구성된다는 것을 밝혔다. 웨이브 휠의 왼쪽에 위치한 '체계적'에서 '평가적'까지의 섹션은 위의 알파 요인에, '탐구적'에서 '의욕적'까지의 오른쪽 섹션은 위의 베타 요인에 광범위하게 해당한다.

바트럼, 배런, 커즈의 연구(Bartram, Baron, & Kurz, 2003)에서는 8개 핵심 역량의 고차원 구조로 볼 수 있는 네 가지 리더십 기능의 윤곽을 제시했다. 커즈는 관련 역량 평가를 모두 합하여 리더십 기능을 측정하고 어떠한 능력, 흥미, 동기, 스타일 변수가 리더십 기능의 토대를 구성하는지를 밝혔다. 커즈는 SHL 기업 리더십 모델(Bartram, 2002)에서 제시된 변혁적 리더십과 거래적 리더십의 구분에 문제를 제기했다. 요인 분석 결과에 따르면 리더십 연구에서 잘 알려진 '사람 지향 대 과제 지향'이라는 고전적인 방식과 함께 디그먼의 알파 대 베타 요인과 유사한 최고 수준의 구분 방식이 데이터를 더 잘 설명할 수 있기 때문이었다.

4개 군집은 사실상 네 가지 리더십 기능과 유사하지만, 업무 복잡성 수준과 직무 수준을 모두 아우르는 직무 성과의 일반적인 모델로서 기능한다. 풀먼(Fullman, 2005)은 '프로페셔널 스타일' 예측 변수와 기준 데이터를 분석하고, 연역적 모델과 통계적인 4개 요인 솔루션 간의 수렴을 발견했다.

웨이브 휠에서는 사고력과 전달력 군집이 업무 축을 형성하고 영향력과 적응력 군집이 사람 축을 형성한다. 각 축의 점수를 비교하면 예상되는 개인의 행동과 아래 제시된 코칭 관계에 미칠 잠재적인 영향에 관한 흥미로운 대비점 또는 통찰을 얻을 수 있다.

군집은 유형 보고서에도 활용되는데, 영향력과 적응력이 네 가지 사람 유형을, 사고력과 전달력이 네 가지 업무 유형을 구성한다. 이를 조합하면 직무 성과의 변혁적이고 거래적인 측면을 보여주는 총 16개 유형이 정의된다. '변혁가-거래자' 유형은 직원과 자원에 대해 높은 수준의 책임감을 가진 경영자 및 리더의 역할에서 가장 보편적이고 효과적인 유형이다.

2. 직무역량검사

유형 진단과 전문가 보고서는 검사의 핵심적인 세 가지 특징을 제시한다.

1) 코칭 분야의 새로운 깊이 측정

전문가 보고서에서 하나의 차원에 대한 3개의 측면 점수는 3점 이상이 나타나면 측면 범위가 강조된다. 〈그림 10.3〉은 근본적인 원리를 반영하는 개념화와 학습에 대한 높은 경향성을 나타내는 전문가 보고서에서 발췌한 내용으로 추상적인 차원에 대한 측면 범위를 보여준다. 이 경우는 이론 적용에 대한 낮은 경향성을 보이는 경우와 대조된다. 측면 범위를 통해 실제 개인의 독특성과 복잡성을 반영함으로써 코치와 고객은 각 개인의 특이성과 고유성을 확인할 수 있다.

2) 코칭의 규범적 검사와 내준적 검사

유형 진단의 새로운 특징은 역동적인 온라인 진단-서열 기법으로, 응답자는 9점 리

---

* 내준적(ipsative) 척도는 리커트 척도와 달리 선호하는 것을 선택하는 유형의 척도이다.
  예: 다음 중 어느 쪽에 동의하는가? ① 나는 무리와 어울리는 것을 좋아한다. ② 나는 작업 공간을 말끔히 정돈한다.

커트 척도에 대해 반응하고, 강제 선택 형식으로 묶여 있는 항목을 통해 특성이 나타난다. 이러한 접근법은 각 반응 형식의 강점을 기반으로 하면서 약점은 최소화했다. 이 역동적인 반응 형태는 인터넷 기술로 가능해진 기회를 활용하고 규범적–내준적 논쟁(Saville & Sik, 1991; Saville & Willson, 1991)에 대한 자연스러운 결론을 도출하기 위해 개발되었다.

각각의 10점 척도를 비교하여 3점 이상의 차이점을 나타내면 규범적–내준적 균열이 강조된다. 이 차이점은 주로 규범적 평가에 대한 높거나 낮은 묶인, 또는 다른 영역에 걸친 차원 항목의 극단적인 서열로 인해 발생한다. 〈그림 10.3〉에서 고객은 전략적인 업무를 추진하지 않으려는 마음이 강하다. 이러한 성향은 규범적 평가에서 매우 두드러지고 낮은 묶인 점수, 즉 자기비판적 반응으로 연결된다. 그러나 서열에서는 점

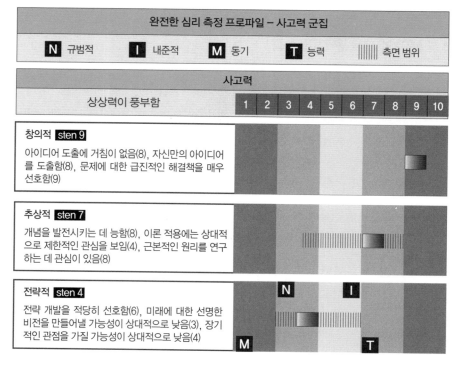

〈그림 10.3〉 웨이브 전문가 보고의 상상력이 풍부한 섹션

수가 평균치를 상회하면 압박을 받는 상황에서 개인이 도전 과제와 업무에 전략적으로 능력을 발휘한다는 것을 의미한다.

3) 코칭에서의 동기와 재능 진단

유형 진단의 고유한 특징은 동기(욕구, 선호)와 능력(자기 효능감, 기술)을 통한 행동 성향의 측정이다. 동기 항목은 관습적 성격과 선호 항목에 가까운 반면 능력 항목은 역량 항목에 가깝다. '프로페셔널 스타일'의 108개 측면은 각각 하나의 동기와 능력 항목으로 구성된다.

'통제 추구' 측면의 예시 항목
- 동기: 나는 사물을 통제하고 싶다.
- 능력: 나는 사물을 통제하는 데 능숙하다.

동기와 능력 차원 점수가 3점 이상으로 벌어졌다면 프로파일 보고서상의 그래프에서 차이가 도드라져 보일 것이고 향후 피드백 인터뷰를 통한 추가 탐색이 필요하다.

만약 특정 차원에서 능력보다 동기가 높다면 고객은 이 영역에 관한 개발 욕구가 있는 것이다. 예를 들면 더 분석적이 되고 싶다거나 더욱 강한 자기 확신을 갖고 싶다는 식의 효과적인 욕구가 있는 영역으로 인지한다. 만약 동기보다 능력이 높다면 유능한 행동이 성과를 내려는 근본적인 동기로 뒷받침되지 않는 것일 수 있다.

3. 직무역량검사와 코치

코칭의 궁극적인 목적은 직장에서의 성과는 물론 만족감, 행복도, 웰빙을 극대화하는 것이다.

자기 인식은 코칭 과정의 핵심으로, 잘 구성된 자기보고 설문지를 통해 코치와 고객을 일깨울 수 있다. 코치는 설문지 프로파일을 통해 고객의 특징에 대한 전반적인 내용을 신속하게 파악할 수 있기 때문에 매우 유용하다. 코치는 상호적으로 연구 가능한 질문지 결과로부터 가설을 세울 수 있다. 성격의 5요인을 아우르는 도구들은 몇 가지 요인을 빼놓는 다른 도구와 달리 광범위한 적용 범위를 제공한다. 또한 성격의 5요인의 범위를 넘어서는 도구를 이용함으로써 보다 깊이 이해할 수 있으며, 특히 직업적인 준거 틀로 구성된 경우에 유용하다. '프로페셔널 스타일'에는 코치의 자기 인식 심화에 효과적으로 이용할 수 있는 다수의 고유한 특징이 담겨 있으며, 향상된 관리 과정의 일환으로 잠재적인 활용이 가능하다.

'프로페셔널 스타일'의 척도는 관련 업무 성과를 예측할 수 있는 증명된 타당성을 기반으로 선정되며, 완전한 심리 측정 프로파일을 통한 특성 용어 또는 잠재 역량 프로파일을 통한 역량 용어의 잠재력을 설명하는 접근 가능한 전문 용어를 제공한다. 최소한 경영진과 전문가를 대상으로 하는 경우 존재하는 타당성 근거가 한쪽을 분명히 선호할 때 이 도구는 중립적이고 비평가적일 수 있는 양극 척도의 모순점을 피한다.

점수는 상대적인 강점과 약점의 영역을 보여줌으로써 고객이 코치를 어떻게 받아들일지에 대해 코치가 이해할 수 있도록 도움을 준다. 예를 들어 '자기주장이 강함'의 점수가 높고 '지지함'의 점수가 낮은 코치라면 자신이 세션을 장악하지 않도록, 그리고 고객이 자기 자신을 표현할 수 있도록 많은 노력을 해야 할 것이다. 만약 이와 반대되는 점수의 코치라면 고객인 상급 관리자에게 압도당하지 않도록 통제하기 위해 노력해야 할 것이다.

잠재 역량 프로파일(〈그림 10.4〉 참조)은 대규모적 타당성 연구가 뒷받침하는 빨강-노랑-초록 '신호등' 설계(McDowall & Kurz, 2006)를 통해 상대적인 강점과 약점을 잘 나타낸다. 잠재 역량 프로파일은 점수를 시각적으로 생생하게 표현하며, 또 다른 '스타일 보고서' 또는 직무 성과 평가 360도 피드백과 함께 프로파일을 해석하여 실제 성과와 역량을 비교할 수 있다. 일선 관리자와 같이 심리 측정 트레이닝을 받지 않은 사람

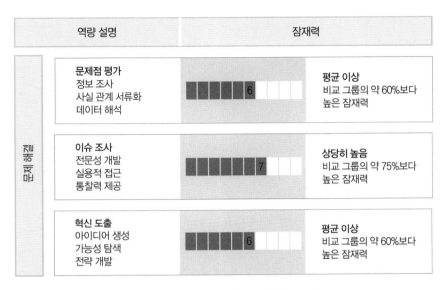

역량 설명		잠재력
문제점 평가 정보 조사 사실 관계 서류화 데이터 해석	6	**평균 이상** 비교 그룹의 약 60%보다 높은 잠재력
이슈 조사 전문성 개발 실용적 접근 통찰력 제공	7	**상당히 높음** 비교 그룹의 약 75%보다 높은 잠재력
혁신 도출 아이디어 생성 가능성 탐색 전략 개발	6	**평균 이상** 비교 그룹의 약 60%보다 높은 잠재력

〈그림 10.4〉 잠재 역량 프로파일 보고서

이라도 잠재 역량 프로파일 자체를 활용할 수 있다.

잠재 역량 프로파일의 높은 점수는 해당 영역에서 뛰어난 성과로 이어질 가능성이 높은 상대적인 강점을 의미한다. 그러나 극단적으로 높은 점수는 고객이 지난 수년 동안 커리어 사다리를 오르는 데 장점으로 작용했을 수도 있으나 그 강점에 과도하게 의존한다면 오히려 역효과를 낳고 잠재적으로는 이탈로 이어질 수도 있다. 보고서는 진정한 의미의 강점은 물론 성공을 저해할 수 있는 과대평가된 강점에 대한 연구를 가능하게 한다.

코치는 프로파일의 '빨간 영역'에 해당하는 부분이 코칭 성과를 저해하지 않도록 유의할 필요가 있다. 세부 사항 처리는 아마도 전문가적, 경영적 직무의 열두 가지 섹션에서는 가장 중요하지 않을 수 있지만, 핵심적인 세부 사항을 잘못 파악하는 것은 코치와 고객을 심각하게 이탈시킬 수 있다. 전문가 보고서를 통해 개인적인 약점과 어느 정도로 관리가 덜 되었는지를 파악할 수 있다.

웨이브 휠에서 과대평가된 강점과 덜 관리된 약점이 서로 반대 방향에 위치한다면 특히나 위험한 조합이지만, 반대 방향 양쪽을 아우르는 광범위한 행동 목록은 뛰어난 성과로 이어질 수 있다.

1) 기업가형 과학자

사고력과 전달력 점수가 높은 코치는 거대한 행동 변화를 유발하는 획기적인 통찰을 떠올릴 수 있고, 고객의 세계관을 완전히 바꿔놓을 수 있는 '기업가형 과학자'(또는 전달력 점수가 평가적 점수보다 약간 높은 경우에는 '과학자형 기업가')로 볼 수 있다. 이에 관해 다음의 섹션 수준 분석은 이 항목의 낮은 점수가 코칭 관계와 결과에 어떻게 부정적인 영향을 미치는지를 보여준다.

상상력이 매우 풍부한 코치는 대체로 덜 성실하다. 즉 고객의 목표 달성에 대한 전달과 후속 조치도 없이 괜찮은 아이디어가 그저 아이디어로만 남아 있는 채 현실로 바뀌지 않는다. 반대로 매우 성실한 코치는 체계와 엄격한 가이드라인을 코칭 개입에 활용하지만, 관습에 얽매이지 않는 고객의 아이디어와 프로토콜로부터의 일탈을 불쾌하게 느낄 수도 있다. 따라서 '거대한' 아이디어를 인정하면서도 단계별 실행을 유도하려는 코치는 상당히 귀하다고 할 수 있다.

접근법에 체계가 결여되고 탐구하는 코치는 고객의 상황을 설명하고 미래를 결정하는 데 도움을 주는 대상자의 행동과 환경에 나타난 단서를 놓칠 수도 있다. 또한 호기심이 결여되고 체계적인 코치는 전통적인 접근법에 과도하게 의존하기도 하고 자신의 전문성을 '낡은 모자'로 보이게 할 위험성이 있다. 어떤 코치가 최신 트렌드를 인지하면서도 선택적이고 조직적으로 도입한다면 핵심 정보를 밝혀내고 정보를 구성하여 제대로 사용할 가능성이 가장 높다.

평가적 능력이 결여되었으나 매우 의욕적인 코치는 고객의 상황을 제대로 분석하지 않은 채 충동적으로 결론을 내리기도 한다. 한편 매우 평가적인 코치는 '분석 마비'로 인해 기회를 놓칠 수도 있다. 양쪽 영역 모두에 강점이 있는 코치는 흔하지 않지만, 만약 존재한다면 아마도 기회와 위험을 판단하는 데 뛰어난 재능이 있을 것이다.

2) 배려형 조정자

매우 높은 영향력 점수와 높은 적응력 점수가 결합되면 '배려형 조정자' 코치이거나 적응력 점수가 영향력 점수보다 높다면 '조정형 배려자' 코치로서 지속적인 관계를 구축하는 데 탁월하다. 이에 관해 다음의 섹션 수준 분석은 이 유형에 해당하는 코치의 코칭 효과를 보여준다.

아주 수다스럽고 자기중심적이며 사교적인 코치에게 지지하는 성향이 없다면 고객의 감정과 우려를 완전히 받아들이기 어렵다. 반면에 조용히 지지하는 코치는 고객의 말을 경청하더라도 엄격한 가이드라인을 강력하게 주장할 수 없기 때문에 실질적인 변화를 이끌어내지는 못하기도 한다.

내면의 자신감이 결여되고 자기주장이 강한 코치는 고객의 자기 결정권을 존중하기보다는 고객을 통제하려는 불안정한 코칭 스타일을 보일 수도 있다. 극단적인 경우 코칭 관계가 아예 깨져버리거나 제 기능을 다하지 못하는 코칭이 되기도 한다. 겉보기에 회복력이 좋은 코치는 상황을 수월하게 받아들일 수 있지만 너무 태평스럽고 동기가 결여된 것으로 여겨질 수 있다. 침착하지만 확고하게 고객의 관점과 행동에 대해 의논하는 코치는 코칭 관계로부터 바람직한 결과를 도출할 가능성이 가장 높다.

유연성이 결여되고 영향력이 있는 코치는 조언자로서 자신의 능력을 과대평가할 수도 있고, 코칭 영역 밖에서도 자기주장을 할 것이다. 반면에 확신이 결여되고 유연한 코치는 고객에게 깊은 인상을 주지 못할 것이다. 고객에게 유연하게 문제를 제기하는 코치는 날카로운 주장과 행동 유연성을 동시에 보여주어 당혹스러울 때도 있지만, 고객의 상황에 관한 견해차를 찾아내고 조화시키는 데에는 유능하다.

4. 직무역량검사와 고객

　잘 개발된 성격 설문지는 코칭에서 제대로 활용될 수 있지만 자연스럽거나 역사적 맥락이 있는 설문지를 선호하는 코치와 '프로페셔널 스타일'은 구체적이고 전 세계적인 성과 기준에 관한 타당성이 입증된 직무 관련 단극 척도(uni-polar scale)*를 이용하는 것이 특징이다. '프로페셔널 스타일'에서 사용되는 용어는 명료하고 쉽기 때문에 결과적으로 개인 보고서는 선택 상황에 대한 자동적인 보고 형식이나 발전적인 코칭 세션에 대한 도입부로 제공될 것이다. 그러나 전문가 보고서만이 심층 피드백을 담고 있는 완전한 심리 측정적 정보를 제공한다(심층 피드백 이후 코치의 재량에 따라 전문가 보고서를 고객에게 제공할 수 있다).

1) 반응 요약

　코칭 피드백 세션의 유용한 출발점은 코치가 뒤따르는 보고서에 담긴 예상 특징에 대한 추정을 가능하게 하는 전반적인 내용을 제공하는 4개의 반응 요약 지표를 검토하고, 프로파일의 타당성에 대한 단서를 제공하는 것이다.

　묵인 평가 점수(ratings acquiescence score)는 관대하거나 자기비판적인 고객이 스스로에 대해 어떻게 설명하는지를 포착한다. 이 점수 자체는 일반적으로 긍정적인 자기효능감이 다른 사람들이 결과적으로 판단하는 행동을 이끌어낸다는 것을 보여줌으로써 전반적인 성공 여부를 예측한다. 높은 묵인 점수는 관대한 자기 평가와 강한 자기 신뢰감을 반영하지만, 묵인 점수가 극단적으로 높다면 '망상' 수준에 해당하는 자만심의 과장된 시각을 의미할 수도 있다. 낮은 묵인 점수는 자기비판, 자기회의를 반영하거나 선택지 중 '확실하지 않음'을 자주 선택했음을 반영한다.

---

*단극 척도는 평점 점수가 1, 2, 3, 4,…와 같이 한쪽 방향으로 증가하고, 양극 척도는 점수가 …, −2, −1, 0, 1, 2, …와 같이 양쪽 방향으로 증가한다.

서열의 일관성은 내준적 서열 자료(rank-order data)에서 도출되며 질문지 전반에서 서열에 얼마나 일관성이 있는지를 보여준다. 매우 다양한 'modal' 프로파일을 가진 고객의 경우 항목의 서열을 정하기가 쉽기 때문에 높은 일관성 점수가 나타나는 한편, 'flat' 프로파일을 가진 고객은 항목의 서열을 정하기가 어렵기 때문에 낮은 일관성 점수를 보인다. 극도로 낮은 일관성 점수는 임의적으로 응답을 선택하여 왜곡한 것으로 볼 수 있으나, 비차별적 프로파일이거나 온라인 질문지를 직장, 집, 인터넷 카페 등 다양한 장소에서 각기 다른 기분 상태로 작성한 경우에 나타나는 심리 상태의 차이점이 반영되었을 가능성이 더 높다.

규범적-내준적 합의는 앞의 두 가지 척도가 가진 직접적인 기능으로서, 극단적으로 낮거나 높은 묵인 점수는 보고서상 다수의 '균열'을 가진 낮은 규범적-내준적 합의로 이어지며, 중간 수준의 묵인 점수는 균열이 거의 없는 높은 규범적-내준적 합의로 이어진다.

동기-능력 합의는 모든 차원에 걸친 동기와 능력 항목의 점수가 정렬된 정도를 가리킨다. 낮은 점수는 고객과 환경 사이의 어긋남을 보여주며 이는 스트레스와 불만족의 근원일 수도 있다. 극단적인 경우에는 묵인 평가에서도 동기-능력 균열이 나타난다.

반응 요약은 전체 프로파일의 전반적인 흐름을 제공하는 한편 규범적-내준적 균열 및 동기-능력 균열은 측면 범위와 함께 규명할 필요가 있는 특정 차원을 결정한다. 다른 종류의 자기보고 설문지와 마찬가지로 '프로페셔널 스타일' 역시 피드백 인터뷰, 360도 피드백, 행동 시뮬레이션 등 기타 독립적인 근거를 통해 입증되어야 한다.

2) 완전한 심리 측정 프로파일

완전한 심리 측정 프로파일은 심층적인 피드백과 연구의 근간을 이루기 때문에 코치는 군집당 한 페이지를 할애하고 총 4개 군집을 다루는 완전한 심리 측정 프로파일을 심도 있게 검토하고 싶을 것이다. '프로페셔널 스타일'을 처음 사용하는 코치는 대부분의 업무 과제에 적용되는 논리적인 순서(문제 해결하기, 솔루션을 받아들이도록 영향

미치기, 피드백을 고려하여 자신만의 접근법 적용하기, 마지막으로 결과 전달하기)에 따라 정렬된 군집 순서에 맞추어진 관련 내용 전체를 숙지할 것을 권고한다.

(1) 사고력 군집

사고력 군집은 문제 해결 행동을 뒷받침하는 스타일적인 특성을 다룬다. '평가적' 섹션은 사고 중에서도 '집중적 사고' 측면과 관련이 있는 분석적, 사실에 근거함, 합리적 차원을 다룬다. 이 섹션의 결과는 언어적, 수적, 도식적/추상적 추론을 측정하는 적성 검사의 결과와 유용하게 상호 참조될 수 있다. '상상력이 풍부함' 섹션은 '확산적 사고'와 연관된 창의적, 개념적, 전략적 차원을 다룬다. '탐구함' 섹션은 '학습' 테마로 연결된 '통찰력이 있음', '실용적', '학습 지향적' 등의 다양한 차원을 다룬다.

고객은 주로 상급 관리자와 리더이며 해결책을 찾는 데 상상력을 기대하지만 실제로는 평가적이다. 학습 지향성이 얼마나 문제 해결에 도움을 줄 수 있는지는 대부분 회사 문화(Saville Consulting의 성과 문화 설문 조사로 측정 가능)에 달려 있다. '상상력이 풍부함' 섹션 점수와 '평가적' 섹션 점수의 불균형은 이탈 위험을 나타내기도 한다. 현실성이 결여된 환상적인 아이디어를 좇는 것은 과도한 분석으로 인해 큰 그림을 놓치는 것과 마찬가지로 조직에 치명적으로 작용할 수 있다.

학습과 관련된 다양한 측면(행동/독서/사고를 통한 학습, 학습에 대한 열린 자세, 빠른 학습 속도)은 고객의 학습 유형에 관한 그림을 보여준다. 이는 결과적으로 세션의 역동성을 설명하는 데 도움이 되고 학습 전략에 대한 충고로도 이어질 수 있다. 적성 검사 결과와 프로파일 패턴도 같은 맥락에서 매우 유용하다.

(2) 영향력 군집

영향력 군집은 일터에서의 성공적인 영향력을 뒷받침하는 특성을 다룬다. '사교적' 섹션은 상호적, 호감이 감, 자신을 홍보함 차원을 다루며, 이는 전통적인 성격의 5요인 중 외향성을 측정하는 섹션이다. 점수가 높은 고객은 인간관계가 넓고 수다스러운 반면, 점수가 낮은 고객은 관계를 구축하고 발전시키는 커뮤니케이션에 더 많은 노력을 기울여야 한다. '자기주장이 강함' 섹션이 다루는 차원은 목적이 뚜렷함, 방향을 결정함, 동기를 부여함이며, 이는 리더십에 결정적으로 연관되어 있다. 이런 차원에 대한 점수는 프로파일상 '사교적'(외향성) 영역과 '의욕적'(성취 욕구) 영역에 통계적으로 강력하게 연관되어 있다. '영향력이 있음' 섹션은 정보 소통과 관련된 확신적, 도전적, 잘 표현함 차원을 다루며, 사고력 군집과 확실하게 연결되어 있다.

'리더십 지향' 측면이 가장 보편타당한 것임을 고려하면, '자기주장이 강함' 성향은 회사의 중역에 해당하는 고객 누구에게나 요구될 가능성이 높다. '사교적', '자기주장이 강함', '영향력이 있음' 섹션 모두의 점수가 높은 고객은 영향력이 굉장히 큰 인물일 가능성이 높지만, 때로는 군림하려는 행동을 보임으로써 자신의 강한 힘을 과시하는 경우도 있다. 반대로 이 부분의 점수가 낮은 고객은 전통적인 의미의 경영자 커리어 사다리를 올라가기가 쉽지 않을 수도 있지만, 자기주장보다는 전문성을 기반으로 영향력을 확대하여 커리어 발전을 이룬다면 성공할 수 있다.

(3) 적응력 군집

적응력 군집은 '프로페셔널 스타일'의 군집 중에서 가장 다양하다. 이 군집은 성격의 5요인의 정서적 안정성과 우호성뿐만 아니라 정서지능 연구의 특징인 개방성의 보다 유연한 부분을 통합하고 있기 때문이다. 정서적, 행동적, 사회적 적응성은 '회복력이 있음', '유연함', '지지함' 섹션에서 각각 다루어진다.

'회복력이 있음' 섹션은 자신 있음, 침착함, 해결함 차원으로 구성되어 있고 이는 모두 정서적 적응성을 뒷받침한다. '자신 있음' 측면은 자신감, 자기 가치, 내적 통제 소재를 다룬다. '침착함' 측면은 스트레스 내성, 우려, 불안을 다룬다. '자신 있음' 측면과 '침착함' 측면에서의 낮은 점수는 신경증성 성향을 나타내며 겉으로 보이는 행동과 상극인 내적 상태를 드러낸다. 상급직에 있는 다수의 고객은 단호하고 의욕적인 행동을 통해 불안감을 보상한다. 그러나 불안감이 충분히 관리되지 않으면 과도한 보상이 이탈로 이어질 수도 있다. 또한 불안한 고객은, 특히 처음부터 자신의 군림하는 행동이 부정적인 감정을 일으킨 경우라면 그 행동으로 인해 분노하거나 마음 상한 사람들을 다루는 것을 어려워하기 때문에 문제를 해결하려는 행동을 보이는 것 자체를 꺼려한다. 프로파일은 문제를 관리 가능한 단위로 분할할 수 있도록 도와주기 때문에, 이 부분에서 고객의 자기 효능감을 증가시키도록 설계된 분노 및 스트레스 관리 개입에 도움이 된다.

'유연함' 섹션은 행동 적응성을 반영하는 수용적, 긍정적, 변화 지향적 차원을 통해 측정된다. 끊임없이 변화하는 상황에서 모든 고객은 주어진 환경에서 어려움과 걸림돌을 찾게 된다. 변화에 대응하는 인지적인 마음 자세는 고객이 그러한 변화에 성공적으로 적응할지, 아니면 변화된 환경을 떠나야 할지를 궁극적으로 결정한다.

'지지함' 섹션은 참여함, 주목함, 받아들임 차원을 통해 사회적 적응성을 다룬다. 우호성 중에서도 직무 성과를 예측할 수 있는 것으로 밝혀진 직무 관련 측면만을 포착한다. 이 섹션에서 점수가 높은 고객은 자신을 둘러싼 감정과 우려에 대해 잘 대응할 것이다. 그러나 상급직의 고객은 여기서 상당히 낮은 점수를 보이는 경향이 있으며, 이는 '의욕적', '자기주장이 강함' 섹션과 약간은 음의 상관관계를 보인다. 협력과 경쟁이 동시에 이루어지기란 어렵지만 불가능한 일은 아니다. 안정적이고 예측 가능한 환경이라면, 지지하지 않는 고객도 자신의 업무 지향성을 자주 인정해주는 상급자와의 관계를 구축함으로써 성공할 수 있다. 그러나 환경이 변화하면서 그러한 고객은 자신의 행동이 명백해지고 이기적인 행동으로 인한 희생자들이 자신의 실체를 드러나게 하기 때문에 쉽게 이탈하기도 한다.

'적응성' 섹션의 점수가 어떻게 실제 행동으로 전환되는지는 맥락에 따라 달라진다. 고객은 자신의 상관에게는 지지하는 회복력이 있고 유연하게 보일지라도 부하 직원들에게는 이기적이고 감정적이며 단호(또는 엄격)할 수도 있다. 직무역량검사의 직무 성과 평가와 같은 360도 피드백은 다양한 이해관계자에 대한 고객의 행동을 정확히 파악하는 데 도움이 될 것이다.

(4) 전달력 군집

'프로페셔널 스타일'에서 '성실성' 섹션은 믿을 만함, 세심함, 순응함 차원으로 구성되어 있다. 구체적인 사항을 정확하게 시간에 맞춰 처리하는 것이 관리와 운영 같은 직무 역할에서는 중요한 차원이다. 경영이나 리더십 역할을 담당하는 고객에게는 보통 세부 사항과 정기적인 업무를 대신해주는 부하 직원이 있다. 그러나 이 영역의 약점이 제대로 관리되지 않고 '회복력 있음' 섹션과 '지지함' 섹션의 점수도 낮다면 말과 행동의 차이가 점점 벌어지면서 행동이 더욱 변덕스럽고 예측하기 힘들어지므로 고객이 이탈할 수 있다.

'체계적' 섹션은 조직적, 원칙에 입각함, 활동 지향적 차원을 다룬다. 이 척도는 자원 배분 및 과업 완성과 관련된다. 시간과 자원이 무한정하다면 윤리적으로 행동하기가 훨씬 쉽다. 그러나 경쟁자들이 빠른 성과를 약속하는 상황에서는 결과에 대한 압박이 존재한다. 도덕성은 고위직에 요구되는 핵심 자질 중에서도 가장 중요하지만, 도덕성의 의미에 관한 생각은 개개인마다 아주 다르다. 업무 성과 평가 목록에서 '기준 준수'에 대한 관찰자의 평가는 분산값이 낮고 평균값이 가장 높은 경향을 보이며, 이 점은 해당 영역에서 응답자의 행동 평가를 위해 응답자로부터 초대받은 관찰자에게는 비효율적인 성과가 거의 목격되지 않았음을 의미한다. 활동 지향적 차원의 점수는 직무에서의 성공에 관한 뛰어난 예측 변수로 나타난다. 이 차원의 점수가 높은 사람은 바쁜 환경에서 일을 완수하는 것을 좋아하여 상관이나 동료에게 인기가 좋다.

마지막으로 '의욕적' 섹션은 역동적, 노력함, 진취적 차원을 통한 성취 욕구를 다룬다. 다른 전문가들과 비교했을 때 상급직의 고객은 그 정도로 의욕적이지 않았다면 최고의 자리에 오르지 못했을 만큼 필연적으로 매우 의욕적인 모습을 보인다. 그러나 성공은 안주와 편견으로, 아니면 고객이 더욱 대단한 일을 해내기를 재촉하는 도전에 대한 갈망으로 이어질 수도 있다. '의욕적', '자기주장이 강함' 섹션에서 낮은 점수를 보이는 하급직의 고객은 커리어 사다리를 올라가기가 힘들기 때문에, 자신만의 전문 분야를 심화하는 것이 아니면 커리어 성공의 발판으로 직무의 수평 이동을 이용하는 것을 고려해볼 필요가 있다.

3) 잠재 역량 프로파일

코칭 세션에서 코치가 검토하고 탐구해야 하는 세 번째 영역은 잠재 역량 프로파일 페이지이다. 이것은 기준 관련 타당성을 최적화하는 정교한 알고리즘을 통한 심리 측정 프로파일상의 점수를 이해하기 쉬운 결과로 변환하여 상대적인 강점과 약점의 영역을 한눈에 파악할 수 있게 한다. 이 페이지는 심리 측정에 관한 공식 훈련을 받지 않은 고객도 손쉽게 접근 가능하도록 심리학적 언어를 일선 관리자 수준의 친근한 역량 언어로 변환한다. 경력 있는 코치는 이 수단의 성과 지향성을 강조하기 위해 세션 처음에 이 페이지를 검토하고 싶을 수도 있다.

코칭 과정에서는 상대적인 강점을 활용할 수 있고, 상대적인 강점을 다른 중요한 영역까지 희생하는 과대평가된 강점으로 만들지 않으면서 최대한 이용하는 방법을 탐구한다. 다른 영역에서 균형을 잡아주지 않는다면 과거에 큰 역할을 했던 극단적인 강점도 커리어 방해자나 이탈자로 전환될 수 있는 '어두운 면'을 가지고 있다.

상대적인 약점은 직무 환경이 특정한 행동을 하도록 요구하는 경우에만 문제가 된다. 예를 들어 구체적인 사항을 처리하는 것이 해당 역할에서는 전혀 중요하지 않다면 그 영역을 코치가 굳이 향상해줄 필요는 없다. 그러나 상급직이라면 광범위하게 다양한 영역을 중요하게 다루어야 할 것이다. 고객은 제대로 관리되지 않는 약점이 자신의 성과와 커리어, 다른 사람들에게 어떤 영향을 주는지 인식할 필요가 있다.

4) 예측된 문화와 환경 적합성-성과 개선 및 방해 요소

마지막 검토 영역은 성과 개선 요소와 이에 대응하는 방해 요소 목록이다. 성과 개선 요소를 파악하면 고객 자신의 현재 직무 요구가 자신의 스타일적 선호와 얼마나 맥을 같이하는지 이해하는 데 도움이 된다. 방해 요소 목록은 새로운 환경이 진정으로 고객의 욕구에 맞는지 확인하는 데 도움이 된다. 또한 이 페이지는 코치와 고객이 현재의 직무 요구와 환경에 고객이 어떻게 맞춰나갈 수 있을지 보는 것뿐만 아니라, 오히려 고객의 개인 스타일을 반영하여 환경과 직무 요구를 어떻게 변화시킬 수 있는지에 대한 관점을 갖도록 도움을 준다.

요약

　성격 설문지는 코치와 고객을 잠재적으로 지원할 수 있는 새로운 방식의 수단으로 발전해왔다. 새로운 방식의 적용이 대표적인 학계 모델과 어떻게 연관되어 있는지를 코치가 이해하는 것은 중요하다. 설문지 설계 및 전달의 향상은 코칭 사용자에게 보다 많은 정보는 물론이고 데이터의 정확성에 대한 자신감, 보다 큰 시간적 효율성을 제공한다.

　직무역량검사는 개인과 조직뿐 아니라 성과 변수를 평가한다. 이 세 가지 변수에 대한 평가 수단은 코치에게 일관성 있는 모델을 제공함과 동시에 발전되었다. 이러한 접근법의 이점은 코치가 현재의 문화와 바람직한 문화를 비교할 수 있고 역량 측면에서의 조직 문화 변화 계획을 촉진할 수 있다는 것이다.

　'프로페셔널 스타일' 질문지는 4개 군집, 12개 섹션, 36개 차원, 108개 측면을 아우르는 고객의 특성을 유능한 심리 측정적, 심리학적 자격으로 상세하게 평가한다. 보고서 내용에는 독특하게도 측면 범위, 규범적-내준적 균열, 동기-능력 균열이 포함된다. 잠재 역량 프로파일은 코치와 고객이 지닌 남용된 강점과 덜 관리된 약점의 극단적인 부분을 탐구하는 범위 내에서 자기보고 내용과 실제 성과 사이의 연결 관계를 논의할 수 있게 한다. 예측된 문화와 환경 적합성 보고서는 다양한 문화와 환경 요구 특성에 대해 얼마나 적합한지 조사할 수 있게 한다. 유형 보고서는 시각적인 그래픽 보고서로서 높은 수준의 데이터 뷰를 제공하며 리더십과 팀 개발에 적합하도록 설계되어 있다.

Chapter 11

다요인인성검사 코칭

Rob Bailey · Pauline Willis

　다요인인성검사(16PF) 도구는 복잡하게 엮인 고객의 강점과 잠재적인 발전 욕구를 이해하도록 틀을 제공하며, 코치에게는 고객이 선호할 만한 코칭 유형과 강점을 파악하는 데 유용한 이해력을 갖출 수 있게 한다. 다요인인성검사는 고객이 직장에서 선호하는 생각, 감정, 행동에 관한 종합적인 관점을 제공하는 훌륭하고 이해하기 쉬운 도구이다. 이러한 이해력은 고객(개인 및 팀 차원)이 코칭을 통해 성공을 거두도록 지원하기 위해 여러 가지 방식으로 활용될 수 있다.

1. 다요인인성검사 코칭의 이해

1) 다요인인성검사의 개발

다요인인성검사는 한 개인의 특징적 행동에 영향을 끼치는 성격을 측정하기 위해 개발되었다. 다요인인성검사는 정상적인 성인의 성격을 종합적으로 평가하기 위해 구성되었다.

1949년에 첫 번째 다요인인성검사가 만들어진 이후 다요인인성검사가 성격 평가의 역사에 미친 영향력은 상당하며, 질문지 및 전문 자료를 꾸준히 보강하여 세계적으로 잘 알려지고 권위를 인정받고 있으며 20여 개 언어로 된 검사가 나와 있다. 오늘날 다요인인성검사는 60년이 넘는 기간 동안 연구되고 응용되어 2,700개 이상의 독립적인 논문 심사에서 인용되어왔다.

다요인인성검사의 근원은 이론적이라기보다는 실증적이었다. 원 저자 레이먼드 커텔(Raymond Cattell)은 물리 세계의 질서와 이해력을 부여하는 과학 원리(예: 물리나 화학의 기본 측면)와 동일하게 본질적으로 '개인을 위한 주기율표'와 같은 것이 인간 성격의 이해에도 적용될 수 있을 것이라고 믿었다. 대체로 융과 프로이트가 문제가 있는 환자를 관찰하여 이론을 도출해낸 다음 환자 마음의 내적 작용을 추론하려고 했던 것과 달리 커텔은 경험을 기반으로 하여 성격의 구조적 요소를 측정했다.

여러 방식으로 인간의 성격을 설명할 수 있지만 커텔은 기저에 깔린 주요 특성을 간추리면 다음과 같은 설명으로 이어질 수 있을 것이라고 추론했다. 예를 들어 어떤 사람을 '명랑한', '활기찬', '충동적인', '흥분하기 쉬운' 사람이라고 할 때, 이 모든 특성은 '쾌활성'이라는 다요인인성검사의 성격 특성 중 하나로 집약된다. 성격에 있어서 가능한 모든 징후를 핵심 특징으로 요약하기 위해 커텔은 요인 분석이라 알려진 과정에 필요한 통계 계산을 직접 손으로 했다. 이 분석을 통해 1940년대와 1950년대에 발견한 내용을 토대로 첫 번째 다요인인성검사가 개발되었다.

넓게 보면 다섯 가지 인간 행동 혹은 행위의 주요 영역을 관장하는 5개의 전반적 요인이 있다. 전반적 요인은 후대 연구자들의 연구에 영감을 주었으며 성격 기저 틀의 타당성을 다시 확인해주었다. 오늘날 전반적 요인은 성격 관련 논문에서 '성격의 5요인'으로 알려져 있으며, 현재 시중에 나와 있는 대부분의 주요 심리 성격 진단 도구에 내포되거나 그 토대를 이루고 있다.

더 깊이 들어가 보면 5개의 전반적 요인은 성격의 더욱 내밀한 부분을 규정하는 각각의 세부적인 '척도'로 이루어져 있다. 이 척도는 주요 요인이라고 알려져 있다. 주요 요인을 통해 다양한 상황에서 개인이 사고하고 인지하여 행동하는 성격 유형을 찾을 수 있다. 이러한 척도의 조합과 재조합을 통해 성격의 모든 주요 양상뿐 아니라 종종 '역량'으로 분류되는 성격과 관련된 면이 나타날 수 있다. 예를 들어 다요인인성검사의 주요 요인은 매클렐랜드(McClelland, 1987)가 정의한 것처럼 성취, 권력, 소속에 대한 개인의 욕구를 암시하기 위해 사용된다.

2) 지능

기타 다수의 성격검사와 달리 다요인인성검사의 장점은 전반적인 인지 능력(일반 지능)의 간단한 측정이 포함되어 있다는 것이다. 이는 B 요인(Factor B)이라고도 알려져 있다. 커텔이 이를 포함한 이유는 개인의 행동을 종합적으로 이해하려면 지능이 사람의 성격 표현에 미치는 영향을 고려할 필요가 있기 때문이다. B 요인에는 언어적, 수리적, 논리적 추론 질문이 포함된다. B 요인이 이러한 영역을 심도 있게 평가하는 것은 아니라고 해도 개인의 지능을 나타내는 신뢰할 만한 지표이다.

3) 성격과 코칭의 연관성

배움과 변화를 촉진하는 것은 코치의 역할 중 핵심적이다. 코칭 과정은 잠재력을 드러내고 조직 내 실적을 극대화하는 열쇠로 여겨진다(Lane et al., 2006; Whitmore,

2002). 해크먼과 웨이즈먼(Hackman & Wageman, 2005)은 코칭을 팀의 성공에 핵심이 되는 다섯 가지 주요 요인 중 하나로 정의한다. 그들은 '코칭 접근법'을 활용하여 팀과 개인의 개발을 이루는 것이 조직의 성공을 위해 필수적이라고 말한다. 코치와 고객에게 자기 인식은 '기동력'을 촉진하고 행동의 변화를 불러오기 위한 중요한 전제 조건이다. 다요인인성검사와 같은 성격 측정 도구는 여러 영역에서 자기 인식을 확장하는 매우 유용한 시작점이며, 코칭을 통해 행동 변화를 가져오는 발판이 될 수 있다.

4) 전인적 평가

성격검사 중에는 구체적으로 직장에서 개인을 평가하기 위해 만들어진 것도 있다. 이러한 검사를 할 때 응답자에게 '직장에서의 성격' 혹은 '직장에서의 행동'만 생각하도록 권장한다. 하지만 다요인인성검사는 상황을 직장에만 국한하지 않아 직장에서의 코칭을 전인적으로 생각해볼 가능성이 열린다. 예를 들어 직장에서는 다 표현되지 않는 성격의 영역을 탐구하도록 해준다. 코칭 영역에 영향을 준 긍정 심리학자들은 개인 및 조직의 진정성이 중요하다고 강조했다(Linley et al., 2010). '전인적 인간' 평가를 통해 코치는 온전성과 진정성을 가지고 작업을 할 수 있다.

5) 다요인인성검사와 역량의 연관성

다요인인성검사는 오로지 성격 측정법으로 활용되거나 심리학적인 설명으로만 표현될 수 있다. 또한 직장에서 통용되는 말을 생각할 때에도 유용하게 활용될 수 있다. 다요인인성검사 역량 보고서는 이러한 목적을 위해 만들어졌다. 이와 함께 전 세계 대다수의 직업에서 성공을 거두려면 어떤 행동을 해야 하는지 설명하기 위해 만들어진, 20가지 포괄적인 역량에 관한 전문 검사 결과 보고서가 컴퓨터로 생성될 수 있게 되었다. 역량 보고서에 관한 더 자세한 내용은 '5. 코칭과 관련된 다요인인성검사 보고서'에서 다룬다.

역량의 선택은 역량 디자인 및 평가에서 OPP 전문가의 영향을 받았으며 스미스와 스미스(Smith & Smith, 2005)에 인용된 브리스토(Bristow, 2001)의 분석의 영향도 받았다. 브리스토는 여러 타 기관의 역량 모델에서 주로 사용되는 역량을 요약했다. OPP에서는 이 모든 역량적 주제가 다요인인성검사 역량 결과 표에서 다루어지고 있다.

2. 다요인인성검사 척도

다요인인성검사에서는 전반적 요인과 관련하여 다섯 가지 전반적 성격 영역을 평가한다. 주요 요인과 관련해서는 성격의 더욱 세부적인 특성을 평가한다. 주요 요인은 간단히 '문자 코드'라고 하며 이를 〈표 11.1〉에 정리했다.

〈표 11.1〉 전반적 요인

전반적 요인	설명
다른 사람과의 관계	개인이 프로젝트, 아이디어, 업무가 아닌 인간관계에 얼마나 많은 시간과 에너지의 중점을 두는지 보여준다.
영향력과 협업	개인이 환경에 강압적이고 독자적인 영향력을 얼마나 행사하는지, 혹은 역할 유형에서 얼마나 협조하고 협력하며 일하는지 보여준다.
사고 유형	개인이 세상을 어떻게 경험하는지 설명한다. 즉 직관적이고 창의적으로 접근하는지, 아니면 객관적이고 현실적인 사고 유형인지 보여준다.
구조 및 유연성	더 거리낌 없고 유연한 접근법을 택하는 것이 아니라 자기훈련과 자제력을 행사하는지 보여준다.
스트레스 관리	부담, 실망, 도전, 좌절 및 기타 스트레스 받는 상황에 어떻게 대처하는지 설명한다.

〈표 11.2〉 주요 요인

낮은 점수에 대한 설명	코드	주요 요인	높은 점수에 대한 설명
사람들과 정서적으로 거리감이 있음	A	따뜻함	다른 사람을 대할 때 배려하고 다정함
올바른 추리력이 떨어짐	B	추리력	정확한 추리력이 훌륭함
반응을 보이고 정서적 변화가 있음	C	정서적 안정성	순응적이고 정서적으로 안정되어 있음
공손하고 협조적임	E	주도성	지배적이고 강압적임
진지하고 조심스러우며 세심함	F	쾌활성	활기가 넘치고 활발하며 충동적임
편의주의적이고 규범을 따르지 않음	G	규칙 준수성	규칙을 존중하고 순종적임
수줍어하고 위협에 민감하며 소심함	H	대담성	사회적으로 대담하고 모험심이 강함
객관적이고 이성적임	I	민감성	주관적이고 감정적임
사람을 신뢰하고 의심하지 않으며 고분고분함	L	불신감	경계하고 의심이 많고 회의적이며 조심성이 많음
감정에 흔들리지 않고 해결 지향적임	M	추상성	추상적이고 아이디어 지향적임
솔직 담백하고 직설적임	N	개인주의	사생활을 중시하고 신중하며 개방적이지 않음
자신감이 있고 걱정이 없음	O	불안	불안하고 자기 회의감이 있으며 걱정이 많음
전통을 따르고 익숙한 것에 가치를 둠	Q1	변화 개방성	변화에 개방적이고 실험적임
집단 지향적이고 친화적임	Q2	독립심	독립적이고 개인주의적임
질서가 없는 상태를 용인하고 유연함	Q3	완벽주의	완벽을 추구하고 자기 훈련이 되어 있음
느긋하고 차분하며 인내심이 있음	Q4	긴장감	긴장하고 에너지가 많으며 성급하고 의욕이 넘침

1) 질문

이러한 특징의 측정은 처음 보았을 때 강제 선택 설문 양식과 비슷한 질문을 통해 이루어진다. 하지만 실제로는 다음과 같은 간단한 3점 척도를 사용한다.

1. 나는 건축사보다 상담사가 되는 것이 더 좋다.
   ⓐ 진실
   ⓑ ?
   ⓒ 거짓

2. 내가 주의를 기울여 변경한 계획이 다른 사람들로 인해 변경되어야 한다면
   ⓐ 짜증이 난다
   ⓑ ?
   ⓒ 기꺼이 계획을 변경한다

3. 자원봉사를 해달라는 부탁을 받았을 때 너무 바쁘다고 말한다.
   ⓐ 때때로 그렇다.
   ⓑ ?
   ⓒ 거의 그러지 않는다.

4. 내가 더 관심을 기울이는 분야는
   ⓐ 내 주변에 있는 실질적인 일
   ⓑ ?
   ⓒ 사색과 상상

위의 예에서 볼 수 있듯이 각 질문이 어떤 심리적 특성을 측정하기 위해 만들어졌는지 즉시 알아볼 수 있는 것은 아니다. 투명성은 부족하지만 각 질문은 적절한 특성을 정확히 측정한다. 이익과 관련될 때 질문 응답자가 응답을 왜곡하기 쉬운 상황에서 이는 분명 장점이 된다.

예를 들어 코칭 과정의 일부에서 도출된 보고서는 종종 해당 기관에 기록 및 보관되며, 승계 풀에 있는 개개인이 내부의 역할을 맡기 위해 '경쟁하고 있는' 승계 계획 과정

의 한 부분에서 코칭이 활용되기도 한다. 순전히 개발을 위한 것이나 개인을 위한 것이 아니고 목적으로 평가 결과가 보관되거나 사용될 때면 바람직한 특정 역할 또는 업무 상황에 맞는 유형의 특성을 보여주려는 마음이 생길 가능성이 있다. 코치와 고객 간에만 공유되는 보고서는 자기 확증 편향을 통해 왜곡된 모습을 보여줄 가능성이 더 적다.

참고로 앞의 질문은 다음 요인을 평가한 것이다.

- 따뜻함
- 완벽성
- 사회적 욕구
- 추상성

2) 신뢰도

영국과 미국에서 다요인인성검사의 신뢰도는 개인의 기본 요인을 측정하는 질문이 얼마나 일관성이 있는지(내적 일관성) 평가한다. 다요인인성검사의 평균적인 내적 일관성은 영국이 0.72, 미국이 0.74이다.

또 다른 유형의 신뢰도는 검사-재검사 신뢰도이다. 이것은 일정 시간이 지난 후 질문지에 다시 응답했을 때의 응답 유사성을 평가한다. 미국에서 다요인인성검사에 관한 검사-재검사 신뢰도를 산출해보았다. 2주 후 다시 검사했을 때 평균 신뢰도는 0.80으로 산출되었고 두 달 후의 평균 신뢰도는 0.70이었다. 이 신뢰도 측정 지표는 다요인인성검사지가 정확도 면에서 신뢰도가 높다는 것을 보여준다.

3) 타당성

다요인인성검사는 유효한 예측 변수로서 세일즈맨, 관리자, 지도자, 간호사, 파일럿, 의사, 종교인 등 다양한 역할을 맡은 사람들의 업무 실적을 예측한다는 것이 증명되었다. 상세한 내용은 OPP와 IPAT 백서 및 학술지, 검사 설명서에서 찾아볼 수 있으며 OPP와 IPAT에서 이용할 수 있다.

4) 대조군

개별 결과를 효과적으로 해석할 수 있도록 다요인인성검사 각 버전에는 이미 검사를 해본 사람들의 대표 표본이 있다. 저술 시기를 기준으로 영국의 최근 대조군은 2011 표본이며, 이 영국 인구 대표군은 성별, 연령, 고용 상태, 소수 민족, 거주지 등 더 폭넓은 인구 표본을 포함한다.

5) 특이하거나 왜곡된 반응

다요인인성검사에는 응답자가 특이한 방식으로 질문에 답하는지 확인할 수 있는 세 가지 측정 방법이 있는데, 이는 응답 유형 지수라고 알려져 있다.

- 사회적 바람직성은 사람들이 자신에 대해 긍정적이고 사회적으로 바람직한 이미지를 그려내려는 경향을 어느 정도 보이는지를 말한다. 예를 들어 자신이 결코 남 이야기를 하거나 타인의 기분을 상하게 하지 않는다고 말한다.
- 묵인은 응답자가 단순히 '진실/거짓' 또는 '동의/비동의' 양식이 있는 모든 질문에 어느 정도 동의하는지를 말한다.
- 희소성은 대다수의 사람(95%)이 더 확고한 답을 보증할 수 있었던 질문에 몇 번이나 애매하게 답했는지 그 빈도를 측정한다.

응답 유형 지수는 이와 같은 상황을 고려하여 왜곡되거나 부주의한 응답 또는 의도적으로 과장된 응답에 대해 훌륭한 표시가 된다. 코칭 상황에서 응답 유형 지수는 비판적으로 사용하기보다는 고객에 대해 더 알고자 하는 영역에 추가 정보를 제공한다. 왜곡이 꼭 의도적이지는 않다는 사실을 기억하는 것이 중요하다. 자기 통찰이 부족할 가능성도 있으며, 코치나 고객에게 이해력이 부족하다고 밝히는 것은 코칭 과정에서 유용할 뿐 아니라, 고객과 더욱 깊이 있는 작업을 하는 코칭 심리학자에게도 이러한 정보를 활용하는 것이 매우 중요하다.

OPP 웹사이트의 자료 부분에 나오는 OPP 백서 '다요인인성검사 질문지 결과의 특이한 반응 평가하기'를 참조하면 이 지수에 대해 더 자세히 알 수 있다.

6) 자격

다요인인성검사 질문지와 코칭 등의 보고서를 사용하려면 발행 기관인 OPP와 IPAT에서 제공하고 인정하는 자격이 필요한 경우가 많다. 북미권에서는 IPAT 웹사이트, 그 외 지역에서는 OPP 웹사이트를 참고하면 해당 지역에서 어떤 과정이 적용되는지 볼 수 있다.

3. 다요인인성검사와 코치

1) 코칭 과정에서 다요인인성검사를 전략적으로 활용하기

고객이 선호하는 사고, 감정, 선호 유형에 관한 통찰력을 제공하는 다요인인성검사를 코치 매칭이나 선정 과정에 활용하여 코치와 고객 사이에 가장 잘 맞는 유형을 찾거나 확인할 수 있다. 수준 높은 훈련을 받아 다양한 고객과 유연하고 적용 가능한 방식으로 일할 수 있는 코치를 고용한 경우, 적합한 유형의 코치와 고객을 매칭하는 것이 덜 중요할 수도 있다. 하지만 조직 내에서 동료가 코칭을 해주거나, 관리자나 상사가 코치의 역할을 할 것으로 기대하는 경향이 증가하고 있다. 코칭 기술 개발에의 투자가 줄어드는 상황에서 전략적인 '매칭'을 통해 가치를 더하여 각 관계의 성공 가능성을 높일 수 있다. 이상적인 상황은 아니지만, 누가 누구를 코칭하는가와 관련하여 선택권이 제한적인 경우도 있다.

다요인인성검사는 관계에 나타날 수도 있는 잠재적인 문제를 초기에 찾도록 방안을 제공함으로써 잠재적인 문제를 논의하고 심각한 갈등을 피할 수 있게 해준다. 코칭 관계 속에서 성격 역동을 이해하는 것은 감독 과정에서 필수적이며, 다요인인성검사는 코칭 관계 및 과정에서 탈선할 가능성이 있는 문제를 찾아 탈선을 피하는 수단으로 잘 활용될 수 있다.

다요인인성검사를 활용할 시기를 선택하는 것은 코칭 프로그램의 본질과 범위뿐 아니라 조직의 상황에 달려 있을 것이다. 다요인인성검사 질문지를 활용하여 얻을 수 있는 주요 혜택으로는 성격의 기저 측면을 더 깊이 바라보도록 고객을 지원하여 성공에 박차를 가할 수 있게 해준다는 것을 들 수 있다. 성격 차이에서 어떤 결과가 나오는지 생각해보지 않는다면 코칭 목표를 이루기 위해 모두가 온 힘을 다해 기울이는 노력을 약화할 수도 있다.

2) 코칭 과정 초기에 다요인인성검사 활용하기

코칭 과정 초기에 다요인인성검사를 세심하고 전문적으로 활용한다는 것은 코치, 기관 및 개인이 개인의 개발 필요 사항에 가장 잘 부합하는 코칭 접근법을 활용할 수 있음을 뜻한다. 그래서 코치 매칭이 특별한 문제가 아니라 하더라도 가장 효과적인 코칭 도구와 접근법이 적용될 수 있도록 다요인인성검사 평가를 고려하는 것이 중요하다.

코칭에서 다요인인성검사를 적용하는 일정한 '처방'이 있는 것은 아니지만, 다양한 코칭 활동 중에서 특정 활동을 선택하는 것은 다요인인성검사의 적용법을 보여주는 한 가지 예라 하겠다. 어떤 활동은 더욱 지시적이고 조직적인 반면에 비지시적이고 더욱 개방적이며 창의적인 접근법(예: 시나리오 플래닝, 이미지 그리기)을 사용하는 활동도 있다. 개인주의적이며 업무를 기반으로 하는 접근법을 선호하는 실용적인 사람은 사고가 행동에 미치는 영향을 생각해보고, 토론을 하는 대화를 기반으로 하는 창의적인 활동이 제시되면 응답을 잘하지 않을 가능성이 높다. 코칭 방법 중에는 '심리적 마음 상태'에 좌우되는 유형이 많이 있으며, 다요인인성검사는 중요한 단서를 제공함으로써 코치가 코칭 과정에서 유용한 시작점을 선택하도록 지원할 것이다.

3) 코칭 과정의 다른 시기에 다요인인성검사 활용하기

다양한 이유로 코칭 과정 초기에 심리 측정 평가를 사용할 수 없을 때가 있다. 고객 기관은 코칭 과정의 일환으로 다요인인성검사와 같은 심리 측정을 사용하기 위해 투자했을 때 그만한 가치가 있을 것이라고 혹은 투자한 만큼 결실이 있을 것이라고 생각하지 않을 수도 있다. 또는 코칭의 필요성을 나타내는 것이 처음에는 단순하고 쉬워 보일지 모르나 고객이 '난관에 부딪혔을 때' 코칭의 필요성은 처음에 생각했던 것만큼 단순하지 않았다는 것이 분명해진다. 때로는 고객이 심리 측정을 사용한다는 것에 반감을 가질 수도 있는데, 이는 무엇을 평가하려고 심리 측정이 만들어진 것으로 잘못 알고 있거나 비전문적으로 혹은 부적절하게 심리 측정이 활용되었던 과거의 경험 때문이다.

어떤 이유에서든 다요인인성검사가 프로그램의 초반에 사용되지 않았다면 코칭 과정의 어느 시점에 성격적인 면을, 특히 사고와 행동을 유도하는 성격을 더 깊이 탐색하면 고객에게 유익할지 생각해보는 것이 좋다. 대체로 적절한 시점은 고객이 '난관에 부딪혔을 때' 혹은 코치가 예상치 못한 방식으로 고객이 생각하고 행동하기 시작할 때이다. 다요인인성검사 평가가 고객에게 유용하게 활용될 수 있는 또 다른 지표는 예상하던 속도나 바라던 속도는 아니라 하더라도 발전하고 있을 때이다.

4) 코치를 위한 다요인인성검사의 실전에서의 통찰

OPP와 IPAT는 코칭 프로세스에서 다요인인성검사를 활용할 수 있도록 지침을 제공하며, 이 지침을 통해 초기에 수월하게 다요인인성검사를 코칭 및 코칭 심리의 실제에 적용할 수 있는 적절한 시작점을 알게 된다. 우선 요인을 모두 제시하고 각 요인에 어떤 의미가 있는지 코치에게 구체적으로 안내한다. 각 우선 요인을 모두 다룬다. 〈표 11.3〉과 〈표 11.4〉에 정서적인 안정과 지배성에 관한 우선 요인을 정리했다. 이 표는 롭 햅워스(Hepworth, 2008)가 만든 OPP 지침인 '코칭에서 다요인인성검사 도구 활용하기'에서 발췌했다. 지침서 전체는 OPP 웹사이트에서 무료로 이용할 수 있으며, OPP 웹사이트에서는 다요인인성검사를 사용하는 코치의 코칭을 지원하는 그 외 자료도 이용할 수 있다.

〈표 11.3〉 C 요인: 정서적 안정성

구분	스텐 점수 1~3(낮은 점수)	스텐 점수 8~10(높은 점수)
고객의 잠재적 문제	• 삶의 한 면 혹은 여러 면에서 심각하게 불행하다고 느끼는 것 같다. • 더 심도 있게 개인의 문제를 논하기 위해 직장에서 코칭 세션을 확대하기를 원할 수 있다. • 무기력하거나 비관적인 느낌이 들지도 모른다. 인생을 통제하고 있다기보다는 인생의 지배를 받는 기분이 들며, 상황을 변화시키기 위해 애쓰는 것이 무의미한 것 같다. • 상황을 변화시키기 위해 능동적이기보다는 사건에 반응하는 경향을 보일 수 있다.	• 심각한 코칭 문제가 없다. 이성적이고 균형 잡힌 판단을 하는 가능성이 있다. 자신의 필요 사항과 다른 이들의 필요 사항도 고려하는, 이성적이고 균형 잡힌 판단을 내릴 가능성이 높다(높은 인상 관리의 결과 점수가 아니라고 가정).
코치의 잠재적 강점과 약점	강점 • 불행하다고 느끼는 고객에게 감정 이입하기가 쉽다고 생각할 수 있다. 약점 • 코치가 다른 사람을 코칭할 만큼 강인하고/역량이 있고/쾌활한 상태가 아닐 수 있다. • 코치에게 코칭 슈퍼비전은 특히 중요한데, 코치 자신의 걱정을 일에 연관하여 다른 사람을 코칭하는 방식에 영향을 미치지 않도록 해야 한다. • 고객의 문제로 부정적인 영향을 받을 수 있다.	강점 • 평온하고 긍정적인 태도를 유지하며 고객을 도울 수 있다고 느낄 가능성이 높다. • 고객이 표현하는 부정적인 감정을 다룰 수 있을 만한 정서적 회복 탄력성이 있을 것이다. • 고객 스스로가 줄 수 없는, 상황에 대한 긍정적/낙관적 관점을 줄 수 있다. 약점 • 고객에게 큰 스트레스나 불행을 느끼게 할 수 있는 문제가 코치에게는 사소한 문제로 여겨져 과소평가할 수 있다.

〈표 11.4〉 E 요인: 주도성

구분	스텐 점수 1~3(낮은 점수)	스텐 점수 8~10(높은 점수)
고객의 잠재적 문제	• 협상 또는 영향력을 발휘하도록 요구받는 경우 불편하게 느낄 수 있다. • 상부를 관리할 때나 직장 상사에게 영향력을 행사할 때 어려움을 느낄 수 있다. • 자신의 필요 사항을 설명하고 주장하며 밀고 나갈 때 어려움을 느낄 수 있다. • 충돌을 싫어할 수 있다. • 낮은 자존감을 보일 수 있다. 즉 다른 사람의 필요 사항과 의견이 나의 필요 사항과 의견보다 더 중요하다. • 맞춰주는 성격을 다른 사람이 이용한다고 느낄 수 있다. • 코치의 접근이나 권고에 질문하거나 도전할 수 없다고 느낀다. 고객은 활용되는 코칭 방법에 수동적으로 순응한다.	• 너무 적극적이고 목소리가 크며 과도하게 관여한다고 인식되어 또는 충분한 협의를 거치지 않고 결정을 내려 다른 사람과의 관계를 해칠 가능성이 있다. • 부하 직원은 이들의 행동이 너무 독재적이라고, 심한 경우에는 괴롭히는 수준이라고 생각한다. • 자신에게는 '건전한 토론'으로 여겨지는 것이 다른 사람들에게는 병적인 갈등으로 여겨진다. • 코칭 관계 및 업무, 구조, 약속 날짜와 시간 세팅 등 코치가 할 일에 대해 자신에게 '책임이 있다'고 느끼길 바란다.
코치의 잠재적 강점과 약점	**강점** • 부드럽고 비지시적인 코칭 스타일이 특정 유형의 고객에게는 맞을 수도 있다. • 코치 자신의 의견이나 해결책을 고객에게 강요하려 하지 않을 가능성이 높다. **약점** • 고객이 더 적극적일 때 고객의 의제를 조종하도록 허용하는 등, 코치가 의견을 속에만 담아두는 결과를 가져올 수도 있다. • 고객에게 충분한 과제를 제공하지 못할 수도 있다. 예를 들어 고객의 생각과 인식에 이의를 제기하지 못하고 주저하기도 한다. • 고객이 자신의 생각이나 행동을 정당화하기 위해 코치로부터 확인받고자 할 때 고객에게 동의와 결탁한 것으로 보일 수도 있다.	**강점** • 고객의 생각과 인식에 기꺼이 권고하고자 할 수도 있다. • 고객이 코치로부터 부적절한 행위나 행동에 승인을 구할 때 '거절'할 수도 있다. **약점** • 고객이 자신의 해결책을 찾을 수 있도록 촉진하기보다는 지시, 의견, 조언, 해결책을 제공하는 코칭 스타일이 너무 지시적일 수도 있다. • 고객에게 '의존성'을 심어주어, 고객이 코치에게 해결책 찾는 법을 배워서 고객에게 맞지 않는 해결책만 남을 수도 있다.

5) 다요인인성검사 팀 코칭

우선 요인은 여러 방식으로 결합할 수 있으며, 이러한 요인의 결합을 통해 종종 일괄적으로 '팀 역할'로 함께 묶이는 성격 특성 그룹의 분석이 가능하다는 것을 알게 될 것이다. 우선 요인 그룹으로 팀 차원의 대화를 통해 팀 전체의 '성격'을 탐구할 수 있을 것이므로 팀 역할에 도움이 되기도 한다. 팀 역할 그룹이 생성되어 개인의 성격은 관심에서 멀어지고, 각 팀원의 성격이 팀의 성공을 위해 어떤 역할을 할 수 있을지가 관심의 중심이 된다.

또한 새로 개발된 팀 데이터 시각화 및 분석 도구인 팀 프로파일 분석기(team profile analyzer, TPA), 즉 소시오 매핑 도구의 일부를 구성하는 TPA를 활용한 더욱 발전된 접근법을 이용할 수 있게 되었다. TPA라는 분석 도구를 통해 다요인인성검사 전문 사용자는 다요인인성검사의 전반적 요인 및 우선 요인에서 도출된 표준 점수와 기타 관련 데이터를 가지고 더욱 직접적이고 유연하게 작업을 할 수 있게 되었다. 분명하지도 표준화되지도 않은 데이터로는 TPA 시스템을 사용할 수 없다(Bahbouh, 2012). 따라서 TPA 시스템이 모든 심리 측정 검사에 적합하지는 않으리라는 데 주목하는 것이 중요하다. 하지만 다요인인성검사는 강력하고 표준화된 도구이기 때문에 TPA 소프트웨어 패키지와 함께 효과적으로 잘 활용되어 팀 코칭 과정을 뒷받침하기 위해 팀 분석을 확대하고 깊이 있는 팀 프로파일을 생성할 수 있다.

TPA를 활용하여 코치는 더욱 복잡한 팀 성격 역동을 탐구하여 전반적으로 팀 프로파일에 유사하게 나타나는 유형을 밝힐 수 있다. 또한 코치가 다요인인성검사와 TPA를 활용하여 팀의 독특한 핵심 성과 지표 등, 각 팀을 위해 성격 요인과 조직의 성공 요인 사이의 구체적인 관계를 연구할 수 있다.

6) 심화되는 코칭 기술 및 전문 지식을 위한 기회와 지원

다요인인성검사는 처음에 심리학자가 사용하도록 하는 것이 목적이었다. 하지만 최근 다요인인성검사 결과 보고서와 지침서는 심리학에서 특별한 훈련을 받지 않은 코치도 도구를 만들기 위해 이용할 수 있도록 설계되었다. 그런데도 더 많은 심리학적 전문 지식이 있는 사람들은 다요인인성검사가 고품질 데이터를 제공하므로, 스스로 해석할 수 있는 코칭 접근법을 개발하기 위해 직접 사용할 수 있음을 알게 될 것이다. 이는 숙련된 업계 종사자와 심리학자에게 기본적인 지침서에 나와 있는 것보다 더 많은 작업을 하는 기회, 다요인인성검사를 발판으로 삼아 코칭의 문제를 깊이 있게 연구하는 기회를 준다.

4. 다요인인성검사와 고객

1) 다요인인성검사의 응용

다요인인성검사는 한 개인의 경력을 통틀어 폭넓은 상황에서, 또 여러 다른 차원에서 활용될 수 있다. 구체적으로 다음과 같은 상황에서 사용된다.

- 개발: 임원 코칭, 라인 관리자 코칭, 리더십 개발, 개발 계획, 승계 계획, 재취업 상담, 경력 전환 및 계획, 경력 지도, 회복력 키우기
- 선택: 채용, 임원 선출, 잠재 역량 평가

앞서 설명했듯이 다양한 제품을 통해 코치는 고객과 함께 일할 때 도움을 받을 수 있다. 그 결과 앞에서 예로 든 응용법 중에는 상세한 전문가 보고서가 있는 경우가 많다. 다음 절에서 관련성이 큰 응용을 더 분석해볼 것이다.

5. 코칭과 관련된 다요인인성검사 보고서

아래에 가장 관련성이 큰 검사 결과 보고서와 코칭 상황에 적용해볼 수 있는 간단한 지시 사항을 제시했다. 이러한 검사 결과는 대체로 영국, 미국 영어로 이용할 수 있으며 해석 및 프로파일 보고서는 다양한 언어로 이용할 수 있다. 역량 보고서는 프랑스 어로도 이용할 수 있으며 최근 추가된 언어는 OPP 웹사이트에서 확인하기 바란다.

1) 실무 전문가 보고서

기관에서 사용하도록 만들어진 다요인인성검사 실무 전문가 보고서는 실무 전문가, 지원자와 후보자, 관리자에게 정보를 제공한다.

실무 전문가 보고서는 실무 전문가(자격을 갖춘 사용자), 지원자(응답자), 응답자의 관리인이나 그 외 훈련받지 않은 관계자를 위한 부분으로 이루어져 있다. 각 부분은 다요인인성검사 프로파일, 서술적 해설, 강점과 개발 정보의 상세한 설명 등 관계자에게 적합한 일정 수준의 다요인인성검사 정보를 제공하며 다음과 같은 내용도 포함되어 있다.

- 피드백 프롬프트: 피드백 시간을 통해 실무 전문가를 지도하고 고객의 개인 성격을 찾기 위한 영역이 제안되어 있다.
- 공유 가능한 간단한 피드백 부분: 평가 결과의 해설이 포함되어 있다(응답자용).
- 다요인인성검사 용어에 익숙하지 않지만 응답자의 프로파일을 이해할 때 도움이 되는 사람들에게 결과를 설명하는 내러티브 보고서(예: 라인 관리자 등)

코칭의 목적에서 볼 때 강점과 개발 필요 항목은 특히 관련성이 높다.

		스텐 점수		1 2 3 4 5 6 7 8 9 10	
따뜻함	A	2	내성적		따뜻함
추리력	B	10	구체적		추상적
정서적 안정성	C	9	외부 상황에 예민하게 반응		정서적으로 안정적
주도성	E	4	공손함		지배적
쾌활성	F	1	심각함		쾌활함
규칙 준수성	G	10	편의주의		규칙을 준수함
대담성	H	4	수줍음이 많음		사회적으로 담대함
민감성	I	2	실리적		민감함
불신감	L	10	사람을 믿음		경계를 늦추지 않음
추상성	M	7	현실적		추상화함
개인주의	N	7	거리낌 없이 터놓음		사생활을 중시함
불안	O	6	자신감이 있음		걱정이 많음
변화 개방성	Q1	8	전통을 따름		변화에 개방적
독립심	Q2	9	집단 지향적		독립적
완벽주의	Q3	8	무질서한 상태를 견딤		완벽주의
긴장감	Q4	6	느긋함		신경이 날카로움

〈그림 11.1〉 실무 전문가 보고서

2) 역량 보고서

다요인인성검사 역량 보고서는 해당 역할을 성공적으로 해내는 데 중요하다고 밝혀진 역량, 곧 응답자에게 적합할 가능성이 높은 다양한 역량에 관한 정보를 제공하며, 고객이 더 나은 인사 결정을 내리도록 도와준다. 이 보고서에는 다음과 같은 내용이 포함된다.

- 응답자가 각 역량에 적합한 가능성을 보여주는 그래픽 요약
- 응답자가 보여줄 가능성이 있는 역량 관련 행동을 설명하는 해설
- 다요인인성검사 요인과 개인의 역량에 적합한 가능성에 입각한 맞춤형 개발 정보
- 표준화된 특정 프로파일 인터뷰 질문: 준비 시간을 절약하고 일관성을 보장한다. 이 질문은 채용 상황에만 국한되지 않고 역량 기반 인터뷰와 역량의 발달 탐구에 사용될 수 있다.
- 역량 보고서 플러스에는 응답자용 보고서도 포함된다(실무 전문가 보고서 설명 참조).

특별 맞춤형 다요인인성검사 역량 보고서는 기관의 구체적 요구와 자체 역량 모델에 맞춰진 맞춤형 결과와 함께 고객에게 제공된다. 맞춤형 결과 보고서에 관한 더 자세한 사항은 IPAT나 OPP에서 찾아볼 수 있다.

3) 경력 개발 보고서

경력 코칭을 할 때 이 보고서는 경력 개발에 대한 깊이 있는 토론을 하는 데 이상적인 자료이다. 경력 개발 보고서는 응답자가 자신의 경력 옵션 및 동기를 매우 건설적으로 생각할 때 필요한 사항을 제공한다. 또한 개인의 강점이 어떻게 경력 성공으로 이어지는지를 주제로 개인과 토론을 할 때 이상적이다. 이 보고서에는 다음과 같은 내용이 포함된다.

- 개인의 강점을 강조하는 성격 정보의 해설

- 약 다섯 가지 주요 주제로 정리된 공유 가능한 피드백 부분
  - 문제 해결 자원
  - 스트레스 상황 대처 방식
  - 대인관계 상호 작용 방식
  - 조직에서의 역할 및 근무 환경 선호도
  - 경력 활동 관심
- 응답자를 위한 부분은 결과를 볼 기회를 주고 다음 단계를 계획할 때 도움을 준다.
- 실무자용
  - 다요인인성검사 척도 및 다섯 가지 전반적 요인 등급에서의 점수
  - 리더십/부하 역할 패턴 예측
  - 일곱 가지 전반적인 흥미 영역(영향력, 조직력, 창조력, 조력, 분석력, 생산력, 모험심)의 경력 선호도 점수 예측
  - 직업 흥미 점수

4) 관리 잠재력 보고서

관리 잠재력 보고서는 응답자의 관리 잠재력에 관한 주요 사항을 실무 전문가에게 제공하고 개인의 강점 설명과 성장, 발전 영역을 확인해준다. 이 보고서에는 다섯 가지 관리 차원을 정리하여 응답자의 성격을 설명한 부분이 포함되어 있다.

- 리더십
- 타인과의 상호 작용
- 의사결정
- 결단력
- 개인적 적응

그래픽 부분에 관리 차원을 구성하는 점수가 자세히 나와 있다.

5) 추가 일반 보고서

숙련된 다요인인성검사 사용자는 앞서 설명된 종합적이고 일괄적인 보고서에 설명이 너무 많다고 느낄 수도 있다. 다음 보고서는 해당 결과의 '요점' 설명이며 실무 전문가 스스로가 해석을 찾아내게 한다.

■ 해석 보고서

해석 보고서는 전반적인 요인과 주요 요인에 관한 간단한 해설 요약과 더불어 수치의 결과를 보여준다. 또한 〈그림 11.2〉에서 보듯이 홀랜드 직업 선호도 검사의 여섯 가지 직업 영역에서 나타난 응답자의 흥미를 요약해준다. 해석 보고서에는 다음과 같은 내용이 포함된다.

- 전반적 요인과 주요 요인에 대한 응답자 점수를 요약한 도표
- 각 전반적 요인과 관련된 주요 요인에 대한 개별 도표와 자세한 설명이 실무 전문가의 해석을 돕기 위해 주어진다.
- 응답자의 성격 특성과 여섯 가지 홀랜드 직업 선호도 유형 간 유사성 정도를 나타내는 그래픽과 가장 높은 유사성을 보이는 직업 영역이 보다 자세하게 설명되어 있다.

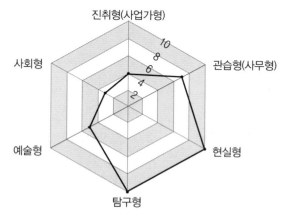

〈그림 11.2〉 홀랜드의 모델

〈표 11.5〉A 요인: 따뜻함

구분	스텐 점수 1~3(낮은 점수)	스텐 점수 8~10(높은 점수)
고객의 잠재적 문제	• 관계를 쌓을 때/애착을 형성할 때 어려움을 겪을 수도 있다. • 고립감을 느낄 수도 있다. • 다른 사람들에게는 정서지능이 부족한 것으로 보일 수도 있다. 예를 들어 다른 사람의 정서에 대한 이해력이 부족하다. • 부정적인 생각이나 감정을 마주해야 하는 상황을 피하는 방법으로 자신의 문제를 논리적, 합리적으로 생각하고 싶어 한다.	• 애착 및 다른 사람의 애정을 매우 필요로 할 수도 있다. 예를 들어 관계를 통해 자아 존중감을 정의한다. • 코치로부터 인정받을 수 있다. 코칭 관계에 의존하게 될 수 있다. • 다른 사람의 필요 사항을 자신의 필요 사항보다 우선시할 수도 있다. 자신의 요구 사항을 인지하지 못할 가능성이 있다. • 다른 사람과 맺는 관계의 수준/깊이에 대해 비현실적으로 크게 기대하기도 한다.
코치의 잠재적 강점과 약점	**강점** • 객관적이 될 가능성이 높다. • 고객이 겪은 경험의 감정적인 면에 휩쓸릴 가능성이 적다. • 인지 행동 코칭 혹은 분석/진단 접근법(예: 정신역학) 등 논리적인 코칭 접근법을 사용하며 편안하게 느낄 수 있다. • 힘든 발달 메시지를 전달하기도 한다. **약점** • 고객을 분석하고 진단하기도 한다. • 자신의 역할을 고객의 문제 해결로 보려는 경향이 있으며, 자신의 문제를 고객에게 내세우려 할 수도 있다. • 온 마음을 다하기보다는 머리로 코칭을 하려는 경향을 보이기도 한다. • 고객에게 지지와 따뜻함, 공감을 충분히 보이지 않을 수도 있다. 다소 거리를 둔 것처럼 보일 수 있으며, 심하면 냉담하거나 무관심하다.	**강점** • 진정한 공감력, 지지, 따뜻함, 이해를 자주 보여줄 가능성이 높다. • 고객에 중심을 둔 접근법(예: 인간학적 심리학, 형태 심리학)을 선호할 가능성이 높다. • 자신의 해결법을 고객에게 강요할 가능성이 적다. **약점** • 객관성이 부족할 수도 있다. • 경험의 정서적 측면에 휩쓸려서 고객을 구조해야 한다고 느끼기도 한다. • 고객에게 필요한 존재가 되어야 할 수도 있다(공모의 위험성). • 조화로운 코칭 관계를 유지하려고 고객에게 걱정에서 벗어나도록 권유할 때 어려움을 겪기도 한다. • 힘든 발달 메시지를 전달하고 싶어 하지 않을 수도 있다. • 강한 유대감이 형성된 경우, 고객은 떠날 준비가 되었는데도 코칭 관계를 끝내는 데 어려움을 느끼기도 한다.

〈표 11.6〉 F 요인: 쾌활성

구분	스텐 점수 1~3(낮은 점수)	스텐 점수 8~10(높은 점수)
고객의 잠재적 문제	• 에너지, 자발성, 열의가 부족할 수도 있다. 불행하다는 생각을 하기도 한다. • 다소 천천히 장황하게 말하고, 사람들과 관계를 맺지 못하며, 영감이나 호기심을 주지 못하여 소통 방식이 다소 이지적일 수도 있다. • 카리스마가 부족하다고 생각하는 사람도 있다. • 행동하기보다는 과도한 분석으로 결정을 내리는, 지나친 분석에 따른 기능 저하가 나타날 수도 있다. • 비관적이며 결정이나 행동의 긍정적인 면을 보기보다는 부정적인 면에 집중하기도 한다. • 자기 자신에 잠식되어 있는 고객을 밖으로 끄집어내기 위해 코치가 큰 노력을 기울여야 할 것이다.	• 쉽게 지루해할 수 있으며, 일단 초기 흥분이 사라지면 미완성 프로젝트/의제의 흔적을 잊어버릴 것이다. • 연설, 의사결정, 혹은 행동을 할 때 충동적일 수 있으며 더 조심성 있는 동료들의 시각에서는 평판이 나빠질 가능성이 있다. • 활기차게 자신의 감정을 잘 드러내는 유형은 말이 너무 많고 다른 사람의 말을 충분히 듣지 않는다는 것을 의미할 수도 있다. • 어떤 결정이나 행동의 부정적인 잠재력을 고려하지 못하여 장밋빛 시각을 갖고 있을 수도 있다. • 지루하거나 좀이 쑤시는 듯한 느낌을 주지 않기 위해 코칭 프로그램이 아주 다양하고 재미있어야 할 것이다.
코치의 잠재적 강점과 약점	**강점** • 주의 깊고 사려 깊으며 철저한 접근법이다. • 대화의 주도권을 쥐고 있을 가능성이 적다. 고객에게 자신을 표현할 여지를 많이 줄 것이다. • 현실을 직시하도록 하거나 고객에게 잠재적인 위험성을 고려하도록 권유함으로써 고객의 비현실적인 아이디어 일부를 억제할 수 있다. • 코칭 세션 동안이나 그 이후에 고객의 말을 매우 깊이 반추해볼 가능성이 높다. **약점** • 고객의 내부에 역동성, 에너지, 열의가 생겨나도록 돕는 것이 어렵다고 생각할 수도 있다. • 더욱 에너지 넘치고 즉흥적인 코칭 스타일을 선호하는 고객도 있을 수 있다. • 고객이 생각하던 행동을 취하지 않도록 의도치 않게 영향을 줄 수도 있다.	**강점** • 재미있고 자연스러우며 생기 넘치는 코칭 스타일의 잠재력이 있다. • 고객이 열의와 에너지를 뿜어내도록 도와줄 수 있다. • 고객이 처한 상황의 긍정적인 면에 집중하도록 도와줄 수 있다. **약점** • 즉흥적인 유형이 맞지 않는 고객도 있을 수 있다. 이들은 좀 더 주의 깊고 신중하거나 조직적인 접근법에 더 긍정적인 반응을 보일 것이다. • 세션이 끝난 후 고객의 문제를 반추하거나 충분히 생각해보지 않기도 한다. • 표현이 풍부하고 열의가 넘치는 유형은 코치가 말이 너무 많거나 고객의 말을 막기도 한다.

■ 프로파일 보고서

프로파일 보고서는 전반적 요인과 주요 요인에 대한 수치 결과만 보여준다.

6) 기타 자원

해설 안내를 받으려면 OPP 웹사이트의 자료 섹션에서 '다요인인성검사 코칭 도구'라는 제목의 무료 PDF 문서를 참고한다. 열여섯 가지 기본 요인에 관한 제안이 나와 있다. 〈표 11.5〉와 〈표 11.6〉은 따뜻함과 쾌활성에 관한 내용의 예시이다.

> **요약**

다요인인성검사는 훌륭한 성격 평가 방법으로 다양한 코칭 상황에서 코치가 유연하게 활용할 수 있다. 정상적인 성인 인구와 상당한 연구를 통해 입증된 발전의 역사를 거치면서 다요인인성검사는 코칭 및 대화의 개발을 위한 이상적인 도구가 되었다.

Chapter 12

MSCEIT 활용 코칭: 정서지능 코칭

David R Caruso · Peter Salovey

이 장에서는 일반적인 개념과 구별되는 정서지능(emotional intelligence, EI)의 과학적 개념을 다룬다. 정서지능은 정서를 정확하고 상황에 맞게 인식, 사용, 이해하고 관리하는 능력이다. 사람들마다 이 능력은 차이가 있고 검사로 그 정도를 측정할 수 있다.

한편 정서지능을 자기주장이나 낙관주의와 같은 성격 특성으로 정의하려는 관점도 있다. 이러한 관점은 정서지능의 기초를 이루는 역량과 능력보다는 성격과 기질의 모델로 접근한다. 정서지능을 표준 정서(standard emotion)로 정의하고 측정할 때 흥미로운 유익이 있다. 흥미로운 이유는 다음과 같다. 첫째, 이 능력 위주의 정서지능은 새로운 개념이다. 둘째, 기술 위주의 정서지능 모델은 교육과 발달 분야에 유용하다. 셋째, 모델 자체는 일반적인 코칭 모델로 사용 가능하다. 넷째, 정서 능력은 객관적으로 측정 가능하므로 그 측정치는 코치와 고객에게 유용한 결과를 가져올 수 있다.

1. 정서지능 코칭의 이해

　베스트셀러인《정서지능》(Goleman, 1995)은 정서지능과 관련된 광범위한 내용의 후속 평가와 교육을 불러일으켰다. 이 중 대다수는 기존의 성격 특성을 가져와 정서지능으로 재명명하거나 정서지능을 전통적인 리더십 역량으로 정의하는 경우도 있었다. 어떤 것들은 일반 지능 검사로 측정되지 않는 일부 긍정적 성격 유형이나 능력을 정서지능으로 간주하기도 했다.

　정서지능이 관심을 받게 된 데에는 정서지능이 일반적인 라이프 및 직장에서의 중요 성과를 80% 예측할 수 있다는 주장 때문이었다. 사람들의 주목을 받은 정서지능에 대한 또 다른 주장은 정서지능 특성이 IQ보다 두 배나 중요하며, 라이프에서 최고의 예측 성공 요인이라는 것이었다(Gibbs, 1995). 일반 대중지에 실린 이러한 주장이 원래 정서지능(때로는 EQ)에 대한 보편적인 흥미와 관심에서 비롯되었다고 하지만 대부분 근거가 희박하다.

　이와 같이 과도하게 부풀린 주장을 제거하고 정서지능을 살펴보면 정서지능의 중요성을 합리적으로 보여주는 타당하고 과학적인 모델을 찾을 수 있다. 그러나 이러한 과학적 개념의 정서지능은 대중적인 EQ의 개념과 달리 성과물의 80%를 예측하지 못한다. 사실 정서지능은 다른 심리적 특징(Mayer et al., 2004)과 유사한 수준의 예측력을 갖고 있다.

　정서지능의 개념이 대중적으로 인식된 것은 1995년이지만 1990년과 1993년에 일련의 연구 논문에서 처음 소개된 바 있다(Mayer & Salovey, 1993; Salovey & Mayer, 1990). 두 연구 논문에서는 정서를 정확하게 인식하고, 사고를 확장하는 데 사용하며, 발생 원인을 이해하고, 성장을 가져오도록 관리하는 능력으로 정서지능을 개념화했다(Mayer & Salovey, 1997). 이 장에서는 이러한 정서지능의 능력 위주 개념을 살펴볼 것이다.

1) 지능과 정서

정서지능의 능력 모델은 지능과 정서의 중간 영역을 표방한다. 지능은 과학적 연구가 100년 동안 진행된다고 해도 일치된 정의가 이루어지지 않겠지만(Neisser et al., 1996), 여기서는 학습하고 지식을 획득하며 문제를 푸는 능력으로 정의하고자 한다. 정서 이론은 기본적인 정서 모델부터 사회적 구성주의 접근(Russell, 2003; Ekman, 1992)에 이르기까지 풍부하다. 우리는 정서가 정보를 포함하고 있다고 본다. 정서는 정당한 이유 없이 우연히 마주치게 되는 이질적인 경험이 아니다. 그것은 현명한 의사결정을 방해하지 않는다. 사실 정서는 효과적인 의사결정에 결정적이고 필수적이다(Damasio, 1994). 가장 원론적인 수준에서 정서는 다음과 같이 말할 수 있다.

- 내부(상상의) 혹은 외부 세계에서 변화의 결과로 발생한다.
- 자동적으로 빠르게 생긴다.
- 어떤 심리적 변화와 감정을 초래한다.
- 개인의 관심과 사고방식을 변화시킨다.
- 행동을 유발한다.
- 빠르게 소멸한다. (Caruso & Salovey, 2004)

어떤 감정의 기본적 기능은 사람들이 자신의 환경에 대처하고 생존하며 성장하도록 돕는 것이다. 정서가 제공하는 데이터에 접근해야만 결정적인 정보를 놓치지 않고 최선의 결정을 내릴 수 있다.

2) 정서지능의 능력 모델

지능과 정서의 중간 영역에는 수많은 능력이 포함되어 있는데, 샐러베이와 메이어(Salovey & Mayer, 1990; Mayer & Salovey, 1977)가 제시한 정서지능의 능력 모델은 네 가지 정서 기술을 내포하고 있다.

■ 정서 인지

정서 인지는 가장 기본적인 능력이다. 이 능력은 정서를 알아차리는 것에서 시작하지만, 환경에서뿐 아니라 자기 자신과 타인의 정서를 정확하게 인식하는 데 초점이 있다. 정서는 흔히 사람들의 의도에 대한 신호로 간주되어 의미를 전달한다(Plutchik, 1980). 그 신호를 인지하는 것은 인간관계의 질을 향상한다. 또한 정서는 주변 환경의 요소로부터 비롯되는데, 위협을 인지할 때나 따뜻하고 햇빛이 비칠 때 생기는 정서적 반응처럼 우리는 하나의 정서 에피소드를 갖는다.

■ 사고 촉진에의 정서 사용

사람들이 느끼는 방법은 사고하는 대상과 방법에 영향을 준다. 정서와 인지의 상호작용은 정서가 다양한 유형의 사고를 촉진할 수 있음을 의미한다. 일반적으로 긍정적 정서는 창조적 문제 해결을 가져오지만 부정적 정서는 문제 해결이 아니라 세부 사항의 분석이나 실수를 촉진한다고 알려져 있다(Isen, 2001). 사고를 촉진하는 데 정서를 이용하는 능력은 사람마다 차이가 있다.

■ 정서 이해

전문적인 연구 분야처럼 정서 분야도 매우 다양하다. 정서 능력을 이해하기 위해서는 정서가 어떻게 변화하고 발달하며 한 상태에서 다른 상태로 바뀌는지에 대한 지식이 필요하다. 두 가지 기본 감정 차원부터 구체적인 열 가지 정서 분류에 이르기까지 수많은 정서 분류법이 존재한다(Ortony et al., 1988). 〈표 12.1〉에 잘 알려진 정서 분류법을 정리했다.

■ 정서 관리

마지막으로 정서 관리는 어떤 정서 상태에서 그것으로부터 자료를 추출하여 의사결정과 행동에 통합하는 능력을 말한다. 이러한 능력은 '정서적이 되는 것'을 배제하는 것이 아니라 오히려 어려운 정서적 상황에 직면하고 처리할 수 있도록 돕는다. 정서적

〈표 12.1〉 다양한 정서 분류법

구분	왓슨 (Watson)	플러치크 (Plutchik)	에크먼 (Ekman)	톰킨스 (Tomkins)	아이자드 (Izard)
긍정적 정서	기쁨	행복	기쁨	기쁨	인정
부정적 정서		공포	공포	공포	공포
		놀람	놀람	놀람	놀람
		슬픔	슬픔	디스트레스	디스트레스
		혐오	혐오		혐오
		화	화	화	화
		기대		흥미	흥미
				부끄러움	부끄러움
					죄책감
			경멸	경멸	경멸

문제를 다루는 데에는 다양한 대처 전략이 효과를 가져올 수 있다(Thayer, 1996).

3) 정서지능의 발달

정서지능은 발달할 수 있는가? 이 질문에 대한 예상 응답은 흔히 '그렇다'로 귀결되지만, 만일 이론적으로 '아니다' 또는 '아마 그럴지도 모른다', 내지 '그렇다'라고 응답한다면 많은 사람이 혼란스러워할 것이다. 무엇보다 EQ는 학습된다는 것이 일반적인 통념이다. 이론적으로 지능이 '학습' 될 수 없다고 가정할 근거가 부족하기 때문에 정서지능이 학습될 수 있는 것이라고 기대해야만 하는가? 물론, 이는 '지능'이라는 용어를 장식용으로 사용하는 경우에 한해서이다. 그러나 우리는 지능 연구를 근거로 정서지능에 접근하기 때문에 정서지능의 발달에 대한 논지도 그러한 관점에서 시작해야 한다.

최근 한 교육 연구는 정서지능 중심 교육을 받은 학생들이 통제 집단에 비해 정서지능 점수(메이어-샐러베이-카루소 정서지능검사, MSCEIT)가 증가했다는 결과를 제시했다(Chang, 2006). 그러나 자기 보고 검사 점수가 증가하는 것은 상대적으로 쉬운 일이다. 분석 내용에서 실제적 변화에 관한 연구는 거의 없어서 정서지능 발달에 대해 분명한 결론을 내리는 데에는 신중해야 한다.

코치는 이러한 접근에 대해 의구심을 가질 수도 있다. 결국 정서지능이 학습될 수 없다면 군이 코칭에 포함해야 할 이유가 있을까? 그래야만 하는 이유가 있다. 첫째, 개인의 정서상 강점과 약점을 아는 것은 매우 도움이 된다. 관리자가 '다른 사람의 정서를 읽는 것'은 흔히 부정확하다는 것을 학습하면 사람들에 대한 가정과 선입견을 깨게 된다. 둘째, 사람들은 정서적 능력상의 약점을 상쇄할 수 있는 보상적 전략을 개발할 수 있다. 관리자는 표정, 보디랭귀지와 목소리 톤 읽기를 더 잘하는 방법을 배우거나 실제로 다른 사람들이 어떻게 느끼고 있는지 질문함으로써 자신이 잘 읽었는지 확인할 수 있다. 셋째, 결국 정서지능은 학습될 수 있다는 것이 증명될 수 있다. 예를 들어 현재 학생들을 대상으로 진행되고 있는 연구들은 이것이 가능하다는 증거를 제시하고 있다(Brackett & Rivers, 2007).

증가하고 있는 정서지능에 대한 논의는 개인 코칭 시연의 효과성을 증명하기 위한 이유로도 중요하다. 정서지능 코칭 평가의 초점은 리더가 다른 사람들에게 더 나은 영향력을 미치게 되었는가 혹은 관리자가 소비자에게 더 관심을 두게 되었는가와 같은 어떤 행동 변화를 증명하는 것이어야 한다.

2. 정서지능검사의 평가

메이어-샐러베이-카루소 정서지능검사(MSCEIT)는 정서지능의 네 가지 능력 유형 모델을 다룬 것으로(Mayer et al., 2002) 한 번 검사하는 데 30~40분 정도 걸린다. 검사 내용은 여덟 가지 과제에 대한 것이며, 이러한 정서 문제의 응답 점수를 객관적으로 계산한다. 검사자의 표준 점수를 계산한 후 5,000명의 일반 개인 표본 및 정서 연구자 21명의 전문가 표본 점수와 비교한다. 정서지능검사는 총점수, 두 영역에 대한 점수,

네 가지 능력 유형 점수, 여덟 가지 과제 점수, 긍정적-부정적 기초 점수와 분산 점수 등 17개의 점수로 나타난다.

정서지능 모델에는 네 가지 유형 각각에 대한 두 가지 '과제' 나 하위 검사가 있다. 이는 정서와 관련된 연구와 이론에 근거를 두고 있다(Isen, 2001; Thayer, 1996; Ortony et al., 1988; Ekman, 1973). 정서지능검사의 익숙하지 않은 몇몇 항목 때문에 응답자가 능력 측정 방법에 대해 의구심을 가질 수도 있다. 그것은 능력을 기초로 한 측정과 관련된 문제이다. 우리는 이 문제를 다음과 같이 안내 사항에서 밝힘으로써 완전히 해결했다.

정서지능검사는 상이한 8개 부분으로 이루어져 있습니다. 각 부분은 각각 독립된 주의 사항이 있습니다. 모든 질문에 응답해주시기 바랍니다. 분명한 답이 없을 때는 최대한 자신의 생각과 일치하는 것에 응답해주시기 바랍니다.

정서지능검사는 무엇인가?

메이어-샐러베이-카루소 정서지능검사는 정서지능을 능력으로 접근하여, 자기 자신과 타인의 정서를 이해하고 사고를 더욱 효과적으로 하는 데 정서를 이용하는 능력과 같은 정서지능으로 정의합니다. 정서지능검사는 정서지능을 네 가지 요소―사람과 사물에 대한 정서를 정확하게 인식함, 정서를 느낄 수 있고 그 정서로 인한 문제를 해결할 수 있음, 정서의 원인을 이해함, 긍정적 결과를 가져올 전략을 선택함―로 측정합니다.

이 검사에는 다른 검사에서는 볼 수 없는 질문이 포함되어 있습니다. 그래서 검사의 목적과 직접적으로 관련이 없는 것처럼 생각될 수도 있습니다. 몇몇 문항은 이상하고 낯설게 보이기도 할 것입니다. 정서지능검사만의 독자적인 측정 기술은 간접적으로 측정된다는 데 있습니다. 정서지능검사의 측정 내용은 정서 능력의 안정적인 측정을 위한 것으로 구성되어 있습니다.

정서 인식은 표정과 사진 과제로 측정된다. 표정 과제에서는 네 가지 표정을 보여준 후 가장 가깝다고 생각되는 정서를 답하게 했다. 사진 과제에서는 6개의 풍경 사진이나 디자인을 보여준 후 전달되는 정서가 무엇인지를 질문했다.

정서 사용은 감각과 촉진 과제로 측정된다. 느낌 과제에서는 정서와 수반되는 신체적 감각 정도, 방향을 인식하고 묘사하게 했다(예: 행복의 느낌은 따뜻함, 차가움, 날카로움, 부드러움 중 무엇인가?). 촉진 과제와 관련된 질문은 사고와 의사결정에 영향을 주는 기분을 결정할 수 있는 능력을 측정했다. 여러 정서가 특정 문제를 해결할 때 어떻게 영향을 미치는지에 관한 것이었다(예: 피크닉을 가려고 계획할 때 다음과 같은 기분이 각각 어떻게 영향을 주는가? ⓐ 행복, ⓑ 의기소침, ⓒ 놀라움, ⓓ 공포).

정서를 이해하는 능력은 변화와 혼합 과제로 측정된다. 변화 과제는 정서가 시간의 경과에 따라 어떻게 변화하는지 이해하는 것을 측정하며 다항 선택 문항으로 구성되어 있다(예: 화가 심할 때 그 정서는 다음과 같이 변한다. ⓐ 분노, ⓑ 의기소침, ⓒ 슬픔, ⓓ 기쁨). 혼합 과제도 다항 선택 문항으로 구성되어 있으며, 사람들이 경험할 수 있는 복잡한 정서 단계에 대한 지식과 관련되어 있다(예: 낙관주의는 다음 항목의 결합이다. ⓐ 행복과 기대, ⓑ 공포와 슬픔, ⓒ 행복과 기쁨, ⓓ 슬픔과 행복).

정서 관리는 정서 관리와 정서적 관계 과제로 측정된다. 〈그림 12.1〉은 정서지능검사 정서 관리 과제의 질문 샘플이다. 정서 관리 과제는 어떤 개인의 상황에 대한 가정

다음의 각 행동이 원하는 결과를 성취하는 데 영향을 미치는 정도를 평가하시오.

데비는 방금 휴가에서 돌아왔다. 그녀는 평화로움과 만족감을 느끼고 있는 중이다.
이 기분을 가장 잘 유지할 수 있도록 돕는 행동은 무엇인가?

행동	비효과적				효과적
a. 집에서 해야 할 일의 목록 작성하기	○	○	○	○	○
b. 방금 돌아온 휴가에서 가장 좋았던 일 회상하기	○	○	○	○	○
c. 어쨌든 그 기분은 지속되는 것이 아니므로 기분을 무시하는 것이 가장 좋다고 결정하기	○	○	○	○	○

〈그림 12.1〉 정서지능검사 정서 관리 과제의 질문 샘플

을 제시하고 특정한 결과를 가져올 수 있는 여러 정서적 관리의 효과성을 응답하게 했다. 그리고 정서적 관계 과제는 대인관계 상황에서 어떤 정서적 결과를 동기화할 수 있는 능력을 검사한다. 효과적 전략이란 쌍방 모두에게 바람직한 결과를 가져오는 것이다. (예: 질은 조가 팀장을 맡고 싶어 하는 새로운 팀 프로젝트의 책임자가 되어달라는 제안을 받았다. 다음 행동 중 질과 조가 함께 일할 수 있게 하는 데 효과적인 것은 무엇인가? ⓐ 질은 조의 감정을 인식하지만 도움을 요청한다. ⓑ 질은 조가 팀에 협력하지 않는다면 해고한다고 위협한다. ⓒ 질은 팀을 맡을 수 없는 조의 많은 단점을 지적한다.)

정서지능검사는 임상과 연구, 두 가지 목적으로 개발되어 채점 방식이 서로 다르다. 실제로 전문가 응답 방식은 정서 전문가의 판단을 응답 기준으로 사용한다. 이 경우 국제정서연구협회(International Society for Research on Emotions, ISRE)의 전문가 21명이 각 정서지능검사 질문에 대한 응답을 했는데 이들의 응답 점수가 전문가 응답 점수로 이용되었다.

정서지능검사 리소스 리포트는 정서지능 능력 모델과 정서지능검사를 기초로 한 세부적인 결과 내용을 피드백해준다. 고객의 검사 점수는 표준 점수의 막대그래프 형태로 제시되는데, 전체 결과로 고객의 성과 수준을 '개발 필요, 개발 중, 역량을 갖추었음, 기술을 갖추었음/전문가 수준'으로 보고한다. 우리는 정서지능검사 리포트 개발 시 사람들이 결과에 너무 의존하지 않을까 걱정이 되어 점수의 수치를 과도하게 강조하지 않는 것이 중요하다고 생각했다.

정서지능검사를 이용할 때 가장 큰 도전은 아마도 사람들이 자기 자신의 정서지능 능력을 거의 평가하지 못한다는 사실일 것이다. 우리는 82명의 관리자를 표본으로 정서지능검사를 실시했고, 실시 후 바로 정서지능검사에 대해 잘 대답할 수 있었는지 물어보았다. 그들의 총 정서지능 자가 평가 점수와 정서지능검사 간의 상관관계는 0.15였다. 자기 개념과 검사 결과 간의 상관관계가 낮았던 것은 정서지능검사의 고유한 장점과 도전을 보여주는 것이라 할 수 있다.

정서지능검사의 제한점 중 하나는 다양한 종류의 정서를 진행시키는 능력에 차이가 있음을 간과한다는 것이다. 그러나 정서지능검사는 정서의 편차를 측정할 수 있다. 그 것은 긍정적-부정적 편차 점수(positive-negative bias score, PNBS)로, 표정과 그림 과제에 대한 응답 점수를 기초로 산출된다. 낮은 점수는 다른 사람보다 부정적 정서를 갖고 있음을 나타내고, 높은 점수는 검사 질문에서 긍정적 정서를 선택했음을 나타낸다. PNBS는 응답자가 인식하고 사용하며 이해하고 관리하는 정서의 종류에 대한 가설을 세우는 데 활용할 수 있다.

정서지능검사는 적절한 내적 신뢰도를 갖고 있다(Mayer et al., 2003; Mayer et al., 2002). 정서지능검사의 표면적인 타당도가 실증적으로 증명되었다 해도 이를 사용하는 데 어려움을 겪는 임원과 코치가 있다. 코치는 고객에게 사전 검사 준비를 알려줌으로써 이 문제를 쉽게 해결할 수 있다.

정서지능검사는 고전적인 성격 특성과 큰 관련이 없으며, 표준 지능(IQ)과만 약간 관련이 있는 것처럼 다른 것과는 구별되는 타당성을 확보하고 있다는 것이 가장 중요하다. 그러나 대중 간행물에서의 보장과 달리 정서지능검사는 어떤 성과치에 대해 80%를 예측해주지 않는다. 대신에 정서지능검사는 특정 기능 영역에서 유의미한 타당성의 증가를 보여준다. 그 영역은 대부분 전사회적 행동(pro-social behavior), 덜 공격적이고 더 나은 관계의 질 등을 포함하고 있다(세부적인 연구 결과는 Mayer et al., 2008; Salovey & Grewal, 2005; Mayer et al., 2004 참고).

3. 정서지능검사와 코치

코치에게 정서지능검사를 사용해보면 사람들이 자신의 정서지능을 잘 평가하지 못한다는 생각이 간단한 문제는 아니라는 것이 드러난다. 다양한 전공 분야와 직업 경험을 가진 코치의 경우 정서지능검사의 점수가 높을 수도 있고 그렇지 않을 수도 있다. 코칭 분야와 다양한 교육 및 훈련 기술, 임상 교육과 경험을 가진 코치라도 평균보다 더 높은 점수를 받는 것은 아니다. 한 가지 예외로 심리학자 집단은 평균보다 점수가 더 높은 경향이 있다(Boone & DiGiuseppe, 2002).

그래서 코치가 잘 발달된 정서지능 기술을 갖고 있지 않다면 고객의 정서지능 기술 발달을 도울 수 있을까라는 질문이 생길 수 있다. 그 답은 '그렇다'이다. 정서지능 점수가 낮거나, 적어도 정서지능검사의 점수가 낮은 코치는 자신의 기술 수준을 잘 안다면 고객의 정서지능 기술을 잘 발달시킬 수 있다.

예를 들어 정서 인식 점수가 낮은 코치는 고객이 어떻게 느끼는지 알아내기 위한 맥락을 필요로 할 수도 있다. 우리는 고객에 대한 자신의 인식을 확인하는 것과 같은, 단순하지만 효과적인 교정 전략을 사용하는 코치들을 보았다. 정서 사용 점수가 낮은 코치는 고객에게 정서적 감정 이입을 덜 하는 경향이 있고, 그러한 감정 이입의 부족이 직업 소진과 고객에 대한 과도한 몰입의 결과를 피할 수 있게 한다고 말한다. 그들은 자신이 고객과 정서적으로 연결되어 있는지 여부, 그렇지 않은 관계적 상호 작용이라면 코칭 과정에서 고객을 도울 수 있는지 여부를 고려한다. 앞에서 언급했듯이 정서의 이해는 정서의 언어이고, 이 능력 영역에서 낮은 점수를 보인 코치는 고객에 대해 예리한 통찰력을 갖지 못한 것으로 간주될 수 있다. 코치는 최상의 통찰력이 있어도 다른 사람들에게 언어로 잘 전달하지 못하는 경우가 있다. 정서적 언어를 습득하는 것은 정서 분류법에 많은 내용이 제시되는 것처럼 상대적으로 쉬운 일이다.

마지막으로 정서 관리 점수가 낮은 코치는 때로 자신의 감정에 압도되거나 요약적이고 논리적인 방식으로 코칭을 함으로써 고객이 겪는 어려움의 정서적 원인을 고려하지 못할 수도 있다. 코치가 정서적 관점을 배우고 정서 관리 전략을 습득하는 것은 일상에서의 대응뿐 아니라 고객과의 일에서도 도움이 될 수 있다. 〈표 12.2〉는 코칭 과정에서 각 정서지능 능력의 영향력을 요약한 것이다. 정서지능이 높은 수준인 코치는 자신의 정서를 살피고 진행시키며 자신의 판단과 관찰에 신뢰를 가짐으로써 이러한 능력을 잘 조절해야 할 것이다.

코치에게 도전을 주는 특별한 정서지능 프로파일이 있다. 정서 인식 능력이 매우 약하지만 투입 요소가 정확하지 않은데도 정서적 문제 해결 기술이 매우 뛰어난 코치가

정서지능 능력	낮음	높음
인식	어떤 실마리를 놓침	고객의 감정을 인지하고 정확하게 인식
사용	고객에 대한 정서적 감정 이입 부족 혹은 고객과 쉽게 연결되지 못함	고객이 느끼는 것을 느끼고 다른 관점을 볼 수 있음
이해	자신의 통찰력을 묘사하기 어려워함, 정서적 반응을 예상하는 데 어려움을 겪음	매우 현학적으로 정서적 통찰력을 표현, 고객의 정서와 행동을 분석적으로 묘사
관리	감정에 압도되거나 정서를 문제 해결로 통합하지 못함	어려운 정서를 잘 처리, 코칭 과정에 정서적 자료를 포함

있다. 즉 고객에 대한 초기의 가정은 틀렸다. 우리는 정서 이용보다 정서 이해의 점수가 더 높은 코치들을 볼 수 있었다. 이 프로파일은 흔히 고객에 대해 매우 훌륭한 임상적 통찰력을 보이지만 정서적 감정 이입이 부족한 코치에게서 발견할 수 있다. 그러한 한 개인 내 차이는 어떤 코치의 경우에는 의식적 선택에서 나타나는 것이지만 정서지능검사 프로파일은 선택의 결과가 아니라 능력의 차이이다.

또 다른 어려운 프로파일은 정서 사용 점수는 높지만 (상대적으로) 정서 관리 점수는 낮은 코치의 경우이다. 이들은 상황을 깊게 느끼고 고객과 쉽게 연결되지 못했다. 그러나 이러한 감정과 경험은 시간이 흐르면서 코치에게 다다를 수 있다. 코치는 자신의 정보에 압도되고 적절하게 잘 처리하지 못할 수도 있다. 이러한 유형의 코치는 때로 과도하게 느끼는지를 질문하는데, 그 대답은 자신의 풍부한 정서적 생활과 분리해주는 것이 아니라 더 나은 정서 대응 전략을 발달시킨다.

정서지능의 수준과 무관하게 모든 코치는 효과적인 코칭 프로그램을 준비하고 실시하는 데 정서지능 능력 모델을 이용할 수 있다. 코치는 모델을 기초로 스스로 다음과 같은 질문을 해볼 수 있다.

- 나는 지금 어떤 느낌을 갖고 있으며 이 코칭 세션에 대해 어떻게 느끼는가?
- 이 감정은 나의 사고에 어떤 영향을 주는가?

- 이런 식으로 느끼는 이유는 무엇이며, 이 감정을 어떻게 변화시킬 수 있을까?
- 이 감정을 어떻게 관리할 것인가?

흔히 코치는 자신을 방정식에서 빼버리며, 고객이나 특정 코칭 세션에 대해 느끼는 감정을 인식하지 못한다. 예를 들어 코치가 고객에게 어려운 피드백을 주는 것에 대해 불안해한다면 어떤 일이 일어날까? 이러한 불안이 코칭 세션, 장기적으로는 코칭 관계에 어떻게 영향을 줄까? 능력 모델의 사용은 코칭 관계에서 코치가 자신의 정서가 하는 역할에 대해 더 많이 신경을 쓸 수 있도록 돕는다.

4. 정서지능검사와 고객

1) 고객에게 피드백하기

우리는 항상 고객에게 정서지능과 정서지능검사의 특징을 설명하고 모델을 사용하여 평가 결과를 보고함으로써 정서지능검사의 피드백을 제공한다. 고객이 정서지능과 정서지능검사의 특징을 이해하면 자신의 정서지능 평가 결과를 더 잘 이해하고 해석할 수 있을 것이다. 이상적으로는 정서지능 모델 자체를 사용하여 설명할 수 있다. 다시 말해 코치는 고객에게 4단계 청사진으로 모델화된 일련의 질문으로 코칭을 시작할 수 있다. 이 접근법은 고객에게 정말 잘 작동되어 가장 어려운 상황(예: 고객의 자기 평가 정서지능 수준이 정서지능 측정치 수준보다 유의미하게 높았던 경우)에서조차 이 접근법에 대한 고객의 인정과 이해가 높게 나타났다.

〈그림 12.2〉는 이러한 정서적 청사진을 묘사한 것이다. 첫째, 코치는 고객에게 처음에는 자신의 기분을 단순하게 두 차원의 양극 감정 표현(긍정적-부정적 혹은 유쾌한-불쾌한)과 느껴지는 기운(낮은 에너지-높은 에너지)을 묘사해보라고 한다. 둘째,

┌───┐
│ **정서적 청사진**   │
│ 정서적 청사진은 일반적인 정서 위주의 문제 해결 과정으로 사용할 수 있다.   │
└───┘

인식

현재 느끼는 감정은 무엇인가?

| 부정적 | 1 2 3 4 5 6 7 8 9 10 | 긍정적 |
| 피곤함 | 1 2 3 4 5 6 7 8 9 10 | 고에너지 |

사용

현재 생각하는 방식은 어떤가?

| 닫혀 있음 | 1 2 3 4 5 6 7 8 9 10 | 열려 있음 |
| 여러 가지를 생각 | 1 2 3 4 5 6 7 8 9 10 | 한 가지에 집중 |

이해

부정적 검사 결과가 주는 영향은 무엇인가?

| 닫혀 있음 | 1 2 3 4 5 6 7 8 9 10 | 열려 있음 |

긍정적 검사 결과가 주는 영향은 무엇인가?

| 닫혀 있음 | 1 2 3 4 5 6 7 8 9 10 | 열려 있음 |

관리

피드백에는 방어적이 아닌 열린 마음이 필요하다. 피드백에 대해 계속 열린 마음이 되게 하는 것은 무엇인가? 피드백으로부터 가장 유익을 얻으려면 어떤 전략을 사용하겠는가? 부정적 결과나 긍정적 결과를 어떻게 관리할 것인가?

〈그림 12.2〉 정서적 청사진

고객에게 이러한 감정이 사고에 어떤 영향을 미치는지 질문한다. 몇몇 사고의 차원을 활용할 수 있는데, 예를 들면 사고가 얼마나 열려 있는가 아니면 닫혀 있는가, 초점을 세부 사항에 두는가 아니면 전체에 두는가, 그 순간 한 가지에 집중하는가 아니면 여러 가지를 생각하는가 등이다. 셋째, 코치는 고객에게 2개의 '정서적 이유—부정적 평가 결과가 나온다면 어떻게 반응할 것인가, 긍정적 평가 결과가 나온다면 어떻게 반응할 것인가'—에 대해 질문할 수 있다. 우리는 이 두 질문에 대한 대답이 서로 무관하다고 생각한다. 넷째, 코치는 고객이 피드백 과정에서 유익과 교훈을 얻을 수 있도록 긍정적 결과와 부정적 결과 각각에 대한 반응을 어떻게 관리할 것인지 질문함으로써 고객이 피드백 과정에서 적극적인 참여자가 되도록 돕는다.

그래서 피드백 과정은 정서지능의 능력 모델과 함께 네 가지 능력 각각과 관련된 일련의 질문에 대해 설명하는 것으로 시작되어야 한다. 그런 다음 정서지능검사의 특징과 점수 결과에 대해 설명한다. 정서지능과 정서지능검사를 설명한 후 코치는 고객이 스스로 가설을 세우고 결론을 내릴 수 있도록 돕는 방식으로 실제 정서지능검사 결과에 대해 논의를 시작할 수 있다.

2) 고객의 정서지능 개발하기

■ 정서 인식

네 가지 정서지능 능력 중 가장 기본적인 정서 인식 능력은 성공적인 대인관계를 결정짓는다. 정서는 의도를 의사소통한다는 주장이 있다. 타인의 의도를 잘못 해석하는 것은 정서적 추론을 위한 원자료나 투입 요소가 잘못되었음을 의미한다. 이러한 능력에 대한 코칭은 고객에게 정서적 실마리를 인지하도록 알림으로써 시작된다. 그다음 고객은 단서적 신호가 얼마나 다르며 그것들이 다양한 정서와 관련되어 있다는 것을 배울 필요가 있다. 자신과 상대방의 결론을 비교해보는 것과 같은 보상적 전략도 배울 수 있다.

■ 정서 사용

사고를 돕기 위해 정서를 사용하는 능력은 개발하기 어렵다. 이러한 능력에 대한 코칭은 사고에 미치는 다양한 정서의 영향과 관련된 논의를 함으로써 시작할 수 있다. 예를 들어 이 능력의 점수가 낮은 고객에게 사람들이 어떻게 느끼는가가 중요한지 질문할 수 있다. '기분이 나쁜 상사에게 봉급 인상을 요청할 수 있는가?'와 같은 더 구체적인 질문을 할 수 있을 것이다. 이와 같은 관점에서 시작하여 고객에게 정서와 사고의 연결을 가르칠 수 있다. 또한 고객에게 다양한 정서를 가져오는 상상, 시각화 및 스토리텔링과 같은 전략을 사용할 수 있다.

■ 정서 이해

코치에게 가장 쉬운 능력인 정서 이해는 기본적으로 어휘로 구성되어 있다. 정서 읽기는 이 영역에서 고객의 능력을 향상할 수 있다. 플러치크의 정서 악센트 기호 (emotion circumplex, 1980)와 같은 정서 이론과 분류는 훌륭한 시각적 정서 지형도를 제공한다. 더욱이 분석적 고객은 그 능력을 이용하여 정서적 추론에 활용할 수 있다. 어떤 정서가 시간의 경과에 따라 심화되고 변화하는 방식 및 이러한 정서의 변화와 진전에 대한 추론을 밝힘으로써 현재의 상황을 분석할 수 있다. 코치 역시 고객에게 어떤 사람이 어떤 사건에서 어떻게 반응할 것인가를 질문하는 '만일 ~이라면 계획 (what-if planning)'을 사용하도록 격려할 수 있다.

■ 정서 관리

네 가지 능력 중 가장 중요한 정서 관리 역시 개발하기가 어려울 수 있다. 코치는 다양한 전략의 효과성에 대해 논의하고 예방적이면서도 반응적인 두 가지 정서 관리 모듈을 사용하도록 권장할 수 있다. 예방적 전략은 다음과 같다.

- 소음이 있는 사무실 밖에서 일하기와 같은 상황의 변화 선택하기
- 예를 들어 회의의 어젠다를 팀 목표 달성을 위한 긍정적 조치로 변경하는 것과 같이 상황 변화시키기
- 정서나 감정 변화시키기(에너지 저하를 인식한 후 에너지가 있고 열정적인 감정으로 변화)
- 상황 재평가하기(상황을 더 긍정적으로 재설정)

반응적 정서 관리 전략은 어려운 상황이 시작된 이후에 발동한다. 이러한 전략은 다음과 같다.

- 자기 자신과 이야기하기(모든 것이 잘될 거야)
- 신체적 활동(빠른 걸음으로 걷기)
- 행동적 전략(잘못한 사람에게 사과하기)

- 사회적 · 정서적 지지(문제에 대해 친구나 신뢰가 있는 동료에게 말하기)
- 분산하기(신문 읽기, 메시지 확인과 같이 신경 쓰이는 것에서 벗어나게 하는 무엇인가 하기)

3) 전반적 정서 조절하기

　코치와 고객이 고려해야 할 필요가 있는 또 다른 정서적 능력의 측면은 정서 전반에 접근하는 것이다. 예를 들어 어떤 사람들은 몇몇 정서는 아주 잘 인식하지만 모든 정서에 대해서는 그렇지 못한 것을 발견했다. 또는 분노와 공포는 활용할 수 있지만 슬픔이나 기쁨을 느끼는 것은 어려워하는 사람들도 있었다. 이러한 패턴은 분노, 공포, 놀라움을 인식하고 이용하는 것을 매우 잘하던, 급성장한 회사의 창립자 CEO의 사례에서 잘 나타났다. 그는 기쁨, 그리고 어느 정도는 슬픔의 정서를 느낄 때 도전을 받았다. CEO는 고객으로서 정서지능검사 평가를 받았는데 정서 인식, 사용, 이해의 점수가 높았던 반면 정서 관리는 점수가 낮게 나타났다. 이 CEO가 어떤 정서를 더 잘 진행시킬 수 있었는지 자세히 살펴보자(〈표 12.3〉 참고).

　컴퓨터 서비스 회사의 초창기와 성장 단계 동안 공포와 충격이 그와 회사에 영향을 미쳤다. 그러나 회사가 놀라운 성장을 지속하는 단계에 이르자 CEO가 중심을 잃어버렸다. 그는 화, 공포, 놀람 정서를 이용하여 자기 자신과 타인을 동기화하는 것은 쉬웠

〈표 12.3〉 CEO의 정서적 능력 프로파일

정서/능력	인식	사용	이해	관리
화				
슬픔				
공포				
혐오				
놀람				
기쁨				

지만, 이제 회사가 고객 중심 체제를 유지하며 주식 공개의 가능성을 창출하고 조사할 필요가 있게 되자 이러한 새로운 현실을 반영하는 것으로 마음가짐이나 감정이 변화하지 않았다.

기쁨과 슬픔에 대한 접근 및 조절과 함께 4단계 정서 청사진 활용 방법, 정서 인식에 대한 교육은 비교적 일차원적이다. 먼저 순식간이라 해도 사람들이 내보이는 단서에 관심을 둔다. 그다음 그러한 단서를 알맞은 정서와 연결한다. 사실 한 가지 기본적인 정서와 다른 정서를 구별짓는 신체적 단서는 정말로 일차원적이어서 배우기가 쉽다. 정서 사용은 좀 더 어려우며, 이 영역을 위해 CEO가 실제 기쁨의 경험을 갖도록 동기부여를 해야만 했다. 이를 위해 스토리텔링을 했는데, CEO에게 그런 정서를 언제 느꼈고, 그럴 때 신체적 감각은 어땠는지, 세상이 어떻게 보였으며, 그 경험은 어떤 것이었는지 질문했다. 그러고 나서 행복했던 순간을 회상하게 하고, 앞의 과정을 반복함으로써 기쁨의 감정이 생기고 그것을 사용하게 될 때까지 강도를 높여갔다. 이는 CEO에게 길고 어려우며 당혹스러운 경험이었다. 그러나 그 순간을 한 번 성취하고 난 후에는 폭넓은 인간관계를 잘 맺고 자신의 정서에 더 편안함을 느낄 수 있었다.

CEO는 특정한 주요 임원, 고객과 더 잘 '관계를 맺을' 수 있었다. 그는 좀 더 먼저 친교를 시작하고 관계를 유지했다. 정서 이해는 지식을 필기할 수 있는 것처럼 쉽게 표현할 수 있다. 그래서 우리는 빠르게 정서 관리 단계로 진행하여 우선적으로 정서가 데이터를 포함하면서 통제되거나 억압될 필요가 없는 지점에 이를 수 있게 만들었다. 대신에 기본적인 정서 관리 전략으로, CEO가 슬픔이나 기쁨을 느끼게 한 후 이 정서를 전문가답게 그리고 생산적인 방식으로 표현할 수 있게 했다. 더 중요한 것은 그에게 기본적인 분노 관리 전략을 가르친 것이다. 즉 정당한 분노는 자신에게 '허락'하고 그것을 건설적인 방식으로 표현하도록 가르쳤다. 그래서 CFO가 약속을 지키지 못했을 때 CEO는 정당하게 화를 냈다. 다음 임원 회의 때 전형적으로 해왔던 방식인 소리를 지르는 대신 CEO는 CFO에게 사무실로 오라고 전화를 하고, 조용하지만 단호하게 자신의 불편한 감정과 분노를 표현했다. CFO는 메시지를 받아들이고 사과했으며 잘못을 고쳤다. 더 중요한 것은 CFO가 다시는 그런 행동을 하지 않았다는 것이다.

우리 모두가 자신의 정서지능과 전반적인 정서를 충분히 개발할 수 있는 것은 아니다. 지도자급 리더는 제한된 정서 목록으로도 성공적일 수 있다. 그러나 충분히 정서적으로 성숙한 리더는 불확실하고 예측 불가능한 시기에 유리하다. 정서가 데이터를 포함하고 있으며 적응적이라는 전제를 기억하라. 코치의 역할은 고객이 자신의 전반적인 정서 목록을 개발하고 여러 방식으로 확장하도록 돕는 것이다.

5. 정서지능 청사진

정서지능 능력 모델과 정서지능검사는 코치가 고객에 대해 질문을 하거나 가설을 설정하는 데 도움을 줄 수 있다. 정서지능검사의 주요 네 가지 점수는 각각 핵심 코칭 주제가 될 수 있다. 〈표 12.4〉는 이에 대한 요약이다. 이와 더불어 임원은 정서지능 청사진(blue print, 미래 설계도)을 사용하여 정서지능검사 결과를 쉽게 이해하고 폭넓게 활용할 수 있다.

많은 관리자, 리더와 코치는 매우 중요한 상호 작용과 의사결정에서 '정서는 빼야한다'고 믿는다. 정서는 데이터이고 그런 자료를 무시하는 것은 최적이 아닌 의사결정과 행동을 초래할 수 있다는 것을 이 장에서 명백하게 밝히려고 한다. 청사진은 일련의 관련 질문을 통해 어렵고 정서적인 상황에 처한 고객을 코치가 돕는 데 분석적

〈표 12.4〉 정서지능검사 점수를 조사하기 위한 가정

MSCEIT 점수	질문
인식	다른 사람들을 잘 읽는가?
사용	정서적으로 연결되는가? 아니면 관념 위주인가?
이해	사람들과 관련해서 적절한 '만일 ~이라면 분석(what-if analyses)'을 하는가?
관리	효율적인 의사결정자인가?

고객이 원하는 목표는 무엇인가?
1:
2:
고객이 어떻게 느끼는가?
1:
2:
고객의 관심사는 무엇이고, 그것에 대한 생각은 어떠한가?
1:
2:
고객이 그런 방식으로 느끼는 이유는 무엇인가?
1:
2:
고객은 자신과 다른 사람의 감정을 어떻게 관리하는가?
1:
2:
고객의 정서 관리 전략 중 어떤 것이 보다 효율적이겠는가?
1:
2:

도구로 활용될 수 있다.

코치는 실제 코칭에서 정서지능 청사진을 상대적으로 쉽게 활용할 수 있다. 코치는 〈표 12.5〉의 개요에 따라 고객의 최근 갈등 상황을 다루는 것과 같이 가볍게 시작한 후 〈표 12.6〉에 제시된 질문을 함으로써 코칭 세션을 진행할 수 있다. 물론 이러한 작업을 할 때 코치가 자신의 정서지능 능력을 잘 알고 있는 것이 중요하다.

청사진 과정은 첫째, 강력한 질문—원하는 결과나 목표는 무엇인가?—으로 시작한다. 그것을 계속 명심하면서 원하는 결과를 성취할 수 있는 기회를 제공하는가를 기준으로 코치는 고객이 생각해내는 다양한 전략을 평가해야 한다. 청사진 과정 그 자체는 관련된 핵심 인물, 즉 고객과 다른 사람들의 정서를 정확히 인식하는 것에서 출발한다. 고객이 자신의 감정을 정확하게 인식하며, 특정한 정서(데이터를 포함하고 있는)의 효과를 분리하기 시작하고, 감정을 더 많이 분산하도록 훈련하는 것이 매우 중요하

〈표 12.6〉 정서 청사진 질문과 검사

인식	• 그 당시 자신의 감정을 알았는가? • 상호 작용 동안 느낀 감정은 무엇인가? • 지금 그것에 대해 어떻게 느끼는가? • 자신의 감정을 표현한다면? 그것이 적절한가? • 다른 사람들은 그 당시 어떻게 느꼈다고 생각하는가?
사용	• 이런 식으로 느끼는 데 도움을 주었는가? 또는 도움을 주지 않았는가? 그 이유는 무엇인가? • 다른 사람들이 어떻게 느꼈는지 알 수 있었는가? • 다른 사람들은 어떻게 느끼고 생각했는가?
이해	• 이런 식으로 느끼는 이유는 무엇인가? • 다른 사람들이 그렇게 느낀 이유는 무엇인가? • 감정이 어떻게 변화했으며, 그 이유는 무엇인가? • 다른 사람들의 감정이 어떻게 변화했으며, 그 이유는 무엇인가?
관리	• 결과는 어떠했는가? • 결과가 어떻게 되기를 원했는가? • 상황을 처리하는 더 좋은 방법이 있었는가? • 결과에 대해 다른 사람들이 만족한다고 생각하는가? • 그 상황에 대한 교훈은 무엇인가? • 자신의 감정이 바람직한 방향으로 인도했는가? 감정을 무시하거나 주의를 기울였는가?

다. 둘째, 감정이든 정서든 고객이든 이런 것들이 자신의 사고에 어떻게 영향을 주는 가를 결정하게 한다. 그 정서가 함께 일하는 사람에게 집중하는 데 도움을 주는가? 아니면 산만하게 만들어 생산성을 떨어뜨리는가? 셋째, 정서의 근본 원인을 분석적으로 이해할 필요가 있다. 고객은 '만일 내가 불쾌한 이메일을 무시한다면 이메일을 보낸 사람이 물러설까, 아니면 흥분할까?'와 같은 정서적 '만일 ~이라면' 분석을 배워야 한다. 청사진의 핵심은 정서 관리에 있다. 정서를 무시하고 정서의 요인을 배제하기보다는—물론 그것도 가능하지만—정서를 관리하여 가장 효과적이고 유용한 정서를 이용하여 생각하고 최상의 행동을 향해 갈 수 있게 한다.

많은 코치와 대부분의 고객은 아마도 이와 유사한 과정을 진행하겠지만, 우리의 경험상 정서와 그것의 의미에만 초점을 두는 본래 취지를 따르는 경우는 별로 없다. 정서지능 청사진은 코치가 다양한 상황에서 사용할 수 있는 매우 포괄적인 과정이다.

요약

　객관적으로 측정된 하나의 능력으로 정의된 정서지능은 코치와 고객에게 유익하다. 다른 사람을 정확하게 읽고 정서를 이용하여 사고하고, 정서의 원인을 이해하며, 정서를 관리하는 고객의 능력을 평가하는 것은 보다 효과적인 코칭 계획을 세우는 데 유용하다. 이 능력 중 일부 혹은 전부를 잘할 수 있는 고객은 행동에서 이 능력을 조절하게 도움을 주고, 그렇지 못한 고객은 기술 위주의 접근으로 성장을 돕는다. 객관적인 정서지능 평가는 고객의 기능성에 대해 새로운 통찰, 즉 다른 평가 도구로는 알 수 없는 정보를 제공하므로 강력한 코칭 도구가 될 수 있다. 자신의 정서적 능력을 정말로 잘 평가하지 못하는 사람이 많기 때문에 정서지능 평가 결과는 고객과의 관계에서 심층적이고 생산적이며 복잡한 대화를 유도할 수 있다.

　이 장에서 다룬 정서지능 능력 모델은 다양한 현장에서 일반적인 문제 해결 도구로 활용할 수 있다. 코치는 고객에게 자신의 강점에 초점을 두면서 정서지능 청사진을 사용하는 방법과 능력이 없는 경우 보상하는 방법을 가르칠 수 있다. 또한 정서지능 능력 모델은 코치 자신의 코칭 기술을 이해하고 개발할 수 있게 한다. 정서지능은 인생의 '성공'을 보장하는 것은 아니지만 많은 중요한 성과를 좌우하는 요인이다.

Chapter 13

인재 개발 코칭

James M Fico · Richard Brady · Robert Hogan

조직 코칭을 포함하여 모든 심리적 임상은 측정 도구를 요구한다. 임원 코칭은 본질상 덜 비판적이고 더 자축하는 경향이 있다(Dotlich & Cairo, 2003). 고객은 프라이버시를 침해받지 않으려 하고 코치는 과도한 객관적 평가보다 자신의 개인적 분석 기술을 더 선호하기 때문에 코치와 고객은 흔히 탈선의 위험을 인식할 수 있는 평가 도구를 피한다. 그러나 코치가 성격의 부정적 측면과 긍정적 측면에 대한 과학적 평가를 이용하면(Hogan, 2007) 코칭 진행 과정이 촉진되고 코치와 고객 간의 전문적 관계가 향상되어 코칭에 대한 고객의 만족도가 증가한다.

비즈니스 리더십은 경쟁을 넘어서 함께 성공적으로 일할 수 있는 팀을 형성하는 능력으로 설명되기 때문에(Hogan, 2007) 리더의 성공 여부는 리더와 팀원 간의 관계에 달려 있다. 그러므로 코칭에서 리더가 탈선 가능한 습관을 피하고 더 건설적인 관계를 형성할 수 있도록 도구를 사용하는 것은 가치가 있다.

이 장에서는 코칭 경험 향상을 위한 객관적 평가 방법 이용을 다룬다. 호건의 인재개발검사(Hogan Development Survey, HDS)는 심리 측정으로 건전한 군집(psychometrically sound cluster), 11가지 성격 차원의 측정치로 고객이 쉽게 이해할 수 있다. 인재개발검사의 구체적 개념은 고객의 개인 및 대인적 강점과 탈선 요인으로 이는 팀의 성공 여부를 좌우할 영향력을 갖고 있다. 이 장은 코치가 인재개발검사 결과에 대한 해석을 소개하고 고객의 유익을 위해 그 결과를 이용하는 방법으로 시작된다.

1. 인재 개발 코칭의 이해

우리는 목표 도달을 도와주는 타인의 인정과 신뢰, 의미 있는 삶이 대인관계의 초석(Hogan & Roberts, 2000)이라고 믿는다. 성격의 모든 '긍정적 측면'과 '부정적 측면'의 차원은 그것이 나에 대한 타인의 인정을 향상하는가 혹은 감소시키는가, 나에 대한 타인의 선호를 증가시키는가 혹은 방해하는가, 나의 생활 및 더 넓은 전체 인간 생활과의 조화에 대한 이해를 향상하는가라는 관점에서 이해되어야 한다. 여기서 '부정적 측면'의 차원은 벤저민(Benjamin, 1996)의 말처럼 인정과 신뢰를 가져오지 못하는 시도 또는 인정과 신뢰의 부재를 의미한다.

예를 들어 자신이 다른 사람을 공격하지 않을까 걱정하거나, 실수를 하면 지나치게 당황하거나, 예측 가능한 위험조차 감수하지 않으려고 하는 사람들은 다른 사람들과 잘 지내고 받아들이려는 노력을 하는 중일 것이다. 그러나 그들의 동료, 친구와 가족은 그들이 너무 의도적으로 인정받으려 해서 자발적인 관계 형성과 용서의 기회를 없애버린다고 생각한다. 다시 말해 그 전략이 원래의 목적, 즉 인정받는 것보다 더 강해진다.

또한 우리가 중요하게 여기는 것은 관리자의 실제적 대처 전략이 타인의 눈에는 신뢰와 인정을 위태롭게 하는 것으로 보인다는 사실을 이해시키는 것이다(Hogan &

Hogan, 2001). 예를 들어 어떤 관리자는 어려운 문제를 미리 잘 알아차리는 기민함이 있지만 자신의 의혹과 불신으로 친구와 동료를 떼어내는 관리자도 있다.

인재 개발의 11가지 차원은 개인의 성공에 영향을 주는 특정 개인적·대인적 차원을 평가한다. 호건은 탈선 행동이 다른 사람들을 위협하고 꾀거나 통제하는 형태로 우리의 인생에 영향을 미친다고 믿었다. 이 장의 후반부에서는 위협, 유혹과 통제의 전략을 기초로 인재 개발 그룹을 나누어 설명한다. 사람들은 위협, 유혹, 통제를 당하면 점점 싫증을 느끼게 되므로 그러한 전략의 과도한 사용은 서로 잘 지내고 앞으로 나아가며 인생에 의미를 가져오는 능력을 감소시킨다. 코치는 고객이 자신의 특정 탈선 행동과 그러한 탈선적 전략의 사용 정도를 인식하고 발견한 후 그것의 부정적 영향을 감소시킬 수 있는 방법을 배우도록 도와야 한다.

2. 인재개발검사

인재개발검사는 직업적 성공과 직장에서의 사회적 관계를 저해할 수 있는 인내력의 특징을 측정한다. 인재개발검사는 직업 선택과 경력 발달에 일반적으로 사용된다. 후반부의 활용 편에서 인재개발검사 보고서는 직장에서 리더십 역할을 해야 할 때나 임의로 기술을 써야 할 때 사람들이 탈선할 수 있는 대인적 요인을 인식하는 데 도움을 준다. 인재개발검사는 한 개인이 관심을 받지 못하고 있거나 스트레스를 느낄 때 가까운 사람들에게 보이는 역기능적 습관 유형에 대한 요약이다.

특히 인재개발검사는 어떤 개인의 최상일 때와 최악일 때를 잘 알고 있는 타인에게 미치는 영향에 대한 객관적 측정치이다. 이것은 관리자의 어떤 행동 패턴이 직장 내 동료들과의 관계에 미치는 영향을 이해할 수 있도록 돕는다. 인재개발검사 보고서는 개인의 강점과 조언을 주는 참고 도구이므로 상담 기간뿐만 아니라 종료 후에도 모두 유용하다.

인재개발검사는 그렇다, 그렇지 않다로 이루어진 168개의 질문으로, 직장 동료가 수용하고 신뢰하는 능력을 저해하는 개인 및 대인적 패턴을 측정한다. 그것은 조사 대상자의 전형적인 행동에 대해 동료, 상관, 배우자 및 코치가 내리는 평가를 예측할 수 있다. 실제로 인재개발검사 결과는 가장 가깝고 중요한 타인의 평가를 예측한다. 인재개발검사를 작성하고 결과를 받아 본 고객은 그 경험을 긍정적으로 인식했다(Fico et al., 2000).

심리 병리학의 측정과 대조적으로 인재개발검사는 조사 대상자가 가장 상호 작용을 하는 사람들, 예를 들어 동료, 상관, 고객 등이 그 사람을 어떻게 인식하는가를 예측해 준다. 고객은 구두와 서면 형태로 타인이 보는 자신의 강점, 잠재적 문제점에 대한 설명과 함께 그러한 정보를 직장 생활에서 쓰는 방법에 대한 조언을 받는다.

동료들이 경험한 일상생활에서의 대인관계 습관과 문제에 초점을 두기 때문에 인재개발검사는 일반적인 코칭 모델에서 기본적으로 중요한 직업 관련 주제를 선택하는 데 도움이 된다. 실제로 임원 코치 중 직장 생활의 대인관계 주제에서 인식해야 할 필요가 있다고 주장하는 경우가 많았다. 코치가 코칭 초기 단계에 객관적인 평가를 하지 않을 경우 고객의 특징적인 적응 또는 역기능적 패턴이 분명해지면서 코칭 과정 중에 대인관계 주제가 점차적으로 나타나게 된다.

고객의 강점이나 가장 큰 위험 영역의 경우 특정한 코칭 주제가 선택되면 그것을 더 효율적인 상호 작용 전략으로 사용할 수 있는 특별한 앵커(장치)로 이용할 수 있다. 인재개발검사는 고객이 이러한 패턴이나 주제를 선택하고 설명하는 코칭 과정의 첫 단계에서 활용하려는 목적을 갖고 있다. 그것이야말로 고객이 지닌 문제의 핵심 부분일 때가 많기 때문이다. 인재개발검사 보고서는 고객의 강점 패턴을 요약한 것으로, 고객의 패턴이 가진 부정적 영향을 감소시킬 수 있도록 돕는 조언을 제시한다.

3. 인재개발검사와 코치

코치는 자신의 인재개발검사 결과를 이용하여 개인적 강점과 잠재적 탈선 행동을 확인할 수 있다. 고객은 코칭 과정에서 인재개발검사 점수를 통해 자신의 특성을 인식하게 되는데, 의미 있는 인재 개발 차원에 대한 인식은 코칭 성과를 향상한다. 중요한 몇 가지 차원은 다음과 같다.

■ 흥분을 잘함

흥분 점수가 높은(90점 이상) 코치는 대단한 에너지를 갖고 있어서 처음에는 고객이 감동할 것이다. 그럼에도 매우 흥분을 잘하는 코치에게 쉽게 실망을 느낄 위험이 있다. 이러한 코치는 팀 구성원 간의 갈등을 감소시키기보다는 고객의 동료와 비즈니스 경쟁자를 비난하는 경향이 있다. 흥분을 잘하는 코치는 고객이 동료에게 '무능한' 또는 '역량이 부족한'과 같이 감정을 분출하게 함으로써 그러한 동료를 소외시키거나 코칭 관계를 위험에 빠뜨린다.

■ 회의적

회의적 점수가 높은(90점 이상) 코치는 다른 코치보다 고객과 고객의 동료에 대한 토론을 더 길게 할 가능성이 높다. 회의적 특징을 지닌 코치는 보통 직장 내 정치적 문제를 민감하게 잘 알아차린다. 이들의 신중함은 고객을 소외시킬 수 있으며 코치 자신도 팀 미팅에서 환영받지 못한다. 회의적 점수가 높다면 자신의 예감과 회의론으로 인해 자신과 고객을 분리해서 생각하지 않도록 특히 조심할 필요가 있을 것이다. 예를 들어 정말 많은 협상이 요구되는 합병과 취득 시 조직에서의 코칭 기회를 찾아야 한다.

■ 신중함

신중함 점수가 높은(90점 이상) 코치는 고객과 그 팀이 결코 결정적인 잘못을 저지르지 않는다는 명성을 얻는다. 이들은 의사결정 전에 가능한 한 모든 사항을 고려한다. 만일 신중함 점수가 높다면 '바로바로, 해고하고, 금방 목표를 갖는' 그리고 눈 감고 골목길을 누비며 돈을 써대는 경향이 있는 대부분의 기업주에게는 훌륭한 보조자가 될 것이다. 기업주 고객에게 '아니다' 라고 말하지 말라. 대신 고객에게 위험-혜택 분석이 동시에 있는 대안책을 준다. 그리고 방에서 나가기 전에 코치의 생각을 점검할 것을 상기시킨다.

■ 중심성

중심성 점수가 높은(90점 이상) 코치는 터프하고 뻔뻔해서 성질이 있는 고객의 장광설에 쉽게 넘어가지 않는다. 이러한 코치의 틈새 분야는 성질부리고 성급한 결정을 내리는 사람들과 고객을 분리시키는 것이다. 이들은 사람들이 말하는 전체 메시지 중 선택적으로 일정 부분만 경청하므로 고객의 무드와 관계없이 훌륭한 충고자가 될 수 있다. 그러나 이러한 코치는 자신의 생각을 고객이 이미 알고 있다고 짐작하고 중요한 주제에 대해 '한 번에 말을 끝내버릴' 위험이 있으므로 자신의 생각을 충분히 전달하는 데 신경 써야 한다.

■ 여유로움

여유로움 점수가 높은(90점 이상) 코치는 좌절했을 때 '서서히 화가 오르지만' 스스로 성질을 잘 참는 외교관 유형에 해당한다. 이러한 코치는 고객이 코치의 기대를 잘 알지 못한다고 너무 빨리 단정해버릴 위험이 있다. 고객에 대한 자신의 성급함은 세부적인 정보보다는 간접적이고 외교적인 피드백을 주는 자신의 경향에서 비롯된다. 이러한 코치에게는 변화보다 지지와 존중을 원하거나 효율성보다 조화를 원하는 고객이 바람직하다.

■ 대담성

대담성 점수가 높은(90점 이상) 코치는 자신감이 있고 목표 지향적이며 곧 실행에 옮긴다. 그러나 이러한 코치는 흔히 스스로 잘 인식하지 못하는 상황적 변화나 자기 자신의 잘못에 반응을 잘하지 못할 위험이 있다. 이들은 무엇이든 자신의 끈기로 이룰 수 있다고 믿어서 자신의 팀을 잘못된 방향으로 이끄는 데 많은 시간을 소비하게 된다. 대담성 점수가 높다면 팀 내에 결함을 주저없이 말하는 구성원을 두어서 그의 충고를 받아들이려고 노력해야 한다. 이러한 코치의 고객은 코치의 '할 수 있어'라는 태도를 즐길 것이다. 그러나 코치의 리드를 따랐다가 예상치 못한 문제가 생겨 고객이 화가 나면 신용을 잃을 위험이 있다.

■ 장난기

장난기 점수가 높은(90점 이상) 코치는 매우 영향력이 있다. 이들은 고객이 장애 요인을 넘어서게 하고 위험을 감수하도록 동기를 부여한다. 그러나 이 경우 진지하지 않으며 단지 상황을 재미있게 하려고 위험을 감수하는 것으로 고객이 인식할 수도 있다. 장난기 점수가 높은 코치는 극도로 불안정한 산업이나 성공적으로 경쟁하기 위해 빠른 변화가 있어야만 하는 산업의 기업에 적합할 수 있다. 고객이 약점을 갖고 있을 때, 급격한 변화를 원하는 고객의 기대에 코치가 약간의 반응만 하고 있을 뿐이라고 확실히 하지 않으면 관계가 탈선할 위험이 있다.

■ 다채로움

다채로움 점수가 높은(90점 이상) 코치는 코칭 계약을 맺을 때 유리하다. 이들과는 매력적이고 기분 좋은 관계를 맺고 싶어진다. 많은 고객과 조직이 관계를 맺는 것이 즐겁다는 이유로 계약 관계를 맺고 있다. 다채로움 점수가 높다면 활동이 곧 생산성을 의미하지 않는다는 생각을 해야 한다. 겉으로 보기에 정말 서로 다른 방향의 프로젝트가 너무 많이 진행되는 듯할 수도 있다. 팀에서 다음 단계로 나아가기 전에 프로젝트의 각 단계를 확실하게 완수하는 데 신경 쓰지 않는 구성원에게 자신의 매력을 사용할 필요도 있다.

■ 상상력

상상력 점수가 높은(90점 이상) 코치는 변화에 대한 확신을 준다. 이들은 좀 더 관습적인 고객이 결코 보지 못하는 방식으로 문제를 봄으로써 생각지 못한 엄청난 아이디어를 낼 수 있다. 또한 현재의 것은 구식의 방식과 상품이므로 변화하는 현실을 받아들일 필요가 있다는 것을 고객에게 능숙하게 전달한다. 그러나 상상력 점수가 높은 코치는 쉽게 초점을 잃고 절대 실현되지 않을 훌륭한 아이디어를 수없이 생산해낼 위험이 있다. 이들의 틈새 분야는 지금까지의 수많은 시행착오를 보상할 창의적인 아이디어를 지닌 팀이나, 자신의 생존을 위해 새로운 비즈니스 모델을 빠르게 받아들일 고객을 코칭하는 것이다.

■ 근면성

근면성 점수가 높은(90점 이상) 코치는 과제 중심적이다. 이들은 성과 표준과 스케줄이 프로젝트의 각 단계마다 잘 정렬되어 있다. 이들은 판단적일 수도 있어서 고객에게 과제를 잘 수행하지 못할 것이라는 인상을 주기도 한다. 고객이 코치의 보조자나 의존자가 될 위험이 있다. 근면성 점수가 높은 코치는 장기 코칭 관계에 적합하여 조직에 통합되어 팀 구성원 모두가 자원이라고 인식시키는 충고자가 된다.

■ 책임감

책임감 점수가 높은(90점 이상) 코치는 충성심이 높게 평가된다. 코치가 비난을 하는 것이 아니라 자기 자신의 힘을 유지하고 향상하려는 의도와 변화하려는 노력을 알아주고 '함께' 동행하고 있음을 알 필요가 있는 고객과의 코칭 관계에 적합하다. 책임감 점수가 높은 코치는 고객이 잘못된 방향으로 가거나 팀 구성원 또는 소비자가 소외될 때를 살펴보는 것이 중요하다. 코치의 충성심으로 인해 고객이 탈선할 위험이 있는데, 이는 상황을 좀 더 정확하게 평가해온 비판적 동료가 보내는 경고에 주의를 기울이지 않기 때문이다.

4. 인재개발검사와 고객

　인재개발검사는 대인관계에서의 지속적인 문제로 직무 성과에 영향을 받는 고객에게 유용하다. 코칭 대상이 개인 혹은 직무 팀의 일부 구성원인 것과 상관없이 인재개발검사의 장점은 대인관계에서의 강점뿐 아니라 잠재적 위험의 관점에서 타인이 인식하는 고객을 스스로 인지하도록 돕는다는 것이다. 고객은 자기 자신에 대해 새롭고 보다 긍정적으로 생각하고 말하는 방식을 배울 기회를 갖는다. 또한 자신의 관습적 대처 기제가 점점 심각해져 문제 상황을 초래하는 경우를 인식할 수 있게 된다.

1) 고객에게 인재개발검사 소개하기

　고객에게 인재개발검사를 소개할 때는 고객의 강점을 인식하게 해주는 역할을 강조해야 한다. 고객은 흔히 자신에게 문제가 있어서 전문적 상담을 받는 것이고, 그래서 문제가 해결되면 더 이상 할 것이 없다고 믿는다. 신중함이 공포가 되거나 사교성이 수동적 공격성이 되는 상태일 때 자신의 문제를 강점으로 삼아 정반대로 개념화하는 고객은 거의 없다. 또한 강점의 인식을 코칭 과정의 필수적인 부분으로 생각하는 경우도 없다. 고객은 항상 자기 자신의 긍정적 특징을 잘 알고 있으므로 그것을 알기 위해 시간을 들이는 것이 불필요하다고 믿는다. 그러나 코치들 대부분의 공통된 경험은 해결책을 찾겠다는 희망으로 고객이 문제를 상세히 말하는 습관을 보인다는 것이다. 고객은 재촉을 하지 않는 한 적극적으로 자신의 강점을 발달시키고 확장하려 하지 않는다.

　인재개발검사의 활용을 소개할 때 우리는 항상 "자기 자신에 대해 당신이 스스로 말하는 것보다 주변 사람들이 더 긍정적으로 말씀하십니다. 실제로 나는 당신이 자신의 강점을 더 잘 알 수 있다면 스스로 더 자주 그럴 수 있다고 생각합니다."라고 말한다. 또는 "지금보다 당신이 더 잘하는 경우를 기억해보라고 제가 물어봤다는 것을 분명 아실 겁니다. 당신과 내가 당신의 긍정적 특징에 대해, 그리고 타인들은 인식하지만 당신이 잊어버린 장점에 대해 더 잘 알게 된다면 당신은 더 잘할 수 있을 겁니다."라고 말할 수도 있다.

고객이 팀에서 코칭을 받거나 상관 혹은 대면 보고상의 문제로 대인관계 문제를 갖고 있다면 "당신은 최근에 당신 자신에 대해 많은 피드백을 받고 있는데 그중에는 정확하지 않다는 생각이 들어서 유쾌하지 않은 것도 있을 겁니다. 우리는 당신이 갖고 있는 최고의 장점이라는 관점에서 타인과 상호 작용하는 방식을 보다 객관적으로 살펴보길 바랍니다."라고 말할 수 있다.

2) 고객의 평가 목표

다음 단계는 고객에게 동료, 상관 및 대면 보고상의 관계에 대해 알고 싶은지 묻는 것이다. "당신은 직장에서 상호 작용하는 사람들과 잘 지내는 방법에 대해 의문을 가진 적이 있습니까? 알고 있는 사람들에게 솔직한 대답을 들을 수 있다면 당신에 대한 감정과 의견을 묻고 싶습니까?"라고 질문할 수 있다. 이때는 조사가 아니라 발견하고자 하는 태도를 자극하는 것과 고객이 자기 자신에 대해 알게 되는 두려움을 극복하는 것이 중요하다. 코치는 고객이 자기 자신의 평판과 습관에 대해 질문할 용기를 갖도록 도울 수 있다. 고객이 코칭 세션에서 언급했던 과거의 좌절, 동료, 친구, 대면 보고 시 반응을 이해하지 못했던 순간을 상기시키는 것도 좋다. 〈표 13.1〉에 몇 가지 예를 제시했다.

이러한 질문의 예와 설명을 제시한 후 고객에 대한 타인의 생각에 문제가 있는지 질문한다. 고객에게 "사람들이 생각하는 당신에 대해 문제가 있습니까? 상관, 동료, 대면 보고 시 짜증이 난다고 표현하십니까? 당신이 틀렸다고 말하거나 실제로 틀렸다고 해도 그렇게 중요한 일은 아니라고 그들이 믿는다고 생각되십니까?"와 같은 질문을 해본다.

<표 13.1> 인재개발 검사 차원에 대한 설명

흥분을 잘함	• 사람들이 항상 나에 대해 만족하지 못하는 이유는 무엇일까? • 나는 사람들과 친해지자마자 그들이 말하는 자기 자신과는 다른 사람이라는 것을 알게 된다. 이런 사람들과 왜 끝까지 가야 하는가?
회의적	• 그들이 나를 배신하면 내가 알 수 있다는 것을 모르나? • 나는 그들을 간파할 수 있다. 그들은 왜 항상 나를 짜증나게 하는 일을 계속하는 것일까?
신중함	• 나는 왜 혼자인가? 사람들에게 다가가려고 하지만 당황했던 순간을 잊을 수가 없을 것 같다.
중심성	• 냉담과 공감의 차이는 무엇일까? 이유도 모르겠고 상관도 안 한다. • 업무 보조 직원은 항상 내가 경청하지 않는다고 말하지만 나는 빠짐없이 듣고 있다고 생각한다.
여유로움	• 이 무능한 사람은 왜 일을 하지 않는 것일까? • 사람들은 왜 나를 가만 좀 놔두고 자기 일이나 신경 쓰지 않는 것일까? 자기 문제만 신경 쓰면 나는 짜증나지 않을 것이다.
대담성	• 사람들은 왜 사소한 실수에 난리일까? 내 잘못도 아닌데 사과하지 않을 것이다. 왜 그냥 지나치지 못할까? 결국 나를 위한 것이 아니면 여기서도 할 일이 없다.
장난기	• 사람들이 나처럼 생각하게 할 것이다. 그들은 알아차리지도 못할 것이다.
다채로움	• 그들에게 동기부여를 하는 것은 잠깐이면 된다.
상상력	• 그냥 상자 밖은 생각하지 말자. 상자가 없는 것처럼 생각하자.
근면성	• 나는 통제를 하는 것이 아니라 일이 잘되게 하려는 것이다. 사람들이 엉망으로 만들어서 다시 하는 것보다는 처음부터 내가 하는 게 시간이 덜 걸린다.
책임감	• 승진하기까지 내가 응원했던 모든 순간을 기억해주기 바란다. • 직원들은 존경심을 갖지 않는다. 내가 처음 직장 생활을 시작했을 때 직원들이 했던 것을 잊을 수가 없다. 그들은 나나 상관이 안중에도 없는 듯이 행동했다.

3) 강점에 초점 두기

피드백의 가장 중요한 측면은 인재개발검사의 강점 부분을 살펴보는 것이다. 보고서에 나타난 강점을 설명해주는 사례를 찾기 위해 고객의 인생을 꼼꼼히 알아보는 시간을 충분히 가지면서 강점 부분을 천천히 살펴보는 것이 중요하다. 고객은 비판으로 해석될 수 있는 것을 빨리 찾으려고 하므로 강점 부분에서 시작하는 것이 중요하다. 대부분의 고객은 비즈니스 코칭보다 흔히 인재개발검사의 5점 척도 중 첫째에 점수가 높기 때문에('그룹 A' 절 참고) 부정적인 것에 초점을 두는 것은 당연하다. 그런 점수가 '나쁜 뉴스를 빨리 알고 싶어 하는' 사람들에게서 나타난다는 것을 기억해야 한다. 고객이 자신의 강점을 잘 알기는 매우 어려우므로 인재개발검사의 틀 내에서 긍정적인 자아상 습관을 갖는 시간이 필요하다.

4) 강점이 단점이 되는 경우

어떤 사람이 극단적인 상황, 보통 구속되고 집중하지 않거나 장기간의 갈등 관계에 있을 때 강점이 단점으로 변한다(Hogan & Warrenfeltz, 2003). 파트너에게 실망했을 때 흥분을 잘하는 사람은 폭발할 수도 있다. 분석적인 고객은 배신을 당했다고 생각하면 회의적이 된다. 신중한 부모는 10대 자녀가 너무 독립적인 것이 걱정되면 근면해진다.

임원 코칭에서 인재개발검사를 이용할 때는 긍정적인 특성이 단점이 되지 않게 하는 것이 핵심 과제이다. 우리가 거의 모든 고객과 진행하는 과정은 대응 전략 패턴이 최상의 상태인 경우와 부정적 패턴으로 나타나는 경우를 모두 인식할 수 있도록 돕는 것이다. 고객이 좌절한 상황을 설명하면 대응 전략이 극단적이 되는지 혹은 잘못된 문제에 대한 적절한 해결책이었는지 생각해보도록 요구한다.

물론 코치의 기능은 고객이 자신의 강점을 알고, 문제 상황에서 '너무 나가는' 신호를 인식하며, 스스로 점검하는 법을 배우는 것을 돕는 것이다. 도로에 표지판을 세우는 것처럼 고객이 문제 상황을 만드는 경우를 인식하고, 동료와 대면 보고 시 피드백을 인정할 수 있게 하는 것이다.

여기서 제시한 설명은 점수가 높은 사람들에 대한 관찰자의 묘사에서 추출한 것이다. 고객은 우선 자신의 정체감과 자신의 평판 내지 관찰자의 관점에서 본 자신 사이에 차이가 있다는 것을 이해할 필요가 있다. 두 가지 이유에서 자신의 평판에 대한 객관적 관점이 행동 코칭에서 특별히 중요하다. 첫째, 인재개발검사는 고용 시 동료를 포함하여 타인이 인식할 수 있었던 강점을 확인해준다. 예를 들어 동료들은 흥분을 잘 하는 고객을 자극을 잘 받는다고 인식하고, 책임감 있는 고객을 충성심이 있다고 인식했을 것이다. 사실 코칭하는 동안 코치와 고객이 이러한 강점을 계속 기억하는 것이 중요하다. 둘째, 각 고객의 강점은 코칭을 받아야 하는 상태에서 상실될 가능성이 높다.

고객은 회사에서 흔히 자신이 보는 자아상으로 인식되기를 바란다. 예를 들어 사소한 문제에 습관적으로 과잉 반응을 하기보다는 긴급하게 일을 하려고 한다거나(흥분을 잘함), 작위적이기보다는 편의주의적으로(장난기) 보이기를 바란다. 관찰자 관점(인재개발검사의 기능)이 자기 자신의 것과는 상당히 다르다는 것을 고객이 이해하도록 돕는 것이 중요하다.

고객에게 인재개발검사를 소개할 때 주목적이 고객 경력의 잠재적 탈선 요인뿐 아니라 긍정적 성품을 확인하는 것임을 강조하는 것이 중요하다. 대부분의 긍정적 성품과 중간적인 성품의 경우, 적응적인 성품이 적절치 않거나 과도하게 사용될 때 문제를 일으킬 수 있음을 설명하는 것이 좋다.

5) 그룹 A

이 그룹은 흥분을 잘함, 회의적, 신중함, 중심성, 여유로움으로 구성되어 있다. 인재개발검사의 첫 5점 척도에 높은 점수를 받은 사람들은 자신의 생활을 부정적인 방식으로 재구조한다. 사실과 경험은 가장 어두운 조명으로 비춰진다. 그룹 A의 점수가 높은 사람들은 격려가 되는 정보를 못 들어오게 막고 불운, 과거, 현재와 미래를 강조한다. 이들의 삶에서는 상실과 불만이 현실이다. 좀 더 중요한 것은 이러한 상실이 주로 자신의 통제 밖이어서 이들이 할 수 있는 최상의 것이란 피할 수 없는 문제에 대한 대처이다. 이들이 관리자와 대면 보고를 위해 왔다 갔다 하는 것은 일종의 비극 중 하나로, 대면 보고 시 비극을 피하거나 설명한 만큼의 비극으로 보이지 않게 하려고 노력한다. 그룹 A의 점수가 높은 사람들은 인터넷 채팅방에서 문제의 해결책을 찾으려는 노력보다는 비통한 자신의 스토리를 공유하는 것과 같이 타인을 하향의 소용돌이로

끌어내린다. 그래서 좀 더 긍정적인 동료를 이해력이 없거나 단순히 감정을 느끼지 못한다는 식으로 비난한다.

그룹 A의 점수가 높은 사람들은 보통 위험을 싫어하고, 실망과 당황을 피하기 위해 최악의 시나리오를 예상한다. 그 결과 이들은 '무행동' 태도를 곧잘 보임으로써 의사결정 시 타인의 신뢰를 잃을 수 있다.

프로파일에서 그룹 A의 점수가 높은 사람들은 타인보다 더 계획하고 후회하는 경향이 있어서 의사결정이 가져올 부정적 의미를 더 잘 인식하는 경향이 있다. 이들이 프로젝트에 공통적으로 미치는 영향은, 성급한 결정을 해야 할 기회를 감소시키기 위해 천천히 하는 것이다.

그룹 A의 점수가 높은 사람들은 위험 인식 및 완화와 관련된 역할을 가장 잘한다. 그러나 그런 역할을 하면서 문제에 접근하는 방식이 흔히 의욕 상실이나 반감을 초래하기 때문에 동료와 멀어질 위험이 있다. 이들의 잘못은 항상 기회를 놓치거나 기회를 이용하지 못하는 것이다. 이들은 너무 자주 강하게 주장함으로써 신뢰를 잃는다. 그룹 A의 점수가 높은 사람들은 일반적으로 결정 과정이 느려서 데드라인까지 일을 늦춘다. 이들은 가치 있는 충고자일 수 있으나 의심과 과잉 반응 때문에 팀 구성원과 멀어지므로 좋은 팀 리더가 되지 못하는 경우가 많다.

흥분을 잘함, 회의적, 신중함, 중심성, 여유로움 점수가 높은 사람이 포함된 팀은 이러한 '강한 주장자'의 말을 들을 필요가 있지만 그 사람에게 지배될 여유가 없을 수도 있다. 이들에 대한 코칭은 먼저 그의 관심사에 우선순위를 두어 강한 동기에 초점을 맞추는 것이다. 그다음에 코치는 모든 선택 사항이 가질 수 있는 단점을 강조하지 말고, 팀 구성원이 다른 선택 사항을 선택하는 것이 좋다고 격려하는 식으로 자신의 관심을 표현할 수 있도록 도와야 한다. 저자 중 한 명과 같이 일하고 있는 한 고객은 팀이 직면한 선택 사항의 단점에 대해 '잔인할 정도로 정직한' 주장을 해서 같이 일하기를 거부당한 적도 있다. 코칭을 통해 그는 자신이 정말로 원하는 것이 무엇인지, 즉 동료가 덜 위험하고 보다 바람직한 선택 사항을 인식하게 하려는 것이었음을 알게 되었다.

■ 흥분을 잘함

흥분을 잘하는 직원은 무엇보다 예측을 잘할 수 없다. 그들은 한순간에 열정적이었다가 그 후에는 심각하게 낙담해 있다. 스트레스를 받으면 흥분을 잘하는 사람들은 직원과 동료가 원인이라고 믿는다. 흥분을 잘하는 관리자는 기분 좋은 사람이 아닐 것이다. 이들은 긴장되어 있고 시무룩하다가 갑자기 화내고 목소리를 높인다. 동료와의 대면 보고 시 격려하고 응원하려고 해도 그런 노력이 수포로 돌아간다. 좀 더 낙관적인 팀 구성원은 흥분을 잘하는 동료가 현재 위기를 초래한 행동이나 결정이 피할 수 있었던 것이거나 이제 벗어날 수 있다고 믿도록 노력한다. 그러나 흥분을 잘하는 관리자는 끝내 불운을 피할 수 없다고 믿는다. 낙관적이든 비관적이든 그것을 지지해줄 자료가 항상 넘쳐나기에 흥분을 잘하는 사람들은 미래에 대한 불안이 결코 멈추지 않는다. 흥분을 잘하는 관리자에게 어떤 사람이 부정적이라고 주장하면 낙담을 해서 엄청난 격려를 해야 할 것이다. 과거의 트라우마 때문에 헛된 노력과 비관주의를 초래하는 경우도 있다.

■ 회의적

매우 회의적인 관리자는 비판을 받으면 무시당했다고 쉽게 상처를 받는다. 이들은 배신의 신호에 끊임없이 집중한다. 회의적인 고객은 다른 사람들의 충성심이나 관심에 의문을 갖는다. 이들은 동료가 충분히 집중을 하지 않았다거나 회의적인 사람을 의도적으로 방해하거나 상처 주려고 어떤 것을 하고 있다며 비난을 시작하는 경향이 있다. 이런 사람들은 자신의 견해를 공격적으로 정당화하고 갈등을 즐기는 것으로 보인다. 안전 최우선 지향 죄수의 프로파일에서 이 척도의 점수가 가장 높게 나타났다. 물론 이것은 높은 회의적 점수가 폭력 행동을 예측한다는 의미가 아니다. 이는 주장과 자기 정당화가 순환한다는 것을 보여준다.

■ 신중함

신중함 점수가 높은 사람들은 자기 자신과 동료에 대해 심각할 정도로 의심을 한다.

이들은 긴장되어 있고 비관적이며 비이성적이어서 성공을 보증하는 최고의 긍정적인 증거가 있어도 그것이 결국 실패의 신호라고 믿는다. 이들은 질문의 양 측면을 모두 주장함으로써 의사결정을 미룬다. 당황이나 부끄러움을 최대한 피하기 위해 이들은 특별한 이유가 없다면 익숙한 방식대로 틀에 박힌 패턴의 상호 작용과 문제 해결 방식을 고수한다. 예를 들어 시행 과정 중 결정을 해야 할 때 결과가 가져올 잠재적인 문제점을 재빨리 살펴보고 결정을 늦추거나 결정을 안 했을 때 나타날 비용 평가를 아예 하지 않는다. 신중한 관리자는 잠재적인 문제가 적은 결정이라도 연기하지만 그로 인해 팀 내에 심각한 갈등을 야기한다는 것은 너무도 자명하다.

■ **중심성**

중심성 점수가 높은 관리자의 동료들은 그가 경청하지 않는다고 불평한다. 이런 사람들은 특히 스트레스 시기에는 더욱 동떨어져서 관심을 갖지 않는다. 이들은 타인에게 재확인과 응원 등을 거의 하지 않는다.

중심성 점수가 높은 고객은 타인과 맞추지 않고 경청하기를 지루해할 때, 흔히 동료의 전체 메시지를 '경청'하는 것이 아니라 원하는 것을 듣기 위해 '경청'한다. 이들은 대부분의 사람들이 하는 것처럼 파트너의 복지에 별로 관심을 갖지 않는다. 중심성 점수가 높은 관리자는 파트너보다 의사소통을 하는 경우가 정말로 적다. 이들은 대부분 스스로 회복하는 일종의 강인함을 갖고 있지만 동료의 관점에서 상황을 이해하지 못하는 경향이 있다. 이들은 독립적이라는 인상을 주고 타인도 그래야 한다고 기대한다. 중심성 점수가 높은 관리자는 특히 타인에 대한 배려가 없고 자기중심적이다.

■ **여유로움**

여유로움 점수가 높은 관리자는 사회적 기술이 매우 좋다. 그러나 동료들은 이들이 자신의 방식과 속도로 일을 처리하려 한다고 불평한다. 이들은 동료에게 영향을 줄 의사결정은 공유하지 않으면서 함께 일하는 것을 늦추지 않는다. 공개적으로 화내는 경우는 많지 않아도 자기이해가 걸린 일을 빼고는 특별히 협조적이라고 생각하지 않는다고 동료들은 말한다. 이들은 바쁠 때는 타인이 자기 일에 신경 쓰고 자신은 좀 나두 었으면 하고 속으로 바라며 짜증을 낸다. 이들은 급하게 서두르거나 충고받는 것을 좋 아하지 않는다.

6) 그룹 B

이 그룹은 대담함, 장난기, 다채로움, 상상력으로 이루어져 있다. 그룹 B의 점수가 높은 관리자는 위험 감수자이다. 이들은 자기 자신과 자신의 행동에 대한 부정적 정보 를 무시하고, 부정적이거나 신중한 사람들을 피하려고 한다. 그룹 B의 점수가 높으면 동료와 친구들은 유쾌하다는 평을 내린다. 그러나 이 그룹에 속하는 척도의 가장 중요 한 위험은 자기도취와 자신의 실수를 통한 교훈을 받아들이지 않는다는 것이다. 그룹 B의 점수가 높은 사람들은 자신의 단기적 흥미를 우선시하고 개인의 우선순위를 위해 팀 관계를 희생하므로 갈등이 야기될 수 있다.

그룹 B의 점수가 높은 사람들은 상품 개발, 회사 비전과 사업 영역의 설정, 팀에 영 감을 주는 분야 등에서 최상의 역할을 수행한다. 이들은 에너지와 소명감을 불어넣으 며 조직의 변화를 모색한다. 그룹 B의 점수가 높은 사람들은 '일이 되게끔' 하기 때문 에 판매와 집행 역할을 잘 수행한다. 그러나 그룹 A와 그룹 C 구성원이 완충 역할을 해 주지 않으면 충분한 뒷받침 없이 상상만으로 계획하고, 행동했을 때의 결과를 고려 하지 않기 때문에 팀을 탈선시킨다.

대담함, 장난기, 다채로움, 상상력 점수가 높은 관리자를 코칭할 때는 에너지를 억 제하는 것이 아니라 방향을 잡는 것이 중요하다. 코치는 교통 통제실에서의 관리가 아 니라 GPS 같은 역할을 해줄 필요가 있다. 그룹 B의 점수가 높은 사람은 '움직이고 흔 드는 사람'이므로 속도를 늦추는 것이 아니라 우선순위에 초점을 둘 때 가장 효과적이 다. 자신이 지금이라도 임원 역할을 할 수 있다고 믿었던 관리자를 저자 중 한 명이 코 칭한 적이 있다. 코치는 임원직을 수행할 준비가 아직 안 되었다고 확신시키는 대신 그의 창의성을 죽이는 조직의 관료주의를 경험했을 때 겪을 좌절감을 말해주었다. 그는 자신의 능력으로 손님을 끌어들일 수 있고 새로운 제품을 개발하는 독립적인 판매 부서로 옮겼다. 그래서 그의 아이디어를 실행할 책임자 없이도 엔지니어링 팀은 그의 창의적인 아이디어를 빛나게 했다. 그룹 A의 점수가 높았던 한 프로젝트 관리자는 '내 에너지와 변화를 만들려는 추진력을 완화할 인간 에어백(그룹 A나 C에 속한 사람)이 필요하다'고 표현했다.

■ 대담함

대담함 점수가 높은 관리자는 매우 자신감이 있다. 이들은 강한 존재감이 있고 스스로를 다재다능하다고 인식한다. 이들은 부정적 정보를 듣지 않기 때문에 쉽게 좌절하지 않는다. 문제를 '작은 결함' 혹은 '조금 잘못된 시작'으로 해석하지만 실패에 대한 자신의 책임을 받아들이지는 않는다. 이들은 타인의 판단 실수라고 비난하는 경우가 많다. 대담함 점수가 높은 관리자는 거만하고, 의사결정과 행동의 부정적 측면을 지적하는 사람들에게 금방 싫증을 느낀다. 이들은 부정적 정보를 거부하고 동료가 자신의 실수를 밝히면 분개한다. 대담함 점수가 높은 관리자는 흔히 자기중심적이고 팀 구성원과 조직에 대한 요구가 많지만 그만큼 돌려주지는 않는다. 동료들은 이들이 자기확신 수준이 높고 특별하게 대접받기를 기대하기 때문에 위험을 너무 쉽게 감수하려 한다고 불평한다.

■ 장난기

장난기 점수가 높은 관리자는 일을 뒤섞어버리는 경향이 있다. 이들은 관계성과 일을 모두 '쫓기'를 즐긴다. 이들은 규칙을 따르지 않고 무모한 주장을 즐기며, 편의적이고 흥분되는 결정을 내린다. 이들의 말, 결정과 행동은 단기적 목표 성취에 기여하지만 때로는 장기적 안정성을 잃게 만들기도 한다.

■ 다채로움

다채로움 점수가 높은 관리자는 엔터테이너이고 활력이 있다. 많은 사람은 이들이 유쾌하고 매력이 있다고 생각한다. 그룹 B의 점수가 높은 사람들처럼 이들은 계획 없이도 행동하고 위험을 감수하려고도 한다.

■ 상상력

상상력 점수가 높은 관리자는 창의성이 있고 돌발적이다. 파격적으로 충분한 휴식을 취한 사람은 통찰과 혁신의 순간을 가질 수 있다. 이 점수가 매우 높은 사람은 다른 사람들이 당황할 정도로 탁월하고, 비상한 아이디어를 갖고 행동할 수 있다. 동료는 상상력이 있는 관리자가 쉽게 지루해할 가능성에 빨리 익숙해져야 한다. 상상력 점수가 높은 관리자는 자신이 관심을 가진 일 외의 세세한 것에는 신경을 쓰지 않으려 한다. 이 관리자의 동료는 그가 계획이나 전략적 사고에 초점을 두지 않기 때문에 미래에 대한 불안을 느낄 수도 있다. 이러한 관리자의 팀 구성원은 그가 돌발적이고 상식이 부족하기 때문에 함께 팀과 팀의 성과를 유지해야 한다고 믿는다.

7) 그룹 C

근면함과 책임감 척도가 중간 점수(75~85점)라는 점에서 일반적으로 갈등을 초래할 위험이 적고 다른 척도보다 사람들이 원만하다. 그룹 C 척도의 높은 점수는 한 개인의 측면을 의미하는데, 이는 문제를 초래하는 척도의 영향력을 완화한다. 즉 두 사람이 그룹 A와 B의 점수가 동일하다면 그룹 C에서 더 높은 점수를 받은 사람이 조직에서 더 기능적이다.

대부분의 조직에서 타인에 대한 의식과 즐겁게 하려는 노력은 분명 그룹 A와 B의 경우보다 긍정적이고 단기적인 효과를 보인다. 그러나 근면함과 책임감 점수가 더 높은 (85~100점) 관리자는 아래에서 설명하듯이 대인관계 갈등을 야기할 실질적인 위험이 있다. 또한 이 점수가 높은 사람이 보이는 행동 패턴은 일(근면함) 혹은 권위가 있는 사람(책임감)에 대한 자유로운 헌신을 위해 자신의 정체감을 잃어버릴 위험이 있다.

팀에 구조와 지지를 제공하는 능력이 있어야 하는 팀 감독자는 두 가지 기본적인 원칙이 필수적이다. 그룹 A(흥분을 잘함, 회의적, 신중함, 중심성, 여유로움)의 점수가 높은 관리자는 구조나 애정을 제공하는 데 어려움이 있는 반면, 그룹 B(대담함, 장난기, 다채로움, 상상력)의 점수가 높은 관리자는 애정을 제공하지만 충분한 구조를 만들지 못한다. 그룹 C(근면함, 책임감)의 점수가 높은 사람들, 특히 근면함 점수가 높은 사람들은 도전적이거나 문제를 일으키는 팀 구성원이 있을 때 필요한 구조를 잘 만든다. 근면함 점수가 높은 관리자가 책임감 점수도 균형적으로 높으면 팀 구성원이 애정으로 느낄 수 있는 인정과 즐거움을 줄 수 있다.

그룹 C의 점수가 높은 사람들은 실행 계획의 실행과 팀에서의 역할을 가장 잘한다. 임무에 대한 이들의 지속적이고 꾸준한 노력은 팀에서 독보적이다. 그러나 이들은 잘못된 방향이나 중요하지 않은 일에 끝없이 노력하고 충성을 할 위험이 있다. 그룹 C의 점수가 높은 사람들은 관계성보다는 일 중심적이므로, 근면함과 책임감 점수가 높은 사람들에 대한 코칭은 사람들과의 관계성에 초점을 두는 일련의 과제를 줄 필요가 있다. 저자 중 한 명이 코칭했던, 그룹 C 점수가 높은 엔지니어는 스스로 세부 사항을 꼼꼼히 챙기고 시간을 지키며 회사의 기대치를 만족시키는 것에 대해 자부심을 갖고 있었다. 그는 그룹 A와 B 점수가 낮았기 때문에 코칭을 단순히 또 하나의 임무로 간주했다. 코칭을 진행하면서 그와 코치는 팀 구성원과의 관계성을 발달시키고 애정을 보이는 노력을 늘리는 체크리스트를 만들었다. 체크리스트를 잘 지킨 고객은 팀 구성원이 더 큰 자부심과 만족감을 느끼게 하면서도(그들의 목표) 정해진 시간 안에 팀의 생산성 성취(고객의 목표)를 성공적으로 이룰 수 있었다.

■ 근면함

근면함 점수가 높은 관리자는 팀에서 '책임감 있는' 사람이다. 이들은 모든 사람의 수행 표준을 설정하려고 한다. 이들은 모든 사람이 스케줄을 잘 알게 하고 세금과 요금 등 세세한 것에 신경을 쓰는 경향이 있다. 또한 팀 구성원에 대해 매우 비판적이어서 동료를 '무신경하고 칠칠맞은' 등으로 표현하기도 한다. 이들은 팀 구성원이 '일을 제대로' 하지 않을까 봐 걱정이 되어서 문제를 떠안기 때문에 일이 너무 많다고 느낀다.

사실 근면한 관리자는 무엇이든 하고, 처음 해놓은 것에 대해 비판을 하면서 다시 하려고 하는 등 정말 일이 너무 많다.

근면함 점수가 높은 관리자는 참석하지도 않거나 큰 그림을 알지도 못하는 프로젝트의 세부 사항에 관여한다. 이들은 자신의 선택에 대해 숙고하기를 좋아하지 않으므로 유용성이 끝난 행동과 아이디어를 폐기하지 못할 위험이 있다. 그 결과 프로젝트에서 결코 이루어진 적이 없는 진전을 가져올 수 있다.

■ 책임감

책임감 점수가 높은 관리자는 상관에게 도전하지 않는 경향이 있다. 이들은 지지를 구하는 사람에게 반대하는 위치에 있기 때문에 위험한 상황에서 자신의 의견을 피력하지 않는다.

책임감 점수가 높은 관리자는 잘 예측할 수 있지만 얻는 것이 많지는 않다. 이들은 편안하게 일관된 결정과 정책을 수행하지만 현 상태의 변화나 혁신을 가져오지는 않는다.

요약

재능이 있지만 다소 냉소적인 정신과 의사 친구에게 저자가 "네가 갖고 있는 성격 중 환자들에게 주고 싶은 게 있다면 뭐지?"라고 물었다. 친구는 "성숙이라는 내적 근육 주사를 주고 싶어."라고 대답했다. 코칭을 시작하면 우리 모두 원하는 상태를 그리게 되는데, 성숙이란 말은 다양한 측면을 의미한다. 일반적으로 성숙한 사람은 지지적이고 격려하며 성격이 안정적이다. 이들은 과도한 재고나 후회 없이 결정을 내릴 용기를 갖고 있다. 이들은 신뢰와 비즈니스 관계를 배신하지 않는다. 이들은 규칙을 따르고, 계약을 소중히 여기며, 파트너의 복지에 관심을 갖는다. 성숙한 기업인은 자신보다 동료의 복지를 우선시하고, 전체 조직에 기여하고 있다는 자부심을 갖는다. 최악의 리더는 동료와 직원, 가능하면 상관까지 협박하고 조종하며 통제한다. 이들은 위기감을 조성하여 사람들이 균형감을 갖지 못하게 한다. 이들은 자신과 어긋나는 사람들과 싸우고 비난하며 경계를 늦추지 않는다. 이들은 무언가 잘못되면 비난을 피하려고 동료에게 경고를 주는 데 근무 시간을 쓴다. 이들은 동료나 조직에 대해 관심이 없고, 쉽게 영향을 받으며, 타인이 곤경에 빠지면 돕지 않는다.

인재개발검사는 차별적이고 중요한 11가지 특징으로 관리자의 성격과 관계성을 인식시키기 때문에 코칭에서 다른 도구보다 유용하다. 예를 들어 흥분을 잘하는 사람은 열정적이고, 다채로운 관리자는 매력적이고 재미가 있으며, 근면한 사람은 의식적인 것과 같이 각각 긍정적인 측면이 있다. 또한 이러한 11가지 차원의 극단적 위치에 있는 부정적인 측면의 관리자는 매일 만나는 사람들이 피하고 싶어 한다. 회의적인 사람은 사소한 부분에 대해 논쟁하고, 여유로운 사람은 연기하려 하며, 장난기 많은 사람은 조종하려 한다. 이 장에서는 11가지 차원과 세 그룹의 점수가 높은 사람들이 어떠한 식으로 타인에게 환영받지 못하는 영향력을 미치는지 살펴보았다. 그룹 A의 점수가 높은 관리자는 협박하려 하고, 그룹 B의 점수가 높은 관리자는 부추기거나 신경을 분산시키며, 그룹 C의 점수가 높은 관리자는 미션과 조직에 과도한 소명감을 갖고 통제하려 한다.

인재개발검사로 조사한 11가지 차원은 관리자의 탈선 원인으로 작용할 가능성이 높아서, 리더가 그러한 차원의 부정적 차원을 피하도록 코칭하는 것은 개인과 조직에 가치 있는 서비스가 된다. 주변 동료들은 이러한 종류의 직접적이고 정곡을 찌르는 피드백을 할 용기가 없는 경우가 많기 때문에 코치가 이러한 특징을 요약하고 개입하는 것은 가치 있는 작업이다.

Chapter 14

변혁적 리더십 코칭

Beverly Alimo-Metcalfe · Glenn Mead

변혁적리더십검사(Transformational Leadership Questionnaire™, TLQ)는 개인의 리더십 행동이 다른 사람에게 어떻게 인식되는지를 알려주고, 직원의 동기부여나 직업 만족도, 헌신이나 복지에 미치는 영향에 대한 자료를 제공하기 위해 특별히 설계된 다면 평가 피드백 도구이다. 리더십 측정 도구로서의 신뢰도와 타당도는 여러 학술 논문에 기술되어 있다.

현재 시장에 나와 있는 많은 다면 평가 도구 중에서, 특히 변화하는 리더십 모델 중 변혁적리더십검사는 개발된 유래가 다른 도구와 아주 다르고 독특하다. 이 도구는 역사상 가장 규모가 큰 리더십 연구의 결과이며, 의도적으로 성별, 인종과 직장 내의 지위 등을 포함한 최초의 포괄적 측정 도구이다. 이 새로운 모델은 중요성이 커지고 있는 코칭 분야에서 코치가 어떻게 다면 평가 과정에 접근하고 그 효과를 극대화하며 측정 도구의 본질을 활용할 수 있는지 알려준다.

1. 변혁적 리더십 코칭의 이해

1) 변화하는 리더십의 본질

리더십 연구는 전통적으로 직원의 행동, 성과, 복지와 조직의 성과에 큰 긍정적 영향력을 끼치는 개인들이 어떤 특성을 가졌는지와 관련이 있다(Alimo-Metcalfe, 2012: Alimo-Metcalfe & Alban-Metcalfe, 2001).

리더십의 개념은 시간이 지남에 따라 변한다. 사회적, 정치적, 기술적, 경제적 변화에 따라 조직의 운영, 구성, 경영이 달라지고 이는 리더십 개념의 변화를 가져온다. 리더십 모델이 다음과 같은 변수에 의해 영향을 받는 것은 놀라운 일이 아니다.

- 언제 연구가 수행되었는가?
- 누가 무슨 목적으로 자금을 대는가?
- 어떻게 자료를 수집했는가?
- 표본의 특성(성, 인종의 다양성, 조직상의 수준, 직업 등)

리더십에 대한 그동안의 연구는 5단계로 구분할 수 있다(Alimo-Metcalfe, 2012). '특성 접근법'이라고 할 수 있는 첫 3단계는 성격 특성에 초점을 맞추고 있으며, 행동 접근법은 관찰 가능한 행동에, 상황/사태 접근법은 개인과 상황의 상호 작용에 초점을 맞추고 있다. 이러한 기존의 모델은 지속되는 변화의 시대에 적용하기 어려운 점이 있어서 지금은 '경영'의 모델로 간주된다.

1970년대 후반 리더십에 대한 새로운 시각이 나타났으며, 대표적인 학자는 다음과 같은 리더십 유형의 분류를 제안한 배스(Bass, 1998)이다.

- **변혁적:** '더 좋은 것' 성취하기와 원칙, 가치 고수하기
- **교류적:** 보상과 처벌 교환하기
- **자유 방임적:** 책임 회피하기

배스의 영향력이 상당히 중요해진 반면 이 모델의 기본은 (직속상관이 아니라) '거리가 먼' 리더이기 때문에 상급 관리자에 기본을 두고 있어 '영웅' 모델로 간주된다.

2) 리더십 연구의 새로운 진전

1980년대와 1990년대를 대표하는 '영웅' 모델로 언급되는 '새로운 패러다임' 모델은 지난 몇 년간 사회의 주요한 변화에 의해 공격당하고 영향을 받았다. 리더십의 책임이 소수 상급 관리자에게 있다고 보는 리더십 모델인 '영웅' 모델에 대한 냉소가 점점 커졌다. 그 이유 중의 일부분은 엔론과 월드컴의 종말 같은 기업 스캔들과 정치 지도자에 대한 냉소(World Economic Forum, 2007)라고 이야기할 수 있다. 이러한 상황에 대해 한 작가는 '리더십의 위기'라고 일컫기도 했다(Salaman, 2011).

또한 '카리스마의 어두운 면'(예: Yukl, 1999; Hogan et al., 1990)과 '독성 리더십'(Lipman-Blumen, 2004)을 비난하는 논문이 증가하고 있다. 진실성의 중요성을 강조하는 리더십 모델에 대한 관심이 커지면서 이에 반응하여 '윤리적 리더십'(예: Kalshoven et al., 2011; Kalshoven & Den Hartog, 2009; Brown & Treviño, 2006; Brown et al., 2005; Treviño et al., 2003), '진정성 리더십'(예: Avolio & Gardner, 2005; Gardner et al., 2005) 등의 새로운 모델이 나타났고, 동시에 '조용히 리드하기'(Badaracco, 2002)와 '조용히 경영하기'(Mintzberg, 1999) 등을 주창하기 시작했다.

리더십의 중요성은 이제 사회적 과정으로 여겨지며, 리더십을 개인의 능력, 기술, 카리스마, 인지 등의 기능으로만 보는 것이 아니라 리더의 추종자들 및 그들의 상황에 걸쳐 행사되는 실천의 과정으로 이해 및 인식하고 있다(Spillane et al., 2001). 이러한 인식은 점점 경쟁이 치열해지는 세상에서 직원의 자유재량에 의한 노력의 관여가 생존과 성공에 결정적이라는 깨달음과 연결된다.

3) 직원 몰입도의 중요성

조직의 높은 몰입도는 직원의 복지 향상(예: Kahn, 1990; Schaufeli et al., 2002), 생산성과 재무 성과의 향상(Harter et al., 2002, 2010; MacLeod & Clark, 2009; Sirota Survey Intelligence, 2006; Watson-Wyatt, 2006) 측면에서 상당히 유익하다. 이것은 우리의 연구 결과와도 일치한다. 영국 국립건강서비스 대상 연구에서 리더십의 질, 직원의 태도 및 안녕과 기관의 성과 사이에 유의미한 상관관계가 있었다(Alimo-Metcalfe & Alban-Metcalfe, 2008; Alimo-Metcalfe et al., 2007).

그러므로 앞으로 리더십 연구를 위한 새로운 방향은 직원의 동기부여, 사기, 안녕, 즉 몰입도를 증가시키는 행동과 접근 방식이 무엇인지 정확히 이해하는 것이다. 관리자-직접 보고 관계가 가장 중요한 결정 요소로 판명되었다.

2. 변혁적리더십검사의 개발

변혁적리더십검사의 예비 사용자는 왜 그리고 어떻게 이 도구가 개발되었는지, 다른 리더십 개발 다면 평가 도구와는 어떤 차이가 있는지를 이해하는 것이 중요하다.

변혁적리더십검사는 '가까운' 일상의 리더십을 평가하며, '흡인형' 혹은 '탈영웅적 변혁' 모델에 바탕을 두고 있다. 이 척도는 '분산된' 리더십의 모델이다. 연구자들의 방법론은 기존의 연구와 상당히 차이가 있다. 기존의 방법론은 리더 자신의 설명으로부터 데이터를 모으거나 기존의 리더십 행동 범주에 적합한 행동의 예를 맞추는 방식이었다(Alimo-Metcalfe, 2012; Alimo-Metcalfe & Alban-Metcalfe, 2001; Alban-Metcalfe & Alimo-Metcalfe, 2007). 이 도구에서 쓰인 방법론의 본질을 정의하자면, 리더의 행동 영향을 '해석'하는 것이 아니라 그 과정을 '받는 쪽'에서 갖는 개인의 인지와 경험을 보는 것이다. 이 도구는 성별과 인종 배경 등에 의한 표본을 의도적으로 포함한 최초의 모델 중 하나이다.

기존의 연구 문헌을 살펴보면서 우리는 '기초 이론' 접근법을 사용하여 관리자 150명의 인터뷰를 통해 그들이 어떻게 리드 받고 싶은지, 그리고 왜 그러한지 이해하고 정의하려 했다. 켈리(Kelly, 1955)가 고안한 격자 인터뷰 기법을 사용하여 그들의 직속 상사 — 좋은 상사와 나쁜 상사 모두 — 의 행동을 기술하고 자신에게 미친 영향에 대해 설명해달라고 했다. 이를 통해 우리는 효과적인 리더십 행동을 설명하는 2,000개가 넘는 생각과 리더십의 효과를 모으게 되었다. 예를 들어 '그는 직장에서 나에게 자신감을 북돋아주었다', '나는 공헌의 가치가 인정되었다고 느꼈다' 등의 반응이다.

수집된 생각은 의미 분석을 했으며, 상사의 행동을 기술하는 진술을 담은 시험 설문지를 작성했다. 이 설문지는 300개 이상의 기관에 배포되었다. 3,500명 이상의 관리자가 자신의 직속 상사를 무기명으로 평가한 데이터를 분석하여 '가까운', '관계하는' 리더십의 14개 차원을 확인했다(예: Alimo-Metcalfe & Alban-Metcalfe, 2001, 2005, 2008). 이 14개의 차원은 다면 피드백 척도인 변혁적리더십검사의 근간이 되었다.

NHS와 지역 자치단체에서 시행된 첫 연구는 프리슨 서비스와 교육, 홈 오피스 연구(Dobby et al., 2004) 및 3개의 FTSE 100대 회사에서 복제하여 시행했다(Alban-Metcalfe & Alimo-Metcalfe, 2007). 변혁적리더십검사의 14개 차원은 〈그림 14.1〉에서 보듯이 4개의 그룹으로 구성되어 있다. 이에 대해서는 이 장의 후반부에서 자세히 살펴볼 것이다.

대부분의 다면 평가 도구와 달리 변혁적리더십검사는 10개의 '리더십 영향 요인'을 포함하고 있다. 평가받는 관리자의 리더십 행동이 직원에게 영향을 미치는 요인에 대한 정보를 포함하는데, '관여하기'에 영향을 주는 변수도 포함되어 있다. 직원에게 영향을 미치는 요인은 다음과 같다.

- 성취 동기
- 직무 만족도
- 조직 헌신도
- 리더 유형에 대한 만족도
- 직무 헌신도
- 직무 관련 스트레스

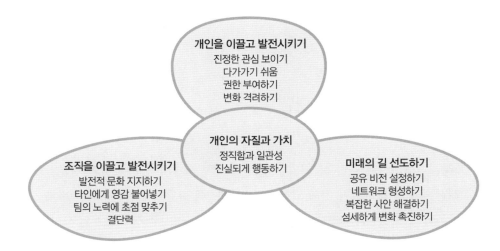

개인을 이끌고 발전시키기
진정한 관심 보이기
다가가기 쉬움
권한 부여하기
변화 격려하기

개인의 자질과 가치
정직함과 일관성
진실되게 행동하기

조직을 이끌고 발전시키기
발전적 문화 지지하기
타인에게 영감 불어넣기
팀의 노력에 초점 맞추기
결단력

미래의 길 선도하기
공유 비전 설정하기
네트워크 형성하기
복잡한 사안 해결하기
섬세하게 변화 촉진하기

〈그림 14.1〉 변혁적리더십검사의 차원과 그룹

- 자신감
- 자기 충족감
- 자아 존중감
- 기대 이상의 성취를 할 만한 지각된 능력

　몇몇 연구에서 점검된 대로 연구자들은 이러한 구성을 통해 이 도구의 수렴 타당도와 변별 타당도를 증명할 수 있었다(Alimo-Metcalfe et al., 2007; Alban-Metcalfe & Alimo-Metcalfe, 2007, 2000; Kelly et al., 2006; Alimo-Metcalfe & Alban-Metcalfe, 2001). 변혁적리더십검사 점수는, 직원의 이직률과 조직 생산성에 유의미하게 영향을 미치는 것으로 나타난 '직무 태도'와 '직장에서의 안녕'을 예측하는 중요한 지수이다(Alimo-Metcalfe & Alban-Metcalfe, 2011, 2008). 신뢰할 만하고 철저한 연구에 근거한 검사 도구의 타당성은 피드백과 모든 코칭 세션의 성공에 결정적으로 중요하다. 이 검사 도구에 대한 신뢰가 고객의 성장 과정에 관여하는 정도를 좌우하기 때문이다. 대부분의 고객은 관여하는 리더십 행동과 직무 만족도의 밀접한 관계를 쉽게 인지하지만 냉소적인 사람들은 자신의 행동 예측성에 대해 확신할 필요가 있다. 이러한 상황에서 숙련된 코치는 변혁적리더십검사 도구의 광범위한 연구 개발 과정을 간단히 설명하는 것으로 피드백 세션을 준비한다.

3. 변혁적리더십검사의 모델

변혁적리더십검사는 공적, 사적, 자원봉사 기관에서 일하는 관리자와 전문가의 리더십 개발 욕구를 평가하기 위해 고안된 다면 피드백 도구이다. 다른 다면 평가 도구처럼 이 도구는 자기 자신에 대한 평가와 직접 보고서, 상사와 동료, 그 외 사람들(예: 고객)에 의한 평가를 포함한다. 이를 통해 개인의 리더십 행동과 그 행동의 영향에 대한 여러 각도의 시각과 인식을 얻을 수 있다.

변혁적리더십검사는 경영과 리더십을 분명히 구분한다. 경영 능력과 리더십 능력은 주어진 역할을 성공적으로 수행하는 데 기초가 되지만 리더십을 위한 충분조건은 아니다. 능력이 뛰어나지만 함께 일하기 힘든 사람이 주변에 한 명쯤은 있을 것이다. 리더십은 자신의 역량을 발휘하여 조직의 성공에 어떻게 긍정적인 영향력을 발휘하는지를 나타낸다. 〈그림 14.2〉는 이러한 관계성을 보여준다.

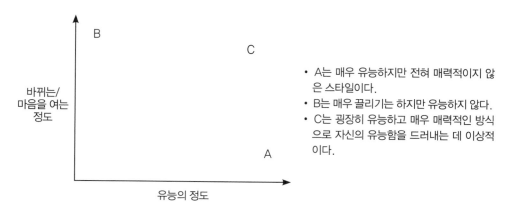

〈그림 14.2〉 유능함과 마음을 여는 접근법 채택의 관계를 보여주는 리더십

변혁적리더십검사는 다양한 발전 상황을 진단하는 데 사용할 수 있다. 예를 들어 개인의 리더십 강점과 발전 욕구를 확인하는 일부터 팀이나 더 큰 조직의 프로파일을 확인하는 데까지 사용될 수 있다. 그래서 변혁적리더십검사는 광범위한 리더십 개발 개입 과정의 기초가 되기도 한다. 예를 들어 리더십 프로그램 워크숍, 팀 조직 활동, 개인/임원/경력 발전 코칭, 조직 발전 계획 등에 사용될 수 있다. 또한 일정 기간 동안 일어난 개인/그룹의 발전적 변화와 특정 개입 방안의 영향력을 확인할 때도 유용하게 사용될 수 있다.

개인적 차원에서 이 도구는 발전을 검토하기 얼마 전에 사용할 수 있는 귀중한 활동이 되기도 한다. 이 검토 단계에서는 개인과 관리자가 받은 피드백에 근거하여 합동 활동 계획을 세우고 이를 위해 개인에게 지원이 필요할 수도 있다. 하지만 이것이 개인의 평가/성과 검토를 대신할 수는 없다. 이 도구의 또 다른 쓰임새는 개인을 위한 코칭과 멘토링 활동을 위한 것이다.

다면 평가 피드백 과정의 본질은 어떤 개인을 다른 사람들이 어떻게 인식하고 있는지 피드백을 제공하고, 이를 자기 자신에 대한 평가와 비교하는 것이다. 리더 역할을 하는 사람들은 자신의 리더십이 타인에게 미치는 영향을 탐색하는 것이 필수적이지만, 다면 평가 피드백을 잘못 이해하고 사용하면 이 과정을 수행하는 데 치명적인 나쁜 영향을 미칠 수도 있다. 따라서 우리는 이 도구의 사용에 일정한 조건을 제시하며 이 조건은 절대 절충하거나 타협할 수 없다(Alimo-Metcalfe, 1998). 영국심리학회의 다면 평가 윤리적 사용 지침과 일치하는 이 조건은 다음과 같은 필요 요건을 포함하고 있다.

- 변혁적리더십검사는 전적으로 발전을 목적으로 사용된다.
- 모든 과정은 자발적이다.
- 변혁적리더십검사를 사용하고자 하는 개인의 선택은 그것의 유래와 무엇을 측정하는지를 이해하는 데 기반을 둔다.
- 특정인에게 자료는 비밀이다.
- 개인은 자신의 평가자를 선택한다.

- 평가 점수는 익명으로 제시한다.
- 조직은 개인의 보고서를 볼 권리가 없다.
- 코치를 포함하여 다른 사람과 보고서 자료를 공유할 것인지 선택하는 것은 당사자에게 달려 있다(장려 사항이다).
- 변혁적리더십검사를 사용할 수 있는 공인된 자격을 가진 사람이 측정된 데이터를 해석하는 과정을 지원한다.
- 개인의 직속 상사는 어떻게 개인 발전 계획(PDP)을 지원할 수 있을지 논의한다.
- 개인의 발전을 위한 조직 차원의 지원이 있다.

변혁적리더십검사는 4개 군집, 14개 행동 척도, 총 98개 항목으로 구성되어 있다 (〈그림 14.1〉 참고). 다른 다면 평가 척도와 달리 변혁적리더십검사는 보고서에서 익명 으로 기여할 수 있는 평가자의 수에 제한을 두지 않는다. 게다가 '표준' 평가자 그룹(자 신, 직속 상사, 동료와 직접 보고서)에 더하여 두 범주(내부 타인과 외부 타인)를 추가 했다. 이를 통해 변혁적리더십검사는 지극히 유연하고 종합적인 다면 도구로 만들어 졌다.

고객의 리더십 행동이 자신의 직무에 대한 긍정적인 태도에 미치는 영향의 정도를 나타내는 10개의 영향 요인은 14개의 행동 척도로 예측 가능하며, 이는 데이터를 분 석하는 데 효과적인 인과관계를 만들어낸다(이는 뒤의 '변혁적리더십검사 차원 통합하 기'에서 자세히 논의한다).

변혁적리더십검사의 세밀한 정량적 요소는 정량적인 논평 부분으로 보완되기도 한 다. 논평 부분에서 평가자는 고객의 장점과 더 발전해야 할 분야에 대한 자신의 견해 를 설명할 수 있다. 물론 평가자의 신분이 드러나지 않도록 논평은 익명 처리된다.

변혁적리더십검사의 구조는 다음과 같다.

■ 군집 A: 개인의 자질과 가치

변혁적리더십검사의 모든 차원을 받치는 토대는 이 군집을 구성하는 두 가지 핵심 척도, 즉 '진실되게 행동하기', '정직함과 일관성'이다. 투명성과 원칙에 입각한 행동은 이 척도에 반영되어 있다.

- **군집 B: 개인을 이끌고 발전시키기**
  - **진정한 관심 보이기:** 직원 개개인에게 진정한 관심 보이기, 직원의 기여에 가치 부여하기, 직원의 강점 개발하기, 코칭하기/멘토링하기, 직원이 일구어낼 성취에 대해 긍정적으로 기대하기. 공공 부문이든 민간 부문이든 조직 수준, 직원의 성별, 인종에 상관없이 통계 분석에 의하면 이 척도에서 관리자의 평가는 모든 리더십 영향 요인을 유의미하게 예측한다(Alimo-Metcalfe & Alban-Metcalfe, 2001, 2007).
  - **다가가기 쉬움:** 접근 가능하고 권위적이지 않음, 대면 소통 선호하기, 편하고 연락 가능
  - **권능 부여하기:** 직원이 중요한 사안에 대한 결정/주도권을 행사하도록 신뢰하기, 효과적으로 권한 위임하기, 직원의 잠재력 개발하기
  - **변화에 격려하기:** 직무에 대한 전통적인 접근 방식에 의문을 갖는 것 격려하기, 문제 해결을 위한 새로운 접근 방식/해결책 격려하기, 전략적 사고 격려하기

- **군집 C: 조직을 이끌고 발전시키기**
  - **발전적 문화 지지하기:** 실수했을 때 지지하기, 주어진 서비스와 자기 자신에 대한 비판적 피드백 격려하기
  - **타인에게 영감 불어넣기:** 특출한 의사소통, 타인을 고무하여 함께하도록 하기
  - **팀의 노력에 초점 맞추기:** 목표와 한계 명확히 하기, 팀 중심으로 문제를 해결하고 결정하기, 가치 설정하기
  - **결단력:** 필요시 결단력 발휘하기, 필요시 어렵고 위험한 결정을 내릴 준비하기

- **군집 D: 미래의 길 선도하기**
  이 군집은 공유된 비전을 향해 이해관계가 다른 사람들을 연결시켜 협력하여 일하게

하는 강력한 요소로 이루어져 있다.

- **공유 비전 설정하기**: 명확한 비전과 전략적 방향을 가지고 내부/외부의 다양한 이해 당사자들을 관여시켜 발전시키기, 비전을 이루기 위해 다른 사람들을 함께 이끌어내기
- **네트워크 형성하기**: 조직/서비스의 비전에 대한 내부/외부의 다양한 이해 당사자들에게 영감을 주고 소통하기, 필요/욕구에 민감하게 반응하며 조직의 목표 달성을 통해 다양한 집단의 지지와 확신 얻기
- **복잡한 사안 해결하기**: 여러 가지 복잡한 사안을 다루는 능력, 창의적 문제 해결 능력
- **섬세하게 변화 촉진하기**: 조직의 여러 부분에 변화가 미치는 영향에 대해 민감하기, 변화와 안정 사이의 균형 유지하기

4. 변혁적리더십검사와 코치

우리는 변혁적리더십검사 다면 평가 척도가 변혁적 조직을 개발하는 통합된 접근의 일부분을 차지할 것이라고 굳게 믿는다. 즉 이 도구는 변혁적 리더십의 문화를 조직 내에 흡수시킨다. 이는 변혁적리더십검사를 개발한 근본적인 목적일 뿐 아니라 윤리적으로도 중요한 일이다. 개인의 행동이 타인의 의욕, 동기, 만족, 안녕에 미치는 영향을 잘 인식하도록 도와주는 동시에, 자신의 동기부여와 안녕에 부정적 영향을 끼쳤던 상사와의 사적인 경험에 대해 생각해보게 한다. 우리의 경험상 고객은 조직 문화, 직속 상사에 대해, 또 이런 것들에 어떻게 대처할 것인가에 대해 더 세심한 관심을 갖게 된다. 더욱이 이 도구가 긍정적인 행동 변화를 이끌어낸다는 증거가 있다.

만약 변혁적리더십검사가 조직 문화를 변화시키는 한 과정으로 사용된다면 앞으로

일어날 발전과 관련된 조직 변화의 광범위한 맥락을 코칭 세션의 구성에서 고려해야 한다. 코치는 코칭 세션을 준비할 때 조직의 중요 사안에 대해 익숙해져서 고객의 직무 환경을 충분히 이해해야 한다.

코치가 코칭 세션의 목적이 무엇인지, 무엇에 초점을 맞출 것인지를 이해하는 것은 필수적이다. 변혁적리더십검사 외의 다면 측정 도구를 사용할 때 코칭 세션은 고객의 발전 욕구 중 업무 능력 요소, 즉 역량에 초점을 둔다. 이럴 때 코칭을 받는 고객은 코칭 세션이 매일의 역할에서 어떻게 능력을 발휘하고 그 기저의 태도나 가치에 대한 관여형 접근법을 제공하기보다는 단지 역량 기반의 기술을 개발하기 위한 것이라고 믿게 된다. 하지만 변혁적리더십검사 평가 피드백의 초점은, 고객이 현재 적용하고 있는 변형적 몰입형 접근법, 그리고 그 접근법이 자신의 리더십 역할에 어떻게 더 긍정적인 영향을 미칠 수 있는지 확인하고 평가하는 것에 주어져 있다. 성공적인 코칭을 위해 코치는 세션이 진행됨에 따라 이러한 초점에 계속 집중해야 한다.

고객이 현재 직원과 관여하는 방식, 고객의 목표가 달성되는 정도에 대해 코치는 탐구해야 한다. 고객이 성장하도록 이끌어내는 주제는 이러한 과정에서 나올 것이다. 전체적으로 코치는 다음과 같은 영역에서 영향을 미치는 결과에 초점을 두어야 한다.

- 몰입형 접근법 개발이 직원의 동기부여, 직업 만족도, 효과와 발전에 어떻게 영향을 미치는가?
- 흡인 리더십* 접근법을 적용할 때 관여 행동이 어떻게 팀의 능력을 향상하는가?
- 관여 행동이 어떻게 팀과 부서의 효율성을 향상하는가?
- 리더로서 고객이 팀과 조직의 문화에 얼마나 영향을 미치는가?
- 고객이 자신의 리더십 역량을 지속적으로 개발하기 위해 어떻게 행동에 옮기는가?

이러한 사항은 변혁적리더십검사 평가 세션에 접근할 때 코치에게 필요한 조건의 기초가 된다.

---

* 흡인 리더십(engaging leadership): 다른 사람들을 잘 이해하고 협력한다. 다른 사람들을 인정하고 영향력을 끼치며 책임을 감당하도록 돕는다.

5. 변혁적리더십검사와 고객

코치가 탐색의 시각으로 피드백 과정에 관여하는 것은 필수적이다. 고객을 위해 정보를 해석하는 것은 코치의 역할이 아니다.

그러한 관여 행동이 실제적으로 리더십 실행에 통합 및 흡수되도록 코치는 고객의 관점과 시각으로부터 드러나는 주제를 확인해야 한다. 코칭 받는 고객이 기본적인 기준 및 평가자로부터 받는 평가 사이의 연결 고리를 만들도록 권면해야 한다.

변혁적 리더십 다면 검사를 사용하는 주요 요인은 어떤 개인의 현재 리더십과 그 영향에 대해 동료들(그리고 개인이 접촉하는 다른 사람들)로부터 폭넓은 정보를 얻을 수 있다는 것이다. 코치는 변혁적리더십검사를 완성하는 것이 리더십 개발 과정의 전체가 아니라 시작이라는 것을 고객에게 인식시켜야 한다. 코치는 고객으로 하여금 초기 코칭 후 세션에서 설문 참가자로부터 받은 특정한 정보를 모으게 한다. 이러한 정보는 개인 평가자와 일련의 후속 토론을 통해 얻을 수 있다. 여기에는 여러 가지 이유가 있다. 평가자(직접 보고서 포함)로부터 효과적인지, 비효과적인지 평가되는 구체적인 행동의 예를 모을 수 있을 뿐 아니라 동료들로부터 더 많은 피드백을 얻음으로써, 몰입시키는 리더의 중요한 특징 중 하나(개인들과 팀에 끼치는 자신의 영향을 이해하는 것)를 시행에 옮기게 되는 것이다.

어떤 사람은 자신의 다면 보고서를 팀원들과 개방적으로 토론하는 것을 편안하게 느끼고 그 보고서를 보여주기까지 한다. 이러한 방식은 열린 리더십 스타일을 반영한다는 점에서 고무적이기는 하지만 조심해야 한다. 왜냐하면 그런 집단 세션에 자신감이 없는 사람은 질문에 대한 반응을 불편해하고 방어적이기 때문이다. 이는 팀과의 관계에도 나쁜

> **NOTE** 다면 평가 척도 사용 시 자기 평가만 가능할 때의 내재된 위험성으로 인해 카드 분류에 쓰이는 Q-sort 기법을 사용하여 변혁적리더십검사 기반의 선택형 자기 평가 도구가 개발되었다. 이것은 개인이 자신의 상대적 강점이 무엇인지, 발달시켜야 할 영역이 무엇인지 생각하도록 돕고, 코칭 세션에 귀중한 자료로 쓰일 수 있다.

영향을 가져올 수 있다. 이러한 불편함을 가진 사람 때문에 다른 팀원이 특정한 피드백을 제공하기 어려울 수도 있다.

코치는 고객의 발전적 욕구를 찾도록 도울 뿐 아니라 보고서상의 결과에 대한 긍정적인 측면을 강력히 지지해야 한다. 어떤 사람들은 자신의 역량을 과대평가하기보다는 과소평가한다. 연구에 의하면 남성보다 여성에게서 이러한 경향이 더 전형적으로 나타난다고 한다. 중요한 것은 고객이 자신의 리더십 영역 중 긍정적 '사각지대'에 초점을 맞추도록 코치가 격려하는 일이다.

다른 사람들로부터의 의외의 긍정적 피드백이 고객의 자아 개념을 어느 정도 흔들지라도 코치는 고객이 이 정보에 초점을 맞추고, 왜 그러한 차이가 나는지 생각해보도록 권면해야 한다. 기대치 않은 부정적 피드백의 경우도 마찬가지이다. 코치는 고객이 평가자와의 토의를 준비하도록 도와주고, 주제가 되는 그 차원과 관련 있는 구체적인 행동의 예를 찾아보도록 격려해야 한다. 이것은 과대평가하는 사람이나 과소평가하는 사람 모두에게 중요하다.

1) 변혁적리더십검사 차원 통합하기

코칭 세션에서 고객의 자료와 관련하여 떠오르는 주제에 따라 14개의 차원을 연결시키는 방법은 다양하지만 우리가 제안하는 전체적인 모델은 〈그림 14.3〉과 같다.

피드백 세션은 공유된 탐색 과정이다. 토의에 임하면서 폭넓은 반응, 즉 걱정, 방어, 놀람, 기쁨 등에 대해 준비하는 것이 중요하다.

고객을 위한 목적은 다음과 같다.

- 설문 프로파일과 거기서 이끌어낼 결과를 이해하는 것에 최대한 적극적으로 임하기
- 방어적이거나 폐쇄적이기보다는 드러나는 가능한 가설에 열린 마음으로 대하기
- 고객의 과거 경험으로부터 연관성 있는 자료를 가져와 토론에 관여하기
- 고객의 상황과 관련하여 행동에 옮기도록 능력을 더 발휘하기

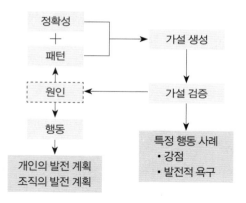

〈그림 14.3〉 코칭 세션의 진단 과정 모델

2) 진단 과정

진단 과정은 정확성, 패턴, 원인이라는 요소로 구성되어 있다고 볼 수 있는데, 이 세 가지 요소는 고객 및 평가자와의 코칭 후 토의에서 검증될 가설을 만들어낸다. 변혁적리더십검사의 구조와 내용은 척도 간의, 같은 척도 문항 간의, 다른 척도 문항 간의 식별 가능한 패턴이 존재한다는 사실에 기반하고 있다.

■ 척도 간의 관계

변혁적리더십검사 모델 개념의 본질은 진정성이다. 따라서 평가되는 리더십 행동은 군집 A에서 설명되는 자질과 가치에 입각한다. 게다가 '진실되게 행동하기'와 '진정한 관심 보이기'를 2개의 시작점으로 취하면 14개의 척도가 연결되는 방법을 제시할 수 있다. 그러한 관계의 패턴이 〈그림 14.4〉에 나타나 있다. 다른 패턴도 제안될 수 있지만 '세심하게 변화 격려하기'가 종착점으로 제안되어 있다.

■ 같은 척도 문항 간의 관계

어떤 고객은 척도 간의 관계에서 가치를 찾지만 같은 척도 내의 문항 간 관계가 더

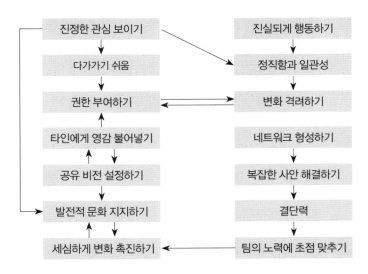

〈그림 14.4〉 변혁적리더십검사의 척도 간 관계

유용한 정보이다. 특정한 행동이 기술 및 평가되는 것은 항목 수준에서 이루어지기 때문이다. 우리는 고객이 직접 보고서에 주목할 것을 강력하게 추천한다.

여러 사례에서 고객으로 하여금 가장 높은 평가를 받은 항목을 찾게 하고 그러한 항목 간의 패턴을 찾을 수 있는지 묻는 과정은 자신의 행동에 대한 가치 있는 통찰을 제공한다. 동시에 이 과정은 가설을 생성하는 첫 단계이기도 하다. 반대로 최저 등급을 받은 항목 가운데 어떤 패턴이 있는지 찾기 위해 고객을 권면하는 과정에서도 유용한 정보를 얻을 수 있고, 이를 통해 설정된 가설을 확정, 개선, 수정할 수 있다. 중간 정도의 등급인 다른 항목을 고려하여 추가 확인, 개선, 수정도 이끌어낼 수 있다.

관계의 패턴은 자명한 것이 아니며 두 가지 대안적 전략을 채택할 수 있다. 하나는 코치가 항목들을 연관시키는 다른 방법을 확인하는 것이다. 이러한 관계의 패턴은 〈그림 14.4〉처럼 척도를 문항으로 교체하여 도표 형태로 그릴 수 있다. 이러한 패턴이 ⓐ 이론에 맞고, ⓑ 코치의 세계관에 근거함을 강조하는 것이 중요하다. Real World Group이 프리랜서, 사내 코치와 OD 자문위원을 위해 운영한 변혁적리더십검사 인

중 훈련 과정에서 이러한 형태의 실습이 실시되었다. 이러한 도표를 각각의 척도를 위해 제작하고 각 척도의 항목이 논리적으로 연결될 수 있다.

이 도표를 견본으로 사용하여 먼저 고객에게 각 항목에 대해, 예를 들어 직접 보고서에서 평가된 평균 점수를 기록하게 한다. 그다음 단계에는 고객에게 그중에서 가장 높은 점수를 기록한 항목 도표에 기록하게 한다. '체크'를 1개 혹은 2개 하거나 높음을 의미하는 'H'로 표시하게 한다. 그 후 같은 과정이 반복되는데, 가장 낮은 점수를 찾아 'x' 혹은 낮음을 의미하는 'L'로 표시하고, 중간 점수를 나타내기 위해 '?' 혹은 중간을 의미하는 'M'으로 표시한다. 기억해야 할 점은 점수가 규범적이지 않고 — 비록 공공 부문이나 민간 부문 조직에서 일하는 사람들을 위한 광범위한 자료가 있을지라도 — 상대적이며 남과 비교하는 점수라는 것이다. 그러므로 어떤 고객은 3.5나 4.0이라는 등급이 'H'로 기록되는 반면, 어떤 고객은 'L'이나 'M'으로 기록되기도 한다. 어떤 점수가 높은지, 중간인지, 낮은지를 결정하는 것이 고객에게 달려 있음을 강조하는 것도 중요하다.

이러한 전략은 비판을 받을 수도 있다. 어떤 척도에서 측정되는 다른 행동이 서로 연관되어 있는 방식에 대한 고객의 생각은 코치가 현실을 어떻게 구성하느냐에 영향을 받을 수 있기 때문이다. 이러한 비판을 피해 가는 대체 전략 중 하나는 코치가 여러 장의 카드를 만들어 각 카드에 평가 항목을 하나씩 인쇄하여 준비하는 것이다. 그러고는 고객으로 하여금 자신에게 의미 있는 순서로 카드를 나열하게 한다. 이 과정은 필연적으로 토론을 이끌어내고, 적어도 한 번은 카드의 순서를 재정리하도록 이끌 수 있다. 그 후의 과정은 앞서 기술한 바와 같다. 고객은 ⓐ 카드에 평가 점수를 기록하고 등급을 매기며 ⓑ 그 점수가 'H', 'M', 'L'인지 기록한다.

'진정한 관심 보이기' 척도에서는 보통 2개의 패턴이 나타난다. 하나는 고객이 이를테면 필수 행동 같은 '직원에게 충실하기', '다른 사람의 욕구와 열망에 민감하기' 항목에서 높은 점수를 받고, '바쁠 때조차 시간을 내어 직원의 말 경청하기', '코칭이나 멘토링에 적극적이기' 같은 항목에서 낮은 점수를 받는 것이다. 다시 말해 그들의 수준 높은 헌신과 민감성이 적절한 행동으로 나타나지 않는다.

또 다른 패턴은 '직원에게 충실하기', '다른 사람의 욕구와 열망에 민감하기', '바쁠 때조차 시간을 내어 직원의 말 경청하기' 항목에서 높은 점수를 받고, '코칭이나 멘토링에 적극적이기', '팀 조직 활동을 위해 시간 갖기' 항목에서 낮은 점수를 받는 것이다. 여기서 도움을 요청할 때(반응적 행동) 고객은 적절하게 대응한다고 설명될 수 있지만 발달적 지지를 제공하는 면에서는 주도하지 못하는 것으로 해석될 수 있다.

(3) 다른 척도 문항 간의 관계

서로 다른 척도 간의 연관성을 예로 들자면, '인력 강화' 척도에서 '능력을 키우기' 문항의 평점이 낮다면 '위임' 척도의 평점도 낮을 것이고 '진정한 배려' 문항은 '다른 사람의 욕구와 열망에 민감하기' 문항과 연관이 있을 것이다. 잠깐만 생각해도, 만약 직무에 대한 권한을 제대로 위임하지 않거나 전혀 권한을 주지 않았다면 직원이 자율권을 받았다고 느끼기가 거의 불가능하다는 것을 깨달을 수 있다. 효과적인 권한 위임을 위해서는 직원의 욕구뿐 아니라 열망도 알아야 한다.

요약

의심의 여지 없이 리더십은 조직에서 일하는 개인에게 그 중요성이 증가하는 주제이다. 문제는 보다 복잡해지고 까다로워지는 동시에 비례적으로 더 적어진 자원에 의존해야만 한다. 이것은 필연적으로 관리자에게 '더 적은 비용으로 더 많은 것을 얻기' 위한 스트레스가 된다. 이는 결국 성취에 부정적 영향을 미치므로 리더십의 책임을 지닌 사람들을 지원할 필요가 있다. 그럼으로써 함께 일하는 동료나 타인에게 받은 피드백으로부터 큰 도움을 받을 뿐 아니라 자기 행동의 영향력에 대해 생각할 수 있다.

시중에는 360도 다면 평가 도구가 혼란스러울 정도로 많이 나와 있다. 그중의 많은 도구는 능력 발휘에 가장 중요한 행동을 효과적으로 측정한다는 증거가 없다. 변혁적

리더십검사 도구는 아마도 가장 큰 규모의 리더십 연구를 통해 개발되고 많은 연구에 의해 검증되었으며 지금도 연구가 진행되고 있다. 우리는 이 도구의 엄격한 학문적 기본을 항상 확실히 해야만 한다고 믿는다. 도구 개발에 대한 우리의 열정은 조직에서 일하는 직원들의 경험을 통해 진정하고 유익한 변화를 만들어내는 것이었고, 이는 결국 그 조직을 위한 이익으로 이어질 것이다.

변혁적리더십검사의 사용자를 고품격의 코칭으로 지원하면 잠재적인 유익을 기하급수적으로 늘릴 수 있다. 이는 그 역할을 담당하는 사람들에게 매우 중요한 일이다. 한편 우리는 360도 다면 평가 척도가 부적절하고 상황에 맞지 않게 사용되기도 하며 그 효과가 파괴적일 수도 있다는 것을 알고 있다. 우리는 변혁적리더십검사를 사용하는 일에 관여하는 모든 사람이 그 경험을 유익하다고 느낄 수 있도록 이 장이 도움이 되기를 희망한다.

Chapter 15

멘탈 터프니스 코칭

Peter Clough · Keith Earle · Doug Strycharczyk

이 장에서는 멘탈 터프니스의 개념과 헐대학교(University of Hull)에서 이루어진 멘탈터프니스검사(Mental Toughness Questionnaire, MTQ)의 개발을 다룰 것이다. 멘탈 터프니스는 흔히 사용되는 개념이지만 최근까지는 추상적인 정의만 존재했다. 멘탈터프니스검사는 사용자가 사용하기 쉽게 개발되었으며, 높은 신뢰성, 타당성은 코치로 하여금 멘탈 터프니스를 평가할 수 있게 해주고 발달에 대해 조언할 수 있도록 도움을 준다. 이 모델에서는 멘탈 터프니스를 측정하는 데 네 가지 척도(도전, 통제, 책무, 자신감)를 사용한다. 이러한 척도가 사용하는 평가 기준과 대상에 대한 상세한 정보는 코칭을 통한 개입과 함께 설명하겠다. 멘탈 터프니스의 다양한 측면은 개인의 발달에 필요한 것들을 명확히 정의하고, 임상 심리학에서 사용하는 특정 개입법을 적용함으로써 발달시킬 수 있다는 것이 확인되었다.

멘탈 터프니스의 정의는 '한 개인이 특정 상황에 관계없이 스트레스, 압박, 어려움에 어떻게 반응하는지를 부분적으로 설명해주는 일련의 성격 특성'이다. 여기에는 유전과 발달 환경이 영향을 미친다.

1. 멘탈 터프니스 코칭의 이해

이론적 측면에서 멘탈 터프니스의 개념은 문맥상 맞는 구성 개념과 함께 살펴보아야만 완전히 이해할 수 있다. 중요한 두 가지 구성 개념으로는 탄력성(Dyer & McGuinness, 1996)과 내구성(Kobasa, 1979)을 꼽을 수 있다. 이 두 개념 모두 건강 심리학에 탄탄한 기반을 두고 있으며 조직 심리학, 스포츠 심리학과도 확연한 연관성이 있다.

최근의 조직 심리학 연구에서는 탄력성의 개념을 분석하고, 그것이 업무 능률에 미치는 영향과 한 개인이 탄력성을 발달시키는 과정을 살펴보았다(Jackson & Watkin, 2004). 이들은 탄력성이라는 내적 사고 과정이 역경의 영향을 완화할 수 있고, 우리가 할 수 없는 것보다 통제할 수 있는 것에 초점을 맞추면서 역경으로부터 앞으로 나아가는 데 귀중한 자원을 제공할 수 있다고 밝혔다.

이론적 발달 과정에서 또 다른 큰 축은 내구성(Kobasa, 1979)이다. 지금까지 내구성의 개념 혹은 '강인한 성격'의 정의에 대한 연구가 많이 수행되었다(Funk, 1992). 코바사는 내구성이 상호 연관된 세 가지 개념(통제, 도전, 책무)으로 구성되어 있다고 정의한다. 이 정의에서의 내구성은 스트레스를 주는 사건이나 질병으로부터 일종의 완충장치 역할을 한다.

최근 들어 '멘탈 터프니스'라는 용어는 스포츠나 조직적인 배경을 포함한 여러 곳에서 흔히 사용되고 있으며, 대중도 탄력성과 내구성보다 멘탈 터프니스를 사용하는 것을 선호한다. 심리학계와 연관지어 보면 이 용어는 운동선수의 실적을 향상하려 한 스포츠 심리학자 로허(Loehr, 1982)의 연구로 거슬러 올라간다. 연구에서 그는 선수와 코치가 선호하는 특성을 통틀어 '멘탈 터프니스'라고 일컫는다는 것을 알아냈다. 그는 이 멘탈 터프니스의 구성 개념을 찾아내고 정확한 정의를 내리기 위해 시도했다. 저서 《Mental Toughness Training for Sport: Achieving athletic excellence》(1986)에서 그는 멘탈 터프니스를 '주변 경쟁 환경에 상관없이 지속적으로 스스로 지닌 능력의 상한선까지 능률을 낼 수 있는 능력'이라고 정의했다. 로허는 이 멘탈 터프니스 모델과 그것을 평가하기 위한 설문을 운동선수, 코치와의 비공식적 만남을 통해 제작했다. 그의 모델과 설문은 과학적인 방법으로 증명되지도 않았고 심리 측정에 적합한 형태로 발달되지도 않았음을 밝힌다.

심리학자와 스포츠 심리학자는 멘탈 터프니스의 정의와 확실한 개념을 구상하려고 다양하게 시도해왔다. 대표적으로 영국의 그레이엄 존스(Graham Jones), 셸던 핸턴(Sheldon Hanton), 디클란 코너턴(Declan Connaughton), 오스트레일리아의 대니얼 구차르드(Daniel Gucciardi), 샌디 고든(Sandy Gordon), 제임스 디모크(James Dimmock)가 제시하는 멘탈 터프니스는 정의와 개념 도식이 기존과 다르다. 현재 존재하는 멘탈 터프니스의 수많은 정의는 혼란을 일으키고, 현장에서 사용될 수 있는 개념의 발달을 억제했다. 이러한 정의에는 실패를 극복하는 능력(Woods et al., 1995; Taylor, 1989; Gould et al., 1987; Dennis, 1981), 더 뛰어난 정신적 기술의 습득(Bull et al., 1996; Loehr, 1995), 압박·스트레스·어려움에 적응하는 능력(Goldberg, 1998), 극심한 압박에 무감각해질 수 있는 능력(Alderman, 1974; Tutko & Richards, 1976)이 있다.

멘탈 터프니스는 흔히 사용되고 논의되는 주제이지만 이것을 정의하기 위한 심리 측정법은 극히 제한되어 있다. 따라서 잠재적으로 중요한 이 개념을 측정하기 위한 신뢰성과 타당성을 지닌 도구를 개발하기로 결정했다.

2. 멘탈터프니스검사

개발 초기의 작업은 주로 면접을 통해 이루어졌다. 이로부터 멘탈 터프니스를 정의하고, 이것을 이용하여 개념을 탄탄히 검증했다. 멘탈 터프니스의 정의는 다음과 같다.

> 정신적으로 강한 사람은 침착하고 안정되어 있어 사교적이고 외향적이며, 많은 상황에서 더 뛰어난 경쟁력을 가지고 있고, 남들보다 불안이 적다. 이들은 자기 자신에 대한 높은 확신과 스스로의 운명을 완벽히 통제한다는 흔들리지 않는 믿음으로 경쟁이나 문제 상황에 상대적으로 영향을 받지 않는다. (Clough et al., 2002: 38)

이 정의를 위한 기반으로 몇 가지 항목이 작성되었으며, 이 모델에서 제시하는 네 가지 구성 항목(도전, 책무, 통제, 자신감)을 구상하는 것을 목표로 했다. 각 항목은 한 문항이 매우 아니다(1)~매우 그렇다(5)로 평가하는 5점 리커트 척도로 이루어져 있다. 일련의 요인 분석을 통해 멘탈 터프니스의 핵심 독립 척도를 확인했다.

- 통제
- 도전
- 책무
- 자신감

이 중 통제와 자신감에는 하위 척도가 있다.

1) 통제

이 척도에서 높은 점수를 받은 사람은 자신의 업무와 근무 환경을 통제하고 있다고 느낀다. 이들은 주변 환경에 영향을 행사하는 데 능숙하며 복잡하거나 다중 작업이 요구되는 일에 부담을 느끼지 않는다. 예를 들면 이 척도의 한쪽 극단인 사람은 동시에 여러 가지 일을 수행하는 데 어려움을 느끼지 않는다. 그러나 반대쪽 극단의 경우 한 번에 한 가지 일을 처리하는 것을 더 편안하게 느낀다. 멘탈터프니스검사 개발 과정에서 이 척도의 두 가지 하위 척도(감정 통제, 삶 통제)를 판별할 수 있었다.

- **감정 통제:** 이 척도에서 높은 점수를 받은 사람은 자신의 감정을 조절하는 데 매우 능숙하다. 이들은 불안감을 억제할 수 있으며, 타인에게 자신의 감정을 드러내는 일이 적다.
- **삶 통제:** 이 척도에서 높은 점수를 받은 사람은 자신의 삶을 통제하고 있다고 믿는 경향이 있다. 이들은 자신의 계획이 실패하지 않을 것이며, 세상에 변화를 줄 수 있다고 느낀다.

2) 도전

이 척도는 어려움을 기회로 승화시킬 수 있는지를 평가한다. 이것에 능한 사람은 꾸준히 기회를 잡으려 시도하고, 직면한 문제를 자기발전의 기회로 해석한다. 반면 그렇지 못하는 사람은 마주한 어려움을 문제와 위협으로 해석한다. 예를 들면 이 척도의 한쪽 극단인 사람은 자신의 환경을 꾸준히 변화시키려 시도하지만, 반대쪽 극단인 사람은 변화와 그에 따른 문제점을 최대한 기피하며 안정되고 예상하기 쉬운 환경을 선호한다.

3) 책무

때로는 '끈기'로 표현되기도 하는 이 척도는 목표를 지향하는 과정에서 마주하는 어려움과 장애물에도 불구하고 성공적으로 작업을 마칠 수 있는지를 평가한다. 이 척도에서 높은 점수를 받을수록 촉박한 마감 기한에도 업무를 관리하고 완수하는 능력을 가지고 있다. 반면 낮은 점수를 받을수록 그러한 것들로부터 자유로워야 만족할 만한 결과를 이룰 수 있다.

4) 자신감

이 척도에서 높은 점수를 받은 경우, 비슷한 수준의 능력을 지녔지만 자신감이 떨어지는 사람과 비교했을 때, 어렵다고 느낄 수 있는 작업을 성공적으로 완수하는 데 필수적인 믿음을 가지고 있다. 자신감이 떨어지는 사람은 끈기가 부족하고 자주 실수를 저지른다. 예를 들면 척도의 한쪽 극단인 사람은 불가피한 사고 때문이든 본인의 실수 때문이든 발생한 차질을 받아들인다. 이들은 무언가 잘못되어도 동요하지 않으며, 오히려 역경을 계기로 그 일을 해결하려는 의지가 더 강해질 수 있다. 반대쪽 극단의 경우 차질에 민감하게 반응하고 자신의 일에 큰 방해가 된다고 느끼며 쉽게 동요하는 편이다. 통제 척도와 마찬가지로 추가적인 분석 끝에 이 척도의 두 가지 하위 척도를 판별할 수 있었다.

- **능력의 자신감:** 이 척도에서 높은 점수를 받은 사람은 높은 자존감을 가지고 있다. 이들은 주변의 평가에 의존하려는 경향이 덜하고 긍정적인 시각을 가지고 있는 편이다.
- **대인관계의 자신감:** 이 척도에서 높은 점수를 받은 사람은 자기주장이 강한 편이다. 이들은 사람들과 어울리는 데 두려움이 없으며, 집단에서 자신의 의견을 피력하는 빈도가 더 많다. 또한 어렵거나 어색한 관계의 사람들을 대하는 데 쉽게 적응한다.

멘탈터프니스검사에 관계된 소프트웨어는 사전 보고서, 평가 보고서, 발달 보고서(사전 보고서 + 발달 아이디어 보고서), 코칭 보고서를 출력할 수 있다. 코칭 보고서는 다음 절에서 중점적으로 살펴보겠다.

3. 멘탈터프니스검사와 코치

코치는 멘탈 터프니스 모델을 이해하고 자기 자신과 업무에 적용함으로써 많은 이득을 볼 수 있다. 코치의 일은 쉽다고 할 수 없으며 고객에게 받는 스트레스도 있다. 예를 들면 코치의 도움을 받아들일 준비가 되어 있지 않은 누군가에게 변화를 일으키는 것이다. 멘탈터프니스검사는 이러한 측면에서 코치로 하여금 스스로를 평가하게 해주며 자신의 기량, 품행, 능력을 발달시키는 데 큰 도움이 될 수 있다.

정신적으로 강인한 코치는 많은 압력에도 굴하지 않는다. 이들은 스스로의 능력에 자신감을 가지고 있고 성공할 수 있다는 믿음도 가지고 있어 어려워 보이는 일을 해결하려는 적극성을 보인다. 이들은 비판을 크게 신경 쓰지 않고 타인의 평가에도 큰 영향을 받지 않는다. 다른 사람들과 함께 일할 때 자신의 의견을 피력할 수 있으며 어려운 인간관계나 근무 환경에도 편안함을 느낀다. 코칭에서 이러한 긍정적 접근은 고객이 긴장감을 갖지 않게 하고, 코치가 상황을 더 쉽게 조절할 수 있게 해준다. 구체적으로 멘탈 터프니스 척도에서 높은 점수를 받은 코치는 다음과 같다.

- 현실적인 목표를 설정하고 고객에게 너무 어렵거나 쉬운 난관을 제시하지 않는다.
- 능력을 완전히 발휘할 수 있는 기회를 제공하는 어려운 난관도 주저하지 않고 받아들인다.
- 자신에게 상황을 통제하는 능력이 있다고 느끼며, 차질이 있더라도 변화를 일으킬 능력이 있다고 믿는다.

쉽게 말해 고객은 자신감과 통제력이 있고 일에 몰두하는 모습을 보이며 적정 수준의 난관을 제시하는 코치와 함께 더 긍정적인 결과를 이루어낸다. 그러므로 멘탈 터프니스의 개발은 고객만큼이나 코치에게도 중요하다. 코치는 가르침을 직접 수행할 수 있어야 한다.

특별히 강인하지 못한 코치는 성공적인 코칭을 위해 다음과 같은 몇 가지 방법과 테크닉을 사용할 수 있다.

- **시각화**: 코칭을 통해 성공적인 결과를 이룬 미래를 그려낼 수 있다.
- **긍정적 사고**: 자신이 변화를 일으키고 있다는 내적 믿음을 발달시킬 수 있다. 이는 코치로 하여금 불가피한 차질을 좀 더 효율적으로 해결할 수 있게 해준다. '자신의 다섯 가지 장점 나열하기', '성공적인 기억 되짚어보기' 등의 기법이 도움이 된다.
- **주의 조절**: 고객과 일할 때 여러 가능성을 열어놓을 수 있고 중요한 쟁점에 집중하는 능력이 있다.
- **목표 설정**: 더 '똑똑한' 목표를 설정할 수 있다. 구체적으로는 향상된 능률을 위한 고객의 노력에 있어 도달해야 할 세부 목표와 해야 할 일을 판별할 수 있다. 스포츠에서 흔히 말하듯 성공이 곧 성공을 만들어내는 것이다. 발전하고 있다는 감각은 코치와 고객에게 도움이 된다.

마지막으로 멘탈 터프니스는 만병통치약이 아님을 밝혀둔다. 정신적으로 강인한 코치는 어려운 상황을 더 여유롭게 다룰 수 있지만 대화에서 감정적 섬세함이 부족하기도 하다. 정신적으로 특별히 강인한 코치는 섬세한 사람과 공감하는 데 어려움을 느낀다. 그러나 다시 한 번 강조하지만 자신의 강인함을 인지하는 것은 도움이 될 수 있다. 예를 들어 강인한 코치는 고객의 삶에 변화를 줄 능력이 당장은 없을 수도 있다는 것을 확실하게 인지하고 있어야 한다. 강인한 코치는 고객에게 문제가 있는 경우 고객의 문제를 염두에 두는 것이 유용하다. 고객을 너무 몰아세우거나 고객 역시 감정을 지닌 존재라는 것을 망각한다면 코칭에 심각한 영향을 미칠 수 있다.

4. 멘탈터프니스검사와 고객

멘탈터프니스검사는 주변 세상에 어떻게 반응하는지를 측정한다. 더 정확히 말하면 스트레스, 난관, 압박에 어떻게 대응하는지를 측정한다. 앞서 설명했듯이 이는 하위 척도가 있는 2개의 척도와 하위 척도가 없는 2개의 척도로 측정된다. 멘탈터프니스검사는 코치로 하여금 다양한 사람들이 지닌, 발달과 능률에 중요한 면모를 평가하고 피드백을 제공할 수 있게 해준다.

고객의 점수는 스텐 스케일로 측정된다. 척도는 양극화되어 있지만 멘탈 터프니스 척도에서는 낮음(스텐 1~3), 높음(스텐 8~10), 중간(스텐 4~7)으로 간략하게 나뉘어 있으며, 중간에 포진한 사람들은 낮음과 높음의 특성을 보일 수도 있다.

다음은 멘탈 터프니스 척도에서 각각 평균 이상의 점수를 받은 사람들, 평균, 평균 이하의 점수를 받은 사람들의 특성과 코치를 위한 해설이다. 그다음은 네 가지 척도의 고득점과 저득점에 대한 설명으로, 그 집단에 속한 사람들이 지닌 보편적이고 특징적인 성향을 묘사했다. 그러나 각 집단의 변칙성이 존재할 수도 있다. 멘탈터프니스검사 프로그램에서 출력되는 점수에 따른 설명은 다음 설명보다 더 세부적이다.

다른 모든 피드백과 마찬가지로 가장 먼저 확인해야 할 것은 멘탈터프니스검사가 사용되기에 적합한 상황인지 여부이다. 멘탈 터프니스는 모든 역할에 반드시 필수적인 것이 아니며, 많은 사람은 자신이 하는 일에 필요한, 그리고 편안한 삶을 영위하기 위한 적정 수준의 멘탈 터프니스를 이미 지니고 있다.

고객과 협동을 시작할 때 다음과 같은 것이 중요하다.

- 점수에 대한 피드백을 제공하고 그것이 무엇을 의미하는지 전달하기
- 고객이 현재 주어진 피드백에 대해 반발을 느끼는지 확인하기
- 최근 서술과 서술 대상에 변화가 있는지 확인하기
- 변화가 있다면 그 요인과 세부 사항을 완전히 이해하기

피드백 이전에 코치는 다음과 같은 것을 해야 한다.

- 고객에게 충분한 시간이 주어지는지 미리 일정 계획하기
- 관계된 모든 보고서를 면밀히 읽고 코칭의 윤곽 그리기
- 스스로 말하고자 하는 것을 표현할 모든 방법 고려하기
- 고객에게 사전 보고서나 발달 보고서를 제공하고 면담 이전에 그것을 읽을 충분한 시간 주기

다음은 멘탈터프니스검사의 점수가 무엇을 의미하며 고객에게 그것이 어떤 의미를 가질 수 있는지에 대한 간략한 설명이다.

1) 종합적 멘탈 터프니스

■ 높은 종합 점수와 멘탈 터프니스

이 척도에서 높은 점수를 받은 사람은 많은 압박을 견뎌낼 수 있는 능력이 있다. 이들은 자신의 능력에 자신감을 가지고 있으며 성공하리라는 확신도 있어 어려운 작업에 대한 거부감이 적다. 또한 비판에 크게 영향을 받지 않고 타인의 평가에도 신경 쓰

지 않는다. 이들은 집단에서 작업할 때 자신의 의견을 쉽게 피력하는 편이며 어렵거나 어색한 관계의 사람들을 대하는 데 쉽게 적응한다.

그리고 이들은 주어진 일에 몰두한다. 또한 확고하고 결연하며, 시작한 일을 마무리하는 경우가 많다. 이들은 예상치 못한 상황도 스트레스를 받지 않고 해결할 수 있다. 문제가 발생하더라도 포기하는 경우가 적고, 이러한 사건을 스스로 성장하는 계기로 받아들이는 편이다.

이들은 자신의 삶을 완전히 통제하고 있다고 믿는다. 운명의 책임이 자신에게 있다고 느끼며, 자신이 주변 환경에 영향을 미칠 수 있는 존재라고 느낀다. 이들은 감정을 조율하고 역경을 헤쳐 나갈 수 있다. 또한 차분하며 압박에 굴하지 않는다.

이들은 정신적, 감정적으로 무정해 보일 수 있으며 그로 인해 문제가 발생하기도 한다. 이들에게는 어려움이 존재하지 않는다. 극복하면 그만이기 때문이다. 그러나 이는 여러 분야에서 어려움을 일으킬 수도 있다.

- 자신이 주변에 미치는 영향에 신경 쓰지 않는다. 주변 관계에 지장을 초래하거나 사람들의 감정을 짓밟기도 한다.
- 자신과 다른 사람을 견디기 어려워한다. 자신에게 결함이 있을 수 있음에도 불구하고 타인을 평가한다.
- 자신과 비슷하되 자신과 부딪히는 타인과의 중재를 어려워한다.

좋은 리더나 관리자의 자질을 지녔음에도 불구하고 이러한 문제는 정작 리더나 관리자로 활동하는 데 방해가 된다. 이들이 기대했던 것만큼 능률을 보이지 못함으로써 스트레스를 유발하기도 하며, 멘탈 터프니스의 결손이나 극단적인 행동까지 초래할 수 있다. 이 경우 코칭은 고객이 주변에 미치는 영향과 주변인을 더 섬세하게 대하는 법에 집중해야 한다.

■ 낮은 종합 점수와 멘탈 터프니스

종합적 멘탈 터프니스에서 낮은 점수를 받은 사람은 스트레스를 유발하고 해결하기 힘든 상황에 많은 어려움을 겪으며 스스로를 믿지 못하는 경향을 보인다. 이들은 비판을 받아들이지 못하고 타인의 의견에 지나치게 의존하는 경향이 있다. 또한 자아비판적인 경향이 강하다. 이들은 스스로를 발전시키려는 의욕이 부족할 수도 있는데, 이는 성공하지 못하리라는 두려움 때문이라고 생각된다.

때로 이들은 자신의 의견을 밝혀야 할 분명한 이유가 있는 상황에서도 의견을 말하지 않을 때가 있다. 이들은 집단에서 불편함을 느끼면 대인관계에 어려움을 겪는다.

문제와 난관에 봉착했을 때 이들은 긴장하고 위협을 느낀다. 실패를 두려워하고 그러한 상황 자체를 기피하려는 면모를 보이며, 결과적으로 자기 자신을 발전시킬 계기를 회피하게 된다. 특별한 이유가 없어도 무언가에 대해 걱정하기도 하며, 때로는 문제를 실제보다 더 과장해서 받아들이기도 한다. 이들은 예상치 못한 사건에 쉽게 대응하지 못한다.

이 유형의 고객은 매우 민감하다. 이들은 쉽게 의욕을 잃는 편이며, 빚어진 차질이나 복잡한 작업에 쉽게 대응하지 못한다. 이러한 상황에서 압박을 받을 때는 스스로를 표현하는 데 어려움을 느낀다.

코치는 네 가지 척도를 살펴보고 고객이 어느 척도에서 가장 민감한지, 그리고 그것을 해결할 논리적인 방법을 강구해야 한다. 코치는 고객이 가장 어려움을 느끼는 상황을 판별하고 그것을 해결할 작전을 구상할 수 있다.

■ 평균 점수와 멘탈 터프니스

종합적 멘탈 터프니스에서 평균 점수를 받은 사람은 삶에서 마주하는 대부분의 어려움에 대처할 능력이 있지만, 특별히 어려운 상황에 부딪히면 긴장감과 위협을 느낄 수 있다. 이들은 자신의 능력에 비교적 믿음을 가지고 있지만 타인의 비판을 받으면 위협을 느끼기도 한다. 이들은 성장 기회와 마주하면 회피하지 않고 문제를 해결하려 하지만 실패의 가능성에 대한 걱정에서 자유롭지 못하다. 이들은 일반적인 사교에서 편안함을 느끼며 집단과 어울리는 데에도 주저하지 않는 편이다.

이들은 목표를 달성하는 경우가 빈번하지만 특별히 어려운 상황에서는 그렇지 않다.

대부분의 상황에서 통제권을 가지고 있다고 믿는 편이며, 주변 사람들에게 영향을 미칠 능력을 가지고 있다고 믿는다. 이들은 가끔 주변 상황에 압도된다고 느끼기도 한다.

이들은 척도의 양극단에 위치한 사람들과의 관계에서 문제가 발생할 수도 있다. 정신적으로 강인한 고객은 멘탈 터프니스를 상대하기가 너무 어려워 쉽게 지칠 수 있으며, 이는 고객 자신의 멘탈 터프니스가 낮아지는 결과를 낳는다. 반면 정신적으로 유약한 고객은 다른 방식으로 어려움을 겪는다. 코치가 원하는 방식대로 반응하는 것이 이들에게는 도전이기 때문이다.

결과적으로 코치는 점수가 현 상태뿐만 아니라 과거의 어떠한 변화를 통해 현 상태에 이르렀는지를 보아야 한다. 멘탈 터프니스를 잃어버린 고객은 과거의 더 나았던 상태를 기억하고 있으며, 이로 인해 상대적으로 문제를 더 심각하게 받아들일 수도 있다. 그러므로 코치는 과거의 상태에서 긍정적인 부분만 선택하여 복원하는 데 집중하는 것이 좋다.

2) 멘탈 터프니스와 자신감

이 척도는 멘탈터프니스검사에서 가장 유연한 척도라고 할 수 있다. 한 사람의 자신감은 단기간에도 크게 변화할 수 있으며, 이는 주로 심각하게 충격적인 사건이나 반복적인 실패로 인해 일어난다. 반면 이 척도는 코칭이나 상담과 같은 개입을 통한다면 단기간에 가장 큰 효과를 보기도 한다.

코치의 입장에서 보면 코칭 프로그램에서 가장 먼저 접근하기 좋은 것이 자신감이다. 자신감은 멘탈 터프니스를 기르는 데 가장 큰 걸림돌이기 때문이다. 자신감이 낮은 사람을 지도하는 데에는 많은 어려움이 따른다.

■ 높은 자신감 점수

이 척도에서 높은 점수를 받은 사람은 스스로를 믿으며 자신감을 가지고 있다. 이들은 성취가의 기질을 가지고 있고 남들이 포기하거나 실패하는 것도 해낼 수 있지만,

책무를 필요로 하지 않는 일에 필요 이상으로 매진하기도 한다. 불가능한 일을 이루기 위해 부딪치려는 면도 있다.

일 앞에서 자신감 있는 사람은 실패와 문제를 안정적으로 해결하며 당황하지 않는다. 자신감 있는 사람은 타인과의 관계에서 어려움을 겪을 수 있다. 이들은 자신처럼 차분하게 문제에 대응하지 못하는 타인에게 가차 없는 모습을 보이기 때문에, 삶과 일에 지친 사람은 이들로 인해 어려움을 겪기도 한다.

코치는 이런 고객에게 주변인을 이해하는 법과 대하는 법, 돕는 법을 가르쳐야 한다.

■ 낮은 자신감 점수

이 척도에서 낮은 점수를 받은 사람은 자신감이 없으며 스스로를 믿지 못한다. 근무 환경에서 이는 능력보다 저조한 실적, 책임감을 요구하는 작업을 기피하는 모습으로 나타난다.

주로 이들은 그저 시키는 일을 하려 하지만 업무 과정에서 일어나는 문제에 대해 보고하는 빈도가 적으므로 완성도 있게 일을 마무리하지 못한다. 또한 이들은 다음에 할 일을 전달받기 전까지 대기하기도 한다.

이런 사람은 대개 난관과 실패에 저조하게 반응한다. 이들은 최선을 다했다고 스스로에게 말하며 포기해버리는 경향이 있다. 심지어 조금이라도 어려워 보이는 일은 시도조차 하지 않으려 한다. 코치는 고객이 스스로의 능력을 믿고 타인에게 자신을 표현할 수 있는 사교적 자신감을 기르도록 가르쳐야 한다.

그러한 자신감을 기르기 위해 코치는 고객에게 객관적으로 자신을 평가하게 하고, 자신의 장점이 무엇인지 이해할 수 있게 하며, 지금까지 성취한 것이 무엇인지 재확인하고 상기시켜줄 필요가 있다. 특히 젊은 사람일수록 자신의 능력과 가치를 낮게 평가하는 경우가 많다.

사회적 자신감을 기르는 데에는 고객 스스로 도전할 수 있도록 해주는 것이 포함된다. 이는 언제 어떻게 사람들에게 영향을 미칠지, 그리고 집단 내에서 의견을 표출하는 법을 알게 하는 것이다. 능력 이하의 성취도를 보이는 사람을 찾는 것은 어렵지 않다. 지식이 풍부하고 좋은 솜씨를 지녔음에도 불구하고 자신을 표현하지 못하며 충분한 재능을 지녔다는 것을 타인에게 표출하지 못하는 경우가 많다.

3) 도전

■ 높은 도전 점수

이 척도에서 높은 점수를 받은 사람은 난관을 위협이 아닌 기회로 받아들이고 자신이 성장할 발돋움으로 여긴다. 이들은 습관에서 벗어나는 것을 두려워하지 않고 빠르게 변화하는 어려운 상황에 이끌린다. 또한 길게 사고하지 않고 즉시 행동하며 예상치 못한 일에 빠르게 대응할 수 있다.

이들은 반복적인 작업에 쉽게 질리고 따분한 일상이라 여기는 것에 답답함을 느낄 수도 있다. 그리고 자유분방함을 표출할 수 있는 유연한 환경을 선호한다.

이들은 흥미로워 보인다는 이유로 너무 많은 업무나 프로젝트를 시작하기도 한다. 일이 마무리되기 전에 그만두거나 잊어버리기도 한다. 하지만 관리자의 위치에 있을 때는 그저 변화만을 목적으로 하는 변화를 시작할 수도 있다. 이러한 관리자는 감당할 수 있는 것 이상의 업무를 할당하여 업무 효율성을 바닥으로 떨어뜨리기도 한다.

코치는 두 가지 영역에 손을 댈 수 있다. 첫 번째는 고객이 타인에게 미치는 영향을 이해시키는 것, 규칙적인 방침과 구조 역시 중요할 수 있음을 이해시키는 것이다. 두 번째는 고객에게 일을 시작하는 것만큼이나 마무리하는 것도 중요함을 가르치는 것이다.

■ 낮은 도전 점수

이 척도에서 낮은 점수를 받은 사람은 어려운 상황 앞에서 압도될 수 있다. 이들은 안정되지 못한 상황에서 불편해하기도 하며 가능한 한 변화를 최소화한다.

이들은 이미 정립된 방법으로 일하는 것을 선호하고 안정된 환경에서 가장 뛰어난 효율을 보인다. 또한 예측할 수 있는 것을 예측할 수 없는 것보다 선호하고 예상치 못한 변화에 빠르게 대응하지 못한다. 전형적으로 이것은 새로운 일이나 도전을 주저하는 것으로 나타나는데, 새로운 일이나 도전이 현 상태를 위협할 경우 주저함이 더욱 두드러지게 나타난다.

이때 코치의 일은 고객으로 하여금 변화와 도전에 긍정적으로 반응할 수 있게 하는 것이다. 이런 사람은 구조와 질서, 통상적인 방법이 있어야 편안하다. 이는 자신의 일이 전체적인 관점에서 어디에 위치하는지 알려주고 큰 그림을 그릴 수 있게 해준다.

코치는 두 가지 영역에서 개선을 시도할 수 있다. 첫 번째는 고객으로 하여금 변화의 필요성을 느끼게 하는 것이다. 왜 그것이 일어나야 하며, 왜 도움이 되는지를 알려주어야 한다. 두 번째는 위험을 감수하는 방법과 변화의 긍정적인 측면을 가르치는 것이다. 적은 위험을 감수함으로써 얻은 것이 무엇인지 반추하게 하는 것에서부터 변화가 시작될 수 있다.

4) 통제

■ 높은 통제 점수

이 척도에서 높은 점수를 받은 사람은 스스로의 삶을 완벽히 통제하고 있고 스스로 변화의 주체가 될 수 있다고 느낀다. 이들의 통제 중심적 사고방식은 크게 삶 통제와 감정 통제로 나뉜다.

근무 환경에서 이는 동요하지 않는 것과 세상을 바꿀 수 있다는 믿음으로 나타난다. 하지만 때때로 속한 조직이나 일련의 사건이 능력을 발휘하지 못하게 할 때가 있다. 이런 경우 이들은 무슨 일이 일어나고 있는지 명확히 판단하지 못하고 답답함을 느낀다. 실패에도 불구하고 끊임없이 의미 없는 시도를 반복하거나 장애물에 대해 부정적인 반응을 보이기도 한다.

이런 고객은 주로 주변인과의 관계나 어려운 상황을 대하는 능력에 어려움이 있다. 이들은 동료에게 자신보다 떨어지는 통제력이 있다는 것을 생각하지 못하기 때문에 주변인에게 부정적인 영향을 미칠 수 있고, 무언가 처리해야 할 일이 있다고 느끼면 남의 일을 빼앗기도 하므로 타인에게 피해를 입히기도 한다. 이는 업무 능률과 사회생활에 치명적인 영향을 미친다.

■ 낮은 통제 점수

이 척도에서 낮은 점수를 받은 사람은 자신의 운명을 스스로 조절할 수 있다고 생각하지 않고 주변의 환경과 사람들에게 달려 있다고 믿는다. 이런 사고방식은 삶 통제와 감정 통제로 구분된다.

흔히 이런 사람은 더 경직되어 있고 불안해하며 타인에게도 이런 모습을 드러내곤 하는데, 불안감이 극도에 다다르면 주변인을 긴장시킬 수도 있다. 이들은 조직에 대한 자신의 기여도를 낮게 평가하고 자신의 성취를 인정하지 않는다.

이들은 한 번에 한 가지 일을 할 때 가장 편안함을 느낀다. 편안하다고 느끼는 공간이 한정되어 있기 때문이다. 코치는 고객이 필요할 때 사용할 수 있는 불안 조절 방법을 가르치는 데 집중해야 한다.

5) 책무

■ 높은 책무 점수

이 척도에서 높은 점수를 받은 사람은 어려운 상황에서도 스스로 동기를 부여하여 일을 완수한다. 이들은 많은 노력을 할 수 있게 하는 풍부한 내적 자원을 가지고 있다.

이들은 강인하고 끈기가 있다. 일단 일을 시작했으면 끝을 봐야 하며, 목표에 도달하는 것을 방해하는 장애물과 마주했을 경우 돌아서라도 가려 하고, 필요하다면 정면으로 돌파한다. 이런 유형은 주로 근무 환경에서 중요 프로젝트를 책임진다. 목표를 달성하기 위한 이들의 집중력에 피해를 입는 사람도 있을 수 있다. 이는 모든 실수를 지적하고 강점과 성취는 당연한 것으로 받아들이는 이들의 성향 탓이 크다.

코치는 고객이 타인에게 미치는 영향과 자신에게 미치는 영향에 집중해야 한다. 큰 책무를 가지고 있는 사람은 더 이상 전진하지 못할 때 분노와 짜증 같은 극단적인 반응을 보이기도 하는데, 이는 진행하던 작업을 그만두거나 지금까지 해놓은 일을 망치는 모습 등으로 나타날 수도 있다. 코치는 이들에게 감정을 다스리는 법을 가르쳐야 한다. 타인에게 영향을 미치는 영역은 크게 두 가지로 나뉜다. 첫 번째로, 분노와 짜증을 표출할 때 타인에게 영향을 미치는 것은 당연하다. 하지만 책무에서 높은 점수를 받은 사람은 그저 목표를 선언하는 것으로도 일을 시작할 준비가 끝난 것이나 마찬가지이다. 집단에서 일을 할 때도 타인에게 비슷한 기대를 하며 동등한 취급을 할 수 있는데 이는 전형적인 수치 의존적 접근법이다. 대부분의 사람들은 해야 할 일뿐만 아니라 그것을 어떻게 해야 하며 왜 해야 하는지도 이해할 필요가 있다. 코치가 주변 사람들이 자신에게 어떻게 반응하는지를 고객이 잘 관찰할 수 있도록 가르치면 효과적이다.

■ 낮은 책무 점수

이 척도에서 낮은 점수를 받은 사람은 당면한 과제에서 벗어나려는 경향이 있다. 이들은 난관에 부딪혔을 때 작업을 완수하는 데 큰 어려움을 느끼며 쉽게 좌절하고 포기해버린다. 또한 스스로 장애물을 극복할 수 있다는 믿음이 없을 경우 노력을 지속하려는 의욕을 갖지 못한다. 몇몇 작업에 대해서는 의욕을 느끼는 것 자체를 어려워하기도 한다.

이것은 마무리하지 못한 작업과 저조한 의욕, 높은 스트레스 등으로 나타난다. 이는 예기치 못한 사건이 일어나는 경우 더욱 심화된다. 이들은 그 자리에서 그대로 멈춰버리며 도움을 구하거나 상담을 받지 않는다.

이들은 왜 진전이 없는지에 대해 명쾌한 해답을 생각해낸다. 이들은 한 상황에서 부정적인 면모를 단순화하여 생각하는 경향이 있다. 따라서 충분히 달성할 수 있는 목표 앞에서도 달성할 수 없다고 단정지을 때가 있다.

이 척도에서 낮은 점수를 받은 사람을 이해하는 방법 중 하나는, 이들이 설정한 목표와 목적에 위압감을 느끼거나 억압된다고 생각하는 것이다. 헨리 포드의 격언 '아무도 점검하지 않으면 일의 진척이 없다'는 여기서 적용되지 않는다고 할 수도 있다. 업무 성과에 대한 평가가 대부분의 일터에 자리 잡은 만큼 이는 특별히 중요하다.

낮은 점수를 받은 사람은 목표를 성취하는 데 충분한 설명과 많은 도움을 필요로 한다. 코치는 목표에 집중하는 방법과 좀 더 다루기 쉬운 세부 목표로 나누는 방법을 가르칠 필요가 있다. 목표에 대한 구상 역시 도움이 된다. 이들의 첫 번째 반응은 성공할 수 없으리라는 생각이 가장 흔한데, 이는 곧 실패의 시각화이기 때문이다.

요약

이 장에서는 코칭에서 멘탈 터프니스의 유용성을 논의했다. 오늘날 곳곳에 스트레스가 존재한다. 스트레스의 부각은 그 자체의 중요성을 실제보다 더 과장되어 보이게 하지만, 많은 코칭 상담이 고객의 스트레스 관리에 집중하고 있다는 것은 부정할 수 없는 사실이다.

멘탈 터프니스의 명확한 실체에 대해 연구 논문을 통한 심도 깊은 토론이 이루어졌다. 당연하게 강인함과 대담성도 연관이 있는 용어이지만 좀 더 세부적으로 보면 코칭에서 유용한 닻이기도 하다. 정신적으로 강인할수록 삶과 경쟁적 환경의 압박에 더 잘 대응할 수 있다(예: Earle & Clough, 2001).

우리는 멘탈 터프니스 모델과 멘탈터프니스검사가 탄탄하고 실용성 있는 도구라고 믿는다. 이는 통제, 도전, 책무, 자신감으로 이루어져 있다. 멘탈 터프니스가 발달될 수 있다는 우리의 믿음은 코치로서의 경험과 실증적인 증거에 바탕을 두고 있다.

결론적으로 멘탈 터프니스 코칭은 고객으로 하여금 성과를 내야 한다는 압박에서 자유롭게 해준다. 또한 이는 코치로 하여금 이 역할에 뒤따르는 스트레스를 효율적으로 다스릴 기회를 제공한다.

Chapter 16

원형 코칭

Thomas J Hurley · Jeff Staggs

코칭에서 통제의 발달을 돕는 것은 무엇일까?

우리가 경험한 바에 의하면 코칭에서 통제권을 확보하는 데에는 크게 두 가지 변화가 필요하다. 첫 번째 변화는 행동하는 것과 훈련된 기술을 사용하는 것에서 영향력의 발달과 직관적 지능에 대한 신뢰로의 이동이다. 두 번째 변화는 코칭 관계의 표면적 구조에서 심층적 구조로의 초점 이동이다. 첫 번째 변화는 자기 자신의 변화이고 두 번째 변화는 고객의 변화인데, 이 두 가지 모두 코칭에 영향을 미친다. 두 가지 모두 코치와 고객으로 하여금 코칭 과정에서 일어나는 모든 경험에 대해 보다 열린 반응을 할 수 있게 해주며, 인지, 선택, 행동에 영향을 주는 섬세한 요인을 더 잘 다룰 수 있게 해주어 보다 효율적이고 효과적이며 중요한 영향을 미치게 한다.

이 장은 변화의 여정을 결정짓는 경험과 행동의 원형 패턴을 원형 연습 모델(Hurley, 2003)을 바탕으로 살펴보는 것으로 시작한다. 어떻게 이 모델을 이용할 것이며, 모델이 제공하는 사항, 그리고 코치의 전문성 발달 및 고객과의 일에 어떻게 적용할 수 있는지를 설명한다.

1. 원형 코칭의 이해

코치로서 우리는 사람들이 무엇을 원하고 필요로 하는지 명확하게 정의하는 것과 그 목표를 성취하기 위한 역량을 길러주는 것을 목표로 한다. 이를 위해 코치는 고객을 찾고, 목표를 성취하기 위해 무엇이 도움이 되고 무엇이 방해되는지를 판별하고, 새로운 행동 양식을 구성하고, 성공을 위해 필요한 구조와 구성을 만드는 데 도움을 준다. 더 심층적으로 말하자면 우리의 목표는 고객으로 하여금 스스로 배움과 발달 과정을 시작하고, 조율하고, 유지하고, 발달시킬 수 있게 해주는 것이다.

이것이 성공하기 위해서는 고객으로 하여금 자신에 대해 파악하는 능력을 차츰 기르는 법을 알게 해야 한다. 이를 이루려면 코치와 고객은 경험과 행동에 영향을 주는 심층적 구조를 여유 있게 살펴보는 능력이 있어야 한다. 결정적으로 코치는 고객으로 하여금 주변 세상과 유기적이고 건강한 관계를 키워 지속적으로 새로운 정보와 지도를 접할 수 있게 해주어야 한다. 또한 코치는 이를 통해 이루어지는 것을 수용하고 발달시켜 삶의 일부로 만드는 법을 가르친다. 원형 연습 모델은 이를 도구이다.

원형은 우리의 내적 세계와 외적 세계를 구성하는, 심층적이고 조직화되어 있는 원칙을 대표한다. 이는 인간이 어머니, 아버지, 현명한 노인, 강한 군인과 같이 기본적으로 지니고 있는 역할로 나타나는 범용적인 패턴이나 태양, 달과 같이 인간으로서 자연스럽게 경험하는 자연 현상과 같은 경험의 유형이다. 일반적으로 원형은 이러한 것들을 지칭하지만 그보다 더 넓은 의미를 내포하고 있다. 현대 심리학의 아버지 카를 융은 정신의 구조에도 자신, 그림자, 아니마, 아니무스와 같은 원형이 있고 정기적으로 반복되는 행동 양식에도 원형이 있다고 했다(Conforti, 1999). 궁극적으로 원형 그 자체는 범용적이지만 개개인, 단체, 공동체, 문화에 드러나는 방식이 모두 다르다 (Jung, Adler, & Hull, 1981).

원형 연습 모델은 16개의 기초적인 패턴을 8개의 상호 보완적인 짝으로 정리한 것이다. 이는 시작점부터 결말을 따라가며 변화를 위한 학습의 과정이나 창작 과정의 약도를 만들어낸다. 이는 코치의 개인적, 전문적 발달과 코칭 과정, 그리고 고객의 배움에서 필수적인 연습이자 능력이다. 이 전형적인 연습은 〈표 16.1〉과 같다.

〈표 16.1〉 원형 연습

연습	보완
명확한 의도	도움 제시
용기 있는 접근	경계 존중
상황 대응	입장 표명
사실 탐구	대화
인내	긍정성 유지
고통 감내	가치 인정
감정 수용	능력 행사
흐름 파악	목적 달성

이러한 연습은 새로운 것을 시도하고 새로운 능력을 발달시키거나 혁신하는 데 가장 기본적이고 필수적인 경험과 행동의 패턴으로 원형을 구성한다. 예를 들어 의도를 분명히 드러내거나 대화를 하는 것은 자각하고 하는 행동이라는 전제하에 존재감을 드러내기 위한 범용적인 행동 패턴이라고 할 수 있다. 또한 이를 통해 전형적인 주제인 개인적, 집단적 무의식에서 나오는 은유, 심벌, 생각이 드러날 수 있으므로 원형이라 할 수 있다. 이는 전형적인 역학 관계를 형성하는 촉매로 작용할 수도 있는데 관계의 기초적인 특정 패턴에 의거한 강한 힘이나 감정, 혹은 경향이 그것이다. 코칭 환경에서 이런 분명한 이미지와 생각, 상호 작용은 정보를 전달하고 난관을 드러내며, 이전에는 알아채지 못했던 기회를 제공한다. 때로 이는 필요한 직관이나 지식을 제공하여

우리로 하여금 행동하게 하거나 새로운 창의적인 방향을 제시하기도 한다. 어떤 상황에서는 코치와 고객이 무엇이 일어나고 있는지 조심스럽고 창의력 있게 접근하여 가능성을 알아차릴 필요가 있다.

그렇기에 이러한 원형을 연습의 유형으로 접근해야 하는 것이다. 이 문맥에서 원형은 인생의 다채로운 가능성을 발달시키기 위해 의식을 정리된 방법으로 확장하는 것을 의미한다. 모든 사람은 보고 생각하고 느끼고 공감하는 것을 연습적인 방법으로 하는 경향이 있다. 연습은 이러한 조건 반응과 새로운 것을 시도하지 않으려는 습성을 현재의 경험을 통해 새롭게 유지함으로써 타파하려 한다. 중요한 점은 이러한 개개의 연습이 특별한 훈련이나 난해한 지식을 필요로 하지 않는다는 것이다. 오히려 가장 기본적인 능력을 보다 이성적이고 정립된 방법으로 사용하고 훈련할 필요가 있다.

원형 연습은 개개인의 경험에 바탕을 둘 필요가 있지만 코칭 관계의 필수적 측면을 이해하고 사용하는 기초적 틀도 제공해야 한다. 궁극적으로 연습은 코치와 고객이 내적, 외적 세계를 구축할 수 있는 성장의 장으로 인도한다. 원형 연습을 사용함으로써 자신과 타인, 세상과의 관계를 만들어가는 분야에 익숙해질 수 있다. 우리는 이를 좀 더 자각하며 다루는 법을 배우고, 그럼으로써 우리에게 내재되어 있는 더욱 깊은 지적 능력과 지혜, 창조성을 발견하고 믿을 수 있게 된다.

각각의 연습은 보완하는 연습과 창조적 긴장감을 가지고 있지만 보완 연습의 가장 기본 바탕이 되는 측면을 품고 있기도 하다. 예를 들어 용기 있는 접근은 우리가 행동의 결과를 제대로 숙지하고 있다는 전제하에 자연스럽게 경계 존중으로 이어진다. 어떤 연습이든 극단적이 되거나 다른 연습보다 과도하게 발달된 경우 사고의 맹점이나 잘못된 사고방식으로 이어질 수 있다.

이 모델에 완벽히 숙련됨으로써 우리는 전체적 측면에서 원형 연습이 필요할 때 유기적으로 어떠한 제한도 없이 스스로 생성될 수 있다는 것을 발견했다. 이 모델은 우리가 누구인지, 어디에 있는지, 더 자유롭고 강인하게 살아가기 위한 성장과 발달에 무엇이 필요한지를 직관적으로 깨달을 수 있는 틀을 제공한다. 이 과정에 애착을 갖고 인생에서 일어나는 일들에 창의적이고 능동적으로 대응할 수 있는 능력을 꾸준히 갈

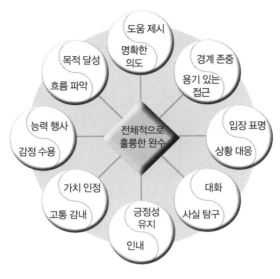

<그림 16.1> 원형 연습

고닦는 것이 원형 연습의 원 중앙에 들어가는 마지막 핵심 열쇠이다.

각 연습의 명칭은 원형 구조의 핵심 요소를 나타내기 위한 것이다. 따라서 이 모델을 사용하는 데 이러한 명칭은 우리 모두 공유하는 경험을 바탕으로 하고 있어 적절하다고 할 수 있다. 각 원형의 명칭과 모델에 대해 더 알고 싶다면 'Archetypal practices for collective wisdom'(Hurley, 2003)을 참고하기 바란다.

2. 원형 코칭과 코치

우리는 원형 연습 모델이 코치의 훈련과 발달에 필수적이라는 것을 발견했다. 우리는 이 모델을 사용하여 코치가 코칭에 좀 더 매진하고 고객에게 코칭 방식을 설명할 수 있도록 돕는다.

연수회에서 코치를 감독할 때 숙련을 향한 여정의 중심에서 일어나는 핵심적인 두 가지 변화를 관측할 수 있다. 첫 번째는 코치가 기술에 의존하는 것에서 벗어나 신뢰를 가지고 영향을 행사하며 그것이 코치 자신과 코칭 환경, 고객에게 미치는 영향을 믿는 것이다. 두 번째는 맥락과 행동의 표면 구조로부터 그러한 맥락을 만들어내는 심층적 구조와 과정으로의 초점 변경이다. 기술과 맥락의 중요성을 폄하하려는 것이 아니라 오히려 반대로 그 둘은 매우 중요하다. 코치의 발달에서 기술의 발전은 중요한 단계이며 맥락은 작업의 바탕이 되는 현재로서 항상 중요하다. 물론 원형 연습을 통해 맥락이 언제든 바뀔 수 있다. 숙달된다면 이 단계는 코칭에 더 자연스럽게 녹아들어 많은 수고가 들어가지 않는다. 비유하자면, 글을 쓸 때 글자를 배열하는 것과 문장을 구성하는 것에는 크게 신경 쓰지 않아도 되지만 대신 독자에게 어떻게 의견을 전달할지에 집중하는 것과 비슷하다. 작가가 더 심층적인 창조의 세계에 빠져들면 더욱 풍부한 맥락과 새로운 관계, 그리고 생각하지 못했던 통찰에 도달하는 것과 같다. 보통 스스로 코치로 발달하는 데 가장 장애물이 되는 것은 코치의 발달이 한 단계에서 다른 단계로 넘어가는 것이 그렇게 명확하지 않기 때문이다. 이는 작문 기술을 배우는 것처럼 명확하지도 않을뿐더러 체계화되어 있지도 않다.

이것이 원형 모델이 중요한 이유이다. 이는 코치와 고객이 공유한 경험을 바탕으로 정확히 어떻게 무엇을 해야 하는지 제시한다. 모델은 행동보다도 존재의 상태에 좀 더 초점을 맞춘다. 결과적으로 모델은 영향력을 행사하는 법을 가르치고 코칭 공간에서 경험을 축적하는 것을 바탕으로 만들어지는, 코치와 고객 사이의 복잡 미묘한 역학 관계를 알아채게 한다. 영향력은 존재의 필수적인 특성에 기초하고 있으며, 코칭 관계에서 어떻게 대응하고 협응해야 하는 것이라고 할 수 있다. 어떻게 상대를 인식하고 어떻게 상대에게 드러낼지는 코칭 공간과 그로부터 파생되는 가능성에 지대한 영향을 미친다.

연수회와 같은 공간에서 코치와 원형 연습을 사용할 때 우리는 주로 코치가 고객을 대할 때 보이는 패턴의 강점과 약점을 분석하는 것으로 시작한다. 범용적인 상황이나 특정 유형의 고객을 대할 때 선호하는 방식이 있는 것은 당연한데, 이때 습관화되어 있는 상호 작용 방식을 주로 사용하게 된다. 결과적으로 코칭에 강점과 맹점이 생기는 것이다. 우리가 조언한 코치들도 말하듯이 몇몇 패턴은 의식적으로 만들어낸 것이지만 몇몇은 그렇지 않다. 각각의 원형은 분석을 위한 창으로 사용할 때 이러한 패턴이 좀 더 분명히 판별될 수 있으며, 그에 따른 강점과 약점이 좀 더 확실해지고 변화나 수정의 여지가 열린다. 또한 모델 전체를 이해하는 데에도 도움이 된다. 당연하지만 고객에게 적용하는 데에는 코치가 먼저 이해하는 것이 필수적이다. 그렇지 않다면 그저 또 하나의 기술일 뿐이기 때문이다.

그렇기에 우리는 이 모델을 사용하여 가장 먼저 자기 자신의 강점과 약점을 평가해 볼 것을 권장한다. 자신의 역량을 기르기 위해 원형 연습을 사용하려면 우선 개개의 연습에 익숙해져야 한다. 이는 각 연습의 차이점을 좀 더 명확하게 알 수 있게 해준다. 각 패턴에 익숙해진다면 다음 질문을 스스로에게 던져서 고객과의 상호 작용 패턴을 분석한다. 개인적인 측면으로 분석해도 좋고 전문적인 측면으로 분석해도 좋다.

- 어떤 연습이 가장 자연스럽게 느껴지는가?
- 어떤 연습이 자신의 강점을 가장 잘 표현하는가?
- 어떤 연습을 가장 기피하거나 자신의 약점이라고 생각하는가?
- 어떤 연습이 가장 흥미롭게 다가오며, 왜 그런가?
- 어떤 연습이 가장 불안하게 다가오며, 왜 그런가?
- 어떤 연습에 가장 친숙하지 못한가?
- 이 원형에 숙달되는 것이 자신의 코칭에 어떤 영향을 가져다줄 수 있다고 생각하는가?
  (이 질문에 대한 답은 각 원형에 따라 고려해야 한다.)

이 모델을 탐구할 때 가장 먼저 던지는 질문 중 하나는 어떤 연습이 가장 자연스럽게 다가오는지이다. 이를 통해 강점을 파악할 수 있다. 패턴을 더 심층적으로 분석함에 따라 스스로 중요하게 여기는 자질이나 역량에 연관된 다양한 측면도 발견할 수 있다. 예를 들어 어떤 코치는 상황 대응 능력이 강점이라는 것을 발견했다. 그녀는 고객이 제시하는 다양한 상황에 아무런 어려움 없이 적응할 수 있다는 것을 깨달았다. 그녀는 매우 높은 공감 능력을 가지고 있었고, 고객이 어려움을 느낄 때 따라오는 많은 감정을 받아들일 능력이 있었다. 그다음으로 던져진 질문은 이것이 왜 중요한지, 고객에게 무엇이 효과적인지였다. 그녀는 그 질문에 대한 자신의 답이 분명함을 느꼈다. 그녀는 자신의 동기에 대한 깊은 통찰을 얻었다. 정확히 말하자면 그녀 자신에게 일어나는 모든 상황에 대응할 수 있는 능력은 고객이 어떤 사람인지, 인간이라 함은 무엇인지, 자신의 자아와 숙련을 성취하는 데 어떻게 그들을 도울 것인지로부터 나온다는 것을 깨달았다. 이러한 믿음은 그녀로 하여금 고객이 상상조차 하지 못했던 위험을 감수할 수 있는 안전한 공간을 만들 영향력을 기르도록 해주었다.

개인이 편하게 느끼는 원형이나 이끌리는 원형은 보통 하나 이상이다. 자신의 강점이나 기본이 되는 원형을 충분히 탐구하고 깊이 이해했을 때 언제, 어떻게, 무엇이 적합한지 자각할 수 있고, 상황에 필요한 것 대신 도전 없는 안전한 방법을 사용하고 있는지 자각할 수 있다. 또한 어떤 연습을 기피하고 있으며 불편하게 느끼고 이해하지 못하거나 공감하지 못하는지도 알 수 있다. 이는 주로 고객을 상대할 때 그들이 사용하지 않는 약점으로 드러난다. 가장 자주 기피하는 연습은 인내 능력이다. 이 원형은 어려움을 버티거나 불편한 상황에 자발적으로 들어가 그것을 감내하는 것을 대표한다. 이 연습은 주로 의식적으로 연습하여 개발할 필요가 있다. 우리는 고통을 기피하도록 설계되어 있기 때문이다. 사람들은 고통, 불안, 초조함을 달가워하지 않으며 어려움을 자진해서 감내하는 것이 이치에 맞지 않는다고 생각한다. 하지만 연습을 통해서라면 이러한 상황도 스스로를 해방하는 원동력으로 삼을 수 있다. 또한 자신에게 무엇이 고통스러운지 평가할 수 있게 된다. 이는 당연하지만 사람에 따라 다르다.

우리에게 익숙지 않거나 우리가 기피하는 원형 연습의 중요점은 코칭 관계에서 이러한 것을 살펴보는 것을 거부한다는 데 있다. 이는 잠재되어 있는 배움의 기회나 통찰을 방해하며 코칭 과정에 결과적으로 큰 영향을 미칠 수 있다. 코치 스스로 이러한 거부를 하거나 다양성을 가지고 있지 않다면 이는 고객 역시 탐구할 권한을 빼앗기는 것과 같다. 예를 들어 한 코치를 조언하는 과정에서 그녀의 맹점이 분명해졌다. 그녀가 코칭하던 한 여성은 꾸준히 다양한 방법으로 코치에게 자신의 여성성에 관련된 부분을 탐구해보고 싶다고 요청했으나, 코치는 한 번도 그 요청에 제대로 대응하지 못했다. 오히려 다른 화제로 전환하거나 다른 방면을 탐구하는 질문을 던지거나 성적 정체성과 전혀 무관한 주제가 나오도록 유도했다. 이러한 패턴에 대해 질문을 받자 코치는 그것을 전혀 자각하지 못했다. 추가적인 조사 결과 코치는 고객과 마찬가지로 여성성에 대한 고민이 있는 것으로 드러났다. 이것이 그녀가 느끼던 불편한 상황이었다. 코칭 관계에서 이것이 수면 위로 올라오는 것을 그녀 스스로 허용하지 않았다. 이러한 방면에서 스스로를 받아들이지 못하는 것은 그녀가 고객을 상대하는 데 많은 어려움을 안겨주었다.

위의 예에서도 볼 수 있듯이 인내 능력과 같은 특정 원형 패턴의 결여를 인식하는 것은 더 심층적인 국면에서의 탐구와 발견을 가능하게 한다. 이 구분은 깊은 탐구에 필요한 도구라고 할 수 있다. 이를 바탕으로 원형을 통한 배움의 다음 단계로 이동할 수 있다. 위의 예에서는 코치가 자신의 발달에 집중함으로써 인내하도록 정한 스스로의 결정이 개인적, 전문적 측면에서의 성장을 불러왔다.

코치가 각 연습을 자신의 코칭에 연관지어 탐구함에 따라 연습에 대한 경험과 이해는 순수한 지적 측면을 넘어 익숙해진 숙련의 영역에 도달하게 된다. 이 발달이 일어나면서 코치는 코칭 공간의 다양한 장에 좀 더 민감해지며 전형적 힘이나 패턴, 강인함, 온유함, 지혜로움과 같은 영향력이 나타나는지 깨달을 수 있다. 여기서 장은 우리경험의 밑바탕에 깔리는 유동적 배경을 의미한다. 비유하자면, 하얀 종이 뒤에 자석을 대고 그 위에 철가루를 뿌렸을 때 자기장의 형태로 철가루가 이동하는 것과 같다. 이장의 패턴은 이전에는 보이지 않았지만 발달을 통해 볼 수 있게 되는 것이다. 우리는 무의식적으로 이 장을 항상 인식하고 있다. 이 장은 항상 존재한다. 원형 모델에서 제시하는 구분은 이 장을 눈에 보이는 형태로 제시한다.

이 모델은 개인적 발달과 탐구의 도구로 사용될 수도 있다. 예를 들어 명확한 의도를 밝히는 연습을 한다고 했을 때 하루나 일주일간 코칭에서 의도를 분명히 선언하는 훈련을 할 수 있다. 여기서 중요한 점은 의도를 분명히 하는 데 모든 것을 집중하는 것이다. 이것이 자신과 주변, 그리고 나아가 코칭에 미치는 영향을 인지해야 한다. 무엇이 쉽고 무엇이 어려운지도 알아야 한다. 고객의 의도가 무엇인지 염두에 두어야 하며, 시간이 흐르면 다른 원형을 골라 같은 작업을 반복해야 한다. 장기적으로 각 원형을 코칭에서 계속 탐구한다.

이 연습의 총체적 결과는 코칭에 유연함과 자유를 가져다줄 것이며, 더 강하고 심층적이며 유연한 영향력을 가져올 것이다. 실질적으로 우리 모두는 이 과정을 어떠한 형태로든 숙련하고 있지만, 의식적으로 목적을 가지고 연습한다면 영향력을 더 발달시킬 수 있다. 이는 심지어 실제적으로 작용하는 영향력의 한 형태로 해석될 수도 있다.

자신의 발달에 필요한 연습을 함에 따라 원형 패턴에 대한 자신만의 구분을 기르기 시작할 것이다. 코칭 관계에 존재하는 공간과 고객의 삶에서 이것이 발현할 때 알아볼 안목도 생길 것이다. 궁극적으로 이는 우리의 지향점이다. 우리가 돕는 사람들이 이러한 구분을 이용할 수 있게 하는 것이다.

3. 원형 코칭과 고객

숙련을 향한 여정에서 관측할 수 있는 변화 중 두 번째는 맥락과 행동의 표면 구조로부터, 그러한 맥락을 만들어내는 심층적 구조와 과정으로의 초점 변경이 있다고 이미 밝혔다. 이 수준에서 듣고 참여하는 데의 필요조건은 영향력인데, 코치로서 필요할 때 있어줄 수 있는 능력에는 두 가지가 필요하다. 첫째는 고객에게 모든 것을 집중할 수 있도록 필수적인 코칭 기술에 대한 완전한 이해이다. 둘째는 코칭 공간에서 일어나는 모든 일과 고객이 제시하는 것을 수용할 수 있는 열린 마음과 유연한 대처 능력이다.

코치로서 개인적 성장을 도모하는 것은 고객과 할 수 있는 탐구와 연습의 가능성을 더욱 열어준다. 원형 연습을 직접 사용함에 따라 각 원형이 대표하는 경험의 내적 지도를 그릴 수 있다. 이 내적 지도는 각 특징을 구체적으로 묘사할 수 있는 능력을 제공하며, 쉽게 표현하기 어려운 인지와 이해를 좀 더 가다듬어주기도 한다. 또한 이러한 패턴이 어디서부터 발현되며, 우리가 그것을 어떻게 느끼고 어떻게 대처해야 하는지도 알 수 있게 해준다. 이 특징은 결과적으로 코칭 공간 안에서 더 심층적으로 듣고 깊이 있게 일하는 데 도움이 된다. 고객이 말하는 내용 그 이상으로 현재 무슨 일이 일어나고 있는지 파악하는 통찰력을 제공하며, 코치와 고객의 경험을 향상할 수 있는 자세한 구조를 제공한다. 앞에서 다루었듯이 이러한 표면 구조에서 심층적 구조로의 초점 전환은 숙련을 위한 발달 단계 중 하나이다.

원형이 제공하는 이런 접점을 사용하면 좀 더 정확하게 경청할 수 있다. 표면 아래에 무엇이 있고 무엇이 일어나는지 자각하지 못하며, 그것을 파악하기 위해 노력하지 않고 해석하고자 하는 노력이 결여되어 있을 때에만 표면 구조와 맥락에 집착하게 된다. 물론 이 과정은 연습과 실패를 통한 단계적인 절차이다. 원형 특징을 사용할 때 이 절차는 훨씬 단축되고 결과를 직접적으로 알 수 있다. 코칭 공간과 고객을 향해 초점이 옮겨 갔을 때 원형을 참고할 수 있다.

고객에게 원형 연습을 적용할 때 가장 먼저 해야 할 것은 심도 있게 경청하여 심층적 구조를 파악하고, 무엇이 있거나 무엇이 일어나려 하는지를 고객이 말하기 전에 스스로 파악하는 것이다. 이렇게 만들어지는 접점을 통해 코칭의 장 안에서 무엇이 일어나고 있는지 파악하고 이해하는 데 도움을 받을 수 있으며, 맥락을 파악하고 필요한 것이 무엇인지 판단할 수 있다.

심층적으로 무슨 일이 일어나고 있는지 파악하는 데에는 훈련이 필요하다. 이는 그저 귀로 듣고 전체적인 그림을 그려내는 것이 아니다. 존재 자체에 매진하듯 깊이 경청하면 코칭 공간에 항상 존재하는 장을 인식하게 된다. 때로 우리는 이것을 울림으로 받아들이기도 하며, 어떤 경우에는 이 장에 문제가 있을 때 불협화음과 비슷한 형태로 인식하기도 한다.

우리 모두 이에 관한 경험을 하나쯤 가지고 있다. 어떤 공간에 들어가자 말로 표현하지는 않았지만 분노나 불쾌함으로 인한 무거운 공기를 느껴본 적이 있거나, 밝고 쾌활한 분위기를 느껴본 적이 있을 것이다. 무언가 일어나리라 다들 어렴풋이 느꼈지만 무엇인지 알아채지 못하고 모두가 조용해진 적을 떠올려보라. 이 경우, 무언가 일어나리라는 기대감이 사람들의 장에 스며든 것이다. 코칭 도중에 의미심장한 질문을 했을 때 무거운 공기와 함께 정적이 흐르며 긴장감이 배양되고 고객의 내면에서 무언가 발생하는 듯한 순간을 생각해보라. 경험이 없는 코치는 이런 순간에 그 공간에 자리 잡은 불편함을 견디지 못하며, 장을 유지하지 못하고 너무 일찍 개입한다. 만약 코치가 영향력을 믿고 이 심층에 집중을 유지할 수 있다면 하고 싶은 것을 막힘없이 할 수 있을 것이다. 그러므로 흐름을 읽는 것은 때로 아주 중요하기도 한다.

이 현상은 우리가 일상생활에서 이 장을 직관적으로 경험하고 인지한다는 것을 의미한다. 물론 대부분의 사람들은 매우 한정된 상황에서만 이와 같은 경험을 할 수 있다. 그러나 만약 코치로서 듣는 능력을 이 수준까지 가져올 수 있다면 고객과의 일에서 더욱 효과를 볼 수 있을 것이다. 장 안에서의 행복, 슬픔, 분노, 기쁨과 같은 감정을 그저 인식하는 것에서 그치지 않고 구체적인 기분과 심층적인 의미를 찾아낼 수 있을 것이다. 우리는 표면의 맥락이나 표출된 감정이 더 심층적인 생각이나 감정, 힘을 숨기고 있을 수도 있다는 것을 알아냈다. 또한 숨기고 있는 것들을 표면으로 끌어냈을 때 고객과의 대화가 전혀 다른 방향으로 흘러갈 수도 있다.

고객과 원형 연습 모델을 효과적으로 사용하는 데에는 모든 패턴과 연습을 더 큰 패턴의 일부로 이해할 필요가 있다. 이 원형 연습은 서로 깊이 연관되어 있으며 코칭의 숙달을 향한 발달 과정에서는 서로 분리하여 살펴볼 수 없다. 전체는 일부의 합보다 더 크며, 이는 의도를 분명히 하는 것으로 시작해서 목표 달성으로 이어진다. 코치에게 주어지는 과제는 고객이 전체에서 어디에 위치하는지 파악하는 것이다. 고객은 틀의 처음에 위치하여 의도와 지도를 바라고 있을 수도 있으며, 좀 더 깊이 위치하여 통제에 어려움은 있지만 그래도 흐름에 맡긴다면 일을 더 쉽게 할 수 있지 않겠냐는 의문을 가질 수도 있다. 전체를 이해하고 그 세부 연습이 맡고 있는 역할을 이해함으로써 우리는 고객의 경험 속에서 많은 순간에 존재하는 다양한 패턴을 꺼낼 수 있다.

원형 연습 모델에 총체적 성향이 내재되어 있기에 우리는 코칭 공간 내부에 존재하는 심층적 구조의 균형이 변했을 때 알아챌 수 있다. 무언가의 부재나 존재 모두를 알 수 있는 것이다. 무언가가 부재한다면 암묵적인 규칙이 틀렸을 때와 같게 느껴지기도 한다. 마찬가지로 장 내에 무언가가 새로 나타나기 시작한다면 코칭 공간에서의 변화를 느낄 수 있다. 이 경우 중요성을 가진 무언가가 발달되었음을 느낄 수 있으며, 이를 충분히 살펴볼 여지가 생긴다. 모델의 안정성은 코칭 과정에서 정확히 어디에 와 있는지 평가할 수 있는 여지를 제공한다. 예를 들어 고객의 목표가 달성되고 의도를 밝히는 것에서 시작되는 완전한 순환을 마쳤을 때 코칭이 끝났음을 알 수 있다.

코치에게 장의 특성과 장 내부에 존재하는 심층적 구조를 이해시키는 데에는 일련의 질문이 사용된다. 이 질문은 주의를 모아주고 코치로 하여금 듣는 것과 감지하는 것에서 비롯되는 체감으로 다가오는 특성을 느끼게 해주어 자신의 작업을 고객에게 설명해줄 수 있게 한다. 이 질문과 관련해서 세 가지 추천 사항이 있다. 첫째, 진행되는 코칭을 관찰할 필요가 있다. 이는 직접 코칭에 참여하지 않고도 현장에서 무슨 일이 일어나는지 파악할 수 있게 해준다. 둘째, 맥락이 아닌 현장에서 패턴을 인지하는 것이다. 셋째, 시각적 요소에 현혹되지 않도록 눈을 감고 경청하는 것이다. 이러한 연습은 업무와 관련된 만남이나 가족 모임과 같은 상황에도 적용할 수 있다. 다른 상황에서도 경험을 좌우하는 이러한 패턴이 적용되기 때문이다. 질문은 다음과 같다.

- 코칭 공간에서 무엇이 일어나고 있으며 무엇이 존재하는가?
- 코칭 공간에 무엇이 결여되어 있는가?
- 코칭 공간에서 필요한 것은 무엇인가?
- 무엇이 나타나고 있는가?
- 그다음 어떤 일이 일어날 것인가?

이 질문은 고객에 대한 직접적인 질문이 아니라는 것을 유의할 필요가 있다. 처음에는 패턴 그 자체와 공간 내에 존재하는 관계적 지성에만 집중해야 한다. 코치와 고객이 주로 고객의 말과 행동에만 집중해왔다면 이 변화가 매우 극단적이라고 느낄 수도 있다. 자신의 직감을 믿을 수 없고 무슨 일이 일어나고 있는지 잘 느끼지 못한다고 생각할 수도 있다. 원형에 익숙한 사람과 협동하는 것으로 주의를 집중하고 인식을 바꿀 수 있다. 결과적으로 이러한 질문을 기피하지 않고 코칭 공간의 장을 느끼는 감각을 갈고닦는다면 고객과의 관계에서 어떻게 해야 하는지에 대한 명확한 답을 알 수 있을 것이며 그 힘과 효율성을 믿게 될 것이다.

이 질문을 원형 연습의 관점에서 들을 때 무엇을 경험할 수 있는지 제시하기 위해 우리가 관찰한 패턴을 소개한다.

우리가 관찰한 첫 번째 패턴은 '길 잃은 방황'이다. 이는 코칭을 전혀 해보지 않았더라도 한 번쯤 느껴봤을 만한 패턴이라고 할 수 있다. 아무것도 진척이 이루어지지 않은 듯한 감각으로, 길을 잃고 안개 속에서 원을 그리며 방황하는 듯한 느낌을 받을 수 있다. 이 패턴은 명확한 의사 전달이 코칭에 필요하다는 것을 암시한다.

때로는 앞으로 나아가야만 한다고 느낄 수도 있는 반면, 때로는 아직 적절한 시기가 아니라고 느끼거나 고객이 받아들이는 데 시간이 필요하며 이 자리를 지켜야 한다고 느낄 수도 있다. 이를 흐름 파악이라고 한다.

부드럽거나 그리운 감정이 강하게 북받쳐 오르고 눈물이 나는 것은 감정 수용이 필요하다는 신호이다. 이 연습은 매우 강력하고 진중한 경험으로 이어질 수 있다.

이러한 예는 원형과 심층적 구조에 주의를 기울여 현장에서 듣는 것이 무엇을 드러낼 수 있는지 제시한다. 지각을 발달시키고 원형이 어떤 형태로 나타나는지 느낌으로써 코칭 과정에서 직접적으로 적용하는 법을 배울 수 있다. 이는 보이게 적용하는 것과 보이지 않게 적용하는 것으로 나뉜다.

보이지 않게 적용할 때 코치는 모델을 고객에게 가르쳐주지 않고도 모델의 특징으로부터 영감을 얻어 고객의 지각에 특정한 것을 깨우칠 수 있다. 예를 들어 길 잃은 방황을 느낀다고 했을 때 고객에게 의도가 무엇인지 직접적으로 묻는 것은 단기적 성취로 이어질 수 있다. 그러나 더욱 심층적인 곳을 살펴 좀 더 확실함을 얻고 꾸준히 시도하여 공간 내에서의 변화를 이끌어낸 뒤 다음 단계로 진보할 준비를 해야 하는 경우도 있다.

또 다른 예는 여러 가지 복합적인 원형이 한꺼번에 나타나는 상황이다. 고객이 남편의 업무에 도움을 줄 수 있는 방법에 대해 질문했을 때 코칭 공간에서 그녀가 말하지 않은 무언가가 있다고 느낄 수도 있다. 이때 사실을 직접적으로 묻는 것은 그녀가 숨기는 것에 대한 사실 탐구가 되기도 한다. 이렇게 함으로써 그녀가 기피하던 것을 표면으로 드러낼 수 있다. 이는 그녀로 하여금 입장을 밝히고 능동적으로 행동하며 책임을 지도록 연계할 수 있다.

고객에게 정확히 지적하여 원형을 보이게 적용하는 것도 매우 강력한 효과가 나타날 수 있다. 저자 중 한 사람은 어떤 목표를 위해 열심히 노력하던 고객과 만난 적이 있다. 고객이 자신의 노력에 대해 이야기함에 따라 그의 의도와 그가 대단한 노력을 하고 있다는 사실이 분명해졌으나 그의 영적 측면은 한 번도 언급되지 않았다. 원형 보완의 '명확한 의도'와 '도움 제시'를 설명해줌으로써 그에게 새로운 준거를 제시했다. 이후 그에게 도움을 제시한다면 어디까지 받아들일 수 있느냐고 질문했다. 두 원형 연습에 대해 이해하고 있던 그는 태도를 전환하여 앞으로 전진하는 방법에 대한 관점을 바꾸었다. 이후 어떻게 도움을 수용할지에 대한 질문을 제시하는 것으로 그의 인생에서 통찰을 얻은 구조를 확립했다.

또한 우리는 고객에게 모델을 보여주거나 모델의 커다란 인쇄본을 바닥에 펼쳐 제시하여 교육함으로써 원형 연습 모델의 모든 원형을 정식으로 사용하기도 했다. 이런 상황에서는 모델에 대한 교육이 이루어진 뒤 고객으로 하여금 스스로 삶의 난관에 직접 적용하게 한다. 이는 주로 질문을 던지는 것으로 시작된다.

코칭 숙달을 위해 원형 연습을 사용한 최근의 사례에서 던진 질문은 코칭에 숙달하기 위해 어떤 연습을 사용해야 하느냐는 것이었다. 코치는 이때 바닥의 모델 주변을 걸어다니며 각 원형의 연습에 한 번씩 멈춰 고민하고 인지하기 시작했다. 그는 용기 있는 접근 앞에서 멈춰 섰다. 이 연습이 자신의 코칭에 무엇을 가져올지 고민하고 용기 있게 접근하는 것을 방해했던 지금까지의 기억을 나누자 그는 어떤 원형 연습이 그로 하여금 용기 있는 접근을 가능하게 할 것 같냐는 질문을 받았다. 그는 주저 없이 상황 대응이라고 답했다. 상황 대응 원형을 살펴보고 그것이 그에게 무엇을 가능하게 할 것인지 생각한 뒤, 상황 대응 다음으로 어디로 가야 한다고 생각하는지 질문을 받았다. 잠시 동안의 생각 끝에 현장에서는 무언가 변화가 있었다. 주저와 기대감이 동시에 전달되었다. 이 질문을 보다 부드러운 목소리와 태도로 다시 던졌다. 그러자 그는 감정 수용으로 서서히 걸어가기 시작했다. 이에 대한 설명을 부탁하자 그는 스스로를 사랑하는 법을 배워야 한다고 대답했다. 코칭 공간과 그곳에 있던 모든 사람은 깊이 북받쳐 오르는 감정을 느꼈다.

조성된 이 원형의 장은 그와 그 자리에 있던 모든 사람에게 강한 인상을 남겼다. 감정 수용에 대해 질문하자 그는 스스로를 사랑하는 법을 배워야 한다고 대답했다. 그에게 수용할 준비가 되어 있는지 질문하자 그는 그것을 인정하고 자신의 감정을 수용했다. 그의 눈에 기쁨의 눈물이 고이기 시작했으며 그 힘으로 인해 눈이 정화된 것처럼 느껴졌다. 이 과정은 그가 기쁨으로 미소지으며 침묵하는 동안 천천히 이루어졌다. 이 순간 흐름을 인식하는 것과 심층적 구조에서 더 나아가도 좋다는 신호를 찾는 것이 매우 중요했다. 더 나아가도 된다는 판단이 서자 그에게 다음으로 갈 곳이 어디냐고 물었다. 그는 목적 달성으로 가더니 한 바퀴를 완전히 돌아 용기 있는 접근으로 돌아왔다. 마치 그의 존재 자체가 바뀐 것 같았다. 무엇이 변화했냐고 질문하자 그는 모든 것이라 대답했다. 그는 이제 스스로를 믿을 수 있게 되었고, 전혀 새로운 방법으로 자신에게 의지하는 법을 배웠다.

이 예는 한순간의 경험이 직접적이고 유기적인 관계를 갖는 데 얼마나 강력한 도구인지를 보여준다. 또한 우리의 목적과 가정, 그리고 내적 생각과 감정에 내재되어 있는 패턴을 보여주며 우리 주변과 자신의 많은 힘에 대해 가르쳐준다. 또한 이 예는 원형 연습이 얼마나 깊게 서로 연관되어 있는지, 고객 자신에 대한 심층적인 직관과 내적 안내, 지혜, 그리고 자신의 삶에 필요한 것이 무엇인지 깨달음을 이끌 수 있음을 알려준다. 마지막으로 이 장에서 밝힌 것을 다시 한 번 강조한다.

이 모델에 완벽히 숙련됨으로써 우리는 전체적 측면에서 원형 연습이 필요할 때 유기적으로 어떠한 제한도 없이 스스로 생성될 수 있다는 것을 발견했다. 이 모델은 우리가 누구인지, 어디에 있는지, 더 자유롭고 강인하게 살아가기 위한 성장과 발달에 무엇이 필요한지를 직관적으로 깨달을 수 있는 틀을 제공한다. 이 과정에 애착을 갖고 인생에서 일어나는 일들에 창의적이고 능동적으로 대응할 수 있는 능력을 꾸준히 갈고닦는 것이 원형 연습의 원 중앙에 들어가는 마지막 핵심 열쇠이다.

  원형 연습 모델은 코치의 숙련과 발달을 돕는 아주 강력한 도구이다. 학습, 경험, 행동의 기본이 되는 16개 패턴을 바탕으로 한 이 모델은 코치의 개인적, 전문적 발달과 고객을 돕는 데 사용될 수 있다. 우리는 코치로 하여금 코칭에서 자신의 상호 작용 패턴을 분석하는 것과 자신의 발달을 위한 도구로 이 모델을 먼저 사용해볼 것을 권장했다. 또한 이 모델이 코칭 공간에서 어떻게 사용되는지를 제시했다.

  숙련으로 이어지는 자질은 우리가 선택한 현장에서 더 높은 곳을 지향함에 따라 때로는 이해하거나 규정하기 어렵게 느껴질 수도 있다. 초심자와 고급자를 가르는 차이점 중 하나는 왕성하고 유기적인 특징이라 할 수 있다. 반복적인 연습을 통한 것이라면 더욱 그렇다. 우리는 코치가 어떻게 원형 연습 모델을 코칭의 숙달과 개발이라는 핵심적 변화를 위한 특징으로 사용하는지를 제시했다. 첫 번째는 코칭 공간의 영향력을 믿고 행동하는 것에서 존재하는 것으로의 관점 전환이다. 두 번째는 고객의 내재된 행동과 맥락의 표면적 구조에서 고객의 선택과 경험을 구성하는 심층적 구조로의 초점 전환이다. 이 모델을 사용하면서 우리가 관찰했듯이 이 원형 패턴은 우리가 관찰할 수 있는 현상이자 발달시킬 수 있는 역량이며 코칭 숙달을 위해 적용할 수 있는 연습이다. 조지 레너드(Leonard, 1992)는 숙련을 다룬 저서에서 다음과 같이 말했다. "어느 것의 숙련자는 대개 연습하는 방법의 숙련자이다."

Chapter 17

강점 코칭

Carol Kauffman · Jordan Silberman · David Sharpley

　　긍정 심리학은 '탄생과 죽음, 그 사이의 모든 과정에 있어 인생에 무엇이 올바르게 일어나고 있는지에 관한 과학적 연구'(Peterson, 2006)라고 정의되었다. 최근 가치 있는 삶을 살도록 만들어주는 것이 무엇인지를 과학적으로 탐구하려는 움직임이 급성장하고 있다. 이 장에서는 긍정 심리학에서 가장 야심차게 진행해온 프로젝트인 강점검사(Values in Action Institute Inventory of Strengths, IS)(Peterson & Seligman, 2004)에 대해 간단히 소개하겠다. 강점검사는 리더십, 친절함, 창의력과 같은 성격의 강점을 평가할 수 있는 매우 유용한 검사법이다. 이 평가법의 기반을 간략히 살펴본 다음 코칭에서 강점 기반 접근을 어떻게 강화할 수 있을지에 관해 설명할 것이다. 끝으로 코치가 어떻게 자신의 성격적 강점을 찾아내어 적용하는지, 그리고 어떻게 강점검사를 활용하여 고객이 난관을 극복하고 정신적으로 풍요로운 삶을 살 수 있도록 돕는지에 대해 살펴볼 것이다.

1. 강점 코칭의 이해

많은 코치는 1990년대 후반 심리학 분야에 있었던 큰 변화에 감사해하고 있다. 그 시기 이전에는 대부분의 심리학자들이 주로 사람들을 덜 비참하게 만들도록 하는 방법을 고민했다. 대학의 심리학부는 정신 질환을 치료하는 데 주력했다(Barnett, 2007; Peterson, 2006). 최근의 변화 이전에는 심리학적 중심 그 이상에 대해 주장하려는 심리학자가 거의 없었다. 긍정 심리학 이전에 긍정적 정신 건강에 대한 심리학자들의 연구는 공식적으로 1998년부터 시작된 것으로 보이나 그 수가 매우 적다.

긍정 심리학의 토대를 세운 마틴 셀리그먼(Martin Seligman), 미하이 칙센트미하이(Mihaly Csikszentmihalyi), 에드 디너(Ed Diener)는 이 분야에 변화가 일어나도록 유도했다. 이 선구자들은 수천 명의 교수가 긍정 심리학에 투자할 수 있도록 이론적 기반을 마련했다. 특히 학계에서는 긍정 심리학의 세 기둥이라고 할 수 있는 긍정적이고 주체적인 경험(특히 긍정적인 감정, 도전적인 과제에의 몰입, 삶의 의미), 성격적 강점(예: 리더십, 인내심, 친절함), 긍정적 경험과 성격의 양성을 돕는 기관(Seligman & Csikszentmihalyi, 2000)에 큰 관심을 가지고 있었다.

긍정 심리학 연구의 급증은 코치가 코칭 과정에서 가이드로 활용할 수 있는 수많은 과학적 연구 결과와 이론을 제공해주었다. 긍정 심리학의 활용성은 긍정 심리학을 '사람과 그룹, 기관의 기능성 최적화와 번영에 기여하는 여러 조건과 과정'에 전념하는 학문 분야로 정의한 게이블과 하이트(Gable & Haidt, 2005)가 강조했다. 많은 경우에 코치의 목표는 이러한 번영을 돕는 것에 큰 비중을 두고 있으며, 번영의 원인 연구는 이 목표를 성취할 수 있는 여러 방법을 밝혀낼 수 있게 했다.

강점검사는 아마도 긍정 심리학의 발전을 위한 움직임의 와중에 가장 야심차게 준비된 프로젝트일 것이다. 이는 크리스토퍼 피터슨 박사가 주도하고 심리학자들로 구성된 집단이 여러 문화권의 다양한 내용을 살펴 성격적 강점을 찾아내는 프로젝트이다(Peterson & Seligman, 2004: 15-16). 그 결과의 분류는 리더십, 인내심, 친절함, 호기심, 창의성과 같은 영역으로 구성되어 있다. 분류 체계의 구성 역할을 담당하기 위해 각 영역에는 세부 사항까지 자세하고 명확한 기준이 있다(Peterson & Seligman, 2004: 16-28).

강점검사에 포함되어 있는 강점은 피터슨과 셀리그먼(Peterson & Seligman, 2004)이 '덕목'이라고 명명한 지혜, 용기, 인간성, 정의감, 자제력, 탁월성 카테고리에 포함된다. 덕목 하나하나는 내용 분석의 결과 나타난 성격적 강점을 여러 개 포함하는 경우도 있다. 예를 들어 지혜라는 덕목은 창의성, 호기심, 배움을 사랑하는 모습 등으로 드러날 수 있다.

성격적 강점에 관련된 철저한 연구는 심리학을 수년간 혼란스럽게 했던 불균형을 고칠 수 있도록 도왔다. 심리학자들은 우울, 불안감, 또는 다른 정신 질환에 접근할 수 있는 훌륭한 설문지를 가지게 되었다. 그러나 심리학적으로 중립적인 것들에 접근하는 방법은 아직 그리 많지 않았다(Snyder et al., 2006). 그 결과 정신 질환이나 '신경증적' 행동을 명확히 표현할 수 있는 동의된 언어가 존재하지만, 정신 건강과 성격적 강점을 표현할 수 있는 정확하고 명확한 언어는 아직 없다. 최근에 들어서야 긍정 심리학의 움직임에 큰 영향을 받아 이러한 불균형이 변화하기 시작했다. 성격적 강점에 접근할 수 있는 조사법을 만들어내는 것으로 피터슨과 셀리그먼은 사용 가능한 심리학적 방법과 언어의 불균형을 고쳐나가는 과정에 크게 기여했다.

2. 강점검사

피터슨과 셀리그먼(Peterson & Seligman, 2004)은 성격적 강점의 분류 체계를 만드는 것에서 한 걸음 더 나아갔다. 그들은 이러한 영역을 평가하는 방법으로 자기보고를 구상했다. 240문항으로 이루어진 설문지는 24개의 성격적 강점을 평가하며, 완료하는 데 25분가량 소요된다. 강점은 10개의 척도 문항으로 측정되며, 각 문항은 1(전혀 그렇지 않다)~5(매우 그렇다)의 척도로 대답하게 되어 있다. 이 방법은 유효할 뿐만 아니라 신뢰성이 있다(예: Peterson, 2006a: 153). 피터슨과 동료들은 어리거나 문맹인 사람들 또는 긴 설문에 시간을 투자하고 싶지 않은 사람들을 위해 성격을 평가할 수 있는 대체 방법을 개발했다. 대체 방법에 따른 성격의 평가에 대한 철저한 논의는 이 장의 범위를 벗어나므로 자세한 내용은 다음을 참고하기 바란다(Park & Peterson, 2006a, 2006b; Peterson, 2006a: 150-153. Peterson & Seligman, 2004: 638).

메이어슨재단의 닐 메이어슨(Neal Mayerson) 덕분에 240개의 문항을 www.viastrengths.org 또는 www.CoachingPsych.com에서 무료로 이용할 수 있다. 프로젝트가 문화 비교에 강점을 두었던 것을 생각해보면 이 조사가 전 세계적으로 엄청난 눈길을 끌었다는 것이 전혀 놀랍지 않다. 이 설문지는 중국어와 스페인어로 번역되었으며, 200여 개국에서 약 350,000명 이상이 설문을 완료했다(Peterson, 2006a: 150).

강점검사 창시자들은 이 방법이 즉각적인 개입 효과를 가져올 것이라고는 기대하지 않았으며, 쉽게 접근하기 위한 도구를 만들자는 의도에서 이 일을 시작했다. 그런 그들에게는 놀라우면서도 기쁘게도 대학원생 트레이시 스틴(Peterson, 2004)은 강점검사를 이용하여 강점을 찾아내어 적용하는 것이 연구 피실험자의 행복감을 증진한다는 것을 확인했다. 이 관찰 결과는 향후 연구로 이어져 연구자들은 곧 강점검사가 창시자들이 예상했던 것보다도 훨씬 다양한 분야에서 유용하게 사용될 수 있다는 것을 알게 되었다. 이어지는 절에서는 코칭의 맥락에서 강점검사가 특히 유용하게 활용될 수 있는 경우를 살펴보겠다.

3. 강점검사와 코치

강점검사를 통해 전문성을 획득하는 것은 코치가 과제에 직면하고 목표를 향해 보다 효율적으로 나아갈 수 있도록 돕는다. 다음 목록을 활용하면 도움이 될 것이다.

- 코치의 강점을 확인하고 이름을 붙일 수 있는 새로운 언어를 개발하는 것
- 어려운 경우에도 자기 효용성, 효율성, 열정을 증진할 수 있는 강점의 사용법을 명확히 하는 것
- 코치가 다른 코치들과 최적의 관계를 형성할 수 있도록 정보를 제공하여 돕는 것

1) 새로운 언어 개발

새로운 측정 도구를 사용하는 것의 첫 번째 단계는 책임을 지는 것이다. 이것은 코치로 하여금 제공된 정보가 유효한 것인지, 또한 지식을 확장해줄 것인지 결정짓도록 하는 데 도움이 될 수 있다. 강점검사를 통한 피드백은 때로 사람들이 그 이전에는 정확한 단어로 정확하게 표현할 수 없었던 강점에 알맞은 새로운 이름을 찾아내도록 하는 깨달음의 순간을 만들어내곤 한다. 모호했던 개인적 자질을 명확한 개인적 자원의 목록에 합쳐 넣을 수 있을 때 비로소 이러한 자질에 접근하고 사용하기가 쉬워진다.

그다음 단계로 셀프코칭 질문을 통해 가지고 있는 각각의 최고 강점이 자신의 수행 능력을 어떻게 발달시킬 수 있을지 생각해본다. 예를 들어 코치는 다음과 같은 질문을 던져볼 수 있을 것이다. '어떻게 나의 강점이 능력을 최고로 끌어올려 사용해야 했던 그 시점에 발휘되었던 것일까?' '어떻게 하면 나의 강점을 적용하여 전 분야에서 나에게 도움이 되는 새로운 코칭 방법을 창조해낼 수 있을까?' 코치가 어려운 상황에 직면했을 때 어떻게 강점을 적용할 수 있는지에 관한 예는 다음 절에서 제시할 것이다.

어려움에 구애받지 않고 자기 효용성, 열광, 효율성으로의 새로운 방법을 창조하는 것, 자신의 강점을 확인하고 거기에 접근하는 데 익숙해지는 것은 코칭의 어려움을 극복하는 데 특히 유용하게 쓰일 수 있다. 어렵거나 복잡한 문제를 다룰 때, 특히 회사나 코칭을 받는 사람들에게 위험 부담이 클 경우, 코치는 보통 '기술을 잃은 듯한', '자신의 능력으로는 감당할 수 없을 것 같은' 느낌을 받게 된다. 스트레스 상황에 놓여 있을 때 강점을 돌아보는 것은 많은 경우 이전과는 다른 인지적 연쇄 반응을 유발하고 약점에서 벗어나 정서적 반응을 일으킬 수 있다. 만일 강점에 집중하여 보다 긍정적인 상태에 접근할 수 있게 된다면 창조성과 인지적 유동성도 증가할 것이다(Fredrickson,

2001). 이는 또한 많은 경우 위기의 상황에 코치가 해결책을 찾아내기 위해 필요로 하는 바로 그것이기도 하다. 중심 강점을 되새기고 끌어내는 것은 위기 상황에서 가능한 자기대화의 본질을 확장할 수도 있다. 긍정적인 자기대화는 부정적인 자기대화를 불러일으키기도 한다. 시간이 흘러 성격적 강점을 다루는 것에 익숙해짐에 따라 위기 상황의 강점에 접근하는 과정이 자연스럽게 일어날 것이다. 이러한 과정의 경험을 지닌 코치는 어떠한 상황에 어떠한 강점을 사용하여 대응해야 할지 빠르게 잡아낼 수 있으며, 많은 경우 굉장히 어려운 상황에 대해서도 독특한 해결책을 제시할 수 있다.

예를 들어 코칭을 받는 사람이 당신에게 달려들어 다음과 같이 심한 말을 퍼붓는다고 가정해보자. "당신은 아무것도 모르고 있어요. 오늘까지 이 위기를 해결하지 못하면 난 분명히 해고당할 거라고요!" 이러한 상황에서 높은 수준의 자기 효용성, 열광, 효율성에 접근하기 위해 코치는 강점을 어떻게 활용할 수 있을까? 특정 코치 개개인의 개성적인 강점 개요에 따라 최적화된 강점 기반 수행 방법은 다양할 수 있다. 예를 들어 감사함에 강한 사람이라면 창의성에 강한 사람과는 다른 종류의 자질로 접근할 것이다. 감사함을 강점으로 가지고 있는 코치는 주로 아주 부정적인 것 같아 보이는 상황에서도 감사할 수 있을 만한 무언가를 찾아낼 줄 안다. 이러한 코치는 아마도 다음과 같이 생각할 것이다. '꽤나 어려운 상황이지만 고객이 이 난관을 극복할 수 있도록 돕는 것이 나의 영광일뿐더러 나는 진심으로 그가 이걸 헤쳐 나가기를 바란다.' 감사함에 강한 사람이라면 이러한 생각이 에너지를 끌어낼 수 있도록 해줄 것이며, 이로써 다른 강점과 기술 일체를 사용할 수 있을 것이다. 고객이 갑작스럽게 코치에게 '달려드는' 것은 부정적인 대인 반응을 유발할 수도 있다. 코치는 자신이 공격을 받았다고 느낄 수 있다. 감사함의 능력이 큰 코치라면 즉시 고객에 대한 긍정적인 감정에 접근함으로써 이에 대응하려 하기도 한다. 아마도 자기 자신에게 "이 고객과 함께 일할 수 있는 건 영광이야. 내가 이 사람을 도와주어야 할 필요는 없지만 나는 이 사람을 도울 기회를 가질 수 있어."라고 이야기하면서 말이다(Harnisch, 2005).

그러나 감사함을 강점으로 가지고 있지 않다면 이러한 접근법은 그다지 진정성이 없게 느껴질 것이다. 서로 다른 강점을 가지고 있는 코치는 서로 다른 접근법을 사용하게 될 것이다. 예를 들어 창의성 능력이 높은 코치라면 새로운 해결책을 찾는 데 주력할 수 있을 것이다. 앞에서 언급했듯이 고객의 한계에 마주했을 때 매우 창의적인 코치라면 일종의 '도취감'에 취할 수도 있다. 이 코치는 자기 자신에게 다음과 같이 물을 것이다. '이 문제를 해결하기 위해 내 창의성을 어떻게 활용할 수 있을까? 고객이 성공으로 가는 가능한 모든 방법을 시도해봤다고는 생각하기 힘들어. 우리는 어떤 창의적인 해결책을 찾아낼 수 있을까?' 이 코치는 모든 길에 대한 탐색이 이미 끝났다고 자동적으로 가정하지 않을 것이다. 전형적이고 일반적인 접근법에 갇히지 않고 복잡한 문제를 해결할 수 있는 새로운 방법을 찾아낼 가능성이 높다.

서로 다른 코치는 자기 효용성, 열광, 효율성에 대해 서로 다른 강점 기반 접근법을 활용해야 한다는 것을 인지하는 것이 매우 중요하다. 어떤 코치에게 알맞은 방법이 다른 코치에게도 알맞으리라는 보장이 없다. 창의성을 최고 강점으로 가지고 있지 않은 코치는 아마도 앞서 언급한 창의성 적용법에 오히려 주눅이 들고 부자연스럽다고 생각할 것이다. 자신의 약점 중 하나를 활용하여 위기를 타개하려고 하는 것에 불편함을 느낄 것이다. 어려운 과제를 코칭할 때 강점을 적용하는 방법에 대한 소모적인 토론을 하기에는 지면이 부족하지만, 스트레스가 주어진 이와 같은 시기에 코치는 위기에 잘 대처하기 위해 어떻게 자신의 개성적인 강점 구성을 적용할 수 있을 것인지에 대해 고찰하는 것이 좋다. 최상의 업무 수행에 대한 대체적인 방안을 생각해내기 위해 자신이 가지고 있는 강점을 하나씩 살펴보는 것이 도움이 될 수 있다. 예를 들어 사랑하거나 사랑받을 수 있는 능력을 가진 사람이, 또는 신중한 사람이, 또는 진정성을 가진 사람이 코칭의 난관을 극복하기 위해 어떤 새로운 전략을 세울 수 있을까? 강점을 찾아내어 고객 난관에 적용시키는 것은 코치의 기술 중에서도 가장 값어치가 있을 것이다.

2) 최적의 코칭 환경 및 고객과의 관계 형성

코치는 고객에게 최적의 환경 및 고객과의 관계 형성을 제공하기 위해 노력한다. 코치는 어떻게 환경과 관계의 질을 개선할 수 있을까? 몇몇 연구(Arakawa & Greenberg,

2007; Clifton & Harter, 2003)는 관리자가 직원의 강점에 집중할 때 직원의 참여율, 생산성, 낙관론이 모두 증가했다고 밝혔다. 이와 마찬가지로 코치는 강점에 집중함으로써 고객의 긍정적인 상태를 강화할 수 있다. 포스터와 로이드(Foster & Lloyd, 2007)는 강점 기반 코칭 성향이 희망을 증진하고, 고객으로 하여금 보다 에너지가 넘치는 것처럼 느끼게 하여 해결책을 제시하는 능력을 증대시키고 수동성을 감퇴시킨다는 것을 확인했다. 강점 기반 접근법의 이러한 긍정적 효과는 코치와 고객의 관계가 열정적이고 창의적이 될 수 있는 보다 긍정적인 환경을 제공한다.

정신 치료적 맥락에서 치료사와 환자의 관계는 주로 심리학적인 결과의 가장 중대한 예측 변수로 작용한다는 것이 증명되었다(Peterson et al., 2006). 이러한 현상을 코칭의 맥락에도 적용해볼 수 있을 것이다. 대부분의 코치는 코치와 고객의 관계를 최적화할 수 있는 만능 접근법이 존재하지 않는다고 믿는다(Kauffman & Scouler, 2004). 이러한 중요한 파트너십은 반드시 코치와 고객 모두의 개성과 필요에 따라 맞춤식으로 제공되어야만 한다. 코치와 고객의 이상적인 관계를 형성하려고 노력하면 할수록 두 집단 모두의 강점 고려가 중요하다는 것을 알 수 있을 것이다. 이러한 관계가 이상적이지 않다고 생각된다면, 고객과 공감할 수 없는 특정 강점을 사용하려 했을지도 모른다는 사실을 깨달음으로써 서로 간의 교류 스타일을 조정하는 것이 도움이 될 수 있다.

많은 독자는 MBTI 개요가 사회적 행동에 어떻게 영향을 미치는지와 관련된 이론에 대해 이미 친숙할 것이다. 우리는 이와 비슷하게 우리의 강점이 고객과의 교류에 어떻게 영향을 미칠지에 대해 생각해볼 수 있을 것이며, 우리의 현재 행동이 고객과 맞지 않다면 다른 강점을 사용해볼 수도 있을 것이다.

예를 들어 감사함 능력과 창의력을 최고 강점으로 가지고 있는 코치를 생각해보자. 만일 코칭 관계가 맞지 않다면 기어를 바꾸어 후자보다는 전자의 강점을 이용하기 위해 집중할 수 있을 것이다. 노련한 이사와 일할 때는 감사함 능력에 초점을 맞춘 사회성 스타일이 창의력에 집중하는 것보다 덜 효과적일 수도 있다. 이사의 입장에서는 어려운 상황에서도 감사할 수 있는 것이 무엇인지를 찾는 것이 낯설고 이상하게 느껴질 수도 있을 것이다. 이와 반대로 해결책을 찾는 것에 집중하는 창의성은 난관을 헤쳐

나가는 데 익숙한 이사와 공명할 수 있을 것이다.

4. 강점검사와 고객

1) 고객의 강점에 눈높이 맞추기

강점검사는 고객의 경험을 살펴보고 고객의 강점에 접근하는 것을 돕는 데 매우 효과적인 발판이 된다. 처세 단계는 앞에서 설명한 것과 비슷하다. 이는 고객으로 하여금 평가법을 수행하게 하고, 자신의 강점을 어떻게 이름 붙이고 적용할 것인지 배워나갈 수 있도록 도우며, 인간관계나 업무 수행에서 강점을 어떻게 사용할 것인지 고려해보는 단계로 이루어져 있다. 우리는 여기서 강점 기반 코칭의 한 가지 주요한 측면에 집중하려 한다. 고객이 강점과 업무를 보다 가까운 관계에 둘 수 있도록 돕는 것이다. 큰 스케일의 조사를 통해 밝혀진 바로는 17%의 취업 인구만이 자신의 강점을 사용할 수 있다고 믿고 있었다(Buckingham, 2007). 직원이 자신의 강점을 충분히 사용할 때 보다 생산적이고, 참여적이면서도 만족스러울 것이며, 보다 큰 행복감을 누릴 수 있을 것이다. 강점검사를 활용한 기본적 강점 코칭은 고객으로 하여금 업무에 대한 접근을 바꾸도록 도우며, 자신의 강점과 관련된 부분을 볼 수 있게 한다. 코치는 고객이 업무를 자신의 강점과 더 잘 맞는 측면에서 바꾸어 바라보도록 도울 수 있으며, 또는 고객이 마주한 난관에 잘 대처하기 위해 어떤 강점을 사용해야 할지 알려줄 수 있다.

직업적인 측면에서 부딪히는 난관의 해결 전략은 근본적으로 두 그룹(환경을 바꾸는 것, 접근법을 바꾸는 것)으로 분류할 수 있다. 전자는 업무의 종류, 장소를 바꾸는 것까지 포함한다. 만일 책임과 의무가 지나치게 압도적이거나 단순하다면, 동료가 폭력을 행사한다면, 또는 통근 시간이 너무 길다면 고객은 일을 그만두거나 재발령을 요구하는 식으로 자신의 근무 환경을 바꿀 수 있을 것이다. 그러나 조사에 따르면 31%의 직원만이 직장을 떠나고 싶어 했으며, 나머지 69%는 업무에 대한 자신의 접근법을 바꾸고 싶어 했다(Buckingham, 2007). 다행스럽게도 모든 일자리는 어느 정도 움직일 수 있는 여지가 있으며, 많은 경우 첫눈에 보이는 것보다는 일련의 업무를 효율적으로 끝낼 수 있는 많은 방법이 존재한다. '고양이의 가죽을 벗기는 데에는 여러 가지 방법이 있다'라는 말대로이다. 많은 경우 강점 기반 접근법을 바꿈으로써 난관을 바꾸는 것이 가능하다. 고객은 업무를 재구성하는 방법을 배울 수 있다. 이는 고객이 목표에 다가서는 방식, 업무 관계, 일일 업무량에 대한 과정을 바꾸는 것을 의미한다. 고객의 최고 강점을 사용할 수 있는 방식으로 업무를 바꾸는 것이 가능할 때 고객은 보다 큰 내적 동기를 찾을 수 있고 업무 성과와 만족도의 향상을 성취할 수 있다.

예를 들어 세 건축가가 상업 지구를 짓는다고 하자. 첫 번째 건축가의 최고 강점은 뛰어난 미적 감각과 탁월성이며, 다른 건축가들의 강점은 사랑하고 사랑받을 수 있는 능력과 창의성이다. 세 건축가 모두 최고의 건축물을 만들어내기 위해 노력하지만, 그 과정 중 서로 다른 부분에서 만족감을 느끼게 될 것이다. 첫 번째 건축가는 디자인의 아름다움을 확인하기 위해 한 걸음 물러서서 건축물을 바라보는 미적인 측면을 좋아할 것이다. 이 건축가는 정확히 어떤 기술을 사용해야 하는가보다는 외견이 어떻게 보이는가에 더 집중하는 접근법을 사용할 것이다. 사람 간의 연결 고리에서 엄청난 에너지를 발견해내는 두 번째 건축가는 고객의 하루하루를 매일 밝게 비추는 데 더 집중할 것이다. 기운이 빠질 때도 고객의 행복에 대한 걱정을 다시 떠올리며, 이전에 자신이 했던 설계가 고객에게 얼마나 큰 기쁨과 만족감을 선사했는지 되새길 것이다. 그들의 칭찬과 감사를 곱씹는 것이 그에게는 영감의 원천이 될 수 있다. 세 번째 건축가는 건축 설계가 기술의 혁신에 흥미가 있는 사람으로, 이러한 영역에서 참신한 방법을 개발하는 데 더 많은 시간을 쏟을 것이다. 새로운 재료를 실험하고 최신 기술을 적용하는 것이 이 사람에게는 흥미진진하고 재미있는 일이 될 것이다. 이들 각자는 가장 좋아하는 업무 영역이 무엇인지에 집중하고 자신의 성격적 강점을 적용하여 완전히 다른 방식으로 업무를 재구성했다.

이 예에서 엿볼 수 있는 코칭에 대한 암시는 매우 직설적이다. 고객은 자신의 업무 경험을 살펴서 어떤 면에 만족스러워하고 어떤 면에서 에너지를 얻는지 찾는다. 그러면 코치와 고객은 이 정보를 어떻게 활용할 수 있을 것인지 탐구할 수 있다. 이 과정에서 이들은 고객이 강점을 완벽히 활용할 수 있도록 도울 자그마한 선택을 확인할 수 있을 것이다. 셀리그먼은 이것을 업무의 '재구성'이라고 일컫는다(Seligman, 2002: 165-172). 대부분의 업무는 사건을 보다 흥미진진하고 재미있게 만들어주는 중심 강점에 가까운 업무가 되도록 비추어볼 수 있으며, 이를 통해 새로운 사건을 최고의 상태로 경험할 수 있다.

가장 에너지가 넘치고 업무를 잘 수행해내는 중역이라도 새로운 방식에 강점을 적용함으로써 업무 수행 능력을 강화할 수 있다. 성격적 강점을 적용하는 데에는 한계라는 것이 없다. 예를 들어 미적 감각과 탁월성을 가진 CEO는 회사를 보다 우수한 수준으로 끌어올릴 수 있는 방법을 찾음으로써 재미없는 근무 환경에 새로운 활력을 불어넣을 수 있다. 고객은 업무 수행을 대충 할 만한 것에서 특별한 것으로 바꾸기 위해 노력할 수 있다. 어떤 중역은 공정함이라는 성격적 강점을 활용하여 인사, 평가, 보상 업무 능력을 향상할 수 있을 것이며, 다른 이들은 창의성을 활용하여 상품과 서비스 마케팅의 새로운 전략을 구상할 수 있을 것이다.

강점을 사용하여 중역 등 높은 위치의 사람이 자기 전문 분야의 생활을 재구성하도록 돕는 것은 사라져가는 활력에 다시 불을 붙이는 역할을 한다. 이 과정을 통해 주로 발생하는 긍정적인 효과는 고객의 사고-행동 방식 구축과 확장을 유도하여 참신한 생각을 하거나 큰 그림을 그릴 수 있게 한다(Fredrickson, 2001). 이와 관련된 긍정적인 발전 효과도 함께 나타날 수 있다. 새로운 통찰력은 에너지의 분출로 이어질 수 있으며, 이 에너지는 더 많은 통찰을 낳을 것이다.

2) 강점에 기반한 브레인스토밍

어떤 고객은 강점 적용법을 스스로 깨닫기도 하지만 모든 고객이 이렇게 해낼 수 있는 것은 아니다. 대부분의 경우 코치가 보다 적극적인 방법을 사용하여 고객이 강점을 적용할 수 있도록 친절하고 명확하게 이끌어주어야 한다. 이들에게는 '강점 기반 브레인스토밍'이 도움이 될 수 있다.

강점 기반 브레인스토밍은 코치가 생각을 유발하는 질문을 던짐으로써 고객이 자신의 성격적 강점을 적용할 수 있는 독창적인 아이디어를 생각해내도록 돕는 방법을 말한다. 코치는 다음과 같은 질문을 던질 수 있다. "당신의 창의성 또는 어떤 다른 최고 강점이 난관을 극복하는 데 어떻게 도움이 될 수 있을까요? 당신이 가지고 있는 배움의 갈망을 이용해서 이 어려운 문제를 해결하기 위한 영감을 모을 수 있을까요? 당신의 시민성이라는 강점을 적용하여 팀을 위해 이 어려운 업무를 완수할 수 있도록 동기부여를 할 수 있을까요?" 코치가 강점의 윤곽에 대한 기본적인 경험을 쌓아나가고 어떻게 고객이 이 에너지에 대한 잠재성을 활용할 수 있을 것인지 이해하기 시작함에 따라 이러한 질문이 자연스럽게 발생할 수 있다. 이상적인 질문은 고객으로 하여금 자신의 강점을 어떤 새로운 방식으로 적용할 수 있을 것인지 심사숙고하도록 만들며, 고객의 중심에서 성격적 강점에 접근할 수 있는 능력에 불을 붙인다.

또한 어떤 고객에게는 과거에 자신의 강점을 어떻게 효율적으로 활용했었는지 떠올려보는 것이 도움이 되기도 한다. 이전에 거두었던 성공을 다시 되새겨보는 것이 매우 효과적일 수도 있다. 코치는 고객에게 지금 마주하고 있는 것에 비견되는 어려움이 있었음에도 불구하고 최고의 성과를 보였던 과거의 경험을 공유하도록 요구할 수 있다. 이전의 장애물을 어떤 강점으로 극복해냈는지 확인하는 것 또는 어떻게 했어야 했는지 생각해보는 것은 미래에 강점을 어떻게 적용할 것인지에 대한 통찰을 제공할 것이다.

이에 덧붙여 어떤 고객은 시각적 또는 명상적 접근이 이전의 성공적이었던 강점 적용을 떠올리고 미래의 자원으로 활용하는 데 도움을 준다고 한다. 이러한 고객은 자신의 강점을 자원으로 하여 자신에게 과거의 성공을 재현해낼 수 있는 능력이 있음을 되새긴다. 많은 고객은 이러한 연습이 차분하고 집중할 수 있는 상태로 회복시켜주기 때문에 에너지와 해결 능력을 향상해준다고 보고한다. 이러한 접근법은 포스터와 로이드(Foster & Lloyd, 2007)가 구상한 방법으로, 고객이 자신의 정신 상태를 확인하고, 어떤 면에서는 이전의 코칭 세션에서 구축한 특정한 자기대화를 통해 긍정적인 상태에 들어서는 것과 유사하다. 이러한 긍정적 자기대화는 강점을 특정 짓고 접근하려 했던 이전의 경험을 바탕으로 한다.

고객이 이전에 강점을 어떻게 적용했는지 되새기도록 만드는 데에는 두 가지 합당한 근거가 존재한다. 첫 번째 이유는 매우 직접적이다. 이전의 강점 활용법을 생각하는 것은 고객이 자신의 강점을 연결짓고 재적용하는 데 도움을 준다. 두 번째로, 긍정심리학의 연구와 이론에서 볼 수 있듯이 성공을 공유하는 것은 긍정적인 감정 상태를 만들어줄 수 있다. 이러한 긍정적 감정은 때로 '스트레스 상황에 충분히 큰 틈새'를 만듦으로써, 사고를 명확히 하고 고객으로 하여금 자신의 강점을 어떻게 활용할 것인지 깊이 생각해볼 수 있도록 하는 데 반드시 필요하다. 더욱이 앞서 언급했듯이 긍정적인 감정은 적용 가능한 사고와 행동 방식의 지평을 넓히는 데 도움을 줄 수 있다. 이러한 과정은 엄청나게 많은 생각과 행동 방식의 홍수 속에서 강점의 새로운 적용법을 찾아 헤매고 있는 고객에게 도움이 될 수 있을 뿐만 아니라, 더 나아가 반드시 필요하기도 하다.

3) 고객에 적합한 전략 선택

고객을 새로운 강점 적용법으로 이끌기 위한 기술은 유용할 수 있으나 지금까지 논의해온 단계는 아직 완벽하지 않다. 모든 강점 적용법이 동등하게 효율적인 것은 아니며, 고객이 '강점 기반 브레인스토밍'을 통해 가장 효과적인 적용법을 골랐다는 확실한 전제가 보장되어야 한다. 우리가 원하는 것은 사람들이 가지고 있는 각자의 독창적인 난관이나 목표에 대한 최고의 강점 적용법으로 그들을 이끄는 것이다. 이를 위한 한 가지 간단한 방법은 최고 강점을 하나씩 대입하여, 이를 적용시키는 것이 난관이나 목표에 어떤 영향을 미칠 수 있을지 예상해보는 것이다. 고객은 시각화와 '미래를 내다보는' 기술을 활용할 수 있다. 고객이 어떤 한 가지 강점 활용에 집중하기로 결정했다면, 시나리오가 어떻게 흘러갈 것인가? 어떤 일이 일어나며, 이를 어떻게 느낄 것인가? 만일 고객이 갑작스러운 깨달음과 함께 자신이 가지고 있는 기술에 대한 자신감이 증가하고 에너지가 커짐과 동시에 희망의 빛이 비추는 것을 느꼈다면, 지금 생각하고 있는 이 강점 적용법은 아마도 전도유망할 것이다.

강점 활용 접근법의 선택과 관련된 주제는 최근 피터슨(Peterson, 2006c), 슈워츠와 샤프(Schwartz & Sharpe, 2006)에 의해 수면 위로 떠오르게 되었다. 이들의 아이디어는 코치로 하여금 고객에게 가장 도움이 될 만한 강점 적용법이 무엇인지에 대해 보다 신중하고 효과적으로 접근할 수 있도록 돕는다. 피터슨은 어떠한 강점도 너무 많거나 적어서는 안 된다고 주장한다. 예를 들어 사회 지능이 너무 높거나 낮을 경우, 사회적으로 '멍청하거나' '쓸데없이 어려운 말을 사용하게' 될 수 있다. 예를 들어 우리는 무모함과 비겁함 사이의 어딘가에서 적당한 수준을 찾아 이를 용기라고 이야기할 때 최고로 대접받을 수 있다. 코치가 해야 하는 일 중 하나는 고객이 마주하고 있는 특정한 문제 상황 내에서 알맞은 균형을 찾을 수 있도록 돕는 것이다.

슈워츠와 샤프는 더 나아가 강점이 다른 것과는 동떨어져서 혼자 작동할 수 없는 것임을 강조한다. 다른 강점을 손상해가며 과하게 몇몇 강점만을 발달시킬 경우 '성격의 기형'을 유발할 수 있다. 그들은 강점의 좋은 적용법을 찾아낸다는 것이 또한 적절성, 특이성, 충돌에 대해서도 모두 고려해야 하는 것임을 강조한다. 적절성은 주어진 상황 하에서 특정 강점이 알맞은 것인지를 말한다. 예를 들어 유머는 볼링장에서는 통할지 모르나 장례식장에서는 적절하지 않을 것이다. 특이성은 특정 강점을 활용하려 할 때 어떤 행동을 취해야 할 것인지에 대한 결정 문제를 말한다. 병든 환자에게 친절함을 적용하고 싶을 때 그 사람 곁에 몇 시간이고 앉아 있어 주어야 하는가, 아니면 혼자 있을 시간을 주어야 하는가?

충돌은 여러 가지 강점이 서로 다른, 양립할 수 없는 행동을 통해 적용될 수 있을 때 나타나는 문제를 말한다. 어떤 여자가 새 드레스가 어떠냐고 물어보았을 때 그녀를 칭찬하고 친절함을 적용해야 하는가, 아니면 그녀에게 다시 갈아입고 오라고 이야기하며 진정성을 적용해야 하는가? 그러므로 강점에 대해 코칭할 때는 이러한 미묘한 차이를 가진 접근법을 명심하고 있어야 할 것이다.

슈워츠와 샤프(Schwartz & Sharpe, 2006)는 자신들의 주장을 강점 접근법에 대한 비평으로 두고자 했지만, 우리는 이들의 통찰을 코칭 감각의 성장을 이끌기 위한 질문으로 보려 한다. 슈워츠와 샤프가 '실용적인 지혜'라고 말하는 질문을 탐험해나가기 위한 능력은 코치가 발달시킬 수 있는 종류의 기술이다. 이러한 주제를 강점 기반 코칭 과정의 일환으로 생각하는 것은 코치로 하여금 고객이 적절한 강점 적용법을 최고조로 이끌어내도록 도울 수 있다.

직원에게 새로운 자료를 자주 넘겨주며, 그 성격 개요가 인간관계보다는 인식적인 강점 쪽에 더 치우쳐 있는 훈련 간부가 있다고 생각해보자. 이 사람은 아마도 완벽한 프레젠테이션을 만들고 지적으로 보이기 위해 '배움에의 열망'과 같은 강점을 적용할 것이다. 그러나 '지적인 강점'에만 독점적으로 기대는 것은 비효과적인 교육법으로 이어질 수 있다. 대인관계의 강점을 배제하고 학습의 열망을 적용할 때 훈련 간부는 학생들의 학습 요구를 확인하고 이에 대응하지 못할 수도 있다.

만일 최고의 강점 개요라면 사회 지능과 친절함이 이 훈련 간부에게는 도움이 될 수 있을 것이다. 전자의 경우 훈련 간부가 학생들의 경험을 더 잘 이해할 수 있도록 도울 것이며, 후자는 이러한 경험의 질을 향상하기 위한 진정한 욕구를 이끌어낼 수 있을 것이다. 예를 들어 사회 지능은 훈련 간부로 하여금 강의 자료가 청중에게 너무 빨리 제공되어 이해하기 어려운지 아닌지 알아챌 수 있도록 돕는다. 학생들이 좌절하지 않게 하려고 신경 쓰는 친절한 훈련 간부라면 이에 대한 반응으로 속도를 늦출 것이다. 또한 사회 지능과 친절함을 적용하면 훈련 간부는 강의를 이해하지 못한 학생들에게 질문과 답변 시간을 제공할 것이며, 단조로운 자료에 유머를 넣으려 할 것이다.

이와 같은 예에서 적절성과 관련된 질문을 생각해보는 것은 필수이다. 인지적 강점은 어떤 상황(예: 빈틈없는 훈련 자료를 만들고자 할 때)에서는 축복이 될 수 있지만, 어떤 때(예: 학생들에게 정보를 프레젠테이션할 때)에는 저주가 될 수 있다. 때로 사용하고 있는 강점이 도움이 되기보다 방해가 된다는 것을 알아내기 위해서는 탐구와 통찰이 필요하다. 당연히 코치는 서로 다른 상황에서는 서로 다른 강점을 활용할 수 있어야 한다. 어떤 고객은 특정 강점에 대해 과도함과 결핍 사이의 균형을 올바로 잡고 있는지 생각해보아야 할 것이다. 어떤 이들은 강점 균형을 잡는 데 집중해야 하는 반면, 어떤 이들은 앞서 언급한 특이성이나 충돌 문제에 집중해야 할 것이다. 이러한 질문은 코치를 이끌어줄 수 있는 기본 틀을 만들어 코치가 특정 고객의 특정 상황에 알맞은 최선의 강점 활용 방법을 찾아내게 한다. 고객이 강점 적용법을 구상할 수 있도록 돕는 것이나 스스로 적용법 중 최고의 것을 고를 수 있도록 돕는 것은 모두 강점 기반 코칭 과정에서 가장 중요한 구성 요소이다.

4) 업무 수행 능력과 성과

업무를 재구성하기 위해 강점을 적용하는 것은 업무 수행 능력을 효과적으로 향상할 수 있다. 고객이 자신의 강점을 적용할 수 있는 새로운 방법을 찾아냈을 때 자신의 업무를 생각하는 관점이 재배열된다. 앞서 친절함 덕목을 가지고 있는 훈련 간부의 예를 통해 이 강점을 적용했을 때 훈련 간부의 업무가 그 덕목과 관련하여 어떻게 일관성을 가지게 되는지를 보았다. 관심도 없는 업무에 빠져 단순히 허우적대는 대신 시간을 들여 업무 안의 어떤 것을 가치 있게 생각하고 있는지 찾아보는 것은 내적 동기를 향상해 줄 수 있다. 그 결과로 업무 수행 능력도 강화될 수 있다(Katz et al., 2006).

또한 강점의 적용은 고객이 업무에 몰입할 수 있도록 도움으로써 업무 수행 능력을 강화할 수 있다. 몰입 상태는 당연히 문제 상황이 능력과 균형을 이루고 있을 때 가장 발생하기 쉽다. 강점 적용은 이끌어낸 능력이 업무적 요구에 불충분할 때 또는 대단한 능력을 필요로 할 때 도움이 될 수 있다. 어떻게 강점을 활용할지 확인하는 것은 이러한 능력과 문제 간의 불균형을 해결하는 데 도움이 될 수 있으며, 몰입 경험이 일어나기 쉽게 한다. 물론 이러한 경험은 높은 수준의 업무 수행으로 연결된다(Nakamura & Csikszentmihalyi, 2002).

마지막으로, 강점 활용은 행복감을 강화함으로써 업무 수행 능력을 강화할 수 있다. 발견되는 증거에 따르면 자신만의 강점을 새로운 방식으로 사용하는 것은 사람들을 행복하게 만들고 덜 우울하게 하는 것으로 밝혀졌다(Seligman et al., 2005). 따라서 심리적 행복감을 증진하는 것이 많은 경우 개인의 업무 수행 능력을 다양한 맥락에서 향상하는 것은 그다지 놀랍지 않은 결과이다(Lyubomirsky et al., 2005).

비록 과학에 바탕을 두고 있기는 하지만, 고객이 자신의 강점을 찾아내어 사용할 수 있도록 돕는 것은 굉장히 복잡한 기술이다. 다른 주요한 기능 중에서도 코치는 반드시 고객이 자신의 강점을 찾아내어 새로운 방식으로 적용하는 아이디어를 구상할 수 있도록, 그리고 특정 상황하에서 가장 적절한 강점 활용 전략을 선택할 수 있도록 도와야 한다. 우리가 업무를 재구성하는 것에만 집중하기는 했지만, 강점 적용에 대해 이야기하고자 할 때 언급되었던 많은 내용은 삶의 다른 어떤 영역에도 적용될 수 있는 것이다. 코치는 강점의 효과적 활용에 집중함으로써 고객이 선천적 재능에 접근하도록 도우며, 업무 수행 능력, 행복감, 업무 만족도를 증진하기 위한 가장 직접적인 길을 찾아내도록 도울 수 있다.

5) 도덕적 순환

고객은 자신의 강점을 적용해나감에 따라 많은 경우 지속적으로 성격 발달의 순환 속에 들어가게 된다. 이 과정은 고객의 강점에 대한 인식을 발달시키고자 할 때 시작된다. 앞서 논의했듯이 고객은 자신의 강점을 새로운 방식으로 적용하기 시작한다. 코치와 고객 모두 강점 발달을 위한 전략을 신중하게 선택했을지라도, 첫 시도로 이것이 항상 잘 맞아떨어지라는 법은 없다. 첫 시도로 성공을 거두는 것이 당연히 가장 이상적이겠지만, 그만큼 첫 시도를 적절히 비트는 것도 필요하다. 강점 적용법이 실패했을 때는 고객을 이끌어줄 수 있는 방법을 중심축으로 하여 과정을 반복하면 된다. 코치는 고객을 격려하면서 활용 전략을 조정하여 강점 적용에서 자기 효용성을 강화하는 미래의 성공 확률을 높인다. 반면 단순히 실패 속에서 뒹굴고 있는 것은 자기 효용성을 파괴할 수 있으며, 이는 곧 〈그림 17.1〉의 선순환을 무너뜨리게 된다. 실패는 강점 적용의 선순환에 들어서게 할 수도 있고, 모든 강점을 버리게 할 수도 있는데, 이 모든 차이는 코칭을 통해 나타날 것이다. 활용과 조정으로부터 얻어낸 자기 효용성은 다음 그림에 제시된 순환을 완성하는 요소인 '강점 인식'을 더욱 강화할 수 있다. 이 순환은 고객이 강점을 더 자주 사용하도록 이끌어줄 것이며, 그렇게 하기 위한 고객의 능력을 한 단계 성장시켜줄 것이다.

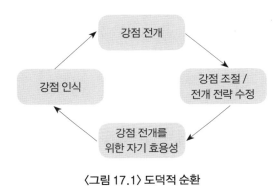

〈그림 17.1〉 도덕적 순환

요약

  긍정 집중, 비교 문화에의 강조, 실증적 엄격함과 조화된 강점검사는 획기적이다. 우리가 이미 이것을 유용하게 사용할 수 있는 여러 가지 방법에 대해 확인해보았음에도 이는 오직 강점검사가 가지고 있는 잠재성의 겉핥기에 불과하다. 아직 구상된 지 얼마 되지 않은 도구이기에 강점검사를 가장 잘 활용할 수 있는 방법이 무엇인지에 관한 여러 의문이 남아 있다. 예비 분류에 포함되지 않은 중요한 성격적 강점에는 무엇이 있을까? 어떤 성격 양성 도구가 가장 도움이 될까? 누구에게 도움이 될까? 비즈니스 팀에게, 우정을 위해, 결혼을 위해서는 어떤 강점 조합이 가장 도움이 될까? 이는 보다 깊이 연구되기만 한다면 강점검사의 활용 가능성을 넓혀줄 수 있는 수많은 질문 중의 일부에 불과하다. 미래의 연구는 코치와 고객의 경험에 따라 어떤 질문이 가장 중요한지를 밝혀 몇 가지 답변에 대한 힌트를 찾아낼 수 있을 것이다. 앞서 제시된 제안을 통해 강점검사를 적용하는 것은, 그리고 강점검사를 가장 효과적으로 사용할 수 있는 방법을 더 깊이 탐색해보는 것은 코치와 고객의 난관 극복 능력과 건강 행복감을 증진할 수 있을 것이다.

Chapter 18

스트레스 코칭

Kenneth M. Nowack

스트레스는 《Excellence in Coaching》(Pena & Cooper, 2006)의 '코칭과 스트레스' 장에서 입증된 바와 같이 직무 및 생활 습관 교정 코칭 개입 활동에서 중요성이 높아지고 있다. 스트레스를 효과적으로 관리하고 건강을 촉진하는 작업은 코치와 고객에게 매우 중요하다. 이 장에서는 입증된 건강/생활 습관 관리 평가 도구인 스트레스검사(StressScan)를 활용한 스트레스 대처 코칭과 건강 증진 코칭 방법을 제시할 것이다.

이 장에서는 업무, 생활, 직업 혹은 건강 코칭 전반에 걸쳐서 통합 스트레스 및 건강 관리 모델에 대해 살펴본 후, 스트레스와 개인 행동 변화의 근거가 되는 이론적 모델을 간략하게 소개한다. 그리고 스트레스검사 개발 및 해석, 고객의 건강을 촉진하는 것을 돕는 온라인 스트레스 관리 기획 체계 및 자료 집약 '재능 강화 기제(talent accelerator)'와의 관계를 살펴본다. 이 부분은 이전 연구(Nowack & Pentkowski, 1994;

Nowack, 1990, 1991, 1994)에서부터 다루어진 스트레스검사에 대한 보다 확장된 논의를 근거로 한다. 독자는 스트레스검사의 상세 사항과 관련 연구, 척도 해석에 대한 지침을 매뉴얼(Nowack, 1990)에서 찾을 수 있다. 이 장의 나머지 부분에서는 이 평가 도구의 근거가 되는 개념이 코치의 업무와 생활 스트레스를 관리하고 업무 탈진을 피하는 것을 도와줄 수 있는 방법과 스트레스검사의 사용에 초점을 둔다.

1. 스트레스 코칭의 이해

1) 스트레스 코칭

코치가 조직에 대한 개인적 관점에서 업무적 속성의 이해를 돕기 위한 유명한 스트레스 모델이 몇 가지 존재한다. 〈그림 18.1〉은 업무 긴장도/지원 모델(Karasek & Theorell, 1990), 노력 보상 균형 모델(Siegrist, 1996), 자원 전환 모델(Hobfoll, 2001), 업무 수요-자원 모델(Bakker et al., 2003), 비타민 모델(Warr, 1987), 감정 노동 모델(Hochschild, 1983) 등을 포함한 통합 모델을 보여준다.

고객이 업무와 가정생활의 균형을 맞추기가 어렵다고 토로하거나 업무 스트레스에 대해 이야기하는 것은 코칭에서 드물지 않은 일이다. 스트레스에 대한 자각 수준은 일반적으로 상당히 높으며, 고객의 40~60%가 업무와 가정으로부터의 압박과 도전으로 인한 높은 수준의 스트레스에 시달리는 것으로 나타났다(Nowack, 2006).

스트레스나 건강, 생활 습관에 관한 상담은 일반적으로 코치가 아닌 의사, 심리학자 및 기타 보건 관계자의 담당 영역으로 여겨져왔다. 직원의 업무와 생활의 균형이나 스트레스 대처, 신체적·정신적 후생 증진을 돕는 것이 업무, 생활, 직업 혹은 건강 코칭의 주요 착안점이 될 수 있다는 논의의 전개가 가능하다(Palmer, 2003). 코치 또한 직업적 스트레스의 대상에서 예외가 아니다. 코치는 과도한 업무량, 도전적인 과제와 조직적 제약으로 인한 높은 수준의 스트레스와 업무 탈진에 취약한 편이다.

조직적 스트레스 요소

- 직업/역할 요구
- 직무/업무 요구
- 결정 허용 범위
- 물질적 환경
- 리더십 사례
- 대인관계 요구
- 직업적 기회
- 정책/절차
- 고용 안정성

개인적 스트레스 요소

- 가정사
- 연령/성별/인종/SES
- 인식된 스트레스/업무량
- 생활 습관 행동
- 인지적 인내심
- 사회적 지원
- A형 행동
- 대응 습관
- 심리적 후생

개인 스트레스 반응

- 행동/생활 습관(예: 약물 사용, 섭식 장애 등)
- 심리적(예: 우울증, 업무 탈진, 수면 장애, 성기능 장애, 가정 문제 등)
- 신체적/의료적(예: CHD, 당뇨, 암, 소화 질환 등)

조직적 결과

- 잦은 결석
- 지각
- 프레젠티즘
- 정체/이직
- 건강 유지 비용
- 고객 지원

- 생산성의 질
- 생산성의 양
- 부상/사고
- 스트레스 장애
- 직장 폭력
- 파업/업무 중단
- 소통

- 의사결정
- 팀 사기
- 업무 관계
- 직무 만족도
- 고용인 참여

〈그림 18.1〉 건강 및 생산성 관리 모델

2) 건강한 직원의 조직 공헌도

스트레스는 개인에게 감정적, 인지적, 생리학적, 행태적 영향을 미칠 뿐만 아니라 조직 측면에서도 집중력 및 의사결정 능력의 저하, 피로, 사고, 부상, 결근, 프레젠티즘, 신체적 질환 및 심리적 고통과 같은 중요한 영향을 미칠 수 있다(Nowack, 1994). 코칭을 포함한 공식적 프로그램을 통해 조직 내 근로자의 전반적인 보건(신체적, 정신적)을 증진하는 것은 생산성 및 경쟁력 향상을 위해 중요해 보일 수 있다.

보건 상태의 향상으로 인한 경영 이익은 보수적으로 연간 1파운드의 투자액당 3.73 파운드 정도로 추산된다(Mills, 2005). 미국에서는 알다나(Aldana, 2001)가 13건의 연구 결과를 검토한 바 있는데, 1달러의 비용 투입당 평균적으로 3.48달러의 건강 서비스 비용 절감 효과와 직원 결근으로 인한 5.82달러의 비용 절감 효과가 있는 것으로 파악되었다. 펠리티어(Pelletier, 2001)는 120건의 사내 보건 증진 연구가 비용 절감 효과뿐만 아니라 생산성 및 보건 증진 효과를 보인다고 발표했다. 최근에는 생활 습관 조정 및 직원 건강 프로그램이 상당 규모의 지속적인 투자 효과를 발생시킨다는 사실을 뒷받침하는 증거가 지속적으로 발표되고 있다(Chapman, 2012; Goetzel & Ozminkowski, 2008). 비록 이런 증거는 조직 내부의 근본적인 원인을 처리하지 않고 실시되는 개인적인 개입에 대한 집중이어서 비효과적이라는 점을 시사하지만(Nowack, 2000), 이 장의 초점은 고객의 스트레스 절감 및 건강, 생산성, 후생 증진을 촉진하는 것에 대한 코칭의 영향이다.

스트레스 반응 혹은 '투쟁-도피' 반응은 보호적 태도로 우리 몸이 자발적이고 빠르게 전환하는 기제로, 개인이 인식하거나 실제로 존재하는 위협에 대비하는 것이 그 목적이다. 이러한 반응 자체는 정상적인 것이며, 건강하고 상황에 적응할 수 있도록 돕는다. 그러나 한편으로는 '투쟁-도피' 체제가 지속적으로 자극을 받거나 활성화하는 상황이 몸의 거의 모든 신진대사에 영향을 주어 면역 체계의 효율성을 약화하고 비만, 불면증, 소화 질환, 심장병, 우울증, 기억 상실, 염증 등을 초래할 수 있다는 것을 알고 있다(Glaser & Kiecolt-Glaser, 2005).

2. 스트레스검사 모델

스트레스검사는 스트레스를 절감하고 건강한 생활 습관과 스트레스 대처 습관을 함양하여 삶의 질을 높이는 데 목표를 두고 지식, 기술과 행동 변경 능력을 향상하기 위한 실무 코치의 '도구 상자'에서 중요한 평가 도구의 역할을 할 수 있도록 설계되었다. 코치는 재능 강화 기제라 불리는 포괄적인 스트레스, 건강 자료가 모여 있는 통합 온라인 발달 기획, 알림 시스템과 함께, 고객이 스트레스를 경감하고 건강 자료와 리스크를 식별하도록 도울 수 있을 뿐만 아니라 건강 증진을 위한 습관과 행동을 촉진하는 조치를 실행하고 유지하도록 도울 수 있다. 〈표 18.1〉에 스트레스, 건강, 생활 습관 교정 코칭의 주요 개념적 목표를 요약했다.

코치는 동기부여 인터뷰와 같은 여러 가지 도구(Passmore & Whybrow, 2007; Rollnick & Miller, 1995)와 스트레스, 건강 평가 도구, 인지 행동 기술 등을 활용함으로써 고객이 과거의 퇴행적 질환 문제를 수용하게 하고, 자기 관리 기술 및 건강한 생활 습관 행동을 증진하기 위한 전략을 개발하고 중요 행동 양식을 시간이 지나도 유지할 수 있도록 환경을 조성하는 등의 핵심 과제를 수행하는 데 도움을 줄 수 있다.

스트레스검사의 목표는 고객의 스트레스에 대한 의식을 촉진하는 것이고, 재능 강화 기제의 목표는 성공적인 행동 변화를 가능하게 하는 것이다. 재능 강화 기제는 계획 행동 이론(Ajzen, 1991), 자기 효능감 및 사회 학습 이론(Bandura, 1977), 건강 신념

〈표 18.1〉 스트레스, 건강, 생활 습관 교정 코칭 목표

시간	스트레스/건강/생활 습관 코칭 목표	주 해결 과제
과거	이해, 수용, 용서, 인생 만족	종료
현재	행복/주관적 후생, 참여, 사회적 연결, 관리 능력, 에너지, 긍정적 관점, 자기 효능감, 건강 증진 행동 연습	통제
미래	낙천성, 유산, 의미, 장기간 유지, 긍정적 효과, 탄력성, 건강 증진 행동 유지	희망

모델(Becker, 1977), 변화에 대한 범이론적 모델(Transtheoretical Model of Change, TTM) (Prochaska & Velicer, 1997) 등을 포함하여 개인 행동 변화에 가장 유력한 응용 이론에 기반을 두고 있다. 이러한 이론은 행동 변화를 촉진하려는 모든 코치에게 유용할 것이다.

재능 강화 기제의 여러 가지 기능과 특징은 범이론적 모델과 재발작 예방(Parks & Marlatt, 1999) 같은 개인 변화 이론을 뒷받침하도록 특별히 설계되어 발전되었다. 또한 고객이 스트레스와 건강 증진을 위한 행동을 끝마칠 때마다 알림 메시지를 주기적으로 제공하거나 이해도 증진, 학습, 행동 변화를 촉진하기 위한 각각의 스트레스검사에 대한 광범위한 자료 라이브러리를 제공함으로써 특정한 스트레스와 건강 목표에 대한 개선 성과를 추적하고 점검하기 위한 스트레스검사와 통합될 수 있게 설계되었다.

3. 스트레스검사 개발

스트레스검사는 업무, 생활, 건강 코치가 고객과 함께 스트레스 관리 능력과 건강 증진을 촉진하기 위한 목적으로 활용할 수 있는 검사 도구이다. 스트레스검사는 1990년대 초에 개념적 발달이 시작되었으며 몇 편의 논문에서 상세하게 설명되었다 (Nowack, 1990; 1999). 스트레스검사는 미국에서 WPS(Western Psychological Services) 가 현재 발간하고 있는 스트레스 프로파일(Stress Profile)의 변조된 버전이다.

스트레스검사는 스트레스의 인지 교류 모델(Lazarus & Folkman, 1984)에 기반을 둔 중요한 심리학적 요소를 측정하는 123항목으로 구성된 설문지이다. 설문은 온라인으로 실행 및 평가되며 완료하는 데 15~20분 정도 소요된다. 스트레스검사는 이와 관련한 대규모의 국제적 데이터베이스로 성장하고 있으며, 평가 도구는 스페인어, 포르투갈어, 이탈리아어, 독일어, 덴마크어, 터키어, 헝가리어, 일본어, 그리스어, 리투아니아어 등으로 번역되어 있다.

스트레스검사를 실시하는 경우 14개의 주요 검사에 대한 개관, 건강 위험 요소와 건강 자원, 장기간에 걸쳐 추적과 점검이 가능한 개인 스트레스 및 건강 행동 계획으로 해석할 수 있는 온라인 재능 강화 기제와의 통합 정보를 제공하는 포괄적인 개인 보고서를 결과물로 얻을 수 있을 뿐만 아니라 흡연 상태나 알코올, 마약과 같은 물질의 과다 복용에 대한 피드백도 제시하며, 불성실한 응답이나 지나치게 목표 지향적인 응답 패턴을 식별하기 위한 응답 왜곡 척도를 포함하고 있다.

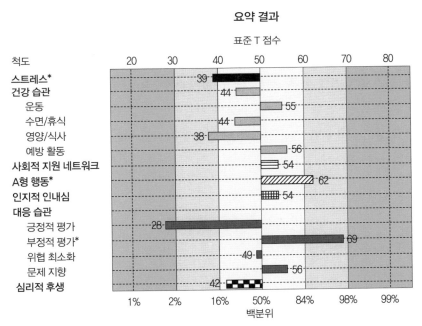

요약 결과

표준 T 점수

* 높은 T 점수는 보건 위험을 의미할 수도 있다. 다른 척도의 경우 높은 T 점수는 건강에서의 강점을 나타내고 낮은 T 점수가 건강 위험을 암시한다.

이 보고서는 엔비시아 러닝(Envisia Learning)의 스트레스검사 소프트웨어 © 2012 Envisia Learning으로 작성되었다. 스트레스검사는 WPS에서 출판한 스트레스 프로파일의 변형된 버전이며 모든 저작권은 WPS에 있다.

〈그림 18.2〉 스트레스검사 보고서

1) 신뢰성

스트레스검사는 모든 척도에서 0.51~0.91 정도의 적정한 내적 일관성 신뢰도를 보여주는 것으로 나타났다. 모든 척도의 검사-재검사 신뢰도는 3개월 동안 0.76~0.86 정도로 나타났다. 주성분 분석을 통해 1.0 이상의 고윳값을 가진 3개의 적응 인지 및 행태 행동, 비적응 자원 및 생활 습관을 찾을 수 있었으며 이는 분산값의 57%에 해당한다.

2) 유효성

스트레스검사는 면역 반응, 업무 탈진, 우울증, 잦은 결석, 신체 질환, 불안, 직업 만족도, 조직 몰입, 업무 성과 등을 포함한 횡단면 연구와 종단면 연구를 통한 여러 가지 건강 및 생산성에 관한 연구 결과와 연계 및 분석되었다(Giesser et al., 2007; Nowack, 2000; Schwartz et al., 1993 등 참고).

4. 스트레스검사

1) 스트레스

이 검사는 여섯 가지 항목으로 3개월 동안의 스트레스 평가에서 전반적인 지수를 도출할 수 있으며, 지수의 내적 일관성 신뢰도는 0.68로 적정하다. 이 검사는 해슬스 검사(Hassles scale)(Lazarus, 1984; Kanner et al., 1981)를 요인 분석한 결과에 개념적 기반을 두고 있으며, 여섯 가지 업무 및 생활 부문에서의 자기보고 스트레스를 측정한다.

| • 건강 | • 업무 | • 개인 재무 |
| • 가정 | • 사회적 의무 | • 세계/환경 문제 |

이 검사는 응답자가 느끼는 걱정의 정도에 따른 순위와 자기보고 스트레스에 대한 전반적인 측정이 가능하며 코칭 및 스트레스 관리 프로그램을 설계하는 데 매우 유용하다.

스트레스 척도는 앞에서 언급한 면역 반응과 연계되어 있는 것으로 보이며, 퇴행성 질환을 앓고 있는 사람들에게 스트레스 관리 기술을 교육하도록 설계된 특정한 개입 활동에서는 변화에 민감한 것으로 보인다(Giesser et al., 2007). 이 연구 결과는 주요 퇴행성 질환 및 상태에 대한 스트레스 관리 개입 활동 효과의 최근 연구 결과에 중요한 시사점을 던진다(Nowack, 2000).

2) 전반적 건강 습관

건강 습관 혹은 전반적 생활 습관 행동은 신체 및 심리적 복리에 좋다고 가정되는 특정 행동의 일상적 활동을 평가하는 25개 항목 검사로 측정한다. 이 검사는 다음의 4개 하위 검사를 혼합한 것이며, 흡연 및 약물 사용에 대한 항목도 포함되어 있다. 건강 습관 검사에서의 높은 점수는 좋은 생활 습관 행동을 높은 빈도로 실천하고 있다는 것을 시사한다.

■ 전반적 건강 습관-운동

운동 척도는 고용인이 정기적으로 신체적 활동을 하는 빈도를 측정한다. 질문은 유산소 활동, 스트레칭, 유연성, 상당 수준의 운동이 포함된 근력 강화와 여가 활동에 집중한다. 이 검사의 내적 일관성 신뢰도는 0.79로 측정되며, 몇 종류의 고용인 관련 연구에서 잦은 결석과 연관되는 것으로 나타났다(Nowack & Pentkowski, 1994).

■ 전반적 건강 습관-수면과 휴식

이 검사는 적정 수준의 휴식과 이완 활동을 하는 빈도, 정기적인 수면의 질과 양을 측정한다. 수면 검사의 내적 일관성 신뢰도는 0.71로 높은 편이며, 피로에 대한 임상적 척도와는 독립적인 것으로 나타났다(Giesser et al., 2007, 2011). 제대로 된 수면을 취하지 않아 피로에 찌든 고용인은 몸담고 있는 조직에 잠재적 위험 요소이며, 스트레스 검사에서 별도로 분리된 자기보고 검사를 포함하는 것은 코칭 개입 활동에서 유용하게 활용할 수 있을 것이다.

■ 전반적 건강 습관-영양과 식사

이 검사는 균형 잡힌 식사의 빈도와 일일 기준 식단에 대한 건전한 접근을 측정하며, 내적 일관성 신뢰도는 0.70으로 높은 편이다. 영양과 식사 검사는 체중 관리보다는 건강한 식사를 촉진하는 데 큰 관심을 갖는다(Giesser et al., 2011).

■ 전반적 건강 습관-예방 활동

이 검사는 아픈 사람을 피하거나 예방적인 습관을 유지하는 것과 같은 건전한 보건 위생 행동을 실천하는 빈도를 측정하며, 내적 일관성 신뢰도는 0.70으로 높은 편이다. 이러한 유형의 예방적 행동은 조직적 위험 경감과 보건 증진 프로그램이 공통적으로 집중하는 주제이다.

3) 사회적 지원

사회적 지원은 응답자가 활용 가능한 5개 그룹, 즉 동료, 상관, 가족, 친구, 연인에 대한 활용 가능성, 유용성, 만족도에 대해 별도로 평가하는 사라슨 등(Sarason et al., 1983)의 연구 결과를 바탕으로 한 18개의 검사를 활용하여 측정한다. 전반적인 사회 지원 점수는 5개 그룹을 모두 포괄하여 측정한다. 척도의 내적 일관성 신뢰도는 0.83이다. 이 검사에서 높은 점수를 얻는다는 것은 고용인이 직장과 집에서 사회적 자원을 쉽게 접할 수 있고, 필요할 때 활용할 수 있으며, 감정적·정보적·수단적 자원을 받는 데 만족의 정도가 높다는 것을 시사한다.

4) A형 행동

A형 행동은 스트레스검사에서 간단한 10개 항목 검사를 활용하여 측정한다. 이 검사는 원래의 프레이밍햄 A 유형 검사(Framingham Type A measure)(Haynes et al., 1980)에 개념적 기반을 두고 있다. 스트레스검사에서의 높은 점수는 업무 및 생활 스트레스 요소에 대한 업적 지향성, 정력적, 유능성, 분노성, 적대성 반응이 보다 자주 나타난다는 것을 시사한다. 이 검사의 내적 일관성 신뢰도는 0.82로 적정한 편이며, 젠킨스 활동 검사(Jenkins Activity Scale, JAS)와 프레이밍햄 유형 검사(Framingham Type scales, FTS)로 수렴적 유효성을 달성했다(Nowack, 1987, 1990). 점수가 매우 높을 경우 시니컬한 불신성과 적대성이 높은 경향을 보이기도 한다.

5) 인지적 인내심

이 검사는 응답자가 코바사의 성격적 인내심 개념(Kobasa et al., 1981; Kobasa, 1979)에 기반한 특정한 태도와 신념을 가지고 있는지 평가한다. 이 검사에서는 상대적으로 높은 인내력을 요구하는 업무 혹은 생활 상황에 대한 태도와 믿음을 측정한다.

- **통제**: 인생에서 중요한 결과에 대해 개인이 자기 효능감과 영향력을 가지고 있다는 믿음
- **도전**: 인생에서의 변화를, 무력감과 무망함을 초래하는 것이 아니라 자율권을 성취할 수 있고 도전적인 것으로 받아들이는 태도
- **참여**: 업무, 가족, 우정 및 자기 자신에 대해 소외시키지 않고 참여하며 헌신하는 태도
- **자신감/자존감**

이 검사는 아주 많이 발표되었거나 발표되지 않은 연구 결과의 요소 분석 과정을 통

해 표면적인 해석을 뒷받침할 수 있다(Beasley et al., 2003; Nowack, 1999).

인지적 인내심 검사는 0.84 정도의 적당한 내적 일관성 신뢰도를 보이며, 수많은 연구에서 다양한 종류의 신체적·심리적 영향을 예견할 수 있다는 것을 보여주었다(예: Beasley et al., 2003; Greene & Nowack, 1995; Nowack, 1990, 1991). 또한 낙천성 검사(Goss, 1994), 오스트레일리아 대학 직원 1,925명에 대한 연구에서의 전반적인 보건 및 저수준 직업 스트레스(Sharpley et al., 1999)와 수렴적 유효성을 달성했으며, 경찰관에 대한 3년간의 종단면 연구에서 잦은 결석과 부상/질환으로 입원한 자기보고와 유의하게 연계되는 것으로 밝혀졌다(Greene & Nowack, 1995).

간부, 코치, 학생에 대한 최근의 무작위적 통제 연구는 간단한 인지 행동 기반 개입 활동에 기반을 둔 것이며, 인지적 인내심 및 회복력 점수의 유의한 증가 경향을 보여주었다(Grant et al., 2009, 2010; Grant, 2008; Green et al., 2007). 12주간의 혼합 학습과 교실 생활 개입 활동의 비교 또한 최근의 연구에서는 인지적 인내심과 심리적 후생에 유의한 변화를 이끌 수 있는 것으로 드러났다(Giesser et al., 2011).

인지적으로 강한 고용인은 보다 끈질긴 성격을 가지고 있을 것이라고 예상할 수 있으며, 업무나 삶에서 어려운 상황에 부딪혔을 때 더 적극적으로 임하거나 더 탄력적으로 회복할 가능성이 높다. 이 검사는 고객이 새로운 행동을 시작하고 유지하며, 일과 삶에서 부딪히는 장애물과 도전에도 불구하고 지속하게 하는 고객 성취를 나타내는 비교적 좋은 지표이다.

6) 대처 습관

대처 습관은 업무와 삶의 스트레스 요인과 도전에 대처하는 네 가지 특성을 대표하는 20항목의 검사로 평가한다. 응답자는 업무, 가정, 개인적 스트레스 요소와 맞닥뜨렸을 때 얼마나 자주 다음 네 가지 기법을 사용하는지에 대한 질문에 답한다.

- **긍정적 평가:** 자기대화와 스트레스 요소의 중요성을 인지적으로 최소화하려는 노력을 통해

스트레스 상황의 긍정적 측면에 대해 현실적으로 강조하는 것
- **부정적 평가:** 상황의 부정적 측면에 집중하는 자기비하적 진술과 파멸적인 사고
- **위협 최소화:** 스트레스 요소에 지나치게 연연하지 않고 적극적으로 인지한 뒤 전진하는 것, 사건과 상황을 적절한 관점에서 바라보기 위해 유머를 활용하는 것
- **문제 지향 대처:** 한 사람의 행동이나 환경을 교정하기 위한 행동적 시도

이러한 각각의 독립적인 검사에서 고득점인 경우, 해당하는 대처 습관을 자주 활용한다고 생각할 수 있다. 이전의 연구에서 대처에 관련된 척도의 경우 0.68~0.79의 내적 일관성 신뢰도를 보였다. 횡단면 연구와 미래 연구에서 각각의 대처 습관 검사는 신체 질환, 업무 탈진, 결석 증가, 우울증과 같은 여러 가지 현상과 연계하여 설명할 수 있었다(Giesser et al., 2007, 2011; Nowack, 1989, 1999). 스트레스검사로 평가한 특정한 대처 전략 활용 패턴은 코치로 하여금 고객이 특정한 업무나 생활 상황에서 도전적이고 스트레스가 쌓인다고 인정할 경우 어떠한 접근법을 채택하는지 더 잘 이해할 수 있도록 돕는다.

7) 심리적 후생

심리적 후생은 이전 3개월간 전반적인 삶의 만족도 및 심리적 고통의 부재 여부를 평가하는 12항목 척도로 검사한다. 이 검사에서 높은 점수를 받은 경우 전반적인 고통 수준과 감성적인 부정 성향이 낮고, 자신에 대한 만족도가 높으며, 삶을 즐길 수 있는 능력이 뛰어나고, 가족, 업무, 인간관계 및 업적에 대해 더 행복하다고 생각할 수 있다. 검사의 내적 일관성 신뢰도는 0.93으로 높으며 우울증, 정신적 고통, 불안감 측정에 강하게 연계되어 있다(Nowack, 1999).

이 심리적 후생 검사로부터 세 가지 항목의 영성 지수가 파생 및 입증되었다. 또한 퇴행성 질환을 앓고 있는 사람들이 심리학적 교육 개입 활동에 더 민감한 것으로 나타났다(Nowack & Roberts, 2006). 현재 이 영성 지수는 스트레스검사에서 별도의 검사로 활용할 수 없지만 대상자의 삶 속에서 의미 있는 활동과 관계의 연결성을 측정하는 데

효과적이라는 것이 드러남에 따라 앞으로의 연구나 코치의 활용에 대한 전망이 밝다 (Giesser et al., 2011).

8) 응답 편향

이 검사는 불성실하거나 편향성 또는 왜곡을 보인다고 해석할 수 있는 방법으로 응답하는 경향성을 평가한다. 각 항목은 크라운-말로의 사회적 바람직성 편향 검사 (Crowne & Marlowe, 1960)에 개념적 기반을 두고 있다. 이 검사에서 높은 점수를 얻은 응답자는 대부분의 개인에게 일반적이지 않다고 인식되는 항목을 지지하는 경향을 보이며, 응답자가 피곤해하거나, 시간에 쫓기거나, 항목을 읽는 데 불성실하거나, 왜곡될 수 있는 방법으로 응답할 가능성을 높인다.

5. 스트레스검사와 코치

스트레스검사는 코치가 개인적 · 직업적으로 유용하게 활용할 수 있다. 코치 또한 스트레스, 불안감, 우울증, 업무 탈진 등으로부터 자유롭지 않기 때문에 업무나 삶에서 받는 압박을 관리하고 건강한 상태를 유지하는 법을 배우는 것은 직업적으로도 중요하다. 유능한 코치라도 고객과 함께 일하는 것은 감정적인 피로가 크고 인간 대 인간으로 도전적인 경험이기도 하다.

개인적인 수준에서 스트레스검사는 코치가 스트레스에 대처하고 신체적 · 정신적 후생을 증진하기 위한 자기 자신만의 접근법을 개발할 수 있도록 통찰력과 정보를 제공할 수 있다. 업무에서 감정적 탈진, 냉소적 태도 등을 경험하는 코치의 경우 이러한 도구로 자신의 영성적, 감정적, 신체적 후생에 대한 자세를 새로이 하여 고객을 더 효율적으로 도와줄 수 있다.

직업적으로 업무, 생활, 직업, 건강 코칭을 관리하는 코치에게 스트레스검사는 자신의 업무 능률을 향상하는 유용한 개인 평가 도구가 될 수 있다. 그렇기에 많은 고객은 적정한 업무-생활 균형을 찾거나 점점 증가하는 업무 혹은 가족의 요구 사항에 대처하는 것을 힘들어한다. 요즈음 코칭 세션 도중 자신이 어느 정도 피곤하다거나, 중첩되는 책임 때문에 부담을 느낀다거나, 시간 때문에 압박을 받는다는 이야기를 하지 않는 경우는 드물다. 스트레스검사를 통해 고객이 공통적으로 가지고 있는 업무 및 생활의 압박을 다룰 수 있는 구체적인 진단 범위에 대한 정보를 얻을 수 있다. 재능 강화 기제를 함께 활용한다면 성공적으로 스트레스 및 건강 관리와 행동 변화를 이끄는 몇 가지 실용적인 방법을 찾을 수 있을 것이다.

또한 스트레스검사는 대부분의 코칭 개입 활동에서 고객에게 쉽게 변화를 줄 수 있는 독특한 개인 평가 도구 중 하나이다. 특히 스트레스검사와 재능 강화 기제를 함께 활용한다면 행동 변화 활동에 대한 준비도를 증진하고, 지속적인 스트레스 및 건강 관리와 행동 계획을 촉진하는 방법으로 고객이나 조직에 제공되는 코칭 서비스의 질을 높일 수 있다.

6. 스트레스검사와 고객

스트레스검사와 재능 강화 기제는 코칭 개입 활동에서 스트레스/건강 위험 요소와 자원을 식별하는 데 중요한 역할을 할 수 있으며, 이러한 개인 평가 도구는 스트레스, 업무 탈진, 업무-가정 균형의 어려움, 형편없는 건강/생활 습관 관리나 효과적이지 못한 대처 습관에 대해 불만을 가진 고객에게 더 효과적일 수 있다.

이러한 유형의 개인 스트레스 및 건강 평가 도구를 활용하는 데 관심이 있는 코치는 개인 행동 변화의 역학과 고객이 새로운 스트레스 관리 기술 및 생활 습관을 도입하고 유지하는 것이 무엇을 의미하는지 완전히 이해해야 한다.

〈그림 18.3〉은 성공적인 행동 변화에 대한 최신 이론을 통합한 포괄적 스트레스, 건강 및 생활 습관 모델(Mashihi & Nowack, 2011; Nowack, 2009)을 도식화한 것이다. 이 새로운 모델은 성공적인 스트레스, 건강 및 생활 습관 교정 코칭 과정이 고객으로 하여금 특징적이고 체계적인 3단계를 거치게 한다는 것을 보여주며, 각각의 단계는 성공적인 행동 변화를 이끌기 위해 특정한 목표와 기법이 할당되어 있다.

1. 계몽
• 스트레스검사 건강 위험 평가(스트레스 인식, 생활 습관 행동, A형 행동, 대처, 사회적 지원, 인내심 및 후생)
• 피드백 과정(스트레스 및 건강 위험의 영역과 가용 자원에 대한 인식)

2. 격려
• 변화에 대한 준비(동기 및 믿음의 명확화)
• 동기부여 인터뷰(변화 강조)
• 목표 설정 및 실천 의도(측정 가능하고 구체적)
• 기술 단련(새로운 생활 습관 행동 개발 및 실천에 코칭 역량 집중)

3. 관리
• 강화(새로운 생활 습관 행동 유지에 대한 개인 및 조직적 인센티브)
• 재능 강화 기제를 활용한 모니터링(발달 계획 과정에 대한 지속적 알림)
• 사회적 지원 수립
• 재발 방지 훈련
• 평가

계몽
격려
관리
행동 변화

〈그림 18.3〉 건강 및 생산성 관리 코칭의 단계

1) 스트레스 코칭 단계

■ 1단계: 계몽

'내가 얻는 건 뭐지?'(What's in it for me, WIFM)는 코치가 생활 습관 교정 과정을 성공적으로 이끄는 데 매우 중요한 부분이다. 고객이 스트레스, 건강 위험 및 자원의 개인적인 영역을 더 잘 인지하도록 돕는 것은 특정한 건강 목표를 성공적으로 수립하는 데 중요한 과정일 뿐만 아니라 행동 변화의 준비 능력을 높이는 것을 돕는 데 매우 유용하게 활용할 수 있다.

스트레스검사와 같은 개인 스트레스 및 건강 평가 도구의 활용은 코치가 인지도 향상과 행동 변화에 대한 동기부여를 촉진할 때 활용함으로써 이 단계를 지나가는 데 매우 가치 있는 자산이 되곤 한다. 이러한 평가 도구는 건강, 후생, 생산성에 관련된 생활 습관으로부터 자산과 위험을 명확하게 판별할 수 있도록 돕는다.

잠재적인 건강 자원과 위험의 영역에 관한 데이터를 어느 정도 얻으면 코치는 고객의 지속적인 행동 변화에 영향을 줄 수 있다. 또한 변화에 대한 저항감, 양가 감정, 혹은 비현실적인 목표에 관해서도 숙고하도록 도울 수 있다. 동기부여 인터뷰(MI) 또한 고객이 자신이 집중할 생활 습관 목표에 대해 숙고하도록 돕는 과정에서 코치에게 매우 유용한 접근법이 되기도 한다. 이는 고객의 가치관, 관심사, 동기를 강조하는 스타일이며 면밀한 관찰과 사색적인 경청을 통해 지속적인 행동 변화를 정착시키도록 도울 수 있다. 동기부여 인터뷰 또한 변화에 대한 동기, 잠재적 장애물, 목표 설정 고객에게 지나치게 명령식으로 접근하지 않고도 장기적인 성공을 담보할 수 있으며, 재평가 과정을 식별할 수 있는 협력적인 접근법이다(Passmore & Whybrow, 2007). 코치는 계획 전, 계획, 준비, 행동, 유지 단계 중 중요한 '변화 준비' 단계를 식별할 수 있어야 한다. 또한 성공적인 장기간의 행동 변화 성취를 돕기 위해 각 단계에 맞는 전략과 접근법을 적용할 수 있어야 한다(Prochaska & Velicer, 1997).

동기부여 인터뷰의 관점에서 보았을 때 코치는 전문적인 목표, 업무/가정에서의 어려움, 자기 효능감, 건강에 대한 믿음, 행동 양식과 연관된 특정한 태도를 이해하기 위해 고객의 말을 경청해야 한다. 예를 들어 코치는 고객이 자신의 에너지를 높게 유지하는 능력을 확인하고, 생산성을 높이며, 식사, 영양 상태, 수면 및 신체 활동에 관련된 주안점을 찾아 도울 수 있도록 개방형 질문을 던질 것이다. 코치는 고객으로 하여금 최적의 건강과 재능 강화 기제를 활용한 추적 및 평가가 가능하게 만들어 특정한 행동 목표를 설정하는 것의 장점에 대해 생각할 수 있도록 도울 것이다.

■ 2단계: 격려

성공적인 장기 행동 변화의 핵심은 계획 단계에 있다. 코치의 역할은 스트레스, 건강, 생활 습관 교정 계획이 현실성 있고 구체적이며 측정이 가능하도록 해야 한다. 고객이 문제 인식과 동기를 실제 행동 변화로 바꾸는 것을 돕는 과정에서 코치는 성공적인 행동 변화 계획 수립을 도우면서 다음과 같은 몇 가지 중요한 질문을 던질 수 있다. "스트레스를 보다 효과적으로 관리하고 대처하면서 얻는 유익에는 어떤 것이 있을까요?"

이 단계는 고객이 중요한 생활 습관 연습과 행동을 시작하고 유지하기 위해 새로운 지식과 기술을 연습할 때 코치가 본격적으로 도움을 주기 시작하는 단계이다. 일반적으로 대부분의 고객은 장애물이나 도전에 직면할 가능성이 있음에도 성공적인 결과에 대해 자신감이 있거나 오랫동안 유지하는 데 유능감을 느끼는 새로운 행동을 시도할 가능성이 더 높다. 만약 고객이 새로운 생활 습관 교정 계획을 도입하는 능력에 대해 자신감이 부족하다면 행동을 변경하더라도 그것을 유지할 가능성이 낮을 것이다. 각 세션마다 고객이 건강에 대해 느끼는 감정을 알아보거나, 구조화된 감정적 표현 쓰기 또는 반응, 생각, 통찰 등을 면밀히 살피는 방법 등으로 격려하고 지지하는 것이 코치의 역할이다.

스트레스검사나 재능 강화 기제와 같은 온라인 도구는 개인 스트레스 및 건강 행동 계획과 지속적인 관찰 과정을 개발하는 데 매개체를 제공할 수 있다. 코치의 역할은 생활 습관 교정 계획이 현실성 있고 구체적이며 측정 가능하도록 하는 것이다. 고객이 문제 인식과 행동 변화의 동기를 실질적인 행동 변화로 변화시키는 것을 돕는 과정에서 재능 강화 기제는 고객의 스트레스검사 결과지를 전자적으로 요약해서 보여주고, 피드백의 해석을 도울 수 있는 사색적인 질문이나 성공적인 행동 변화 계획과 같은 활동 과제를 수록한다.

- 나의 행동 변화 목표를 어떻게 현실적으로 달성 가능하게 할 것인가?
- 나의 행동 변화 목표 진척을 어떤 식으로 관찰하고 추적할 것인가?

- 나의 행동을 성공적으로 변화시키는 데 잠재적인 장애물이 있다면 무엇인가?
- 이러한 장애물을 예측하고 나의 성공적인 행동 변화 노력에 간섭하지 않도록 내가 취할 수 있는 행동은 무엇인가?
- 나의 행동을 성공적으로 변화시킬 수 있도록 가족, 친구, 동료가 도와줄 수 있는 방법은 무엇인가?
- 내가 성공적으로 30일간 행동 변화 목표를 유지했을 때 어떤 식으로 나 자신에게 보상을 해 줄 수 있는가?
- 임시로 예전의 습관으로 돌아간 경우에는 어떻게 나의 건강 목표에 대해 높은 수준의 역량을 투입할 수 있도록 유지하고 나 자신에게 동기부여를 할 수 있는가?

재능 강화 기제는 사색과 감정적 표현 쓰기를 도울 수 있도록 비밀 온라인 일기를 포함하고 있으며, 학습과 행동 변화를 도울 수 있도록 스트레스나 건강에 관한 제안, 서적, 논문, 웹사이트, 미디어 및 기타 자료를 포함하는 광범위한 라이브러리를 수록하고 있다.

■ 3단계: 관리

세 번째 단계는 모든 건강 및 생활 습관 교정 프로그램의 장기적인 성공을 위해 매우 중요하지만 많은 코치가 간과하는 경향이 있다. 가능한 경우 코치는 고객이 실수를 관리하고, 성공을 인식하고, 사회적 지지 시스템의 힘을 모으고, 프로그램의 전반적인 성공 여부를 평가하고, 체계적인 알림을 통해 진척 상황에 집중하도록 도울 수 있다. 사실 고객이 재능 강화 기제를 활용하여 개인적인 스트레스, 건강 개발 계획을 수립하고 나면 재능 강화 기제에서는 성공적인 행동 변화를 상기시키고 강화하며 촉진하기 위해 최소한 1개월에 한 번씩 이메일 알림을 발송하여 사용자가 진척 상황을 확인할 수 있도록 한다.

고객이 행동 변화 노력을 실천에 옮기다 보면 피할 수 없는 실수에 대비하기 위한 몇 가지 재발 방지 전략의 탐구를 돕는 것과 건강 목표의 중요성 재평가를 돕는 것이 코치의 역할이라고 할 수 있다. 예를 들면 코치는 고객이 미래에 피할 수 없는 고위험 상황을 예측하고 실수를 미리 대비할 수 있을 것이다. 지속적인 행동을 보상하여 고객을 격려하는 방법 또한 코치가 고객의 사회적 지지 네트워크를 분석하고 새로운 행동을 오랫동안 유지하는 역할에 대해 탐구하면서 후속 세션에서 논의할 수 있는 문제일 것이다.

목표 재평가 전략은 고객과 함께 전체적인 코칭 과정에서 강조되어야 할 부분이다. 코치와 고객은 설정된 구체적인 생활 습관 목표를 추적, 관찰, 평가할 수 있는 방법을 상호적으로 정의해두어야 한다. 예를 들면 코치는 고객과 함께 진척 상황을 평가하고 장기적 성공을 보장하기 위해 이러한 검토 단계를 거칠 수 있을 것이다. 이상적인 경우라면 고객의 생활 습관 교정 계획을 향한 진척 상황과 성공적인 실천 성과라는 인상을 남기기 위해 지속적으로 고객에게 알림 메시지 등을 보낼 것이다.

2) 스트레스검사 결과 해석

스트레스검사는 코치에게 고객의 스트레스, 현재의 생활 습관 및 행동, 사회적 지지 네트워크, 대처 습관, 탄력성과 현재의 심리적 후생에 대한 자기인식을 측정할 수 있는 포괄적인 개인 평가 도구를 제공한다. 스트레스검사로 작성한 포괄적 보고서는 고객이 구체적인 스트레스, 건강 자원과 위험을 식별할 때 유용하게 활용할 수 있다. 고객의 개인 피드백 보고서 또한 코치가 고객 특유의 이론적인 지향, 훈련 경력과 경험에 기반하여 구체적인 개입 시점을 특정할 수 있을 만한 고유의 프로파일로 활용 가능하다.

〈표 18.2〉에는 스트레스검사와 재능 강화 기제를 활용하는 코치가 적용할 수 있는 잠재적인 개입 활동과 접근법이 간단하게 요약되어 있다. 이 평가 도구를 활용하는 코치는 고객의 스트레스, 건강, 생활 습관 관리법 등의 변화를 촉진하기 위해 활용 가능한 공동체와 조직적 자원에 모두 익숙하게 접근할 수 있어야 한다.

<표 18.2> 스트레스검사 기반 코칭 개입 활동

스트레스검사 척도	나쁜 점수의 가능성 있는 원인	코칭 개입 활동의 예
스트레스	심리적 고통, 업무/가정사의 과로, 높은 흥분도 및 불안감, 감정적 탈진, 면역력 저하 및 지병 악화	• 일일 스트레스 일기/ 감정적 표현 • 정신적 휴식(예: 시각화, 자기 최면, 호흡) • 신체적 관계(예: 명상, 마음 챙김, 요가) • 바이오 피드백 • 영성적/종교적 활동 촉진
건강/생활 습관 행동	나쁜 생활 습관 및 예방 활동, 피로, 섭식 장애, 비만 및 체중 관리 문제, 흡연, 약물 활용 및 남용, 수면 장애 및 생활 리듬 문제, 신체 활동 저하	• 일일 운동/수면/식사 일기 • 운동/신체적 활동 촉진(예: 근력, 유연성, 에어로빅) • 다이어트 전문가 및 영양학자 소개 • 체중 관리 ・금연 • 수면 위생 ・수면 장애 클리닉 소개 • 자립 모임 소개 ・재발 방지 훈련 • 연중 신체검사
사회적 지원	외로움과 고립, 나쁜 지원 네트워크, 서툰 감정 표현과 긴장된 대인관계	• 사회 네트워크 분석 • 성격/스타일에 대한 인식 • 용서/공감 연습 ・다면 피드백 • 팀 구성 ・공동체 참여 활동
A형 행동	적대성, 타인을 믿지 못하며 냉소적인 태도, 정력적, 완벽주의, 인내심 부족, 조급증, 강박 관념, 행동 통제 능력 부족	• 분노 조절 ・갈등 관리 • 의사소통 기술(예: 자기주장) • 시간 관리 ・신체적 휴식 • 자기 챙김 훈련
인지적 인내심	염세적, 냉소적, 참여하지 않음, 소외됨, 희망 없음, 변화를 싫어함, 부정적 관점	• 주요 강점 식별 ・감사하는 연습 • 가치 분류 연습 ・감성적 활동
대처 습관	신경질적, 비이성적 믿음, 패배주의적 사고, 문제 해결 능력 부족	• 일기 쓰기 ・유머 활용 연습 • 인지적 재구조화 ・문재 해결 훈련
심리적 후생	우울, 피로, 자살 생각과 경향, 집중력 부족	• 감사하는 연습 ・자원봉사 활동 • 고용인 도움 카운슬링

요약

잦은 결석, 부상, 사고, 건강 관리 비용의 증가, 생산성에 대한 스트레스의 부정적 영향은 여러 조직에서 증가하는 위험 요소이다. 또한 고용인은 업무와 생활의 균형을 맞추는 데 그 어느 때보다 큰 어려움을 겪고 있다. 개인적 수준과 조직적 수준에서 스트레스를 보다 효과적으로 관리하도록 돕는 코치의 역할은 계속 중요해지고 있다.

이 장에서는 재능 강화 기제와 같은 온라인 개발 시스템, 스트레스검사와 같은 입증된 스트레스/건강 위험 평가 도구의 활용이 어떤 식으로 성공적이고 의미 있는 생활 습관 변화를 촉진하며, 직업 및 생활 현장의 압박과 어려움에 대처하는 능력을 효율적으로 개선하는 코치의 활동을 돕는지 밝혔다. 결과적으로 코치는 조직의 생산성과 개인의 후생을 증진하는 구체적인 모델과 기법으로 스트레스 문제를 다룰 수 있다.

Chapter 19

문화 변혁 코칭

Richard Barrett

　인간의 의사결정에 중심적인 역할을 하는 가치관은 우리의 행동을 결정하는 요소이다. 그러므로 가치관에 기반을 둔 코칭은 우리의 내면적 동기에 대해 고민함으로써 우리의 삶에서 무엇이 중요한지를 보다 쉽게 이해하도록 도울 수 있다.

　이 장에서는 문화변혁도구(Cultural Transformation Tools, CTT®)의 일부분인 코칭 도구에 대해 설명한다. 이 도구는 조직 내에서 문화 변혁 계획을 지원하는 평가 도구의 집합체이다(www.valuescentre.com). 개인가치관검사(Individual Values Assessment, IVA)는 개인적인 10대 가치관(개인 가치관)과 자신이 소속되어 있는 조직에서 관찰하는 10대 가치관(현재 문화), 그 조직에 도입되기를 바라는 10대 가치관(목표 문화)을 비교하는 자기 평가 도구이다.

　리더십가치관검사(Leadership Values Assessement, LVA)는 사람들이 자신을 가장 잘 설명한다고 생각하는 업무 관리 스타일과 그 스타일에 대한 동료들의 관점을 비교하는 피드백 도구이다. 또한 이 도구는 평가 대상의 장점 및 평가자의 관점을 통해 개선하거나 중단할 필요가 있다고 생각하는 행동도 비교한다.

이러한 도구는 의식의 7단계 모델(Barrett, 1998, 2006)에 바탕을 두고 있으며 〈표 19.1〉에 이를 제시했다. 개인 의식의 각 단계에서 나타나는 주요 특징과 함께 리더십 의식 수준과 조직적 의식 수준을 모두 평가할 수 있다.

1. 문화 변혁 코칭의 이해

의식의 7단계 모델은 인간 동기에 대한 동양과 서양의 사상을 융합함으로써 탄생했으며, 에이브러햄 매슬로의 인간 욕구 단계와 베다(Vedic) 과학에서 설명하는 의식에 대한 접근법에 주요한 영향을 받았다.

매슬로(Maslow, 1968)는 건강하고 동기부여가 된 사람은 욕구를 생존, 안전, 사랑과 소속감, 자존감의 순서로 충족하는 경향이 있다고 가정했다. 사람들이 이 욕구를 어떤 식으로 충족하는지 배우고 난 뒤에야 비로소 자아실현의 단계를 시작하게 되는 것이다. 그럼으로써 독자적이고 유능한 인간이 되는 법을 배우며, 자기만의 경지에 도달하는 방법으로 내재적인 잠재성을 실현하는 데 중점을 두기 시작한다. 자신의 이익이 공동선의 범주와 겹치면서 자기 자신에 대해 보다 넓은 관점에서 인식하게 되고, 삶에 대한 개인적 의미를 찾기 위해 노력하며, 이러한 의미를 세상과 인류에 봉사하여 변화를 만들어감으로써 표현하려 한다.

매슬로는 자신이 고안한 욕구 모델의 첫 4단계, 즉 생존, 안전, 사랑과 소속감, 자존감을 '결핍 욕구'라고 정의했다. 사람들은 이러한 욕구를 충족하면서도 지속적인 만족감을 얻지 못하며, 욕구가 충족되지 않았을 때 불안감만 느끼게 된다는 것이다. 욕구의 단계가 낮을수록 그러한 욕구를 충족하지 못함으로써 느끼게 되는 불안감이나 공포감도 더 커진다. 따라서 우리가 직면하는 가장 큰 공포는 생존 욕구가 충족되지 않음으로써 발생하는 공포일 것이다.

　반면 매슬로는 자아실현을 '성장 또는 존재 욕구'라고 정의한다. 이러한 욕구는 충족되었을 때 그 만족감이 없어지지 않으며 시간이 지날수록 보다 강력해지는 동기와 책임감을 부여한다. 위기가 닥쳤을 때는 낮은 단계의 '결핍 욕구'를 높은 단계의 욕구보다 자연스럽게 우선하게 된다. 낮은 단계의 욕구는 본능적이고 여러 종류의 동물들과 공유하는 특성이지만, 인간만이 높은 단계의 욕구를 가질 수 있다.

　의식의 7단계 모델은 다음과 같은 단계를 거쳐 만들어졌다.

- 욕구에서 의식으로 중점을 옮기고,
- 욕구의 단계를 다시 구조화하여 재명명하며,
- 베다 과학의 개념을 통합하여 자아실현 단계의 구조를 고도화한다.

1) 욕구에서 의식으로의 전환

　욕구는 동기의 표면적인 단계를 상징한다. 결핍 욕구를 뛰어넘어 성장 욕구를 만족시키고 싶을 때 우리는 그에 따른 동기도 표현하고 있는 것이라고 볼 수 있다. 건강한 개인은 자신의 동기가 다른 사람을 해치거나 상처 주지 않으면서 개방적으로 표현하는 방법을 찾는 데 능하며, 자신의 욕구를 충족하는 것에 대해 불안해하거나 성급하지 않다.

　사람들이 결핍 욕구를 충족하는 것에 대한 공포감을 가지고 있을 때, 심지어 그 욕구가 이미 충족된 것으로 보이더라도 그들의 무의식은 그 욕구를 충족하는 데 중점을 두고 있다. 예를 들면 자신이 버는 돈의 액수에 절대 만족하지 않는 사람도 있다. 이런 사람은 아주 부유하더라도 만족할 만큼의 돈을 벌지 못한다. 자산을 얼마나 많이 가지고 있든 더 많은 자산을 소유하려 한다. 이런 사람은 무의식적으로 자신이 소유한 것이 충분하지 않다는 믿음을 가지고 있기 때문에 의식의 생존 단계에 무의식적으로 머물러 있다.

기저에 소속감이나 사랑받는 것에 대한 불안감, 무의식적인 공포감을 가지고 있는 사람들은 의식의 관계 단계에서 무의식적으로 머물러 있는 상태라고 볼 수 있을 것이다. 흔히 이들은 교감 욕구를 충족하는 과정에서 자기 자신의 완전성을 저해할 수 있는 상황에서도 연대 감정을 느끼려고 하는 강한 욕구를 가지고 있다. 이런 사람은 다른 사람이 자신을 좋아하기를 바라기 때문에 상호 의존적 성향으로 발전하는 원인이 될 수 있다. 또한 갈등을 회피하려는 경향을 보이며, 때로는 진실된 감정을 숨기기 위해 유머를 활용하는 경향도 보인다. 기저의 불안감이나 무의식적 공포감이 동료와의 관계에서 서열이나 자신의 업무 수행 능력에 대해 나타나는 경우, 그 집단에 속한 사람들은 무의식적으로 의식의 자존감 단계에 머물러 있다고 생각할 수 있다. 권력, 권위, 지위, 혹은 존중에 대한 이들의 욕구는 후생에 절대적 영향을 미친다. 이들은 항상 인정과 칭찬에 목말라 있으며 완벽주의자, 일 중독자, 과성취자가 되는 경향이 있다. 이들은 인정받고자 하는 욕구에 동기부여를 받는다.

2) 낮은 단계 의식의 재명명

매슬로의 욕구 단계에서 하위 2단계인 생리적 생존 단계와 안전 단계는 의식의 7단계 모델에서 '생존 의식'의 한 범주로 통합되었다. 또한 사랑과 소속감 단계는 '관계 의식'으로 다시 명명했다. 그러므로 자아실현 단계 이전에는 생존 의식(생존 및 안전 통합), 관계 의식(사랑과 소속감 대체), 존중 의식이라는 세 가지 인간 의식 단계가 존재한다.

3) 높은 단계 의식의 구조화

자아실현의 개념은 베다 과학에서 제시된 의식의 영성적 단계를 통합하면서 여러 가지 방법으로 정의할 수 있게 되었다(Alexander & Boyer, 1989). 자아실현과 대응되는 베다 과학에서의 의식 수준은 영혼 의식, 우주 의식, 신 의식, 연대 의식으로 나눌 수 있다.

〈표 19.1〉 의식의 7단계 모델

7단계		개인 의식 수준	지도자 의식 수준	조직 의식 수준
7	봉사	개인 목적과 자신의 세계적 비전을 좇아 인생을 이타적인 봉사에 헌신함.	장기적 관점과 사회적 책임에 중점을 둠. 지혜, 동정심, 겸손을 보이며 불확실한 상황에서도 평온함을 유지함.	인류와 지구의 지속 가능성을 향상하기 위한 사회적 목표를 달성하는 과정에서 모든 이해관계자와 조화롭게 노력함.
6	변화선도	세상의 변화를 이끌기 위해 다른 사람들과 협력함으로써 목적의식을 현실화함.	직원과의 관계, 멘토링, 코칭, 직원의 성취에 중점을 둠. 공급자들과 협력적인 파트너십을 수립함. 공감 능력을 보임.	환경과 지역 주민의 후생 수준을 보호하기 위해 다른 조직 및 지역 공동체와 호혜적인 연대를 수립함.
5	내부일치	자신의 목적을 발견하고 원하는 미래의 비전을 수립함으로써 인생의 의미를 찾음.	공동 가치관과 영감을 주는 비전에 대해 모든 직원 사이의 내부 일치를 수립하기 위해 노력함. 신뢰 능력을 보임.	직원의 창의성, 책임감, 열정을 일깨우도록 비전으로 선도하고 가치관으로 동기를 얻는 문화를 조성함.
4	변환	진실된 사람으로서 자신에게 솔직해질 수 있도록 자신의 개인 특성을 수용함.	직원의 지속적 학습, 지속적 재개발, 팀워크, 혁신, 개인 성장에 중점을 둠. 용기와 적응 능력을 보임.	책임, 혁신, 지속적 개선을 지원하는 문화 속에서 직원이 자기 자신의 미래를 책임질 수 있도록 자율성을 증진함.
3	자존감	인생을 관리하고 자신의 업무 수행 능력에 대해 자부심을 느끼면서 자기 자신을 자랑스럽게 느끼고 싶어 하는 욕구를 충족함.	조직의 업무 수행 능력을 향상하는 정책, 절차, 체계와 처리 과정 등을 수립함으로써 직원의 자부심을 높이는 데 중점을 둠. 책임감과 탁월함을 보임.	고품질, 효율성, 생산성에 중점을 두어 조직의 업무 능력을 향상하는 최상의 업무 환경과 체계를 정립함.
2	관계	가족과 친구들에게 사랑받는 느낌과 소속감을 얻으려는 욕구를 충족함.	직원들 사이에 소속감과 충성심을 함양하는 데 중점을 두며 고객과의 소통과 고객 서비스에 관심을 가짐. 개방적 의사소통 능력을 보임.	직원, 고객, 공급자 사이에 친근하고 조화로운 관계를 수립함.
1	생존	생리적 생존과 안전의 욕구를 충족함.	직원의 건강과 안전, 조직의 재정적 안정성에 중점을 둠. 결과에 관심을 보임.	조직의 성장, 이익, 재정적 능력에 관심을 가짐.

이 장에서는 각각의 의식 수준을 살펴보면서 세상에 보다 밀접하게 연관되어 자아감이 확장되는 것을 느끼게 된다. 우리는 자기 자신과, 가족과, 공동체와, 직장과, 우리나라와, 인류와, 지구와, 그리고 최종적으로는 모든 피조물과 일체감을 느끼게 된다.

의식의 7단계 모델은 인간의 상태에 내재적인 일곱 가지 인생 테마에 대응되는 진보적 모델이라고 할 수 있다(〈표 19.1〉 참고).

2. 리더십 의식의 7단계

이 절에서는 〈표 19.1〉에 요약되어 있는 리더십 의식의 7단계에 대해 상세히 살펴보자. 각 단계의 건전한 측면과 불건전한 측면의 특징은 코치와 고객 간의 토의를 보다 풍부하게 하는 데 활용할 수 있을 것이다. 불건전한 행동은 충족되지 못한 결핍 욕구를 반영한다.

1) 1단계: 위기 관리자와 경리 담당

■ 건전한 측면

1단계의 지도자는 수익과 주주 배당의 중요성을 이해한다. 이들은 예산을 한 치의 오차 없이 맞추는 데 능하다. 고용인의 건강과 안전을 돌보는 역할도 맡으며, 복잡한 상황을 헤쳐나가는 데 알맞은 주의력을 갖추고 있다. 단기의 문제와 목표를 다루면서 장기적인 관점도 유지한다. 준법 문화를 함양하지만 법적 규정을 지키는 데 필요 이상으로 엄격하지 않다. 1단계 지도자의 가장 중요한 특성은 위기를 관리하는 능력이라고 할 수 있다. 이들은 조직의 생존이 위협받을 때 어떤 식으로 통제해야 하는지를 알고 있다. 혼돈 속에서도 안정감을 지키고 위험 속에서도 단호하다. 이러한 상황하에서 지도자는 권위주의적인 입장을 견지할 수 있어야 한다.

■ 불건전한 측면

지도자가 일상적으로 권위주의적 입장을 유지한다면 부하 직원의 신뢰와 헌신을 빨리 잃게 된다. 독재적인 스타일을 유지하는 지도자는 개방적이고 효과적인 방식으로 사람들과 관계하는 것을 어려워하며, 다른 사람을 잘 신뢰하지 않기 때문에 권위를 내려놓으려 하지 않는다. 이들은 생존 및 안전에 관련된 존재론적인 공포감이 커질수록 위험을 회피하려는 경향도 더 높아진다. 또한 자신의 권위적 직책 뒤에 숨어 자신의 감정과 진정한 자신을 감춘다. 이들은 외로운 사람들이며, 돈에 대해 불안감을 느낄 때는 사익을 위해 다른 사람을 착취하기도 한다. 풍요로움 속에서도 욕심을 느끼고 절대 만족을 느끼지 못한다. 이들은 절대적으로 단기적 결과에 집중하고, 공포로 인한 권위주의적 성향 때문에 건전하지 못한 업무 환경을 조성한다. 거의 여유를 갖지 못하며 무의식적인 공포에 항상 지배당하고 있다.

2) 2단계: 관계 관리자와 전달자

■ 건전한 측면

관계 관리자는 갈등을 관리하고 조화로운 업무 관계를 형성하는 데 많은 시간을 투자한다. 자신의 감정으로부터 도망가거나 숨지 않으며, 관계 기술을 활용하여 어려운 대인 문제를 해결하거나 소통 기술을 활용하여 고용인의 충성심을 함양한다. 이들은 모든 직원에게 좋은 소식과 나쁜 소식을 차별 없이 전달한다. 개방적 의사소통의 효과를 믿기 때문이다. 또한 잘 처리된 일에 대해서는 직원을 인정하고 칭찬하기도 한다. 고용인은 이들에게 쉽게 접근할 수 있으며 시간을 내어주는 데 인색하지 않다. 또한 이들은 적극적으로 고객과의 관계를 중시하고 고객의 만족에 높은 우선순위를 부여한다.

■ 불건전한 측면

이러한 유형의 지도자가 소속되지 않은 것에 대해 무의식적인 공포를 가질 경우, 자기 자신이나 다른 사람의 감정을 다루는 것을 두려워하게 된다. 갈등을 회피하고, 대인 의사소통에 진실됨이 덜하며, 자신이 원하는 것을 얻기 위해 사람을 조종하려는 경향을 보인다. 이들은 일이 잘되지 않을 때 유머 뒤에 숨어 자신의 진실된 감정을 숨기거나 다른 사람에게 비난의 화살을 돌려서 자신을 보호하려 할 것이다. 관계 관리자는 보통 자기 부하를 보호하려는 경향을 보이지만 그 답례로 충성심, 규율, 복종을 요구한다. 이들은 전통에 매료되며 온정주의자로 행동한다. 온정주의자는 '가족'의 일원이 아니면 신뢰하는 데 어려움을 겪는다. 이들은 비밀스럽고 마피아 정치를 일삼기도 한다. 이런 식으로 외부인에 대한 신뢰가 부재한 경향은 조직이 끌어낼 수 있는 재능의 범위를 심각하게 제한하는 결과를 낳을 수도 있다. 온정주의자는 복종을 요구하기 때문에 고용인의 기업가적 정신을 무너뜨리기도 한다. 온정주의자는 보통 가족이 운영하는 기업에서 많이 나타나는 편이다.

3) 3단계: 관리자와 조직자

■ 건전한 측면

관리자는 업무 성과를 관리하는 데 계량적 방법을 활용함으로써 업무에 논리와 과학적 방법을 도입한다. 이들은 질서를 정립하고 생산성을 향상하기 위한 체계와 처리 과정을 개발한다. 높은 분석 능력을 소유하고 있으며, 전략적으로 사고하고 기회를 활용하기 위해 빠르게 행동하며, 합리적으로 의사결정을 한다. 내면적으로 집중되어 있는 관리자는 정보를 조직하고 결과를 추적하는 데 능숙하며, 외면적으로 집중되어 있는 관리자는 작업 흐름에서 발생하는 문제를 예측하여 결과를 만들어낸다. 이들은 자신의 업무를 계획하고 우선순위를 배정하며 안정성과 연속성을 유지한다. 또한 이들은 일정표를 작성하고, 상황을 통제할 수 있는 것을 좋아한다. 이들은 경력의 발전에 중점을 두며, 전문성의 성장을 위해서라면 새로운 기술을 배우려는 의지도 가지고 있다. 탁월한 능력 계발을 향해 노력하기 위해 최신 관리 기술을 배우고 싶어 한다. 이들은 성공하고 최고가 되기를 바란다. 그리고 자신의 업무에 건전한 자부심을 가지고 있다.

■ 불건전한 측면

관리자의 자존감 욕구가 무의식적인 공포로 표출되면 권력, 권위, 인정에 굶주리게 된다. 이들은 자신의 권력을 보여주기 위해 제국을 건설한다. 자신의 권위를 보여주기 위해 관료제 체계와 서열을 정립하려고 한다. 이들은 동료들과 경쟁하여 최고의 자리에 올라서며, 그렇게 해서 사람들의 인정을 받고 자기 존중감을 느끼려고 한다. 이들은 타인에게서 외부적으로 자존감을 끌어내야 하는 것이다. 또한 원하는 바를 얻기 위해 사내 정치를 조장하며, 자신이 큰 집에 살거나, 최고급 골프 클럽에 가입하거나, 최고급 차를 몰게 될 것이라고 자랑할 것이다. 이들의 옷장은 완벽에 가까울 것이다. 자신의 모습이 어떤지보다 자신이 어떻게 보이는지에 더 신경을 쓸 것이기 때문이다. 모든 것은 이미지가 결정한다. 이들은 자신의 업무를 통해 자존감을 끌어내려고 한다. 그럼으로써 자신과 가족은 생각하지 않고 오랜 시간 일에만 몰두하려는 경향이 있다. 이들은 균형이 없기 때문에 건강하지 못한 삶을 살고 업적에만 중점을 두기 때문에 업무에 지배당하게 된다.

4) 4단계: 조력자와 인플루언서

조력자는 조언을 구할 준비가 되어 있으며, 공통적인 분위기를 조성함과 동시에 직원의 권한을 강화한다. 이들은 자신이 모든 문제의 해결책을 제시할 수 없다는 것을 인지하고 있으며, 사람들에게 책임감과 자율성을 주어 업무의 결과에 책임을 지게 한다. 또한 이들은 새로운 아이디어를 연구하고 발달시키며, 새로운 도전을 하기 전에 지속적으로 위험을 평가한다. 업무를 세부적으로 관리하려는 유혹을 이겨내고 참여를 촉진하며, 동등성과 다양성을 증진하려 한다. 이들은 서열을 무시하거나 제거한다. 또한 적응력이 높고 유연하며 배움의 끈을 놓지 않는다. 이들은 적극적으로 자기계발을 하려고 하며, 직원들에게도 지속적으로 자기계발 프로그램에 참여할 것을 독려한다. 이들은 일체감을 통해 인생에서의 균형을 찾으려 한다. 인생에 균형이 잡히면 독립성을 함양하고 보다 넓은 관점에서 세상을 이해할 수 있어 결과적으로 자신의 강점과 약점을 객관적으로 바라볼 수 있게 된다. 이들은 자신의 공포를 발산하는 방법을 배워 외부 지향에서 내부 지향으로 옮겨 갈 수 있도록 노력한다. 이들은 개인 성장의 여정에 오르는 중이며 자아실현의 과정을 거치고 있다. 외부에서 인정해주어야 한다는 욕구를 내려놓음으로써 자신이 진정 누구인지 알아가게 된다. 이들은 다른 사람의 능력을 끌어낼 수 있으며, 다른 사람이 생각을 자유롭게 나눌 수 있도록 독려한다. 그리고 혁신을 독려하며 팀 빌딩을 중시한다. 이들은 도전을 즐기고 인생에 접근할 때 용기가 있으며 두려움이 없다. 조력자는 단순한 관리자에서 리더로 전환되는 과정에 있다고 할 수 있다.

5) 5단계: 완성자와 촉진자

완성자와 촉진자는 고용인과 고객에게 영감을 주는 조직의 비전과 사명을 수립하는, 자아실현이 되어 있는 사람이다. 이들은 사람들이 몇 가지 공통적인 가치관을 받아들이도록 이끌고, 조직 내의 의사결정 과정에서 등대 역할을 하는 적절한 행동을 보인다. 이들은 가치관 기반 리더십의 살아 있는 예시이며, 진정성을 몸으로 보여준다. 또한 이들은 자신의 말을 실천한다. 회사 전체에서 가치관의 일치와 사명의 일치를 이룸으로써 일체감과 집중력을 함양한다. 그 과정에서 회사가 집단적인 행동을 하는 능력을 향상하며 협동의 기회를 더 풍부하게 한다. 개방적이고 공정하며 투명한 환경을 조성함으로써 사람들 사이에서 신뢰와 헌신을 끌어낸다. 이들이 조성하는 문화는 조직의 모든 단계에서 열정과 창의성을 촉발한다. 이들은 자신의 사익보다는 모든 사람에게 최선의 결과를 끌어내는 데 더 많은 관심을 가지고 있으며 공동선에 집중한다. 또한 창의적인 문제 해결사로서 단순한 인과관계의 협소한 범위를 넘어 시스템의 관점에서 문제를 바라볼 수 있는 능력을 갖추고 있다. 이들은 정직하며 진실되고, 어떤 문제라도 해결할 수 있다는 자신감을 지니고 있으며, 이러한 자신감과 개방성을 통해 위기를 기회로 바꿀 수 있는 가능성을 열어준다. 비전과 사명을 참고함으로써 우선순위를 명확하게 하고, 지성적 지능뿐만 아니라 감성적인 지능도 갖추고 있다. 완성자와 촉진자는 사람들 사이에서 최선을 끌어내는 데 탁월하다.

6) 6단계: 멘토와 파트너

멘토와 파트너는 세상에 변화를 일으켜야 한다는 욕구에 동기부여를 받는다. 이들은 진정으로 섬기는 리더십을 실천한다. 같은 목표를 지니고 있는 사람이나 집단과 함께 상호 이익이 되는 파트너십과 전략적인 연대를 수립한다. 이들은 모두에게 유리한 상황을 조성하기 위해 고객, 공급자와 협력한다. 또한 환경적 관리의 중요성을 인식하며, 영업 활동이 환경 친화적일 수 있도록 법적 규정보다 훨씬 엄격하게 관리한다. 함께 일하는 사람들에게 신경을 쓰고, 자신의 업무를 통해 개인적 만족감을 얻을 수 있는 방법을 찾음으로써 공감 능력을 보인다. 이들은 사람들이 뛰어난 업무 능력을 선보일 수 있는 환경을 조성하며, 부하 직원에게 멘토링과 코칭을 제공함으로써 조직이 보유한 재능의 풀을 확장하는 데 적극적이다. 그리고 직관적인 의사결정을 내리면서 수용적이며, 최고의 결과를 이끌어낸다. 이들은 지역 공동체와 선의의 관계를 수립하는 데 적극적일 수도 있다.

7) 7단계: 지혜자와 비전 소유자

지혜자와 비전을 주는 리더는 세상에 도움이 되어야 한다는 욕구에 동기부여를 받는다. 이들의 비전은 전 세계적이며 인생에 대해 전체론적인 관점을 가지고 있다. 이들은 '내가 어떤 식으로 도울 수 있을까?', '내가 할 수 있는 일은 무엇일까?' 라는 질문에 중점을 두며, 전 세계의 상태에 관심을 가지고 있다. 또한 우리가 미래 세대에 남기려는 유산에 대해서도 관심을 가지고 있다. 단기적인 이익에 치우쳐 장기적인 결과를 위험하게 하지 않으며, 자신의 영향력을 활용하여 보다 나은 세상을 만들어가려고 노력한다. 그리고 자신과 조직의 사명을 보다 거대하고 사회적인 관점에서 바라본다. 또한 이들은 사회적 책임에 헌신한다. 이들에게 세상은 상호 관계로 가득 찬 복잡한 그물망이며, 그 속에서 자신의 역할을 인지하고 이해한다. 이들은 겸손함과 동정심을 가지고 행동한다. 정신적으로 관대하며 천성적으로 인내심이 많고 이해심이 깊다. 또한 불확실성 앞에서도 여유를 가지며 애매모호한 상태를 용납할 수 있다. 이들은 고독을 즐기며 가끔은 쓸쓸하게 사색적이기도 하다. 7단계의 지도자는 지혜와 비전 때문에 존경을 받는다.

3. 문화변혁검사

문화변혁검사 도구를 만드는 데 가장 중요했던 통찰은 모든 사람의 가치관이나 행동이 특정한 의식 수준에서 동기부여를 받는다는 것이었다. 따라서 사람들이 자신을 대표한다거나 자신의 조직이 유지되는 방식을 대표한다고 생각하는 가치관이나 행동을 선택할 수 있다면 그들이 선택한 가치관은 그들의 조직이 머물러 있는 의식 수준과 비슷한 결과를 보이게 될 것이다. 여기에는 신뢰, 책임감, 개방적 의사소통과 같은 긍정 가치관(P)뿐만 아니라 조작, 비난, 통제와 같은 제한 가치관(L)도 포함된다. 제한된 가치관과 행동은 충족되지 않은 결핍 욕구가 표출되는 형식이라고 할 수 있으며, 개인이나 조직이 내보이는 공포감을 대표한다. 의식의 수준으로 분류하는 것에 더해 개개인의 가치관은 다음과 같이 분류할 수도 있다.

- 긍정 가치관, 제한 가치관(건강 지수 − P/L 계산에 활용)
- 개인 가치관, 관계 가치관, 조직 가치관, 사회 가치관(균형 지수 − IROS 계산에 활용)
- 특정한 업무 영역에 중점을 둔 업무 욕구 점수 표에서의 분류 − 재정, 건강(업무 수행 능력), 고객, 진보(새로운 생각의 수용), 문화, 사회 공헌(문화 관련 검사지에서만 사용)

코치는 개인가치관검사와 리더십가치관검사 각각에 대해 다음과 같은 문서를 전달받는다.

- 고객에게 송부된 서면 보고서
- 고객에게 송부된 시각적 데이터 플롯
- 코칭 세션에서 다룰 수 있는 중요 문제나 토의 주제를 강조한 코치용 비밀 보고서

1) 개인가치관검사

개인가치관검사는 웹 기반 도구이며 다음과 같은 질문을 던진다.

① **개인 가치관**: 다음 가치관과 행동 중 자신이 되고자 하는 모습이 아닌 자기 자신을 가장 잘 나타낸다고 보는 것은 무엇인가? 10가지를 고르시오.

② **현재 문화 가치관**: 다음 가치관과 행동 중 현재 당신의 조직이 기반으로 삼고 있는 문화에 가장 가까운 것은 무엇인가? 10가지를 고르시오.

③ **목표 문화 가치관**: 다음 가치관과 행동 중 당신의 조직이 기반으로 삼았으면 하는 문화에 가장 가까운 것은 무엇인가? 10가지를 고르시오.

개인가치관검사지에는 60~80개의 단어나 구문이 수록되어 있으며, 문화 가치관 검사지(②와 ③ 응답용)에는 80~100개의 단어나 구문이 포함되어 있다. 개인 가치관 검사지는 고객 만족도, 수익, 제국 건설과 같은 조직적 가치관에 관련된 단어나 구문이 들어가지 않는다는 점이 다르다. 각각의 검사지는 조직이 운영되고 있는 상황과 국가의 문화를 반영하여 맞춤 제작된다.

개인가치관검사 서면 보고서는 개인 가치관(personal values, PV), 현재 문화 가치관(current culture values, CC), 목표 문화 가치관(desired culture values, DC), 업무 욕구 점수 표(business needs scorecard, BNS), 요약으로 나누어진다. 개인가치관검사 데이터 플롯은 개인 가치관, 현재 문화 가치관, 목표 문화 가치관이 의식의 7단계 모델과 대비되어 매핑된 시각적 표현으로 나타나며, 옆에는 여섯 부분으로 나누어진 업무 욕구 점수 표에 현재·목표 문화 가치관이 배치된 그래프가 수록되어 있다. 〈그림 19.1〉은 데이터 플롯의 예이고 〈그림 19.2〉는 업무 욕구 점수 표의 예이다. 각각의 가치관에 연

관되는 의식 수준은 괄호로 표기되어 있다.

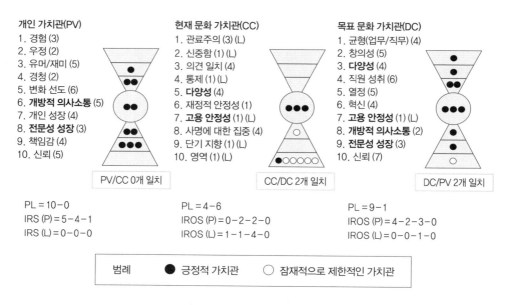

개인 가치관(PV)
1. 경험 (3)
2. 우정 (2)
3. 유머/재미 (5)
4. 경청 (2)
5. 변화 선도 (6)
6. **개방적 의사소통** (5)
7. 개인 성장 (4)
8. **전문성 성장** (3)
9. 책임감 (4)
10. 신뢰 (5)

PV/CC 0개 일치

PL = 10−0
IRS (P) = 5−4−1
IRS (L) = 0−0−0

현재 문화 가치관(CC)
1. 관료주의 (3) (L)
2. 신중함 (1) (L)
3. 의견 일치 (4)
4. 통제 (1) (L)
5. **다양성** (4)
6. 재정적 안정성 (1)
7. **고용 안정성** (1) (L)
8. 사명에 대한 집중 (4)
9. 단기 지향 (1) (L)
10. 영역 (1) (L)

CC/DC 2개 일치

PL = 4−6
IROS (P) = 0−2−2−0
IROS (L) = 1−1−4−0

목표 문화 가치관(DC)
1. 균형(업무/직무) (4)
2. 창의성 (5)
3. **다양성** (4)
4. 직원 성취 (6)
5. 열정 (5)
6. 혁신 (4)
7. **고용 안정성** (1) (L)
8. **개방적 의사소통** (2)
9. **전문성 성장** (3)
10. 신뢰 (7)

DC/PV 2개 일치

PL = 9−1
IROS (P) = 4−2−3−0
IROS (L) = 0−0−1−0

범례 ● 긍정적 가치관 ○ 잠재적으로 제한적인 가치관

〈그림 19.1〉 개인가치관검사

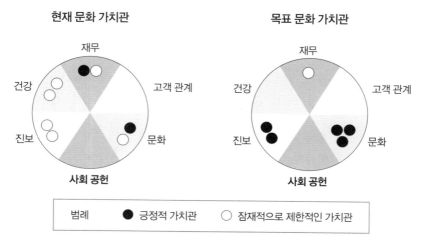

현재 문화 가치관

재무
건강
고객 관계
진보
문화
사회 공헌

목표 문화 가치관

재무
건강
고객 관계
진보
문화
사회 공헌

범례 ● 긍정적 가치관 ○ 잠재적으로 제한적인 가치관

〈그림 19.2〉 업무 욕구 점수 표

■ 개인 가치관(PV)

서면 보고서의 개인 가치관에 관한 부분은 다음의 내용을 포함하고 있다.

- 피험자의 가치관 선택에 기반한 성격 프로파일: 이 프로파일을 통해 코치는 고객의 개인 생활에서 가장 중요한 동기부여 요소가 무엇인지 파악할 수 있다.
- 피험자가 선택한 긍정 가치관과 제한 가치관의 상대적 무게를 나타내는 건강 지수(P/L)와 소견: 개인 가치관의 10위 목록에 제한 가치관이 등장한다면 기능 장애 행동을 발생시킬 수 있는 무의식적 공포감이 기저에 있을 수 있음을 나타낸다. 이는 코치가 탐사해야 하는 영역으로, 예를 들면 타인이 좋아하는지 여부이다.
- 피험자가 선택한 개인 가치관, 관계 가치관, 사회 가치관의 상대적 무게를 알 수 있는 균형 지수(IROS)와 소견: 개인 가치관에 강하게 집중된 경우 피험자는 자기중심적일 것이고, 관계 가치관을 많이 선택했다면 타인 중심적일 것이다. 자아실현을 이룬 피험자는 세 가지 가치관 유형의 건강한 균형을 찾은 상태이다.
- 피험자가 머물러 있는 의식 수준에 대한 분석과 소견: 피험자의 가치관 선택이 7단계 모델에 표현되었을 경우, 코치는 그 피험자에 대한 의식의 지도를 즉시 볼 수 있다. 중요한 부분은 가치관이 뭉쳐 있는 부분과 구멍이 있는 부분이다. 저수준 의식에 구멍이 있는 경우 해당 수준을 이미 통달했음을 의미할 수도 있고, 맹점이 있음을 의미할 수도 있다. 고수준 의식에 구멍이 있는 경우 개인 성장의 다음 목표를 나타낸다고 볼 수 있다. 의식의 변환 수준에 구멍이 있는 경우는 변화하려는 의지가 없거나 능력이 없다는 것을 나타낸다.
- 개인 가치관과 현재 문화 가치관의 일치 정도(일치하는 가치관의 수)에 대한 분석과 소견: 이는 피험자가 업무 중 자신의 능력 전부를 활용할 수 있는지 그 정도를 나타낸다.

■ 현재 문화 가치관(CC)

서면 보고서의 현재 문화 가치관에 관한 부분은 다음 내용을 포함하고 있다.

- 피험자의 현재 문화 가치관 선택에 기반한 조직 문화 프로파일: 이 프로파일을 통해 코치는 고객이 몸담고 있는 조직의 가장 중요한 동기부여 요소가 무엇이라고 생각하는지 파악할 수 있다.
- 현재 문화에서 긍정 가치관과 제한 가치관의 상대적 무게를 나타내는 건강 지수(P/L)와 소견: 현재 문화 가치관의 10위 목록에 제한 가치관이 등장한다면 조직의 업무 수행 능력을 저해하거나 장애를 유발할 수 있는 무의식적인 공포가 기저에 있다는 것을 나타낸다.
- 현재 문화에서 개인 가치관, 관계 가치관, 조직 가치관, 사회 가치관의 상대 무게를 나타내는 균형 지수(IROS)와 소견: 조직 가치관에 강하게 집중된 경우 조직이 고용인이나 고객의 욕구에는 거의 신경을 쓰지 않고 내부적으로 집중되는 경향이 있음을 알 수 있으며, 많은 관계 가치관을 찾을 수 있는 경우는 해당 조직이 고용인이나 고객에 집중되어 있다는 것을 나타낸다. 사회 가치관이 많은 경우는 해당 조직이 세상에 변화를 만드는 데 집중하고 있다는 것을 나타낸다.
- 현재 문화의 의식 수준에 대한 분석과 소견: 현재 문화 가치관에 대한 피험자의 가치관 선택을 그래프로 그리면 코치는 즉시 해당 조직이 기능하는 의식 수준을 식별할 수 있다. 중요한 점은 이 플롯이 얼마나 고객의 개인 가치관과 차이가 나느냐이다.
- 현재 문화와 목표 문화의 일치 정도(일치하는 가치관의 수)에 대한 분석과 소견: 이는 조직이 올바른 길로 가고 있다고 피험자가 생각하는 정도를 나타낸다. 일치하는 가치관의 수가 적을 경우 조직에 대한 실망감이 크다는 것을 알 수 있으며, 현재 문화에 많은 제한 가치관이 등장한다면 더욱 그렇다.

■ 목표 문화 가치관(DC)

서면 보고서의 목표 문화에 관한 부분은 다음 내용을 포함하고 있다.

- 피험자의 목표 문화 가치관 선택에 기반한, 피험자가 조직에 대해 원하는 문화적

프로파일: 이 프로파일을 통해 코치는 고객이 어떤 가치관을 가장 좋은 문화 가치관이라고 생각하는지 알 수 있다.

- 목표 문화에서 긍정 가치관과 제한 가치관의 상대적 무게를 나타내는 건강 지수(P/L)와 소견: 일반적으로 고객이 선택한 가치관은 긍정 가치관이다.

- 목표 문화에서 개인 가치관, 관계 가치관, 조직 가치관, 사회 가치관의 상대 무게를 나타내는 균형 지수(IROS)와 소견: 이 지수를 현재 문화의 균형 지수와 비교하는 것은 중요하다. 양쪽의 차이를 비교함으로써 고객이 원하는 중요한 변화가 무엇인지 알 수 있다.

- 목표 문화의 의식 수준에 대한 분석과 소견: 피험자의 목표 문화 가치관에 대한 선택을 7단계 모델에 그린 다음 현재 문화 가치관과 비교하면 코치는 고객이 자신의 조직에서 변화되었으면 하는 부분이 무엇인지 즉시 알 수 있다. 선택된 목표 문화 가치관은 현재 문화에 대한 피험자의 반응이며 고객이 개선되었으면 하는 영역임을 나타낸다.

- 목표 문화 가치관과 피험자의 개인 가치관이 일치하는 정도(일치하는 가치관의 수)에 대한 분석과 소견: 특히 고객의 개인 가치관에 나타나는 가치관 중에서 현재 문화에는 나타나지 않으면서 목표 문화에는 나타나는 가치관에 주목할 필요가 있다. 목표 문화와 개인 가치관 사이의 일치도가 높은 경우와 그 가치관이 현재 문화에 나타나지 않는 경우 고객이 조직에 대해 느끼는 실망감의 정도를 측정할 수 있다.

서면 보고서의 업무 욕구 점수 표 부분은 업무의 유형에 따른 현재 문화 가치관과 목표 문화 가치관의 비교 결과에 대한 소견을 포함하고 있다. 이 소견을 통해 서로 다른 영역 간 업무 중점도의 균형 정도를 강조할 수 있으며, 고객이 현재 문화와 목표 문화 사이에서 이루고자 하는 중요한 혁신이 무엇인지 알 수 있다.

개인가치관검사의 요약 부분은 피험자의 성격, 피험자가 조직의 현재 문화와 일치하는 정도, 조직이 올바른 길로 가고 있다고 피험자가 느끼는 정도에 대한 기술적 개요를 포함하고 있다. 요약을 통해 고객은 자신과 조직의 관계, 자신이 조직으로 인해 자율권이 강해지는 정도나 실망하는 정도에 대한 현실적인 평가를 접할 수 있다. 또한 개인 가치관, 현재 문화 가치관, 목표 문화 가치관의 분포를 비교함으로써 고객과 조직 간의 일치도가 어느 정도인지 즉시 파악할 수도 있다. 보고서에 대한 부록으로 조직 의식 7단계에 대한 설명도 첨부된다.

개인가치관검사의 코치용 비밀 노트에는 일반적으로 결과를 해석하는 법, 도움이 되는 통찰, 코칭 세션을 감독하면서 활용할 수 있는 의견이나 질문 등이 수록되어 있다.

2) 리더십가치관검사

리더십가치관검사는 웹 기반 피드백 검사 도구이다. 고객은 자신의 운영 및 관리 스타일을 잘 표현한다고 생각하는 열 가지 가치관/행동을 60~80개 정도의 단어나 구문이 수록되어 있는 검사지에서 선택한다. 그런 다음 주요 강점 세 가지, 개선하고 싶은 점이나 중단하고 싶은 점 세 가지를 선택하고, 변화시키기 위해 노력하고 있다면 어떤 식으로 노력하고 있는지 진술한다.

코칭을 받는 지도자는 대체적으로 12명 이상의 평가자가 온라인으로 접속하여 그 지도자의 운영 및 관리 스타일을 가장 잘 나타낸다고 생각하는 열 가지 가치관/행동을 선택하는 방식으로 평가를 받는 과정을 거치게 된다. 지도자와 평가자 모두 같은 가치관 검사지를 활용하며, 평가자 또한 지도자가 가지고 있는 세 가지 강점, 개선하거나 중단해야 한다고 생각하는 세 가지 가치관과 행동을 선택하고, 자신의 지도자가 받았으면 하는 다른 의견이나 피드백을 남긴다. 평가자는 지도자가 선택한다.

조직적 전이가 지도자의 개인적 전이로부터 시작되기 때문에 이 도구와 평가 이후의 코칭 과정은 종종 문화 변혁 도구 중 가장 강력한 영향력을 가지고 있으며, 심도 있고 의미 있는 변화를 이끌어낼 가능성이 가장 높다.

리더십가치관검사 서면 보고서는 두 부분으로 나뉜다. 운영 및 관리 스타일에 대한 지도자와 평가자의 응답을 상세하게 비교하는 부분, 지도자의 발달 과정에서 다음 단계에 무엇을 하는 것이 좋을지에 대한 제안이 그것이다.

리더십가치관검사의 데이터 플롯은 지도자가 선택한 가치관과 평가자가 선택한 가치관 중 상위 10위의 가치관을 리더십 의식의 7단계에 대비하여 매핑한 형태이다. 또한 리더십 의식의 7단계에 대해 평가자와 지도자가 선택한 모든 가치관의 분포도도 포함된다. 각각의 가치관에 대한 평가자의 투표수는 괄호 속에 나타낸다.

또한 분포도는 지도자의 개인적 엔트로피 수준(모든 제한 가치관에 대한 득표 비율)을 보여준다. 개인적 엔트로피 수준은 지도자가 의사결정을 내릴 때 공포감이 영향을 주는 정도를 나타낸다. 〈표 19.2〉에 서로 다른 개인 엔트로피 수준에서 나타날 수 있는 행동 양식을 정리했으며, 〈그림 19.3〉은 리더십가치관검사 데이터 플롯의 예이다.

- 평가자가 실시한 지도자의 강점에 대한 평가와 지도자가 실시한 자신의 강점에 대한 평가를 비교하면 평가자가 지도자를 어떻게 생각하는지, 그리고 지도자가 자신이 어떤 평가를 받고 있는지 이해하는 정도를 파악할 수 있다.
- 지도자가 선택한 가치관과 평가자가 선택한 상위 10위 가치관이 일치하는 수. 높은 일치도는 지도자가 강력한 자기 인식감을 가지고 있다는 의미이며, 그러한 지도자는 자신이 누구인지 의식하고 있다. 일치도가 낮으면 자기 인식감이 낮다는 것을 의미한다.

〈표 19.2〉 서로 다른 개인 엔트로피 수준에서 나타날 수 있는 행동 양식

개인 엔트로피	의미
6% 이하	**건강함:** 진실된 개인. 의사결정 과정에서 공포가 영향을 미치지 않음.
7~10%	**사소한 문제:** 지도자는 자신의 행동과 조치가 주변 사람들, 의사결정 과정 또는 일과 삶의 균형에 미치는 영향을 점검할 필요가 있음.
11~15%	**보통의 문제:** 지도자는 자신의 행동이 동료 및 부하와의 관계에 악영향을 미치는지, 그리고 자신의 목표에 부정적인 영향을 미치는지 점검할 필요가 있음.
16~20%	**중요한 문제:** 지도자는 자신의 행동이 동료 및 부하와의 관계, 자신의 목표에 어떤 식으로 악영향을 미치는지 점검할 필요가 있음.
21% 이상	**심각한 문제:** 지도자는 자신의 행동이 주변 사람들을 이끌고 영감을 주는 능력과 자신의 진실성에 어떤 식으로 악영향을 미치는지 점검할 필요가 있음.

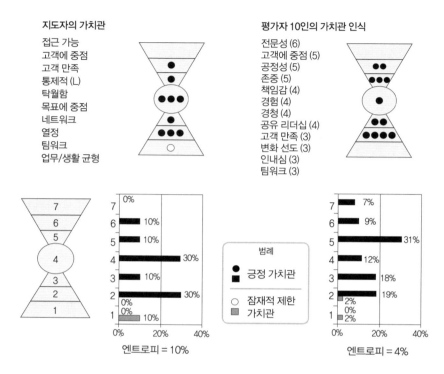

지도자의 가치관

접근 가능
고객에 중점
고객 만족
통제적 (L)
탁월함
목표에 중점
네트워크
열정
팀워크
업무/생활 균형

평가자 10인의 가치관 인식

전문성 (6)
고객에 중점 (5)
공정성 (5)
존중 (5)
책임감 (4)
경험 (4)
경청 (4)
공유 리더십 (4)
고객 만족 (3)
변화 선도 (3)
인내심 (3)
팀워크 (3)

범례

● 긍정 가치관

○ 잠재적 제한
■ 가치관

엔트로피 = 10%

엔트로피 = 4%

〈그림 19.3〉 리더십 가치관 검사 데이터 플롯의 예

- 의식의 7단계에 걸쳐서 지도자가 선택한 가치관과 평가자가 선택한 가치관의 분포를 비교하는
  활동을 통해 지도자의 운영 스타일에 대한 정확한 피드백을 얻을 수 있다. 만약 지도자의 선택과 평가자의 선택이 다른 의식 수준에 모여 있다면 지도자는 자신이 어떤 평가를 받고 있는지 정확히 인식하지 못한다고 볼 수 있다. 평가자의 가치관 의식 수준이 지도자의 가치관 의식 수준보다 높다면 지도자가 자신의 진정한 능력을 인식하지 못하는 것이지만, 그 반대라면 지도자가 잘못된 현실 인식하에 조직을 운영하는 것이라고 할 수 있다.

지도자의 다음 발달 단계에 대한 부분은 지도자가 발전할 수 있는 영역에 대한 평가자의 평가를 포함하며, 동시에 지도자가 느끼는 발전 영역과 해당 영역에서 발전을 이루기 위해 어떤 노력을 하고 있는지에 대한 의견도 첨부된다. 이 부분은 지도자의 개인적 행동 습관을 변화시키거나 발달시키는 데 중요한 통찰을 제시할 수 있으며, 코치와의 상호 작용 도중 풍부한 토의 주제가 되기도 한다.

개인가치관검사와 같이 리더십가치관검사의 코치용 비밀 노트는 결과를 해석하는 일반적인 방법, 구체적인 통찰, 코칭 세션 중 활용할 수 있는 소견과 질문으로 이루어져 있다.

4. 문화변혁검사와 코치

리더십가치관검사는 코치가 고객으로부터 코칭 스타일에 대한 피드백을 받을 때 활용하도록 조정할 수 있다. 평가 과정은 일반적 리더십가치관검사와 정확히 같다. 코치는 온라인에 접속하여 60~80개의 단어와 구문을 담고 있는 검사지에서 자신의 코칭 스타일과 가장 알맞은 열 가지 가치관/행동을 긍정 가치관과 잠재적 제한 가치관을 모두 망라하여 선택한다. 그런 다음 주요 강점 세 가지를 고르고, 개선하거나 중단하고 싶은 행동 또는 가치관 세 가지를 고르며, 만약 개선이나 변화를 위해 하고 있는 노력이 있다면 적는다.

고객 또한 온라인에 접속하여 코치의 스타일과 가장 부합하다고 생각하는 열 가지 가치관/행동을 고른다. 그런 다음 코치의 세 가지 강점과 개선하거나 중단할 필요가 있는 점 세 가지를 선택하고, 코칭 받기를 원하는 의견이나 피드백을 남긴다. 보통 12명 이상의 고객을 대상으로 평가를 실시하는 것이 좋다.

코치에 대한 이러한 피드백은 문화 변혁 도구 접근법을 활용하는 훈련을 받은 다른 코치가 전달하는 것이 가장 좋다. 이 피드백 세션은 대체로 2~3시간 정도 소요된다. 이 세션은 고객이 감사하다고 여기는 코치의 강점을 강조하는 것에서 시작하여 코치 자신의 코칭 스타일에 대한 인식과 고객의 인식을 비교하는 과정이 뒤따른다. 코치와 고객의 인식 사이 간극은 일치하는 영역이나 차이가 발생하는 영역을 발견하기 위한 탐구 대상이 된다. 피험 코치의 맹점을 식별하는 데에는 매우 좋은 탐구 대상이라고 할 수 있다.

피드백 과정의 또 다른 중요 영역은 코치가 개선하거나 중단해야 할 영역이라고 고객이 생각하는 부분에 대한 의견이다. 인식이 일치하는 영역과 차이가 나는 영역을 다시 한 번 탐구하면 잠재적인 맹점을 탐구할 수 있는 기회를 잡을 가능성이 매우 높아지며, 그 과정에서 해당 주제에 대한 활발한 토의를 도울 수 있다.

고객이 선택한 상위 10위 가치관의 분포도는 코치가 세상에 투사하고 있는 의식의 수준이 어느 정도인지를 나타낸다. 이는 코치 자신이 선택한 가치관에 대비하여 코치가 인식하는 가치관의 분포와 차이를 보일 수 있다. 어떤 피험자는 자신과 상호 작용하는 고객보다 더 자신에 대해 잘 인식하고 있지만 일부 피험자는 그렇지 않을 수도 있다. 어떤 경우라도 오인이 발생하는 원인을 탐구해야 할 것이다. 가장 진실된 사람은 자신의 가치관을 잘 이해하고 그 가치관을 세상에 투사하는 사람이며, 그런 경우 자신이 선택한 가치관의 분포와 고객이 선택한 가치관의 분포가 매우 유사할 것이다.

5. 문화변혁검사와 고객

개인가치관검사는 피험자의 개인 가치관과 피험자가 몸담고 있는 조직의 문화가 지닌 가치관의 일치도에 대한 중요한 통찰을 제시하는 도구이며, 조직이 적절한 방향으로 향하고 있다고 피험자가 느끼는 정도도 알 수 있다. 〈그림 19.1〉은 가치관이 상당한 불일치를 보이는 경우이다. 피험자의 개인적 가치관은 2단계에서 6단계에 걸쳐 좋은 범위를 보이고 있지만 해당 조직은 1단계와 4단계 의식에 강하게 집중되어 있다. 현재 문화에서는 잠재적 제한 가치관(L)을 여섯 가지 찾을 수 있으며, 이는 불일치 경향에 대한 근거로 생각할 수 있다. 이 개인가치관검사에 대한 피드백에서 흥미로운 모순점 중 하나는 '합의'의 가치관과 '통제'의 가치관이 같이 나타난다는 것이다. 잠재적 제한 가치관이 많이 등장하는 경우 조직에 상당히 높은 수준의 공포감이 내재해 있다고 보아야 한다. 이러한 공포감은 바로 지도자의 운영 스타일에서 발생하는 것이며, 조직의 문화는 언제나 지도자의 의식 수준에 대한 반영이다.

이 평가 사례에서의 피험자는 목표 가치 부분에서 볼 수 있듯이 조직의 가치관에서 전방위적인 의식 수준으로의 주요한 변혁이 일어나기를 바라며, 유일한 제한 요소는 피험자의 직업 안정성에 대한 욕구였다. 우리는 다시 모순점을 찾을 수 있다. 조직의 현재 문화가 '재정적 안정성'을 지니고 있다면 왜 '직업 안정성'이 목표 문화 가치관일까? 코치가 세션 중 꺼내 들 수 있는 여러 가지 토의 주제 중 하나일 것이다.

〈그림 19.2〉의 업무 욕구 점수 표에서는 건강, 진보 및 문화 부분의 퇴행적 경향을 파악할 수 있다. 목표 문화 점수 표에서는 조직이 진보(다양성 및 혁신)와 문화(가정생활과 업무의 균형, 직원 성취감과 개방적 의사소통)에 보다 중점을 두면 좋겠다는 피험자의 의사를 파악할 수 있었다.

개인가치관검사는 피험자가 소속되어 있는 조직과 문화의 일치도에 관련한 자기 평가 도구인 반면, 리더십가치관검사는 피험자의 리더십 스타일에 대한 외부 피드백을 제공한다. 〈그림 19.3〉은 지도자 자신이 2~4단계 정도에서 기능한다고 생각함에도 불구하고 동료들 사이에서는 5단계에서 기능하고 있다는 평가를 받는 사례를 보여준다. 이는 분포도 도형에서 명확히 확인할 수 있는데, 피험자는 자기 자신이 누구인지, 자신의 강점이 무엇인지 정확하게 인식하지 못한다는 것을 알 수 있다. 평가 결과 피험자의 운영 스타일에 대한 인식과 평가자의 인식 사이에서는 고객 집중, 고객 만족, 팀워크의 가치관만이 일치하는 것으로 나타났다. 평가자의 선택 중 세 가지 가치관만이 5단계에 도달하고 네 가지는 2단계에 머물러 있지만, 5단계 가치관의 득표율(31%)이 2단계 가치관의 득표율(19%)보다 더 높았다. 이 상황에서 코치의 직무는 지도자로 하여금 자신의 강점을 인지하고 왜 자신의 운영 스타일에 대한 인식이 동료들의 평가와 불일치하는지 이해하도록 돕는 것이다.

지도자 자신은 '통제적'이라고 생각하는데 동료들에게는 그런 평가를 받지 않는다는 것은 흥미롭다. 이는 코치가 탐구할 만한 풍부한 주제가 될 수 있다. 왜 피험자는 자신에 대해 그런 가혹한 평가를 내리고 사람들이 자신에 대해 생각하는 것보다 낮은 수준이라고 생각하는 것일까? 자존감 문제일까?

또한 지도자는 단 두 가지의 관계 가치관(접근 가능, 팀워크)을 선택했음에도 평가자들이 선택한 가치관 중에서 여섯 가지의 관계 가치관(공정성, 존중, 경청, 인내심, 공유 리더십, 팀워크 등)이 등장한 것도 흥미로운 사실이다. 왜 피험자는 지도자로서 자신의 잠재성을 인지하지 못하는 것일까?

'전문성', '경험' 가치관이 등장한 것에서 알 수 있듯이 지도자는 뛰어난 인간관계 기술뿐만 아니라 뛰어난 업무 기술도 지니고 있다. 자기 존재의 충만함으로 나아갈 토양이 갖추어진 것이다. 1단계 긍정 가치관의 부재는 피험자가 조직의 재정적 측면에 필요한 만큼 집중하지 못할 가능성을 시사한다.

요약

이 장에서는 문화 변혁 도구의 일부분인 코칭 도구를 살펴보았다. 이 코칭 도구는 의식의 7단계 모델에 기반을 두고 있으며, 인간 생활에서 내재적인 일곱 가지 주제에 적절히 대응할 수 있는 혁신적인 도구이다. 이러한 도구의 독특한 특징은 개인이나 지도자의 성장 과정에서 그 진행 정도를 매핑할 수 있는 것에 대한 시각적이고 계량화가 가능한 데이터를 얻을 수 있다는 것이다.

대인관계 행동 코칭

Roy Childs

이 장에서는 현재까지 등장한 대인관계 모델 중 가장 포괄적이라고 할 수 있는 대인관계 성향(Fundamental Interpersonal Relations Orientation, FIRO)을 소개한다. 이 이론에서는 현재 정서지능 영역이라고 알려진 요소의 핵심을 이해하고 해당 요소에 개입하는 방법을 제시한다. 대인관계 성향에서는 무엇이 사람들에게 동기를 부여하는지, 그리고 어떤 식으로 사람들이 자신의 소망과 공포를 관리하는지 심도 있게 이해할 수 있게 해준다. 이 장에서는 대인관계 행동 성향 요소 질문지를 통해 어떤 결론을 내리는지뿐만 아니라 이 질문지가 인간의 정체감, 감성적 욕구 및 반응의 핵심, 빙산의 일각 밑부분을 어떤 식으로 나타낼 수 있는지 설명할 것이다. 이 질문지의 결과는 코칭을 할 때 미칠 수 있는 영향 또는 사례 연구와 각각의 측면이 실제 코칭 세션에 적용될 때의 효용성을 시연하는 방법을 제시했다.

1. 대인관계 행동 코칭의 이해

1952년 윌 슈츠(Will Schutz)는 한국 전쟁 때문에 미국 해군에 소집되었다. 심리학자로서 슈츠는 함정과 잠수함의 전투 정보실을 운영한 팀의 양립성과 효율성에 대해 연구했다. 가장 중요한 문제는 모든 구성원의 기술적인 능력은 뛰어났지만 분위기와 대인관계 환경이 최적의 성과를 이끌지 못하는 경우가 상당히 많다는 것이었다. 슈츠가 풀어야 할 문제는 무엇이 그들의 양립성을 저해했는지, 어떤 식으로 고칠 수 있을지 알아내는 것이었으며, 그 결과가 1958년 'The Interpersonal underworld'에 발표됨으로써 처음 등장한 대인관계 성향 이론이다.

이 이론의 핵심은 '사람은 사람이 필요하다'는 것이다. 다른 말로 하면 우리는 기본적으로 사회적 존재이며, 슈츠가 포용, 통제, 애정(나중에 개방성으로 재명명됨)으로 정의한 강한 대인관계 욕구를 가지고 있다는 것이다. 이러한 욕구는 형식적으로는 개발하는 데 필요한 엄격한 방법론을 통해 제시되었으며, 선행 사건과 증거적 확률이라 불리는 통계적 조건을 만족하면서 관련 문헌을 광범위하게 검토하는 과정을 포함했다. 이는 이 이론이 합리적이고 타당한 근거를 가지고 있으며, 실증적 증거를 통해 뒷받침되어야 한다는 것을 의미한다. 이러한 증거를 수집하기 위해 슈츠는 여러 가지 측면을 계량화하는 방법을 찾을 필요가 있었다. 그 결과 최초의 대인관계 행동 성향 질문지가 탄생하게 되었으며, 이 질문지를 활용하여 포용, 통제, 애정을 측정할 수 있었다.

20년간의 지속적인 연구로 슈츠는 대인관계 성향 이론을 개선했으며, FIRO-B 요소(행동), FIRO-F 요소(감정), FIRO-S 요소(자아 개념)으로 이루어진 최신 도구를 만들어냈다. 이 질문지는 특히 '포용' 측면과 '애정'(개방성) 측면을 구별하는 능력에 더 효과적인 심리 측정 특성을 보유하고 있다. 게다가 개선된 도구를 활용하면 행동에 영향을 주는 감정과 신념까지 측정할 수 있어 대인관계 성향 이론은 자신과 타인을 이해하는 데 가장 포괄적이자 강력한 접근법으로 자리 잡게 되었다.

슈츠가 대인관계 성향 이론을 개발하기 시작한 곳이 다른 수많은 성격 측정 도구 개발자들이 시작했던 지점과 달랐다는 점에 주목할 필요가 있다. 그는 효과적으로 기능하는 팀을 위해 개발된 도구를 탐구했기 때문에 우리가 다른 사람과 느끼는 어려움에 관심을 갖게 되었다. 이러한 관심은 대인관계 성향이 그 외 '성격 측정 도구'와 차별화되는 가장 큰 특징으로 발현하게 되었다. 즉 다른 사람에게 받고 싶은 것을 사람들에게 물어보기 시작했다는 것이다. 다른 질문지는 자신의 정체성, 행동, 혹은 행동 양식에 대한 원론적 관점에서 자신에 대해 설명하거나 표현해보라고 하는 반면(예: 일반적인 상황에서 어떤 행동을 하는가), 대인관계 성향을 평가할 때는 '현재 상황'과 '내가 원하는 상황'이라는 두 가지 생각을 가지고 임하게 되며, 양립성에 대해 연구할 수 있는 즉시적인 기반을 얻을 수 있다.

2. 대인관계행동검사

대인관계 성향 모델은 세 가지 기초적인 대인 욕구에 기반을 둔다.* 이 욕구는 행동으로 세상에 발현되지만, 또한 개인 내부에 잠재해 있는 감정이나 신념의 형태로 발현될 수도 있다. 행동적인 수준에서 이 세 가지 대인 욕구는 각각 포용, 통제, 개방성**이라고 불리며, 측정 도구를 통해 각 측면에 대해 네 가지 점수를 도출할 수 있다. 〈표 20.1〉에 이 점수에 대해 요약했다.

각 척도의 점수 수준에 따라 대상자의 선호도에 대한 정보를 얻을 수 있지만, 대인관계 성향의 결과를 해석할 때 대부분의 사람들은 행동이 상황에 적합한지 여부와 상관없이 특정한 행동 양식을 보인다는 슈츠의 경직성 개념에 기반을 둔다. 이는 행동의 기저에 깔린 공포감을 관리하기 위한 방어적 기제라는 신호이다. 각 측면에 대해 간략

---

* 윌 슈츠는 '욕구'라는 단어가 불변하다라고 인식되면 안 된다는 것을 강조했다.
** 1957년에 발표된 최초 형식의 질문지(FIRO-B)에서는 '개방성'이라는 용어 대신 '애정'이라는 용어를 사용했다. 이 두 개념의 유사성과 차이점, 용어가 대체된 이유는 뒤에 설명되어 있다.

〈표 20.1〉각 측면에 대한 네 가지 선택

구분	현재 상황	희망하는 상황
나는 무엇을 해야 하는가?	나는 얼마나 포용적이거나, 통제적이거나, 다른 사람에게 개방적인가?	나는 얼마나 포용적이 되거나, 통제적이 되거나, 다른 사람에게 개방적이고 싶은가?
나는 무엇을 받을 수 있는가?	사람들이 얼마나 나를 포용하고, 통제하고, 나에게 개방적이고 싶어 하는가?	사람들이 얼마나 나에게 포용적이거나, 통제적이거나, 개방적이었으면 좋겠는가?

하게 설명한 뒤 잠재적으로 발생할 수 있는 문제를 다루고, 경직성이 발생한 경우에 대해 살펴볼 것이다.

1) 포용

포용 측면은 참가하거나 성취하기 위해 노력하는 관계의 양을 나타낸다. 다른 사람과 연대하고 소속되며 자신이 중요하다는 느낌을 받고 싶은 욕구로부터 동기를 얻으며, 비슷한 의미를 지닌 단어는 '참가, 초대, 면접, 가입, 다가가다, 함께 참가하다, 인지하고 인정하다' 등이다. 포용 측면에 대해 경직되어 있는 경우, 이 모델에서는 자기 자신과 타인에게 자신이 중요한 인물이라는 사실을 설득하고 있다는 것을 시사한다. 일부는 자신이 중요하지 않다는 공포감에서 벗어나기 위해 사회 활동을 지나치게 활발하게 하는 경향이 있으며, 이는 타인을 포용하기 위해 혈안이 되어 있음을 의미한다. 이들은 많은 초청을 받아들이고, 자신이 무시당하지 않도록 하는 방향으로 행동한다. 그러나 일부는 이러한 전략을 지나치게 위험이 크다고 인식하여 정반대로 행동하는 것을 선호하기도 한다. 이들은 사회 활동을 피하는 경향을 보인다. 자신의 초대가 무시당하는 것을 회피하기 위해 절대 다른 사람을 초대하지 않으며, 노출을 차단하기 위해 대체로 다른 사람의 초대도 받아들이지 않는다. 포용은 종종 외향성의 다른 형태로 오해받기도 하는데, 상당수의 내향적인 사람들도 높은 포용 욕구를 가지고 있으며 단지 외향적인 사람들과 다른 방식으로 표현하는 것일 뿐이다. 따라서 외향성 측도를 대인관계 성향 포용 척도와 함께 사용하면 아주 흥미로운 결과를 얻을 수 있다.

2) 통제

통제 측면은 고객이 타인과의 관계에서 얻고자 하는 통제력의 양을 나타낸다. 통제 측면은 자신이 상황을 통제하고, 결정권을 가지며, 유능감을 느끼려는 욕구에서 동기를 얻는다. 비슷한 의미를 지닌 단어는 '영향을 주다, 지도하다, 이끌다, 지휘하다, 관리하다, 권한을 행사하다, 감독하다, 체계를 정립하고 책임을 지다' 등이다. 통제 측면에 대해 경직되어 있는 경우, 이 모델에 따르면 무능력하거나 왜소하다고 느끼는 감정을 관리하려는 행동을 보일 가능성이 높다. 일부는 너무 엄격한 통제력을 행사함으로써 그러한 공포감을 관리하려 한다. 이는 업무가 특정 방식으로만 이루어져야 한다고 고집하고, 쉽게 성과를 확인할 수 있는 범위 내로 활동을 제한한다는 것을 의미한다. 이러한 전략을 통해 유능감이 도전받거나 노출될 위험성이 줄어들지만, 이는 부적절하게 독재적인 행동을 보일 수 있음을 의미한다. 반면 통제력을 너무 적게 행사하는 사람들도 있다. 이들은 책임을 포기함으로써 실패할 가능성을 회피한다. 이러한 사람들은 '못 합니다'라는 말을 '할 수 있습니다'라는 말보다 선호하며, 이는 실패했을 때 무능하게 비춰질 위험성을 낮춘다. 그 결과 책임과 도전을 너무 빨리 포기하고, 이러한 영역에서 발생하는 문제를 적시에 해결하지 않음으로써 자율성과 임기응변 능력이 저하되는 대가를 치러야 한다.

3) 개방성(초기의 애정)*

개방성 측면은 사람들이 타인과의 관계에서 얻고자 하는 심도와 공유의 양을 나타낸

---

* 대인관계 행동 성향(FIRO-B) 사용자에 대한 일러두기: 대인관계 행동 성향 사용자는 '개방성' 대신 '애정'이라는 용어를 활용하는 데 익숙하다. 두 용어는 기저에 깔려 있는 호감의 문제(예: 나는 얼마나 나 자신을 좋아하는가?)라는 유사한 영역을 다룬다. 그러나 윌 슈츠는 '애정을 표현하고 갈구한다'는 것이 너무 느슨한 표현이며, '애정을 느끼다(feeling affection)'와 '다정하게 행동하다(behaving affectionately)'는 너무 혼동을 일으킨다는 사실을 알게 되었다. '개방성'이라는 용어는 이 영역에서 명확성을 증진할 수 있는 가장 깔끔하고 정확한 방법이었으며, 이는 대인관계 행동 성향에서의 '애정'과 '포용'의 상관관계에 대비하여 대인관계 행동 성향 요소에서의 '개방성'과 '포용'의 상관관계가 더 낮다는 현상을 뒷받침한다.

다. 개방성 측면은 개인적으로 가까워지고 친밀감을 나누며 자신의 진정한 모습으로 수용되려는 욕구로부터 동기를 얻는다. 개방성과 비슷한 단어는 '공유하는, 친밀한, 다정한, 비밀스러운, 신중한, 진실된, 정직한' 등이다. 개방성 측면에서 경직되어 있는 경우, 자신을 좋아하지 않을 것이라는 감정을 관리하려는 행동을 보일 가능성이 높다. 일부는 자신이 호감 가는 사람이 아닐 수도 있다는 공포감을 너무 많은 비밀을 공유함으로써 관리하려 한다. 이는 타인에게 부적절한 수준으로 많은 개인적 정보를 누설한다는 것을 의미한다. 이러한 행동은 친밀도와 연관되기 때문에 친밀감의 감정(또는 착각)을 일으킬 수 있다. 또한 이러한 행동에는 여러 가지 원인이 있는데, 어떨 때는 자신이 알고 있는 호감 가지 않는 측면을 모두 폭로함으로써 거절의 고통에 미리 대응하는 것일 수도 있다. 그렇게 되면 상대방은 자신과 가까워지기 전에 자신을 거부할 수도 있을 것이다. 다른 경우, 이러한 행동은 '관리 개방성'으로서 보통 다른 사람들이 공유하지 않는 정보에 대해 개방적인 것으로 보일 수 있으나 사실은 진정한 공포심을 잘 숨기고 있는 것일 수도 있다. 반면 지나치게 공유를 꺼림으로써 경직된 행태를 보이는 사람들도 있다. 이들은 자신에 대해 좋은 측면만 공유하여 타인이 자신을 좋아하도록 하는데, 다른 사람들이 자신의 불건전한 측면을 발견할 수도 있다는 공포감이 자신을 드러내고자 하는 사실에 대해 지나치게 신중하고 선택적인 경향을 보이게 한다. 이러한 영역의 문제를 제대로 해결하지 않으면 장기적으로 친밀한 관계를 유지하는 데 어려움을 겪거나, 자신이 되고자 하는 이미지를 유지하도록 관리하면서 '진정한 자신'을 숨기는 데 많은 에너지를 소모하기도 한다.

4) 대인관계 성향 모델의 개요

세 가지 행동 측면(빙산의 일각)에 대한 대인관계 성향 모델의 개관과 나타날 수 있는 여러 가지 문제(빙산의 숨겨진 부분)의 범위를 〈표 20.2〉에 정리했다.

<표 20.2> 대인관계 성향 모델의 개관

대인관계 행동 성향 요소	포용	통제	개방성
대인관계 유형(외향적)	사회적, 참여	지시, 대립	공개, 털어놓음
대인관계 유형(내향적)	내향적, 내성적	책임 포기, 순응	개인적, 비밀
목표, 욕구, 욕망	소속감, 관심	존경, 영향력	공유, 호감형
감정과 신념	유의감	유능감	호감
대인관계 편익	생동감, 존재감	임기응변, 겸손	의식, 관용
불안감	나는 중요하지 않다	나는 능력이 없다	나는 호감 가지 않는다
공포감	나는 무시당할 것이다	나는 망신당할 것이다	나는 거절당할 것이다

3. 대인관계행동검사와 코치

여러 가지 의미로 해석되는 코칭은 다양한 부문에 중점을 둘 수 있다. 어떤 코치는 순수하게 행동 및 성과 목표에만 중점을 두는 반면, 어떤 코치는 인생의 목표, 관계, 후생, 만족감 등의 '부드러운' 문제에 집중하기도 한다. 그러나 모든 코치가 직면할 수 있는 가장 흔한 위험 요소는 너무 빨리 해결책을 찾거나, 조언을 하거나, 행동에 옮기고 싶어 할 수 있다는 것이다. 코칭은 고객이 자신의 목표와 해결책을 직접 찾는 것을 도와주는 것이 핵심인 만큼 고객이 학습과 변화를 준비할 수 있도록 고객의 페이스로 나아갈 필요가 있다. 코치가 충분히 자기 자신에 대해 인지하고 고객에 대해 심도 있게 이해하지 않는 한, 코칭 과정이 코치 자신의 욕구나 문제, 스타일에 휘둘릴 위험성이 존재한다. 이러한 위험성이 어떤 식으로 드러나는지 코칭에 입문한 지 오래되지 않은 한 코치의 사례를 통해 설명할 것이다.

신임 코치

이 코치는 IT 업계에서 종사하다가 어느 날 잠자리에서 일어나자마자 출근을 해야 한다는 생각 자체가 너무 혐오스러웠다고 한다. 갑작스럽게 자신의 직업이 적성에 맞지 않는다는 생각이 스친 것이다. 급여와 근무 환경은 좋았지만 의욕이 바닥을 치고 있었다. 1년이 지나지 않아 그는 직장을 그만두고 자영업 코치로 새로운 시작을 했다. 그는 첫 고객을 받았을 때의 흥분감에 대해 이야기했지만 아직도 약간은 낙담해 있는 듯했다. 그는 코칭 세션 중 하나가 기대했던 것만큼 잘되지 않는다고 말했다. 이유를 묻자 그는 고객이 세션을 마무리할 때마다 무언가 부족하다고 느끼는 것 같아 보인다고 답했다. 어떻게 그렇게 판단할 수 있는지 질문했더니 고객이 말을 아끼고, 그다지 많은 것을 공유하지도 않으며, 중요한 협상을 앞두고 유선으로 추가적인 지원까지 해주었는데도 그것을 받아들이지 않았다고 했다. 코치의 요지는 자신이 고객에게 충분히 쓸모있는 것 같지 않다는 느낌을 받는다는 것이었다.

슈퍼바이저와 이야기를 마친 후 그는 고객으로부터 직접적인 피드백을 받는 것에 동의했다. 그는 이전에도 고객에게 피드백을 요청한 적이 있었지만 언제나 세션이 시작하기 전이나 끝난 뒤에 물어보았으며 고객은 항상 매우 유용하다고 답했다. 그러나 코치는 고객의 말을 믿지 않았다. 슈퍼바이저는 몇 가지 탐색적인 질문을 하되 '질문지' 형식을 활용할 것을 제안했다. 고객의 내성적인 성격에 더 적합하고, 피드백을 조금이나마 개인적으로 받아들이게 함으로써 보다 정확한 답변

〈표 20.3〉 코치의 대인관계 행동 성향 요소 점수

구분	포용		통제		개방성	
	현재	목표	현재	목표	현재	목표
행동	나는 사람들을 포용한다	나는 사람들을 포용하고 싶다	나는 통제한다	나는 사람들을 통제하고 싶다	나는 사람들에게 개방적이다	나는 사람들에게 개방적이고 싶다
	6	8	8	7	2	3
수용	사람들은 나를 포용한다	나는 사람들이 나를 포용해주었으면 한다	사람들은 나를 통제한다	난 사람들이 나를 통제했으면 한다	사람들은 나에게 개방적이다	나는 사람들이 나에게 개방적이었으면 한다
	2	9	6	1	3	8

을 끌어낼 가능성이 높기 때문이었다. 이 질문지를 통한 피드백도 매우 긍정적으로 나타났으며, 코치는 고객의 정직성을 다시 의심하게 되었다. 이 단계에 다다르자 슈퍼바이저는 코치의 대인관계 욕구를 더 자세히 탐구하기 위해 대인관계 행동 성향 요소를 이용하여 검사를 해보자고 권유했다. 〈표 20.3〉은 검사 결과이다. 점수는 0~9점 척도이며 해석 목적상 0~2점은 낮은 점수로, 3~6점은 평균 정도로, 7~9점은 높은 점수로 간주한다.

포용

결과를 분석한 결과 코치는 현재 자신이 포용하고 있다고 느끼는 것보다 높은 수준의 포용 욕구를 보이는 것으로 나타났다('나는 사람들이 나를 포용해주었으면 한다'가 9점, '사람들은 나를 포용한다'가 2점). 사실 그가 이전 직장을 그만둔 이유 중 하나도 그가 '상당히 외롭고 기술적인 역할밖에 못하는 것 같다'고 느꼈기 때문이었다. 코치로서 일을 시작한 이유도 부분적으로 다른 사람과 접촉하려는 그의 욕구가 반영되었을 것이다. 그 뒤로 그는 학창 시절의 이야기를 나누었는데, 진학했던 종합 중등학교는 면학 분위기가 좋은 편이 아니었고 그는 또래 집단의 일원이 되기에는 '너무 똑똑하다'는 이야기를 들었다. 집에서는 형이 부모님의 관심을 독차지하는 것 같았고 학교에서는 '항상 겉도는 느낌이었다'고 털어놓았다. 그리고 대인관계 행동 성향 요소 검사를 통해 그는 이러한 경험이 자신에게 영향을 미친다는 사실을 인지할 수 있었다. 그는 고객이 보다 많은 접촉을 하고자 했던 자신의 제안을 거절한 이유가 너무 이른 단계에서 발생했기 때문이라는 것을 알게 되었으며, 자신에게 응답하지 않은 사람들에게 특히 예민하다는 사실과 그런 경향 때문에 그가 타인에게 접근하는 것을 꺼려 했다는 점을 인지하게 되었다.

통제

그 외에도 대인관계 행동 성향 요소 검사를 통해 더 깊은 고찰을 할 수 있었다. 통제 점수가 독립 성향의 장기적 패턴('나는 사람들을 통제한다'가 8점, '나는 사람들을 통제하고 싶다'가 7점인 반면 '사람들이 나를 통제했으면 한다'가 1점)을 보이는 것으로 밝혀진 것이다. 그는 이 패턴이 자신에게 도움이 되었다고 믿고 있으나 유능감에 대한 강한 욕구로 동기부여를 받는다는 것을 인식했다. 그는 '절대 충분한 실력을 갖추지 못할 것'이라는 공포에 시달리고 있었으며, 이 공포감이 그가 자부심을 느끼는 여러 가지 성취를 이룩하는 데 도움이 되었다는 것은 자명했다. 하지만 이러한 성향은 그가 발달시키고 싶었던 유형의 관계에는 도움이 되지 않았다. 그는 다른 사람들을 괴롭히는 경향이 약간 있다는 명성을 얻고 있었으며, 불필요하게 경쟁적으로 받아들이는 자신의 성향을 좋아하지 않았다.

IT 업계에서 일할 때 이러한 스타일은 동료들로부터 전반적으로 수용되었으며 때로는 존경받는 경우도 있었다. 이제 그는 새로운 코칭 업계에서 지나치게 통제적이지 않도록 경계할 필요가 있다는 것을 알게 되었다. 그의 '높은 기준'은 일을 시작한 지 얼마 되지 않았음에도 '최고의 코치'가 되어야 한다는 것을 의미했기 때문에 그의 직업 전환 과정에까지 영향을 미치고 있었다. 이전 코칭 세션 기록 일부를 검토하면서 슈퍼바이저는 그가 종종 경청을 하지 못하는 경우가 있으며 지시를 내리는 듯한 태도를 보이는 경향이 있다는 점을 지적했다. 그는 분명한 개방형 질문을 던지면서도 자신이 원하는 답이 나오지 않으면 반복적으로 그 질문으로 돌아가는 등 알아채기 힘들면서도 노련한 방법을 사용하고 있었으며, 이러한 경향은 고객의 의사를 따르기보다는 자신이 진행 과정을 통제하려는 강한 욕구를 보여주었다.

개방성

코치의 개방성 점수 또한 그의 코칭 방법에 영향을 주는 강한 대인관계 욕구를 드러냈다. 그는 기본적으로 자신을 내보이는 의향에는 낮은 점수를 보였으나 자신에게 다른 사람들이 마음을 드러내는 것에는 강한 욕구를 내비치고 있었다. 그는 이러한 경향의 이유로 '외향형'과 '내향형'이라는 개념에 대해 자신이 느끼는 혼란을 들었다. 유형 활동 지수(Type Dynamic Indicator, TDI) 검사를 거친 결과 그의 유형은 ESTJ였으나, 유형활동지수로 측정한 결과 그가 이상적으로 느끼는 유형은 INFJ였다.*

대인관계 행동 성향 요소 검사를 거치면서 그는 자신이 상당히 사회적인 사람이지만 언제나 그 역할이 좋다고 생각하는 것은 아니며, 그의 외향성은 개방적이고 친밀한 방법보다는 시끄럽고 사회적인 방법으로 표출되는 경향이 있다는 것을 알게 되었다. 즉 자신이 얼마나 개인 영역을 중시하는 사람인지 알게 된 것이다. 그럼에도 불구하고 대인관계 성향 검사는 다른 사람들이 그와 많은

---

* TDI는 융의 심리학적 유형[Jung, C G (1921), *Psychological Types(Collected Works of CG Jung)*, Princeton University Press, 1971, Princeton, NJ 참조]을 기준으로 개인 선호도를 판별할 수 있는 측정 도구이다.

것을 공유하고 보다 친밀해지기를 원하는 강한 욕구를 드러냈다. 사생활에서 그는 타인(특히 자신이 끌리는 사람)과 새로운 관계를 만들어갈 때 매우 신중하게 접근하는 경향이 있었으며, 자신의 욕구, 감정이나 약점에 대해 터놓고 이야기하는 것을 어려워했다. 그는 가까워지는 것 같아 보이지만 사실은 자기 자신에 대해 많은 것을 드러내지 않는 사교 기술을 많이 활용하고 있다는 것을 인정했다.

다른 사람들을 돕는다는 코치로서의 강한 신념이 사람들과 더 가까워지고 싶다는 강한 개인적 욕구와 혼동을 일으키고 있었다는 점에서 이러한 사생활의 특성은 코치로서의 그의 직무 능력과도 관련이 있다고 볼 수 있었다. 이러한 상황에 대한 인식은 중요한 경고로 여겨졌다. 그는 자신의 업무가 개인 생활에 반대로 영향을 미치게 한 것이다. 예로 든 고객과의 경험은 이미 매우 신중하지 않으면 개인적 욕구가 개인 생활과 업무의 경계를 흐리게 할 수 있다는 것을 보여주었다. 특기할 만한 점은 그가 코칭 세션 도중에는 놀라울 정도로 개방적이었다는 것이다. 그의 점수로 판단해볼 때 이는 특이한 사례라고 할 수 있지만 그도 그런 행동이 어려운 일이었다는 것을 인정했으며, 각 세션마다 최고의 결과를 풀어내기 위해 절박하기까지 했던 그의 또 다른 특성(그는 슈퍼비전을 받는 도중에도 최고의 업무 능력을 보여주어야 했다)의 발현이라고 볼 수 있을 것이다. 그는 코칭 환경에서 경험한, 위험이 크지도 않고 평가가 그렇게 엄격하지도 않은 근무 환경 때문에 처음으로 자신의 생각을 일부라도 표현할 수 있게 되었다고 밝혔다. 그 또한 놀랐으며, '조심스럽게 들렸지만' '실제 생활'에서 시도해볼 준비는 아직 되지 않은 것 같다고도 말했다.

코치의 대인관계 성향을 통한 경험은 실로 심오하다고 할 수 있다. 그는 자신이 가지고 있는 욕구의 많은 부분을 발견할 수 있었으며, 그 욕구가 코치로서의 업무 능력에 중요한 영향을 끼칠 수 있다는 것도 인지하게 되었다. 그는 이전에는 지나치게 나태하고 불필요하게 의존적이라고 생각하고 있었던 슈퍼비전을 계속 받는 것의 가치를 인정하기도 했다. 지금까지는 기술적으로만 좋은 코치가 되기 위해 노력한 것이며, 이전 직장에서 가지고 있었던 개인적 욕구를 분리하고 모델과 구조에서 벗어날 필요성이 있다는 것도 알게 되었다. 뿐만 아니라 이번 대인관계 성향 검사를 통해 그는 다른 관계, 특히 실패로 끝났고 많은 상처를 남긴 친밀했던 관계를 이해하는 방법에 대해서도 유의미한 영향을 줄 수 있었다. 따라서 그는 이러한 과정을 통해 직업적인 발전뿐만 아니라 개인적인 성장도 이루었다고 볼 수 있다.

4. 대인관계 행동과 고객

왜 사람들은 상당 수준의 시간 및 재정적 투자가 필요한 코칭 과정을 거치려 할까? 대부분은 '터놓기'에 문제가 있거나 욕구가 있기 때문일 것이다. 일부는 '특정한 주제를 효과적으로 발표해야 한다'거나, '협상 과정에서 더 완고한 입장을 견지해야 한다'와 같은 매우 구체적인 업무 능력 강화 욕구를 제시하기도 하지만, 그렇지 않은 사람들은 '직원의 업무 능력 문제에 대해 보다 세심하게 접근하고 싶다'거나 '이직을 하는 것과 장기적으로 더 관심이 가는 직종을 찾아보는 것 사이에서 결정을 내리고 싶다'와 같은 일반적인 발달 문제로 코치를 찾는다. 그러나 실제로 고객의 욕구는 다면적이고 상관관계가 있다. 때로는 단순히 털어놓기만 하는 것이 장기적으로는 영향을 미치는 가치 있는 변화의 기회를 놓치는 일이 될 수도 있다. 좋은 코치는 고객이 진짜 문제를 찾을 수 있도록 유연성 있게 코칭을 진행해야 한다. 대인관계 성향은 고객이 겪고 있는 중요한 문제의 핵심을 매우 신속하게 집어낼 수 있기 때문에 큰 도움이 된다.

대인관계 성향이 효과적인 것처럼 보이는 이유는 다음과 같이 요약할 수 있다.

- 직업이나 상황에 직접적으로 관련된 질문을 하지 않는다. 대인관계 성향의 진정한 힘은 상황을 초월하여 우리의 역할이 아니라 정체성의 핵심에 집중할 수 있다는 것에 있다.
- 사람들이 이해하기 쉽고 수월하게 답변할 수 있는 간단한 질문으로 구성되어 있다.
- 겉으로 보이는 간결성은 빙산의 일각을 상징한다. 이는 장기적인 패턴과 욕구를 행동에 연계시킬 수 있는 더욱 풍부한 모델에 접근할 수 있게 해주며, 고객의 핵심적인 문제와 욕구를 보다 신속하게 찾을 수 있도록 돕는다.

포용, 통제, 개방성이 어떻게 고객을 도울 수 있는지 시연하기 위해 세 가지 중요한 요소를 살펴보자. 세 가지 요소는 방향성의 명확화(코칭 세션과 최종 목표 설정에 중요함), 일반적 상황과 압박적 상황에서 고객의 행동 유형 이해, 직장 및 기타 상황에서의 관계 탐구이다. 간결성을 위해 전반적으로 낮은 점수 또는 높은 점수를 받은 사례

만을 제시했다. 당연히 실제 사람들의 대인관계 성향 프로파일은 여기서 논의하는 정도보다 훨씬 더 복잡하고 심오한 통찰을 담고 있을 것이다.

1) 포용

앞서 설명했듯이 포용 측면은 검사 대상이 참여하거나 성취하고자 하는 상호 작용의 양과 관련되며, 타인과 소통하고 소속감을 느끼며 중요한 사람이라는 느낌을 받으려는 욕구로 동기를 얻는다. 방향성, 습관, 관계의 관점에서 포용 측면이 어떤 영향을 미치는지 알아보자.

■ 방향성

종종 사람들은 자신에게 알맞지 않은 직업을 가지고 있다. 만약 고객에게 어느 정도의 포용이 필요할 경우 직업 외적인 부분에서 충분한 수준으로 포용 욕구를 충족할 수 있으며, 교통량이 많은 곳이 아니라면 주차 단속원은 적합한 직업이라고 할 수 없을 것이다. 매우 높은 포용 욕구 점수를 보인 고객이 있었다. 놀라웠던 점은 그의 직무가 대형 로펌에서 기록을 총괄하는 것으로, 대체적으로 고립된 환경에서의 행정 업무였다는 것이다. 외면적으로 그 고객에게 이런 근무 환경은 만족스럽지 못해 보일 수 있다. 그러나 그는 직업에 대해 불평하지 않았으며 오히려 자신이 하는 일에 만족한다고 말했다. 사실 그는 퇴근 후에 활발한 사교 활동을 즐기는 편이었기 때문에 업무 시간의 조용한 환경을 즐기는 것이 분명했다. 그는 록밴드에 소속되어 있었고 크게 뜨기 직전이었다. 그는 록밴드 생활에 대한 마음 때문에 코칭을 찾았다. 록밴드의 동료들이 그에게 다른 일을 정리하라고 요구했기 때문이다.

이 사례에서 분명한 교훈은 대인관계 성향을 활용할 때 유의해야 할 점이다. 누군가의 포용 욕구 점수가 높게 나타났다고 해서 반드시 높은 포용 정도의 직업이 필요한 것은 아니다. 이 고객은 인생의 목표나 방향성을 충족하기 위해서가 아니라 바쁜 생활에 균형을 맞추는 데 본업을 이용한 것이다. 대인관계 성향을 활용하면서 그는 자신이 얼마나 인정과 유명세를 갈망하는지 인지할 수 있었다. 어린 시절 무시당하고 중요하지 않다고 느끼면서도 그의 인생 목표는 유명세를 갈구하는 것이었다. 그는 자신이 멍청한 짓을 했던 여러 가지 사례를 말해주었지만, 동시에 어떤 관심도 무관심보다는 낫다는 것을 느꼈다고 했다. 그는 공연이 끝났을 때 아무도 박수를 치지 않는 꿈을 지속적으로 꾸었으며, 그럴 때는 식은땀을 흘리며 깨어나곤 했다. 대인관계 성향은 코칭 목표를 단기적 문제에 대응하는 것에서 중요하지 않다고 느끼거나 무시당한다고 느끼지 않도록 설계된 장기 행동 패턴을 다루는 것으로 전이하는 데 도움을 주었다.

■ 습관

다른 사람들이 자기와 비슷한 수준의 상호 작용을 원할 것이라고 지레짐작하는 것은 위험하다. 전반적으로 포용 욕구 점수가 낮은 사람이 이러한 가정을 한다고 생각해보자. 실제로는 접촉을 많이 하기 위해 노력하고 친밀하게 협동하는 것이 더 도움이 될 수 있음에도, 상호 작용을 필요로 하는 상황을 최소화하고 접촉을 줄이기 위해 활동을 재조정할 것이다. 내 고객 중 일부는 이런 영역에서 자신이 제대로 상황을 보지 못한다는 것을 잘 모르고 있었고, '불필요한 인간관계를 줄이고 시간을 그만 낭비'함으로써 최선의 대응을 하고 있다고 진지하게 믿었다. 고객이 옳을 때도 있기는 하다. 그러나 대인관계 성향은 그러한 상황에서 자기인지를 높인 뒤 대처할 수 있게 도와준다.

이러한 왜곡의 극단적인 예로 포용 욕구 점수가 매우 낮은 한 임원의 경우를 살펴보자. 부임한 지 2년이 지났는데도 그는 휘하에 있는 250명의 직원 중 절반을 만나지 못한 상태였다. 그는 이것이 직원들에게 어떤 의미로 받아들여지는지(예: 네놈은 중요하지 않아) 전혀 모르고 있었다. 이러한 신호를 보낸다면 강한 충성심이나 높은 생산성을 달성하기가 어려울 것이며, 그러므로 코칭 세션에서 최초 목표는 '순시하면서 관리하는 방법' 배우기에서 사람들이 보다 소속감을 느끼고 중요하다고 생각하도록 도와줄 수 있는 방법을 배우는 보다 근본적인 과정으로 전환되었다.

이제 전반적으로 포용 점수가 높은 사람을 생각해보자. 이런 사람들이 쉽게 빠질 수 있는 함정은, 자신의 무의식적 욕망을 충족하기 때문에 알아채지는 못하지만, 불필요한 인간관계에 연루될 수 있다는 것이다. 나는 보고서를 써 올리는 것을 어려워하는 한 컨설턴트를 코칭한 적이 있다. 다양한 행동 및 구조 전략(스스로 자신을 가두고 글 쓰는 시간을 계획하는 등)이 변화를 이루는 데 실패했고, 그는 직업을 잃을 위기에 처해 있었다. 그는 현 상황에 대해 자신이 거절하는 것을 너무 어려워하기 때문이라고 생각했다. 대인관계 성향을 통해 높은 포용 점수와 그가 모든 것에 발을 담그는 이유에 대해 탐구할 수 있었다. 지난주의 모든 활동과 회의를 검토한 결과, 우리는 그가 빠져도 별 상관이 없고 그럼으로써 보고서를 쓸 시간을 더 할당할 수 있었던 몇 가지 활동과 회의를 식별할 수 있었다. 그는 그러한 상황에서 거절하는 것을 상상했을 때 곧바로 소외되는 것 같은 강한 감정을 느낀다는 것을 인지하게 되었다. 학교에서 팀을 짤 때 항상 마지막으로 뽑혔던 것을 기억하면서 느끼는 감정이었다. 소외된다는 공포감은 그가 참여할 수 있는 기회마다 절대 놓치지 않는다는 것을 의미했으며, 이런 전략이 그렇게 유용하다고 할 수는 없었다. 그래서 우리는 모든 일에 참석하지 않고도 포함된다고 느낄 수 있는 방법을 찾기 위해 노력했다. 그는 자신이 빠진 회의에 대해 동료에게 정기적으로 알려달라고 부탁하는 전략을 생각해냈다. 또한 '글 쓰는 시간'을 따로 지정하기보다는 '인간관계 시간'을 따로 지정함으로써 보다 효과적으로 시간을 관리할 수 있게 되었다. 그는 직업을 계속 유지할 수 있었을 뿐만 아니라 더 즐겁게 일할 수 있게 되었다.

■ 관계

인사 관리 능력을 발달시키기 위해 코칭을 찾은 관리자를 생각해보자. 코칭 과정 중 그의 직속 부하 한 명이 부임 6개월 만에 사직서를 제출했다. 그 직원이 사직하는 이유는 업무가 많지 않고 사람들이 너무 내성적이라는 것이었다. 관리자는 당황스럽고 화가 났다. "그 친구도 그렇게 적극적인 성격은 아니었다고요!" 그 직원이 잠시 동안은 계속 일을 할 것이기 때문에 우리는 미리 계획되어 있던 팀 빌딩 과정에 참여하는 것이 좋을지에 대해 논의했다. 우리는 이 과정이 두 사람 모두에게 유익할 수 있다는 데 동의했다.

〈표 20.4〉에서 보듯이 관리자와 사직서를 제출한 직속 부하의 대인관계 행동 성향 요소 점수를 분석한 결과 관계 수준에서 비양립성이 드러났다. 관리자는 먼저 접촉을 시작하려는 욕망의 정도가 낮은 편이었다('나는 사람들을 포용한다'가 2점). 반면 직속 부하는 포용받고 싶은 강한 욕구를 드러냈다('나는 사람들이 나를 포용해주었으면 한다'가 9점). 관리자의 관리 형태는 부하의 욕구와 부합하지 않았다. 관리자는 그가 너무 내성적이며 '언제나 겉돈다'고 보는 편이었다. 함께 평가 결과에 대해 논의하면서 관리자는 '네가 먼저 물어보지 않으면 넌 원하지 않는 거야'라는 접근법을 고수했지만 부하는 관리자가 먼저 다가와서 같이 관계해주기를 바랐다는 것을 알게 되었다. 이러한 논의 과정을 통해 오해를 풀 수 있게 되었지만 업무 관계를 변화시키기에는 너무 늦은 상황이었다. 그러나 휘하의 직원들은 그가 이전보다 자신들에게 더 많이 신경을 쓰는 것 같다고 평가했으며, 그가 견지하고 있던 '열린 문 정책'은 더 진정성을 띠게 되었다.

〈표 20.4〉 관리자의 대인관계 행동 성향 요소 점수

구분	관리자의 포용 점수		직속 부하의 포용 점수	
	현재	목표	현재	목표
행동	나는 사람들을 포용한다	나는 사람들을 포용하고 싶다	나는 사람들을 포용한다	나는 사람들을 포용하고 싶다
	3	3	3	8
수용	사람들은 나를 포용한다	나는 사람들이 나를 포용해주었으면 한다	사람들은 나를 포용한다	나는 사람들이 나를 포용해주었으면 한다
	2	3	5	9

2) 통제

앞서 설명했듯이 통제 측면은 피험자가 타인 간의 관계에서 행사하고자 하는 통제력 및 영향력의 양과 관련되며, 자신이 상황을 통제하고 의사결정을 하며 자신이 유능하다고 느끼려는 욕구로부터 동기부여를 받는다. 방향성, 습관, 관계의 관점에서 통제

측면이 어떤 영향을 미치는지 알아보자.

■ 방향성

통제에 대한 욕구가 높게 나타나는 사람은 자신이 계획한 방식으로 일을 처리하기 위해 통제력을 발산하는 편이며, 불확실성을 줄이고 싶어 한다. 통제에 대한 욕구가 낮은 사람은 예측 가능성이 높은 상황이나 구조가 너무 엄격하게 짜였다고 인지하는 환경을 좋아하지 않는다. 후자보다는 전자의 성향을 가진 사람이 항공 관제사나 군인에 더 적합하다고 볼 수 있을 것이다.

■ 습관

〈표 20.5〉와 같은 대인관계 성향 프로파일의 고객이 있다고 하자. 이 고객은 자신의 근무 환경(소음, 부산함, 여기저기서 끼어드는 상황 등)이 스트레스를 준다고 생각하여 코치를 찾게 되었다. 그러나 코치가 고객의 일터를 방문한 결과 느긋하고 편안한 환경이었다. 고객은 반듯하고 체계적이고 목표가 있고 집중되어 있는 것 같았으며, 예의 바르고 상대적으로 협조적이었다. 동료들이 그의 사무실에 들러서 잠깐 대화를 나누고 이런저런 일을 부탁하는 상황이 이어졌다. 이러한 상호 작용과 끼어듦 속에서 그는 억지로 미소를 짓는 것 같았으며 그 뒤에는 수심과 긴장감이 찾아왔다. 이후의 코칭 세션에서 그는 다른 사람에게 주의를 기울이고 좋은 사람이 되고 싶다는 욕구와 절박할 정도로 일에 집중하고 싶다는 욕구 사이에서 지속적으로 딜레마를 겪는다고 인정했다.

〈표 20.5〉 고객의 통제 점수

구분	현재	목표	구분	현재	목표
행동	나는 사람들을 통제한다	나는 사람들을 통제하고 싶다	수용	사람들은 나를 통제한다	나는 사람들이 나를 통제했으면 한다
	5	8		9	8

그의 개방성 부족을 탐구하면서 대립에 대한 엄청난 공포감을 느끼고 있다는 것이 드러났다. '나는 사람들을 통제한다'(5점)와 '나는 사람들을 통제하고 싶다'(8점) 사이의 간극을 통해 극단적으로 권위적이었던 그의 아버지에 대해 논의할 수 있었다. 그의 생존 전략은 '도전하고 싶지 않은 것은 안 하는 것'이었으며, 통제력에 대한 그의 욕구는 수동적 행동 양식을 발달시켰다. 대인관계 성향을 통해 그는 일터에서 자신의 반응이 진짜로는 '아니요'를 의미함에도 '예'라고 말해야 했던 예전의 익숙한 패턴과 같다는 것을 알게 되었다. 이러한 통찰을 통해 우리는 대립에 대한 공포감을 잘 관리하는 방법으로 코칭 과정의 주안점을 옮겼다.

■ 관계

대인관계 성향 점수가 〈표 20.6〉과 같은 관리자를 생각해보자. 이 점수는 기회가 있을 때마다 모든 사람을 의사결정에 관계시키려는 그의 관리 스타일에 관심을 가질 수 있게 해주었다. 그는 자신이 시행하고 있는 고도로 참여적인 관리 스타일에 자부심을 가지고 있었으며, '사무실 밖으로 좀처럼 모습을 보이지 않는' 높으신 분들에 대해 매우 비판적이었다. 그는 스스로를 직원들의 목소리이자 사정을 알고 있는 사람, 친구 중의 한 사람으로 생각하고 있었다.

그는 때때로 이러한 행동이 부적절하다는 것을 인지하지 못하고 있었다. 사람들은

〈표 20.6〉 관리자의 대인관계 성향 점수

구분	관리자의 포용 점수		관리자의 통제 점수	
	현재	목표	현재	목표
행동	나는 사람들을 포용한다	나는 사람들을 포용하고 싶다	나는 사람들을 통제한다	나는 사람들을 통제하고 싶다
	8	4	2	2
수용	사람들은 나를 포용한다	나는 사람들이 나를 포용해주었으면 한다	사람들은 나를 통제한다	나는 사람들이 나를 통제했으면 한다
	3	9	5	3

그가 결정을 내리지 못하고 토의를 하느라 많은 시간을 허비하는 것 때문에 실망감을 느끼고 있었다. 대인관계 성향을 활용함으로써 관리자가 활용하고 있는 접근법의 복잡한 특징이 드러났다. 사실 그의 포용적인 행동은 연막에 불과했다. 그와 코칭을 시작했을 때의 토의 주제는 주로 '나는 사람들을 포용한다'(8점)와 '나는 사람들을 포용하고 싶다'(4점)의 차이였다. 그러나 주제는 곧 낮은 통제 점수로 옮겨 가게 되었다. 그는 일을 잘못 처리하는 것에 대해 엄청난 공포심을 느끼고 있었고 책임을 지는 것을 회피하려 했다. 관리자가 되자 부담이 가중되었으며, 더 많은 사람을 의사결정 과정에 포함함으로써 책임을 공유하려는 것이 그의 전략이었다. 이후의 코칭 과정은 실수 가능성을 더 잘 받아들이고 결정적인 행동을 할 때는 긴장감을 낮추는 데 중점을 두었다.

3) 개방성

앞서 설명했듯이 개방성 측면은 사람들이 타인과의 관계에서 얻고자 하는 심도 및 공유의 양과 관련되며, 개인적으로 가까워지고 친밀감을 나누며 진정한 자신의 모습으로 수용되려는 욕구로부터 동기부여를 받는다. 방향성, 습관, 관계의 관점에서 개방성 측면이 어떤 영향을 미치는지 알아보자.

■ 방향성

개방성 측면에서 높은 욕구를 가지고 있는 사람은 주변인들과 개인적 수준에서 연결된다고 느끼는 것을 좋아한다. 이들은 지금 당장의 업무나 활동에 필요한 정도를 넘어서고 두 사람을 더 가깝게 할 수 있는 생각이나 감정을 나누는 것을 좋아한다. 개방성에 대한 욕구가 낮은 사람은 많은 사람과 너무 많은 긴밀성과 친밀감을 함양하는 것을 좋아하지 않는다. 첩보원이나 세관원 같은 직업은 전자보다 후자의 경우에 더 적합할 것이다.

■ 습관 및 관계

어떤 대기업의 이사회 임원이 의욕이 떨어지는 위기를 겪고 있어 '열정을 재점화'하기 위해 코치를 찾았다. 처음에는 코칭에서 어떤 부분에 집중해야 할지 판단하기 어려웠으나 대인관계 행동 성향 요소 검사를 마친 뒤에는 어떤 식으로 접근해야 할지 알 수 있었다.

〈표 20.7〉 이사회 임원의 개방성 점수

구분	현재	목표	구분	현재	목표
행동	난 사람들에게 개방적인 편이다	나는 사람들에게 개방적이고 싶다	수용	사람들은 나에게 개방적이다	나는 사람들이 나에게 개방적이었으면 한다
	1	4		7	3

점수를 처음 접했을 때 그는 '사람들은 나에게 개방적이다'(7점)와 '나는 사람들이 나에게 개방적이었으면 한다'(3점)를 지적하면서 점수가 반대로 되었다고 반응했다. 그는 자신이 자립적이고 독립적이며, 매우 비밀스럽고 조심스러운 사람이라고 생각하고 있었다. 그에게는 세 자녀가 있었는데 둘은 이미 독립했고 막내도 곧 대학 진학을 앞두고 있었다. 그는 자녀가 즉각적이고 실용적인 사항에 대해서만 이야기하는 경향이 안타까운 점 중 하나라고 털어놓았다. 그의 점수는 자녀가 지금보다 더 자신에게 개방적이기를 바라는 마음에서 나온 것일 수 있다.

그러나 좀 더 연구를 진행하면서 그의 점수가 근무 환경을 강하게 반영하는 것으로 드러났다. 그는 직장에서 매우 유능하지만 사람들과 거리를 두는 편이며 먼저 연락하는 경우가 드물고 의욕이 매우 높다는 평가를 받고 있었다. 사실 이 점수는 직장에서의 그의 접근법을 반영하는 것보다 훨씬 더 많은 의미를 담고 있었는데, 자녀가 자랄 때 자신이 그런 태도를 취했다는 것을 고객이 깨닫게 되었기 때문이다. 사실상 그는 자기 자신을 성공에 팔아버린 셈이었으며, 개방적이고 신뢰하며 보람찬 관계 측면에서의 기회비용이 컸다. 전반적으로 개방성이 부족한 그의 성향은 곧 집을 떠날 막내 때문에 사로잡히게 되었으며, 아내와의 소통이 부족하다는 것 또한 고통스러움이 분명해졌다. 그는 집이 텅 비고 공허해지는 것이 두렵다고 말했다.

점수에 대해 논의하면서 그가 가장 크게 느꼈던 점은 '나는 사람들에게 개방적이다'(1점)라는 관점에서 '나는 사람들에게 개방적이고 싶다'(4점)라는 관점으로의 입장 전환이었다. 그는 그때까지 이러한 경향을 의식적으로 인지하지 못했지만 자신이 상당 기간 동안 다른 사람들에게 마음을 열기 위해 노력해왔다는 사실을 깨닫게 되었다. 그러나 그 과정이 어려웠으며 포기하고 그만두기 일쑤였다. 이 패턴의 핵심에서 그는 자신을 호감 가는 사람이라고 생각하지 않았다는 사실과, 그 때문에 자신을 잘 드러내지 않음으로써 자신을 보호하려 해왔다는 것을 인정했다. 그는 자존감을 높이기 위해 성공에 의존해왔지만 더 이상 효과가 없는 것 같다는 소견에도 동의했다. 대인관계 성향은 이 코칭 과정에서 매우 중요한 주제를 발견하게 해주었고, 고객은 작지만 유의미한 성과를 얻었다. 그는 사람들에게 마음을 여는 것을 연습하면서 작은 위험을 감수하기 시작했으며, 자기 자신에게 점점 더 호감을 가지게 되었다.

요약

대인관계 행동 성향 요소는 대인관계 성향 측정 도구의 최신판으로 윌 슈츠가 지금까지 쌓아올린 업적을 대표한다. 코칭 과정에서 코치와 고객의 자기인식을 향상하는 데 가장 유용한 도구 중 하나인 대인관계 행동 성향에 대한 초기 연구에서 발전한 것이다. 상당한 간결성과 유의미한 심도가 합쳐져, 숙련된 코치가 구체적이고 이해하기 쉬운 문제로부터 종종 마음 깊숙이 숨어 있는 장기적 행동 패턴으로 눈을 쉽게 돌릴 수 있게 해준다.

대인관계 행동 성향 요소의 힘은 분명한 투명성과 이해하기 쉬운 특성이다. 이 측정 도구는 위협적이지 않고 관리하기 쉽다. 그럼에도 불구하고 놓치기 쉬운 부분을 잡아낼 수 있으며, 피험자가 의식하지도 못하는 문제를 강조할 수 있다. 대인관계 성향 이론은 기저에 깔려 있는 감정과 자존감의 문제가 어떤 식으로 행동을 통해 드러나는지에 대한 모델을 제시한다. 이러한 문제를 의식 수준으로 끌어올림으로써 피험자의 마음을 열어 변화와 성장의 초석으로 삼을 수 있다. 대인관계 행동 성향 요소는 행동을 빙산의 일각으로 삼아 거의 알려지지 않은 문제를 식별하고 대응할 수 있게 하며, 그 결과 변화 과정을 가속화할 수 있다. 대인관계 성향을 활용함으로써 고객의 코칭 과정을 향상할 수 있을 뿐만 아니라 코치 또한 경험과 기술을 크게 향상하는 유익을 얻을 수 있다. 모든 관계자에게 윈윈인 것이다.

라이프스타일 코칭

Quentin Jones

우리의 행동을 스스로 인식하게 하는 것, 우리의 진정한 잠재력이 발휘되도록 지원하거나 또는 그 잠재력을 파괴하는 사고방식과 행동 양식을 식별하고 교정하는 것은 라이프스타일(Life Styles Inventory™, LSI)을 활용하여 코칭하는 활동의 핵심이다(Lafferty, 1987). 코칭을 통한 조정이나 중재를 시작할 때 라이프스타일을 활용하는 경우, 라이프스타일은 우리가 가진 생각과 행동에 대한 하나의 명확함, 그리고 때때로 도전적인 측정값을 제공하는 시작점이 된다. 코칭을 통한 조정이나 중재를 수행하는 동안 라이프스타일은 건설적인 행동과 방어적인 행동을 묘사하고 개인적인 목표와 전문적인 이력을 쌓는 목표를 달성하기 위해 어느 성격 유형을 개발할 필요가 있는지를 명확하게 규정하는 데 이해하기 쉬운 정보를 제공한다. 코칭을 통한 조정이나 중재 과정의 마무리 단계에서 고객이 그동안 얼마나 해당 역량을 개발했는지 유효한 측정값을 제공하도록 재검사를 수행할 수도 있다.

라이프스타일은 인지적이고 행동적인 측면을 강조하고 도형과 같은 시각적인 제시를 통해 일반적인 '삶의 태도'에 초점을 맞추었기 때문에 다양한 고객과 조직이 사용함으로써 점차 인기를 얻게 되었다. 비즈니스 영역에서도 라이프스타일은 리더의 행동이 조직 문화와 업무 성과에 어떤 영향을 미치는지 확인하는 데 주요한 도구가 되었다. 우리가 수행한 관련 연구와 컨설팅 경험은 라이프스타일을 통한 피드백과 이에 따라 리더를 코칭하는 것이 바로 조직 문화를 변화시킬 수 있는 주요한 요인이라는 것을 보여준다.

이 장에서는 라이프스타일의 역사와 연구 기반 및 코치와 고객의 효과성을 증진하는 방법을 개괄했다. 아래에 제시되는 논의는 비즈니스 영역에서의 라이프스타일 활용에 초점을 맞추고 있지만, 일반적인 삶의 태도에 초점을 맞추는 라이프스타일은 매우 광범위한 상황에서 활용되고 있다.

1. 라이프스타일 코칭의 이해

라이프스타일은 원래 임상 심리학자이자 휴먼시너지스틱스(Human Synergistics)의 창립자인 클레이턴 래퍼티(Clayton Lafferty) 박사가 1970년대 초반에 개발한 것이었다. 래퍼티는 사람들이 스스로를 바라보는 자아상이 사고 패턴에 의해 형성된다고 주장했다. 스스로 자신을 어떻게 바라보는지에 대한 자신의 생각(Sullivan, 1953), 자신이 누구인지에 대한 자각과 대비하여 스스로 되고자 하는 것에 대한 생각이 어떠한지 (Rogers, 1961; Horney, 1945), 그리고 자신에 대한 믿음(Ellis & Harper, 1961)도 여기에 포함되었다. 다른 사람들과 건강한 관계를 이어가는 사람과 스스로를 현실적인 시각으로 바라보는 사람은 일반적으로 자아실현을 향해 앞으로 나아갈 수 있고, 자신이 될 수 있는 모든 것을 실현 가능하도록 만드는 긍정적인 자아상을 가지고 있다. 이와 대조적으로 대인관계가 건강하지 못하고, 자신이 되고자 하는 것이 비현실적이거나 자신에 대해 불합리하고 자멸적인 믿음을 가진 사람은 부정적인 자아상을 가지며, 그 자아상으로 인해 결과적으로 자신의 진짜 잠재력을 실현하지 못하게 된다. 이러한 현상은 자신의 진짜 잠재력이 무엇인지 현실적으로 이해하지 못하기 때문에 발생한다.

따라서 이러한 개인의 사고방식을 모니터링하고 교정하는 것은 성장, 발달 및 그 사람의 진짜 잠재력을 개발하는 데 중요한 전략이 될 수 있다. 그리고 라이프스타일은 이 과정을 좀 더 확실하게 만들 수 있는 수단을 제공한다.

래퍼티는 자신의 연구를 통해 인간의 사고와 행동에 있어서 열두 가지 유형 또는 패턴을 식별했다. 척도와 측정 도구를 위한 루이스 구트만(Guttman, 1954)의 '근원적' 접근 방법과 이 접근 방법에 대한 리어리(Leary, 1957)의 응용 분야에서 많은 영향을 받은 뒤, 그는 하나의 원으로 그려진 '순환 모형' 안에서 서로서로 옆에 위치한 유형이 더 멀리 떨어져 있는 유형보다 좀 더 비슷하고 정적인 상관관계가 있도록 12개의 유형을 배치했다.

순환 모형 위에서 열두 가지 삶의 유형은 과업에 대한 관심 또는 사람에 대한 관심 주변으로 모여 있거나 성장과 만족이라는 고차원적인 욕구 또는 안전과 보호라는 저차원적인 욕구를 향하게 된다. 이 두 가지 차원의 프레임워크는 호나이(Horney, 1945)의 연구, 욕구에 대한 매클렐랜드(McClelland, 1967)의 연구, 성격에 대한 리어리(Leary, 1957)의 응용 연구, 리더십 유형에 대한 마이어(Maier, 1952)의 연구에서 많은 영향을 받았다.

좀 더 자세히 말하자면, 순환 모형을 가로질러 수평적으로 이어지는 것은 스토그딜(Stogdill, 1963)의 배려 행동과 과업 주도 행동 사이의 구별, 블레이크와 무톤(Blake & Mouton, 1964)의 사람에 대한 관심 대비 생산품에 대한 관심, 근로자 중심의 관리 행동과 생산품 중심의 관리 행동에 대한 구분에서 비롯된 사람-과업 중심의 지향성이다. 만족-안전 지향성은 순환 모형을 수직으로 가로지르며, 이것은 매슬로(Maslow, 1954)의 낮은 차원 욕구와 높은 차원 욕구에 대한 개념을 반영하고 있다.

네 가지 유형 '집단'에 대한 래퍼티의 원래 개념은 더 나아가 아래에 제시된 세 가지 유형에 대한 로버트 쿡 박사의 1983년 연구(Cooke et al., 1987)에 의해 좀 더 다듬어졌다.

- **건설적 유형:** 성취, 자아실현, 격려, 친화
- **공격적/방어적 유형:** 대립, 권위, 경쟁, 완벽주의
- **수동적/방어적 유형:** 동조, 관습, 의존, 회피

2. 라이프스타일의 심리 측정학적 특성

1) 신뢰도

라이프스타일의 신뢰도에 관한 연구는 내적 일관성과 평정자 간 검사만을 활용하고 있다. 라이프스타일은 개인의 역량이나 성격 발달 측면에서 시간이 지나면서 변할 수 있는 개인의 유형을 측정하기 때문에 검사–재검사 측정값은 여기에 적합하지 않다.

■ 내적 일관성 신뢰도

관련 연구는 라이프스타일에서 사용되는 척도의 내적 일관성에 대해 강력한 증거를 제공해왔다. 1,000명의 응답자에 기반을 둔 하나의 연구에서 12개 라이프스타일 척도의 신뢰도 계수는 0.80~0.88이었다(Cooke & Lafferty, 1981). 500명이 넘는 전문 교육자를 대상으로 한 또 다른 연구에서는 알파 계수가 0.79~0.87 범위였고 평균은 0.85였다(Nediger & Chelladurai, 1989).

0.60이 넘는 알파 계수는 일반적으로 수용 가능하다고 여겨진다. 따라서 이러한 발견 사항은 라이프스타일 척도가 내적 일관성이 있다는 강력한 증거를 제공한다.

■ 평정자 간 신뢰도

'외부의 사람들' 2,922명이 묘사한 556명의 관리자(모든 직급)에 대한 외부 평가 자료를 가지고 수행한 분산 분석에서 이 연구의 F-통계량은 모든 12개 유형에 대해

0.0001 수준에서 유의미했고, 분석 대상이 된 관리자에 대해 다른 사람들이 보고한
응답 안에서의 분산은 이러한 응답자 집단 사이의 분산보다 작다는 것을 알려주었다.
(Cooke et al., 1987: 5)

2) 타당도

라이프스타일에 대한 타당도 연구는 구성 타당도와 준거 타당도 측정값에 초점을 맞
추고 있다.

■ 구성 타당도

단순 구성 타당도는 유형 사이의 상관관계 분석을 활용하여 확립되었다. 이 분석을
통해 발견한 사항은 순환 모형에서 서로 가까이 있는 유형이 높은 수준의 정적 상관관
계가 있다는 것이었다. 유형 사이의 거리가 증가함에 따라 서로 반대편에 있는 유형은
강한 부적 상관관계가 될 때까지 상관관계가 감소했다(Cooke & Lafferty, 1981).

구성 타당도를 확인하기 위해 더 나아간 평가는 0.4를 기준으로 위쪽과 아래쪽으로
적재값을 가지는 요인 분석을 활용했다. 쿡 등(Cooke et al., 1987)은 12개의 라이프스
타일 척도가 좀 더 일반적인 사고 및 행동 군집 세 가지에 대한 측정값을 제공한다는
것을 증명했다. 다른 연구자들(Nediger & Chelladurai, 1989; Ware et al., 1985)은 이러한
발견 사항을 연구를 통해 입증했다.

■ 준거 타당도

상관관계 계수 또는 회귀 계수는 $p < .05$ 수준에서 이론적인 프레임워크와 부합하게
정적 또는 부적 방향으로 유의미하다는 것이 발견되었다. 예를 들어 건설적 유형은 관
리자의 효과성과 정적으로 연관되고 긴장 및 피로 증후군과는 부적으로 연관되어 있
는 반면, 수동적·방어적, 공격적·방어적 유형은 관리자의 효과성과 부적으로 연관
되고 긴장 및 피로 증후군과는 정적으로 연관되어 있음이 발견되었다(Gratzinger et al.,

1990; Cooke & Rousseau, 1983).

3) 표준 집단

라이프스타일의 표준 집단은 관리자 및 고참 전문가 집단의 특성을 반영한다. 자기 묘사(LSI 1)는 대다수는 북미에 살고 나머지는 유럽, 오스트레일리아, 뉴질랜드에 살고 있는 9,207명의 성인을 대상으로 표준화되었다. 타인에 의한 묘사(LSI 2)의 퍼센타일 점수는 앞의 9,000여 명에 대한 유형을 묘사하면서 타인에 의한 묘사를 완료한 35,000명의 '타인 평가'에 기반을 두고 있다.

3. 라이프스타일 검사

1) 설문지의 구조

라이프스타일은 개별적이지만 서로 보완적인 두 가지 설문지로 구성되어 있다. 자기 묘사는 개인의 사고 유형과 자아 개념을 측정하기 위해 고안된 자기보고용 설문지이고, 타인에 의한 묘사는 대상이 된 사람의 행위에 대해 타인이 그것을 어떻게 바라보는지 그 지각을 측정한다.

자기 묘사와 타인에 의한 묘사 설문지는 모두 동일한 240개 문항을 담고 있다. 문항은 단일한 형용사(예: 사려 깊은, 현실적인) 또는 어구(예: 친구들의 영향을 쉽게 받음, 능력을 과대평가함)와 같이 둘 중 하나로 묘사되었다. 240개의 사고 및 행동 평가 문항을 포함하여 다음과 같은 부가적인 영역으로 구분되어 있다.

- **결과 척도(요약 지각)**: 현재 수행 업무 역할 안에서의 효과성, 관계의 질적 수준, 스트레스, 승

진 가능성을 포함하여 대상이 된 사람과 타인들의 지각을 알려주는 12개의 부가적인 척도이다.
- **인구 통계 자료**: 두 설문지는 성별, 연령, 직업, 조직에서의 직위를 포함하여 주요한 인구 통계 자료를 수집한다.
- **만족도 척도**: 자기 묘사는 업무, 역량 개발 기회, 가족, 여가와 건강을 포함하여 몇 가지 영역을 가로질러 대상이 된 사람의 만족도를 탐색하는 부가적인 10개의 만족도 질문을 포함하고 있다.

2) 응답 척도

설문지 응답자는 설문 속 묘사가 어느 정도 정확하게 대상자를 묘사하는지에 따라 구트만(Guttman, 1954) 척도를 수정한 3점 척도를 사용하여 각 문항의 점수를 계산한다. 라이프스타일의 응답에서 볼 수 있는 선택 사항은 다음과 같다.

- 2: 나와 비슷하다/대부분의 시간 동안 이 사람과 비슷하다
- 1: 나와 비슷하다/꽤 자주 이 사람과 비슷하다
- 0: 나와 본질적으로 다르다/이 사람과 본질적으로 다르다

여기서 '나와 비슷하다'라는 응답은 자기 묘사 설문지와 연관되고, '이 사람과 비슷하다'라는 응답은 타인에 의한 묘사 설문지와 연관되어 있다.
요약 지각과 만족도 척도는 각각 7점 또는 5점의 양극 리커트 척도를 사용한다.

3) 설문 관리

자기 묘사와 타인에 의한 묘사는 별개로 또는 함께 관리할 수 있다. 종이 설문지를 사용하거나 온라인으로 활용하기도 한다. 이 설문지는 완료하는 데 대략 20~30분 정도 걸린다. 일반적으로 양쪽 설문지 모두 활용 가능하다. 자기 묘사의 대상이 된 사람, 그리고 5개 영역의 타인에 의한 평가 설문지는 타인이 대상자를 평가하도록 되어 있다.

4) 자료 수집 및 배치 유형

한 번 자료를 수집하면 라이프스타일 설문지 문항의 원점수는 순환 모형의 중심으로부터 12개의 확장 그래프를 만들면서 정규화된다. 각 확장 그래프는 대상자가 보고한 것 또는 다른 사람들이 관찰한 것으로서 그 유형의 크기를 대표할 수 있도록 순환 모형에서 퍼센타일 점수로 표현되었다.

5) 보고서와 지원 자료

모든 설문 응답지가 한 번 수집되면 몇 가지 보고서가 만들어진다. 두 가지 기본 보고서 형식이 있는데, 100쪽이 넘는 자기개발 가이드를 가지고 손이나 컴퓨터로 그린 도형과 컴퓨터가 만들어내는 60쪽짜리 서술 형식의 스타일러스 보고서가 그것이다.

4. 라이프스타일과 코치

성공적인 변화를 위한 핵심은 변화의 궁극적인 도구인 우리 자신을 이해하는 것이다. 코치가 라이프스타일로 코칭을 수행하는 것은 고객이 경험할 것이 무엇인지 같이 경험하는 것뿐만 아니라 코치 자신의 자기개발 측면에서도 필수적인 단계로 매우 중요하다. 무엇이 코칭을 위한 대화로 이끄는지, 우리 정신 내부의 갈등, 우리의 해결되지 않은 투사와 감정 전이, 우리의 두려움과 방어 기제에 대한 깊은 이해 없이는 다른 사람들에게 심오한 변화를 일으키도록 지원하는 능력이 제한될 수밖에 없다.

심지어 라이프스타일을 가지고 일해온 지난 20년간 나는 내 방어 기제가 코칭을 위한 상대방과의 대화에서 어떻게 나타나는지에 대해, 그리고 고객과 건설적인 관계를 유지하고 무언가를 제시하려는 내 욕구에 대해 지속적으로 인식했다. 스스로가 궁극의 변화 도구라는 것을 인식함으로써 라이프스타일을 사용하려는 새로운 코치가 자신의 라이프스타일을 통해 스스로 새롭게 시작할 수 있다고 주장한다. '성찰적 실습' 인증 과정에 통합된 훈련 과정 동안 우리는 라이프스타일을 활용하는 이러한 코치가 훈련 수행 중에 이례적인 자아실현과 확실한 변화를 보여주는 모습을 지켜보았다.

이러한 성찰적인 실습 과정에 참여한 107명의 코치에 대한 최근의 샘플을 가지고 우리는 그들의 어떤 사고와 행동이 그들에게 동기부여를 했는지, 그리고 어떻게 그들의 효과성에 영향을 미쳤는지를 분석했다.

1) 코치의 사고와 행동

일반적으로 타인에 의한 묘사를 통해 분석된 코치의 사고와 행동 유형은 사람 중심적인 경우가 대부분이다. 격려와 친화 유형이 지배적이고 자아실현과 성취가 미약하게 확장되어 있다. 이러한 사람 중심적인 프로파일을 가지고 있으면서도 동조 및 회피 측면이 강한 사람들은 수동적-방어적 유형이 지배적이다. 이러한 상황을 군집으로 묶어서 살펴보면, 코치는 건설적 유형이 평균 이상을 차지하고 수동적-방어적 유형은 평균에서 평균 이상이며 공격적-방어적 유형은 평균 이하이다. 이와 대조적으로 평균적인 오스트레일리아-뉴질랜드의 관리자-전문가가 요구하는 코칭은 건설적인 것보다는 좀 더 공격적-방어적이거나 수동적-방어적인데, 회피와 대립적인 것이 각각 첫 번째와 두 번째 주요 유형이었다.

2) 효과적인 코치와 비효과적인 코치

더 많은 분석을 통해 대다수의 효과적인 코치들은 사고와 행동에 무언가 구별되는 패턴을 보여준다는 것을 알 수 있었다. 코치 효과성은 타인에 의한 묘사의 요약 지각 A를 사용하여 측정했다(이 사람은 자신의 업무 또는 과업 수행에서 얼마나 효과적인가?). 이러한 효과성 척도에서 가장 높은 점수를 얻은 코치 중 상위 25%(n=26)에 속한 코치에 대해 타인에 의한 묘사의 설문 결과를 모아서 순환 모형으로 제시했다. 이와 마찬가지로 코치 중 하위 25%에 속한 코치도 함께 묶어서 순환 모형 위에 그래프를 나타냈다.

이러한 순환 모형은 코치 효과성이 특히 격려와 친화 같은 건설적인 사고와 행동으로부터 발생한다는 것을, 반면에 동조와 회피 같은 수동적-방어적 유형은 코치 효과성을 감소시킨다는 것을 명확하게 보여준다. 아래에서는 라이프스타일에서 분류하는 유형 각각을 차례로 탐색하는데, 이는 평균적인 관리자 및 전문적인 고객을 다룰 때 어떻게 각 유형이 코치 효과성을 지원하거나 파괴하는지를 반영하고 있다.

3) 삶의 유형이 어떻게 코칭 결과물을 지원하거나 파괴하는가

■ 격려(1시 방향)

이것은 효과적인 코칭으로 특징지어진 코칭 유형이다. '다른 이들에 대한 무조건적이고 긍정적인 관심'(Rogers, 1961)이라는 로저스 학파에 기반을 두고 격려를 활용하는 코치는 상대방에게 공감을 불러일으키고, 인정이 많으며, 기꺼이 과업에 도전하고, 고객의 성장에 맹렬히 헌신한다. 여기서 하나의 핵심적인 도구는 '소크라테스식 문답법'인데, 이는 고객이 실제로 자신의 응답을 분석하고 추측하며 생각해보도록 많은 질문을 던지는 것이다. 그 목적은 특히 문제 해결 및 의사결정과 같은 '사고 역량'을 발달시키는 것으로, 이는 성취의 기초가 되며 대다수 효과적인 관리자의 유형과 같다 (McCarthy, 2006).

■ 친화(2시 방향)

친화는 효과적인 코치에게서 볼 수 있는 두 번째로 강력한 유형이다. 높은 수준으로 친화적인 코치는 고객과의 대인관계를 즐길 것이다. 이들은 사람들을 좋아하고 사회적 상호 작용을 즐긴다. 만일 코칭 관계 안에서 양쪽이 잠재적으로 코칭의 경계를 무너뜨리는 친구가 된다면 작은 위험 요소가 될 수도 있다.

■ 동조(3시 방향)

고객이 코치의 동조를 필요로 하는 원인이 된다면 동조는 코치의 유효성을 심각하게 제한할 수도 있다. 거절에 대한 두려움은 코치로 하여금 기꺼이 고객이 지닌 가설, 사고와 행동에 대항하고 도전하는 데 제약을 가하도록 하기도 한다. 이것은 특히 공격적이거나 방어적인 고객을 다룰 때 높은 수준으로 동조적인 코치에게 매우 도전적인 상황이 될 것이다.

■ 관습(4시 방향)

높은 수준으로 관습적인 코치는 '유효성이 증명된' 기법에 집착하고, 고객의 변화 요구에 유연성이 부족하며, 고객이 자신의 문제에 대한 해결책을 만들어내려 할 때 창의성이 부족해서 도움을 줄 수 없다. 따라서 코칭 과정을 제대로 수행할 수 없는 코치도 있다.

■ 의존(5시 방향)

의존은 코치가 코칭 상황에서 기꺼이 대화를 적절하게 '주도하려는' 의지를 제한하기도 한다. 이는 자신의 노력이 고객에게 차이점을 만들어낼 수 없다는, 기저에 깔린 믿음에 의해 추동된다. 극단적인 사례에서 코치는 부적절하게 고객이 코칭 세션을 '주도하도록' 방치할 수도 있다.

■ 회피(6시 방향)

회피는 고객과 직접 대면하거나 화나게 만드는 상황을 꺼리는 마음가짐을 만들어낸다. 진실성을 가진 정서적·심리적 개입이 부족한 상황(그냥 그 자리에 있는 것)은 코치의 유효성에 제한을 가할 것이다. 코칭 과정에서 동조는 종종 뒤에 숨은 회피(진실된 참여에 제약을 가하는 반대와 비난의 위협)를 통해 추동될 수 있다.

■ 대립(7시 방향)

대립적인 행동은 관계와 신뢰를 급속하게 침식시킨다. 도전이라는 것이 코칭을 위한 대화 속에서 중요한 자리를 차지하는 반면, 대립적인 유형은 비난적이고 비판적이며 회의적인 것으로 경험된다. 순환 모형 위에서 보았을 때 대립적인 것의 '정반대'는 격려적인 것이며, 따라서 이 유형의 코치는 고객 및 고객의 변화를 위해 자신감을 파괴할 수 있는 강한 영향력을 가질 것이다.

■ 권위(8시 방향)

코치가 스스로 안전하지 못하다고 느낄 때 권위가 나타나며, 이들은 불안감을 줄이고 지위를 유지하기 위해 코칭 과정의 주도권을 완전히 장악해버린다. 이러한 상황은 고객의 노력이 차이를 만들어낼 수 있다는 고객의 감각과 의지를 감소시켜 의존성을 만들어낸다.

■ 경쟁(9시 방향)

극단적인 상황에서 나타나는 경쟁적인 코칭 관계는 무엇이든 '승패'로 가르는 자세, 상대방과의 논쟁으로 퇴보된다. 코치는 결정적인 한 방을 날리거나 지적으로 고객을 '능가'하려는 자신의 욕구를 관리할 필요가 있다.

■ 완벽주의(10시 방향)

자신의 완벽성을 증명하기 위해 열심히 일하려고 하는 코치는 과도하게 준비하고 코칭에 부여된 과제의 모든 측면을 세세하게 관리하려는 경향이 있다. 그로 인해 고객과의 코칭 관계에서 유연성과 반응성을 거의 보여주지 못하게 된다.

■ 성취(11시 방향)

성취는 자기개발을 위한 목표를 인식하고 문제를 해결하는 데 중요하며, 문제 해결에 초점을 맞추는 코칭 접근 방법의 핵심 결과물이라 할 수 있다(de Shazer, 2005). 흥미롭게도 높은 수준으로 격려적인 모습을 보이는 코치는 목표를 정하도록 장려하고 고객과 함께 문제를 해결하는 측면에서 효과적이며, 일반적으로 스스로 성취 동기를 개발하려는 욕구를 보여준다.

■ **자아실현(12시 방향)**

자아실현은 코치에게 중요한 유형이며, 수용적이고 섣부른 판단을 하지 않는 태도, 높은 수준의 인간적 진실성, 고객과 '함께한다는' 감각 안에서 그 자체로 명백하게 나타나는 것이다. 자아실현의 본질은 코치가 얼마나 자신의 성장과 역량 개발에 투자했는지를 보여주는 것이며, 궁극적으로 고객이 원하는 것이 무엇인지 아는 것이다.

결국 효과적인 코칭을 시작하기 위한 진입점은 우리 자신의 사고와 행동에 대한 자기인식이 되는 것이며, 우리 자신의 방어적인 반응을 관리하기 위한 능력과 기술을 습득하는 것이다. 라이프스타일에서 제공하는 분석 데이터는 평균적인 코치의 경우 특히 공격적-방어적 관리 행동에도 불구하고 동조를 추구하고 갈등을 회피하려는 자신의 욕구를 관리할 필요가 있을 것이라는 사실을 보여준다. 코치를 위한 주요한 발달상의 도전 과제는 격려적인 태도를 강력하게 유지하고 성취와 자아실현 유형을 개발하는 것이다. 성취는 동조에 대한 '방어 수단'이다. 우리가 원하는 것에 관해 좀 더 명확해지고 그것을 성취하기 위한 과업 기술을 개발함으로써 다른 사람들을 기쁘게 하는 일은 우리에게 덜 중요해질 것이다. 이와 마찬가지로 자아실현은 회피의 반대편에 있으며, 우리가 진짜 누구인지 좀 더 많이 표현하고 스스로 성장을 추구함으로써 다른 이들로부터 물러나 후퇴하는 일이 사라질 것이다.

코치를 위한 궁극의 도전 과제는 우리가 변화에 대해 설교하는 것을 실천하는 것이다. 쾌드와 브라운(Quade & Brown, 2001)이 묘사했듯이 우리는 스스로를 변화의 도구로 인식할 필요가 있으며, '우리 스스로 변화함으로써 변화를 실천할 때까지 우리는 고객의 변화를 위한 진정한 리더가 될 수 없을 것이다. 이는 내부로부터 변화를 숙달시키는 것이 이 일의 전부라는 의미이다.'라는 말을 이해할 필요가 있다. 라이프스타일을 활용하는 코치에게 도전 과제는 모든 라이프스타일 코칭 세션이 자신의 사고와 행동을 발달시킬 수 있는 하나의 기회임을, 그리고 궁극적으로 코치로서 그리고 인간으로서 우리 자신의 효과성을 개발할 기회임을 깨닫는 것이다.

5. 라이프스타일과 고객

라이프스타일은 실제 개인적인 변화를 만들어낼 수 있는 하나의 강력한 자기개발 도구이다. 이 장에서는 라이프스타일을 가지고 코치가 수행할 수 있는 서로 다른 수준의 업무, 코칭을 통한 조정이나 중재를 구조화하는 방법, 라이프스타일의 순환 모형을 살펴보고 해석하는 기본 지식을 탐색한다.

1) 앎과 행함을 넘어서

라이프스타일은 사람들이 실제로 변화하도록 어떤 힘을 주는가? 라이프스타일을 통해 만들어진 보고서를 가지고 어떻게 고객이 좀 더 나은 관리자가 되는 방법에 관한 직관을 얻고, 어떻게 그 세상에서 자신의 변화하는 존재에 관한 깊은 통찰을 얻는가? 그 답은 다음 세 가지 학습 영역에서 제기하는 라이프스타일의 진단 능력에 있다.

■ 알기

학습에서 앎이라는 지식 영역은 '무엇'이라는 주제를 다룬다. 즉 우리가 하나의 특정한 주제에 관해 좀 더 '알게 되는' 것을 말한다. 앎이라는 지식 영역은 대부분 교육과 학습 활동에 주요한 초점을 맞춘다. 궁극적으로 학습은 제한적인 변화를 만들어내는 앎의 영역에 묶이게 된다. 많은 사람은 한 주제에 대해, 예를 들어 리더십에 대해 많은 것을 알지만, 사람들을 어떻게 이끄는지 안다고 해서 실제로 사람들이 따르는 것은 아니다. 앎과 행함 사이의 간극은 우리가 인간으로서 무엇을 해야 하는지에 대해 잘 알지만 그것을 실제로 행하는 데에는 실패하게 된다는 말로 묘사된다(Pfeffer & Sutton, 2000).

■ 행동하기

아는 것만으로는 충분하지 않다. 아는 것을 행동으로 옮길 필요가 있다. 기법 개발, 경험 및 실천 학습 방법론을 포함하여 역량과 자기개발 행동은 행함을 향상하기 위한 방향으로 나아갔다. 그럼에도 불구하고 중요한 자원은 새로운 자원을 필요로 하지 않는 관리자의 기술을 개발하는 데까지 투입되고 확장되었다. 만일 지식과 기술 훈련이 충분하지 않다면 행동의 변화를 풀어나갈 열쇠는 무엇인가?

■ 존재하기

존재하기 영역에서의 학습은 의식적·무의식적으로 가지고 있는 믿음, 가설, 세계관에 대한 더 깊은 탐색을 통해 앎과 행함을 넘어선다(Mezirow, 1991). 이러한 깊은 그리고 때때로 어려운 학습은 종종 중요한 삶의 사건(실직, 중년의 삶에서 꿈이 실현되지 않는다는 실패감, 조직에서의 위치 변화 등)에 빠져들게 될 때만 발생한다(Kets de Vries, 2006). 만일 이렇게 온갖 불평불만이 혼합된 극적인 시기에 라이프스타일을 행할 수 있다면 그 영향력이 극적으로 높아지고 삶의 변화가 일어날 수 있다. 전문적인 코칭과 함께하는 라이프스타일은 스스로를, 자신의 생각과 행동을, 자신의 무의식적인 가설과 믿음을 이해하려고 노력하는 고객을 위해 안전한 구조물을 제공한다. 라이프스타일은 이러한 도전의 시기를 헤쳐나가는 방향타가 되는 언어와 지침을 제공할 수 있다.

또한 존재하기 영역에서 '아하' 하는 순간은 개인적인 변혁을 위한 필수적인 방아쇠가 되기도 하며, 리더에게 '아하' 하는 순간이 어디에서 일어나는가에 따라 조직에서 문화적 변혁을 일으키는 데 필수적인 기초가 될 수도 있다(Jones et al., 2006).

6. 라이프스타일 코칭의 구조화

　검사-행동-재검사 프레임워크를 사용하여 라이프스타일을 활용한 코칭을 통한 조정이나 중재를 구성하는 방법을 살펴보자. 이 논의의 목적을 달성하기 위해 우리는 라이프스타일을 통해 도출된 결과의 '디브리핑'과 '코칭'을 서로 다르게 볼 것이다. 검사 단계 동안 시행되는 디브리핑은 라이프스타일을 자세히 소개하는 과정으로, 여기서 나온 결과를 논의하고 고객이 스스로 깨달을 수 있도록 도와준다. 코칭은 이렇게 상세히 설명된 결과를 바탕으로 행동으로 옮기고 재검사 단계에서 최상의 성과를 얻게 하는 지속적인 과정이다.

1) 라이프스타일 검사의 보고

　하나의 코칭 과제를 시작할 때 우선적으로 상황에 대해 공유하고 코칭 시 해야 할 것과 하지 말아야 할 것을 서로 논의하면서 비밀 엄수에 대한 확약을 받아야 하며, 이러한 과정 속에서 고객의 요구, 도전 과제, 목표를 명확히 확립하라. 라이프스타일을 통한 첫 번째 측정(검사)은 현재의 사고와 행동이 어떤지를 알아보고 GROW와 같은 코칭 모델 안에서 '현실(R)'에 대한 이해에 기여한다(Whitmore, 2002). 라이프스타일에 대한 '디브리핑'의 경우, 우리는 적어도 일주일에 한 번씩 2개로 분리된 세션에서 수행하도록 권고한다.

　이 단계에서 제시할 수 있는 하나의 유용한 모델은 변화에 대한 3A(자각, 수용, 행동)이다. 디브리핑 중에 처음에는 두 단계(자각, 수용)를 다룬다. 디브리핑을 시작하면 처음에는 상대방에게 자각을 만들어낼 것이다. 일반적으로 1~2시간 정도면 코치는 고객에게 라이프스타일 모델의 기본적인 자각과 인지 · 행동 측면의 가설(자극+사고=반응), 자신이 받은 피드백에 대한 기초적인 이해를 확립시킬 수 있다. 라이프스타일에서 활용되는 디브리핑에 대한 상세한 내용은 다음 절에서 설명할 것이다.

수용은 심리적이면서 정서적인 과정이다. 피드백을 받은 고객은 당혹스럽거나 불안해하거나 정서상의 혼란을 경험할 수도 있다. 이 과정을 더 잘 이해하기 위한 프레임워크는 쿠블러-로스(Kubler-Ross, 1969)가 제시한, 커다란 슬픔에 빠졌을 때의 정서적 변화 단계(충격, 부정, 분노, 타협, 우울감, 수용)이다.

어느 정도 시간이 흘러가도록 내버려두는 것은 의미가 있으며 정서적인 해결을 위해 필수적인 상황이라 할 수 있다. 수용은 몇 분, 때때로 몇 년의 시간이 걸리며, 대부분 의외의 시간과 장소에서 발생하기도 한다.

2) 코칭하기

수용이 어느 정도 일어나면 코칭을 시작할 수 있다. 우리가 가진 코칭의 목표와 그 결과물을 다시 한 번 상기하고 행동 계획을 수립하라. 라이프스타일의 자기개발 가이드는 자기개발을 위한 행동 구성, 방향, 발전의 아이디어를 제공한다.

디브리핑 이후 코칭 세션을 구성하는 방법은 다양하지만 경험상 1시간짜리 세션을 6~8개로 구성하는 것이 좋은데, 격주간 또는 한 달에 한 번 시행하는 것이 가장 좋다. 이는 문제에 대한 해결책에 초점을 맞춘 코칭 기법과 모델(De Shazer, 2005)을 적용할 때 특히 중요한 역할을 하며, 행동 변화와 함께 목표를 성취할 수 있도록 지원한다.

3) 재검사

라이프스타일은 초기 검사 이후 12~18개월이 지난 후에 재검사를 진행할 것을 권장한다. 이 시점에 검사 단계, 즉 초반에 합의되었던 목표를 돌아보고 다시 검토해야 한다. 재검사는 사고와 행동의 변화에 관한 구체적인 피드백을 제공한다. 또한 고객에게 변화에 대한 책임을 묻고, 무엇인가 발전이 있을 때 축하할 기회를 제공한다.

7. 라이프스타일의 보고

라이프스타일을 디브리핑할 때 따라야 할 구조를 서술한다. 앞서 언급했듯이 라이프스타일의 디프리핑은 행동 단계에서 코칭을 진행하기 전에 검사 단계에서 자각과 수용의 기초적인 수준을 달성하는 데 초점을 맞춘다.

1) 지향성

지향성은 고객에 대한 라이프스타일에서 나온 결과를 검토하는 시작점이 된다. 첫 번째로 자기 묘사에서 나온 결과를 가지고 12시에서 6시 방향의 가운데 수직으로 펜을 놓아 고객의 순환 모형을 절반으로 나눈 다음 지향성을 그려가면서 설명하라. 이 분할은 사람 지향(오른쪽 절반)인지, 과업 지향(왼쪽 절반)인지를 알려준다. 일반적으로 관리자는 강한 과업 지향성을 보이는데, 이는 결국 사람 지향성 측면의 개발이 필요함을 나타낸다. 효과성 측면에서 높은 수준에 도달한 사람은 건설적인 군집 유형 안에서 과업 유형 지향성과 사람 유형 지향성의 균형을 이룬다.

라이프스타일의 두 번째 지향성은 순환 모형을 9시에서 3시 방향으로 수평 분할하는 것이다. 이 분할은 사고와 행동이 어느 정도까지 자신의 만족 욕구(위쪽 절반) 또는 안전 욕구(아래쪽 절반)를 충족하는 데 초점을 맞추는지를 알려준다. 강한 안전 지향성을 가진 고객은 자신의 정서적·심리적 에너지의 대부분을 위협적인 외부 환경으로부터 스스로를 보호하는 데 쓴다.

2) 군집

3개의 색깔로 구분된 유형 집단은 라이프스타일에서 가장 시각적으로 두드러진 측면을 보여준다. 건설적인 유형(파란색)은 순환 모형의 맨 위에, 수동적·방어적인 유형

(초록색)은 순환 모형의 우측 아래쪽에, 공격적·방어적인 유형(빨간색)은 좌측 아래쪽에 위치한다.

이렇게 색깔로 구분된 군집은 사고와 행동, 성취에 영향을 미치는 측면을 논의하기 위한 간단한 언어를 제공한다. 효과적인 사람들은 건설적인 '파란색' 유형에서 많이 볼 수 있으며(50퍼센타일 위), 공격적·방어적인 '빨간색' 행동이 적고(50퍼센타일 아래), 수동적·방어적인 '초록색' 행동이 그보다 더 적게(25퍼센타일 또는 그 이하) 나타난다 (McCarthy, 2006). 그러므로 개발 계획이나 행동 계획을 세울 때는 '초록색'과 '빨간색' 유형을 줄이고 '파란색' 유형을 증가시키는 데 초점을 맞추어야 한다.

3) 첫 번째 및 두 번째 우선적인 유형

그다음에는 개별적인 유형에 초점을 맞추어야 한다. 가장 많이 확장된 유형을 식별 하라. 중심에서 가장 많이 뻗어나간 유형이 '첫 번째 우선적인' 유형이며, 그다음으로 긴 것이 '두 번째로 우선적인' 유형이다. 이러한 유형과 다른 것들을 대조하면서 '비슷하게 높다' 또는 '매우 낮다'라는 말로 표현해보라. 고객이 이러한 사고 및 행동 유형을 인지하고 있는지, 그리고 특정 사례를 기억해낼 수 있는지 질문을 던지고 토론하는 분위기를 만드는 것이 중요하다. 이러한 상호 작용을 하는 동안 코치는 고객을 매우 민감하게 관찰해야 한다. 즉 고객의 지배적인 유형을 보여주는 화법이나 행동, 이야기를 경청하고 지켜보아야 한다. 코치가 섬세하게 관찰한 부분을 설명해줌으로써 고객의 자각과 수용을 유의미하게 증가시킬 수 있다. 예를 들어 첫 번째 우선적인 유형이 대립인 고객은 심지어 코치가 라이프스타일에 대한 결과를 가지고 디브리핑을 하더라도 대부분의 것들을 빠르게 비난하는데, 아주 사소한 것을 가지고 비난하는 모습을 부드럽게 지적하는 것이 좋다.

4) 상호 간 강화되는 유형, 나비넥타이 유형, 반대 유형

첫 번째와 두 번째 우선적인 유형의 상대적인 위치에 따라 '상호 간 강화되는' 유형, '나비넥타이' 유형, '반대' 유형을 포함하여 중요한 패턴을 식별할 수 있다.

상호 간 강화되는 유형은 동일한 욕구와 지향성에 의해 추동된다. 예를 들어 건설적인 유형 속에서 하나의 조합은 상호적으로 강화될 수 있다(예: 성취와 자아실현). 상호 간 강화되는 유형은 건설적일 때는 장점이 되지만(비슷하게 건강하고 효과적인 사고와 행동상의 패턴을 촉진하기 때문에) 방어적일 때는 단점이 될 수 있다(수동적 또는 공격적인 사고와 행동상의 패턴을 더 강화하기 때문에).

나비넥타이 유형은 안전에 대한 동일한 욕구에 의해, 그러나 서로 다른 지향성(과업 지향 대비 사람 지향)에 의해 추동되는 첫 번째와 두 번째 우선적인 유형에 의해 특징지어진다. 이러한 조합은 자멸적인 사고와 행동상의 패턴을 촉진하는 데 누적 효과를 가지게 된다. 예를 들어 완벽주의(10시 방향)와 관습(4시 방향)의 '법규 준수' 유형 나비넥타이는 실패에 대한 강한 두려움을 반영하며 높은 수준으로 위험 회피적인 사고와 행동상의 패턴을 강화한다. 마찬가지로 경쟁(9시 방향)과 동조(3시 방향)의 '영업 사원' 유형 나비넥타이는 인식, 수용, 주목을 공격적으로 갈망함으로써 다른 이들의 동조를 구하려는 강한 욕구를 반영한다. 구별적인 심리적 패턴을 묘사하는 데 유용하다는 측면에서 보았을 때 나비넥타이 유형은 안전에 대한 욕구에 의해 추동되며, 바람직하거나 효과적인 유형은 보여주지 않는다.

반대 유형은 서로 다른 욕구(만족 욕구 대비 안전 욕구)와 서로 다른 지향성(과업 지향 대비 사람 지향)에 의해 추동된다. 따라서 반대 유형의 조합은 다음과 같다.

- 성취 대비 의존
- 자아실현 대비 회피
- 격려 대비 대립
- 친화 대비 권위

5) 효과성을 증진하는 개발 경로

앞에서 언급한 반대 유형은 개발 경로를 식별하는 데 매우 유용하게 활용된다. 반대 유형이 방어적인 유형 안에서 길게 확장되어 있다면 개발 경로는 명확하다. 만일 어떤 고객에게 의존이 첫 번째 우선적인 유형이고 성취가 낮다면 개인적인 목표, 문제 해결 기법, '나의 노력이 차이를 만든다'는 태도를 개발하는 데 초점을 맞추어야 한다.

내 경험상 항상 적어도 하나의 건설적인 유형을 가지고 개발 계획을 시작하는 것이 좋다. 이는 방어적인 유형에 대해 끌어당김 효과를 만들어낼 것이다. 고객이 방어적인 행동을 줄이는 데 전적으로 초점을 맞추면 보통 '빨간색'과 '초록색' 유형 안에서 몇 가지 감소 패턴을 보고하지만 '파란색' 유형은 발전이 거의 없으며, 결국 더 큰 목표를 향해 나아가는 데 진전 사항이 거의 없다고 보고할 것이다.

반대 유형은 인지적인 갈등과 스트레스 패턴을 식별하는 데에도 유용하게 쓰인다. 예를 들어 성취와 의존이 모두 크게 확장된 것은 우리의 노력이 차이를 만든다는 믿음에 대한 강한 내적 갈등이 있음을 알려준다. 이러한 갈등은 일반적으로 지원적이지 않고 방어적인 조직 문화를 만드는 공격적인 관리 유형에 의해 추동된다(McCarthy, 2006). 이 긴장 상황에는 세 가지 잠재적인 해결 경로가 있다. 첫 번째 선택지는 '초록색'으로 향하는 것으로, 상사의 공격성과 문화 수동성에의 굴복을 선택하는 것이다. 두 번째는 '빨간색'으로 향하는 것으로, 자신에게 부과된 것에 대해 공격적으로 논쟁하고 거부하는 것이다. 그럼에도 불구하고 상사가 지위상의 권한을 행사하고 직접적인 보고 체계를 없앤다면 이는 결국 단기적인 전략이 될 것이다. 세 번째로 '파란색'으로 향하는 것은 건설적이고 '관계를 잘 관리하는' 방향으로 가는 것을 선택하는 것이다. 장기적인 관점에서 이것이 유의미한 결과를 만들어내지 못하면, 높은 수준으로 건설적인 유형의 사람은 건설적인 행동을 지원하는 대안적인 환경을 찾아갈 것이다.

개발 경로는 다양하고 개별적인 순환 모형 패턴에 매우 의존할 것이다. 복잡하고 동적인 유형 관계를 가진, 늘 변화하는 '시스템'으로 순환 모형을 바라보는 것이 중요하다. 좀 더 복잡한 개발 경로는 나비넥타이 유형에서 발생한다. 예를 들어 관습적인 유형은 반대 유형이 없다. 이 경우에는 건설적인 '파란색' 유형을 조사하고 가장 최소로 확장된 유형을 찾아본다. 보통 이 유형은 자아실현일 것이다. 이때 고객은 사회적 상황, 가족 또는 조직적 상황을 고려할 것이 아니라 자아에 대한 더 큰 감각, 자신의 선호 및 가치와 행동을 개발하고 표현하게 만들 필요가 있다.

6) 건설적인 사고 개발

라이프스타일은 사고하는 것이 행동을 추동하며 행동이 우리의 삶에서 우리가 경험하는 결과를 만든다는 아이디어를 전제로 한다. 그 결과를 변화시키기 위해 우리는 자신의 습관적인 사고 및 행동 패턴을 변화시킬 필요가 있다. 그리고 습관을 변화시키기 위한 도전 과제가 놓여 있다.

클레이 래퍼티는 인간의 마음이 습관적으로 하루에 5,000~8,000개의 사고의 '끈'을 처리한다는 것을 사실로 받아들였다. 그럼에도 불구하고 '배운' 모든 습관과 마찬가지로 우리의 사고 습관도 노력과 결심을 통해 '배운 것을 고의적으로 잊어버리게 만들' 수 있다. 고객도 라이프스타일을 통해 얻은 결과가 이러한 사고 습관의 '그 시점에서의 스냅숏'일 뿐이라는 것을 기억해야만 한다. 이때 하나의 강력한 질문은 '그들의 사고가 지난 시절과 달라졌는가?'이다. 우리의 마음은 한 번 만들어지면 되돌리기가 어려우며, 사고와 행위의 새로운 방식을 선택하는 자신의 능력을 인지하면서 긍정적인 대답을 할 것이다.

라이프스타일을 활용하는 코칭의 목표는 낡은 방어적 패턴을 식별해서 버리고 새로운 건설적인 패턴을 가지도록 고객을 돕는 것이다. 방어적인 사고는 결국 '비합리적인' 이야깃거리가 될 것이다. 예를 들어 완벽주의 유형은 불가능할 정도로 높은 수준의 기준에 따라 행동하려는 과업으로 인해 극단적인 모습과 연계된다. 이것은 종종 고객이 도달 불가능한 높은 기준을 정해놓고 결국은 실패하도록 이끄는 '자기충족적인 예언'을 설정한다(Ellis & Harper, 1961). 방어적인 사고는 현실적이지만, 도전적인 목표와 기준을 가진 좀 더 '합리적인' 성취 지향의 사고로 교체될 필요가 있다. 여기에 유용한 도구는 비합리적인 믿음에 도전하는 것, 언어적인 확언의 활용과 같은 인지적 행동 접근 방법 등이다.

7) 요약 지각과 만족도 설문

라이프스타일에 대한 디브리핑의 흐름에 따라 요약 지각과 만족도 설문을 같이 참조하면 자각을 만들어내고 그 결과를 수용하는 데 도움이 될 것이다. 여기서 지적하기에 가슴 아픈 상관관계는 다음과 같다. 성취 유형은 효과성 및 승진 가능성과 높은 상관관계가 있다. 대립 유형은 관계의 질을 파괴한다. 그리고 방어적인 유형은 전문성에 기반을 둔 또는 개인적인 만족도와 행복에 부정적인 영향을 미친다.

8) 개인 변화의 열쇠

앞서 논의했듯이 누군가의 삶에서 일반적인 또는 특별한 '불편함이나 문제'는 행동을 위한 필수적인 촉매제가 된다. 인간으로서 우리는 그냥 이 상태로 머무는 비용이, 변화하고 새로운 행동을 실험하는 비용보다 더 크다는 것을 깨닫는 순간에 도달할 필요가 있다(Kets de Vries, 2006).

이러한 순간적인 깨달음은 우리가 생각한 것이 실제로 일어나지 않는다는 것을 깨닫는 것처럼 쉽게 찾아오지 않는다. '조직과 다른 사람의 관계 속에서 자아를 인식하는' 이러한 능력이 바로 성찰이다. 라이프스타일은 특히 리더의 이러한 능력을 개발하는 데 중요한 도구로 활용될 수 있다. 존스 등(Jones et al., 2006)의 연구를 분석한 던피(Dunphy)는 성찰 능력을 개발하는 일이 조직에서의 문화적 변화와 역량 증진을 성취하기 위한 핵심이라고 언급했다.

라이프스타일은 스스로 생각한 자아 개념과 다른 사람들의 관찰 사이의 불일치에 대한 자각을 가져옴으로써 성찰 능력을 개발시킨다. 자기 묘사와 타인에 의한 묘사의 비교 결과는 자기 스스로 평가한 자아와 다른 사람들의 묘사 사이에 일치하는 부분에 대해서는 단지 제삼자가 제대로 판별할 수 있음을 보여준다(McCarthy, 2002). 지적인 것을 넘어서서 삶의 심오한 가치와 함께 태도상의 모순점에 노출되기 위해 '존재하기' 영역으로 넘어가 탐구하는 라이프스타일이 가진 그 능력은 흔히 결단과 변화를 위한 행동을 촉발하기에 충분한 인지 부조화와 정서적인 혼란을 야기하곤 한다.

9) 성찰을 지원하는 코치의 역할

효과적인 사람이 되기 위해 고객은 다음과 같은 학습 영역의 코칭 지원이 필요하다.

- **알기**: 새로운 사실, 정보, 관련 있는 이야기를 소개함
- **행동하기**: 새로운 기법에 대한 역할 놀이를 통해 또는 '숙제'로 내준 활동을 통해 기법을 개발함
- **존재하기**: 성찰이 핵심 능력이라는 라이프스타일의 피드백에 의해 만들어진 '인지적인 부조화'를 탐색하도록 고객을 도와줌

코치는 지속적으로 사고와 행동, 그리고 그것이 자아와 다른 사람들에게 미치는 영향력을 자각하도록 격려함으로써 고객의 성찰 능력을 개발시키며 이 과정에서 피드백이 중요하다.

요약

특히 비즈니스 영역에서 코칭 현상은 상대적으로 새로운 모습이다. 또한 새로운 것은 인간의 사고와 행동이 측정되고 변화될 수 있다는 아이디어이다. 이러한 새로운 생각의 조합은 역량이나 자기개발을 위해 코칭 과정을 찾는 사람들에게 중요한 혜택을 제공한다.

여기서 가장 중요한 것은 라이프스타일이 코치와 고객에게 코칭을 통한 중재나 개

입을 시작하기 위한 기준점이 되는, 유효하고도 신뢰할 만한 사고 및 행동 측정 도구를 제공한다는 것이다. 이어지는 코칭 세션 동안 라이프스타일은 효과성을 증진하기 위한 강력한 시각적 지침과 함께, 사고와 행동을 묘사하거나 논의하는 데 풍부한 대화 언어를 제공한다. 그리고 코칭 과제를 종료할 무렵에는 성취했던 것 또는 더 주목이 필요한 부분에 대해 제대로 된 측정치를 제공한다.

　라이프스타일의 유연한 구조는 알기, 행동하기, 존재하기라는 학습 영역에서 유용하게 사용될 수 있다. 특히 존재하기 영역 안에서 운영되는 라이프스타일의 기능은 막강하다. 그것은 의식적인 차원으로 이동함으로써, 그리고 능수능란한 코칭과 함께 앎과 행동 영역의 학습을 제한하는 잘못된 믿음, 가정, 세계관을 뛰어넘게 한다.

Chapter 22

팀 코칭

Roy Childs · Steve Myers

　대부분의 심리 측정 도구는 개인의 성격을 측정하는 코칭 과정에서 사용된다. 이 책은 이러한 도구에 대한 설명과 함께 활용 방법을 다루고 있다. 그럼에도 불구하고 이러한 도구의 활용은 한 개인이 다른 사람들과 어떤 식으로 상호 작용하며 일하는지에 대한 이해 측면에서 시작점에 불과하다. 팀 차원의 역량 개발에 대한 이러한 관심은 다양한 부가적인 요인을 제기하고 해결하려는 요구, 즉 비즈니스 목표에 부합하고자 하는 요구, 고객의 기대를 만족시키고자 하는 요구, 또는 재정적인 성과 측면에서 뚜렷한 향상을 달성하고자 하는 요구에서 출발한다. 물론 각 개인에게 초점을 맞춘 심리 측정 도구가 팀 코칭/팀 구성/팀 개발 측면에서 유용한 구성 요소가 될 수 있음을 전면적으로 부정하는 것은 아니다. 그럼에도 불구하고 이 분야에서 경험이 많은 코칭 퍼실리테이터(facilitator)들은 오랜 경험을 통해 스스로 발견하거나 개발한 방법을 사용하는 데 있어 불가피하게 부가적인 요인을 만들어냈다. 이 장에서는 심지어 이

분야에서 경험이 많지 않은 코칭 퍼실리테이터라도 쉽게 접근할 수 있도록 명확하고 일관성 있는 논리 정연한 방법을 통해 부가적인 요인 중 몇 가지를 제시하고자 한다.

우리의 주요 도전 과제는 팀 차원의 역량 개발에서 일관되고 통합적이며 전체론적인 접근 방법을 제공하는 것이었다. 이것은 일관성과 깊이 측면에서 그 필요성을 부각할 수 있도록 만드는 강력한 기저 이론을 사용함으로써 성취되었다. 이 이론은 세 가지 주요 영역에 초점을 맞추는 도구의 개발을 위한 프레임워크를 제공했다. 우리는 이러한 것들을 상황적인 또는 문맥적인 도전 과제, 각 개인의 지각과 유형, 그리고 둘 사이의 상호 작용으로 정의한다. 이러한 접근 방법은 주류 심리 측정학에서 명백하게 무시되었던 요소를 중요하게 인식하는 것이다.

우리가 취하는 접근 방법과 각 개인에게 초점을 맞추는 접근 방법의 차이점을 알아보기 위해 팀 차원의 역량에 대해 이해하려고 노력해야 한다. 각 개인의 유형과 성격이 그러한 팀 차원의 역량을 이해하려는 요구에 부합될 정도로 상세히 그 팀을 묘사하는지 생각해보라. 빠진 것이 무엇인가? 당신이 원하는 또 다른 정보는 무엇인가? 팀의 목적과 성취도, 무엇인가 성취하기 위해 필요한 변수와 제약 사항에 대한 지식은 어떠한가? 이러한 모든 것은 그 상황에 대한 더 큰 이해를 요구한다. 우리가 세운 가설은 개인과 팀 차원의 역량 개발에 대한 심리 측정 접근 방법에서 그러한 상황이 무시되어 왔다는 것이다. 한 개인의 유형, 현 상황의 도전 과제와 각 팀 구성원이 어떻게 거기에 적응하고 기여할 것인지와 그에 따르는 잠재적인 스트레스를 강조한다면 상황적인 도전 과제가 요인으로 부각될 수 있다. 이는 '내가 누구인지 생각하는 것'으로부터 '내가 어떻게 적절하게 대응하고 적응하는지'로 사고방식을 이동하는 것이다. 이는 개인과 팀이 어떻게 자신의 정체성을 잃지 않고 자신이 가진 유연성을 개발할 수 있는지 그 방법에 좀 더 쉽게 접근하는 것이다. 우리가 믿고 있는 일련의 심리 측정 도구 안에서 이 접근 방법을 정식화함으로써 우리는 상황을 무시하기 어렵게, 그리고 그 상황을 제기하기 더 쉽게 만들어왔다. 그 결과로 일관성 있고 통합적이며 전체적인 방법 안에서 팀 차원의 역량 개발을 자극할 수 있는 접근 방법을 만들어냈다.

1. 팀 코칭의 이해

　　많은 독자는 하나의 분류 시스템으로 사람을 분류하는 [심리학적 유형]에 대해 쉽게 수용해버린다. 그 유형이 오류를 지니고 있음에도 불구하고 이러한 분류는 집 안에서 하는 아이들의 게임과 다를 게 없다. … 유형학(typology)은 뒤죽박죽되어 있는 경험적인 재료를 정리정돈하고 조직화하는 역할을 수행하는 하나의 장치이지만, 처음 본 사람에게 당신은 어떤 유형이라고 딱지를 붙여버리는 결과를 가져올 수 있다. (Jung, 1921)

　　MTR-i를 활용한 코칭에서 유형 매핑(Type Mapping) 시스템은 일반적인 성격 검사지와는 본질적으로 다른 철학을 가지고 있다. 그것은 사람들의 어떤 점이 서로 다른지, 그리고 사람들이 어떻게 세상에 적응하는지에 대한 이해를 돕기 위해 이론을 개발한 융의 심리학에 이론적인 기반을 두고 있다. 융은 성격의 분류보다 적응에 훨씬 더 많은 관심을 가졌다는 데 주목하는 것이 중요하다.

　　[분석 심리학]의 주요 목적은 인간 행동의 더 나은 적응(adaptation)에 대한 것이며, 두 가지 방향 안에서 적응은 … 외부적인 삶(전문 집단, 가족, 사회)을 향한 것 … 그리고 그 자신의 본성에서 주요한 요구를 향한 것 … 발달의 올바른 단계로 그것을 가져오기 위한 것이다. (Jung, *The Development of Personality, para* 17)

　　그럼에도 불구하고 일상적인 사례에서 융의 이론은 대부분 사람들의 본성에 따라 개인을 분류하는 데 자주 사용된다. 지형을 탐색하는 나침반처럼 심리학적 유형을 활용하기보다는 나침반 자체에 초점을 맞추는 것이다.

　　유형 매핑 시스템은 그 모델의 중심에 적응이란 개념을 놓아둠으로써 이 균형을 바로잡는다. 이를 행하기 위해 우리는 처음에 사람들이 보고한 개인적인 선호도가 그들의 개인사, 현 상황, 또는 미래의 야망과 같은 다양한 요인에 의해 영향을 받을 수 있다는 것을 알아야 한다. 따라서 몇 가지 일반화된 개인의 자연적인 선호도에 대해 알아보고자 하는 설문지에 답변할 때, 종종 그 결과는 정확히 가늠할 수 없는 여러 가지 혼합적인 요인 속에서 이러한 영향력을 반영하게 된다. 누군가에게 북쪽에 살고 싶은지 남쪽에 살고 싶은지 물어보는 것을 예로 들 수 있다. 그 대답은 단순하게 지리적인 북쪽과 남쪽의 차이보다는 많은 요인(북쪽과 남쪽에 대한 개인의 경험과 연관성, 기후적인 차이점에 대한 개인의 지각, 또는 지리적인 위치에 따른 직업 전망 등)에 따라 달라진다. 무엇인가 하나의 일반화된 선호도로 요약됨으로써 우리의 경험은 과도하게 단순화될 수도 있고 중요한 오해를 낳을 수도 있다. 유형 매핑은 우리 스스로에 관해 생각하는 방법과 주변 세계에 대한 우리의 행동 방식을 이끄는 중요한 요인을 구분할 수 있도록 돕는다. 그것은 '우리가 누구인지', '우리가 무엇을 하는지', '우리를 둘러싼 세계에 우리가 어떻게 적응하는지'에 대한 풍부하고 현실적인 그림을 제시해준다. 그것의 뿌리는 변화를 필요로 하는 팀과 함께 일하는 데 매우 현실적이고 실제적인 이슈를 제시한다.

'선호'가 의미하는 것이 무엇인지 고려해보라. 한 사람의 '안락 지대'인가? 현재 주변 상황에 잘 어울리려고 하는 한 사람의 욕망인가? 누군가 원하는 사람이 되려는 욕망인가(부모의 요구 또는 친구들에게 비치는 이미지 때문에)? 누군가에게 이미 구식이 되어버린 고정관념인가? 절대로 내버릴 수 없는 내적 자아가 선호하는 것인가? 이는 사람들이 그 모든 것을 하나의 '자연스러운 선호도'라고 요약할 때 불분명하게 남아 있는 선호도에 대한 정당한 의문이다. 또한 다음과 같은 의문도 남긴다. '무엇이 자연스러운 것인가?' 현실에서는 적응하는 것이 자연스러운 일이다. 이것은 우리로 하여금 융의 핵심 개념으로 되돌아가게 한다.

유형 매핑은 자신의 개인적이고 복잡한 이야기를 탐색하고 풀어내는 기회를 주기 위해 개발되었다. 그러나 거기서 그냥 끝나버리도록 개발되지 않았다. 그 결과는 사람들이 자신에 관해 훨씬 더 현실적이고 유용한 이야기를 만들게 한다. 사람들은 다양한 '세상' 안에서 어떻게 일하는지 더 잘 이해하게 된다. 그리고 종종 왜 그러한지에 대해 더 잘 이해하게 된다. 이것은 스스로에 대해 과도하게 축약되거나 경직된 시각으로부터 그들을 자유롭게 한다. 이것은 그 자체가 지각을 변화시키고 행동상의 유연성을 확장하는 강력한 변화의 촉매제이다. 유형 매핑은 성격의 많은 측면을 식별하도록 도와주고, 어떻게 이러한 것들이 서로 다른 상황에서 표현되는지를 식별하도록 도와준다. 이것은 불가피하게 개인적인 탐색을 뛰어넘어 각 개인 및 팀과 조직 안에서 이해와 조화를 만들어내는 실제적인 개입을 불러일으키는 연쇄 반응을 통해 사람들의 지각 범위와 유연성을 증가시킨다. 〈그림 22.1〉은 역할 행동과 성격 선호도 사이에 하나의 시각적 연결을 제공하는 유형 매핑을 보여준다.

상황에 초점을 맞추는 것은 자동적으로 역할의 개념을 이끌어낸다. 즉 역할은 하나의 특정한 상황에 적합하도록 조정된 행동이다. 또는 적어도 한 사람이 경험하는 그

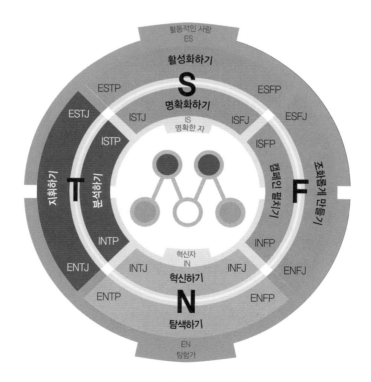

〈그림 22.1〉 유형 매핑 구조

상황에 대한 지각을 말한다. 우리는 다양한 역할을 수행하는 능력을 가지고 있다. 마피아 두목이 적을 무자비하게 전멸시킨 뒤 재빨리 가족 구성원의 안위에 큰 관심을 보이는 영화 〈대부〉에 나오는 인상적인 순간을 생각해보자. 이보다 극적이지 않은 주변 환경에서, 즉 사람들은 집에서 아이와 함께할 때와 직장에서 동료와 함께할 때 다르게 행동한다. 이러한 것이 바로 상황적인 적응인데, 어떤 사람은 그러한 유연성이 부족하고 어떤 사람은 극도의 유연성을 가지고 있다. 그러므로 우리는 성격을 알아보고자 하는 설문지의 개념과 역할을 알아보고자 하는 설문지의 개념 사이에 중요한 차이점이 있다는 것을 식별하게 된다.

안타깝게도 이 개념적인 분리는 실제 현장에서 거의 고려되지 않는다. 개인의 성격을 알아보고자 하는 몇몇 설문지는 사람들에게 '직장에서' 보여주는 자신의 모습을 묘사하도록 요청하며, 따라서 역할과 성격을 혼동하고 있다. 마찬가지로 가장 잘 알려진 팀 역할에 대한 설문지는 '내가 팀에 기여한다고 스스로 믿는 것' 또는 '내가 집단 활동에 접근하는 특징적인 방법은 이것이다'와 같은 설문을 요청한다. 상세하게 상황을 구분하지 못하는 이러한 질문은 사람들이 행하려고 하거나 기여하려고 하는 것에 관한 좀 더 일반적인 답변을 이끌어낸다. 그러므로 그들은 성격과 역할을 혼동하게 된다.

이것은 개인과 팀이 좀 더 효과적이 되도록 도움을 줄 때 매우 실제적인 몇 가지 이슈를 만들어낸다. 그리고 그것은 우리가 유형 매핑 시스템의 뿌리를 찾을 수 있는 곳이기도 하다. 1990년대 초반 스티브 마이어스(Steve Myers)는 벨빈의 팀 역할 모델을 소개하려고 노력하며 확장 개념을 탐색하기 위해 MBTI 도구를 활용했다. 이것은 두 가지 이유에서 높은 수준의 문제가 될 수 있다고 증명되었다. 벨빈의 모델은 역할 행동과 선호도의 개념을 결합한다. 그리고 이러한 문제를 야기하는 MBTI와 벨빈의 모델 사이에는 이론적인 차이가 존재한다. 사실 그것은 이론적인 일관성에 가치를 두는 정보 기술을 다루는 직원, 과학자, 학자와 같은 고객에게 하나의 장애물이 되고 있다. 그들의 주목은 종종 그들의 역할과 선호도 사이에서 그 관계를 탐색하려는 첫 번째 주요한 목적으로부터, 두 모델 사이에서 자신에게 '잘 맞는 것'을 찾으려는 두 번째 목적으로 움직였다. 이와 관련된 다양한 연구가 보여주듯이(Higgs, 1996) MBTI와 벨빈 사이에는 명확하고 직접적이며 유용한 상관관계가 존재하지 않았고, 따라서 하나의 통합된 이론 없이 두 모델을 통합하려는 시도에는 어려움이 따를 수 있다. 사실 아무런 이론적 기반 없이 두 모델을 결합하여 사용하는 것은 때때로 팀 역량 개발에 도움보다는 방해가 되기도 한다.

이러한 상황이 바로 유형 매핑 시스템에서 하나의 시금석이 되었던 팀 관리(Management Team Role Indicator, MTR-i)의 개발을 이끌어냈다. 벨빈의 팀 역할과 MTR-i의 유사점 및 차이점은 〈표 22.1〉에 요약되어 있다. 어떤 것에 대한 묘사자로서의 벨빈은 명사를 사용하지만 MTR-i는 동명사를 사용한다는 것에 주목하라. 이것은 MTR-i가 그 사람이 전형적으로 누구인지보다는 그 사람이 무엇을 행하는지를 묘사한다는 측면에서 핵심적인 차이점을 강조한다.

두 모델의 유사점과 차이점에 주목하는 것은 흥미롭다. 가장 중요한 것은 벨빈의 모델에 캠페인 펼치기 역할이 부재하다는 것이다. 이 팀 역할은 팀에게 가치 있는 것들을 촉진하고 덜 가치 있는 것들을 거부하면서 팀에서 중요시하는 가치와 정체성을 확립시키는 쪽으로 향한다. 캠페인 펼치기는 계획을 세우는 일과 팀의 효율성에 과도하게 관심이 많지만, 일을 끝까지 해내는 데 요구되는 헌신과 열정을 만들어내지 못하는 팀 안에서 매우 건설적이고 보완적인 역할을 수행할 수 있다.

벨빈의 모델에서 캠페인 펼치기라는 팀 역할의 부재는 그것이 관찰과 상호 관계를 통해 경험적으로 개발되었기 때문에 이해할 만하다. 이것은 선구적인 작업이었고 '현실' 안에서 뿌리내렸다는 장점을 가지고 있다. 그럼에도 불구하고 단점은 그 시점에 '거기에 무엇이 있었는지'를 묘사하는 측면에서 제약이 있다는 것이다. 벨빈 모델의 관찰적인 기초는 1960년대와 1970년대에 인공적인 상황에서 만들어진 팀들이었다. 우리는 가치에 기반을 둔 기여가 그 시기의 분위기 속에서는 덜 우세했고, 이러한 것들이 단기간 그리고 인공적인 비즈니스 게임 환경에서 일하는 것과 관련된 측면에서 현실성의 부족을 야기했다고 믿는다. 그러므로 벨빈의 모델은 그 시기와 상황을 반영한 측면이 강하다.

〈표 22.1〉팀 모델 비교

역할 행동에서 나온 유형 매핑의 역할	역할 행동에 대한 간단한 묘사 (Myers, 2010)	가장 가까운 벨빈의 팀 역할	벨빈의 간단한 묘사 (Belbin, 2011)
명확화하기	알고 있는 것, 필요한 것, 어떤 정보가 이용 가능한지 명확화하는 데 초점을 맞춤	냉철한 판단자 (ME)	ME: 냉정하고 전략적이며 총명함, 모든 가능성을 살핌, 정확하게 판단함
분석하기	이슈에 대한 깊은 이해와 실제로 어떻게 일어나는지 또는 일어나지 않는지 설명하는 데 초점을 맞춤	냉철한 판단자 (ME), 전문가(SP)	ME: 위와 동일 SP: 한 가지 일에 전념하고 솔선하며 헌신적임, 전문 분야의 지식과 기능을 잘 제공함
혁신하기	장기적인 비전 또는 근본적인 해결책을 만들기 위해 상상력을 사용하여 무엇인지보다는 무엇이어야 하는지에 초점을 맞춤	창조자(PL)	PL: 창조적이고 상상력이 풍부하며 전통이나 인습에 얽매이지 않아 어려운 문제를 잘 해결함
캠페인 펼치기	무엇이 중요한지, 사람들에게 무엇이 문제인지, 이것이 그들의 행동을 어떻게 안내할 수 있는지 또는 어떻게 해야 하는지에 초점을 맞춤	(동일한 것이 없음)	
조화롭게 만들기	다른 사람들과 관계를 만들고 함께하고 있다는 감각을 형성하기 위해 사람들을 돕는 데 초점을 맞춤	분위기 조성자 (TW)	TW: 협력적이고 온화하며 남을 잘 이해하고 외교적임, 경청하고 마찰을 피함
탐색하기	새로운 가능성에 초점을 맞추고 새로운 아이디어와 선택 사항을 기꺼이 실험하는 데 초점을 맞춤	자원 탐색가 (RI)	RI: 외향적이고 열정적이며 말하기를 좋아함, 기회를 탐색하고 친교를 잘함
지휘하기	어떻게 행해지는지 조직화하는 하나의 구조화된 프로세스를 만드는 시스템에 초점을 맞춤	조정자 (CO)	CO: 성숙하고 자신감에 넘치며 재능을 잘 식별함, 목표를 명확히 하고 위임을 잘함
활성화하기	그 상황에서 즉시적인 요구에 초점을 맞추고 잘 알려진 문제 또는 해결책을 가지고 행동을 취하는 데 초점을 맞춤	실행자(IMP), 완결자(CF), 추진자(SH)	IMP: 실제적이고 신뢰성이 있으며 능률적임, 아이디어를 실행에 잘 옮기고 해야 할 일을 잘 조직화함 CF: 근면 성실하고 매우 열심히 하며 열망함, 실수나 빠진 것을 찾아내고 부족한 점을 메워 완벽을 기함 SH: 역동적이고 활기에 넘치며 쉽게 흥분함, 도전적이며 장애를 극복하는 추진력과 용기를 지님
(동일한 것이 없음 - 행동적으로 유사한 것은 분석하기)		전문가(SP)	SP: 한 가지 일에 전념하고 솔선하며 헌신적임, 전문 분야의 지식과 기능을 잘 제공함

역할 행동의 개발은 서로 다른 시작점을 가지고 있었다. 그것은 20세기 시작 시점에 팀 역할에 대한 개념이 형성될 때 융이 확립한 이론적 시스템이다. 이는 역할 행동 시스템이 다음과 같은 질문을 한다는 것을 의미한다. '거기에 무엇이 있었는가?'보다는 '거기에서 무엇을 할 수 있었는가?' 이것은 이후 실제 팀 속에서 볼 수 있는 행동의 관찰에 의해 입증되었던 잠재적인 행동을 식별했다. 이 접근 방법의 장점은 이론적인 뿌리가 포괄적인 과정 또는 의사결정을 위한 순서를 결정하는 하나의 프레임워크를 만드는 것뿐만 아니라 활용하기 쉽도록 일관성을 역할 행동과 유형 매핑 시스템에 제공하는 것이다(Myers, 2010). 〈그림 22.2〉는 이러한 과정을 보여준다.

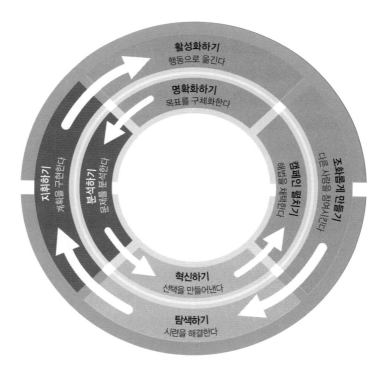

〈그림 22.2〉 의사결정하기 또는 과업 관리하기

2. 팀 코칭 검사

1) 유형 제작 질문지의 개요

유형 매핑 시스템에 의해 제기되는 이슈의 범위를 간략히 다루기 위해 정보를 제공하는 세 가지 기본적인 영역을 고려하는 것이 유용하다. 이는 다음과 같이 개념화할 수 있다.

■ 내부

이것은 종종 '성격'이라 불리는 요소로, 개인 '내부(inside)'에 있으므로 상황의 영향을 덜 받는다. 항상 명백하게 나타나거나 표현되지 않을지도 모르지만 한 사람의 행동, 유형과 반응의 몇몇을 설명할 수 있다. 이 요소는 세 가지 설문을 통해 평가된다. 유형 역동 지표 현재 상황 버전(TDI-is version), 유형 역동 지표 요구 상황 버전(TDI-want version), 학습 유형 지표(Learning Style Indicator, LSI)가 그것이다.

■ 외부

이것은 개인이 마주하게 되는 상황이다. 여러 상황에서 서로 다르게 행동하거나 반응하는 사람에게 그것은 단지 정당한 행동일 뿐만 아니라 바람직한 행동이지만, 심리 측정 도구는 이러한 차이점을 탐색하는 시각을 거의 제공하지 못한다. 이상적인 팀 프로파일 설문지(Ideal Team Profile Questionnaire, ITPQ)는 한 개인 또는 집단을 초대하여 어떤 상황적인 요구에 대한 사람들의 분석/지각을 제공하기 위해 어떤 특별한 상황이 요구하는 것 또는 그 상황에서 사람들의 기대가 어떻게 다른지 식별하는 방법을 제공한다.

■ 중간

그 사람의 개별적인 유형/선호도와 그 상황에서 요구하는 것 또는 적어도 이러한 요구에 대한 그 사람들의 지각 사이의 상호 작용에 영향을 받아 실제 그 상황에서 사람들이 무엇을 행하는지를 말한다. 이 요인은 하나의 특정한 상황에서 어떠한 직급에 속한 사람이 어떻게 자신의 행동을 관리하는지, 즉 그 사람이 취하는 역할에 초점을 맞추는 측정 도구인 MTR-i를 통해 평가된다.

이러한 세 가지 영역을 묘사하는 도구를 제공함으로써 다음과 같은 간단한 질문에 대답할 수 있다.

① 특정한 상황에서 한 사람이 수행하거나 기여하는 것은 무엇인가?

이 질문은 개개인에게 할 수 있다. 만일 모든 팀 구성원이 이 질문에 대답한다면 그들은 그 팀 구성원이 참여하는 모든 범위의 행동/기여를 그래프로 표현할 수 있다.

② 특정한 상황에서 한 사람이 수행하거나 기여해야 하는 것은 무엇인가?

①번과 동일한 모델과 문항의 설문지를 사용함으로써 차이를 즉시 파악한 후 의식적으로 해결할 수 있다. 해야 할 것과 일어난 것의 차이를 식별하고 관리하는 것은 좋은 팀 성과 관리의 기초가 된다.

③ 어떤 사람은 특정한 상황에서 가장 중요한/유용한 것을 왜 수행하지 않거나 기여하지 않는가?

①번과 ②번에서 식별된 변화를 실행하는 것은 한 사람이 가진 의식과 무의식의 선호도 때문에 흔히 저항에 부딪힐 수 있다. 이러한 내적 요인에 대한 자각을 제기하는 것은 좀 더 효과적인 행동을 위한 저항을 풀어내는 열쇠가 된다.

2) 유형 제작 체계 개발

유형 매핑 설문지의 개발은 1995년부터 2003년에 걸쳐 일어났으며, 이에 대한 변화와 개선은 오늘날까지 지속되고 있다. 그럼에도 불구하고 역할 행동의 개발 과정에 대한 설명은 유형 매핑 시스템의 목적과 그 구조를 설명하는 좋은 방법이다. 개인과 팀이 좀 더 효과적이 될 수 있도록 도와줄 때 발생했던 몇 가지 매우 실제적인 이슈를 해결하며 발전했기 때문이다.

역할 행동은 실제적인 문제(어떻게 팀이 그 기반 이론에 대한 문제와 이론적으로 불일치하고 상반되는 문제에 지장을 받지 않고 역할과 선호도의 차이점을 논의하도록 만들 수 있는가)를 풀기 위해 개발되었다. 이에 대한 답은 동일한 이론을 기반으로 MBTI 검사를 통해 명확하게 한 사람의 선호도로부터 실제 행동을 구별해내는 팀 역할 모델을 만드는 것이다. 이는 이론적인 일관성에 대해 우려를 표명한 고객의 발부리에 걸리는 장애물을 치워줄 수 있을 뿐만 아니라 모든 청중이 이해하기 쉽도록 그 주제를 설명하는 측면에서 선호도, 역할과 상황 사이에 간단하고도 직접적인 연결 고리를 확립하는 것이었다.

MBTI 검사의 친숙함은 그것이 열여섯 가지 성격 유형으로 구분된다는 것이다. 그럼에도 불구하고 융 모델의 핵심에는 심리적인 건강함에 필수적이라고 그가 믿었던 8개의 주요한 운영(기능-태도) 방법이 존재한다. 달리 말해 그는 건강한 한 사람이 동일한 측정 도구가 아니라 할지라도 모든 여덟 가지 기능 태도를 행사/표현할 수 있다고 믿었다. 이것은 서로 다른 시간에 서로 다른 상황에서 우리가 행동하는 방법을 의미하는 '일시적인 적응(momentary adaptation)'이라는 개념을 이끌어낸다. MBTI는 이러한 일시적인 적응을 식별하기 위해 고안된 것이 아니다. MBTI는 융과 연관된 '습관적인 적응'의 개념에 초점을 맞춘다. 성향과 어떠한 상황에서도 반복적으로 드러나는 그 유형의 행동(성격으로 언급되는 요소)을 말한다. 역할 행동은 그 차이를 줄여준다. 그것은 일시적인 적응을 측정하며, MBTI 또는 유형 역동 지표(TDI)를 활용할 때 행동과 유형이 어떻게/언제 나란히 맞춰질 수 있는지에 관한 매핑 구조를 만든다. 이것은 '자아의 다른 측면을 탐색하기' 위해 '그 배역을 연기하는 것'을 통해 아이디어를 재구성하는 매우 중요한 기능을 가지는데, 인간 발달의 철학에 맞추어 끊임없는 변화, 성장, 행동적인 유연성을 개발하기 위한 잠재력을 지닌 긍정적인 확장의 개념을 소개하고 있다.

8개의 기능 태도는 팀 행동의 단순하지만 심오하고도 유용한 모델을 만드는 데 기초가 된다. 역할 행동은 8개의 팀 역할로 팀 행동을 측정하고 요약하는 도구이다. MBTI에 의해 측정되지는 않았지만, 같이 사용된다면 심리학적으로 매우 효과적일 수 있는 측면으로 구성된다.

〈표 22.2〉에 8개의 팀 역할을 요약했다. 왼쪽 세로 열에는 고객이 가장 자주 사용한 단순한 언어가 들어간다. 두 번째와 세 번째 열은 이저벨 브리그스 마이어의 16개 성격 유형과 융의 이론에서 말하는 여덟 가지 방법에 대응되는 것을 보여준다.

〈표 22.2〉 8개의 팀 역할

팀 역할	MBTI/TDI-IS (유형 또는 습관적인 적응)	융 학파의 '기능-태도' (역할 또는 순간적인 적응)
활성화하기	ESTP와 ESFP	Se-외향적 감각형
명확화하기	ISTJ와 ISFJ	Si-내향적 감각형
조화롭게 만들기	ESFJ와 ENFJ	Fe-외향적 감정형
캠페인 펼치기	ISFP와 INFP	Fi-내향적 감정형
탐색하기	ENFP와 ENTP	Ne-외향적 직관형
혁신하기	INFJ와 INTJ	Ni-내향적 직관형
지휘하기	ESTJ와 ENTJ	Te-외향적 사고형
분석하기	ISTP와 INTP	Ti-내향적 사고형

비록 이것은 역할 행동을 계획하기 위한 동기를 부여하는 것이 아니었지만, 그 모델을 기반으로 하여 팀 역할에 대한 정보를 사용하는 것은 그 이론에 대한 고객의 시각을 긍정적으로 바꾸어놓았다. 16개의 유형이 어떤 행동에도 제약을 가하지 않는 단순한 선호도로 제시되었지만, 많은 고객은 16개의 유형 중 하나에 속한다는 고정된 정보를 극복하는 데 어려움을 겪었다. 그럼에도 불구하고 팀 역할에 대한 정보와 유형 매핑 도표를 사용함으로써 고객은 자신의 선호도는 있지만 행동을 유연하게 만들어주는 정보에 좀 더 동화될 수 있었다. 성격은 단순하게 그 도표 위에서 하나의 '기준점'이지만

한정적인 경계를 갖는 것은 아니다. 예를 들어 누군가가 '활성화하기'를 할 때 누군가는 하나의 팀 역할을 수행한다. 이것은 또한 사람들이 서로 다른 상황에서 다양한 일을 수행할 수 있다는 시각을 강화한다.

팀 관리는 인터넷을 활용한 연구 및 팀과 함께 수행한 실제적인 개발 과정을 통해 4년 동안 개발되었다. 엄격한 요인 분석을 통해 마지막 버전에서 선택 기준에 최적으로 부합되는 48개의 리커트 척도 항목이 만들어질 때까지 거의 20,000명이 관련된 설문 검토와 검사 및 정제 단계에 참여했다. 그다음에 이러한 항목은 개별적으로 8개의 진술문에 12점이 할당되고 총 6개 블록과 8개 항목의 새로운 구성으로 만들어졌다. 기술적인 용어를 사용하자면 이것은 MTR-i가 자기의존적인 강제 선택(ipsative)* 검사이며, 종이로 된 버전은 그것을 완료하고 점수를 매기는 데 15분 정도 걸린다는 것을 의미한다. 온라인으로 구성된 버전은 이 모든 과정이 10~12분 정도 걸린다.

유형 매핑 시스템 안에서 또 다른 설문지는 사람들의 역할 행동을 이해하는 데 부가적인 시각을 제공한다. 이상적인 팀 프로파일 설문지(ITPQ)는 28쌍의 진술문을 제시하고, 자신이 생각하기에 그 팀을 돕거나 또는 좀 더 성공적이 되도록 만드는 사람이 누구이고 어떤 특성을 가졌는지 찾게 한다. 따라서 그 결과는 개인 또는 팀이 성과를 증진하는 데 어떠한 우선순위를 가져야 하는지 파악하게 한다. ITPQ 설문지의 종이 버전은 완료하고 점수를 매기는 데 10분 정도 걸리며, 단일한 팀의 결과물로 점수를 통합하는 데에는 추가적인 시간이 필요하다. 온라인 버전은 완료하는 데 보통 5~8분 정도 걸리며, 팀의 결과물은 PC 기반 소프트웨어를 활용하여 산출할 수 있다. 유형 역동 지표는 자신의 역할 수행을 돕거나 방해할 수 있는 성격 선호도 유형을 식별하기 위해 고안되었다. MBTI는 동일한 16개의 유형을 측정하지만 선호도라는 개념을 좀 더 완전하게 탐색하도록 만들어져 있다. '내가 행하는 방식'과 '내가 원하는 방식'으로 요약될 수 있는 설문지를 통해 그 두 가지 기본 사고방식의 차이점을 인지시킨다. 따라서 사람의 출세 지향적인 자아와 그가 가진 전형적인 존재를 분리해내는 64개 항목으

---

* 이것은 그 점수를 통해 다른 사람들과 비교해서 얼마나 많이 혹은 적게 수행하는지보다 한 사람의 역할에 대한 높고 낮음의 구조를 식별한다는 것을 의미한다.

로 구성되어 있다. 종이 버전은 설문을 완료하고 점수를 매기는 데 15~20분 정도 소요되고 온라인 버전은 모두 완료하는 데 10~15분 정도 소요된다.

요약하면 유형 매핑 시스템은 자기를 표현하도록 허용한 다음 설문지로 구성된다.

- **선호도(선호되는/습관적인 적응):** 유형 역동 지표 현재 상황 버전(TDI-IS)(MBTI 도구와 동일함)
- **팀 역할(특정 상황에서의 현재 적응):** MTR-i(관리 팀 역할 지표)
- **이상적-외부(최대의 성과를 요구하는 역할 또는 적응):** 이상적인 팀 프로파일 설문지(ITPQ)
- **이상적-내부(야망을 가지는 사람의 유형):** 유형 역동 지표 요구 상황 버전(TDI-Want)
- **학습 스타일(누군가가 가장 잘 배우는 측면에서의 적응 유형):** 학습 유형 지표(LSI)

3. 팀 코칭과 코치

무작정 떠난 여행에서 방향을 찾는 데 나침반과 지도가 사용되듯이 유형 매핑 시스템도 다양한 상황에서 방향을 찾을 수 있도록 도와주는 데 유연한 도구로 활용된다. 그 초점은 과거(예전 상황과 그 상황에 개입되었던 사람들을 이해할 수 있도록 도와주는 것)를 이해하는 데 맞춰져 있고, 현재(개별적인 차이를 인식하고 더 잘 관리하는 것을 배우는 것)에 대한 이해에 맞춰져 있으며, 미래(무엇을 할지, 어떻게 역량을 개발할지 고려하는 것)를 예측하는 데에도 맞춰져 있다. 공통된 맥락은 자기 자신에 대한, 다른 사람들에 대한, 누군가에게 충족되기를 기대하는 상황적인 요구에 대한 자신의 인식을 높이는 것이다. 코치는 '하나로 모든 것을 맞춘다'는 격언이 현실 세계에는 맞지 않다는 것을 아주 빨리 배운다. 가장 효과적으로 딱 맞아떨어지는 설문지나 접근 방법은 존재하지 않는다. 이것은 유형 매핑 시스템의 가장 큰 장점 중 하나이다. 유형 요소 각각을 독립적으로 또는 다중적으로 혼합하여 또는 고객의 요구에 따라 서로 다른 순서로 사용함으로써 코치가 유연한 접근 방법을 취하게 해준다.

유형 역동 지표 현재 상황 버전(TDI-IS) 성격 유형 코드(personality type code)와 함께 활용하거나 역할 행동의 팀 역할 설문지를 통해 하나의 실제 사례를 고려함으로써 우리는 그 결과의 유연성을 예측할 수 있다. 성격 유형 코드의 결합은 자연스럽게 한 사람의 현재 역할과 성격 선호도의 차이에 대한 탐색을 이끌어낸다. 역할 측면에서 자신이 '선호하는 유형'과 덜 일치하는 방법으로 행동하도록 요구하는 상황을 매우 공정하고 공통적으로 해석하기 때문에 스트레스를 경험한 사람이 많을 수도 있다. 그럼에도 불구하고 누군가의 '선호되는 유형'과 일치하지 않는 역할을 수행하는 것은 역할 확장에 대한 자극의 원천이 될 수 있으며, 무언가를 배우고 지속적으로 성장하고자 하는 사람의 기본적인 욕망을 활용할 수 있는 사례가 된다.

정보 기술 분야에서 성공적인 경력을 쌓은 후 3년 전 직업을 바꾸었던 피터의 사례를 살펴보자. 그는 몇 가지 훈련 과정을 수료한 후 독립적인 코치로서 돈을 벌려고 노력한다. 지금까지 찾아온 고객은 대부분 예전 직장 사람들이다. 그리고 그는 자신이 그 사람들에게 많은 가치를 부여했다고 느꼈다. 그럼에도 불구하고 그는 그 외 고객들과의 상담 과정에서 무척 고전했다. 그의 설문 결과를 〈표 22.3〉에 제시했다.

〈표 22.3〉 피터의 결과

유형 역동 지표 현재 상황(TDI-IS)의 현재 선호도	유형 역동 지표 요구 상황(TDI-Want)의 출세 지향적인 선호도	MTR-i(관리 팀 역할 지표)의 이전 역할	MTR-i(관리 팀 역할 지표)의 코치 역할	이상적인 팀 프로파일 설문지(ITPQ)의 상황적인 도전 과제
INTP	ENFJ	INTP/ISTP	ENTJ/ESTJ	ESFJ/ENFJ

첫 번째로 주목할 것은 그의 MTR-i 결과가 왜 두 가지인가다. 하나는 그가 이전에 정보 기술 업무 영역에서 수행했던 역할에 관한 생각이고, 또 하나는 현재의 코치역할에서 그가 수행한 역할에 관한 생각이다. 분석하기 역할은 피터가 정보 기술 영역 관리자로서의 주요한 기여가 그의 머릿속 생각을 분석하며 필요로 하는 것을 이해하도록 사람들을 돕는 자신의 능력에 존재한다고 믿고 있다는 것을 보여준다. 만일 한사람의 자기인식이 다른 사람이 자신을 어떻게 보는지와 잘 부합된다면 MTR-i 360

도 설문지를 사용하는 것이 더 유용할 수도 있으나 활용되지 않았다. 그럼에도 불구하고 피터가 코치로서 자신의 기여에 대해 고려했을 때 그 결과는 지시하기이다. 고객을 돕는 그의 능력은 더 명확한 목표와 절차를 가진 보다 체계적인 접근 방법을 개발함으로써 좀 더 전략적이 될 수 있었다. 그의 훈련 과정에서 지속된 하나의 주제는 조언을 주는 것으로부터 코칭으로 넘어가는 일련의 결과를 만드는 것이었다. 이 주제는 그가 수행한 역할 행동 설문의 결과에 의해 만들어졌다. 그는 자신이 맡은 고객이 직면한 문제를 해결하고자 지속적으로 노력했으며 이는 그의 직업적 성공에서 핵심적이었다. 사실상 그의 고객은 그의 경험과 전문성 측면에서 가치를 인정했으며 이것이 코칭 과정의 일부로 활용되었다. ITPQ 설문지를 완료했을 때 피터는 고객이 직면한 문제의 해결책을 찾기 위해 고객과 친밀한 관계를 맺고 신뢰를 확립하는 측면에서 좀 더 적극적인 역할을 수행할 필요가 있다는 명확한 인식을 보여주었다. 하지만 이러한 인식이 코칭 과정에서 행동으로 옮겨지지는 않았다.

그 후로 피터는 자신의 선호도를 탐색하기 위해 유형 역동 지표 설문을 완료했다. 그의 현재 선호도는 그에게 가장 자연스러운 역할 중 하나가 분석하기라는 것을 알려주는 INTP 유형이었다. 이에 대한 논의는 INTP 유형의 선호도가 그가 스스로 핵심 정체성으로 보아왔던 것을 반영한다는 사실을 강력하게 제시했다. 이는 정보 기술 분야에서 20년 이상 일한 경험이 이러한 정체성을 만드는 데 도움을 주었다고 보는 것과 같다. 그럼에도 불구하고 그의 출세 지향적인 선호도는 ENFJ 유형이었다. 그다음에 뒤따른 논의에서 그는 경력에 변화를 주게 된 원인 중 일부가 결혼 생활의 실패와 아내가 그에게 너무 분석적이라고 했던 충고라고 했다. 그는 아내에게 정서적인 지지를 제공하지 못했다는 사실을 밝혔다. 피터는 코치가 되려고 한 이유 중 하나가 사람을 이해하고 관계를 형성하는 데 더 잘하려고 노력하는 모습을 보여주기 위해서였다는 것을 인정했다. 출세 지향적인 선호도로 나타난 ENFJ 유형은 그의 기저에 있는 욕구와 믿음에 대해 좀 더 해명하게 만들었다. 그는 결혼이 실패한 후 큰 외로움을 느꼈다는 것을 인정했지만, 또한 그것이 다른 사람과 가깝고 친밀한 관계를 형성하고 유지하는 데 어려움을 주었다는 것을 발견했다. 이것은 믿음과 욕구에 대한 복잡한 이야기이다.

그러나 이는 유형 매핑 시스템의 서로 다른 시각이 이슈의 몇 가지를 발견하고 명확하게 하는 것을 어떻게 도울 수 있는지를 예증한다. 이후 세션은 피터로 하여금 행하기와 존재하기의 차이점을 발견하도록 하면서 자신의 선호도로부터 역할 행동을 분리할 경우 얻을 수 있는 주요한 이득을 보여주었다. 그는 이제 자신이 '행하기' 위해 무엇인가가 '될' 필요가 없다는 것을 인식하고 있다. 이러한 변화는 그가 원하는 것을 성취하기 위해 자신이 누구인지를 바꾸어야 한다는 믿음을 더 이상 가지고 있지 않다는 것을 의미한다. 조정자가 될 필요가 있다는 생각을 가지지 않고 좀 더 조화롭게 만드는 것을 행한다는 아이디어를 찾는 데 얼마나 도움을 주는지가 이러한 도구를 사용하는 데 흥미로운 지점이다.

4. 팀 코칭과 고객

1) 팀과 유형 제작 체계 이용

성격을 알도록 만들어진 설문지는 필연적으로 한 사람의 개인적인 유형/선호도가 팀 차원의 행동과 팀의 관계에 영향을 미칠 것이라는 그 지점에서 논의를 시작한다. 이것이 진실일 수도 있겠지만, 어느 한 팀과 함께 팀 개발이나 팀 역량 강화 활동을 시작하기에 그 지점이 항상 유용한 지점이 아닐 수도 있다. 유형 매핑 시스템이 그러한 방식을 통해 사용될 수도 있으나 새로운 대안에 대한 시작 지점을 제공할 수 있으며, 다음 사례를 통해 확인할 수 있다. 한 팀은 팀 차원의 역량 향상을 위해 저자 중한 사람에게 하루짜리 워크숍을 운영해줄 것을 요청했다. 그 팀의 구성원들은 이전에 MBTI를 사용하여 좋은 경험을 하고 그것을 통해 좋은 일을 할 수 있었다고 생각했다. 그러나 워크숍을 수행하기 전의 초기 상담 과정에서 팀의 구성원들이 워크숍에 대해 명확한 목적을 생각하고 있지 않다는 사실을 알아냈다. 개인적인 선호도를 공유하는 것과 거기에서 함의를 뽑아내는 것이 유용하기는 하지만, 팀의 구성원들은 세 가지 기본적인 유형 매핑 진단을 위한 간단한 질문지를 사용했다.

- 팀이 현재 수행하는 일과 잘 수행하는 일이 무엇인지 서술할 수 있는가? 이 질문은 팀의 리더와 구성원들의 과업, 행동, 목표를 묘사할 수 있으나 구성원들이 서로서로에게 어떻게 행동해왔는지와 팀이 어떻게 함께 일하는지에 대한 각 개인의 기여를 묘사할 수 없음을 인식하도록 도와주었다.
- 팀이 좀 더 행해야 하거나 다르게 행해야 하는 것을 서술할 수 있는가? 이 질문은 팀의 리더가 놀라운 사실을 인식하도록 도와주었다. 그 대답은 본질적으로 '그래 봤자 달라질 것 없다'는 것이었다.
- 만일 위의 두 질문에 대한 대답에서 어떤 불일치가 존재한다면 왜 그런지 설명할 수 있는가?

처음 두 가지 질문에 대한 대답 없이는 세 번째 질문에 대답할 수 없다. 그럼에도 불구하고 첫 번째와 두 번째 질문을 탐색하는 것보다 덜 유용할 것이라는 생각으로 그 팀의 리더를 이끌었다. 적어도 처음 사례에서는 그렇다. 그러므로 우리는 이어질 워크숍에서 좀 더 깊이 알아보기 위한 프레임워크로서 역할 행동과 이상적인 ITPQ(팀 프로파일 설문지)를 활용하는 것에 동의했다.

역할 행동 설문 결과는 구성원들의 가장 지배적인 행동이 '캠페인 펼치기'의 역할에서 나온다고 제시했다. 이 역할에는 목적의식을 만들고 그 활동에 개입하는 사람들에게 그 일이 가치가 있도록 어떤 의미를 부여하는 것이 포함된다. 사실상 이것은 이 팀이 보여주는 정의적인 특징이었다. 팀이 속한 부서에서 일해왔던 사람과의 토론을 통해 서비스를 제공하는 것에 대해 강력한 헌신이 존재했음을 보여주었고, '초록색 어젠다' 주변에 많은 에너지가 존재했음을 알 수 있었다. ITPQ 설문지는 캠페인 펼치기가 그 팀에 요구된 행동이었고, 그 워크숍 이전에 리더가 깨달은 '그래 봤자 달라질 것 없다'는 분석과 맞아떨어지는 것처럼 보였다는 것을 알려준다.

캠페인 펼치기가 의미하는 바가 무엇인지에 관한 논의를 통해 그들은 이것이 바로 팀의 성공을 위한 기본적인 이유였다는 것에 모두 동의했다. 자신이 수행하는 업무에 깊이 헌신하는 직원들이 있었고 팀은 사람들의 마음속에 그것을 심어주는 데 매우 능숙했다. ITPQ 설문지에서 나온 결과는 자기만족을 위한 요리법과 같았다. 이는 팀이 어떤 일에 성공하는 측면에서 강력한 평판을 가지고 있었다는 사실에 의해 지지되었다. 그럼에도 불구하고 팀에게 요구되었던 실제 자극은 또 다른 집단에 의해 완료되었던 ITPQ 설문지로부터 얻은 결과였다.

우리는 자기분석이 모든 종류의 왜곡에 취약한 경향이 있다는 것을 알고 있기에 초반 미팅에서 그들에게 직접적인 보고서로부터 피드백을 얻을 수 있기를 바라는지 알려달라고 요청했다. 총 20명인 이 팀은 자신감을 가지고 그렇다고 말했다. 그러나 결과는 아주 다른 이야기를 제시했다. 그들이 조언하기 역할에 적합한 것을 더 많이 수행해야만 한다는 것이었다. 이는 날선 논의를 이끌어내고 천천히 자신에게 '무엇인가 분노나 흥분을 일으키기' 쉬웠던 영역을 식별하도록 했으며, 직원들이 그것을 충분히 인지하게 했다. 구조나 방향성을 충분히 주지 못해 변명거리가 되어왔던 '세세한 점까지 관리하지 않는 것'에 관한 그들의 강력한 관점을 식별했다. 그들은 자신들에게 최상의 것이 무엇인지에 관해 궁금증을 풀고자 갈망했다.

위의 사례는 팀 외부로부터 정보를 얻는 것이 팀 개발에 도움이 되는 비판적인 구성요소임을 보여준다. 유형 매핑과 동일한 모델 및 내용을 사용한 ITPQ 설문지는 명확하고 실제적인 방식으로 수행할 수 있으며 여기서 보이는 차이점과 불일치점이 매우 명확하게 나타난다. 팀의 그다음 단계는 구성원들이 조언하기를 더 많이 수행할 수 있는 방법을 조사하는 것이었다. 이를 수행하기 위한 일부의 노력으로 새롭게 출현하는 상황의 요구에 부합하는 그들의 선호도를 확장하는 과정에서 약점과 어려움을 구분하기 위해 팀의 개인적인 선호도에 대해 그 실체를 살펴보는 것을 포함한다.

2) 개인 고객과 유형 시스템 이용

내부, 외부, 중간 영역을 제시하는 동일한 원칙은 개인 고객과 함께 일하는 데 적용할 수 있다. 우리는 팀원들에게 충분한 시간을 주지 않았다는 말을 듣고 팀을 어떻게 관리했는지에 관해 걱정하는 한 리더와 함께했다. 우리는 '팀원들에게 당신에 관해 무엇인가를 이야기하도록 요청한 적이 있는가?', '팀원들이 뭐라고 말했는가?'라는 질문을 하는 단계로 나아갔다. 그러나 리더는 여전히 불만스럽게 느꼈다. 사실 그는 자신이 받았던 긍정적인 피드백을 불신했다. 우리는 유형 매핑을 활용하여 이 문제에 접근하는 것에 동의했다. 리더는 이미 유형 역동 지표와 역할 행동의 수행을 완료했으며, 그 결과는 리더가 긴급한 일을 처리하고(활성화하기) 팀의 활동을 조직하는 데(지휘하기) 시간을 쏟았다고 제시했다. 리더의 ITPQ 설문지 결과는 지휘하기가 가장 비중이 높은 역할이라는 것을 제외하고 그래 봤자 달라질 것 없다는 자세를 가지고 있다는 사실을 제시했다. 이 결과는 많은 부분에서 리더를 도와주지 못했기 때문에, 우리는 그에게 더 많은 피드백을 주기 위해 오랜 고심 끝에 팀원들을 초대하기로 결심했다. 그리고 그 시간에 유형 매핑 모델을 사용했다. 리더와 팀원들은 한나절 정도 시간을 내서 MTR-i를 모두 완료했으며, 팀 역할 정보를 사용하여 서로서로에게 피드백을 제공하기 위해 역할 행동의 360도 피드백 과정을 활용했다. 팀원들은 리더가 주요하게 활성화하기와 조언하기를 수행하지는 않았지만, 주요하고 가장 가치 있게 팀에 기여하는 일을 조화롭게 만들기를 수행하는 것으로 보았음이 드러났다. 이러한 결과에 리더는 크게 놀랐으며, 이 유형이 너무 자연스러워서 리더가 그것을 시시하다고 치부하는 경향이 있었음이 명확해졌다. 리더의 시각은 질서와 구조를 팀에 제공해줌에 지지된 것이었고 팀원들의 시각은 리더가 자신들을 돌보고 도움을 주었다는 것이었다. 리더는 너무 '관리자' 역할에 열중했으며, 자신이 가진 자연스러운 자아가 가치 있고 자신의 일을 좀 더 즐겁게 할 수 있도록 만드는 경향이 있다는 것에 마침내 동의했다.

이것은 우리 자신의 지각이 다른 사람과 얼마나 같지 않은지, 우리가 정말 팀에 기여하는 것이 무엇이며, 또한 어떤 부분을 인지하지 못하는지, 어느 한 팀이 더 잘 업무를 수행하게 하는 가장 간단한 방법은 그들에게 이야기하도록 하는 것임을 알게 된 가치 있는 시간이었다.

유형 매핑은 오늘날까지 부분적으로 개발되고 사용되었던 하나의 강력한 모델을 취했다. 그것은 MBTI 사용자들에게 선구적이고 성공적인 접근 방법으로 인정받았으며, 상황적인 요구에 부합하는 데 개인이 직면한 복잡한 이슈를 해결하는 데까지 확장되었다. 세 가지 중요한 영역(개인적인 선호도의 관점에서 내부, 상황적인 도전 과제의 관점에서 외부, 사람들이 실제로 행하는 것의 관점에서 중간)을 다루는 광범위한 영역의 설문지를 가진 하나의 통합 모델을 제공함으로써 복잡한 상황을 해체해가며 자신의 길을 찾는 데 퍼실리테이터의 역할을 수행할 수 있다. 사람들에게 자신의 선호도를 알아보게 하고 왜 자신의 현존하는 정체성을 만들게 되었는지 탐색하도록 허락하는 것으로 심리적 유형 이론을 확장한다. 여러 상황에서 그들의 범위와 유연성을 조사함으로써 변화와 성장을 위한 생각을 타오르게 하고 유연성을 증가시키며 융의 의도 및 접근 방법과 부합하는 제한적인 '생각'에 갇히게 되는 전형적인 유형에 딱지를 붙이는 그런 일을 피할 수 있게 한다. 사실 이 접근 방법은 자기 자신 그리고 자기 자신과 관계된 많은 측면을 탐색하도록 장려한다. 이와 같이 개인과 팀 차원의 역량 개발 모두에서 하나의 직관적이고 유연성 있는 접근 방법을 추구한다. 이것은 사람들의 유연성을 개발하고 그들 자신의 유형과 엄격함의 영역에서 바깥으로 나오도록 도와줄 뿐만 아니라 팀 상호 작용에서 좀 더 유연한 접근 방법을 장려한다.

설문지와 함께 제공되는 모델은 개인과 팀을 위한 하나의 방법론이 되게 하는, 그리고 그들의 비즈니스 성과에 명백한 영향력을 가지게 되는 하나의 이론을 가능하게 만든다. 그것은 세 가지 주요 질문을 통해 가장 간단한 팀 진단을 시작한다. '그 팀은 무엇을 수행하는가?' '팀은 무엇을 수행해야 하는가?' '왜 팀은 수행해야 할 일을 수행하지 않는가?' 이 접근 방법은 조금 복잡하지만 그것을 간단하게 관리할 수 있는 퍼실리테이터에게는 그리 복잡하지 않다. 우리는 이것이 또한 다른 사람들의 경험이 되기를 바란다.

| 부록 |

코칭협회(Association for Coaching)

AC membership benefits

The Association for Coaching (AC) is one of the leading independent and non-profit-making professional bodies aimed at promoting best practice and raising the awareness and standards of coaching, while providing support for its members. Since its inception, the AC has experienced rapid growth, and has become known for its leadership within the market and responsiveness to both market and members' needs. Becoming a member gives the opportunity to be involved in an established yet dynamic membership organization dedicated to excellence and coaching best practice.

The AC is a membership organization for professional coaches, coach training/service providers, and organizations involved in building coaching capability. The areas covered include Executive, Business, Personal, Career, Team and Internal Coaching. Below are just some of the many benefits coaches and companies can access by joining the Association for Coaching:

- Gain new customers and referrals:* through a dedicated web page profile on the AC online membership directory.
- Regular seminars and events: monthly workshops and forums on current relevant topics. This allows an opportunity to network, compare notes and gain knowledge from industry experts and colleagues. Members are entitled to discounts on attendance fees.
- Accreditation:** eligible to apply for AC individual coach accreditation after being approved as a full AC Member.
- International AC conference: attend the AC's annual conference(at discounted rates) with international speakers drawn from top coaching experts, which provides an opportunity to network, compare best practice and share knowledge with other HR and coaching professionals.

- Press/VIP contacts: raise the profile of coaching through PR activities, through the influential honorary board and contacts across the AC
- Member newsletters: increase knowledge through sharing best practice and keeping abreast of the latest thinking and learning in the Quarterly AC Bulletin and AC Update.
- Co-coaching: increase coaching skills through attendance at AC in-house co-coaching skills development programmes.
- AC forums: an opportunity to participate, build coaching skills and receive confidential support from other AC members via the online or co-coaching forums.
- Industry/market research: gain first-hand knowledge of latest industry trends via the AC's market research reports.
- Dedicated AC website: gain access to up-to-date AC activities, members' events, reference materials and members-only section.
- AC logo/letters:* add value to your service offering and build credibility through use of AC logo/letters in marketing materials.
- Ongoing professional development: acquire CPD certificates through attendance at development forums, workshops and events, and gain access to organizational development guidelines.
- Improve coaching skills: through special invitations to professional coaching courses and participation in workshops.
- Networking opportunities: enjoy networking opportunities to draw on the advice and experience of leading−edge organizations that are also passionate about ethics, best practice and standards in the coaching profession.
- Strategic partnerships: receive member discounts, discounted training offers, and product and service deals through strategic partnerships.

* Associate level and above only.
** Member level only.

Each approved individual member will receive a member's certificate with embossed seal.
For further information on the AC or joining, visit the membership section of the website or e-mail members@associationforcoaching.com.

'Promoting excellence and ethics in coaching'
www.associationforcoaching.com

| 참고문헌 |

■ 출간을 반기며

British Psychological Society(2011a) Code of Good Practice for Psychological testing, BPS Psychological Testing Centre, Leicester

British Psychological Society(2011b) An Introduction to the Register of the British Psychological Society's Qualifications in Test Use,(RQTU), BPS Psychological Testing Centre, Leicester

Spearman, C E(1904) General Intelligence, objectively determined and measured, American Journal of Psychology,15,pp 201-93

■ Chapter 1

Ackerman, P L(1992) Predicting individual differences in complex skill acquisition: dynamics of ability determinants, Journal of Applied Psychology, 77, pp 598-614

Allworth, E and Hesketh, B(1999) Construct oriented biodata and the prediction of adaptive performance, International Journal of Selection and Assessment, 7, pp 97-111

American Educational Research Association, American Psychological Association and National Council on Measurement in Education(2004) Standards for Educational and Psychological Testing, American Educational Research Association, Washington

Barrick, M R and Mount,M K(1991) The Big Five personality dimensions and job performance: a meta-analysis, Personnel Psychology, 44, pp 1-26

Barrick, M R, Mount, M K and Judge, T A(2001) Personality and performance at the beginning of the new millennium: what do we know and where do we go next? International Journal of Selection and Assessment, 9, pp 9-13

Borman, W C and Motowidlo, S J(1993) Expanding the criterion domain to include elements of contextual performance, in(eds) N Schmitt and W C Borman, Personnel Selection in Organizations, Jossey-Bass, San Francisco, CA

Brough, P and Smith, M(2003) Job analysis, in(eds) M O'Driscoll, P Taylor and T Kalliath, Organizational Psychology in Australia and New Zealand, pp 11-30, Oxford University Press, Melbourne

Campbell, D T and Fiske, D W(1959) Convergent and discriminant validation by the multitrait-multimethod matrix, Psychological Bulletin, 56, pp 81-105

Campbell, J P(1990) Modelling the performance prediction problem in industrial and organizational psychology, in(eds) M D Dunnette and L M Hough, Handbook of Industrial Psychology, Vol 1, 2nd edn, Consulting Psychologists Press, Palo Alto, CA

Dawis, R V and Lofquist, L H(1984) Psychological Theory of Work Adjustment: An Individual Differences

Model and its Application, University of Minnesota press, Minneapolis

Dudley, N M, Orvis, K A, Lebiecki, J E and Cortina, J M(2006) A meta-analytic investigation of conscientiousness in the prediction of job performance: examining the intercorrelations and the incremental validity of narrow traits, Journal of Applied Psychology, 91, pp 40–57

Fine, S A(1955) A structure of worker functions, Personnel and Guidance Journal, 34, pp 66–73

Goldberg, L R(1990) An alternative 'description of personality': a big-five factor structure, Journal of Personality and Social Psychology, 59, pp 1216–29

Griffin, B and Hesketh, B(2003) Adaptable behaviours for successful work and career adjustment, Australian Journal of Psychology, 55, pp 65–73

Hansen, J C(1994) The measurement of vocational interests, in(eds) M G Rumsey, C B Walker and J H Harris, Personnel Selection and Classification, Lawrence Erlbaum Associates, Hillsdale, NJ

Herr, E L(1994) The counselor's role in career assessment, in(eds) J T Kapes, M M Mastie and E A Whitfield, A Counselor's Guide to Career Assessment Instruments, National Career Development Association, Alexandria VA

Hinkin, T R(1995) A review of scale development practices in the study of organizations, Journal of Management, 21, pp 967–88

Holland, J L(1997) Making Vocational Choices: A theory of vocational personalities and work environments, 3rd edn, Psychological Assessment Resources, Odessa, FL Hunter, J E and Hunter, R F(1984) Validity and utility of alternative predictors of job performance, Psychological Bulletin, 96, pp 72–98

International Test Commission(2000) International Guidelines for Test Use, retrieved 30 January 2007 from http://www.intestcom.org

Judge, T A, Bono, J E, Ilies, R and Gerhardt, M W(2002) Personality and leadership: a qualitative and quantitative review, Journal of Applied Psychology, 87, pp 765–80

Judge, T A, Higgins, C A, Thoresen, C J and Barrick, M R(1999) The Big Five personality traits: general mental ability, and career success across the life span, personnel Psychology, 52, pp 621–52

McCrae, R R and Costa,P T(1987) Validation of the five-factor model of personality across instruments and observers, Journal of Personality and Social Psychology, 52,pp 81–90

Mastie, M M(1994) Using assessment instruments in career counseling: career assessment as compass, credential, process and empowerment, in(eds) J T Kapes, M M Mastie and E A Whitfield, A Counselor's Guide to Career Assessment Instruments, National Career Development Association, Alexandria VA

Morgeson, F P, Reider, M H and Campion, M A(2005) Selecting individuals in team settings: the importance of social skills, personality characteristics, and teamwork knowledge, Personnel Psychology, 58, pp 583–611

Murphy, K R and Davidshofer, C O(1998) Psychological Testing, Principles and Applications,4th edn, Prentice Hall, Upper Saddle River, NJ

Ones, D S, Dilchert, S, Viswesvaran, C and Judge, T A(2007) In support of personality assessment in organizational settings, Personnel Psychology, 60, pp 995–1027

Pulakos, E D, Arad, S, Donovan, M A and Plamondon, K E(2000) Adaptability in the workplace: development of a taxonomy of adaptive performance, Journal of Applied Psychology, 85,pp 299-323

Robertson, I T and Kinder, A(1993) Personality and job competencies: the criterionrelated validity of some personality variables, Journal of Occupational and Organizational Psychology, 66, pp 225-44

Schmidt, F L and Hunter, J E(1998) The validity and utility of selection methods in personnel psychology: practical and theoretical implications of 85 years of research findings, Psychological Bulletin, 124, pp 262-74

Schmidt, F L and Hunter, J E(2004) General mental ability in the world of work: occupational attainment and job performance, Journal of Personality and Social Psychology, 86, pp 162-73

Thompson, B and Daniel, L G(1996) Factor analytic evidence for the construct validity: a historical overview and some guidelines, Educational and Psychological Measurement, 56,pp 197-208

Viswesvaran, C and Ones, D S(2000) Perspectives on models of job performance, International Journal of Selection and Assessment, 8, pp 216-26

▪ Chapter 2

Bartram, D(2000) Prevue Assessment System: Technical manual, 4th edn, Ices Assessment System Inc

Brace, N, Kemp, R and Snelgar, R(2009) SPSS for Psychologists,4th edn, Routledge, London

Fiedler, F E and Chemers, M M(1984) Improving Leadership Effectiveness: The LEADER MATCH concept, Wiley, New York

Haladyna, T M(2004) Developing and Validating Multiple-choice Test Items, 3rd edn, Routledge, London

Haladyna, T M and Downing, S M(1989) A taxonomy of multiple-choice item-writing rules, Applied Measurement in Education, 2, pp 37-55

Haladyna, T M, Downing, S M and Rodriguez, M C(2002) A review of multiple-choice item-writing guidelines for classroom assessments, Applied Measurement in Education, 15(3), pp 309-34

Hogan, T P(2003) Psychological testing: A practical introduction, Wiley, New York Kirakowski, J(1988) Human Computer Interaction, Chartwell-Bratt, Lund

Kline, P(1996) An Easy Guide to Factor Analysis, Routledge, London

Likert, R(1961) New Patterns of Management, McGraw-Hill, New York

Nunnally, J C(1978) Psychometric Theory, McGraw-Hill, New York

Oppenheim, A N(2001) Questionnaire, Design, Interviewing and Attitude Measurement 2nd edn, Continuum, London

Phelps, R P(2005) Defending Standardized Testing, Lawrence Erlbaum Associates, Mahweh, NJ

Yukl, G(1999) An evaluation of conceptual weaknesses in transformational and charismatic leadership theories, Leadership Quarterly, 10, pp 285-305

▪ Chapter 3

International Test Commission(2000) International Guidelines for Test Use, http://www.intestcom.org/upload/sitefiles/41.pdf

McDowall, A and Smewing, C(2009) What assessments do coaches use in their practice and why? The
  Coaching Psychologist, 5(2), pp 98–103
http://www.psychtesting.org.uk

■ Chapter 4

Barrick, M and Mount, M(1991) The Big Five personality dimensions and job performance: A meta-
  analysis, Personnel Psychology, 44(1), pp 1–26
Bono,J and Judge, T(2004) Personality and transformation and transactional leadership: A meta-analysis,
  Journal of Applied Psychology,89(5), pp 901–10
Colquitt, J, LePine, J and N, R(2000) Toward an integrative theory of training motivation: A meta analytic
  path analysis of 20 years of research, Journal of Applied Psychology, 85(5),pp 678–707
Cook, M(2009) Personnel Selection: Adding value through people, Wiley, Chichester
Cooper,C(2010) Individual Differences and Personality, 3rd edn, Oxford University Press, New York
Driskell, J, Hogan, J, Salas, E and Hoskin, B(1994) Cognitive and personality predictors of training
  performance, Military Psychology, 6(1), pp 31–46
Erdheim, J, Wang, M and Zickar, M(2006) Linking the Big Five personality constructs to organizational
  commitment, Personality and Individual Differences, 41(5), pp 959–70
Grant, A M, Passmore, J, Cavanagh, M and Parker, H(2010) The state of play in coaching, International
  Review of Industrial and Organizational Psychology, 25, pp 125–68
Judge, T, Heller, D and Mount, M(2002) Five factor model of personality and job satisfaction: A meta-
  analysis, Journal of Applied Psychology, 87(3), pp 530–41
Matthews, G, Deary, I and Whiteman, M(2003) Personality Traits, Cambridge University Press, Cambridge
Mayer, J D, Roberts, R D and Barsade, S G(2008) Human abilities: emotional intelligence, Annual Review
  of Psychology, 59, pp 507–36
Salgado, J(1997) The five factor model of personality and job performance in the European Community,
  Journal of Applied Psychology, 82(1), pp 30–43
Schmidt, F and Hunter, J(2004) General mental ability in the world of work: Occupational attainment and
  job performance, Journal of Personality and Social Psychology, 86(1), pp 162–73

■ Chapter 5

Anseel, F and Lievens, F(2006) Certainty as a moderator of feedback reactions? A test of the strength of the
  self–verification motive, Journal of Occupational Psychology, 79, pp 533–51
Argyris, C(1982) Reasoning, Learning, and Action, Jossey-Bass, San Francisco, CA
Atwater, L and Brett, J F(2005) Antecedents and consequences of reactions to developmental 360-feedback,
  Journal of Vocational Behaviour, 66, pp 532–48
Atwater, L and Brett, J F(2006) Feedback format: Does it influence manager's reactions to feedback?
  Journal of Occupational and Organizational Psychology, 79, pp 517–32
Bailey, C and Austin, M(2006) 360-Degree feedback and developmental outcomes: The role of feedback

characteristics, self-efficacy and importance of feedback dimensions to focal managers' current role, International Journal of Selection and Assessment, 14, pp 51-66

Bailey, C and Fletcher, C(2002) The impact of multiple source feedback on management development: Findings from a longitudinal study, Journal of Organizational Behavior, 23(7), pp 853-67

Bass, B M and Yammarino, F J(1991) Congruence of self and others' leadership ratings of naval officers for understanding successful performance, Journal of Applied Psychology, 40, pp 437-54

Becker, T E and Klimoski, R J(1989) A field study of the relationship between the organizational feedback environment and performance, Personnel Psychology 42, pp 343-58

Bond, C and Anderson, E(1987) The reluctance to transmit bad news: Private discomfort or public display? Journal of Experimental Social Psychology, 73(2), pp 199-207

Bourne, A(2008) Using psychometrics in coaching, in(eds) S Palmer and A Whybrow, Handbook of Coaching Psychology, Routledge, London

Brett, J F and Atwater, L E(2001) 360° feedback: Accuracy, reactions, and perceptions of usefulness, Journal of Applied Psychology, 86(5), pp 930-42

Danziger, S, Levav, J and Avnaim-Pesso, L(2011) Extraneous factors in judicial decision. Proceedings of the National Academy of Sciences(PNAS), Social Science, 108, pp 6889-92

Deci, E L(1972) Intrinsic motivation, extrinsic reinforcement and inequity, Journal of personality and Social Psychology, 22, pp 111-20

Fletcher, C and Baldry, C(1999) Multi-source feedback systems: A research perspective, International Review of Industrial and Organisational Psychology, Wiley, Chichester

Fletcher, C and Williams, R(1996) Performance management, job satisfaction and organisational commitment, British Journal of Managemant, 7, pp 169-79

Fletcher, C, Baldry,C and Cunningham-Snell, N(1998) The psychometric properties of 360-degree feedback: An empirical study and a cautionary tale, International Journal of Selection and Assessment, 6,pp 19-33

Gregura, G J, Ford, J M and Brutus, S(2003) Manager attention to multisource feedback, Journal of Management Development, 22, pp 345-61

Haney, C, Banks, W C and Zimbardo, P G(1973) A study of prisoners and guards in a simulated prison, Naval Research Review, 30, pp 4-17

Hazucha, J F, Hezlett, S A and Schneider, R J(1993) The impact of 360-degree feedback on management skils development, Human Resource Management Journal, 32, pp 325-51

Heslin, P A, Vandewalle, D and Latham, G P(2005) Keen to help? Manager's implicit person theories and their subsequent employee coaching, Personnel Psychology, 59, pp 871-902

Ilgen, D R, Fisher, C D and Taylor, M S(1979) Consequences of individual feedback on behaviour in organisations, Journal of Applied Psychology, 64,pp 349-71

Jones, E and Nisbett, R(1972) The actor and the observer: Divergent perceptions of the causes of behaviour, in(eds) E Jones, D Kanouse, H Kellye, S Nisbett, S Valins, and B Weiner, Attribution: Perceiving the causes of behaviour, General Learning Press, Morristown, NJ

Kluger, A N and DeNisi, A(1996), The effects of feedback interventions on performance: Historical review, a meta-analysis and a preliminary feedback intervention theory, Psychological Bulletin, 119, pp 254–84

Kovacs, M S, Ellenbecker, T S and Kiber, B(2010) Tennis recovery: a comprehensive review of the research, report produced by United States Tennis Association Inc(USTA) retrieved from http://assets.usta.com/assets/1/dps/usta_master/sitecore_usta/RECOVERY%20PROJECT%20FINAL.pdf#page=178 on 8 February 2012

Locke, E A and Latham, G(1990) A Theory of Goal Setting and Task Performance, Prentice Hall, Englewood Cliffs, NJ

McDowall, A and Mabey, C(2008) Developing a framework for assessing effective development activities, Personnel Review, 37(6), pp 629–46

McDowall, A and Millward, L(2010) Feeding back, feeding forward and setting goals, in(eds) S Palmer and A McDowall, Putting People First. Understanding interpersonal relationship in coaching, Routledge, London

McDowall, A and Smewing, C(2009) What assessments do coaches use in their practice and why, The Coaching Psychologist, 5(2), pp 98–103

Mabey, C(2001) Closing the circle: participant views of a 360-degree feedback programme, Human Resource Management Journal, 11(1), pp 41–53

Marsh, H W and Roche, L A(1997) Making students' evaluations of teaching effectiveness effective–The critical issues of validity, bias, and utility, American Psychologist, 52(11), pp 1187–97

Maurer, T J, Mitchell, D R D and Barbeite, F G(2002) Predictors of attitudes toward a 360-degree feedback system and involvement in post-feedback management development activity, Journal of Occupational and Organizational and Psychology, 75(1), pp 87–107

Milgram, S(1963) Behavioural study of obedience, Journal of Abnormal and Social Psychology, 67(4), pp 371–2

Pearce, J L and Porter, L W(1986) Employee responses to formal appraisal feedback, Journal of Applied Psychology,71,pp 211–18

Renn, R W and Fedor, D B(2001) Development and field test of a feedback seeking, self-efficacy, and goal setting model of work performance, Journal of Management, 27(5), pp 563–83

Shrauger, J S and Rosenberg, S E(1970) Self-esteem and the effects of success and failure feedback on performance, Journal of Personality and Social Psychology, 38, pp 404–17

Smewing, C and McDowall, A(2010) Assessments in coaching, in(eds) S Palmer and A McDowall, Putting People First. Understanding interpersonal relationships in coaching, Routledge, London

Smither, J W, London, M and Reilly, R R(2005) Does performance improve following multisource feedback? A theoretical model, meta-analysis, and review of empirical findings, Personnel Psychology, 58, pp 33–52

Smither, J W, London, M, Flautt, R, Vargas, Y and Kucine, I(2003) Can working with an executive coaching improve multisource feedback ratings over time? A quasi-experimental field study, Personnel Psychology, 5(1), 23–44 DOI 10.1111/j.1744–6570.2003.tb00142.x

Snyder, C R and Cowles, C(1979) Impact of positive and negative feedback based on personality and intellectual assessment, Journal of Consulting and Clinical Psychology, 47(1), pp 207-9

Sorhaindo, A and Feinstein, L(2006) What is the Relationship between Child Nutrition and School Outcomes? Brief Series Report published by Department for Education and Skills(DfES) RCB

Steers, R M(1975) Task-goal attributes, n-achievement, and supervisory performance, Organizational Behaviour and Human Performance, 13, pp 392-403

Taylor, S E, Lerner, J S, Sherman, D K, Sage, R M and McDowell, N K(2003) Portrait of the self-enhancer: Well-adjusted and well liked or maladjusted and friendless, Journal of Personality and Social Psychology, 84, pp 165-76

Tesser, A and Rosen, S(1975) The reluctance to transmit bad news, in(ed) L Berkowitz, Advances in Experimental Social Psychology(Vol.8), Academic Press, New York

Van der Pol, J, Van den Berg, B A M, Admiraal, W F and Simons, P R J(2007) The nature, reception and use of online peer feedback in higher education, Computers and Education, 51(4), pp 1804-17

Wimer, S and Nowack, K M(1998) 13 Common mistakes using 360-degree feedback, Training and Development, 5, pp 69-80

Yammarino, F and Atwater, L(1993) Understanding self-perception accuracy: implications for human resource management, Human Resource Management, 32, pp 231-47

■ Chapter 6

Barger, N and Kirby, L K(2004) Introduction to Type and Change, Consulting Psychologists Press, Palo Alto, CA

Bayne, R S(2004) Psychological Types at work: An MBTI perspective, Thomson, London

Bayne, R S(2005) Ideas and Evidence: Critical reflections on MBTI theory and practice, CAPT, Gainesville, FL

Brock, S A(1994) Using Type in Selling: Building customer relationships with the Myers-Briggs Type Indicator, Consulting Psychologists Press, Palo Alto, CA

Fitzgerald, C(2002) Understanding and supporting development of executives at midlife, in(eds) C Fitzgerald and J G Berger, Executive Coaching: Practices and Perspectives, pp 89-117, Davies-Black, Palo Alto, CA

Dunning, D(2003) Introduction to Type and Communication, Consulting Psychologists Press, Palo Alto, CA

Hammer, A(2002) Introduction to Type and Careers, Consulting Psychologists Press, Palo Alto, CA

Hartzler, M, McAlpine, R W and Haas, L(2005) Introduction to Type and the 8 Jungian Functions, Consulting Psychologists Press, Palo Alto, CA

Hirsh, E, Hirsh, KW and Hirsh, S K(2003) introduction to Type and Teams, 2nd edn, Consulting Psychologists Press, Palo Alto, CA

Hirsh, C W and Hirsh, E(2007) Introduction to Type and Decision Making, Consulting Psychologists Press, Palo Alto, CA

Hirsh, S and Kise, A(2000) Introduction to Type and Coaching: A developmental resource, 2nd edn, Consulting Psychologists Press, Palo Alto, CA

Hirsh, S and Kummerow, J(1989) LIFETypes, Warner Books, New York

Jung, C G(1923) Psychological Types, Kegan Paul, London

Killen, D and Murphy, D(2003) Introduction to Type and Conflict, Consulting Psychologists Press, Palo Alto, CA

Myers, I B(1980) Gifts Differing, CPP Inc, California

Myers, I B and Kirby, L K(2000) Introduction to Type: Dynamics and development, Consulting Psychologists Press, Palo Alto, CA

Passmore, J, Rawle-Cope, M, Gibbes, C and Holloway, M(2006) MBTI types and executive coaching, The Coaching Psychologist, 2(3),pp 6-10

Pearman, R(2002) Introduction to Type and Emotional Intelligence, Consulting Psychologists Press, Palo Alto, CA

Quenk, N(2000) In the Grip, Consulting Psychologists Press, Palo Alto, CA

Richmond, S L(2008) Introduction to type and Leadership, Consulting Psychologists Press, Palo Alto, CA

Scoular, A and Linley, A(2006) Coaching, Goal setting and personality type: what matters? The Coaching Psychologist, 2(1), pp 9-12

■ Chapter 7

Barrick, M R and Mount, M K(1991) The big five personality dimensions and job performance: a meta-analysis, Personnel Psychology, 44, pp 1-26

Borgatta, E F(1964) The structure of personality characteristics, Behavioral Science, 12, pp 8-17

Digman, J M(1990) Personality structure: emergence of the five-factor model, Annual Review of Psychology, 41, pp 417-40

Hakel, M D(1974) Normative personality factors recovered from scalings of personality descriptors: the beholder's eyes, Personnel Psychology, 27, pp 409-22

McCann, D J(2000) The QO2 Profile Questionnaire, TMSDI York and Team Management Systems, Brisbane, Australia

McCann, D J(2002a) The Workplace Wizard, Gwent Publishing, Team Management Systems, Brisbane, Australia

McCann, D J(2002b) The Window on Work Values Profile Questionnaire, TMSDI York and Team Managemnet Systems, Brisbane, Australia

McCann, D J(2009) Team Management Systems Applications: Coaching, TMS E-Book Series, www.tms.com.au/shop/ebk10.html, Brisbane, Australia

McCann, D J and Mead, N H S(eds)(2010) The Team Management Systems Research Manual, 4th edn, TMSDI, York

McCrae, R R and Costa, P T Jr(1985) Updating Norman's adequate taxonomy: intelligence and personality dimensions in natural language and in questionnaires, Journal of Personality and Social Psychology, 49, pp 710-21

McCrae, R R and Costa, P T Jr(1997) Personality trait structure as a human universal American Psychologist, 52, pp 509-16

Margerison, C J and McCann, D J(1984-2005) The Team Management Profile Questionnaire, TMSDI York and Team Management Systems, Brisbane, Australia

Margerison, C J and McCann, D J(1995) Team Management: Practical new approaches, Management Books 2000, Chalford, Glos

Noller, P, Law, H and Comrey, A L(1987) Cattell, Comrey, and Eysenck personality factors compared: more evidence for the five robust factors? Journal of Personality and Social Psychology, 53, pp 775-82

Norman, W T(1963) Towards an adequate taxonomy of personality attributes: replicated factor structure in peer nomination personality ratings, Journal of Abnormal and Social Psychology, 66, pp 574-83

Peabody, D and Goldberg, L R(1989) Some determinates of factor structure from personality trait descriptors, Journal of Personality and Social Psychology, 4, pp 681-91

Smith, G M(1967) Usefulness of peer ratings in educational research, Educational and Psychological Measurement, 27, pp 967-84

■ Chapter 8

Argyris, C, Putnam, R and McLain Smith, D(1985) Action Science: Concepts, methods, and skills for research and intervention, Jossey-Bass, San Francisco CA

Argyris, C and Schön, D(1978) Organizational Learning: A theory of action perspective, Addison Wesley, Reading, MA

Bartram, D(2005) The Great Eight competencies: a criterion-centric approach to validation, Journal of Applied Psychology, 90, pp 1185-203

Bartram, D and Brown, A(2005) Great Eight Factor Model OPQ32 Report: OPQ32 Technical Manual Supplement, SHL, Thames Ditton

Burns, J M(1978) Leadership, Harper and Row, New York

Forsyth, D R(1999) Group Dynamics, Brooks/Cole/Wadsworth, Belmont

Gladstein, D L(1984) Groups in context: a model of task group differences, Administrative Science Quarterly, 29, pp 499-517

Goleman, D(1998) Working with Emotional Intelligence, Bantam Books, New York

Goleman, D(2000) Leadership that gets results, Harvard Business Review, March-April

Goodman, P S(1986) The impact of task and technology on group performance, in(ed) P S Goodman, Designing Effective Work Groups, Jossey-Bass, San Francisco, CA

Honey, P and Mumford, A(1982) Manual of Learning Styles, P Honey, London

Janis, I L(1982) Groupthink: A study of foreign policy decisions and fiascos, Houghton Mifflin, Boston, MA

Kanfer, R(1990) Motivation theory and industrial and organizational psychology, in(eds) M D Dunette and L M Hough, Handbook of Industrial and Organizational Psychology(Volume 1), Consulting Psychologists Press, Palo Alto, CA

Klein, H J(1989) An integrated view model of work motivation, Academy of Management Review, 14, pp 150-72

Kolb, D A(1984) Experiential Learning, Prentice Hall, Englewood Cliffs, NJ

Lombardo, K M and Eichinger R W(2004) For Your Improvement: A guide for development and coaching, 4th edn, Lominger, Minneapolis, MS

McCauley, C D and Hezlett, S A(2001) Individual development in the workplace in(eds) N Anderson, D S Ones, H K Sinangil and C Viswesvaran Handbook of Industrial, Work and Organizational Psychology(Volume 1), Sage, Thousand Oaks, CA

McGill, I and Beaty, L(1995) Action Learning: A guide for professional, management and educational development, Kogan Page, London

McGrath, J E(1984) Groups, Interaction and Performance, Prentice Hall, Englewood Cliffs, NJ

McGrath, J E(1991) Time, interaction and performance: a theory of groups, Small Groups Research, 22, pp 147–74

Salovey, P, and Mayer, J D(1990) Emotional intelligence, Imagination, Cognition, and Personality, 9, pp 185–211

Swezey, R W and Salas, E(1992) Guidelines for use in team-training development, in(eds) R Swezey and E Salas, Teams, Their Training and Performance, Ablex, Stamford, MA

Wiggins, J S and Trapnell, P D(1997) Personality structure: the return of the Big Five, in(eds) R Hogan, J Johnson and S Briggs, Handbook of personality Psychology, Academic Press, San Diego CA

Zaccaro, S J(2007) Trait-based perspectives of leadership, American Psychologist, 62, pp 6–16

■ Chapter 9

Adams, J S(1963) Towards an understanding of inequity, Journal of Abnormal and Social Psychology, 67, pp 422–36

Adams, J S(1965) Inequity in social exchange, in(ed) L Berkowitz, Advances in Experimental Social Psychology, Volume 2, pp 267–99, Academic Press, New York

Alderfer, C P(1969) An empirical test of a new theory of human needs, Organizational Behaviour and Human Performance, 4, pp 142–75

Alderfer, C P(1972) Existence, Relatedness and Growth: Human needs in organizational settings, Free Press, New York

Charan, R, Drotter, S and Noel, J(2000) The Leadership Pipeline: How to build the leadership powered company, Jossey-Bass, San Francisco, CA

Cherrington, D J(1991) Need theories of motivation, in(eds) R L Steers and L W Porter, Motivation and Work Behaviour, pp 31–43 McGraw Hill, New York

Deci, E L(1972) The effects of contingent and non-contingent rewards and controls on intrinsic motivation, Organizational Behaviour and Human Performance, 8, pp 217–29

Deci, E L and Ryan, R M(1985) Intrinsic Motivation and Self-determination in Human Behaviour, Plenum Press, New York

Drucker, P F(1954) The Practice of Management, Harper, New York

Herzberg, F(1966) Work and the Nature of Man, World Publishing, Cleveland, OH

Kerr, S(1975) On the folly of rewarding A, while hoping for B, Academy of Management Journal, 18, pp

769-82

Lewin, K(1938) The Conceptual Representation and the Measurement of Psychological Forces, Duke University Press, Durham, NC

McClelland, D C(1987) Human Motivation, Cambridge University Press, Cambridge

McCormick, E J and Ilgen, D(1987) Industrial and Organizational Psychology, McGraw Hill, New York

McGregor, D(1960) The Human Side of Enterprise, McGraw Hill, New York

Maslow, A H(1954) Motivation and Personality, Harper and Row, New York

Maslow, A H(1970) Motivation and Personality, 2nd edn, Harper and Row, New York

Murray, H A(1938) Explorations in Personality, Oxford University Press, New York

SHL(2002) motivation Questionnaire: Manual and user's guide, Version 11, SHL Group, Thames Ditton

Tolman, E C(1932) Purposive Behaviour in Animals and Men, Appleton-Century-Crofts, New York

Vroom, V J(1964) Work and Motivation, Wiley, New York

Wahba, M A and Bridwell, L G(1976) Maslow reconsidered: a review of research on the need hierarchy theory, Organizational Behaviour and Human Performance, 15, pp 212-40

■ Chapter 10

Barrick, M R and Mount, M K(1991) The Big Five personality dimensions and job performance: a meta-analysis, Personnel Psychology, 44, pp 1-26

Bartram, D(2002) The SHL Corporate Leadership Model. SHL Research White Paper, SHL Group, Thames Ditton

Bartram, D(2005) The Great Eight competencies: a criterion-centric approach to validation, Journal of Applied Psychology, 90, pp 1185-203

Bartram, D, Baron, H and Kurz, R(2003) Let's turn validation on its head, Proceedings of the BPS DOP Conference, pp 75-78, BPS, Leicester

Bartram, D, Kurz, R and Baron, H(2003) The Great Eight competencies: meta-analysis using a criterion-centric approach to validation, paper presented at SIOP, Orlando, May

Costa,P T Jr and McCrae, R R(1992) Revised NEO Personality Inventory(NEO-PI-R) and NEO five-Factor Inventory(NEO-FFI): Professional Manual, Psychological Assessment Resources, Odessa, FL

Crebbin, K(2005) A Construct Validity Investigation into the Relationship between Personality, Motivation, Values and Organizational Culture Preferences, unpublished MSc thesis, Northumbria University

Digman, J M(1997) higher-order factors of the Big Five, Journal of Personality and Social Psychology, 73, pp 1246-56

Fullman, C(2005) An Empirical Investigation of the Criterion-Related Validity of the Professional Styles Personality Questionnaire, unpublished MSc dissertation, University of London, Goldsmiths College

Gotoh, A(1999) The Evaluation of Competencies Predictors across Nine Studies in Five Countries, unpublished MSc dissertation, London, Goldsmith College

Kurz, R(1999) Automated prediction of management competencies from personality and ability variables, Proceedings of the Test User Conference, pp 96-101, BPS, Leicester:

Kurz, R(2005) Convivence of personality, motivation, interest and ability theories in competency, paper presented at EAWOP Congress, Istanbul May

Kurz, R(2006) Personality, motivation and culture preference, paper presented at the Work Psychology Congress, Leipzig

Kurz, R and Bartram, D(2002) Competency and individual performance: modelling the world of work, in(eds) I T Robertson, Callinan and D Bartram, Organizational Effectiveness: The role of psychology, Wiley, Chichester

McDowall, A and Kurz, R(2006) Making the most of psychometric profiles: effective integration into the coaching process, skills-based session at the 1st International Coaching Psychology Conference in London, 18 December, BPS Special Group in Coaching Psychology

MacIver, R, Saville, P, Kurz, R, Mitchener, A, Mariscal, K, Parry, G, Becker, S, Saville, W, O'Connor, K, Patterson, R and Oxley, H(2006) Making waves: Saville Consulting Wave Styles Questionnaires, Selection and Development Review, 22(2), pp 17–23

Norman, W T(1963) Towards an adequate taxonomy of personality attributes: replicated factors structure in peer nomination personality ratings, Journal of Abnormal Social Psychology, 66, pp 574–83

Nyfield, G, Gibbons, P J, Baron, H and Robertson, I(1995) The cross cultural validity of management assessment methods, paper presented at the 10th Annual SIOP Conference, Orlando, May

Robertson, I T and Kinder, A(1993) Personality and job competences: an examination of the criterion-related validity of some personality variables, Journal of Occupational and Organizational Psychology, 65, pp 225–44

Saville, P and Sik, G(1991) Ipsative scaling: a comedy of measures, As You Like it or Much Ado About Nothing? Guidance and Assessment Review, 7(3), pp 1–4

Saville, P, MacIver, R and Kurt, R(2012) Saville Consulting Wave® Professional Styles Handbook, 2nd edn, Saville Consulting Group, Jersey

Saville, P, Sik, G, Nyfield, G, Hackston, J and MacIver, R(1996) A demonstration of the validity of the Occupational Personality Questionnaire(OPQ) in the measurement of job competencies across time and in separate organizations, Applied Psychology, 45, pp 243–62

Saville, P and Willson, E(1991) The reliability and validity of normative and ipsative approaches in the measurement of personality, Journal of Occupational Psychology, 64, pp 219–38

■ Chapter 11

Bahbouh, R(2012) Sociomapping of Teams, QED GROUP a.s

Cattell, H E P and Schuerger, J M(2003) Essentials of 16PF Assessment, Wiley, Chichester

Cattell, R B, Cattell, A K and Cattell, H E P(1993) Sixteen Personality Factor Questionnaire, 5th edn, Institute for Personality and Ability Testing, Champaign, IL

Conn, S R and Rieke, M L(1994) The 16PF® Fifth Edition Technical Manual, Institute for Personality and Ability Testing, Champaign, IL

Hackman, J R and Wageman, R(2005) A theory of team coaching, Academy of Management Review, 30,

269-87

Lane, D Jarvis, J and Fillery-Travis, A(2006) The Case for Coaching: Making evidence-based decisions on coaching, CIPD Publications, London

Linley, A, Harrington, S and Garcea, N(2010) Oxford Handbook of Positive Psychology at Work, Oxford University Press, New York

McClelland, D C(1987) Human Motivation, University of Cambridge Press, Cambridge

Smith, M and Smith, P(2005) Testing People at Work: Competencies in psychometric testing, BPS Blackwell, Oxford

Walter, V(2008) 16PF Career Development Report Manual, IPAT

Whitmore, J(2002) Coaching for Performance, 3rd ed, Nicholas Brealey Publishing, London

OPP Guidance and White Papers: Rob Hepworth(2008) Using the 16PF Instrument in Coaching, OPP Ltd; OPP(2009) Appreciating Unusual Responses in 16PF® Questionnaire Results, OPP Ltd

OPP Products: H E P Cattell(2007) Exploring your 16PF Profile, IPAT

■ Chapter 12

Barrett, L F and Russell, J A(1999) The structure of current affect: controversies and emerging consensus, Current Directions in Psychological Science, 8, pp 10-14

Boone, R T and DiGiuseppe, R(2002) Emotional intelligence and success in professional graduate programmes in psychology, paper presented at International Society for Research on Emotions, Cuenca, Spain, 20-24 July

Brackett, M A and Rivers, S E(2007) What is emotional literacy? in(eds) M A Brackett J P Kremenitzer, M Maurer, M D Carpenter, S E Rivers and N A Katulak, Emotional Literacy in the Elementary School: Six steps to promote social competence and academic performance, National Professional Resources, Port Chester, NY

Caruso, D R and Salovey, P(2004) The Emotionally Intelligent Manager, Jossey-Bass, San Francisco CA

Chang, K B T(2006) Can We Teach Emotional Intelligence? Dissertation submitted to University of Hawaii

Damasio, A(1994) Descartes' Error: Emotion, reason, and the human brain, Putnam, New York

Ekman, P(1973) Darwin and Facial Expression: A century of research in review, Academic Press, New York

Ekman, P(1992) Are there basic emotions? Psychological Review, 99, pp 550-53

Gibbs, N(1995) The EQ factor, Time, 146(October 2), pp 60-8

Goleman, D(1995) Emotional Intelligence, Bantam, New York

Isen, A M(2001) An influence of positive affect on decision making in complex situations: theoretical issues with practical implications, Journal of Consumer Psychology, 11, pp 75-86

Mayer, J D and Salovey, P(1993) The intelligence of emotional intelligence, Intelligence, 17, pp 433-42

Mayer, J D and Salovey, P(1997) What is emotional intelligence? in(eds) P Salovey and D Sluyter, Emotional Development and Emotional Intelligence: Educational implications, pp 3-31, Basic Books, New York

Mayer, J D, Salovey, P and Caruso, D R(2002) Mayer-Salovey-Caruso Emotional Intelligence Test(MSCEIT) User's Manual, MHS Publishers, Toronto

Mayer, J D, Salovey, P and Caruso, D R(2004) Emotional intelligence: theory, findings, and implications, Psychological Inquiry, 60, pp 197–215

Mayer, J D, Salovey, P and Caruso, D R(2008) Emotional Intelligence: New ability or eclectic mix of traits? American Psychologist, 63, pp 503–17

Mayer, J D, Salovey, P, Caruso, D R and Sitarenios, G(2003) Measuring emotional intelligence with the MSCEIT V20, Emotion, Summary, pp 97–105

Neisser, U, Boodoo, G, Bouchard, T J, Boykin, A W, Brody, N, Ceci, S J, Halpern, D F, Loehlin, J C, Perloff, R, Sternberg, R J and Urbina, S(1996) Intelligence: knowns and unknowns, American Psychologist, 51, pp 77–101

Ortony, A, Clore, G L and Collins, A M(1988) The Cognitive Structure of Emotions, Cambridge University Press, Cambridge

Plutchik, R(1980) Emotion: A psychoevolutionary synthesis, Harper and Row, New York

Russell, J A(2003) Core affect and the psychological construction of emotion, Psychological Review, 110, pp 145–72

Salovey, P and Grewal, D(2005) The science of emotional intelligence, Current Directions in Psychological Science, 14, pp 281–85

Salovey, P and Mayer, J D(1990) Emotional intelligence, Imagination, Cognition, and Personality, 9, pp 185–211

Thayer, R E(1996) The Origin of Everyday Moods, Oxford University Press, New York

■ Chapter 13

Benjamin, L S(1996) Interpersonal Diagnosis and Treatment of Personality Disorders, 2nd edn, Guilford Press, New York

Dotlich, D L and Cairo, P P(2003) Why CEOs Fail, Jossey-Bass, San Francisco, CA

Fico, J M, Hogan, R and Hogan, J(2000) Interpersonal Compass Manual, Hogan Assessment Systems, Tulsa, OK

Hogan, R(2007) Personality and the Fate of Organizations, Lawrence Erlbaum, Mahwah, NJ

Hogan, R and Hogan, J(2001) Assessing leadership: a view from the dark side, International Journal of Selection and Assessment, 9, pp 1–12

Hogan, R and Roberts, B(2000) A socioanalytic perspective on person/environment interaction, in (eds) W B Walsh, K H Kraik and R H Price, New Directions in Person–Environment Psychology, pp 1–24, Lawrence Erlbaum, Mahwah, NJ

Hogan, R and Warrenfeltz, R(2003) Educating the modern manager, Academy of Management Learning and Education, 2, pp 74–84

■ Chapter 14

Alimo-Metcalfe, J and Alban-Metcalfe, B(2006) Leadership culture and its impact on job satisfaction, motivation, commitment and well-being at work, paper presented at the British Academy of Management,

12-14 September, Belfast

Alimo-Metcalfe, J and Alban-Metcalfe, B(2007) The development of the(engaging) Transformational Leadership Questionnaire(private sector version), Leadership and Organization Development Journal, 28, pp 104-21

Alban-Metcalfe, R J and Alimo-Metcalfe, B(2000) An analysis of the convergent and discriminant validity of the Transformational Leadership Questionnaire, International Journal of Selection and Assessment, 8 (3), pp 158-75

Alimo-Metcalfe, B(1998) 360 degree feedback and leadership development, International Journal of Selection and Assessment, 6 (1), pp 35-44

Alimo-Metcalfe, B(2012) A critical review of leadership theory, in(eds) R Lewis, S Leonard and A Freedman, The Psychology of Organizational Development, Leadership and Change, Wiley Blackwell, London(in press)

Alimo-Metcalfe, B and Alban-Metcalfe, R J(2001) The development of a new Transformational Leadership Questionnaire, The Journal of Occupational and Organizational Psychology, 74, pp 1-27

Alimo-Metcalfe, B and Alban-Metcalfe, J(2002) The great and the good, People Management, 10 January, pp 32-4

Alimo-Metcalfe, B and Alban-Metcalfe, J(2003) Under the influence, People Management, 6 March, pp 32-5

Alimo-Metcalfe, B and Alban-Metcalfe, J(2005) Leadership: time for a new direction? Leadership, 1 (1), pp 51-71

Alimo-Metcalfe, B and Alban-Metcalfe, J(2007) The development of the Transformational Leadership Questionnaire(Private Sector version), Leadership and Organisational Development Journal, 28 (2), pp 104-21

Alimo-Metcalfe, B and Alban-Metcalfe, J(2008) Engaging Leadership: Creating organisations that maximise the potential of their people, CIPD, London

Alimo-Metcalfe, B and Alban-Metcalfe, J(2011) Leadership in public sector organisations, in(ed) J Storey, Leadership in Organisations: Current issues and key trends, 2nd edn, Routledge, London, pp 225-48

Alimo-Metcalfe, B, Alban-Metcalfe, J, Bradley, M, Mariathason, J and Samele, C(2007) Leadership quality, attitudes to work and well-being at work, and organizational performance: a longitudinal study, Journal of Health and Organizational Management, 23

Alimo-Metcalfe, B, Alban-Metcalfe, J, Bradley, M, Mariathason, J and Samele, C(2008) The impact of engaging leadership on performance, attitudes to work and well-being at work: a longitudinal study. The Journal of Health Organization and Management, 22, 6, pp 586-98

Avolio, BJ and Gardner, W L(2005) Authentic leadership development: Getting to the root of positive forms of leadership, Leadership Quarterly, 16, pp 315-38

Badaracco, JL(2002) Leading Quietly: An unorthodox guide to doing the right thing, Harvard Business School, Harvard, MA

Bass, BM(1998) Transformational Leadership: Industrial, military, and educational impact, Lawrence

Erlbaum, Mahwah, NJ

Brown, M E and Treviño, LK(2006) Ethical leadership: A review and future directions, Leadership Quarterly, 17, pp 595-616

Brown, ME, Treviño, L K and Harrison, D A(2005) Ethical leadership: A social learning perspective for construct development and testing, Organizational Behavior and Human Decision Processes, 97, pp 117-34

Dobby, J, Anscombe, J and Tuffin, R(2004) Police Leadership: Expectations and impact, Home Office Online Report 20/04, London

Gardner, W L, Avolio, B J, Luthans, F, May, D R and Walumbwa, F O(2005) Can you see the real me? A self-based model of authentic leader and follower development, Leadership Quarterly, 16, pp 434-72

Harter, J K, Schmidt, FL and Hayes, T L(2002) Business-unit-level relationship between employee satisfaction, employee engagement, and business outcomes: A meta-analysis, Journal of Applied Psychology, 87, pp 268-79

Harter, K, Schmidt, FL, Asplund, J W, Killum, E A and Agrawa, S(2010) Causal impact of employee work perceptions on the bottom line of organizations, Perspectives on Psychological Science, 5 (4), pp 378-89

Hogan, R, Raskin, R and Fazzini, D(1990) The dark side of charisma, in(eds) KE Clark, M B Clark and R R Albright, Measures of Leadership, pp 343-354, Leadership Library of America, West Orange, N J

Kahn, WA(1990) Psychological conditions of personal engagement and disengagement, Academy of Management Journal, 33 (4), pp 692-724

Kalshoven, K and Den Hartog, D N(2009) Ethical leader behavior and leader effectiveness: The role of prototypicality and trust, International Journal of Leadership Studies, 5 (2), pp 102-20

Kalshoven. K, Den Hartog, D N and De Hoogh, A H B(2011) Ethical leadership at work questionnaire (ELW): Development and validation of a multidimensional measure, Leadership Quarterly, 22 (1), pp 51-69

Kelly, G A(1955) The Psychology of Personal Constructs, Vols. 1 and 2, Norton, New York

Kelly, A, Robertson, P and Gill, R(2006) Time for a change: a UK model of transformational leadership, paper presented at the Annual Conference of the British Academy of Management, Belfast, 12-14 September

Lipman-Blumen, J(2004) The Allure of Toxic Leaders: Why we follow destructive bosses and corrupt politicians-and how we can survive them, Oxford University Press, Oxford

MacLeod, D and Clark, N(2009) Engaging for Success: Enhancing performance through employee engagement, Department for Business, Innovation and Skills, London

Mintzberg, H(1999) Managing quietly, Leader to Leader, 12, Spring, pp 24-30 Salaman, G(2011) The crises of leadership, in(ed) J Storey, Leadership in Organizations: Current issues and key trends, pp 56-68, Routledge, London

Schaufeli, W, Salanova, M, Gonzalez-Roma, V and Bakker, A B (2002) The measurement of engagement and burnout: A two sample confirmatory factor analytic approach, Journal of Happiness Studies, 3, pp 71-92

Sirota Survey Intelligence(2006) High morale again pays off in stock market gains, www.sirota.com

Spillane, J, Halverson, R and Diamond, J(2001) Towards a Theory of Leadership Practice: A distributed perspective, Northwestern University Institute for Policy Research Working Paper, Evanston, IL

Treviño, L K, Brown, M and Hartman, L P(2003) A qualitative investigation of perceived executive ethical leadership: Perceptions from inside and outside the executive suite, Human Relations, 56, pp 5–37

Watson-Wyatt Research Report(2006) Effective Communication: A leading indicator of financial performance–2005/2006 Communication ROI Study[TM], Watson-Wyatt, London

World Economic Forum(2007) Gallup International Voice of the People© Survey, http://www.weforum. org/en/media/Latest%20Press%20Releases/voiceofthe peoplesurvey

Wright, PL(1996) Managerial Leadership, Routledge, London Yukl, G(1999) An evaluation of conceptual weakness in transformational and charismatic leadership theories, Leadership Quarterly, 10, pp 285–30

■ Chapter 15

Alderman, R B(1974) Psychological Behaviour in Sport, WB Saunders, Toronto Bull, SJ, Albinson, J G and Shambrook, CI(1996) The Mental Game Plan: Getting psyched for sport, Sports Dynamics, Eastbourne

Clough, PJ, Earle, F and Earle, K(2005) Can training toughen you up? Division of Occupational Psychology, paper delivered at the BPS conference, Warwick, UK, 12 – 14 January

Clough, P J, Earle, K and Sewell, D(2002) Mental toughness: the concept and its measurement, in (ed) I Cockerill, Solutions in Sport Psychology, pp 32–45, Thomson, London

Dennis, P W(1981) Mental toughness and the athlete, Ontario Physical and Health Education Association, 7, pp 37–40

Dyer, J G and McGuinness, T M(1996) Resilience analysis of the concept, Archives of Psychiatric Nursing, 10 (5), October, pp 276–82

Earle, K and Clough, P J(2001) When the going gets tough: a study of the impact of mental toughness on perceived demands, Journal of Sport Science, 19, p 61

Funk, F C(1992) Hardiness: a review of theory and research, Health Psychology, 11 (5), pp 335–45

Goldberg, A S(1998) Sports Slump Busting: 10 steps to mental toughness and peak performance, Human Kinetics, Champaign, IL

Gould, D, Petlichkoff, L, Simons, J and Vevera, M(1987) Relationship between competitive state anxiety–2 subscales scores and pistol shooting performance, Journal of Sport Psychology, 9, pp 33–42

Gucciardi, D, Gordon, S and Dimmock, J(2008) Towards an Understanding of mental toughness in Australian football, Journal of Applied Sport Psychology, 20 (3), pp 261–81, doi:10.1080/10413200801998556

Hodge, K(1994) Mental toughness in sport: lessons for life. The pursuit of personal excellence, Journal of Physical Education, New Zealand, 27, pp 12–16

Hull, C L(1951) Essentials of Behaviour, Yale University Press, New Haven, CN Jackson, R and Watkin, C(2004) The resilience inventory: Seven essential skills for overcoming life's obstacles and determining happiness, Selection and Development Review, 20 (6), pp 9–11

Jones, G, Hanton, S and Connaughton, D (2007) A framework of mental toughness in the world's best performers, Sport Psychologist, 21 (2), pp 243−64, retrieved from http://www.cabdirect.org/abstracts/20073152280.html

Kobasa, S C(1979) Stressful life events, personality, and health: an inquiry into hardiness, Journal of Personality and Social Psychology, 37 (1), pp 1−11

Krane, V, Joyce, D and Rafeld, J(1994) Competitive anxiety, situation criticality, and softball performance, The Sport Psychologist, 8, pp 58−72

Loehr, J E(1982) Athletic Excellence: Mental toughness training for sport, Forum, Lexington, MA

Loehr, J E(1986) Mental Toughness Training for Sport: Achieving athletic excellence, Stephen Greene Press, Lexington, MA

Loehr, J E(1995) The New Toughness Training for Sports, Plume, New York

Taylor, J(1989) Mental toughness(part 2): a simple reminder may be all you need, Sport Talk, 18, pp 2−3

Tutko, T A and Richards, J W(1976) Psychology of Coaching, Allyn and Bacon, Boston, MA

Woods, R, Hocton, M and Desmond, R(1995) Coaching Tennis Successfully, Human Kinetics, Champaign, IL

▪ Chapter 16

Flaherty, J(1999) Coaching, Butterworth−Heinemann, Boston, MA

Hurley, TJ(2003) Archetypal practices for collective wisdom, unpublished manuscript available at www.collectivewisdominitiative.org/hurley_archetypal.htm

Jung, CG, Adler, G and Hull, R F C(1981) The Archetypes and the Collective Unconscious(Collected Works of CG Jung, Vol 9, Part 1), Princeton University Press, Princeton, NJ

Leonard, G(1992) Mastery, Plume, Penguin Group, New York

▪ Chapter 17

Arakawa, D and Greenberg, M(2007) Optimistic managers and their influence on productivity and employee engagement in a technology organization: Implications for coaching psychologists, International Coaching Psychology Review, 2(1), pp 78−89

Barnett, D(2007) Positive psychology: For growth and wellbeing(online) from http://www.newlifejournal.com/DecJan07/Barnett.shtml, accessed 26 February 2007

Buckingham, M(2007) Go: Put your strengths to work, Free Press, New York

Clifton, D and Harter, J(2003) Strengths investment, in (eds) K S Cameron, J E Dutton and R E Quinn, Positive Organizational Scholarship, pp 111−21, Berrett Koehler, San Francisco, CA

Foster, S and Lloyd, P(2007) Positive psychology principles applied to consulting psychology at the individual and group level, Consulting Psychology, 59 (1), pp 30−40

Fredrickson, B(2001) The role of positive emotions in positive psychology: the broaden and build theory of positive emotions, American Psychologist, 56 (3), pp 218−26

Gable, S and Haidt, J(2005) What(and why) is positive psychology? Review of General Psychology, 9 (2), pp 103−10

Harnisch, Ruth Ann(2005) Personal communication

Katz, I, Assor, A, Kanat-Maymon, Y and Bereby-Meyer, Y(2006) Interest as a motivational resource: feedback and gender matter, but interest makes the difference, Social Psychology of Education, 9 (1), pp 27–42

Kauffman, C(2006) Positive psychology: the science at the heart of coaching, in (eds) D Stober and A Green, Evidence Based Coaching Handbook, pp 219–53, John Wiley, Hoboken, NJ

Kauffman, C(2007) Positive psychology coaches, www.CoachingPsych.com, retrieved 19 May 2007

Kauffman, C and Scouler, A(2004) Towards a positive psychology of executive coaching, in (eds) A Linley and S Joseph, Positive Psychology in Practice, pp 287–304, John Wiley, Hoboken, NJ

Lyubomirsky, S, King, L and Diener, E(2005) The benefits of frequent positive affect: does happiness lead to success? Psychological Bulletin, 131 (6), pp 803–55

Nakamura, J and Csikszentmihalyi, M(2002) The concept of flow, in (eds) C R Snyder and S J Lopez, Handbook of Positive Psychology, pp 89–105, Oxford University Press, New York

Park, N and Peterson, C(2006a) Moral competence and character strengths among adolescents: the development and validation of the Values in Action Inventory of Strengths for Youth, Journal of Adolescents, 29 (6), pp 891–909

Park, N and Peterson, C(2006b) Character strengths and happiness among young children: content analysis of parental descriptions for youth, Journal of Happiness Studies, 7 (3), pp 323–41

Petersen, D, Stober, D and Kauffman, C(2006) The coaching relationship, Continuing Education Half Day Workshop presented at the American Psychological Association, New Orleans, August

Peterson, C(2004) Values in action, Class 13 of M. Seligman's Authentic Happiness Coaching virtual training course; see http://www.mentorcoach.com/AHC/index.htm

Peterson, C(2006) A Primer in Positive Psychology, Oxford University Press, New York

Peterson, C(2006b) Measurement instruments(online) http://www.virtuesinaction.com/ index. aspx?ContentID=34, accessed 18 April 2007

Peterson, C(2006c) The Values In Action(VIA) classification of strengths, in (eds) M Csikszentmihalyi and I Csikszentmihalyi, A Life Worth Living: Contributions to positive psychology, pp 29–48, Oxford University Press, New York

Peterson, C and Seligman, MEP(2004) Character Strengths and Virtues, American Psychological Association, Washington, DC

Schwartz, B and Sharpe, K(2006) Practice wisdom: Aristotle meets positive psychology, Journal of Happiness Studies, 7 (3), pp 377–95

Seligman, MEP(2002) Authentic Happiness, Free Press, New York

Seligman, MEP and Csikszentmihalyi, M(2000) Positive psychology: an introduction, American Psychologist, 55 (1), pp 5–14

Seligman, MEP, Steen, T, Park, N and Peterson, C(2005) Positive psychology progress: empirical validation of interventions, American Psychologist, 60 (5), pp 410–21

Snyder, C R, Ritschel, L, Rand, K and Berg, C(2006) Balancing psychological assessments: strength and hope in client reports, Journal of Clinical Psychology, 62 (1), pp 33–46

■ **Chapter 18**

Ajzen, I(1991) The theory of planned behaviour, Organizational Behaviour and Human Decision Processes, 50, pp 179–211

Aldana. S(2001) Financial impact of health promotion programs: a comprehensive review of the literature, American Journal of Health Promotion, 15. pp 296–320

Bakker, A B, Demerouti, E, De Boer, E and Schaufeli, WB(2003) Job demands and job resources as predictors of absence duration and frequency, Journal of Vocational Behavior, 62, pp 341–56

Bandura, A(1977) Self-efficacy: toward a unifying theory of behaviour change, Psychological Review, 84, pp 191–215

Beasley, M, Thompson, T and Davidson, J(2003) Resilience in response to life stress: the effects of coping style and cognitive hardiness, Personality and Individual Differences, 34, pp 77–95

Becker, MH (ed) (1974) The health belief model and personal health behavior, Health Education Monographs, 2, pp 324–473

Chapman, L S(2012) Meta-evaluation of worksite health promotion economic return studies, 2012 Update, American Journal of Health Promotion, 26 (4), pp TAHP1–TAHP12

Crowne, D P and Marlowe, D(1960) A new scale of social desirability independent of psychopathology, Journal of Consulting Psychology, 24, pp 349–54

Giesser, B, Coleman, L. Fisher, S, Guttry, M, Herlihy, E, Nonoguch, S, Nowack, D, Roberts, C and Nowack, K(2007) Living well with multiple sclerosis: lessons learned from a 12-week community based quality of life program, Paper presented at 17th Annual Art and Science of Health Promotion Conference, San Francisco, CA, March 2007

Giesser, B, Coleman, L., Fisher, S, Guttry, M, Herlihy, E, Nonoguchi, S, Nowack, D, Roberts, C and Nowack, K(2011) Living well with multiple sclerosis: comparisons of a 12-week blended learning versus direct classroom program, Unpublished manuscript, Southern California and Nevada Chapter

Glaser, R and Kiecolt-Glaser, J K(2005) Stress damages immune system and health, Discovery Medicine, 5, pp 165–2005

Goetzel, R Z and Ozminkowski, R J(2008) The health and cost benefits of work site health-promotion programs, Annual Review of Public Health, 29, pp 303–23

Goss, J(1994) Hardiness and mood disturbances in swimmers while overtraining, Journal of Sport and Exercise Psychology, 16 (2), pp 135–49

Grant, A(2008) Personal life coaching for coaches in training enhances goal attainment, insight and learning, Coaching: An International Journal of Theory, Research and Practice, 1, pp 54–70

Grant, A M, Curtayne, L and Burton, G(2009) Executive coaching enhances goal attainment, resilience, and workplace well-being: A randomised controlled study, The Journal of Positive Psychology, 4, pp 396–407

Grant, A M, Green, L S and Rynsaardt, J(2010) Developmental coaching for high school teachers: Executive coaching goes to school, Consulting Psychology Journal: Practice and Research, 62, pp 151–68

Green, L S, Grant, A M and Rynsaardt, J(2007) Evidence-based life coaching for senior high school students: Building hardiness and hope, International Coaching Psychology Review, 2, pp 24–32

Greene, R and Nowack, K(1995) Stress, hardiness and absenteeism: results of a three-year longitudinal study, Work and Stress, 9, pp 448–62

Haynes, SG, Feinleib, M and Kannel, W B(1980) The relationship of psychosocial factors to coronary heart disease in the Framingham study, III: eight-year incidence of coronary heart disease, American Journal of Epidemiology, 111, pp 37–58

Hobfoll, S E(2001) The influence of culture, community, and the nested-self in the stress process: advancing conservation of resources theory, Applied Psychology: An International Review, 50, pp 337–70

Hochschild, A R(1983) The Managed Heart: The commercialization of human feeling. UCP, Berkeley, CA

Kanner, A, Coyne, J, Schaefer, C and Lazarus, R(1981) Comparison of two modes of stress measurement: daily hassles and uplifts versus major life events, Journal of Behavioural Medicine, 4 (1), pp 1–39

Karasek, R A and Theorell, T(1990) Healthy Work, Basic Books, New York

Kobasa, S(1979) Stressful life events, personality and health: an inquiry into hardiness. Journal of Personality and Social Psychology, 37, pp 7–11

Kobasa, S, Maddi, S and Courington, S(1981) Personality and constitution as mediators in the stress-illness relationship. Journal of Health and Social Behaviour, 22, pp 368–78

Lazarus, R S(1984) Puzzles in the study of daily hassles, Journal of Behavioural Medicine, 7 (4), pp 375–89

Lazarus, R S and Folkman, S(1984) Stress, Appraisal, and Coping, Springer, New York

Mashihi, S and Nowack, K(2011) Clueless: Caching people who just don't get it, Envisia Learning, Inc, Santa Monica, CA

Mills, P(2005) Results of the vielife/IHPM Health and performance research study, European Newsletter of the Institute for Health and Productivity Management, 1 (5), pp 6–7

Nowack, K M(1987) Health habits, Type A behaviour, and job burnout, Work and Stress, 1, pp 135–42

Nowack, K M(1989) Coping style, cognitive hardiness, and health status, Journal of Behavioural Medicine, 12, pp 145–58

Nowack, K M(1990) Initial development of an inventory to assess stress and health risk, American Journal of Health Promotion, 4, pp 173–80

Nowack, K M(1991) Psychosocial predictors of physical health status, Work and Stress, 5, pp 117–31

Nowack, K M(1994) Psychosocial predictors of health and absenteeism: results of two prospective studies, paper presented at the American Psychological Association Annual Convention, Los Angeles, CA, September

Nowack, K M(1999) Stress Profile Manual, Western Psychological Services, Los Angeles, CA

Nowack, K M(2000) Occupational stress management: Effective or not? in Occupational Medicine: State of the art reviews, 15 (1), pp 231–3

Nowack, K M(2006) Optimizing employee resilience: coaching to help individuals modify lifestyle stress news, International Journal of Stress Management, 18, pp 9–12

Nowack, K M(2009) Leveraging multirater feedback to facilitate successful behavioral change, Consulting

Psychology Journal: Practice and Research, 61, pp 280-97

Nowack, K M and Pentkowski, A(1994) Lifestyle habits, substance use, and predictors of job burnout in professional working women, Work and Stress, 8, pp 19-35

Nowack, K M and Roberts, C(2006) Chronic illness and spirituality: what do you believe? American Group Psychotherapy Association National Conference, San Francisco, February

Palmer, S(2003) Health coaching to facilitate the promotion of healthy behaviour and achievement of health-related goals, International Journal of Health Promotion and Education, 41 (3), pp 91-3

Parks, G A and Marlatt, G A(1999) Relapse prevention therapy for substance-abusing offenders: a cognitive-behavioural approach, in (ed) E Latessa, What Work: Strategic solutions: The International Community Corrections Association examines substance abuse, pp 161-233, American Correctional Association, Lanham, MD

Passmore, J and Whybrow, A(2007) Motivational interviewing: a new approach for coaching, in (eds) S Palmer and A Whybrow, The Handbook of Coaching Psychology, Routledge, London

Pelletier, K(2001) A review and analysis of the clinical and cost-effectiveness studies of comprehensive health promotion and disease management programs at the worksite: 1998-2000 update, American Journal of Health Promotion. 16 pp 107-16

Pena, M A and Cooper, C(2006) Coaching and stress, in (ed) J Passmore, Excellence in Coaching: The industry guide, Kogan Page, London

Prochaska, J O and Velicer, W F(1997) The transtheoretical model of health behaviour change, American Journal of Health Promotion, 12, pp 38-48

Rollnick, S and Miller, W R(1995) What is motivational interviewing? Behavioural and Cognitive Psychotherapy, 23, pp 325-34

Sarason, I, Levine, H, Basham, R and Sarason, B(1983) Assessing social support: the social support questionnaire, Journal of Social Psychology, 44, pp 127-39

Schwartz, G E, Schwartz, J I, Nowack, K and Eichling, P S(1993) The hardiness and the negative affectivity confound as a function of a defensive coping style, University of Arizona and Canyon Ranch(unpublished)

Sharpley, C, Dua, J, Reynolds, R and Acosta, A(1999) The direct and relative efficacy of cognitive hardiness, Type A behaviour pattern, coping behaviour and social support as predictors of stress and ill-health, Scandinavian Journal of Behavior Therapy, 1, pp 15-29

Siegrist, J(1996) Adverse health effects of high-effort/low-reward conditions, Journal of Occupational Health Psychology, 1, pp 27-41

vielife/IHPM Health and Performance Research Study(2005)

Warr, P(1987) Work, Unemployment and Mental Health, Clarendon Press, Oxford

■ Chapter 19

Alexander, C and Boyer, R(1989) Seven states of consciousness, Modern Science and Vedic Science, 2 (4), pp 325-64

Barrett, R(1998) Liberating the Corporate Soul: Building a visionary organization, Butterworth-Heinemann,

Boston, MA

Barrett, R(2006) Building a Values-Driven Organization: A whole system approach to cultural transformation, Butterworth-Heinemann, Boston, MA

Maslow, A(1968) Toward a Psychology of Being, 2nd edn, Van Nostrand Reinhold, New York

■ Chapter 20

Childs, R and McDonald, A S(2007) Manual for the Type Dynamics Indicator, Team Focus Limited, Maidenhead

Guttman, L(1950) The basis for scalogram analysis, in (eds) S A Stouffer, L Guttman and E A Suchman, Measurement and Prediction: The American soldier, Vol 4, John Wiley, New York

Schutz, W(1958) FIRO: A Three-Dimensional Theory of Interpersonal Behavior, Rinehart, New York

Schutz, W(1967/1989) Joy, Ten Speed Press, Berkeley, CA

Schutz, W(1979, 1982, 1988) Profound Simplicity, 3rd edn, WSA, Ventura, CA

Schutz, W(1984) The Truth Option: A practical technology for human affairs, Ten Speed Press, Berkeley, CA

Schutz, W(1987/1990/1998) FIRO Element B: Behaviour guide, Will Schutz Associates, CA

Schutz, W(1992) Beyond FIRO-B: three new theory derived measures, Psychological Reports, 70, pp 915-37

Schutz, W(1998) The Human Element: Self-esteem and the bottom line, 2nd edn, McGraw Hill, New York

■ Chapter 21

Blake, R, and Mouton, J(1964) The Managerial Grid, Gulf Publishing Company, Inc, Houston, TX

Cooke, R A and Lafferty, J C(1981) Level I: Life Styles Inventory: An instrument for assessing and changing the self-concept of organizational members, Human Synergistics Plymouth, MI

Cooke, R A and Rousseau, D M(1983) Relationship of life events and personal orientations to symptoms of strain, Journal of Applied Psychology, 68 (3), pp 446-58

Cooke, R A, Rousseau, D M and Lafferty, J C(1987) Thinking and behavioral styles: consistency between self-descriptions and descriptions by others, Educational and Psychological Measurement, 47, pp 815-23

de Shazer, S (2005) More than Miracles: The state of the art of solution-focused therapy, Haworth Press, Binghampton, New York

Ellis, A and Harper, R(1961) A Guide to Rational Living, Prentice-Hall, Englewood Cliffs, NJ

Gratzinger, P A, Warren, R A and Cooke, R A(1990) Psychological orientations and leadership: thinking styles that differentiate between effective and ineffective managers, in (eds) K B Clark and M B Clark, Measures of Leadership, pp 239-48, Leadership Library of America, West Orange, NJ

Guttman, L(1954) A new approach to factor analysis: the radix, in Paul Katz et al(1959)

Horney, K(1945) Our Inner Conflicts, W W Norton & Company, New York

Jones, Q, Dunphy, D, Fishman, R, Larne, M and Canter, C(2006) In Great Company: Unlocking the secrets of cultural transformation, Human Synergistics International, Sydney

Kets de Vries, M(2006) The Leader on the Couch: A clinical approach to changing people and organizations, John Wiley, Chichester

Kubler-Ross, E(1969) On Death and Dying, Simon and Schuster, New York

Lafferty, J C(1987) Life Styles Inventory, Human Synergistics International, Plymouth, MI

Leary, T F(1957) Interpersonal Diagnosis of Personality: A functional theory and methodology for personality evaluation, Ronald, New York

McCarthy, S(2002) Leading High Performance Cultures: Measuring leadership style through the Life Styles Inventory Human Synergistics, Australia/New Zealand Publication, Wellington

McCarthy, S(2006) The Culture-Performance Connection: The research results book 2003–2006, Australia and New Zealand Human Synergistics, Australia/New Zealand Publication, Wellington

McClelland, D(1967) The Achieving Society, Free Press, New York

Maier, N R F(1952) Principles of Human Relations, John Wiley, New York

Maslow, A(1954) Motivation and Personality, Harper and Row, New York

Mezirow, J(1991) The Transformational Dimensions of Adult Learning, Jossey-Bass, San Francisco, CA

Nediger, W G and Chelladurai, P(1989) Life Styles Inventory: its applicability in the Canadian context, Educational and Psychological Measurement, 49, pp 901–09

Pfeffer, J and Sutton, R I(2000) The Knowing-Doing Gap: How smart companies turn knowledge into action, Harvard Business School Publishing, Boston, MA

Quade, K and Brown, R M(2001) The Conscious Consultant, Jossey Bass, San Francisco, CA

Rogers, C(1961) On Becoming a Person, Houghton Mifflin, Boston, MA

Stogdill, R M(1963) Manual for the Leader Behavior Description Questionnaire: Form XII. Ohio State University, Bureau of Business Research, Columbus, OH

Sullivan, H S(1953) Interpersonal Theory of Psychiatry, W W Norton, New York

Ware, M E, Leak, GK and Perry, N W(1985) Life Styles Inventory: Evidence for its factorial validity, Creighton University, Omaha, NE

Whitmore, J(2002) Coaching for Performance: Growing people, performance and purpose, Nicholas Brealey, London

■ Chapter 22

Belbin, M(1981) Management Teams–How they succeed and fail, Butterworth-Heinemann, Oxford

Belbin, M(2011) http://www.belbin.com/content/page/49/BELBIN(uk)–2011–TeamRoleSummary Descriptions.pdf

Higgs, M(1996) A Comparison of the Myers-Briggs Type Indicator and Belbin Team Roles, Henley Management College, Henley

Jung, C G(1921) Psychological Types(Collected Works of CG Jung), Princeton University Press, 1971, Princeton, NJ

Myers, S (2010) Management Team Roles Profile Booklet, 3rd edn, Team Focus, London

| 찾아보기 |

| 저자 소개 |

편집자

Professor Jonathan Passmore. Jonathan is one of the United Kingdom's leading coaches. He is a psychologist, an accredited AC coach and a coaching supervisor, and holds five degrees. He has wide business consulting experience, having worked for PricewaterhouseCoopers, IBM Business Consulting and OPM, and as a chief executive and company chairman in the sports and leisure sector. He developed the UK's first Master's in coaching psychology and the first online coaching Master's. He now divides his time between a part-time role as a professor for leadership and coaching and as a management consultant in private practice. Jonathan is the author of 14 books and around 100 articles on organizational change, coaching and leadership. Jonathan is also a regular conference speaker, having spoken across the world, from Israel to the United States and South Africa to Estonia. He was awarded the AC Coaching Award in 2010 for his contribution to coaching research and practice. He can be contacted at jonathancpassmore@yahoo.co.uk.

기고자

Professor Beverly Alimo-Metcalfe. Beverly is Professor of Leadership at Bradford University and Professor Emeritus at Leeds University. She is CEO of Real World Group, where she works with organizations and leaders. She sits on advisory boards and regularly writes articles and book chapters. For more information on her visit www.realworld-group.com.

Dr Elizabeth Allworth. Elizabeth is a director of Allworth Juniper Pty Ltd, a private organizational psychology practice based in Sydney, Australia. She has a PhD from Macquarie University (Sydney) and a Master of Psychology (Applied) from the University of New South Wales. Her consulting experience is primarily in the area of psychological assessment in selection and career development. Elizabeth also teaches psychological assessment in the Coaching Psychology Unit at the University of Sydney. She has published chapters and articles on assessment and career development in Australian and international professional journals and edited volumes. Elizabeth has also presented her research at professional psychology conferences in Australia, the United States and Europe.

Rob Bailey. Rob is Principal Research and Development Consultant at OPP Ltd. He is a Chartered Psychologist and Registered Occupational Psychologist. He specializes in personality assessment through psychometrics, primarily with the 16PF Questionnaire. His career has spanned research and consultancy, including executive assessment/coaching, competency design and development of tailored expert reports.

Richard Barrett. Richard Barrett is an internationally recognized speaker, author and consultant on values-based leadership. He works with CEOs and senior executives in North and South America, Europe, Australia and Asia to develop values-driven organizational cultures that strengthen financial performance, build cultural capital and support sustainable development. He is the creator of the internationally recognized Cultural Transformation Tools (CTT) which have been used to support more than 3,000 organizations in 50 countries in their transformational journeys. Richard is the author of several books including Liberating the Corporate Soul (1998), Building a Values-Driven Organization (2006), The New Leadership Paradigm (2011) and Love, Fear and the Destiny of Nations (2012). Richard is a Fellow of the World Business Academy, and Former Values Coordinator at the World Bank, Richard can be contacted via www.valuescentre.com.

Professor Dave Bartram. Dave is research director of the SHL Group plc. He is a chartered occupational psychologist, fellow of the British Psychological Society (BPS), and received the award for Distinguished Contribution to Professional Psychology from the BPS in 2004. He is past president and a Council member of the International Test Commission (ITC), chair of the British Psychological Society's Steering Committee on Test Standards, chair of the European Federation of Psychologists Association's (EFPA) Standing Committee on Tests and Testing, and president of the International Association of Applied Psychology's Division 2 (Measurement and Assessment). He is the author of several hundred scientific journal articles, papers in conference proceedings, books and book chapters in a range of areas relating to occupational assessment, especially computer-based testing. He can be contacted at dave.bartram@shlgroup.com.

Dr Mark Batey. Dr Batey is a world leading researcher in the Psychology of Creativity, Joint Chairman of the Psychometrics at Work Research Group at Manchester Business School and R&D Director of e-metrixx. He is an editor for the International Journal of Creativity and Problem Solving and sits on the Editorial Board for the American Psychological Association Journal of Psychology of Aesthetics, Creativity and Arts.

Dr Angelina Bennet. Angelina is a Chartered Occupational Psychologist and accredited coach. She is the director of her own psychological consultancy business, I Potential Ltd, and works as an associate for test publishers running accreditation training in psychometric assessments. Angelina has particular expertise in the use of the Myers-Briggs and her doctoral thesis was based on the use of psychological type for in-depth, developmental and psychodynamic coaching. She is also creating a developmental model of psychological type in combination with ego development theories. She is the author of The Shadows of Type—Psychological Type at Seven Levels of Development.

Richard Brady. Richard is a chartered occupational psychologist with 18 years' experience in psychometrics. Richard is Managing Director of Mentis (www.mentis-consulting.com), the UK distributor of Hogen.

Eugene Burke. Eugene is SHL's director of science and innovation. At SHL he has held posts in product development as well as heading up assessment consultancy and delivering coaching and development programmes for major companies. Prior to SHL, Eugene served as a military psychologist and worked extensively with the emergency services. He is a past chair of the British Psychological Society's Steering Committee on Test Standards and of the Division of Occupational Psychology, and has published articles and book chapters as well as books on a variety of subjects including training and development, applied psychometrics, and the selection and development of personnel for high-risk roles. Eugene can be contacted via eugene.burke@shlgroup.com.

Sally Carr. Sally has worked as an independent consultant specializing in leadership development and executive coaching. She has extensive experience of using the MBTI in these applications, and of training other professionals in these areas. Sally now works at the Centre for Alternative Technology, Wales.

Dr David R Caruso. David is a founder of EI Skills Group, and a research affiliate in the Department of Psychology at Yale University. He provides leader development, executive coaching and emotional intelligence training to clients around the world. He is a co-author of the Mayer, Salovey, Caruso Emotional Intelligence Test and The Emotionally Intelligent Manager. He has dozens of scientific publications to his credit. After receiving his PhD in psychology, he held positions in market research, strategic planning, and product line management with P&L responsibility. Website: www.eiskills.com.

Roy Childs. Roy Childs is the founder and Managing Director of Team Focus, an Associate Fellow of the British Psychological Society (BPS) and a Chartered Occupational Psychologist. He has been working in organizations at senior levels for more than 20 years and the main thrust of his work involves developing capability and building relationships—usually in a leadership context. He has helped select board members for blue chip companies and works both as a coach and facilitator. He combines a developmental approach with the rigour of strong numerate and psychometric approaches to understanding people. Author of tests such as the Type Dynamics Indicator and the Decision Analysis Test, he has worked with some of the best known authors of personality questionnaires including Ray Cattell (16PF) and Will Schutz (FIRO). He was asked to serve as a member of the BPS's Standing Committee on Test Standards as well as serving on the committee for the BPS's Division of Occupational Psychology and as a Level B verifier.

Dr Peter Clough. Peter is head of Psychology at the University of Hull. He is a chartered occupational and chartered sport psychologist, researching in performance enhancement in stressful environments.

Bernard Cooke. Bernard works as an independent consultant and uses the MBTI extensively in executive coaching and working with teams. Prior to becoming a psychologist he worked in management and organizational development for a range of organizations.

Dr Keith Earle. Keith is a chartered psychologist and a founder member of the BPS Division of Sport and Exercise Psychology. He is a lecturer in the Department of Sport, Health and Exercise Psychology at the University of Hull and is a co-author of the MTQ48.

Dr James M Fico. James is a consulting psychologist in independent practice, providing selection, promotion and manager development services to a wide variety of industries. Organizations he serves include 39 police and fire departments. He is also the lead examining psychologist for the Federal Flight Deck Officer program, for selected commercial airline pilots in the United States. He has conducted test validation studies that include police officers, fire fighters, police and fire managers, SWAT team members and leaders, and hostage negotiators. James can be contacted via www.alphacourage.com.

Dr Alexander Fradera. Alex began his career at SHL University College London before moving to SHL. He has a PhD in the psychology of remembering and making sense of the past. His publications include a series of how-to articles on memory and emotion and he now writes for the BPS on psychology at work.

Leanne Harris. Leanne is a lead consultant in OPP and has been a practitioner, trainer and author on using type for over 15 years. Her particular focus is on using the MBTI to enhance self-development through the coaching process. She has developed approaches and training as well as presented internationally on applying type dynamics and development in coaching. She can be contacted via www.opp.com.

Dr Nollaig Heffernan. Nollaig is Managing Director of Heffernan Consultancy Ltd and a chartered Sport and Exercise Psychologist. She specializes in leadership, organizational psychology, elite performance, talent management and mental toughness. Her PhD led to the development of the leadership styles questionnaire ILM72. Nollaig can be contacted at nollaig @heffernanconsultancy.com.

Professor Robert Hogan. Robert is fellow of the American Psychological Association and president of Hogan Assessment Systems. He was McFarlin Professor and chair of the Department of Psychology at the University of Tulsa for 14 years. Prior to that, he was professor of psychology and social relations at the Johns Hopkins University. Robert has received a number of research and teaching awards, and is the editor of the Handbook of Personality Psychology, as well as authoring more than 300 journal articles, chapters and books. He is the author of the Hogan Personality Inventory.

David Hughes. David is a doctoral researcher in the Psychometrics at Work Research Group at Manchester Business School where he is investigating the relationship between personality and consumer behaviour in the areas of insurance and credit. His research interests include individual difference psychology, the structure and psychometric measurement of personality, education, creativity, impulsivity, psychopathy, quantitative methodologies and organizational psychology.

Thomas J Hurley. Tom Hurley serves as a senior adviser and executive coach for leaders seeking innovative approaches to key strategic issues and whole systems change. He can be reached at thomas@tjhassociates.com.

Quentin Jones. Quentin is the former Managing Director of Human Synergistics' Australia. He presently works as an independent consultant. He is the author of In Great Company, with Professor Dexter Dunphy.

Dr Carol Kauffman. Carol Kauffman, PhD PCC is an Assistant Clinical Professor at Harvard Medical School where she teaches Positive Psychology and Coaching. She is also Co-editor in Chief of the new academic and professional journal, Coaching: An International Journal of Theory, Research and Practice. She is Chief Supervisor at Meyler Campbell Ltd, a business coaching programme based in London. Dr Kauffman maintains an active UK, Europe and US executive coaching and coaching supervision practice. She also speaks regularly on coaching and positive psychology in keynotes, master classes and for the media. For more information and to submit to the journal please contact Carol by e-mail on Carol@CoachingPsych.com.

Betsy Kendall. Betsy is the Chief Operating Officer and Head of Professional Services at OPP Ltd, the European distributor of the MBTI instrument. Betsy was centrally involved in designing qualification training for MBTI in Europe and for the European versions of Step I and Step II. She has extensive experience in consulting and training related to the MBTI instrument. Website: www.opp.eu.com.

Dr Rainer Kurz. Rainer is a seasoned assessment expert with 20 years of test development experience. At SHL he specialized in on-screen tests and expert system development, created the WoW model and initiated the development of the Great Eight competencies. Since joining

Saville Consulting he has led the development of the Aptitude Assessment range and the Work Evaluation inventories, and contributed to the development of Saville Consulting Wave. Rainer can be contacted through the company website: www.savilleconsulting.com.

Dr Dick McCann. Dick is an author and co-developer of Team Management Systems. He is currently director of research for Team Management Systems, CEO of Team Management Systems Asia-Pacific and a director of the UKbased organization TMS Development International Ltd. His background is in science, engineering, finance and organizational behaviour. Earlier in his career he spent five years with BP Chemicals in London before moving to Sydney University as a senior research fellow. Holding a PhD in engineering, he is the author and co-author of many leading books and articles on teamwork and workplace behaviour. Full details about TMS are available at www.tms.com.au (Australia and Pacific), www.tmsdi. com for EMEA and www.tms-americas.com for the Americas.

Dr Almuth McDowall. Almuth combines a full-time academic post at Surrey University with consultancy activities as an independent practitioner. Almuth has widely published in the academic and the practitioner press. Her areas of expertise are work-life balance, coaching and the use of feedback as well as workplace performance. She is a regular speaker at national and international conferences. She can be contacted via e-mail at a.mcdowall@surrey.ac.uk.

Rab Maclver. Rab is a commercial, client-focused psychologist with strong technical development skills and a proven track record in formulating and implementing effective recruitment and development solutions. At SHL he investigated the reliability and validity of personality and competency questionnaires and managed multidisciplinary teams responsible for the redevelopment of questionnaires, most notably the OPQ32. He later went on to establish a Scottish office for SHL before embarking on a freelance career. Rab led the development of Saville Consulting Wave and manages the Wave product range. You can contact Rab through the company website: www.savilleconsulting.com.

Helen Williams. Helen is an HPC registered Chartered Occupational Psychologist specializing in talent management and leadership development, and a coaching psychologist. Her work involves psychometric assessment and feedback, coaching and the facilitation of behavioural change workshops. Helen is a member of the BPS Special Group in Coaching Psychology, and a member of the Association for Coaching. She now works for stenio.

Glenn Mead. Glenn is an experienced executive coach and organizational psychologist with over 20 years of experience in private, public and not-for-profit sectors. He has a particular interest in developing resilience in individuals and teams, as well as improving engagement— not only between employees and leaders but also between employees and brands. He can be contacted via his website: www.canopy.me.uk.

Steve Myers. Steve is the managing partner of Team Technology, which provides team building, cultural change and leadership development services to a wide range of organizations in the business and education sectors. He is a former IT manager who turned his 10 years of line management experience into a practically-oriented consultancy, which he has run for 20 years.

Dr Kenneth M Nowack. Kenneth is a licensed psychologist, president and chief research officer of Envisia Learning. He received his PhD in counselling psychology from the University of California, Los Angeles where he is a guest lecturer at the UCLA Anderson School of Management. E-mail: ken@envisialearning.com. StressScan: http://www.envisiatools.com/products/Stress-Inventory/Stress-Scan/index.asp.

Professor Peter Salovey. Peter is the Chris Argyris Professor of Psychology, and was appointed dean of Yale College in 2004. He served previously as dean of the Graduate School at Yale University and chair of the Department of Psychology, Salovey received an AB in Psychology from Stanford University and was awarded a PhD in psychology from Yale University. He joined the Yale faculty in 1986 and has been a full professor since 1995. He has published more than 300 articles and chapters, and he has authored, co-authored or edited 13 books. Website: www.yale.edu/psychology/FacInfo/Salovey.html.

Professor Peter Saville. Peter joined the National Foundation for Educational Research in 1970, rising quickly to the position of chief psychologist at the Test Division. He left in 1977 to co-found Saville & Holdsworth (now SHL Group) where he led the development of Occupational Testing and Occupational Personality Questionnaire tools. He was the first industrial psychologist to receive the BPS Award for Distinguished Contributions to Professional Psychology. Peter founded Saville Consulting in 2004 to create a new generation of assessment tools for the world of work. Peter can be contacted at peter.saville@ savilleconsulting.com.

David Sharpley. David Sharpley is a Chartered Occupational Psychologist and Associate Fellow of the British Psychological Society. He has extensive experience relating to leadership development and team effectiveness, and builds on the latest research relating to behaviour at work. David is a director of Pario HR Solutions Ltd, whose services include online 360-degree feedback and employee engagement surveys, designed to create insight and enhance motivation and performance.

Jordan Silberman. Jordan began his career as a piano major at the Eastman School of Music, and has performed throughout the United States. Since changing course in 2002, he has earned a Master's in positive psychology, published articles on healthcare communication, psychology, bioethics and proteomics, chaired a symposium in Hong Kong, and completed two marathons. He works full-time in palliative care at a Philadelphia hospital, and part-time in positive psychology with a Harvard professor. Contact: jsilberm@sas.upenn.edu.

Jeff Staggs. Jeff Staggs is President of Business Coaching International. He has been a professional coach for 19 years and coaches executives and teams internationally. Jeff is a founding member of the International Coaching Federation and serves on its Credentialing Committee. He also trains and supervises coaches in the United States. Jeff can be contacted at jeff@bcicoaching.com.

Doug Strycharczyk. Doug has more than 30 years' experience in a variety of line, HR and consultancy roles with a number of businesses in the private and public sectors. He is the Managing Director of AQR and can be contacted at: http://www.aqr.org.uk/.

Anna Walker. Anna Walker is a Doctoral Researcher in the Psychometrics at Work Research Group at Manchester Business School, where her studies focus upon the psychology of industrial innovation. She combines industrial and academic experience, having worked in both large multinationals and SMEs. Anna holds an MSc in Organizational Psychology from Manchester Business School and a BSc in Psychology from the University of Surrey.

Pauline Willis MAPS CPsychol CSci. A distinguished organizational and coaching psychologist, Pauline has 20 years of 16PF experience, applied in her integrative individual and team coaching work. Pauline is Director of Lauriate Ltd, the UK and Australian distributor for Sociomapping tools, which are used to complement a range of traditional psychometrics including the 16PF. Pauline can be contacted via www.lauriate.com.

초판인쇄 2019년 11월 1일
초판발행 2019년 11월 7일

엮은이 조너선 패스모어
옮긴이 도미향·김혜연·김응자·정미현·서복선·황현호·김지연
펴낸이 박찬후
편 집 박민정
디자인 이지민

인쇄 제본 현주프린텍

펴낸곳 북허브
등록일 2008. 9. 1.

주소 서울시 구로구 구로중앙로 27다길 16
전화 02-3281-2778
팩스 02-3281-2768
이메일 book_herb@naver.com

ISBN 978-89-94938-55-4(03180)
값 30,000원

*잘못된 책은 구입하신 서점에서 바꾸어 드립니다.